普通高等教育规划教材·国家级精品课程教材

U0863002

结构设计原理

（钢筋混凝土、预应力混凝土及圬工结构）

（第二版）

张树仁　黄　侨　编著

人民交通出版社

内容提要

本书参照高等学校道路桥梁与渡河工程、土木工程等相关专业及方向的结构设计原理课程教学大纲，结合最新桥梁设计规范编写而成。该书系统地阐述了钢筋混凝土、预应力混凝土结构及圬工结构设计的基本原理和方法。书中对桥梁规范有关条文和计算公式的背景及应用注意事项作了解释性阐述，以使读者能准确理解规范的原意，正确应用规范进行桥梁工程结构的设计。

本书可作为道路桥梁与渡河工程专业以及土木工程专业桥梁工程和道路工程方向的结构设计原理课的教材，同时可作为从事公路及城市桥梁设计、科研、施工及管理人员学习和应用桥梁规范的辅导材料。

图书在版编目(CIP)数据

结构设计原理/张树仁，黄侨编著. —2 版. —北京：人民交通出版社，2010. 9

ISBN 978-7-114-08494-2

I. ①结… II. ①张…②黄… III. ①桥梁结构-结构设计-高等学校-教材 IV. ①U443

中国版本图书馆 CIP 数据核字(2010)第 110008 号

普通高等教育规划教材·国家级精品课程教材

书　　名：结构设计原理(第二版)
著 作 者：张树仁　黄　侨
责任编辑：王　霞(wx@ccpress. com. cn)
出版发行：人民交通出版社
地　　址：(100011)北京市朝阳区安定门外外馆斜街 3 号
网　　址：http://www. ccpress. com. cn
销售电话：(010)59757969，59757973
总 经 销：人民交通出版社发行部
经　　销：各地新华书店
印　　刷：北京市密东印刷有限公司
开　　本：787×1092　1/16
印　　张：27
字　　数：661 千
版　　次：2004 年 9 月　第 1 版
　　　　　2010 年 9 月　第 2 版
印　　次：2020 年 1 月　第 2 版　第 8 次印刷　总第 13 次印刷
书　　号：ISBN 978-7-114-08494-2
定　　价：48.00 元
(有印刷、装订质量问题的图书由本社负责调换)

重 印 说 明

本书以现行《公路钢筋混凝土及预应力混凝土桥涵设计规范》(JTG D62—2004)为基本参考资料编写。该规范已使用10年,这期间我国桥梁工程建设和科研工作取得了可喜的进步,冶金和建材工业取得了巨大的发展。特别是有关混凝土结构耐久性的研究成果是对结构设计理念的重大突破,冶金工业的发展为桥梁工程建设提供了多种更为优质价廉的建筑材料。现行规范的某些内容已不适应桥梁工程建设的现实需要。

据悉我国交通运输部正在积极推进桥梁设计规范修订工作,取得了阶段性成果。但是,规范修订涉及内容繁多,修改工作量大,条文定稿后还有讨论评审、审核报批等多个环节,有很多工作要做,新规范还很难在短期内问世。

结构设计原理是直接为桥梁工程建设服务的专业技术基础课,适应设计规范的变化,及时地更新教学内容是课程建设的核心问题。面对当前的现实,是消极地坐等规范的修改,还是积极主动的思考问题,认真学习和吸收相关规范的最新成果,以适应桥梁工程建设的实际需求,是我反复思考的选择。在人民交通出版社同仁的热情鼓励和大力支持下,促使我最终选择了后者,萌生了对原稿进行局修改重印的想法,以回报广大读者对本书的关切和期盼。

本次局部修改的主要内容:

(1)参照2011年实施的《混凝土结构设计规范》(GB 50010—2010)提出的钢筋选用原则,增加了可供选择的钢筋品种。

(2)用300MPa级光圆钢筋取代235MPa级光圆钢筋,对相应的例题进行了修改。

(3)对原稿中笔者提出的对现行桥梁设计规范某些条文不同理解的商榷意见,进行了适当地调整和补充,对其中某些与新编《混凝土结构设计规范》(GB 50010—2010)内容相同或相近的条文,进行了对比分析。

(4)对原稿中每章附后的"总结与思考"题目进行了适当地调整和补充,增加了工程事故处理和构造设计错误分析类思考题,对个别较难题目增加了"提示"与引导。

(5)删除了桥梁工程中当前很少采用的冷拉钢筋、冷轧带肋钢筋、冷轧扭钢筋等内容。

(6)对原稿中个别概念表述不确切和文字错误进行了修改。

张树仁

2014年3月

重印说明

第二版前言 Foreword

本书在《桥梁钢筋混凝土及预应力混凝土结构设计原理》基础上修改编写，为适应教学工作需要将书名改为《结构设计原理》。

《桥梁钢筋混凝土及预应力混凝土结构设计原理》(第一版)与《公路钢筋混凝土及预应力混凝土桥涵设计规范》(JTG D62—2004)于2004年10月同时出版，已使用了五年。本书作为04桥规的配套图书，满足了工程一线技术人员的急需，同时，为多所高校选做结构设计原理课程的教材。其间我收到了很多读者通过函电或直接交流方式提出的对规范执行中若干疑难问题的咨询意见和建议。2009年6月人民交通出版社出版了《公路桥梁设计规范答疑汇编》，对各地相关单位或个人在使用规范中遇到的问题，进行了汇总和解答。

广大读者勇于思考的探索精神，激励和启发我去认真思考自己所写的东西还有哪些不足，萌生了要对该书进行修改补充的想法，以答谢广大读者的关怀。

本书的主要内容原则上按《结构设计原理》课程大纲编写，在第一版的基础上，本次再版修改的主要特点是：

(1)增加了结构耐久性设计的内容。长期以来人们受"混凝土是一种耐久性良好建筑材料"这一片面认识的影响，忽视了钢筋混凝土结构耐久性问题，致使耐久性研究相对滞后，并为此付出了巨大的代价。反思《结构设计原理》课程教学中关于"混凝土保护钢筋免于锈蚀"的片面结论和对裂缝(特别是实际工程中大量存在的非结构裂缝)问题轻描淡写的论述，无疑是对学生的误导，对目前仍普遍存在的"重强度，轻耐久性"的错误设计思想的形成，具有不可推卸的历史责任。

新规范增加了结构耐久性设计的内容是结构设计理念的重大突破，是结构工程科学的重大技术进步，对提高设计质量具有指导意义。但是，要摆脱长期形成的"重强度，轻耐久性"的错误设计思想的影响，还有很多工作要做，人们对耐久性的认识还有个不断提高的过程。长远来看，落实加强结构耐久性的设计理念，应从对学生的专业教育入手。"结构设计原理"是学生接触最早的专业技术基础课，是学习后续专业课的基础，在学生第一次接触工程结构设计问题时，就明确提出加强和重视结构耐久性设计的概念，对后续课程的教学安排，乃至将来工作中正确设计思想的形成是十分必要的。

(2)本书所述桥梁结构构件设计与计算，主要以我国现行桥梁设计规范为依据编写。2005年以来，我国先后颁布的三本桥梁设计规范是我国桥梁结构理论研究和设计经验的总结，反映了近年来国内外桥梁结构理论研究和设计的新成就。本书在总结分析近五年来执行新规范的经验和问题的基础上，对规范条文(特别是强制性条文)及广大读者在执行规范中遇到的带有普遍性的问题，从原理上进行了解读分析；对应用规范公式进行设计与计算时，应注意的问题进行了补充说明；对规范中某些问题提出了探讨商榷和修改建议。其目的是启发和引导读者(特别是学生)去认真思考，从作用原理上加深对规范条文和计算公式的理解，为正确应用规范进行设计工作奠定理论基础。书中凡属对规范问题不同理解的内容均以"笔者认为"或"笔者建议”的字样标出，这些只代表个人观点，是否可行，愿与同行探讨与商榷。

(3)本书主要章节均附有“总结与思考”专题，对本章的教学内容进行了概括地总结分析，提出了一些可供教师和学生参考的思考题目。书中综合例题突出强调对设计计算的综合评价和不同方案的对比分析，启发和引导学生去积极思考，探讨进一步修改优化设计的基本思路。本书所列的思考题目大部分来源于工程实践以及广大读者学习和执行新规范的咨询反馈意见。

本书的编写汇集了笔者所在单位哈尔滨工业大学(原哈尔滨建筑工程学院)结构设计原理教研组王永平教授、黄侨教授(2007 年调东南大学任教)等共同参与的“结构设计原理”课程建设和教学法研究成果。本书编写修改过程汇聚了广大读者大量的反馈咨询意见和修改建议，再次感谢广大读者的信任、理解和支持。

本书的再版立项得到人民交通出版社韩敏总编辑的大力支持，王霞编辑为本书的再版做了大量的工作，对编辑人员为本书出版付出的辛勤劳动表示真诚的谢意。

另外，由于编著者水平有限，书中难免有不妥和疏漏之处，敬请读者批评指正。

张树仁

2010 年 4 月于北京

第一版前言 Foreword

《公路钢筋混凝土及预应力混凝土桥涵设计规范》(JTG D62—2004)的修订工作前后历时6年多，将于2004年10月1日正式实施。在规范修订过程中，规范修订组会同哈尔滨工业大学、同济大学和湖南大学等单位进行了专题科研，并吸收借鉴了国内其他单位的相关科研成果和工程实践经验，借鉴了国际先进的标准规范，与国内相关规范进行了比较和协调。按《公路工程结构可靠度设计统一标准》(GB/T 50283—1999)的规定，新规范采用了以**概率理论为基础的极限状态设计方法**；改进了材料强度取值原则；增加了有关结构耐久性的规定；全面改进和补充了各种构件的承载力计算内容；改善了预应力混凝土受弯构件的抗裂限值、裂缝宽度及构件刚度的计算方法；对各种构件的构造要求也作了较全面的补充和完善。

为适应桥梁设计规范的变化，及时地更新教学内容是教学改革的核心。《结构设计原理》是交通土建、桥梁工程及道路工程专业的重要专业基础课，其内容应以我国现行桥梁设计规范为依据，反映桥梁及结构工程科研和工程实践的最新成果。

本书主要面向高等学校交通土建、桥梁工程及道路工程专业学生，其主要内容是根据结构设计原理(钢筋混凝土及预应力混凝土结构部分)课程教学大纲编排的。书中结合新规范系统地叙述了钢筋混凝土及预应力混凝土结构设计的基本原理和方法；重点阐述了受弯构件、轴心受压构件、偏心受压构件、偏心受拉构件和受扭及弯扭构件的承载力、抗裂性、裂缝宽度和变形计算的基本原理和方法，并列举了大量的计算实例加以应用说明。本书可作为高等院校相关专业的本科生教材。

本书也可作为从事公路与城市桥梁设计、科研、施工及管理人员学习和应用新规范的辅导材料。笔者试图用浅显的文字，对新规范的有关条文和计算公式的背景及应用注意事项作解释性阐述，使读者准确理解规范的原意，正确地应用规范进行设计。

本书由哈尔滨工业大学张树仁、黄侨和新规范主要起草人中交公路规划设计院郑绍珪、鲍卫刚共同编写，张树仁主编，郑绍珪主审。哈尔滨工业大学王宗林参与了第十五章综合例题的计算和编写工作，研究生马亮、宋建永、任远参与了部分例题计算和绘图工作。在本书编写过程得到了哈尔滨工业大学及中交公路规划设计院领导的关心和支持。人民交通出版社公路图书部韩敏、王霞等同志付出了辛勤的劳动，在此一并表示谢意。由于编者水平所限，书中难免有不妥或疏漏之处，敬请读者批评指正。

张树仁

2004年8月于哈尔滨

目录 Contents

总论…………………………………………………………………………………………………… 1

第一篇　结构设计基本原理和材料性能

第一章　钢筋混凝土结构材料的物理力学性能…………………………………………………… 7
　§1-1　混凝土的物理力学性能 …………………………………………………………………… 7
　§1-2　钢筋的物理力学性能………………………………………………………………………… 20
　§1-3　钢筋与混凝土之间的黏结…………………………………………………………………… 27
　总结与思考 ……………………………………………………………………………………… 29
第二章　钢筋混凝土结构设计基本原理 ………………………………………………………… 32
　§2-1　结构的可靠性概念…………………………………………………………………………… 32
　§2-2　极限状态和极限状态方程…………………………………………………………………… 33
　§2-3　概率极限状态设计原理……………………………………………………………………… 35
　§2-4　承载能力极限状态设计原则………………………………………………………………… 39
　§2-5　正常使用极限状态设计原则………………………………………………………………… 45
　§2-6　混凝土结构的耐久性设计…………………………………………………………………… 47
　总结与思考 ……………………………………………………………………………………… 53

第二篇　钢筋混凝土结构

第三章　钢筋混凝土受弯构件正截面承载力计算 ……………………………………………… 57
　§3-1　钢筋混凝土受弯构件构造要点……………………………………………………………… 57
　§3-2　钢筋混凝土梁正截面破坏状态分析………………………………………………………… 62
　§3-3　钢筋混凝土受弯构件正截面承载力极限状态计算的一般问题…………………………… 64
　§3-4　单筋矩形截面受弯构件正截面承载力计算………………………………………………… 68
　§3-5　双筋矩形截面受弯构件正截面承载力计算………………………………………………… 73
　§3-6　T形截面受弯构件正截面承载力计算……………………………………………………… 77
　§3-7　在正截面承载力计算中引入纵向受拉钢筋极限拉应变限制的
　　　　物理意义及控制方法………………………………………………………………………… 87
　总结与思考 ……………………………………………………………………………………… 89
第四章　钢筋混凝土受弯构件斜截面承载力计算 ……………………………………………… 92
　§4-1　概述…………………………………………………………………………………………… 92
　§4-2　斜截面剪切破坏状态分析…………………………………………………………………… 92
　§4-3　斜截面抗剪承载力计算……………………………………………………………………… 94

§4-4 变高度梁斜截面抗剪承载力计算 …… 101
§4-5 斜截面抗弯承载力计算 …… 104
§4-6 全梁承载能力校核 …… 106
§4-7 综合例题:装配式钢筋混凝土简支 T 形梁设计 …… 108
总结与思考…… 116
第五章 钢筋混凝土受压构件承载力计算…… 121
§5-1 轴心受压构件承载力计算 …… 121
§5-2 偏心受压构件承载力计算的一般问题 …… 128
§5-3 矩形截面偏心受压构件正截面承载力计算 …… 133
§5-4 I 形(或箱形)截面偏心受压构件正截面承载力计算…… 144
§5-5 圆形截面偏心受压构件正截面承载力计算 …… 151
§5-6 双向偏心受压构件正截面承载力计算 …… 158
总结与思考…… 160
第六章 钢筋混凝土受拉构件承载力计算…… 163
§6-1 轴心受拉构件承载力计算 …… 163
§6-2 偏心受拉构件承载力计算 …… 163
第七章 钢筋混凝土受扭及弯扭构件承载力计算…… 166
§7-1 概述 …… 166
§7-2 钢筋混凝土纯扭构件的承载力计算 …… 168
§7-3 受弯、剪、扭共同作用的钢筋混凝土矩形截面构件的承载力计算 …… 174
§7-4 复杂形式截面受扭构件的承载力计算 …… 184
总结与思考…… 187
第八章 钢筋混凝土构件持久状况正常使用极限状态计算…… 189
§8-1 混凝土结构裂缝与耐久性 …… 189
§8-2 钢筋混凝土构件裂缝宽度计算 …… 192
§8-3 钢筋混凝土受弯构件变形计算 …… 196
总结与思考…… 198
第九章 钢筋混凝土结构短暂状况应力验算…… 200
§9-1 钢筋混凝土受弯构件短暂状况正截面应力验算 …… 200
§9-2 钢筋混凝土受弯构件短暂状况斜截面应力验算 …… 202
总结与思考…… 207
第十章 钢筋混凝土深受弯构件承载能力极限状态计算…… 209
§10-1 深受弯构件的受力性能…… 209
§10-2 深梁的配筋及构造要求…… 211
§10-3 深梁的内力计算…… 213
§10-4 深受弯构件的承载力计算…… 214
§10-5 钢筋混凝土盖梁(短梁)的承载力计算 …… 215
总结与思考…… 219

第三篇　预应力混凝土结构

第十一章　预应力混凝土结构的一般问题…………………………………………… 223

§11-1　预应力混凝土的基本原理 ……………………………………………………… 223

§11-2　预加力的实施方法 ……………………………………………………………… 225

§11-3　预应力钢筋的锚固 ……………………………………………………………… 227

§11-4　预应力损失 ……………………………………………………………………… 231

§11-5　预应力混凝土受弯构件各受力阶段分析 ……………………………………… 241

§11-6　预应力混凝土结构设计计算的主要内容 ……………………………………… 243

总结与思考……………………………………………………………………………… 244

第十二章　预应力混凝土结构持久状况承载能力极限状态计算……………………… 246

§12-1　预应力混凝土受弯构件正截面承载力计算 …………………………………… 246

§12-2　预应力混凝土受弯构件斜截面承载力计算 …………………………………… 251

§12-3　预应力混凝土偏心受压构件正截面承载力计算 ……………………………… 255

§12-4　预应力混凝土受扭及弯扭构件承载力计算 …………………………………… 257

§12-5　锚下局部承压承载力计算 ……………………………………………………… 258

总结与思考……………………………………………………………………………… 263

第十三章　预应力混凝土结构持久状况正常使用极限状态计算……………………… 265

§13-1　预应力混凝土受弯构件的抗裂性验算 ………………………………………… 265

§13-2　部分预应力混凝土 B 类构件的裂缝宽度计算………………………………… 270

§13-3　预应力混凝土受弯构件的变形计算 …………………………………………… 271

总结与思考……………………………………………………………………………… 274

第十四章　预应力混凝土结构持久状况和短暂状况构件的应力计算………………… 276

§14-1　全预应力混凝土及部分预应力混凝土 A 类构件使用阶段的应力验算 ……… 276

§14-2　部分预应力混凝土 B 类构件开裂后的应力验算……………………………… 280

§14-3　预应力混凝土受弯构件短暂状况应力验算 …………………………………… 283

总结与思考……………………………………………………………………………… 284

第十五章　预应力混凝土简支梁设计…………………………………………………… 287

§15-1　预应力混凝土简支梁设计的主要内容和计算步骤 …………………………… 287

§15-2　预应力混凝土简支梁的截面设计 ……………………………………………… 288

§15-3　预应力混凝土简支梁的配筋设计 ……………………………………………… 289

§15-4　组合式受弯构件设计特点 ……………………………………………………… 297

§15-5　综合例题:预应力混凝土简支梁设计 ………………………………………… 304

总结与思考……………………………………………………………………………… 347

第十六章　体外预应力混凝土设计与计算……………………………………………… 349

§16-1　概述 ……………………………………………………………………………… 349

§16-2　体外预应力混凝土桥梁的构造要点 …………………………………………… 349

§16-3 体外预应力混凝土受弯构件承载力计算 …… 355
§16-4 体外预应力筋(束)的预应力损失 …… 361
§16-5 活载作用下体外预应力筋(束)拉力增量计算 …… 364
§16-6 体外预应力混凝土受弯构件正常使用极限状态计算 …… 367
§16-7 体外预应力混凝土受弯构件使用阶段的应力验算 …… 371
§16-8 体外预应力混凝土结构的转向装置设计 …… 373
总结与思考 …… 378

第四篇 圬工结构

第十七章 圬工结构的基本概念与材料 …… 381
§17-1 圬工结构的基本概念 …… 381
§17-2 圬工材料种类及性能要求 …… 381
§17-3 圬工砌体的物理力学性能 …… 385
第十八章 圬工结构构件的承载力计算 …… 390
§18-1 圬土结构设计基本原理 …… 390
§18-2 受压构件的承载力计算 …… 390
§18-3 局部承压、受弯及受剪构件承载力计算 …… 397

附录 …… 399
附录1 混凝土强度(MPa) …… 399
附录2 混凝土的弹性模量(MPa) …… 399
附录3 普通钢筋强度(MPa) …… 400
附录4 预应力钢筋抗拉强度标准值(MPa) …… 400
附录5 预应力钢筋抗拉、抗压强度设计值(MPa) …… 400
附录6 钢筋的弹性模量(MPa) …… 401
附录7 钢筋的计算截面面积及理论质量 …… 401
附录8 每米板宽内的钢筋截面面积 …… 402
附录9 预应力钢筋公称截面面积和公称质量 …… 403
附录10 圆形截面钢筋混凝土偏压构件正截面抗压承载力计算系数 …… 404
附录11-1 圆形截面钢筋混凝土偏压构件正截面承载力计算诺模图(适用于C20,HRB335) …… 406
附录11-2 圆形截面钢筋混凝土偏压构件正截面承载力计算诺模图(适用于C25,HRB335) …… 407
附录11-3 圆形截面钢筋混凝土偏压构件正截面承载力计算诺模图(适用于C25、HRB400) …… 408
附录11-4 圆形截面钢筋混凝土偏压构件正截面承载力计算诺模图(适用于C30、HRB335) …… 409
附录11-5 圆形截面钢筋混凝土偏压构件正截面承载力计算诺模图(适用于C30、HRB400) …… 410

附录 12-1　混凝土预制块砂浆砌体轴心抗压强度设计值 f_{cd}（MPa）…………………… 411
附录 12-2　块石砂浆砌体的轴心抗压强度设计值 f_{cd}（MPa）…………………………… 411
附录 12-3　片石砂浆砌体的轴心抗压强度设计值 f_{cd}（MPa）…………………………… 411
附录 13　砂浆砌体轴心抗拉、弯曲抗拉和直接抗剪强度设计值(MPa)…………………… 411
附录 14　小石子混凝土砌块石砌体轴心抗压强度设计值 f_{cd}（MPa）…………………… 412
附录 15　小石子混凝土砌片石砌体轴心抗压强度设计值 f_{cd}（MPa）…………………… 412
附录 16　小石子混凝土砌块石、片石砌体的轴心抗拉、弯曲抗拉
　　　　和直接抗剪强度设计值(MPa)…………………………………………………… 412
附录 17　混凝土强度设计值(MPa)和弹性模量(MPa)………………………………… 413
参考文献…………………………………………………………………………………… 414

总　论

一、钢筋混凝土的基本概念

钢筋混凝土是由两种力学性能截然不同的材料——钢筋和混凝土结合成整体，共同发挥作用的一种建筑材料。

众所周知，混凝土是一种典型的脆性材料，其抗压强度很高，但抗拉强度很低(约为抗压强度的 1/18～1/8)。图 0-0-1a)所示为一根素混凝土梁的受力情况，在两个对称的集中力 P_1 的作用下，梁的上部受压、下部受拉。取跨中纯弯曲段为研究对象，随着荷载 P_1 的增加，梁下部受拉区的拉应变(拉应力)和上部受压区的压应变(压应力)不断增大。当下部受拉区边缘的拉应变达到混凝土极限拉应变时，下缘即出现竖直的裂缝。在裂缝截面处受拉区混凝土退出工作，受压区高度减小，即使荷载不再增加，竖向裂缝也会急速向上发展，导致梁突然断裂[图 0-0-1a)]。对应于下部受拉区边缘拉应变等于混凝土极限拉应变的荷载 P_c 为素混凝土梁受拉区出现裂缝的荷载，一般称为素混凝土梁的开裂荷载，也就是素混凝土梁的破坏荷载。换句话说，素混凝土梁的承载力是由混凝土的抗拉强度控制的，而混凝土所具有的优越抗压性能则远远未能充分利用。

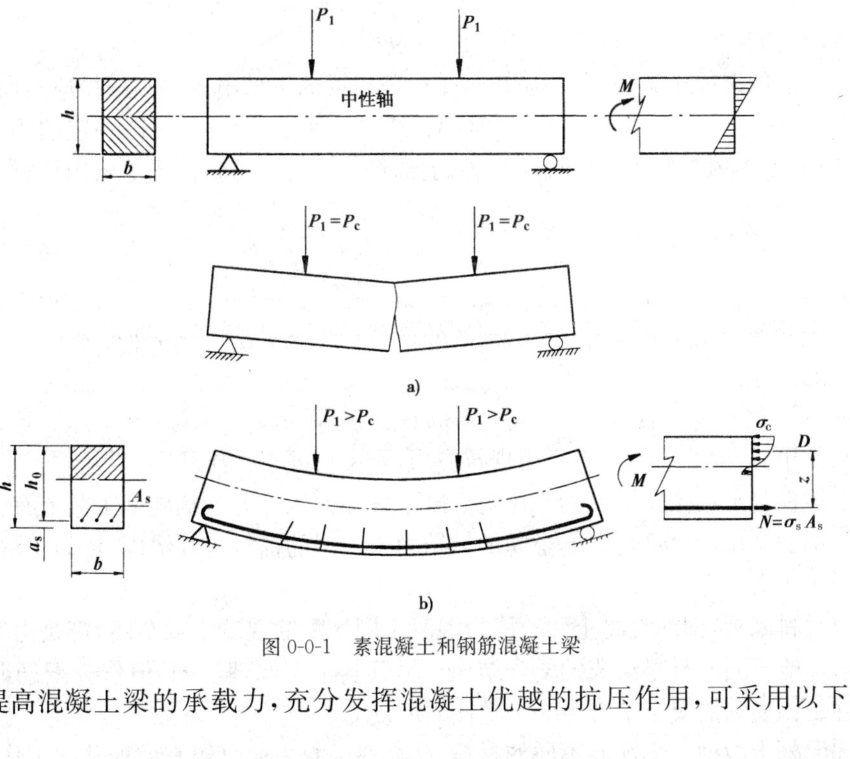

图 0-0-1　素混凝土和钢筋混凝土梁

为了提高混凝土梁的承载力，充分发挥混凝土优越的抗压作用，可采用以下两个解决办法：

(1)在梁的受拉区配置适量的纵向钢筋，构成钢筋混凝土梁[图 0-0-1b)]。

在梁的受拉区配置纵向钢筋，以承担拉力，混凝土承担压力，两者结合为整体共同工作。钢筋混凝土梁的试验研究表明，钢筋混凝土梁与截面尺寸相同的素混凝土梁的开裂荷载 P_c 基本相同。当荷载略大于开裂荷载 P_c 时，梁的受拉区会出现裂缝，裂缝处截面受拉区的混凝土逐渐退出工作，拉力转由钢筋承担。随着荷载的增加，钢筋的拉应力和受压区混凝土的压应力将不断增大，直至钢筋的拉应力达到其屈服强度，继而受压区混凝土被压碎，梁才宣告破坏。由此可见，在钢筋混凝土梁中混凝土的抗压强度和钢筋的抗拉强度都得到了充分发挥，因而，其承载力可较素混凝土梁有较大提高。

(2)对混凝土梁施加预压应力，形成预应力混凝土梁(图 0-0-2)，使混凝土储备一定的压应力，用以抵消或减小外荷载产生的拉应力。

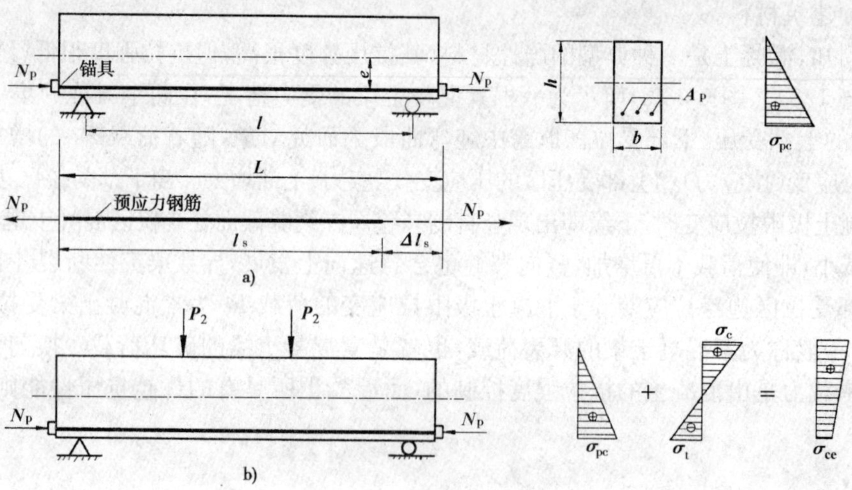

图 0-0-2　预应力混凝土工作原理

以图 2 所示的混凝土梁为例，为防止承受荷载后梁的下部出现过大的拉应力而开裂，在荷载作用之前对混凝土梁的受拉区施加一对预加力 N_p，使得混凝土获得一定的预压应力 σ_{pc}。在外荷载作用下，梁的下部将产生拉应力 σ_t，上部将产生压应力 σ_c。于是梁内任意一点的合成应力为：

$$\sigma_{ce} = \sigma_{pc} - \sigma_t$$

或

$$\sigma_{ce} = \sigma_{pc} + \sigma_c$$

如果预先储备的预压应力 σ_{pc}，足以抵消外荷载产生的拉应力 σ_t，即控制受拉边缘的合成应力满足下列条件：

$$\sigma_{ce} = \sigma_{pc} - \sigma_t \geqslant 0$$

在荷载作用后，梁的下缘就不会出现拉应力，全梁均处于受压状态。

工程上通常是采用张拉钢筋的办法对混凝土施加预压应力。从施工工艺上有先张法和后张法之分。钢筋张拉后通过与混凝土间的黏结力或专门的锚具将其锚固，传力于混凝土，使混凝土获得预压应力。

从组成材料来看，钢筋混凝土和预应力混凝土同属配筋混凝土的范畴，都是由钢筋和混凝土两种力学性能不同的材料组成的复合结构。尽管其工作原理不同，但作为配筋混凝土结构的共同特性是钢筋和混凝土结合为一个整体共同受力。

钢筋和混凝土两种力学性能不同的材料，结合在一起之所以能有效地共同工作，是基于以下理由：

(1)混凝土干缩硬化后能产生较大的黏结力(或称握裹力),使钢筋与混凝土能很好地结合为一个整体,从而在荷载作用下能共同变形;

(2)钢筋与混凝土具有大致相同的温度膨胀系数,钢材为 1.2×10^{-5},混凝土为$(1.0\sim1.5)\times10^{-5}$。这样,当温度变化时,不致因产生过大的温度应力而破坏两者之间的黏结力,可以保证两者的共同工作;

(3)包裹在钢筋外围的混凝土,可以保护钢筋免于锈蚀,保证结构具有良好的耐久性,这是因为水泥水化作用后,产生碱性反应,在钢筋表面产生一种水泥石质薄膜(又称钝化膜),可以防止有害介质的直接侵蚀。因此,为了保证结构的耐久性,混凝土应具有较好的密实度,并留有足够厚度的保护层。

二、钢筋混凝土结构的优缺点

钢筋混凝土结构问世已有一百年,在世界各国的土木工程中得到了广泛的应用,其主要原因在于它具有下述一系列优点。

1. 经济性

作为钢筋混凝土主要材料之一的混凝土,其主要成分为砂和石子,一般均较易就地取材,且价格便宜。水泥用量所占比例一般为 12%～15%,其价格也比钢材、木材便宜。钢材虽价格较高,但用量很小,一般只占混凝土截面面积的 0.3%～3%。因而,经济性较好。

2. 耐久性

混凝土的强度随时间的增加而增长,且钢筋受到混凝土的保护而不易锈蚀,所以钢筋混凝土结构具有较好的耐久性。

3. 整体性

钢筋混凝土结构(特别是整体浇筑的结构)构件之间是通过钢筋和混凝土的一次性浇筑连接为整体的,其整体性好,对于结构的空间受力、抵抗风振、地震及强烈冲击作用都具有较好的工作性能。

4. 可模性

钢筋混凝土可以根据设计需要,浇筑成各种形状和尺寸的构件。只要模板设计成型,结构的外形尺寸也随之而定,具有可模性。特别适合于结构形状复杂或对建筑造型有较高要求的建筑物。

5. 耐火性

混凝土热惰性大,传热慢,对包围在其中的钢筋有防火保护作用。实践表明,具有足够厚度混凝土保护层的钢筋混凝土结构,火灾持续时间不长时,不致因钢筋受热软化而造成结构的整体坍落破坏。

同时也应看到,钢筋混凝土存在以下缺点。

1. 自重大

钢筋混凝土结构本身自重大。设计结构物时,若结构本身自重过大,则结构抗力大部分用来承受恒载,这样是不经济的。为了改善混凝土结构自重大的缺点,世界各国都大力发展轻质、高强度混凝土。轻质混凝土制成的结构自重较普通混凝土可减小 20%～30%。

2. 抗裂性差

混凝土的抗拉强度低，钢筋混凝土结构容易出现裂缝。裂缝的出现提供了有害介质量侵入的直接通道，加速钢筋的腐蚀，将影响结构的耐久性。

3. 施工受季节性气候影响大

在冬季和雨季现场就地浇筑混凝土时，须采取必要的防护措施，增加了施工费用，且质量也不易得到保证。因此，钢筋混凝土的发展方向之一，就是要大量发展工业化、工厂化的装配式结构。

三、预应力混凝土结构的优点

预应力混凝土结构是为了解决钢筋混凝土结构抗裂性的矛盾而发展起来的新型结构，其主要优点是：

(1)由于预加力的作用，较好地解决了钢筋混凝土结构的裂缝问题。可以根据构件的受力特点和使用条件，控制裂缝的出现或裂缝开展宽度。预加力的作用，还改善了构件的受力性能，提高了构件的刚度，减小了构件的变形。

(2)预应力混凝土结构可以合理地利用高强度材料(高强度混凝土和高强度钢筋)，使构件的截面尺寸减小，自重减轻，增大结构的跨越能力。

(3)提高结构的耐久性。预加力能有效地控制混凝土的开裂或裂缝的开展宽度，减小了有害介质对钢筋的侵蚀；另一方面由于高强度混凝土密实度的提高也提高了结构的耐久性，延长了结构的使用年限。

预应力混凝土成功应用的历史，至今不到 80 年，但是由于它具有许多优点，使其在国内外土木工程中得到广泛的应用。我国预应力混凝土技术从 20 世纪 50 年代起步后发展迅速，目前已进入高效预应力混凝土结构的新阶段。我们深信随着人们对结构性能要求的提高和科研工作的不断深入，以及大量工程实践的经验积累，作为工程结构最主要建筑材料的钢筋混凝土和预应力混凝土必将有一个新的发展。

第一篇

结构设计基本原理和材料性能

第一章　钢筋混凝土结构材料的物理力学性能

钢筋混凝土是由钢筋和混凝土两种力学性能截然不同的材料组成的复合结构。钢筋混凝土结构材料的物理力学性能是指钢筋混凝土组成材料——混凝土和钢筋各自的强度及变形的变化规律，以及两者结合组成钢筋混凝土材料后的共同工作性能。这些是建立钢筋混凝土结构设计计算理论的基础，是学习和掌握钢筋混凝土结构构件工作性能应必备的基本知识。

§1-1　混凝土的物理力学性能

一、混凝土强度

混凝土强度是混凝土的重要力学性能，是设计钢筋混凝土结构的重要依据，它直接影响结构的安全和耐久性。

混凝土的强度是指混凝土抵抗外力产生的某种应力的能力，即混凝土材料达到破坏或开裂极限状态时所能承受的应力。混凝土的强度除受材料组成、养护条件及龄期等因素影响外，还与受力状态有关。

(一)混凝土的抗压强度

在混凝土及钢筋混凝土结构中，混凝土主要用以承受压力，因而研究混凝土的抗压强度是十分必要的。

试验研究表明，混凝土的抗压强度除受组成材料的性质、配合比、养护环境、施工方法等因素影响外，还与试验方法及试件的尺寸和形状有关。

混凝土抗压强度与试验方法有着密切的关系。如果在试件的表面和压力机的压盘之间涂一层油脂，其抗压强度比不涂油脂的试件低很多，破坏形式也不相同(图1-1-1)。

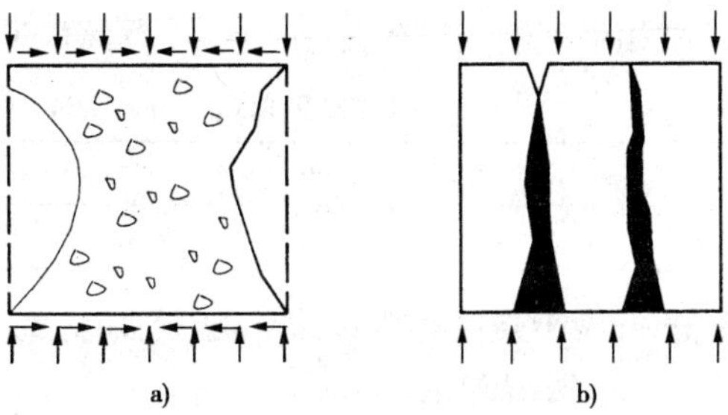

图1-1-1　混凝土试件的破坏形态

a)不涂润滑剂；b)涂润滑剂

未加油脂的试件表面与压力机压盘之间存在向内的摩阻力，摩阻力像箍圈一样，对混凝土试件的横向变形产生约束，延缓了裂缝的开展，提高了试件的抗压极限强度。当压力达到极限值时，试件在竖向压力和水平摩阻力的共同作用下沿斜向破坏，形成两个对称的角锥形破坏面。如果在试件表面涂抹一层油脂，试件表面与压力机压盘之间的摩阻力将大大减小，对混凝土试件横向变形的约束作用几乎没有。最后，试件由于形成了与压力方向平行的裂缝而破坏，所测得的抗压极限强度较不加油脂者低很多。

混凝土的抗压强度还与试件的形状有关。试验表明，试件的高宽比h/b越大，所测得的强度越低。这反映了试件两端与压力机压盘之间存在的摩阻力，对不同高宽比的试件混凝土横向变形的约束影响程度不同。试件的高宽比 h/b 越大，支端摩阻力对试件中部的横向变形的约束影响程度就越小，所测得的强度也越低。当高宽比 $h/b \geqslant 3$ 时，支端摩阻力对混凝土横向变形的约束作用对试件的中部的影响很小，所测得的强度基本上保持一个定值。

此外，试件的尺寸对抗压强度也有一定影响。试件的尺寸越大，实测强度越低，这种现象称为尺寸效应。一般认为这是由混凝土内部缺陷和试件承压面摩阻力影响等因素造成的。试件尺寸大，内部缺陷（微裂缝，气泡等）相对较多，端部摩阻力影响相对较小，故实测强度较低。根据我国的试验结果，若以 150mm×150mm×150mm 的立方体试件的强度为准，对 200mm×200mm×200mm 立方体试件的实测强度应乘以尺寸修正系数 1.05，对 100mm×100mm×100mm 立方体试件的实测强度应乘以尺寸修正系数0.95。

为此，我们在定义混凝土抗压强度指标时，必须把试验方法、试件形状及尺寸等因素确定下来，在统一基准上建立的强度指标才有可比性。

混凝土抗压强度有两种表示方法：

1. 立方体抗压强度

我国规范习惯于用立方体抗压强度作为混凝土强度的基本指标。《公路钢筋混凝土及预应力混凝土桥涵设计规范》(JTG D62—2004)［以下简称《桥规》(JTG D62)］规定的立方体抗压强度标准值系指采用按标准方法制作、养护至 28d 龄期的边长为 150mm 立方体试件，以标准试验方法（试件支承面不涂油脂）测得的具有 95％保证率的抗压强度（以 MPa 计），记为 $f_{cu,k}$。

$$f_{cu,k} = \mu_{f150}^{s} - 1.645\sigma_{f150} = \mu_{f150}^{s}(1 - 1.645\delta_{f150}) \tag{1-1-1}$$

式中：$f_{cu,k}$——混凝土立方体抗压强度标准值(MPa)；

μ_{f150}^{s}——混凝土立方体抗压强度平均值(MPa)；

σ_{f150}——混凝土立方体抗压强度的标准差(MPa)；

δ_{f150}——混凝土立方体抗压强度的变异系数，$\delta_{f150}=\sigma_{f150}/\mu_{f150}^{s}$。其数值可按表 1-1-1 采用。

混凝土强度变异系数 表 1-1-1

$C_{fcu,k}$	C20	C25	C30	C35	C40	C45	C50	C55	C60
δ_{f150}	0.18	0.16	0.14	0.13	0.12	0.12	0.11	0.11	0.10

《桥规》(JTG D62)规定的混凝土强度等级按边长为 150mm 的立方体抗压强度标准值确定，并冠以 C 表示，如 C30 表示 30 级混凝土。

应该指出，世界各国规范中用以确定混凝土强度等级的试件形状和尺寸不尽相同，有采用立方体试件，也有采用圆柱体试件。采用立方体强度划分混凝土强度等级的国家除中国外，尚有德国(200mm 立方体)、俄罗斯(150mm 立方体)和英国(150mm 立方体)等；采用圆柱体强度的有美国、日本等，国际预应力混凝土协会(FIP)和欧洲混凝土委员会(CEB)联合制订的《国际标准规范》亦采用圆柱体强度，试件的尺寸为直径 6in(约为 150mm)，高度 12in(约为 300mm)，其标准强度称为特征强度。根据我国的试验资料，圆柱体强度与 150mm 立方体强度之比为 0.83～1.04，平均值为 0.94；但过去我国习惯于按与 200mm 立方体强度之比为0.85 进行换算。考虑到新旧规范立方体强度试件尺寸和取值保证率的不同，圆柱体强度与《桥规》(JTG D62)规定的边长为 150mm 立方体强度之比，可近似地按 0.85 换算。

公路桥涵受力构件的混凝土强度等级可采用 C20～C80，中间以 5MPa 进级。C50 以下为普通强度混凝土，C50 及以上为高强度混凝土。

《桥规》(JTG D62)规定公路桥涵混凝土强度等级的选择应按下列规定采用：

(1)钢筋混凝土构件不应低于 C20，当采用 HRB400、KL400 级钢筋配筋时，不应低于 C25；

(2)预应力混凝土构件不应低于 C40。

应该指出，近几年来关于混凝土结构的耐久性问题，引起了国内外的广泛关注，高强混凝土和高性能混凝土的研究取得了突破性进展。从解决混凝土结构的耐久性需要出发，采用高性能混凝土，提高混凝土的密实度是十分必要的。另外，由于采用高强度混凝土，减轻了结构的自重，扩大了结构的适用跨度，收到的经济效益也是十分显著的。因此，在混凝土施工技术有保证的前提下，设计时宜适当地提高混凝土的强度等级。

笔者认为，从解决混凝土结构耐久性和提高经济效益的双重目的出发，改变传统的设计习惯，适当提高设计时选用的混凝土强度等级是十分必要的。建议：对钢筋混凝土受弯构件采用 C30～C35；钢筋混凝土受压构件采用 C30～C40；预应力混凝土构件采用 C50～C60。

2. 柱体抗压强度

用高宽比 $h/b \geqslant 3$ 的柱体试件所测得的抗压强度称为柱体抗压强度(或称轴心抗压强度)。在实际结构中，绝大多数受压构件的高度比其支承面的边长要大得多，所以，采用柱体抗压强度能更好地反映混凝土的实际受力状态。同时，由于试件的高宽比较大($h/b \geqslant 3$)，可摆脱端部摩阻力的影响，所测强度也较为稳定。

我国采用 150mm×150mm×450mm 的柱体作为混凝土轴心抗压试验的标准试件，按与上述立方体试件相同的制作、养护条件和标准试验方法测得的具有 95%保证率的抗压强度称轴心抗压(或柱体抗压)强度标准值(以 MPa 计)，记为 f_{ck}。

根据我国所进行的柱体抗压强度试验，柱体抗压强度试验统计平均值 μ_{fc}^{s} 与 150mm 立方体抗压强度试验统计平均值 μ_{f150}^{s} 呈线性关系：

$$\mu_{fc}^{s} = \alpha\mu_{f150}^{s} \tag{1-1-2}$$

式中：α——与混凝土强度等级有关，对 C50 及以下混凝土，取 $\alpha=0.76$；C55～C80 混凝土，取 $\alpha=0.77\sim0.82$。

在实际工程中，考虑到构件混凝土与试件混凝土因制作工艺、养护条件、受荷情况和环境条件等不同，按《公路工程结构可靠度设计统一标准》(GB/T 50283—1999)条文说明建议，其抗压强度平均换算系数 $\mu_{\Omega 0}=0.88$。这样，构件混凝土柱体抗压强度的平均值为：

$$\mu_{fc} = \mu_{\Omega 0}\mu_{fc}^{s} = 0.88\alpha\mu_{f150}^{s} \tag{1-1-3}$$

假定构件混凝土柱体抗压强度的变异系数与立方体抗压强度的变异系数相同，则构件混凝土柱体抗压强度标准值为：

$$f_{ck} = \mu_{fc}(1-1.645\delta_{fc}) = 0.88\alpha\mu_{f150}^{s}(1-1.645\delta_{f150}) = 0.88\alpha f_{cu,k} \tag{1-1-4}$$

另外，考虑到 C40 以上混凝土具有脆性，按公式(1-1-4)求得的柱体抗压强度标准值尚需乘以脆性折减系数 β，对 C40 和 C80 混凝土取分别 $\beta=1.0$和0.87，中间值按线性插入求得。

(二)混凝土抗拉强度

混凝土的抗拉强度是混凝土的基本力学特征之一，其值约为立方体抗压强度的 1/18～1/8。混凝土抗拉强度的测试方法各国不尽相同。我国较多采用的测试方法是用钢模浇筑成型的 100mm×100mm×500mm 的柱体试件，通过预埋在试件轴线两端的钢筋，对试件施加拉力，试件破坏时的平均应力即为混凝土的轴心抗拉强度 f_t^s(图 1-1-2)。

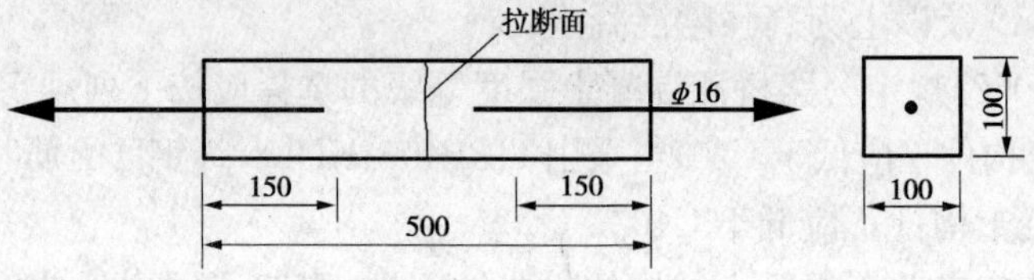

图 1-1-2 混凝土直接受拉试验(尺寸单位:mm)

根据我国进行的混凝土直接受拉试验结果，混凝土轴心抗拉强度的试验统计平均值 μ_{ft}^s 与立方体抗压强度的试验统计平均值 μ_{f150}^s 之间的关系为：

$$\mu_{ft}^s = 0.395(\mu_{f150}^s)^{0.55} \tag{1-1-5}$$

构件混凝土轴心抗拉强度的平均值为：

$$\mu_{ft} = \mu_{\Omega_0}\mu_{ft}^s = 0.88 \times 0.395(\mu_{f150}^s)^{0.55} \tag{1-1-6}$$

构件混凝土轴心抗拉强度的标准值(保证率为 95%)为：

$$f_{tk} = \mu_{ft}(1-1.645\delta_{ft}) = 0.88 \times 0.395(\mu_{f150}^s)^{0.55}(1-1.645\delta_{ft})$$

将式(1-1-1)变为 $\mu_{f150}^s = \dfrac{f_{cu,k}}{1-1.645\delta_{f150}}$代入，并取 $\delta_{ft}=\delta_{f150}$，则得：

$$f_{tk} = 0.88 \times 0.395(f_{cu,k})^{0.55}(1-1.645\delta_{f150})^{0.45} \tag{1-1-7}$$

同样，考虑 C40 以上混凝土的脆性，按公式(1-1-7)求得轴心抗拉强度标准值，亦应乘以脆性系数($\beta=1.0$～0.87)。

应该指出，用上述直接受拉试验测定混凝土抗拉强度时，试件的对中比较困难，稍有偏差就可能引起偏心受拉破坏，影响试验结果。因此，目前国外常采用劈裂试验间接测定混凝土抗拉强度。

劈裂试验可用立方体或圆柱体试件进行，在试件上下支承面与压力机压板之间加一条垫条，使试件上下形成对应的条形加载，造成沿立方体中心或圆柱体直径切面的劈裂破坏(图1-1-3)。

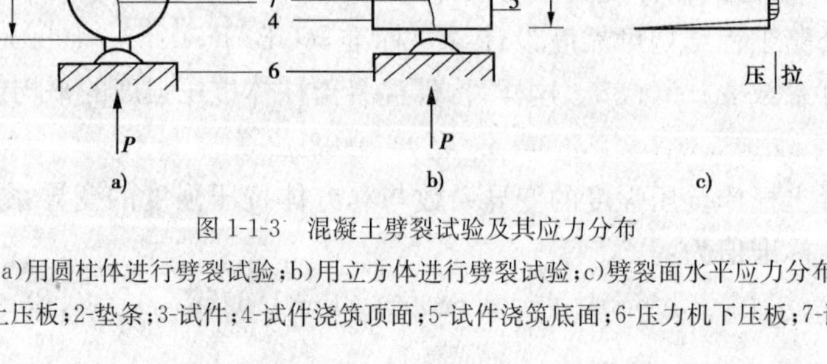

图 1-1-3 混凝土劈裂试验及其应力分布

a)用圆柱体进行劈裂试验；b)用立方体进行劈裂试验；c)劈裂面水平应力分布

1-压力机上压板；2-垫条；3-试件；4-试件浇筑顶面；5-试件浇筑底面；6-压力机下压板；7-试件破裂线

由弹性力学可知，在上下对称的条形荷载作用下，在试件的竖直中面上，除两端加载点附近的局部区域产生压应力外，其余部分将产生均匀的水平拉应力，当拉应力达到混凝土的抗拉强度时，试件将沿竖直中面产生劈裂破坏。混凝土的劈裂强度可按下式计算：

$$f_t^s = \frac{2P}{\pi dL} \tag{1-1-8}$$

式中：P——竖向破坏荷载；

d——圆柱体试件的直径、立方体试件的边长；

L——试件的长度。

试验结果表明，混凝土的劈裂强度除与试件尺寸等因素有关外，还与垫条的宽度和材料特性有关。加大垫条宽度可使实测劈裂强度提高，一般认为垫条宽度应不小于立方体试件边长或圆柱体试件直径的1/10。

国外的大多数试验资料表明，混凝土的劈裂强度略高于轴心抗拉强度。我国的一些试验资料则表明，混凝土的轴心抗拉强度略高于劈裂强度，考虑到国内外对比资料的具体条件不完全相同，且目前我国尚未建立混凝土劈裂试验的统一标准，通常认为混凝土的轴心抗拉强度与劈裂强度基本相同。

(三)混凝土的抗剪强度

抗剪强度是混凝土的基本力学特性，是强度理论研究和有限元分析的重要数据。目前常用的混凝土抗剪强度的试件和加载方式有图1-1-4所示的三种情况。

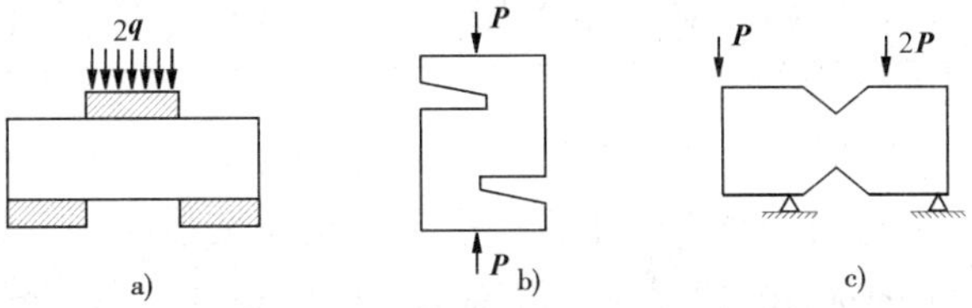

图1-1-4　混凝土抗剪强度试件及加载方式

a)矩形梁双剪面试件；b)"Z"形试件；c)"8"形试件

混凝土的抗剪强度因试验方法不同，所得结果差异很大，很难在实践中应用。

对于混凝土抗剪强度与抗压、抗拉强度的关系，德国学者 Mørsch 由理论分析求出纯剪强度公式为：

$$f_v^s = \sqrt{f_c^s f_t^s} \tag{1-1-9}$$

试验表明，由上式求得的 f_v^s 值偏高，后来修正为：

$$f_v^s = 0.75\sqrt{f_c^s f_t^s} \tag{1-1-10}$$

式中：f_c^s、f_t^s——分别表示混凝土的轴心抗压和轴心抗拉强度。

近几年，我国学者提出用四点加载的等高度变宽梁进行抗剪强度试验，求得的抗剪强度与立方体抗压强度的关系为：

$$f_v^s = (0.38 \sim 0.42)(f_{cu}^s)^{0.57}$$

$$f_v^s \approx (1.04 \sim 1.13) f_t^s \tag{1-1-11}$$

(四)复合应力状态下混凝土的强度

在钢筋混凝土结构中，构件通常受到轴力、弯矩、剪力及扭矩等不同内力组合的作用，因此，混凝土一般都是处于复合应力状态。在复合应力状态下，混凝土的强度有明显变化。复合应力状态下混凝土的强度是钢筋混凝土结构研究的基本理论问题，但是，由于混凝土材料的特点，至今尚未建立起完善的强度理论。目前仍然只是借助有限的试验资料，推荐一些近似计算方法。

1. 双向应力状态

对于双向应力状态，即在两个相互垂直的平面上，作用着法向应力 σ_1 和 σ_2，第三平面上应力为零的情况，混凝土强度变化曲线如图 1-1-5 所示，其强度变化特点如下：

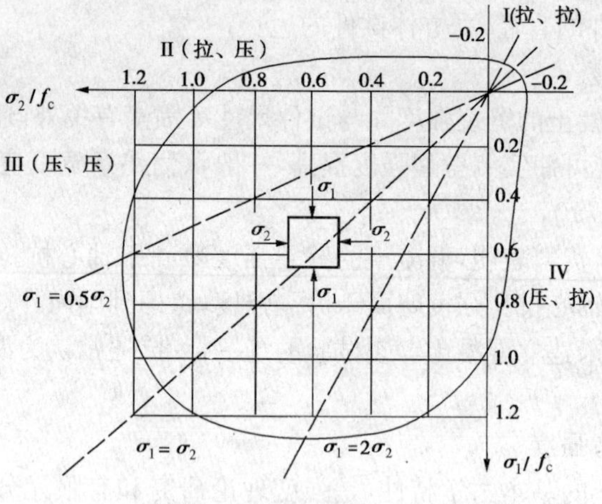

图 1-1-5 双向应力状态下混凝土强度变化曲线

(1)第一象限为双向受拉区：σ_1 和 σ_2 相互影响不大，即不同应力比值 σ_1/σ_2 下的双向受拉强度均接近单向抗拉强度。

(2)第三象限为双向受压区：大体上是一向的混凝土强度随另一向压力的增加而增加。这是由于一个方向的压应力对另一个方向压应力引起的横向变形起到一定的约束作用，限制了试件内部混凝土微裂缝的扩展，故而提高了混凝土的抗压强度。双向受压状态下混凝土强度提高的幅度与双向应力比 σ_1/σ_2 有关。当 σ_1/σ_2 约等于 2 或 0.5 时，双向抗压强度比单向抗压强度提高约 25%；当 $\sigma_1/\sigma_2=1$ 时，仅提高 16%左右。

(3)第二、四象限为拉—压应力状态：此时混凝土的强度均低于单轴受力(拉或压)强度，这是由于两个方向同时受拉、压时，相互助长了试件在另一个方向的受拉变形，加速了混凝土内部微裂缝的发展，使混凝土的强度降低。

2. 剪压或剪拉复合应力状态

如果在单元体上，除作用有剪应力 τ 外，在一个面上同时作用有法向应力 σ，即形成剪拉或剪压复合应力状态。由图 1-1-6 所示的法向应力和剪应力组合时混凝土强度变化曲线可以看出，在剪拉应力状态下，随着拉应力绝对值的增加，混凝土抗剪强度降低，当拉应力约为 $0.1f_c$ 时，混凝土受拉开裂，抗剪强度降低到零。在剪压力状态下，随着压应力的增大，混凝土的抗剪强度逐渐增大，并在压应力达到某一数值时，抗剪强度达到最大值，此后，由于混凝土内部微裂缝的发展，抗剪强度随压应力的增加反而减小，当应力达到混凝土轴心抗压强度时，抗剪强度为零。

3. 三向受压应力状态

在钢筋混凝土结构中，为了进一步提高混凝土的抗压强度，常采用横向钢筋约束混凝土变形。例如，螺旋箍筋柱(见第五章§5-1)和钢管混凝土等，它们都是用螺旋形箍筋和钢管来约束混凝土的横向变形，使混凝土处于三向受压应力状态，从而使混凝土强度有所提高。

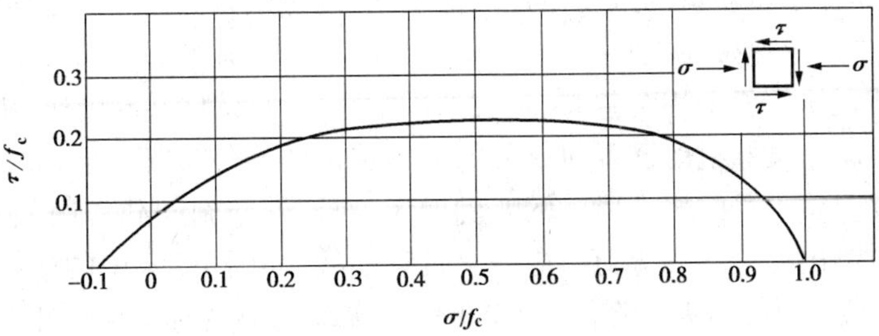

图 1-1-6 法向应力和剪应力组合时混凝土强度变化曲线

试验研究表明，混凝土三向受压时，最大主压应力轴的极限强度有很大程度的增长，其变化规律随其他两侧向应力的比值和大小而异。常规三向受压是两侧等压，最大主压应力轴的极限强度随侧向压力的增大而提高。

混凝土圆柱体三向受压的轴向抗压强度与侧压力之间的关系可用下列经验公式表示：

$$f_{cc}=f_c+K\sigma_r \tag{1-1-12}$$

式中：f_{cc}——三向受压时的混凝土轴向抗压强度；

f_c——单向受压时混凝土柱体抗压强度；

σ_r——侧向压应力；

K——侧向应力系数，侧向压力较低时，其数值较大，为简化计算，可取为常数。较早的试验资料给出 $K=4.1$，后来的试验资料给出 $K=4.5\sim7.0$。

根据近年来大量的特别是在高侧压下的试验资料，我国学者蔡绍怀建议采用下列公式：

$$f_{cc}=f_c\left(1+1.5\sqrt{\frac{\sigma_r}{f_c}}+2\frac{\sigma_r}{f_c}\right) \tag{1-1-13}$$

二、混凝土的变形性能

混凝土的变形可分为两类：一类是荷载作用下产生的受力变形，其数值和变化规律与加载方式及荷载作用持续时间有关，包括单调短期加载、多次重复加载以及荷载长期作用下的变形等；另一类是体积变形，包括混凝土收缩、膨胀和由于温度、湿度变化产生的变形。

(一)混凝土在一次短期加载时的应力—应变曲线

混凝土受压时的应力—应变曲线(图 1-1-7)，通常采用 $h/b=3\sim4$ 的棱柱体试件来测定。

从试验分析得知：

(1)当应力小于其极限强度30%～40%(a点)时，应力—应变关系接近直线。

(2)当应力继续增大时，应力—应变曲线逐渐向下弯曲，呈现出塑性性质；当应力增大到接近极限强度的80%左右(b 点)时，应变增加得更快。

(3)当应力达到极限强度(c 点)时，试件表面出现与压力方向平行的纵向裂缝，试件开始破坏。试件破坏时达到的最大应力 σ_0 称为混凝土轴心抗压强度 f_c，相应的应变为 ε_0，一般为 0.002 左右。

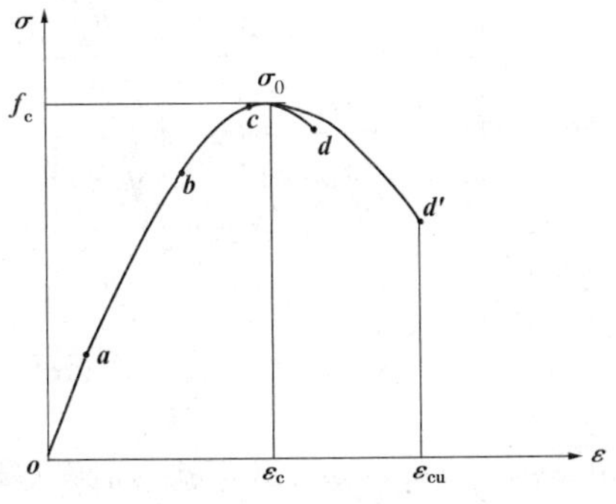

图 1-1-7 实测的混凝土受压应力—应变曲线

(4)试件在普通材料试验机上进行抗压试验时，达到最大应力后，试件就立即崩碎，呈脆性破坏特征，所得的应力—应变曲线如图 1-1-7 中的曲线段 $oabcd$，下降段曲线 cd 无一定规律。

这种突然性破坏是由于试验机的刚度不足所造成的，因为试验机在加载过程中产生变形，试件受到试验机的冲击而急速破坏。

(5)如果在普通压力机上用高强弹簧(或油压千斤顶)与试件共同受压，用以吸收试验机内所积蓄的应变能，防止试验机的回弹对试件的冲击造成的突然破坏，达到最大应力后，随试件变形的增大，高强弹簧承受的压力所占的比例增大，对试件起到卸载作用，使试件承受的压力稳定下降，就可以测出混凝土的应力—应变全过程曲线，如图 1-1-7 中的曲线段 $oabcd'$。曲线中 oc 段称为上升段，cd'段称为下降段；相应于曲线末端的应变称为混凝土的极限压应变 ε_{cu}，ε_{cu}越大，表示塑性变形能力大，也就是延性越好。

混凝土受压时应力—应变曲线的形态与混凝土强度等级和加载速度等因素有关。

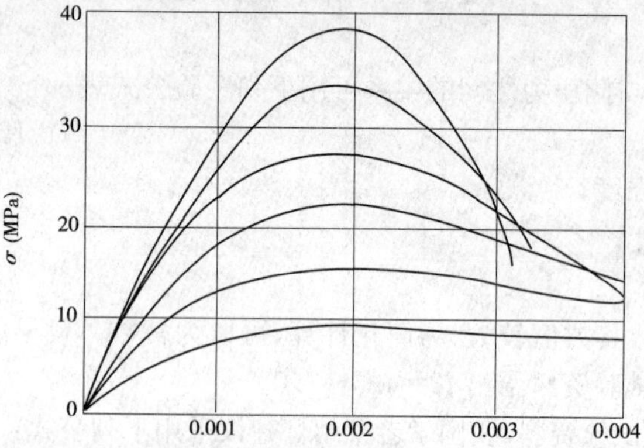

图 1-1-8　不同强度等级混凝土的应力—应变曲线

图 1-1-8 所示为不同强度等级混凝土的应力—应变曲线。不同强度等级混凝土的应力—应变曲线有着相似的形态，但曲线反映的变形特点是有区别的。试验结果表明，随着混凝土强度等级的提高，相应的峰值应变 ε_0 也略有增加，曲线的上升段形状相似，但下降段的形状有明显不同。强度等级较低的混凝土下降段较长，顶部较平缓；强度等级较高的混凝土下降段顶部陡峭，曲线较短。这表明强度等级低的混凝土受压时的延性比强度等级高的要好。

图 1-1-9 所示为相同强度等级的混凝土在不同应变速度下的应力—应变曲线。试验表明，加荷速度对混凝土应力—应变曲线的形状有影响，特别是对曲线下降段的影响更为显著、应变速度越大，下降段越陡。

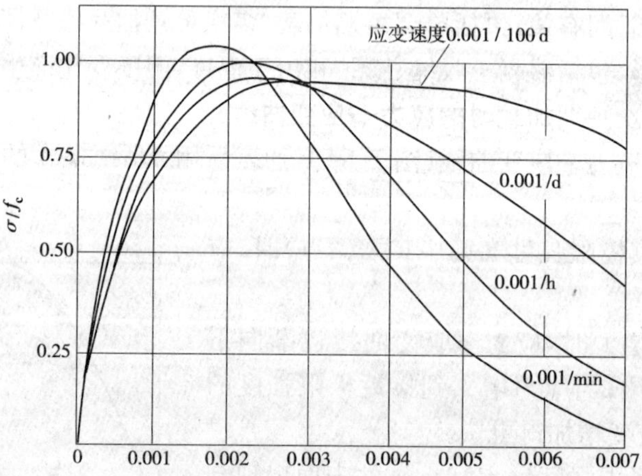

图 1-1-9　相同强度等级混凝土在不同应变速度下的应力—应变曲线

(二)混凝土受压应力—应变曲线的数学模型

混凝土的应力—应变曲线是混凝土力学特征的一个重要方面，是研究和建立混凝土结构强度、裂缝和变形计算理论，进行结构全过程分析的必要依据。国内外很多学者对混凝土应力—应变曲线进行了大量的研究，并试图在试验研究的基础上，建立混凝土应力—应变曲线数学模型，给出了一些经验公式。下面仅介绍两种国内外采用最广泛的模式。

1. 美国 E. Hognestad 建议的模型

该模型的上升段为二次抛物线，下降段为斜直线（图 1-1-10）

当 $\varepsilon_c \leqslant \varepsilon_0$ 时（上升段）：

$$\sigma_c = \sigma_0 \left[2\frac{\varepsilon_c}{\varepsilon_0} - \left(\frac{\varepsilon_c}{\varepsilon_0} \right)^2 \right] \tag{1-1-14}$$

当 $\varepsilon_0 < \varepsilon_c \leqslant \varepsilon_{cu}$ 时（下降段）：

$$\sigma_c = \sigma_0 \left[1 - 0.15\frac{\varepsilon_c - \varepsilon_0}{\varepsilon_{cu} - \varepsilon_0} \right] \tag{1-1-15}$$

2. 德国 Rüsch 建议的模型

该模型的上升段与 E. Hognestad 建议的模型相同，但下降段采用水平线（图 1-1-11）。

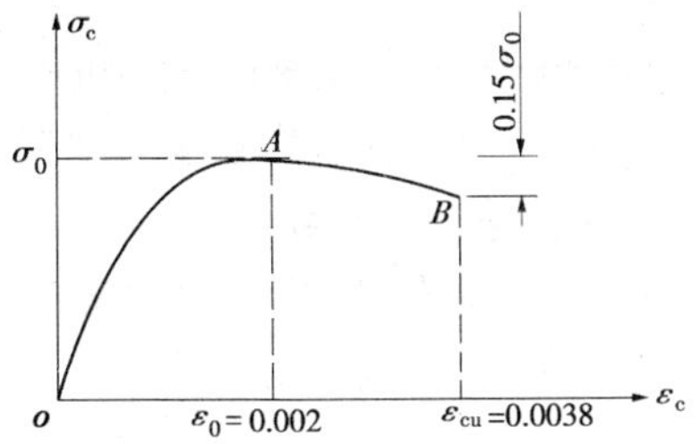

图 1-1-10　E. Hognestad 建议的混凝土应力—应变曲线

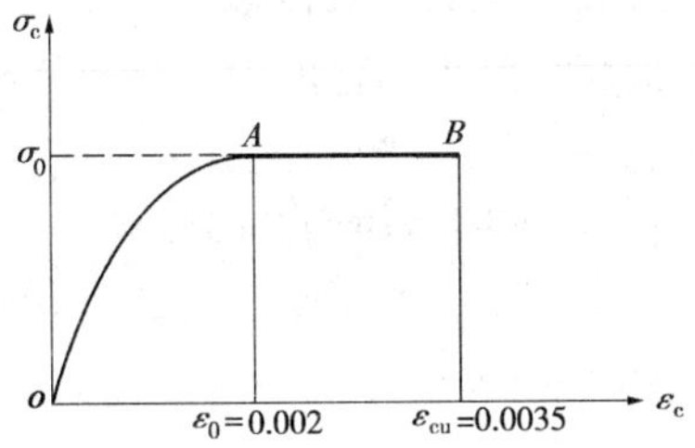

图 1-1-11　Rüsch 建议的混凝土应力—应变曲线

当 $\varepsilon_c \leqslant \varepsilon_0$ 时（上升段）：

$$\sigma_c = \sigma_0 \left[2\frac{\varepsilon_c}{\varepsilon_0} - \left(\frac{\varepsilon_c}{\varepsilon_0} \right)^2 \right] \tag{1-1-16}$$

当 $\varepsilon_c < \varepsilon_0 \leqslant \varepsilon_{cu}$ 时（水平段）：

$$\sigma_c = \sigma_0 \tag{1-1-17}$$

式中：σ_0——峰值应力，取 $\sigma_0 = 0.85 f'_c$，f'_c 为混凝土圆柱体抗压强度；

ε_0——对应于峰值应力的应变，取 $\varepsilon_0 = 0.002$；

ε_{cu}——混凝土的极限压应变，E. Hognestad 取 $\varepsilon_{cu} = 0.0038$，Rüsch 取 $\varepsilon_{cu} = 0.0035$。

Rüsch 建议的模型因其形式简单，已被欧洲国际混凝土协会和国际预应力协会（CEB—FIP）所采用。我国采用较多的也是 Rüsch 建议的模型，对中、低强度混凝土习惯于取 $\varepsilon_0 = 0.002$，$\varepsilon_{cu} = 0.0033$，并将峰值应力 $\sigma_0 = 0.85 f'_c$ 按我国混凝土强度标准进行换算，大致相当于 $\sigma_0 = f_c$，f_c 为混凝土轴心抗压强度。

近年来开展的高强度混凝土研究表明，随着混凝土强度的提高，混凝土受压时的应力—应变曲线将逐渐变化，其上升段近似线性关系，对应峰值应力的应变稍有提高，下降段变陡，极限应变有所减少。为了综合反映低、中强度混凝土及高强度混凝土特征，《混凝土结构设计规范》（GB 50010—2002）[以下简称《建混规》（GB 50010）]将原规范的混凝土应力—应变曲线改写为下列通用式：

$$\sigma_c = f_{cd} \left[1 - \left(1 - \frac{\varepsilon_c}{\varepsilon_0} \right)^n \right] \tag{1-1-18}$$

当 $\varepsilon_0 < \varepsilon_c \leqslant \varepsilon_{cu}$ 时（水平段）：

$$\sigma_c = f_{cd} \tag{1-1-19}$$

根据国内 64 个高强度混凝土偏心受压试验结果，给出的 n、ε_0 和 ε_{cu} 值为：

$$n = 2 - \frac{1}{60}[f_{cu,k} - 50] \tag{1-1-20}$$

$$\varepsilon_0 = 0.002 + 0.5[f_{cu,k} - 50] \times 10^{-5} \tag{1-1-21}$$

$$\varepsilon_{cu} = 0.0033 - [f_{cu,k} - 50] \times 10^{-5} \tag{1-1-22}$$

上述式中：σ_c——对应于混凝土应变为 ε_c 时的混凝土压应力；

f_{cd}——混凝土轴心抗压强度设计值；

ε_0——对应于混凝土压应力达到 f_{cd} 时的混凝土压应变，当按公式(1-1-21)计算的 ε_0 值小于 0.002 时，应取为 0.002；

ε_{cu}——正截面处于非均匀受压时混凝土极限压应变，按公式(1-1-22)的 ε_{cu} 值大于 0.0033 时，应取为 0.0033；正截面处于轴心受压时的混凝土极限压应变应取为 0.002；

$f_{cu,k}$——混凝土的立方体抗压强度标准值；

n——系数，当按公式(1-1-20)计算的 n 值大于 2.0 时，应取为 2.0。

(三)混凝土的变形模量

在钢筋混凝土结构的内力分析及构件的变形计算中，混凝土的弹性模量是不可缺少的基础资料之一。前已指出，混凝土的应力—应变关系是一条曲线，只是在应力较小时才接近于直线。因此，在不同的应力阶段反映应力—应变关系的变形模量是一个变数。

图 1-1-12 所示为混凝土应力—应变的典型曲线，图中 ε_c 为当混凝土压应力为 σ_c 时的总应变，其中包括弹性应变和塑性应变两部分，即：

$$\varepsilon_c = \varepsilon_{ela} + \varepsilon_{pla} \tag{1-1-23}$$

式中：ε_{ela}——混凝土的弹性应变；

ε_{pla}——混凝土的塑性应变。

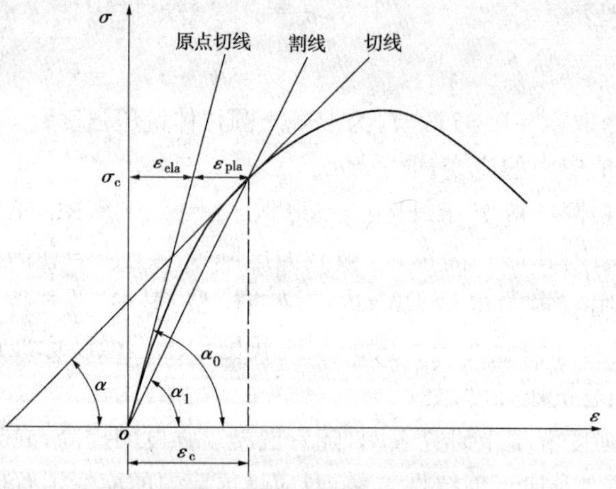

图 1-1-12　混凝土变形模量的表示方法

混凝土的变形模量有以下三种表示方法。

1. 原点弹性模量，简称弹性模量 E_c

混凝土的弹性模量，相当于应力—应变图上过原点 o，所作的切线的斜率（正切值），其表达式为：

$$E_c = \sigma_c / \varepsilon_{ela} = \tan\alpha_0 \tag{1-1-24}$$

式中：α_0——应力—应变图上原点处的切线与横坐标轴的夹角。

2. 割线模量 E_c'

混凝土的割线模量相当于应力—应变图上连接原点 o 至任意应力 σ_c 相对应的曲线点处

割线的斜率(正切值),其表达式为:

$$E'_c = \sigma_c/\varepsilon_c = \tan\alpha_1 \tag{1-1-25}$$

式中:α_1——对应于应力 σ_c 处的割线与横坐标轴的夹角。

由于总应变 ε_c 中包含弹性应变 ε_{ela} 和塑性应变 ε_{pla} 两部分,由此所确定的模量又称为弹塑性模量。

混凝土的割线模量与弹性模量的关系,可由下式求得:

$$E'_c = \frac{\sigma_c}{\varepsilon_c} = \frac{\varepsilon_{ela}}{\varepsilon_c} \cdot \frac{\sigma_c}{\varepsilon_{ela}} = \nu E_c \tag{1-1-26}$$

式中:ν——弹性应变与总应变的比值,$\nu=\varepsilon_{ela}/\varepsilon_c$,称为弹性特征系数。

显然,公式(1-1-26)给出的混凝土割线模量 E'_c 不是常数,弹性特征系数 ν 与应力大小有关。应力较小时,弹性应变所占总应变的比例较大,ν 值接近于 1;应力增高时,塑性应变加大,ν 值逐渐减小。试验资料给出,当 $\sigma_c=0.5f_c$ 时,$\nu=0.8\sim0.9$;当 $\sigma_c=0.9f_c$ 时,$\nu=0.4\sim0.8$。此外,ν 值还与混凝土的强度等级有关,混凝土强度等级越高,ν 值越大,弹性特征较为显著,塑性性能越差。

3. 切线模量 E''_c

混凝土的切线模量相当于应力—应变曲线上某一应力 σ_c 处所作切线的斜率(正切值),即应力增量与应变增量的比值,其表达式为

$$E''_c = d\sigma_c/d\varepsilon_c = \tan\alpha \tag{1-1-27}$$

式中:α——某点应力 σ_c 处的切线与横坐标轴的夹角。

由于混凝土塑性变形的发展,混凝土的切线模量也是一个变数,它随着混凝土应力的增大而减小。

在实际工作中应用最多的还是原点弹性模量,即弹性模量。按照原点弹性模量的定义,直接在应力—应变曲线的原点作切线,找出 α_0 角是很不精确的。目前各国对弹性模量的试验方法尚没有统一的标准。我国的通用做法是对棱柱体试件先加荷至 $\sigma_c=0.5f_c$,然后卸荷至零,再重复加荷卸荷5~10次。基本上可以消除大部分塑性变形,于是应力—应变曲线接近直线,这条直线的斜率即是规范中所规定的混凝土弹性模量,它比原点弹性模量小,但比割线模量大。

按照上述方法,对不同强度等级的混凝土测得的弹性模量,经统计分析得下列经验公式:

$$E_c = \frac{10^5}{2.2 + \dfrac{34.74}{f_{cu,k}}} \quad (\text{MPa}) \tag{1-1-28}$$

式中:$f_{cu,k}$——混凝土立方体抗压强度标准值。

试验表明,混凝土的受拉弹性模量与受压弹性模量大体相等,其比值为 0.82~1.12,平均值为 0.995。计算中受拉和受压弹性模量可取同一值。

混凝土的剪切变形模量很难用试验方法确定。一般是根据弹性理论分析公式,由实测的弹性模量 E_c 和泊松比 ν_c 按下式确定:

$$G_c = \frac{E_c}{2(1+\nu_c)} \tag{1-1-29}$$

式中:ν_c——混凝土的泊松比,即混凝土横向应变与纵向应变之比。

试验研究表明,混凝土的泊松比 ν_c 随应力大小而变化,并非是常数。但是在应力不大于 $0.5f_c$ 时,可以认为 ν_c 为一定值。《桥规》(JTG D62)规定混凝土的泊松比 $\nu_c=0.2$。

当取泊松比 $\nu_c=0.2$ 代入公式(1-1-29)，求得 $G_c=0.417E_c$，《桥规》(JTG D62)规定混凝土的剪变模量 $G_c=0.4E_c$。

(四)混凝土在重复荷载作用下的应力—应变曲线

混凝土在多次重复荷载作用下的应力、应变性质与短期一次加载情况有显著不同。由于混凝土是弹塑性材料，初次卸载至应力为零时，应变不可能全部恢复。可恢复的那部分称之为弹性应变 ε_e，弹性应变包括卸载时瞬时恢复的应变和卸载后弹性后效两部分；不可恢复的部分称之为残余应变[图 1-1-13a)]。因此在一次加载卸载过程中，混凝土的应力—应变曲线形成一个环状。

混凝土在多次重复荷载作用下的应力—应变曲线示于图 1-1-13b)。当加载应力相对较小(一般认为 σ_1 或 $\sigma_2<0.5f_c$)时，随着加载卸载重复次数的增加，残余应变会逐渐减小，一般重复 5～10 次后，加载和卸载应力—应变曲线环就越来越闭合，并接近一直线，混凝土呈现弹性工作性质。

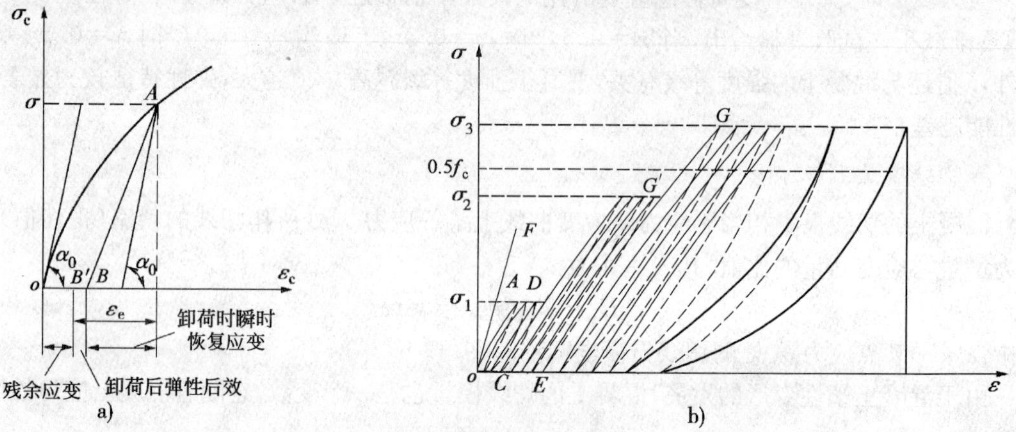

图 1-1-13　混凝土在重复荷载作用下的应力—应变曲线

a)一次加载；b)多次重复加载

如果加载应力超过某一个限值(如图中 $\sigma_3\geqslant0.5f_c$，但仍小于 f_c)时，经过几次重复加载卸载，应力—应变曲线就变成直线，再经过多次重复加载卸载后，应力—应变曲线出现反向弯曲，逐渐凸向应变轴，斜率变小，变形加大，重复加载卸载到一定次数时，混凝土试件将因严重开裂或变形过大而破坏，这种因荷载多次重复作用而引起的破坏称为疲劳破坏。

桥梁工程中，通常要求能承受 200 万次以上反复荷载并不得产生疲劳破坏，这一强度称为混凝土的疲劳强度 f_c^f，一般取 $f_c^f\approx0.5f_c$。

(五)混凝土在荷载长期作用下的变形性能

在不变的应力长期持续作用下，混凝土的变形随时间而不断增长的现象，称为混凝土的徐变(图 1-1-14)。混凝土的徐变对结构构件的变形、承载力以及预应力钢筋的应力损失都将产生重要的影响。

图 1-1-14 所示为我国铁道部科学院所做的混凝土棱柱体试件徐变的试验曲线，试件加载至应力达 $0.5f_c$ 时，保持应力不变。由图可见，混凝土的总应变由两部分组成，即加载过程中完成的瞬时应变 ε_{ela} 和荷载持续作用下逐渐完成的徐变应变 ε_{cr}。徐变开始增长较快，以后逐渐减慢，经过长时间后基本趋于稳定。通常在前 4 个月内增长较快，半年内可完成总徐变量的 70%～80%，第一年内可完成 90%左右，其余部分持续几年才能完成。最终总徐变量约为瞬时应变的 2～4 倍。此外，图中还表示了两年后卸载时应变的恢复情况，其中 ε'_{ela} 为卸载时瞬时恢复的应变，其值略小于加载时的瞬时应变 ε_{ela}，ε''_{ela} 为卸载后的弹性后效，即卸载后经过 20d 左

右又恢复的一部分应变，其值约为总徐变量的 1/12，其余很大一部分应变是不可恢复的，称为残余应变 ε'_{cr}。

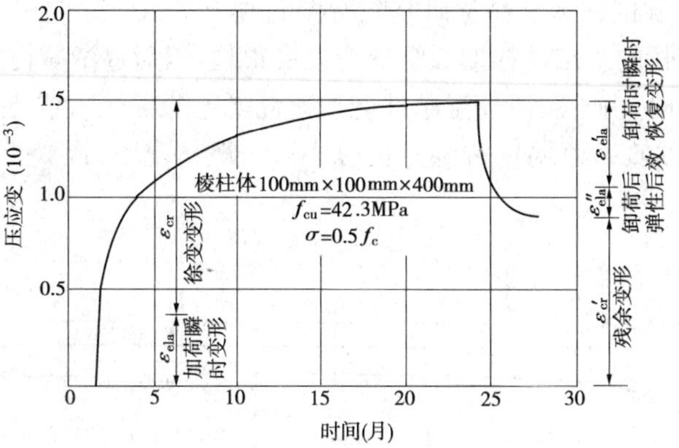

图 1-1-14　混凝土的徐变（加载卸载应变与时间关系曲线）

关于徐变产生的原因，目前尚无统一的解释，通常可这样理解：一是混凝土中水泥凝胶体在荷载作用下产生黏性流动，并把它所承受的压力逐渐转给集料颗粒，使集料压力增大，试件变形也随之增大；二是混凝土内部的微裂缝在荷载长期作用下不断发展和增加，也使应变增大。当应力不大时，徐变的发展以第一种原因为主；当应力较大时，以第二种原因为主。

影响混凝土徐变的因素很多，从结构角度分析，持续应力的大小和受荷时混凝土的龄期（即硬化强度）是影响混凝土徐变的主要因素。

试验表明，混凝土的徐变与持续应力的大小有着密切关系，持续应力越大，徐变也越大。当持续应力较小时（例如，$\sigma_c \leqslant 0.5f_c$），徐变与应力成正比，这种情况称为线性徐变。通常将线性徐变用徐变系数 $\phi_{(t,t_0)}$ 乘以瞬时应变（即弹性应变）ε_{ela} 表示。

$$\varepsilon_{cr} = \phi_{(t,t_0)}\varepsilon_{ela} \tag{1-1-30}$$

式中：$\phi_{(t,t_0)}$——加载龄期为 t_0，计算考虑的龄期为 t 时的徐变系数。

当持续应力较大时（例如，$\sigma_c > 0.5f_c$），徐变与应力不成正比，徐变比应力增长更快，称为非线性徐变。因此，如果构件在使用期间长时间处于高应力状态是不安全的。

试验表明，受荷时混凝土的龄期（即硬化程度）对混凝土的徐变有重要影响。受荷时混凝土的龄期越短，混凝土中尚未完全结硬的水泥凝胶体越多，徐变也越大。因此，混凝土结构过早地受荷（即过早的拆除底模板），将产生较大的徐变，对结构是不利的。

此外，混凝土的组成对混凝土的徐变也有很大影响。水灰比越大，水泥水化后残存的游离水越多，徐变越大；水泥用量越多，水泥凝胶体在混凝土中所占比重越大，徐变越大；集料越坚硬，弹性模量越高，以及集料所占体积比越大，则由水泥凝胶体流动后转给集料的压力所引起的变形越小。

外部环境对混凝土的徐变亦有重要影响。养护环境湿度越大，温度越高，水泥水化作用越充分，则徐变就越小。混凝土在使用期间处于高温、干燥条件下所产生的徐变比低温、潮湿环境下明显增大。此外，由于混凝土中水分的挥发逸散与构件的体积与表面积比有关，这些因素都对徐变有所影响。

（六）混凝土的收缩和膨胀

混凝土在空气中结硬时其体积会缩小，这种现象称为混凝土收缩；混凝土在水中结硬时体积会膨胀，称为混凝土的膨胀。一般来说，混凝土的收缩值比膨胀值大得多。

混凝土产生收缩的原因，一般认为是由水泥凝胶体本身的体积收缩（凝缩）以及混凝土因失水产生的体积收缩（干缩）共同造成的。

图 1-1-15 所示为我国铁道部科学研究院所作混凝土自由收缩的试验曲线。由图可见，收缩应变是随时间而增长的。结硬初期收缩应变发展很快，以后逐渐减慢，整个收缩过程可延续两年左右。蒸气养护时，由于高温高湿条件能加速混凝土的凝结和结硬过程，减少混凝土的水分蒸发，因而混凝土的收缩值要比常温养护时小。一般情况下，混凝土的收缩应变终值约为 $(2\sim5)\times10^{-4}$。

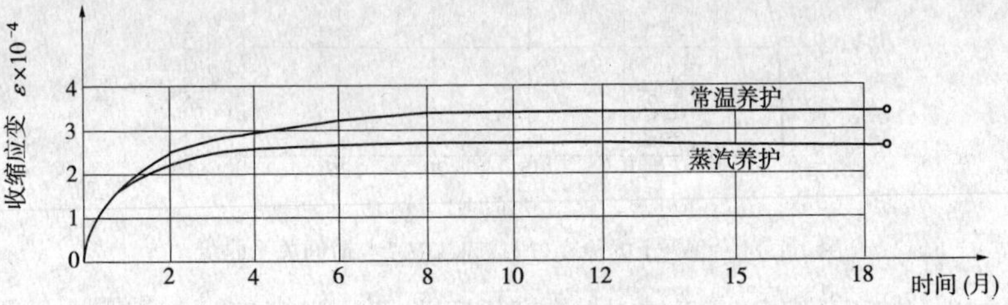

图 1-1-15　混凝土的收缩

影响混凝土收缩的因素很多，如混凝土的组成、外部环境等因素对收缩和徐变有类似的影响。

当混凝土受到各种制约不能自由收缩时，将在混凝土中产生拉应力，甚至导致混凝土产生收缩裂缝。在钢筋混凝土构件中，钢筋因受到混凝土收缩影响产生压应力，而混凝土则产生拉应力，如果构件截面配筋过多，构件就可能产生收缩裂缝。在预应力混凝土构件中，混凝土收缩将引起预应力损失。收缩对某些钢筋混凝土超静定结构也将产生不利影响。

§1-2　钢筋的物理力学性能

一、钢筋的成分、级别、品种

钢筋混凝土结构所采用的钢筋按其化学成分，可分为碳素钢及普通低合金钢两大类。

碳素钢除了铁、碳两种基本元素外，还含有少量硅、锰、硫、磷等元素。根据含碳量的多少又可分为低碳钢（含碳量＜0.25％）、中碳钢（含碳量0.25％～0.6％）及高碳钢（含碳量0.6％～1.4％）。含碳量越高则强度越高，但塑性和可焊性降低。

普通低合金钢除碳素钢中已有的成分外，再加入少量（一般总量不超过 3％）的合金元素如硅、锰、钛、钒和铬等，可有效地提高钢材的强度和改善钢材的性能。

按钢筋的加工方法，钢筋可分为热轧钢筋、冷拉钢筋、冷轧带肋钢筋、热处理钢筋和钢丝五大类。《桥规》(JTG D62)推荐，用于钢筋混凝土桥梁结构的钢筋主要选取**热轧钢筋**、**碳素钢丝**和**精轧螺纹钢筋**三大类。

热轧钢筋是将钢材在高于再结晶温度状态下，用机械方法轧制成不同外形的钢筋。

热轧钢筋按外形可分为光面钢筋和带肋钢筋两大类。

光面钢筋的强度等级代号为 R235，相当于原标准的 I 级钢筋，厂家生产的公称直径范围为 8～20mm。R235 钢筋属于低碳钢，其强度较低，但塑性和可焊性能较好。

带肋钢筋按强度分为 HRB335 和 HRB400、KL400 两个等级。HRB335 钢筋相当于原标准的 II 级钢筋，厂家生产的公称直径范围为 6～50mm，推荐采用直径一般不超过 32mm。

HRB335 钢筋属于普通低合金钢，强度、塑性和可焊性等综合性能都较好，钢筋表面带肋，与混凝土黏结性能也较好。HRB400 和 KL400 钢筋相当于原标准的 III 级钢筋。其中 HRB400 为按国家标准《钢筋混凝土用钢：热轧带肋钢筋》(GB 1499.2—2007)生产的热轧钢筋，公称直径范围为 6～50mm；KL400 为按国家标准《钢筋混凝土用余热处理钢筋》(GB 13014—1991)生产的余热处理钢筋，即在钢筋经过热轧后立即穿水，进行表面冷却，然后利用心部余热自身完成回火处理，厂家生产的公称直径范围为 8～40mm。

碳素钢丝又称高强钢丝，一般是将热轧 $\phi8$ 高碳钢盘条加热到 850～950℃，并经在 500～600℃的铅浴中淬火，使其具有较高的塑性，然后再经酸洗、镀铜、拉拔、矫直、回火、卷盘等工艺生产而得。

碳素钢丝具有强度高、无需焊接、使用方便等优点，广泛应用于预应力混凝土结构。

碳素钢丝按其外形分为光面钢丝、螺旋肋钢丝和刻痕钢丝三种类型。

光面钢丝一般以多根钢丝组成钢丝束或由若干根钢丝扭结成钢绞线的形式应用。桥梁工程中常用的钢绞线有：1×2(两股)、1×3(三股)、1×7(七股)。其中采用最多的是七股钢绞线，由于组成钢绞线的钢丝直径不同，其公称直径为 9.5mm、11.1mm、12.7mm 和 15.2mm 四种规格。钢绞线截面集中，盘卷运输方便，与混凝土黏结性能良好，现场配束方便，是预应力混凝土桥梁广泛采用的钢筋。

螺旋肋钢丝和刻痕钢丝，与混凝土之间的黏结性能好，适用于先张法预应力混凝土结构，目前我国生产的螺旋肋钢丝和刻痕钢丝的规格有 $d=4$～9mm。

精轧螺纹钢筋是按企业标准(Q/YB-3125—96)和(Q/ASB 116-1997)生产的高强度钢筋，供货规格有 $d=18$mm、25mm、32mm 和 40mm 四种。精轧螺纹钢的强度较高，主要用于中小跨径的预应力混凝土桥梁构件。

钢筋选择原则：

新编《混凝土结构设计规》(GB 50010—2010)根据我国冶金工业提供的钢筋产品新标准，将 HRB500 高强热轧带肋钢筋和 HPB300 光圆钢筋列入钢筋混凝土结构用钢之列。提出了推广具有较好延性、可焊性、机械连接性及施工适应性的 HRB 系列普通热轧带肋钢筋的指导性意见。在规范条文说明中明确提出了“推广 HRB400、HRB500 高强热轧带肋钢筋，作为纵向受力钢筋的主导钢筋；限制并准备逐步淘汰 235MPa 级热轧钢筋的应用，以 HPB300 光圆钢筋取代 R235 光圆钢筋”的选择钢筋的原则意见。

应该指出，新编《混凝土结构设计规范》(GB 50010—2010)提出的钢筋选用原则是基于混凝土结构对钢筋性能的要求，在总结分析我国钢筋应用中存在强度偏低的问题，参照国际上不断提高钢筋强度的趋势及我国冶金工业发展进步所能提供的产品标准的基础上提出的。推广采用较高强度的钢筋，可以降低配筋率，减少施工工程量，明显提高工程的经济效益。

《桥规》(JTG D62)虽然没有明确提出钢筋混凝土结构以 HRB400、HRB500 为主导钢筋的设计思想，但已将 HRB400 作为钢筋混凝土结构主要用钢之一列入规范。我们相信，随着科研和工程实践的进展，高强钢筋在桥梁工程中的应用，必然会有更大的发展。

二、钢筋的强度和变形

(一)钢筋的应力—应变曲线

根据钢筋在单向受拉时的应力—应变曲线特点，可将钢筋分为有明显屈服点和无明显屈服点两类。

1. 有明显屈服点的钢筋应力—应变曲线

一般热轧钢筋属于有明显屈服点的钢筋，工程上习惯称为软钢，其拉伸试验的典型应力—应变曲线如图 1-2-1 所示。

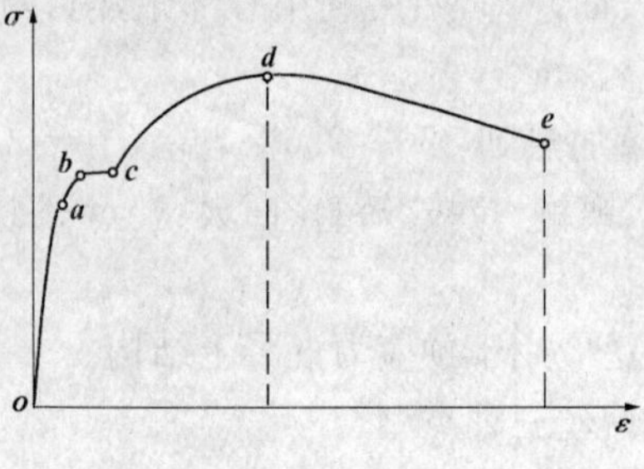

图 1-2-1　有明显屈服点的钢筋应力—应变曲线

从图 1-2-1 可以看出，软钢从加载到拉断，共经历四个阶段。自开始加载至应力达到 a 点以前，应力—应变呈线性关系，a 点应力称为比例极限，oa 段属于弹性工作阶段；过 a 点后，应变的增长速度略快于应力，应力达到 b 点后，钢筋进入屈服阶段，产生很大的塑性变形，在应力—应变图上呈现一水平段，称为屈服台阶或流幅，b 点应力称为屈服强度或流限；过 c 点后，钢筋应力开始重新增长，应力—应变关系表现为上升的曲线，曲线最高点 d 的应力称为极限抗拉强度，曲线 cd 段通常称为强化阶段；超过 d 点后，在试件内部某个薄弱部分，截面将突然急剧缩小，发生局部颈缩现象，应力—应变关系呈下降曲线，应变继续增加，直到 e 点试件断裂，e 点所对应的应变称为钢筋极限拉应变，曲线 de 段称为破坏阶段。

有明显屈服点的钢筋有两个强度指标：一是 b 点所对应的屈服强度，另一个是 d 点对应的极限强度。工程上取屈服强度作为钢筋强度取值的依据，因为钢筋屈服后产生了较大的塑性变形，将使构件变形和裂缝宽度大大增加，以致无法使用。钢筋的极限强度是钢筋的实际破坏强度，不能作为设计中钢筋强度取值的依据。

2. 无明显屈服点的钢筋应力—应变曲线

各种类型的钢丝属于无明显屈服点的钢筋，工程上习惯称为硬钢。硬钢拉伸试验时的典型应力—应变曲线示如图 1-2-2 所示。

从图 1-2-2 可以看出，在应力达到比例极限 a 点（约为极限强度的0.65倍）之前，应力—应变关系呈直线变化，钢筋具有明显的弹性性质。超过 a 点之后，钢筋表现出越来越明显的塑性性质，但应力、应变均持续增长，应力—应变曲线无明显的屈服点，到达极限抗拉强度 b 点后，同样出现钢筋的颈缩现象，应力—应变曲线表现为下降段，至 c 点钢筋被拉断。

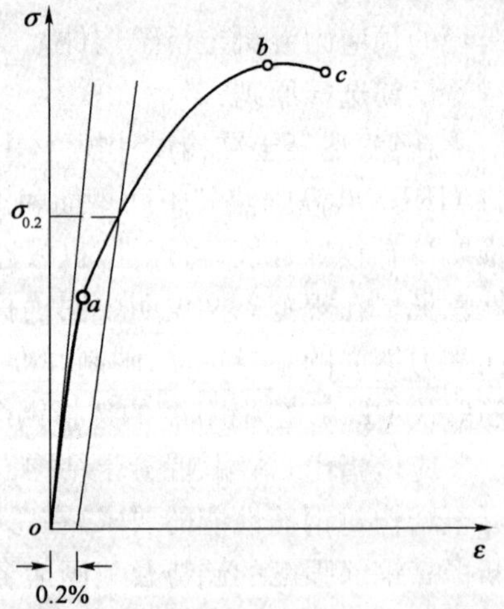

图 1-2-2　无明显屈服点的钢筋应力—应变曲线

无明显屈服点的钢筋（硬钢）只有一个强度指标，即 b 点所对应的极限抗拉强度。在工程设计中，极限抗拉强度不能作为钢筋强度取值的依据，一般取残余应变为 0.2%所对应的应力 $\sigma_{0.2}$ 作为无明显屈服点钢筋的强度限值，通常称为条件屈服强度。对高强钢丝，条件屈服强度不小于极限抗拉强度的 0.85 倍。为简化计算，《桥规》(JTG D62)取 $\sigma_{0.2}=0.85\sigma_b$，其中 σ_b 为无明显屈服点钢筋的抗拉极限强度。

3. 钢筋应力—应变曲线的数学模型

在钢筋混凝土结构设计和理论分析中，常需将钢筋的应力—应变曲线理想化，对不同性质的钢筋建立不同的应力—应变曲线数学模型。

(1)双直线模型(完全弹塑性模型)

将钢筋视为理想的弹塑性体,应力—应变曲线简化为两根直线,不考虑由于应变硬化而增加的应力[图 1-2-3a)]。图中 oB 段为完全弹性阶段,B 点为屈服上限,相应的应力及应变分别为 f_y 和 ε_y,弹性模量 E_s 即为 oB 段的斜率;BC 段为完全塑性阶段,C 点为应力强化的起点,对应的应变为 ε_{sh}。过 C 点后,认为钢筋变形过大不能正常使用。此模型适用于屈服台阶宽度较长强度等级较低的软钢,其数学表达式为:

$$\left.\begin{aligned}&\text{当 } \varepsilon_s \leqslant \varepsilon_y \text{ 时,取} && \sigma_s = E_s\varepsilon_s \\ &\text{当 } \varepsilon_y \leqslant \varepsilon_s \leqslant \varepsilon_{sh} \text{ 时,取} && \sigma_s = f_y\end{aligned}\right\} \tag{1-2-1}$$

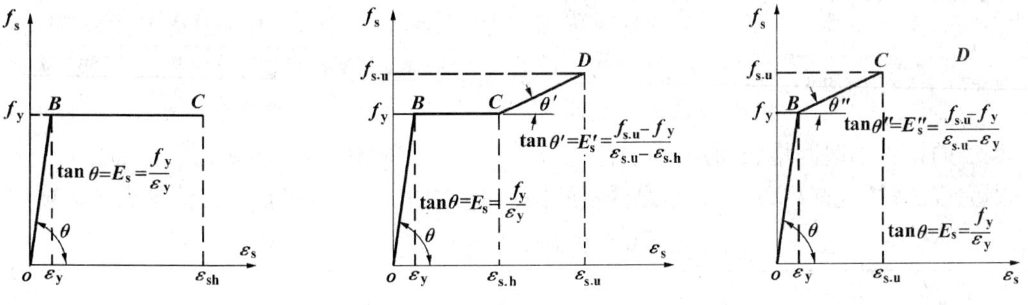

a)　　　　b)　　　　c)

图 1-2-3　钢筋应力—应变曲线的数学模型

(2)三折线模型(完全弹塑性加硬化模型)

对于屈服后立即发生应变硬化(应力强化)的钢材,为了正确地估计高出屈服应变后的应力,可采用三折线模型[图 1-2-3b)]。图中 oB 段为完全弹性阶段,BC 段为完全塑性阶段,C 点为硬化的起点,CD 段为硬化阶段,到 D 点时拉应力达到极限值 $f_{s.u}$,相应的应变为 $\varepsilon_{s.u}$,即认为钢筋破坏。三折线模型适用于屈服台阶长度较短的软钢。其数学表达式为:

$$\begin{aligned}&\text{当 } \varepsilon_s \leqslant \varepsilon_y \text{ 时,取} && \sigma_s = E_s\varepsilon_s \\ &\text{当 } \varepsilon_y \leqslant \varepsilon_s \leqslant \varepsilon_{s.h} \text{ 时,取} && \sigma_s = f_y \\ &\text{当 } \varepsilon_{s.h} \leqslant \varepsilon_s \leqslant \varepsilon_{s.u} \text{ 时,取} && \sigma_s = f_y + (\varepsilon_s - \varepsilon_{s.h})\tan\theta'\end{aligned} \tag{1-2-2}$$

式中:$\tan\theta' = E_s' = (f_{su} - f_y)/(\varepsilon_{s.u} - \varepsilon_{s.h})$。

(3)双斜线模型

对于无明显屈服点的高强钢筋或钢丝的应力—应变曲线可采用双斜线模型[图 1-2-3c)]。图中 B 点为条件屈服点,C 点的应力达到极限值 $f_{s.u}$,相应的应变为 $\varepsilon_{s.u}$。双斜线模型的数学表达式为:

$$\begin{aligned}&\text{当 } \varepsilon_s \leqslant \varepsilon_y \text{ 时,取} && \sigma_s = E_s\varepsilon_s \\ &\text{当 } \varepsilon_y \leqslant \varepsilon_s \leqslant \varepsilon_{s.u} \text{ 时,取} && \sigma_s = f_y + (\varepsilon_s - \varepsilon_y)\tan\theta''\end{aligned} \tag{1-2-3}$$

式中:$\tan\theta'' = E_s'' = (f_{s.u} - f_y)/(\varepsilon_{s.u} - \varepsilon_y)$。

(二)钢筋的塑性性能

钢筋除应具有足够的强度外,还应具有一定的塑性变形能力。钢筋的塑性性能通常用延伸率和冷弯性能两个指标来衡量。

钢筋延伸率是指钢筋试件上标距为 $10d$ 或 $5d$（d 为钢筋试件直径）范围内的极限伸长率，记为 δ_{10} 或 δ_5。钢筋的延伸率越大，表明钢筋的塑性越好。

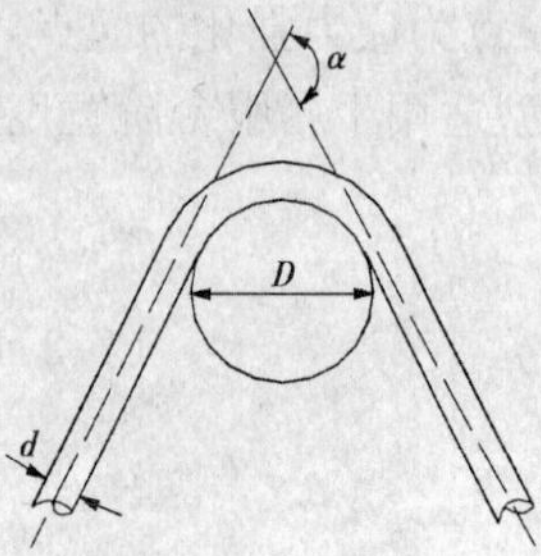

图 1-2-4　钢筋的冷弯

冷弯是将直径为 d 的钢筋围绕某个规定直径 D（规定 D 为 $1d$、$2d$、$3d$、$4d$、$5d$）的辊轴弯曲成一定的角度（90°或 180°），弯曲后钢筋应无裂纹、鳞落或断裂现象（图 1-2-4）。弯心（辊轴）的直径越小，弯转角越大，说明钢筋的塑性越好。

(三)钢筋的松弛

钢筋受力长度保持不变的情况下，应力随时间增长而降低的现象称为松弛（又称为徐舒）。预应力混凝土结构中，预应力钢筋张拉后长度基本保持不变，将产生松弛现象，从而引起预应力损失。

钢筋的松弛随时间增长而加大，总的趋势是初期发展较快，10～20d 完成大部分，1～2 个月基本完成。《桥规》(JTG D62)给出的钢筋松弛损失中间值与终极值的比值见表 1-2-1。

钢筋松弛与时间的关系　　表 1-2-1

时间(d)	2	10	20	30	40
比值	0.5	0.61	0.74	0.87	1.0

钢筋的松弛还与初始应力大小、温度和钢筋品种等因素有关。初始应力越大则松弛也越大。温度对松弛也有很大影响，应力松弛值随温度的升高而增加，同时这种影响还会长期存在。因此，对蒸气养生的预应力混凝土构件应考虑温度对钢筋松弛的影响。不同钢种的钢筋松弛值差异很大。低合金钢热轧钢筋的松弛值相对较小，热处理钢筋次之，高强钢丝和钢绞线的松弛值相对较大。目前我国生产的高强钢丝和钢绞线按其生产工艺不同分为 I 级松弛（普通松弛）和 II 级松弛（低松弛）两种类型。低松弛钢丝和钢绞线的松弛值，约为普通松弛者的 1/3。

三、钢筋的接头、弯钩和弯折

(一)钢筋的接头

为了运输方便，工厂生产的钢筋除小直径钢筋按盘圆供应外，一般长度为 10～12m。因此，在使用时就需要用钢筋接头接长至设计长度。钢筋接头有焊接接头、绑扎接头和机械连接接头等三种形式。钢筋接头宜优先采用焊接接头和机械连接接头。当施工或构造条件有困难时，也可采用绑扎接头。

1. 焊接接头

焊接接头是钢筋混凝土结构中采用最多的接头。钢筋焊接方法很多，工程上应用最多的是闪光接触对焊和电弧搭接焊。

闪光接触对焊[图 1-2-5a)]是将两根钢筋安放成对接形式，利用电阻热使接触点金属熔化，产生强烈飞溅，形成闪光，迅速施加顶压力完成的一种压焊方法。闪光接触对焊质量高，加工简单。

钢筋电弧焊[图 1-2-5b)、c)]是以焊条作为一极，钢筋为另一极，利用焊接电流，通过产生的电弧热进行焊接的一种熔焊方法。钢筋电弧焊可采用搭接焊和帮条焊两种形式。搭接焊[图1-2-5b)]是将端部预先折向一侧的两根钢筋搭接并焊在一起。帮条焊[图 1-2-5c)]是用短钢筋或短角钢等作为帮条，将两根钢筋对接拼焊，帮条的总截面面积不应小于被焊钢筋的截面面积。电弧焊一般应采用双面焊缝，施工有困难时亦可采用单面焊缝。电弧焊接头的焊缝长度，双面焊缝不应小于 $5d$，单面焊缝不应小于 $10d$(d 为钢筋直径)。

在任一焊接接头中心至长度为钢筋直径的35 倍，且不小于 500mm 的区段内，同一根钢筋不得有两个接头。在该区段内位于受拉区的有接头的受力钢筋的截面面积占受力钢筋总截面面积的比例应不超过 50%，对受压区的钢筋可不受此限。

帮条焊或搭接焊接头部分钢筋的横向净距不应小于钢筋直径，且不小于 25mm。

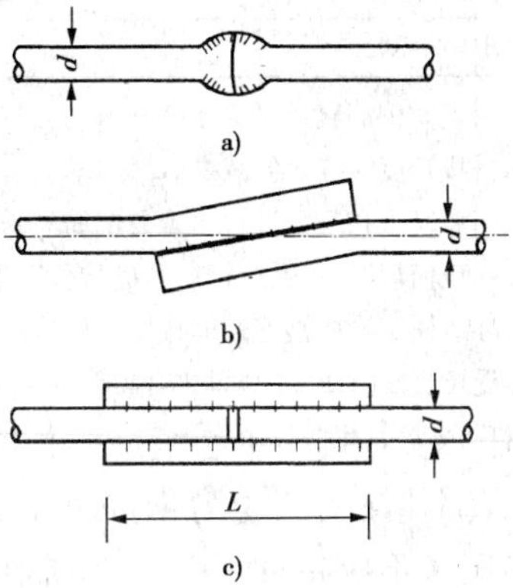

图 1-2-5　钢筋的焊接接头

2. 机械连接接头

钢筋机械连接接头是近年来我国所研制开发的钢筋连接新技术。钢筋机械连接接头与传统的焊接头和绑扎接头相比较，具有接头性能可靠、质量稳定、不受气候及焊工技术水平的影响，连接速度快、安全、无明火、不需要大功率电源，可焊与不可焊钢筋均能可靠连接等优点。《桥规》(JTG D62)推荐采用套筒挤压接头和镦粗直螺纹接头。

(1)套筒挤压接头

套筒挤压接头是将两根待连接的带肋钢筋用钢套筒作为连接体，套于钢筋端部，使用挤压设备沿套筒径向挤压，使钢套筒产生塑性变形，依靠变形的钢套筒与钢筋紧密结合为一个整体。套筒挤压接头适用于直径为 16～40mm 的 HRB335 和 HRB400 带肋钢筋，其性能及质量检验标准应符合国家行业标准《带肋钢筋挤压连接技术规程》(JGJ 108)的要求。

(2)镦粗直螺纹接头

镦粗直螺纹接头是将钢筋的连接端先行镦粗，再加工出圆柱螺纹，并用连接套筒连接的钢筋接头。镦粗直螺纹接头适用于直径为 18～40mm 的 HRB335 和 HRB400 钢筋的连接，其性能和质量检验标准应符合国家行业标准《镦粗直螺纹钢筋接头》(JG/T 3057)的要求。

3. 绑扎接头

绑扎接头是将两根钢筋搭接一定长度并用铁丝绑扎，通过钢筋与混凝土的黏结力传递内力。绑扎接头是过去的传统作法，为了保证接头处传递内力的可靠性，连接钢筋必须具有足够的搭接长度。为此，《桥规》(JTG D62)对绑扎接头的应用范围、搭接长度及接头布置都作了严格的规定。

绑扎接头的钢筋直径不宜大于 28mm，但轴心受压和偏心受压构件中的受压钢筋，可不大于 32mm。轴心受拉和小偏心受拉构件不得采用绑扎接头。

受拉钢筋绑扎接头的搭接长度，应符合表 1-2-2 的规定；受压钢筋绑扎接头的搭接长度应取受拉钢筋绑扎接头搭接长度的 0.7 倍。

受拉钢筋绑扎接头搭接长度 表 1-2-2

钢筋种类	混凝土强度等级		
	C20	C25	>C25
R235	35d	30d	25d
HRB335	45d	40d	35d
HRB400、KL400	—	50d	45d

注:1. 当带肋钢筋直径 d 大于 25mm 时,其受拉钢筋的搭接长度应按表值增加 5d 采用;当带肋钢筋直径小于 25mm 时,搭接长度应按表值减少 5d 采用。

2. 当混凝土在凝固过程中受力钢筋易受扰动时,其搭接长度应增加 5d。

3. 在任何情况下,受拉钢筋的搭接长度不应小于 300mm;受压钢筋的搭接长度不应小于 200mm。

4. 环氧树脂涂层钢筋的绑扎接头搭接长度,受拉钢筋按表值的 1.5 倍采用。

5. 受拉区段内,R235 钢筋绑扎接头的末端应做成弯钩,HRB335、HRB400 和 KL400 钢筋的末端可不做成弯钩。

在任一绑扎接头中心至搭接长度的 1.3 倍长度区段内,同一根钢筋不得有两个接头;在该区段内有绑扎接头的受力钢筋截面面积占受力钢筋总截面面积的百分数,受拉区不应超过 25%,受压区不应超过 50%。当绑扎接头的受力钢筋截面面积占受力总截面面积超过上述规定时,表 1-2-2 给出的受拉钢筋绑扎搭接长度值,应乘以下列系数:当受拉钢筋绑扎接头截面面积大于 25%,但不大于 50%时,乘以 1.4,当大于 50%时,乘以 1.6;当受压钢筋绑扎接头截面面积大于 50%时,乘以 1.4(受压钢筋绑扎接头长度仍为表中受拉绑扎接头长度的 0.7 倍)。

(二)钢筋的弯钩和弯折

为了防止钢筋在混凝土中的滑动,对于承受拉力的光面钢筋,需在端头设置半圆弯钩;受压的光面钢筋可不设弯钩,这是因为受压时钢筋横向产生变形,使直径加大,提高了握裹力。带肋钢筋握裹力好,可不设半圆形弯钩,而改用直角形弯钩。弯钩的内侧弯曲直径 D 不宜过小:对光面钢筋一般应大于 2.5d;带肋钢筋一般应大于(4～5)d(d 为钢筋的直径)。

按照受力的要求,钢筋有时需按设计要求弯转方向,为了避免在弯转处混凝土局部压碎,在弯折处钢筋内侧弯曲直径 D 不得小于 20d。

受力钢筋端部弯钩和中间弯折应符合表 1-2-3 的要求。

受拉钢筋端部弯钩及弯折 表 1-2-3

弯曲部位	弯曲角度	形状	钢筋	弯曲直径(D)	平直段长度
末端弯钩	180°	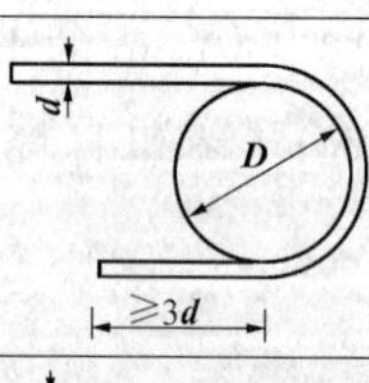	R235	≥2.5d	≥3d
	135°	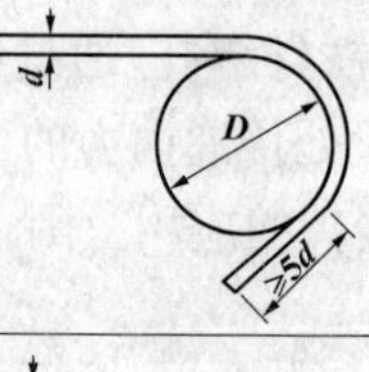	HRB335	≥4d	≥5d
			HRB400 KL400	≥5d	
	90°	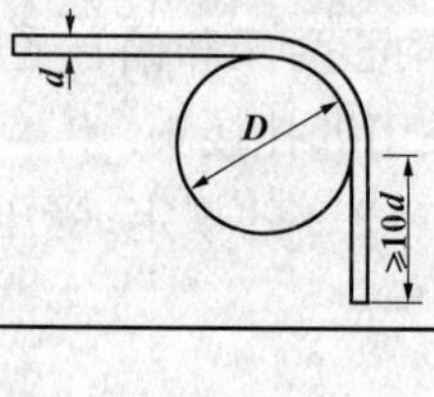	HRB335	≥4d	≥10d
			HRB400 KL400	≥5d	

续上表

弯曲部位	弯曲角度	形　状	钢筋	弯曲直径（D）	平直段长度
中间弯折	≤90°	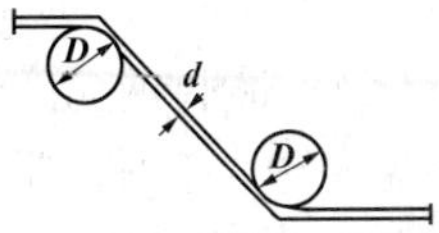	各种钢筋	≥20d	—

注：采用环氧树脂涂层钢筋时，除应满足表内规定外，当钢筋直径 d≤20mm 时，弯钩内直径 D 不应小于 4d；当 d>20mm 时，弯钩内直径 D 不应小于 6d；直线段长度不应小于 5d。

§1-3　钢筋与混凝土之间的黏结

一、钢筋与混凝土之间的黏结破坏机理

钢筋与混凝土之间之所以能有效地共同工作，是两者之间具有很好的握裹力，又称为黏结力。钢筋与混凝土间的黏结力由三部分组成：(1)混凝土中水泥凝胶体与钢筋表面的化学胶结力；(2)混凝土结硬时，体积收缩产生的摩擦力；(3)钢筋表面粗糙不平或带肋钢筋的表面凸出肋条产生的机械咬合力。

光面钢筋的黏结力作用，在钢筋与混凝土间尚未出现相对滑移前主要取决于化学胶结力，发生滑移后则由摩擦力和钢筋表面粗糙不平产生的机械咬合力提供。光面钢筋拔出试验的破坏形态是钢筋从混凝土中被拔出的剪切破坏，其破坏面就是钢筋与混凝土的接触面。

带肋钢筋的黏结作用主要由钢筋表面凸起产生的机械咬合力提供，化学胶结力和摩擦力占的比重很小。带肋钢筋的肋条对混凝土的斜向挤压力形成了滑移阻力，斜向挤压力的轴向分力使肋间混凝土像悬臂梁那样承受弯、剪，而径向分力使钢筋周围的混凝土犹如受内压的管壁，产生环向拉力(图 1-3-1)。因此，带肋钢筋的外围混凝土处于复杂的三向受力状态，剪应力及纵向拉应力使横肋间混凝土产生内部斜裂缝，环向拉应力使钢筋附近的混凝土产生径向裂缝。裂缝出现后，随着荷载的增大，肋条前方混凝土逐渐被压碎，钢筋连同被压碎的混凝土由试件中被拔出，这种破坏称为剪切黏结破坏。如果钢筋外围混凝土很薄，且没有设置环向箍筋，径向裂缝将到达构件表面，形成沿钢筋的纵向劈裂裂缝，造成混凝土层的劈裂破坏，这种破坏称为劈裂黏结破坏。劈裂黏结破坏强度要低于剪切破坏黏结强度。

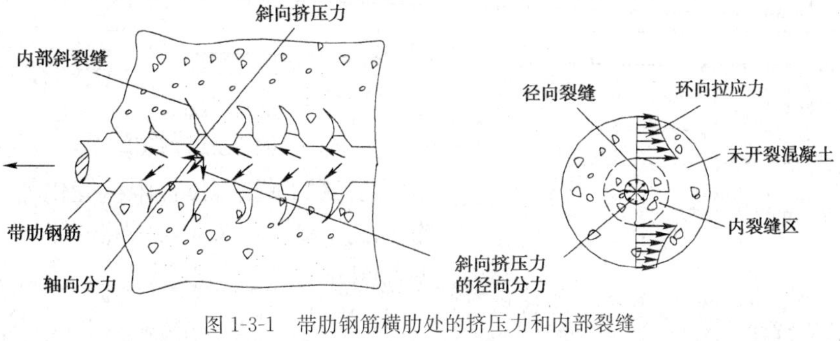

图 1-3-1　带肋钢筋横肋处的挤压力和内部裂缝

二、钢筋与混凝土的黏结强度

钢筋与混凝土间的黏结强度主要受下列因素影响：

1. 混凝土强度等级

试验表明，黏结强度随混凝土强度等级提高而增大，大体上与混凝土的抗拉强度成正比关系。

2. 钢筋的表面形状

带肋钢筋的黏结强度比光面钢筋高出 1～2 倍。带肋钢筋的肋条形式不同，其黏结强度也略有差异，月牙纹钢筋的黏结强度比螺纹钢筋低 5%～15%。带肋钢筋的肋高随钢筋直径的增大相对变矮，所以黏结强度下降。试验表明，新轧制或经除锈处理的钢筋，其黏结强度比具有轻度锈蚀钢筋的黏结强度要低。

3. 混凝土保护层厚度和钢筋间的净距

试验表明，混凝土保护层厚度对光面钢筋的黏结强度没有明显影响，但对带肋钢筋的影响却十分明显。当保护层厚度 $c/d>5\sim6$（c 为混凝土保护层厚度，d 为钢筋直径）时，带肋钢筋将不会发生强度较低的劈裂黏结破坏。同样，保持一定的钢筋间距，可以提高钢筋周围混凝土的抗劈裂能力，从而提高钢筋与混凝土之间的黏结强度。

4. 横向配筋

设置螺旋筋或箍筋可以提高混凝土的侧向约束，延缓或阻止劈裂裂缝的发展，从而提高了黏结强度。

此外，黏结强度与浇筑混凝土时钢筋所处的相对位置有关。处于水平位置的钢筋黏结强度比竖直钢筋要低，这是由于位于水平钢筋下面的混凝土下沉及泌水的影响，钢筋与混凝土不能紧密接触，削弱了钢筋与混凝土之间的黏结强度。同样是水平钢筋，钢筋下面混凝土浇筑深度越大，黏结强度降低得也越多。

黏结强度一般通过试验方法确定，图 1-3-2 为钢筋拔出试验示意图。

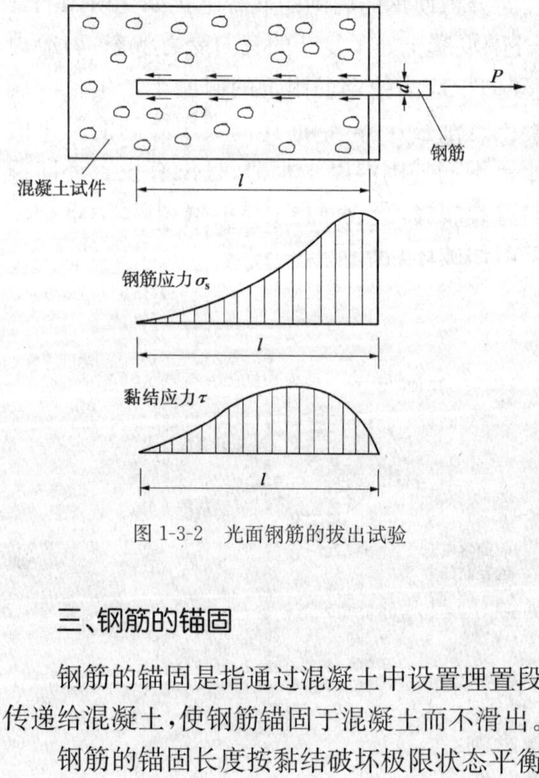

图 1-3-2　光面钢筋的拔出试验

试验研究表明，钢筋与混凝土间黏结应力的分布呈曲线形，且光面钢筋与带肋钢筋的黏结应力分布图形状有明显不同。

在实际工程中，通常以拔出试验中黏结失效（钢筋被拔出或混凝土被劈裂）时的最大平均黏结应力，作为钢筋和混凝土的黏结强度。平均黏结应力按下式计算：

$$\tau_u = \frac{P}{\pi dl} \tag{1-3-1}$$

式中：P——拉拔力；

d——钢筋直径；

l——钢筋埋置长度。

实测的黏结强度极限值变化范围很大，光面钢筋约为 1.5～3.5MPa；带肋钢筋约为 2.5～6.0MPa。

三、钢筋的锚固

钢筋的锚固是指通过混凝土中设置埋置段（又称为锚固长度）或机械措施将钢筋所受的力传递给混凝土，使钢筋锚固于混凝土而不滑出。

钢筋的锚固长度按黏结破坏极限状态平衡条件确定：

$$\pi d l_a \tau_u \geqslant \frac{\pi d^2}{4} f_y$$

即：
$$l_a/d \geqslant \frac{f_y}{4\tau_u} \tag{1-3-2}$$

式中：l_a——钢筋的锚固长度；

d——钢筋直径；

f_y——钢筋的屈服强度；

τ_u——钢筋与混凝土的黏结强度。

试验研究表明，钢筋与混凝土的黏结强度与混凝土强度等级和钢筋的表面形状有关。《建混规》(GB 50010)将钢筋与混凝土的黏结强度，转换为混凝土抗拉强度 f_t 和锚固钢筋的外形系数 α 表示，即以 $\tau_u = f_t/4\alpha$ 代入式(1-3-2)，得：

$$\frac{l_a}{d} \geqslant \alpha \frac{f_y}{f_t} \tag{1-3-3}$$

式中：α——锚固钢筋的外形系数，其数值由试验确定：光面钢筋 $\alpha=0.16$；带肋钢筋 $\alpha=0.14$；刻痕钢丝 $\alpha=0.19$；螺旋肋钢丝 $\alpha=0.13$；三股钢绞线 $\alpha=0.16$；七股钢绞线 $\alpha=0.17$。

当带肋钢筋直径大于 25mm 时，钢筋的外形系数应再乘以修正系数1.1。

《桥规》(JTG D62)给出的不同混凝土强度等级时各类钢筋的最小锚固长度(见表 1-3-1)是按公式(1-3-2)确定的，式中钢筋与混凝土的黏结强度 τ_u 取自《英国混凝土桥梁设计规范》(BS 5400—1984)。

钢筋最小锚固长度 l_a 表 1-3-1

钢筋种类 / 混凝土强度等级 / 项目		R235				HRB335				HRB400 KL400			
		C20	C25	C30	C≥40	C20	C25	C30	C≥40	C20	C25	C30	C≥40
受压钢筋(直端)		40d	35d	30d	25d	35d	30d	25d	20d	40d	35d	30d	25d
受拉钢筋	直端	—	—	—	—	40d	35d	30d	25d	45d	40d	35d	30d
	弯钩端	35d	30d	25d	20d	30d	25d	25d	20d	35d	30d	30d	25d

注：1. d 为钢筋直径。

2. 对于受压束筋和等代直径 $d_e \leqslant 28$mm 的受拉束筋的锚固长度，应以等代直径按表确定，束筋的各单根钢筋在同一锚固终点截断；对于等代直径 $d_e > 28$mm 的受拉束筋，束筋内各单根钢筋，应自锚固起点开始，以表内规定钢筋锚固长度的 1.3 倍，呈阶梯形逐根延伸后截断，即自锚固起点开始，第一根延伸 1.3 倍单根钢筋的锚固长度，第二根延伸 2.6 倍单根钢筋的锚固长度，第三根延伸 3.9 倍单根钢筋的锚固长度。

3. 采用环氧树脂涂层钢筋时，受拉钢筋最小锚固长度应增加 25%。

4. 当混凝土在凝固中易受扰动时(如滑模施工)，锚固长度应增加 25%。

总结与思考

1-1 同一配合比的混凝土采用下列不同形状和尺寸的试件进抗压试验。请依次标出实测混凝土抗压强度大小的顺序。

a. 立方体试件(150mm×150mm×150mm)

b. 立方体试件(200mm×200mm×200mm)

c. 立方体试件(100mm×100mm×100mm)

d. 棱柱体试件(150mm×150mm×450mm)

e. 棱柱体试件(150mm×150mm×300mm)

f. 棱柱体试件(150mm×150mm×600mm)

g. 圆柱体试件(直径 150mm,高度 300mm)

1-2 世界各国规范中用以确定混凝土强度等级的试件形状和尺寸不同。例如:美国、日本等采用圆柱体试件,其试件尺寸为直径 6in(约为 150mm),高度 12in(约为 300mm),其标准强度称为特征强度,以 f'_c表示。在引用国外规范和有关技术资料时,必须了解其混凝土强度等级的确定定义,进行必要的换算。请问:上述所指的圆柱体特征强度 f'_c与我国《桥规》(JTG D62)规定的混凝土立方体强度 $f_{cu,k}$应如何换算?

1-3 《桥规》(JTG D62)用以确定混凝土强度等级的立方体抗压强度标准值 $f_{cu,k}$的定义与老《桥规》(JTJ 023—85)的混凝土标号定义不同(老规范采用 200mm 立方体试件,标准强度取值的保证率是 84.13%,即取平均值减去一倍方差)。在对旧桥承载力评估和加固设计中,应对原设计的混凝土标号进行必要的换算。例如,原桥按老《桥规》(JTJ 023—85)设计的混凝土标号为 25 号(R25),如何换算成新《桥规》(JTG D62)的混凝土强度等级?

1-4 某一桥梁工程混凝土的设计强度等级为 C25。施工单位每周提供一次检测报告,混凝土实测抗压强度平均值的变化范围是(25.5～28.4)MPa,认为已满足设计要求。

监理单位对全部检测报告进行统计分析后发现,该项混凝土工程实测强度的离散性较大,按全部试件统计,实测抗压强度平均值为 27MPa,变异系数 $\delta=0.17$。认为不满足设计强度等级 C25 的要求。

施工单位对监理单位的审核结论不服。你认为该批混凝土的质量是否符合设计要求?谁的意见对,为什么?

1-5 混凝土立方体抗压强度是反映混凝土质量的最基本指标,为什么还要增加一个棱柱体抗压强度(又称轴心抗压强度)?有必要吗?棱柱体抗压强度与立方体抗压强度的大致关系是什么?

1-6 工程中采用的钢管混凝土是在薄壁钢管中直接浇筑混凝土,形成的整体构件。钢管混凝土柱承受纵向压力作用时,核心混凝土处于三向受压状态,其抗压强度可以大幅度地提高。从材料力学强度理论分析,三向受压状态为什么能提高其抗压强度?你能举出日常生活或工程上应用"三向受压"应力状态的例子吗?

1-7 收缩和徐变是混凝土固有的变形特点,对结构有重要影响。建议读者从收缩、徐变的定义、影响因素和对结构的影响等三个方面进行对比分析,最后落实到探求减少收缩、徐变对结构不利影响的技术措施,为后续课程学习打下基础。

1-8 混凝土收缩对结构的最不利影响是产生收缩裂缝,影响结构的耐久性。对混凝土收缩裂缝产生的原因有下列两种看法:

(1)混凝土收缩变形过大[约为$(2-5)\times10^{-4}$],此值已大于混凝土的极限拉应变(约为 0.0001～0.00015),出现裂缝是不可避免的。

(2)由于受到各种约束的限制,混凝土的收缩变形不能自由发挥,将在混凝土中产生拉应力,其数值达到混凝土抗拉极限强度时,就会出现裂缝。在实际结构中各种约束是大量存在的,混凝土收缩裂缝的出现是不可避免的。

你认为上述看法哪个对？你能举出“受约束的限制，混凝土收缩变形不能自由发挥”的例子吗？你认同“收缩裂缝不可避免”的看法吗？

1-9 某一大型车库建筑有两根截面尺寸及配筋完全相同的钢筋混凝土门过梁，其中1号门过梁采用现场支模整体浇筑法施工，混凝土浇筑后直接在其上砌筑砖墙，养护21d后拆除底模板支撑；2号门过梁采用预制拼装法施工，门过梁提前半年在预制厂预制，现场吊装就位后，在其上面砌筑砖墙。

工程交付使用前验收合格，但使用一年后发现1号门过梁下挠，致使车库大门无法正常打开。设计和施工单位对出现上述问题的原因看法不一致，互相推卸责任。

对比分析两个门过梁的设计与施工情况，你认为造成上述问题的可能原因是什么？为了防止混凝土梁的挠度增长过大，设计和施工时应注意什么问题。

1-10 钢筋混凝土结构中采用的热轧钢筋属于软钢系列产品，一般以应力—应变曲线来描述钢筋的力学特性。试将工程中采用R235钢筋(原称I级钢)、HRB335(原称II级钢)和HRB400钢筋(原称新III级钢)的应力—应变曲线画在同一坐标的纸上，对比分析三种不同钢筋的力学特性，归纳总结软钢应力—应变曲线的特点。

1-11 预应力混凝土结构中采用高强钢丝和钢绞线属于硬钢系列产品，其应力—应变曲线的特点是什么？硬钢的抗拉强度标准值是如何确定的？

1-12 钢筋的抗拉强度设计值是如何确定的？抗压强度设计值是如何确定的？高强钢丝的抗拉强度设计值在1000MPa以上，为什么其抗压强度设计值只有400MPa?

1-13 钢筋和混凝土的可靠黏结是两者共同工作的基础。钢筋的锚固长度是按什么原则确定的？从公式(1-3-2)或表1-3-1分析，锚固长度与哪些因素有关，表中给出受压钢筋的锚固长度为什么比受拉钢筋的锚固长度小？

第二章　钢筋混凝土结构设计基本原理

以往，我国公路桥梁结构曾采用过多种计算方法，不论它们属于弹性理论还是塑性理论，都是把影响结构可靠性的各种参数视为确定的量，结构设计的安全系数一般依据经验或主要依据经验来确定。这些方法统称为“定值设计法”。然而，影响结构可靠性的诸如荷载、材料性能、结构几何参数等因素，无一不是随机变化的不确定的量。1999 年颁布的国家标准《公路工程结构可靠度设计统一标准》(GB/T 50283)(以下简称《公路统一标准》(GB/T 50283)引入了结构可靠性理论，把影响结构可靠性的各种因素均视为随机变量，以大量调查实测资料和试验数据为基础，运用统计数学的方法，寻求各随机变量的统计规律，确定结构的失效概率(或可靠指标)来度量结构的可靠性。这种方法称为“可靠度设计法”，用于结构的极限状态设计也可称为“概率极限状态设计法”。我国公路桥梁结构设计由长期沿用的、不甚合理的“定值设计法”转变为“概率极限状态设计法”，即在度量结构可靠性上由经验方法转变为运用统计数学的方法，这无疑是设计思想和设计理论的一大进步，使结构设计更符合客观实际情况。

§2-1　结构的可靠性概念

一、结构的功能、可靠性、可靠度

1. 结构的功能

所有工程结构在设计时，必须符合安全可靠、适用耐久、经济合理的要求。具体到结构可靠性方面，一般说来，结构在预定的使用期限内需满足下列各项预定功能要求。

(1)安全性

结构的安全性是指在规定的期限内，在正常施工和正常使用情况下，结构能承受可能出现的各种作用(指直接施加于结构上的荷载及间接施加于结构的引起结构外加变形或约束变形的原因)；在偶然事件(如罕遇地震、撞击等)发生时及发生后，结构发生局部损坏，但不致出现整体破坏和连续倒塌，仍能保持必需的整体稳定性。

(2)适用性

结构的适用性是指在正常使用情况下，结构具有良好的工作性能，结构或结构构件不发生过大的变形或振动。

(3)耐久性

结构的耐久性是指结构在正常维护情况下，材料性能虽然随时间变化，但结构仍能满足设计的预定功能要求。在正常维护情况下，结构具有足够的耐久性，构件不出现过大的裂缝；在化学的、生物的或其他不利环境因素作用下，不导致结构可靠度降低，甚至失效。

2. 结构的可靠性和可靠度

结构的可靠性是结构的安全性、适用性和耐久性的统称。结构可靠性的定义是：结构在规定的时间内，在规定的条件下，完成预定功能的能力。

结构可靠性研究，就是围绕“完成预定功能的能力”而开展的，因为研究“能力”问题必然涉及“规定的时间”和“规定的条件”，最后对各种功能的“能力”必须给出恰当的数量化指标。

度量结构可靠性的数量指标称为结构可靠度。结构可靠度的定义是指结构在规定的时间内，在规定条件下，完成预定功能的概率。结构可靠度是结构可靠性的概率度量，它是建立在统计数学基础上，经过调查、统计、计算分析确定的。

这里所说的“规定时间”是指分析结构可靠度时考虑各项基本变量与时间关系所取用的设计基准期；所说的“规定条件”是指结构的正常设计、正常施工和正常使用所确立的条件，人为的过失不在考虑之列；所说的“预定功能”一般是以结构是否达到“极限状态”来标志的，是指结构的强度、稳定、变形、抗裂度等承载能力和正常使用功能。工程结构设计的目的就是要使结构能以适当的可靠度满足各项预定功能要求，也就是要使所设计的结构失效概率小到可以被接受的程度。

二、设计基准期

结构可靠度与结构的使用期长短有关。作用于结构上的各种荷载是随时间而变动的随机过程，结构材料性能也是以时间为变量的随机函数，所以结构可靠度也应是时间函数。但是在实际操作时，通常假定结构恒载和材料性能不随时间变化，按随机变量分析；只有可变荷载认为是随时间变化，用随机过程概率模型来描述，其随机过程的时域取为设计基准期。例如，《公路统一标准》(GB/T 50283)规定的桥梁结构取 100 年的设计基准期，就是主要根据汽车荷载和人群荷载按 100 年的随机过程分析得出的。

这里必须指出，设计基准只是结构可靠度(计算结构的失效概率)的参考时间坐标，表示在这个时间域内结构的失效概率是有效的。它与结构的实际使用寿命有一定的联系，但不能简单地等同起来。当结构使用年限超过设计基准期后，表明结构的失效概率将会比设计时的预期值增大，但并不等于结构丧失功能或报废。结构可靠度是时间函数，就一般而言，设计基准期长的，其相应的可靠度高；设计基准期短的，其可靠度相对较低。同类结构可根据结构的重要程度采用不同的设计基准期。

§ 2-2　极限状态和极限状态方程

一、极限状态的定义和分类

极限状态的定义是：整体结构或结构的一部分超过某一特定状态就不能满足设计规定的某一功能要求时，此特定状态为该功能的极限状态。

极限状态实质上是结构可靠或失效的界限，所以，对结构的各种极限状态都应有明确标志或限值。

国际标准化组织(ISO)和我国各行业颁布的统一标准将极限状态分为承载能力极限状态和正常使用极限状态两类。

这两类极限状态作为设计的要求，应视结构所处状况灵活地对待。一般地说，当结构处于持久状况(使用阶段)，由于持续的时间很长，结构要承受可能同时出现的多种作用(或荷载)，对结构需要进行承载能力极限状态和正常使用极限状态设计；当结构处于短暂状况(施工阶段)，持续时间相对于持久状况是短暂的，作用于结构的荷载也较简单，除有特别要求外，一般只作承载能力极限状态设计；当结构处于偶然状况(罕遇地震、撞击等)，由于出现的概率极小，且持续的时间极短，结构只需作承载能力极限状态设计。

二、承载能力极限状态

承载能力极限状态对应于结构或结构构件达到最大承载能力或出现不适于继续承载的变形或变位。当结构或结构构件出现下列状态之一时，即认为超过了承载能力极限状态：

(1)结构或结构的一部分作为刚体失去平衡(例如倾覆、滑移等)；

(2)结构构件或其连接，因超过材料强度而破坏(包括疲劳破坏)，或因过度的塑性变形而不能继续承载；

(3)结构转变为机动体系；

(4)结构或结构件丧失稳定(如压屈等)。

承载能力极限状态涉及结构的安全问题，可能导致人员伤亡和大量财产损失，所以必须具有较高的可靠度(安全度)或较低的失效概率。

在承载能力极限状态设计时，按照《公路统一标准》(GB/T 50283)的规定，应根据结构破坏可能产生的后果的严重程度，划分为以下三个安全等级：

特大桥、重要大桥的安全等级为一级，其破坏后果很严重，设计可靠度最高；

大桥、中桥、重要小桥的安全等级为二级，其破坏后果严重，设计可靠度中等；

小桥、涵洞的安全等级为三级，其破坏后果不严重，设计可靠度较低。

三、正常使用极限状态

正常使用极限状态对应于结构或结构构件达到正常使用或耐久性能的某项规定的限值。当结构或结构构件出现下列状态之一时，即认为超过了正常使用极限状态：

(1)影响正常使用或外观的变形；

(2)影响正常使用或耐久性能的局部损坏(如出现过大的裂缝)；

(3)影响正常使用的振动；

(4)影响正常使用的其他特定状态。

正常使用极限状态涉及结构适用性和耐久性问题，可以理解为对结构使用功能的损害，导致结构质量的恶化，但对人身生命的危害较小，与承载能力极限状态比较，其可靠度可适当降低。尽管如此，但设计时仍需引起足够重视。例如，如果桥梁的主梁竖向挠度过大，将会造成桥面不平整，引起行车时很大的冲击和振动；如果出现过大的裂缝，不但会引起人们心理上的不安全感，而且也会导致钢筋锈蚀，有可能带来重大的工程事故。

正常使用极限状态的可靠度，由于其影响的因素比较复杂，尤其缺乏足够可靠的统计资料，目前国内外都还研究得很不够。进行设计时所采用的可靠度及有关设计参数，主要还是根据工程经验确定。

四、极限状态方程

工程结构的可靠度通常受各种作用(或荷载)效应、材料性能、结构几何参数等诸多因素的影响，把这些因素作为基本变量 $Z_1, Z_2, \cdots, Z_n$，建立极限状态方程：

$$Z = g(Z_1, Z_2, \cdots, Z_n) = 0 \tag{2-2-1}$$

式中：$Z=g(\cdot)$，称为结构的功能函数。

结构功能函数是用来描述结构各种功能的，是相应功能基本变量的函数，就承载功能而言，以功能函数不取负值[即 $Z=g(Z_1, Z_2, \cdots, Z_n) \geqslant 0$]为可靠条件进行的设计，叫做概率极限状态设计，公式(2-2-1)叫做承载能力极限状态方程。

若功能函数中仅包含结构抗力 R 和作用(或荷载)综合效应 S 两个基本变量，则功能函数可写为：

$$Z = g(R, S) = R - S$$

概率极限状态方程为：

$$Z = g(R,S) = R - S = 0 \tag{2-2-2}$$

概率极限状态设计的特点，就是按结构功能函数的取值，严格地把结构区分为下列三种不同状态：

(1)$Z=R-S>0$，意味着结构抗力大于作用效应，结构处于可靠状态；

(2)$Z=R-S=0$，意味着结构抗力等于作用效应，结构处于极限状态；

(3)$Z=R-S<0$，意味着结构抗力小于作用效应，结构处于失效状态。

图 2-2-1 示出了这三种状态。图中竖坐标表示抗力 R，并给出了 R 的概率密度函数曲线，R 值取该概率分布的低分位值；横坐标表示荷载效应 S，并给出了 S 的概率密度函数曲线，S 值取该概率分布高分位值。图中 45°直线表示极限状态 $Z=R-S=0$。直线上方 $S<R$，表示结构处于可靠状态，直线下方 $R<S$，表示结构处于失效状态。

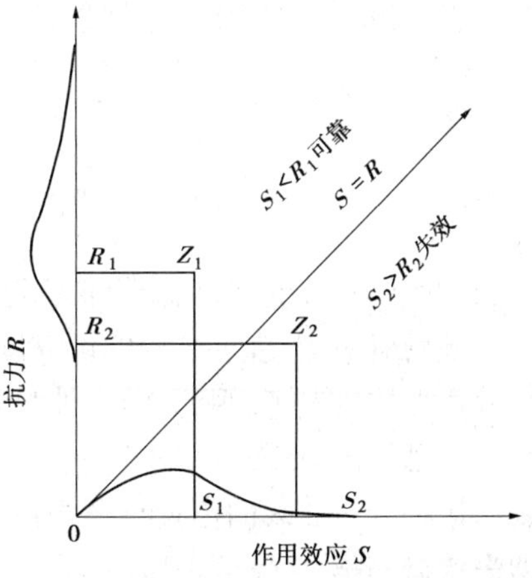

图 2-2-1　结构所处状态

§2-3　概率极限状态设计原理

一、结构的失效概率和可靠指标

结构失效概率就是结构功能函数小于零的概率：

$$P_f = P(Z = R - S < 0) \tag{2-3-1}$$

根据概率论，结构可靠度(即结构可靠概率)P_s 与失效概率 P_f 有互补关系，即：

$$P_s = 1 - P_f \tag{2-3-2}$$

当功能函数中基本变量 R 和 S 均为正态分布时，根据概率论定理，功能函数 $Z=R-S$ 也服从正态分布。

Z 的平均值为：　$\mu_z=\mu_R-\mu_S$

标准差为：　$\sigma_z=\sqrt{\sigma_R^2+\sigma_S^2}$

式中：μ_R、μ_S——R、S 的平均值；

σ_R、σ_S——R、S 的标准差。

随机变量 Z 的密度函数分布曲线如图 2-3-1 所示。

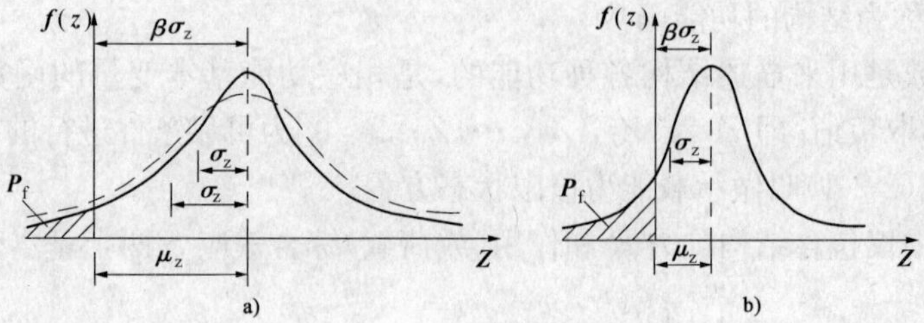

图 2-3-1　变量 Z 的概率密度函数曲线

图中由 $-\infty$ 至 0 阴影面积为失效概率，则由 0 至 $+\infty$ 曲线包围的面积就是可靠概率，$Z<0$ 的失效概率可写为：

$$P_f = P(Z<0) = \int_{-\infty}^{0} \frac{1}{\sigma_z\sqrt{2\pi}}\exp\left[-\frac{(z-\mu_z)^2}{2\sigma_z^2}\right]\mathrm{d}Z$$

引入标准正态变量 x，即令 $\mu_x=0,\sigma_x=1.0$，以便于利用现成的标准正态分布表。于是，$x=\frac{Z-\mu_z}{\sigma_z}$，$\mathrm{d}Z=\sigma_z\mathrm{d}x$。

$$P_f = \int_{-\infty}^{-\frac{\mu_z}{\sigma_z}} \frac{1}{\sqrt{2\pi}}\exp\left(-\frac{x^2}{z}\right)\mathrm{d}x = \Phi\left(-\frac{\mu_z}{\sigma_z}\right) = \Phi(-\beta) \tag{2-3-3}$$

式中：$\Phi(\cdot)$——标准正态分布函数。

采用概率 P_f 表示结构的可靠度具有明确的物理意义，能较好地反映问题的实质，但计算失效概率比较复杂，因此，国内外都采用可靠指标 β 代替失效概率来度量结构的可靠度。

前已指出，失效概率等于图 2-3-1 原点左边的阴影面积，其大小随概率分布曲线位置而变。概率分布曲线的位置与平均值 μ_z 有关，平均值 μ_z 与原点的距离越大，则阴影面积越小，即失效概率越小[图 2-3-1a)]；反之，平均值 μ_z 与原点的距离越小，则阴影面积越大，即失效概率越大[图 2-3-1b)]。因此，平均值 μ_z 的大小在一定程度上可反映失效概率的大小。但是，只用平均值 μ_z 一个指标不能反映曲线离散程度（或标准差 σ_z）的影响。对于平均值相同的两个随机变量，由于离散程度（或标准差）的不同，失效概率亦不相同，离散程度越大，即标准差 σ_z 越大，则阴影面积越大[图 2-3-1a)中的虚线]，即失效概率就越大。

因此，用平均值 μ_z 和标准差 σ_z 的比值 β 来反映失效概率 P_f。β 称为可靠指标，可用下式表示：

$$\beta = \frac{\mu_z}{\sigma_z} = \frac{\mu_R-\mu_S}{\sqrt{{\sigma_R}^2+{\sigma_S}^2}} \tag{2-3-4}$$

由公式(2-3-3)可以看出，失效概率 P_f 为可靠指标 β 的函数，根据标准正态分布的函数表，可靠指标 β 与失效概率 P_f 的对应关系列于表 2-3-1。

失率概率与可靠指标的对应关系　　表 2-3-1

β	1.0	1.5	2.0	2.5	3.0	3.5	4.0	4.5
P_f	158.7×10^{-3}	66.81×10^{-3}	22.75×10^{-3}	6.21×10^{-3}	1.35×10^{-3}	0.232×10^{-3}	0.317×10^{-4}	0.034×10^{-4}

很多国际标准以及我国建筑、铁路、公路等工程结构都采用可靠指标来度量结构的可靠性，主要是因为 β 值计算起来比较简单，从公式(2-3-4)可知，它只涉及结构抗力 R 和荷载效应 S 的一、二阶矩，而失效概率 P_f（或可靠概率 P_s）计算起来要复杂得多。

以上所述只涉及两个正态变量的极限状态方程。对于功能函数中含两个以上正态基本变量的极限状态方程，不论该方程是线性或非线性的，都可通过空间坐标系作标准正态化的变换，求得可靠指标 β。例如，当极限状态为 $g(R,S_Q,S_G)=R-S_Q-S_G=0$，且 R、S_Q、S_G 均为正态分布时，其可靠指标为：

$$\beta=\frac{\mu_R-\mu_{SQ}-\mu_{SG}}{\sqrt{\sigma_R^2+\sigma_{SQ}^2+\sigma_{SG}^2}} \tag{2-3-5}$$

式中：μ_R、μ_{SQ}、μ_{SG}和 σ_R、σ_{SQ}、σ_{SG}——分别为结构抗力 R、可变荷载效应 S_Q、永久荷载(恒载)效应 S_G 的平均值和标准差。

以上计算 β 值的公式是假定基本变量都是正态分布的，但这种情况较少。当极限状态方程中含有非正态变量时，要把非正态变量"当量正态化"，才能利用以下公式计算 β。有关情况可参阅《公路统一标准》(GB/T 50283)或其他有关资料。

二、基本变量的统计分析

对结构进行可靠性分析，必须首先掌握各基本变量有关的原始资料。这些原始资料都是在全国范围内对具有一定代表性目标进行实地测定、调查或试验得到的，然后运用数理统计方法寻求荷载和结构抗力两方面的统计参数和概率分布类型。

1. 荷载的统计特征

从统计分析的角度出发，荷载可分为永久荷载和可变荷载。永久荷载如恒载(结构自重)，随时间的变化很小，可近似地认为在设计基准期内保持恒定的量值，不作随机过程分析，选用随机变量概率模型来描述。可变荷载(汽车及其冲击力，人群、风荷载等)均按随机过程进行分析，但汽车的冲击力与汽车荷载随机相关，它们可按一种荷载考虑。由于汽车荷载已作随机过程分析，汽车冲击力可只作随机变量分析。

随机过程分析必须根据可变荷载的特点选择随机过程样本函数，然后进行结构概率分布分析。进行基本变量统计分析时，为了使统计结果适用各种不同受力构件和各类不同的桥梁结构，一般采用无量纲参数作为基本变量的统计对象。例如，恒载(构件重力)采用 $K_G=G/G_K$，其中 G 为构件的实测重，G_K 为按原规范计算的构件标准重(构件体积乘以规范规定的材料重度)；汽车荷载采用 $K_{SQ}=S_Q/S_{QK}$，其中 S_Q 为根据实测汽车荷载计算的效应值，S_{QK}为根据原规范规定的汽车荷载标准计算的对应于 S_Q 的效应值。统计分析结果表明，恒载呈正态分布，同时取得了统计参数 $K_{SG}=\mu_{SG}/S_{GK}$和 δ_{SG}，μ_{SG}和 δ_{SG}为恒载效应(以恒载代替)的平均值和变异系数，S_{GK}为按原规范计算的恒载效应标准值(以恒载标准值代替)；汽车荷载效应在设计基准期内最大值分布为极值 I 型分布或正态分布，统计参数为 $K_{SQ}=\mu_{SQ}/S_{QK}$和 δ_{SQ}，μ_{SQ}和 δ_{SQ}为汽车荷载效应的平均值和变异系数，S_{QK}为按原规范规定的汽车列车计算的效应标准值。其他荷载通过实测、统计分析均能取得其统计参数和概率分布类型。

但是，必须指出，影响结构设计的是荷载效应，要取得荷载效应的统计资料，理应从实际结构上直接测得。然而，目前在测试技术上尚存困难，一般只能从荷载的统计分析入手，假定荷载与荷载效应呈线性关系。对于理想的静定结构，材料为各向同性的线弹性体，在极限状态下构件的变形影响可忽略不计时，作上述假定是可以接受的；但对于超静定结构，且其材料为弹塑性体，构件的变形影响不能被忽略，这时荷载与荷载效应不存在简单的线性关系，上述处理方法会造成一定误差。

2. 结构抗力的统计分析

在进行结构构件抗力分析时，由于难以直接获得同一条件下真实构件抗力实测值组成的样本，一般先对影响构件抗力的主要因素——材料性能、结构几何参数和计算模式三个不定性进行统计分析，然后通过抗力与各主要因素的函数关系，运用数理统计学的误差传递公式，从各因素的统计参数推求抗力的统计参数。

(1)材料性能(强度)不定性

通过全国性的调查统计取得各种强度等级混凝土边长为 200mm 立方体试件强度的统计参数：平均值 μ_{f200}、标准差 σ_{f200} 和变异系数 $\delta_{f200}=\sigma_{f200}/\mu_{f200}$。

对全国各钢厂、桥梁工地等的调查统计取得各种钢筋试件强度的统计参数：μ_{fs}、σ_{fs}、和 δ_{fs}。

结构构件中的材料性能，因受材料品质、制作工艺、受荷情况和环境条件等因素的影响而引起变异，因此，结构构件中材料性能的不定性，需要考虑标准试件材料性能不定性和试件材料性能转换为结构构件材料性能的不定性。

(2)几何参数不定性

几何参数的不定性可用随机变量 Ω_a 来表达。

$$\Omega_a=\frac{a}{a_k} \tag{2-3-6}$$

平均值为：

$$\mu_{\Omega a}=\frac{\mu_a}{a_k} \tag{2-3-7}$$

变异系数为：

$$\delta_{\Omega a}=\delta_a \tag{2-3-8}$$

式中：a——结构构件的实际几何参数值；

a_k——结构构件几何参数标准值，即设计几何参数值；

μ_a、δ_a——分别为结构构件几何参数的平均值和变异系数。

在全国 6 大片区的 10 多个省、市、自治区的桥梁工地和预制厂(场)实测了 T 形梁、空心板、箱形梁的高度、肋宽、翼宽、翼厚、板厚等尺寸，取得了这些项目的实际几何参数值 a，再与这些尺寸相应图纸尺寸 a_k 比较得到了 Ω_a，分别对各种样本进行统计计算取得了其统计参数 $\mu_{\Omega a}$ 和 $\delta_{\Omega a}$。

(3)计算模式不定性

在结构可靠性分析和极限状态设计中，计算模式不定性应包括作用(或荷载)效应计算模式不定性和结构抗力计算模式不定性。但是，发生在结构内的作用(或荷载)效应涉及结构形式、作用位置、结构变形性质、支承条件等，影响因素极其复杂，尤其目前尚缺乏测试技术和条件，难以获得精确的数据，所以，一般对作用(或荷载)效应作一些近似处理，不考虑其计算模式不定性分析。

结构抗力计算模式不定性用随机变量 Ω_P 来表达。

$$\Omega_P=R^0/R^c \tag{2-3-9}$$

式中：R^0——结构构件的实际抗力值，取试验值；

R^c——按规范公式计算的抗力值，计算时其材料性能和几何尺寸采用实测值，这样可以排除它们的变异性对分析 Ω_P 的影响。

收集了各种受力构件承载力试验数据，同时进行了 100 根构件承载力的补充试验，取得了轴心受压(短柱)、轴心受拉、正截面受弯、斜截面受剪、偏心受压(短柱)实际承载力的试验值。通过对 Ω_P 的统计分析得出了各种受力构件 Ω_P 的统计参数 $\mu_{\Omega a}$ 和 $\delta_{\Omega a}$。

三、目标可靠指标

前已指出，结构设计应满足 $Z=R-S>0$ 的要求，若将其值转换为以失效概率或可靠指标来度量，可以下式表示：

$$P_f \leqslant P_{f \cdot k} \tag{2-3-10}$$

$$\beta \geqslant \beta_k \tag{2-3-11}$$

式中：$P_{f \cdot k}$——允许失效概率；

β_k——目标可靠指标。

β_k 为设计规范所规定的作为设计结构或构件所应达到的可靠指标，它是根据设计所要求达到的结构可靠度而选定的，所以称为目标可靠指标。

目标可靠指标 β_k 理论上应根据各种结构的重要性、破坏性质及失效后果等因素，并结合国家技术政策以优化方法确定。但是限于目前统计资料不够完备，并考虑到规范的现实继承性，一般采用"校准法"，并结合工程经验加以确定。

《公路统一标准》(GB/T 50283)根据对老《桥规》(JTJ 023—85)进行的"校准"，并参照工业与民用建筑工程和铁路桥梁的有关规定，给出的公路桥梁结构的目标可靠指标列于表 2-3-2。

公路桥梁结构的目标可靠指标 表 2-3-2

构件破坏类型 \ 结构安全等级	一级	二级	三级
延性破坏	4.7	4.2	3.7
脆性破坏	5.2	4.7	4.2

注：1. 表中延性破坏系指结构构件有明显变形或其他预兆的破坏；脆性破坏系结构构件无明显变形或其他预兆的破坏。

2. 当有充分依据时，各种材料桥梁结构设计规范采用的目标可靠指标值，可对本表的规定值作幅度不超过±0.25的调整。

概率极限状态设计的方法是根据选定的目标可靠指标 β_k 和设计基本变量的统计参数及概率分布类型，按可靠指标计算公式(2-3-4)或公式(2-3-5)进行逆运算，求得结构抗力，进行构件截面设计，或者直接算出可靠指标按公式(2-3-11)进行可靠度校核。这种方法较全面地考虑了结构可靠度的各种有关因素的客观变异性，使结构设计符合预期的可靠度要求。在国外一些重要结构，如原子能反应堆压力容器等已开始采用这种方法设计。

应该指出，对于量大而面广的一般结构而言，由于作用(或荷载)效应和结构抗力基本变量的统计资料还很不充分，概率模式和统计参数还很不完善，直接采用概率极限状态法进行具体设计是有困难的。为了实际工作的需要，必须在可靠指标计算公式的基础上建立近似的实用概率极限状态设计法。

§2-4 承载能力极限状态设计原则

一、承载能力极限状态设计表达式

《公路统一标准》(GB/T 50283)规定，结构的极限状态采用极限状态方程来描述，极限状态中的若干变量也可组合为作用效应和结构抗力两个综合变量，对于验算点 P' 处的极限状态方程可写为：

$$S'_G + S'_Q = R' \tag{2-4-1}$$

式中：S'_G、S'_Q、R'——永久荷载效应、可变荷载(汽车荷载)效应和结构抗力的设计验算点坐标。

若以标准值和分项系数表示，上式可改写为：

$$\gamma_G S_{GK} + \gamma_Q S_{QK} = R_K/\gamma_R \tag{2-4-2}$$

式中：S_{GK}、S_{QK}、R_K——按规范规定的标准值计算的永久荷载效应、可变荷载效应和结构构件抗力；

γ_G、γ_Q、γ_R——永久荷载分项系数、可变荷载分项系数和构件抗力分项系数。

要使公式(2-4-1)与公式(2-4-2)等价，必须满足下列条件：

$$\left.\begin{aligned} \gamma_G &= S'_G/S_{GK} \\ \gamma_Q &= S'_Q/S_{QK} \\ \gamma_R &= R_K/R' \end{aligned}\right\} \tag{2-4-3}$$

这就是说，如果采用按公式(2-4-3)确定的各分项系数值，则按公式(2-4-2)设计结构构件与采用概率极限状态法设计的效果是一致的。由公式(2-4-3)可知，γ_G、γ_Q 和 γ_R 的大小取决于验算点 S'_G、S'_Q和 R'，而 S'_G、S'_Q和 R'不仅与目标可靠指标 β_K 有关，而且与极限状态方程所包含的全部基本变量的统计特征有关。这表明，为使所设计的结构构件的可靠指标符合预先给定值 β_K，当可变荷载与永久荷载效应的比值 ρ 改变时，各分项系数的值也必将随之改变。如果采用随 ρ 值变化而变的分项系数设计表达式，这是不符合实用要求的；如果将 γ_G、γ_Q 和 γ_R 取为某一组定值，设计是方便的，但将定值代入公式(2-4-2)设计的结构构件，其实际具有的 β 值，就不可能与原先规定的 β_K 值完全一致。所以，要确定最佳的分项系数，必须要通过大量计算比较，从各组被选定的 γ_G、γ_Q 和 γ_R 中选出最佳的一组，使其设计的结构构件实际的 β 值与规定的 β_K 值在总体上的差值最小。

根据以上原则，并结合我国公路桥梁的以往设计经验，对于承载能力极限状态，在基本作用(或荷载)的组合下，《公路统一标准》(GB/T 50283)给出如下实用设计表达式：

$$\gamma_0\left(\sum_{i=1}^{m}\gamma_{Gi}S_{Gik} + \gamma_{Q1}S_{Q1k} + \Psi_c\sum_{j=2}^{n}\gamma_{Qj}S_{Qjk}\right) \leqslant R(\gamma_f, f_k, a_k) \tag{2-4-4}$$

式中：γ_0——结构重要性系数，按结构的安全等级采用；

γ_{Gi}、S_{Gik}——第 i 个永久作用的分项系数和标准值效应；

γ_{Q1}、S_{Q1k}——汽车荷载分项系数和标准值(含有冲击系数)效应；

γ_{Qj}、S_{Qjk}——除汽车荷载外第 j 个可变作用(或荷载)的分项系数和标准值效应；

Ψ_c——除汽车荷载外，其他可变作用(或荷载)效应的组合系数；

γ_f、f_k——结构材料性能的分项系数和标准值；

a_k——结构或结构构件几何参数的标准值；

$R(\cdot)$——结构或结构构件的抗力函数。

二、荷载标准值、分项系数及设计值

1. 荷载标准值

荷载标准值是荷载代表值之一，是结构设计的主要参数。它是一个定值，但来源于实际调查，经数理统计分析，已赋予概率意义。

荷载标准值由其概率分布的某一分位值确定。当前，由于结构可靠度首次应用，尚缺乏经验，荷载标准值的取值，即对概率分布取分位值时，应尽可能使新老规范衔接，避免经济指标过大地波动。

(1)永久荷载标准值

桥梁结构承受的永久荷载主要包括构件自重和恒载(例如桥面铺装、栏杆等),设计时它们都是由结构尺寸和材料重度(容重)计算所得。从统计的角度出发,结构自重标准值应考虑结构尺寸和材料重度两者的变异性。

统计结果表明,构件几何尺寸的变异性很小,对构件自重影响甚微,可不予考虑。统计平均值与按规范计算的标准值之比为 1.0212。所以,构件自重及恒载的标准值可按构件设计尺寸乘以材料标准重度计算。

(2)可变荷载标准值

汽车荷载、人群荷载、风荷载等,这些基本变量均按随机过程进行统计分析,它们的标准值与设计基准期有密切关系。汽车荷载是公路桥梁设计的一个主要荷载,它的标准值的取值也是人们最关注的,所以这里以汽车荷载标准值为例阐明取值原则和方法。

由于汽车荷载是以其车重和车轴间距影响着产生于结构上的效应,因此,必须将汽车荷载效应作为统计分析的对象,即在实地测得大量汽车车重、轴重、轴距、车间间距等,经统计后通过对各种结构(简支梁、连续梁、连续刚构、拱桥等)的各种跨径计算各种最大效应(弯矩、剪力等),然后分别再进行统计分析。统计时,根据不同的汽车时间间隔,将汽车运行状态分为一般运行和密集运行两种状态。统计分析结果表明,汽车荷载效应在设计基准期内的最大值分布服从极值 I 型分布或正态分布。

当汽车荷载效应标准值取最大值概率分布的 0.95 分位值时,则有以下两种情况:

一般运行状态: $S_{QK}=0.8877S'_{QK}$

密集运行状态: $S_{QK}=0.9285S'_{QK}$

上式的一般运行状态时,对应于老《桥规》(JTJ 023—85)汽车—20 级车队产生的效应值;密集运行状态时,为对应于汽车—超 20 级车队产生的效应值。显而易见,实测统计得到的效应标准值 S_{QK} 均小于按原规范汽车车队荷载标准计算的效应标准值 S'_{QK},一般运行状态约小 11%,密集运行状态约小 7%。

虚拟一个由均布力 q_k 和集中力 P_k 组成的加载图式,称之为汽车荷载的“车道荷载”,以代替原规范由一辆加重车和若干辆标准车组成的车队图式,作为新规范的汽车荷载标准图式。设定 q_k 值和 P_k 值,输入结构的各种跨径按产生最大效应的位置进行计算。做多次这样的设定,使最后计算结构至少符合上述 S_{QK} 与 S'_{QK} 的关系,且适当偏于安全方面取值。最终确定的 q_k 值和 P_k 值即为汽车荷载的标准值。

根据上述取值方法《公路工程技术标准》(JTG B01—2003)和《公路桥涵设计通用规范》(JTG D60—2004)[以下简称《通用规范》(JTG D60)]规定:

汽车荷载分为公路—I 级和公路—II 级两个等级。

汽车荷载由车道荷载和车辆荷载组成。

桥梁结构的整体计算采用车道荷载,桥梁结构的局部加载,涵洞、桥台和挡土墙土压力等的计算采用车辆荷载。车道荷载与车辆荷载的作用不得叠加。

车道荷载由均布荷载和集中荷载组成,其计算图式如图 2-4-1 所示,并按下列规定取值:

①公路—I 级车道荷载的均布荷载标准值为 $q_k=10.5$kN/m;集中荷载标准值 P_k 按以下规定选取:

a. 桥涵计算跨径小于或等于 5m 时,$P_k=180$kN;

b. 桥涵计算跨径等于或大于 50m 时,$P_k=360$kN;

c. 桥涵计算跨径大于 5m、小于 50m 时,P_k 值采用直线内插求得。

计算剪力效应时，上述荷载标准值应乘以 1.2 的系数。

②公路—II 级车道荷载的均布荷载标准值 q_k 和集中荷载标准值 P_k，为公路—I 级车道荷载的0.75倍。

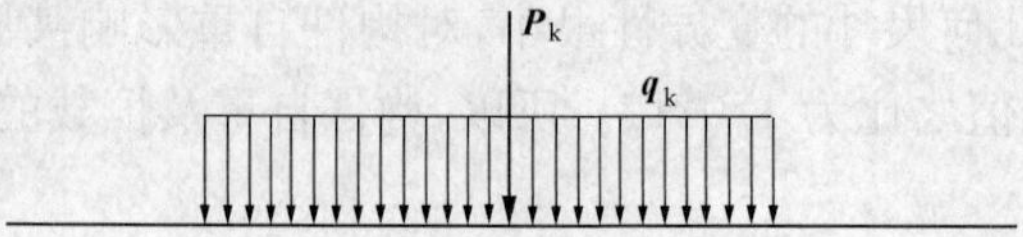

图 2-4-1　车道荷载

③车道荷载的均布荷载标准值应满布于使结构产生最不利效应的同号影响线上；集中荷载标准值只作用于相应影响线中一个影响线峰值处。

车辆荷载布置如图 2-4-2 所示，其主要技术指标规定如表 2-4-1。

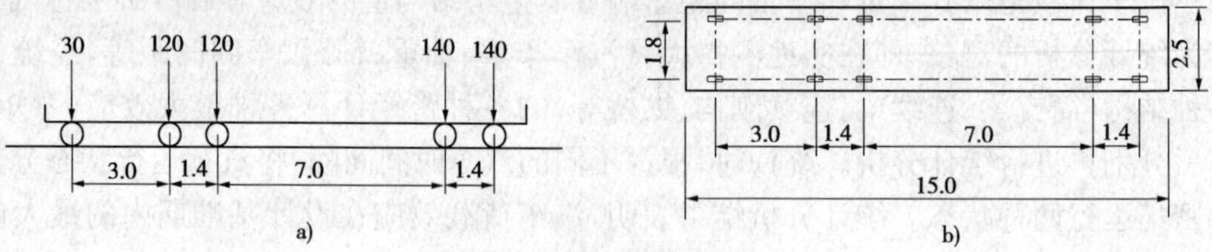

图 2-4-2　车辆荷载布置图

（轴重力单位：kN；尺寸单位：m）

公路—I 级和公路—II 级汽车荷载采用相同的车辆荷载标准值。

车辆荷载主要技术指标　　表 2-4-1

项　目	单　位	技 术 指 标
车辆重力标准值	kN	550
前轴重力标准值	kN	30
中轴重力标准值	kN	2×120
后轴重力标准值	kN	2×140
轴距	m	3+1.4+7+1.4
轮距	m	1.8
前轮着地宽度及长度	m	0.3×0.2
中、后轮着地宽度及长度	m	0.6×0.2
车辆外形尺寸(长×宽)	m	15×2.5

2. 作用（或荷载）分项系数

与用“校准”确定目标可靠指标时一样，作用（或荷载）分项系数也是在荷载最简单的组合下，用优化的方法确定的。确定的原则是：在恒载和汽车荷载标准值已给定的前提下，选取一级分项系数 γ_G、γ_Q，使所设计的各构件的可靠指标与规定的目标可靠指标 β_K 之间在总体上误差最小。

按照上述原则，《通用规范》(JTG D60)给出的作用（或荷载）分项系数为：

(1)γ_G——永久作用（或荷载）分项系数

对于恒载（结构及附加物自重），取 $\gamma_G=1.2$；当永久作用（或荷载）效应的增大对结构的承载力有利时（即永久作用效应与可变作用效应异号），则其分项系数取不应大于 1.0，对于恒载（结构及附加物重力）取 $\gamma_G=1.0$。

(2)γ_Q——主导可变作用（或荷载）效应分项系数

一般为汽车荷载效应的分项系数，$\gamma_Q=1.4$。

3. 作用(或荷载)设计值

结构按承载能力极限状态设计时，作用(或荷载)应采用设计值。作用(或荷载)设计值为作用(或荷载)标准值乘以相应的作用(或荷载)分项系数：

$$F_d = \gamma_m F_k \tag{2-4-5}$$

式中：F_d——作用(或荷载)设计值；

F_k——作用(或荷载)标准值；

γ_m——作用(或荷载)荷载的分项系数。

三、作用(或荷载)效应组合系数

1. 作用(或荷载)效应组合

结构通常要承受多种可变作用(或荷载)。在进行结构分析和设计时，必须考虑可能同时出现的多种作用(或荷载)的效应组合。

在概率极限状态设计理论中，可变作用(或荷载)被模型化为设计基准期内的随机过程，效应组合就是把多种参与组合的作用(或荷载)随机过程进行叠加，寻求其效应和的统计特征。

2. 作用(或荷载)效应组合系数

对于目标可靠指标，永久荷载和可变荷载(汽车)分项系数 γ_G 和 γ_Q 都是在荷载最简单的组合下确定的。当结构上同时作用着多个可变荷载时，随着荷载种类和比例的不同，综合荷载效应最大值的统计规律也发生相应的变化，从而影响了结构的可靠指标和荷载分项系数的取值。因此，需要引入荷载效应组合系数对上述的变化加以考虑。具体的做法是：在荷载分项系数 γ_G、γ_Q 已选定的条件下，对有多个可变荷载参与效应组合时，引入荷载效应组合系数 ψ_c 对荷载效应标准值作等值折减，即：

$$\gamma_G S_{GK} + \gamma_{Q1} S_{QK} + \psi_c \sum_{i=2}^{n} \gamma_{Qi} S_{Qik} = R_K / \gamma_R \tag{2-4-6}$$

或

$$\psi_c = \frac{R_k/\gamma_R - (\gamma_G S_{GK} + \gamma_{Q1} S_{Q1K})}{\sum_{i=2}^{n} \gamma_{Qi} S_{Qik}} \tag{2-4-7}$$

式中：系数 γ_G、γ_{Qi}、γ_R——均取简单荷载效应组合下确定的值，γ_R 则根据简单组合下按极限状态设计表达式设计结构构件所具有的 β 值和在设计基准期内起控制作用组合的最大荷载效应，按概率方法确定。

以常见的恒载、汽车荷载和人群荷载效应组合为例，经统计计算，组合系数 $\psi_c = 0.76$，《桥规》(JTG D62)取 $\psi_c = 0.8$。

四、结构重要性系数

前已指出，不同安全等级的结构其目标可靠指标是不同的。前面给出的由原规范结构“隐含”的可靠度“校准”得出的目标可靠指标是针对安全等级二级的结构给出的，取结构重要性系数 $\gamma_0 = 1$。对于安全等级为一级或三级的结构，其目标可靠指标应在安全等级二级的基础上增加或减少0.5，若在极限状态设计表达式中，相应地取 $\gamma_0 = 1.1$ 或0.9时，按概率方法分析表明，其可靠指标平均值接近或超过相应的目标可靠指标。《通用规范》(JTG D60)规定，对于公路桥梁，结构重要性系数按表 2-4-2 采用。

公路桥梁结构的结构重要性系数　表 2-4-2

安全等级	桥梁结构	结构重要性系数 γ_0
一级	特大桥，重要大桥	1.1
二级	大桥、中桥、重要小桥	1.0
三级	小桥、涵洞	0.9

五、结构构件抗力的设计参数

1. 混凝土强度标准值

为了与国际标准一致，《桥规》(JTG D62)规定，混凝土强度标准值的保证率为 95%，其强度标准值按下式计算：

$$f_k = \mu_f(1-1.645\delta_f) \tag{2-4-8}$$

式中：μ_f——混凝土强度平均值；

δ_f——混凝土强度变异系数。

混凝土立方体抗压强度标准值 $f_{cu,k}$，柱体抗压强度标准值 f_{ck}、混凝土轴心抗拉强度标准值 f_{tk} 及其相互关系在第一章§1-1 中已经给出，即取：

$$f_{cu,k}=\mu_{f150}(1-1.645\delta_{f150})$$

$$f_{ck}=\mu_{fc}(1-1.645\delta_{fc})=0.88af_{cu,k}=0.67f_{cu,k}$$

$$f_{tk}=\mu_{ft}(1-1.645\delta_{fc})=0.88\times0.395f_{cu,k}^{0.55}(1-1.645\delta_{f150})^{0.45}$$

$$=0.348f_{cu,k}^{0.55}(1-1.645\delta_{f150})^{0.45}$$

2. 钢筋抗拉强度标准值

普通钢筋和钢丝、钢绞线的强度标准值均取自国家标准，普通钢筋强度标准值 f_k 为其规定钢筋的屈服点，但余热处理钢筋仅取其屈服点的 0.9 倍，这是因为该钢筋经闪光对焊后接头强度有所下降；为了与国家标准出厂检验强度保持一致，钢丝和钢绞线的强度标准值取为国家标准规定的极限抗拉强度。无论是有明显屈服台阶的普通钢筋，还是无明显屈服点的钢丝和钢绞线，其强度保证率均在 95%以上。

3. 材料强度设计值及分项系数

结构按承载能力极限状态设计时，材料强度应采用设计值。其值为材料强度标准值除以相应的材料分项系数：

$$f_d = f_k/\gamma_f \tag{2-4-9}$$

式中：f_d——材料强度的设计值；

f_k——材料强度的标准值；

γ_f——材料强度的分项系数。

(1)混凝土强度的分项系数及设计值

混凝土强度的分项系数是通过对轴心受压构件的可靠度计算分析得出的。分析时取安全等级为二级，脆性破坏构件的目标可靠指标，同时设定在轴心受压构件中，钢筋承载力分为占截面总承载力的 10%、20%、30%三种情况。

《桥规》(JTG D62)采用的混凝土强度分项系数 $\gamma_c=1.45$，混凝土强度设计值列于附录 1。

其数值是通过可靠度分析，结合原规范的设计经验最后确定。

（2）钢筋强度的分项系数及设计值

普通钢筋因有较完整的统计资料，其抗拉强度的分项系数及设计值，主要根据可靠度分析确定。分析时，采用轴心抗拉构件，取安全等级为二级的延性破坏构件的目标可靠指标。《桥规》（JTG D62）给出的普通钢筋抗拉强度分项系数 $\gamma_s \approx 1.2$，普通钢筋抗拉强度设计值列于附录3。

作为预应力钢筋的钢丝和钢绞线，由于统计资料不足，其抗拉强度分项系数是根据国家标准所定的条件屈服点与极限抗拉强度的关系及原规范规定的安全系数，经换算确定。即原规范规定钢丝和钢绞线的安全系数，在设计强度的基础上取1.25，而国家标准规定钢丝和钢绞线的条件屈服点为极限抗拉强度的0.85倍，因而，钢丝和钢绞线的抗拉强度分项系数为 $\gamma_s = 1.25/0.85 = 1.47$。

普通钢筋和预应力钢筋抗压强度设计值，以受压区混凝土达到极限破坏时，受压钢筋的应变 $\varepsilon_s'(\varepsilon_p') = 0.002$ 为取值条件，其设计值为 f_{sd}'（或 f_{pd}'）$= \varepsilon_s' E_s$（或 $f_p' E_p$）和 f_{sd}'（或 f_{pd}'）$= f_{sd}$（或 f_{pd}）两者较小者。

§2-5 正常使用极限状态设计原则

一、荷载及其效应组合

按照《公路统一标准》（GB/T 50283）的规定，正常使用极限状态设计时，除永久荷载采用标准值外，可变荷载在一般情况下采用频遇值和准永久值。可变荷载的频遇值和准永久值比其标准值小。这是因为正常使用极限状态只涉及结构的适用性和耐久性，不涉及结构的安全性，可靠度较低，荷载也无需采用结构设计的最大值。

1. 活载的频遇值、准永久值

活载频遇值是指结构上较频繁出现的，且量值较大的荷载取值，是可变荷载的代表值之一。频遇值一种是按在观测期 t 内荷载达到或超过该值 $\psi_1 Q_k$ 的总和 $\sum t_i$ 与 t 的比值 $\sum t_i / t$ 确定。国际上认为此比值在一般情况下可取0.05，相当于荷载截口（任意时点）概率密度函数上的0.95分位值（图2-5-1）。另一种是按在观测期内荷载达到和超越该值 $\psi_1 Q_k$ 的次数与观测

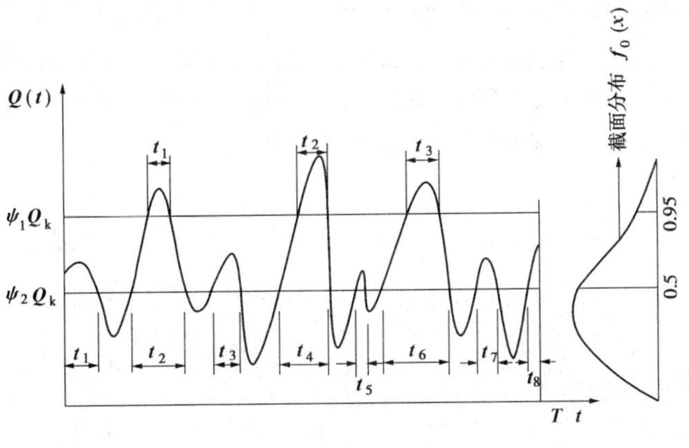

图2-5-1 活载频遇值和准永久值取值示意图

期 t 的总观测次数的比值确定。以上 ψ_1 为荷载频遇值系数，Q_k 为荷载标准值。上述两种方法的用意有侧重，第一种方法便于操作。《桥规》(JTG D62)中凡经统计分析的可变荷载其频遇值均按前者确定。

荷载频遇值实际上是对荷载标准值 Q_k 的折减，折减系数就是不大于 1.0 的频遇值系数 ψ_1。

可变荷载的准永久值是指在结构上经常出现的，且量值较小的荷载取值，也是可变荷载的一个代表值。准永久值的确定方法与确定频遇值的第一种方法相同，只是达到和超过准永久值 $\psi_2 Q_k$ 的总和 $\sum t_i$ 和 t 的比值 $\sum t_i/t$ 有所提高，国际上认为可取 0.5，相当于荷载截口概率密度函数上的 0.5 分位值。可见，准永久值系数 ψ_2 是一个小于 ψ_1 的折减系数。

2. 荷载效应的组合

在正常使用极限状态设计中，按照作用(或荷载)的持续时间不同采用两种组合——短期效应组合和长期效应组合。其具体表达式如下：

(1)作用(或荷载)短期效应组合：

$$S_{sd}=\sum_{i=1}^{m}S_{Gik}+\sum_{j=1}^{n}\psi_{1j}S_{Qjk} \tag{2-5-1}$$

式中：S_{sd}——作用(或荷载)短期效应组合设计值；

S_{Gik}——第 i 个永久作用(或荷载)标准值效应；

ψ_{1j}——第 j 个可变作用效应的频遇值系数，汽车荷载(不计冲击力)$\psi_1=0.7$，人群荷载 $\psi_1=1.0$，风荷载 $\psi_1=0.75$，温度梯度作用 $\psi_1==0.8$，其他作用 $\psi_1=1.0$；

S_{Qjk}——第 j 个可变作用(或荷载)的标准值效应。

(2)作用(或荷载)长期效应组合：

$$S_{ld}=\sum_{i=1}^{m}S_{Gik}+\sum_{j=1}^{n}\psi_{2j}S_{Qjk} \tag{2-5-2}$$

式中：S_{ld}——作用(或荷载)长期效应组合设计值；

ψ_{2j}——第 j 个可变作用效应的准永久值系数，汽车荷载(不计冲击力)$\psi_2=0.4$，人群荷载 $\psi_2=0.4$，风荷载 $\psi_2=0.75$，温度梯度作用 $\psi_2=0.8$，其他作用 $\psi_2=1.0$。

二、结构抗力

结构抗力是指结构构件截面功效限值，可分为裂缝宽度限值、挠度限值或抗裂性限值(即抗裂弯矩 M_{cr})等，这些也都是随机变量，需要采集使构件正常使用失效的最大裂缝宽度、最大挠度等的足够统计资料，但这样的资料目前尚难以取得。因此，正常使用极限状态设计有关结构抗力方面的规定，除个别进行调整外，基本沿用原规范的规定。

1. 裂缝控制

为了保证结构的适用性和耐久性，对结构构件的抗裂性和裂缝宽度有所限制。

公路桥梁钢筋混凝土及预应力混凝土结构的裂缝控制分为两种情况：

(1)不允许出现裂缝的全预应力混凝土和部分应力混凝土 A 类构件。其抗裂性采用在作用(或荷载)短期效应组合作用下的截面混凝土拉应力控制。

(2)钢筋混凝土及允许开裂的部分预应力混凝土 B 类构件，其裂缝宽度应小于规范规定的某一限值(一般为 0.1～0.2mm)。裂缝宽度按作用(或荷载)短期效应组合计算，并考虑作用(或荷载)长期效应组合的影响。

2. 变形控制

为了满足结构的适用性,对结构的变形应有所限制。钢筋混凝土和预应力混凝土构件的变形,可按结构力学方法计算,但在刚度取值时应考虑裂缝开展的影响。变形按作用(或荷载)短期效应组合计算,并考虑作用(或荷载)长期效应组合的影响。

桥涵结构构件在正常使用情况下的允许挠度值,根据结构构件正常使用要求和工程经验确定。

§2-6 混凝土结构的耐久性设计

一、混凝土结构的耐久性

混凝土结构的耐久性是指结构对气候作用、化学侵蚀、物理作用或环境作用的抵抗能力。混凝土结构的耐久性问题表现为:混凝土损伤(裂缝、破碎、酥裂、磨损、溶蚀等);钢筋的锈蚀、脆化、疲劳、应力腐蚀;以及钢筋与混凝土之间黏结锚固作用的削弱等三个方面。从短期效果而言,这些问题影响结构的外观和使用功能;从长远看,则为降低结构安全度,成为发生事故的隐患,影响结构的使用寿命。

长期以来,人们受混凝土是一种耐久性能良好的建筑材料这一认识的影响,忽视了钢筋混凝土结构耐久性问题,造成了钢筋混凝土结构耐久性研究的相对滞后,并为此付出了巨大的代价。国内外大量调查分析发现,引起混凝土结构耐久性失效的原因存在于结构设计、施工及维修的各个环节。虽然在许多国家的设计规范中都明确规定钢筋混凝土结构的耐久性需求,但是,这一宗旨并没有充分地体现在具体设计条文中,致使在以往的乃至现在的工程设计中普遍存在重视强度设计而轻视耐久性设计的现象。

《桥规》(JTG D62)在总则中增加了耐久性设计内容,提出了公路桥涵结构应根据所处的环境条件进行耐久性设计的概念。2004 年 5 月出版的中国土木工程学会标准《混凝土结构耐久性设计与施工指南》(CCES 01—2004)[以下简称《耐久性设计与施工指南》(CCES 01)]和 2006 年 6 月颁布的行业推荐性标准《公路工程混凝土结构防腐蚀技术规范》(JTG/T B07—01—2006)[以下简称《防腐蚀规范》(JTG/T B07—01)],进一步提出了混凝土结构及其构件的耐久性应根据不同的设计年限及相应的极限状态和不同的环境类别及其作用等级进行设计的概念,明确提出了环境作用下混凝土结构耐久性设计、施工的基本原则与要求,是结构设计理念上的重大突破,是工程结构科学的重大技术进步,对提高设计质量具有指导意义。

二、影响混凝土结构耐久性的因素

影响混凝土结构耐久性的因素十分复杂,主要取决于以下四个方面:

(1)混凝土材料的自身特性;

(2)混凝土结构的设计与施工质量;

(3)混凝土结构所处的环境条件;

(4)混凝土结构的使用条件和防护措施。

混凝土材料的自身特性和结构的设计与施工质量是决定其耐久性的内因。混凝土的材料组成，如水灰比（或水胶比）、水泥品种和数量、骨料的种类与级配都直接影响混凝土结构的耐久性。混凝土的缺陷（例如裂缝、气泡、空穴等）会造成水分和侵蚀性物质渗入混凝土内部，与混凝土发生物理化学作用，影响混凝土结构的耐久性。

混凝土结构所处的环境条件和防护措施是影响混凝土结构耐久性的外因。外界环境因素对混凝土结构的破坏是物理化学作用的结果。环境因素引起的混凝土结构损伤或破坏主要有：

1. 混凝土的碳化

混凝土的碳化是指混凝土中氢氧化钙与渗透进混凝土中的二氧化碳及其他酸性气体发生化学反应的过程。一般情况下混凝土呈碱性，在钢筋表面形成碱性薄膜，保护钢筋免遭酸性介质的侵蚀，起到了“钝化”保护作用。碳化的实质是混凝土的中性化，使混凝土的碱性降低，钝化膜破坏，在水分和其他有害介质侵入的情况下，钢筋就会发锈蚀。

2. 氯离子的侵蚀

氯离子对混凝土的侵蚀是氯离子从外界环境侵入已硬化的混凝土造成的。海水是氯离子的主要来源，北方寒冷地区向道路、桥面洒盐化雪除冰都会使氯离子渗入混凝土中。氯离子对混凝土的侵蚀属于化学侵蚀，氯离子是一种极强的去钝化剂，氯离子进入混凝土，到达钢筋表面，并吸附于局部钝化膜处时，可使该处的 pH 值迅速降低，破坏钢筋表面的钝化膜，引起钢筋腐蚀。氯离子侵蚀引起的钢筋腐蚀是威胁混凝土结构耐久性的最主要和最普遍的病害，会造成巨大的损失，应引起设计、施工及养护管理部门的重视。

3. 碱—骨料反应

碱—骨料反应一般指水泥中的碱和骨料中的活性硅发生反应，生成碱—硅酸盐凝胶，并吸水产生膨胀压力，造成混凝土开裂。

碱—骨料反应引起的混凝土结构破坏程度，比其他耐久性破坏发展更快，后果更为严重。碱—骨料反应一旦发生，很难加以控制，一般不到两年就会使结构出现明显开裂，所以有时也称碱—骨料反应是混凝土结构的“癌症”。

对付碱—骨料反应重在预防，防止混凝土碱—骨料反应的主要措施是：选用含碱量低的水泥；不使用碱活性大的骨料；选用不含碱或含碱低的化学外加剂；通过各种措施，控制混凝土的总含碱量不大于 $3kg/m^3$。

4. 冻融循环破坏

渗入混凝土中的水在低温下结冰膨胀，从内部破坏混凝土的微观结构，经多次冻融循环后，损伤积累将使混凝土表层剥落、酥裂，强度降低。

盐溶液与冻融的协同作用比单纯的冻融严酷得多，一般将盐冻破坏看作是冻融破坏的一种特殊形式，即最严酷的冻融破坏。

冻融破坏的特征是混凝土剥落，严重威胁混凝土的耐久性。混凝土冻融破坏发展速度快，一经发现混凝土冻融剥落，必须密切注意剥蚀的发展情况，及时采取修补和补强措施。

提高混凝土抗冻耐久性的主要措施是采用掺入引气剂的混凝土。国内外的大量研究和工程实践表明，掺入引气剂的混凝土抗冻耐久性明显提高，这是因为引气剂形成的互不连通的微细气孔在混凝土受冻初期能使毛细孔中的静水压力减少，在混凝土受冻结构过程中，这些孔隙可以阻止或抑制水泥浆中微小冻体的形成。

5. 钢筋腐蚀

钢筋腐蚀是影响钢筋混凝土结构耐久性和使用寿命的重要因素。处于干燥环境下，混凝土碳化速度缓慢，具有良好保护层的钢筋混凝土结构一般不会发生钢筋腐蚀。在潮湿的或有侵蚀介质（例如氯离子）的环境中，混凝土将加速碳化，覆盖钢筋表面的钝化膜逐渐破坏，加之有水分和氧的侵入，将引起钢筋的腐蚀。钢筋腐蚀伴有体积膨胀、使混凝土出现沿钢筋的纵向裂缝。裂缝进一步扩展，将导致混凝土耐久性进一步退化的恶性循环。

从上面分析的影响混凝土耐久性的因素可以看出，几乎所有侵蚀混凝土和钢筋的作用都需要有水作介质。另一方面，几乎所有的侵蚀作用对钢筋混凝土结构的破坏，都与侵蚀作用引起混凝土膨胀，并最终导致混凝土结构开裂有关，而且当混凝土结构开裂后，侵蚀速度将大大加快，混凝土结构的耐久性将进一步恶化。

三、混凝土结构耐久性设计原则

混凝土桥梁结构的耐久性取决于混凝土材料的自身特性和结构的使用环境，与结构设计、施工及养护管理密切相关。综合国内外研究成果和工程经验，一般是从以下三个方面解决混凝土桥梁结构的耐久性：

(1)采用高耐久性混凝土，提高混凝土自身抗破损能力；

(2)加强桥面排水和防水层设计，改善桥梁的环境作用条件；

(3)改进桥梁结构设计，采用具有防腐保护的钢筋（例如，体外预应力筋，无黏结预应力筋，环氧涂层钢筋等）；加强构造配筋，控制裂缝发展；加大混凝土保护层厚度等。

《桥规》(JTG D62)增加了耐久性的设计内容，提出了按结构使用环境进行耐久性设计的一般概念，明确规定了不同使用环境下，结构混凝土耐久性的基本要求，对影响混凝土耐久性的最大水灰比、最小水泥用量、最低强度等级、最大氯离子含量和碱含量等做出了限值规定。

应该指出，对影响混凝土自身耐久性的主要指标加以控制，提高混凝土自身的耐久性是解决混凝土结构耐久性的前提和基础。满足这些限值规定是混凝土结构耐久性设计的基本内容。规范中对影响混凝土耐久性的其他问题（如混凝土保护层厚度、构造钢筋设置、防水层设计、采取保合措施控制裂缝等），没有作为耐久性设计的专门条款单独列出，而分散在其他章节中。解决混凝土结构耐久性还涉及施工和养护管理方面的问题，应参照有关规范执行。有关内容将在后续课程中介绍。

四、桥梁结构使用环境条件分类

使用环境条件是影响混凝土结构耐久性的外部因素，应根据其对混凝土耐久性的影响程度进行分类。

《桥规》(JTG D62)根据公路桥梁的使用情况，并参照《建混规》(GB 50010)的规定，将桥梁结构使用环境条件划分下列4类：

Ⅰ类环境——系指温暖或寒冷地区的大气环境；与无侵蚀性的水或土接触的环境。

Ⅱ类环境——系指严寒地区的大气环境；使用除冰盐环境；滨海环境。

Ⅲ类环境——系指海水环境。

Ⅳ类环境——系指受侵蚀性物质影响的环境。

在上述环境分类中，严寒和寒冷地区的划分应符合国家现行标准《民用建筑热工设计规程》(GB 50176—93)的规定：

严寒地区：累年最冷月平均温度低于－10℃地区；

寒冷地区：累年最冷月平均温度高于－10℃，低于或等于0℃的地区。

累年是指近30年，不足30年的取实际年数，但不得小于10年。

除冰盐环境是指北方城市依靠喷洒盐水除冰化雪的且其主梁受到侵蚀的环境；滨海环境是指海水浪溅区以外且其前无建筑物遮挡的环境；海水环境是指潮汐区、浪溅区及海水中的环境；受侵蚀性物质影响的环境是指某些化学工业和石油化工厂的气态、液态和固态侵蚀物质影响的环境。

《耐久性设计与施工指南》(CCES 01)和《防腐蚀规范》(JTG/T B07—01)，将环境作用按其对配筋混凝土结构的侵蚀程度分为6级(表2-6-1)。

环境作用等级　　表2-6-1

级别	作用程度	级别	作用程度
A	可忽略	D	严重
B	轻度	E	非常严重
C	中度	F	极端严重

桥梁结构耐久性设计采用的环境作用等级(又称为耐久性等级)应根据所处现场环境的严酷程度确定。下面给出桥梁结构耐久性分级的建议供参考：

(1)桥梁墩台　处于严寒、高度饱水及水位变化区，属"中等"作用程度，耐久性等级为C级；若墩台表面有受渗漏除冰盐水侵蚀的可能，则应按D级处理。

(2)桥梁上部结构　处于严寒、中度饱水、节点局部渗漏(含除冰盐溶液)、局部干湿交替作用，按最不利作用考虑，作用程度为"严重"，耐久性等级为D级。

(3)桥面板　处于严寒、高度饱水、除冰盐作用非常严酷的环境，耐久性等级定为E级。

(4)桥面辅助构件　易受到除冰盐溅射作用，应按D级设计，如路缘石、安全带、灯柱、扶手、栏杆、人行道梁等。

(5)桥基础　视受冻与否，按耐久性B级或C级设计和施工。

按《耐久性设计与施工指南》(CCES 01)和《防腐蚀规范》(JTG/T B07—01)进行混凝土结构耐久性设计涉及到结构的设计使用年限的概念。结构的设计使用年限系指"设计规定的结构或构件不需进行大修即可达到按预定目的使用的年限"。处于露天环境下的桥梁结构，在结构的设计使用年限内，通常需要对桥面铺装、支座、伸缩缝等个别构件进行定期维修或更换。

桥梁结构的设计使用年限，可参照下列规定采用：

(1)大型公路桥梁、高速公路及一级公路上的桥涵，城市干道上大型桥梁、大型立交桥100年；

(2)二级及二级以下公路上及一般城市道路上的桥涵50年；

(3)可替换的易损混凝土构件30年。

当结构的使用年限预期会因服务功能的快速变化(如桥梁的通行能力的快速增长)而较早终结，或当环境特别严酷，采用较长的使用年限受到技术、经济上的制约时，在主管部门和业主的同意下，可按较低的设计使用年限进行设计，但一般不宜低于30年。

五、结构混凝土耐久性的基本要求

《桥规》(JTG D62)规定，公路桥涵应根据所处环境进行耐久性设计。结构混凝土耐久性的基本要求应符表2-6-2的要求：

结构混凝土耐久性的基本要求 表2-6-2

环境类别	环境条件	最大水灰比	最小水泥用量 (kg/m^3)	最低混凝土强度等级	最大氯离子含量 (%)	最大碱含量 (kg/m^3)
I	温暖或寒冷地区的大气环境；与无侵蚀性的水或土接触的环境	0.55	275	C25	0.30	3.0
II	严寒地区的大气环境；使用除冰盐环境；滨海环境	0.50	300	C30	0.15	3.0
III	海水环境	0.45	300	C35	0.10	3.0
IV	受侵蚀性物质影响的环境	0.40	325	C35	0.10	3.0

注：1. 有关现行规范对海水环境结构混凝土中最大水灰比和最小水泥用量有更详细规定时，可参照执行。

2. 表中氯离子含量系指其与水泥用量的百分率。

3. 当有实际工程经验时，处于I类环境中结构混凝土的最低强度等级可比表中降低一个等级。

4. 预应力混凝土构件混凝土中的最大氯离子含量为0.06%，最小水泥用量为350kg/m^3，最低混凝土强度等级为C40，或按表中规定I类环境提高3个等级，其他环境类别提高2个等级。

5. 特大桥和大桥混凝土中的最大碱含量为1.8kg/m^3，当处于III、IV类或使用除冰盐和滨海环境时，宜使用非碱活性骨料。

《桥规》(JTG—D62)规定，对水位变动区有抗冻要求的结构混凝土，其抗冻等级不应低于表2-6-3的规定。

水位变动区混凝土抗冻等级选用标准 表2-6-3

桥梁所在地区	海水环境	淡水环境
严重受冻地区(最冷月月平均气温低于−8℃)	F350	F250
受冻地区(最冷月月平均气温在−4～−8℃之间)	F300	F200
微冻地区(最冷月月平均气温在0～−4℃之间)	F250	F150

注：1. 混凝土抗冻性试验方法应符合现行标准《公路工程水泥混凝土试验规程》(JTJ 053)的规定。

2. 墩、台混凝土应选比表列值高一级的抗冻等级。

应该指出，表2-6-2中给出的影响结构混凝土耐久性的各项限值规定中，控制混凝土的最大水灰比和最小水泥用量是十分重要的。水灰比和水泥用量不仅影响混凝土的强度，而且是影响混凝土耐久性的主要因素。为了防止钢筋腐蚀，混凝土应尽可能地密实，使其具有良好的抗渗透性能。为此，除了选择级配良好的集料和精心施工保证混凝土充分捣实和水泥充分水化外，水灰比是影响混凝土密实性的最重要的条件。为了保证混凝土有足够的耐久性，控制最低水泥用量也很重要，因为单位水泥用量较高的混凝土，混凝土拌合物比较均匀，可减少混凝土捣实中出现的局部缺陷。

《耐久性设计与施工指南》(CECS 01)和《防腐蚀规范》(JTG/T B07—01)给出的耐久性设计要求的混凝土最低强度等级。最大水胶比和胶凝材料量小用量列于表2-6-4。

耐久性设计要求混凝土的最低强度等级、最大水胶比和胶凝材料最小用量(kg/m³) 表2-6-4

环境作用等级 \ 设计基准期	100年			50年		
	最低强度等级	最大水胶比	最小胶凝材料用量	最低强度等级	最大水胶比	最小胶凝材料用量
A	C30	0.55	280	C25	0.60	260
B	C35	0.50	300	C30	0.55	280
C	C40	0.45	320	C35	0.50	300
D	C45	0.40	340	C40	0.45	320
E	C50	0.36	360	C45	0.40	340
F	C50	0.32	380	C50	0.36	360

注:1.大掺量矿物掺和料混凝土的水胶比应大于0.42。

2.大截面配筋墩柱如能提高钢筋的混凝土保护层厚度,则在无氯盐的一般环境下(C级或C级以下),所采用的混凝土强度等级可低于表中的最低要求,但两者差值应不大于10MPa且不应低于对素混凝土强度的要求。当采用的混凝土强度等级比表中规定的低5MPa时,相应的保护层厚度应比表3-1-2中规定值增加5～10mm;当采用的混凝土强度等级比表中规定的低10MPa时,相应的保护层厚度应增加10～15mm。

应该指出,表2-6-4所指的胶凝材料是指水泥与矿物掺合料的总和。《耐久性设计与施工指南》(CECS 01)在编制时汇总近年来混凝土材料研究的成果,明确提出了以矿物掺和料取代部分水泥,对改善混凝土的耐久性具有明显优势的设计思想,对桥梁结构耐久性设计具有指导意义。

《防腐蚀规范》(JTG/T B07—01)给出的混凝土抗冻性耐久性指标列于表2-6-5,可供设计参考。

混凝土抗冻性的耐久性指数DF(%) 表2-6-5

设计基准期	100年			50年		
环境条件	高度水饱和	中度水饱和	盐冻	高度水饱和	中度水饱和	盐冻
严寒地区	80	70	85	70	60	80
寒冷地区	70	60	80	60	50	70
微冻地区	60	60	70	50	45	60

注:1.耐久性指数DF为300次快速冻融循环后的动弹性模量与初始值的比值。如在300次冻融循环以前,试件的动弹性模量已降到初始值的60%以下或重量损失已超过5%,则以此时的循环次数N计算DF值,并取DF=(N/300×0.6)。快速冻融循环试验方法可参照水工混凝土试验标准,试件自现场或模拟现场混凝土构件中取样,如在试验室制作,试件的养护温度及龄期需按实际工程情况选定。对于氯盐或化学腐蚀环境,试验时用于浸泡试件的水,需用与实际工程环境中相同成分和浓度的水。

2.高度水饱和指冰冻前长期或频繁接触水或潮湿土体,混凝土内高度水饱和;中度水饱和指冰冻前偶受雨水或潮湿,混凝土内饱水程度不同不高;盐冻腐蚀系指接触除冰盐、海水或其他化学物质时受冻。

《防腐蚀规范》(JTG/T B07—01)在汇总近年来国内外关于混凝土抗冻耐久性研究成果的基础上,明确提出了"冻融环境作用等级为D或F级以上的混凝土必须掺引气剂"的建议,并给出了引气混凝土的适宜量参考值(表2-6-6)。这些建议对冻融环境作用下的桥梁结构耐久性设计具有指导意义。

混凝土适宜含气量(%)(允许误差±1) 表 2-6-6

冻融环境 集料最大粒径(mm)	含气量(%)		
	高度水饱和环境	中度水饱和环境	盐冻环境
10	7.0	5.5	7.0
15	6.5	5.0	6.5
25	6.0	4.5	6.0
40	5.5	4.0	5.5

注:1. 表中所列含气量为在现场新拌混凝土取样测得的平均值。在施工前,应参考表 2-6-5 的要求,对拟用混凝土做抗冻性(快冻法)与含气量的对比试验。混凝土的抗冻性应符合表 2-6-5 中的要求。采用对比试验确定的含气量以及试验用的原材料及水胶比等混凝土工艺参数,进行施工方案编制和质量控制。

2. 在试验室条件下进行新拌混凝土试样的含气量测试时,不论混凝土坍落度大小,测试前均应在标准振动台上振动不小于 20s 的时间。对于现场泵送和高频振捣的混凝土,应检测试验泵送和振捣过程造成的含气量损失,以判断所用引气剂品种的适用性。

3. 在盐冻、高度水饱和及中度水饱和条件下,气泡间距系数不宜大于 200μm、250μm 及 300μm。气泡间距系数为在现场钻芯取样或模拟现场的硬化混凝土中取样测得的数值。测定方法可参照有关标准。

总结与思考

2-1 《公路钢筋混凝土及预应力混凝土桥涵设计规范》(JTG D62—2004)将过去长期沿用的不甚合理的“定值设计法”转变为“半概率极限状态设计法”,这是桥梁设计理论上一大进步。

“半概率极限状态设计法”与“定值设计法”的根本区别是什么?其进步性体现在哪些方面?

2-2 什么叫“极限状态”?什么叫“极限状态设计法”?按国际标准化组织(ISO)的规定,将极限状态划分为承载能力极限状态和正常使用极限状态两大类。对桥梁结构而言,将这两类“极限状态”作为设计的标准,主要应控制哪些计算内容?

2-3 什么叫“极限状态方程”?什么叫“结构功能函数”?按结构功能函数的取值,如何判断结构所处的状态?

2-4 半概率极限状态设计的实质是控制结构功能函数($Z=R-S$)小于零的结构失效概率 P_f。为了简化计算,国内外均采用可靠性指标 β 代替失效概率来度量结构的可靠度。

可靠指标 β 的定义是什么?用可靠指标 β 能够准确地反映结构功能函数概率密度曲线的特征吗?

可靠指标 β 与失效概率 P_f 是相对应的,可靠指标 β 越大,则失效概率 P_f 越(小、大),可靠概率 P_s 越(大、小)。

以表 2-3-2 给出的二级安全等级的延性破坏构件为例,设计要求的可靠指标 β 为 4.2,相应的结构设计可靠度的失效概率 P_f 是多少?可靠概率 P_s 是多少?

2-5 什么叫概率极限状态设计法?

从理论上讲这种方法比较全面地考虑了影响结构可靠度的各种因素的客观变异性,使结构设计符合预期的可靠度要求。但是,对大量的一般结构设计而言,直接采用概率极限状态设计法进行具体设计是有困难的,也是没有必要的。为了满足实际设计工作的需要,必须建立实用的半概率极限状态设计方法。

《桥规》(JTG D62)在对影响结构可靠度的有关因素进行概率分析的基础上给出了承载力极限状态的实用计算公式(2-4-4)。

$$\gamma_0(\sum_{i=1}^{n}\gamma_{Gi}S_{Gik}+\gamma_{Q1}S_{Q1k}+\varphi_c\sum_{j=2}^{n}\gamma_{Qj}S_{Qik})\leqslant R(\gamma_f f_k\alpha_k)$$

有人问:上述公式中的作用(或载荷)分项系数 γ_{Gi}、γ_{Q1}、γ_{Qj}和材料性能分项系数 γ_f,最后取的都是定值,这与过去采用的定值设计法有什么本质区别?你是如何看的?

概率极限状态设计法的核心,是根据结构的重要性和破坏性质(即失效后的效果),选择目标可靠指标β。在上述公式中,如何体现目标可靠指标β的影响?如何考虑影响结构可靠度的有关变量的变异性?

2-6 材料强度标准值是衡量产品质量是否合格的检测指标,以混凝土材料为例,其强度标准值的取值应与《公路桥涵施工技术规范》(JTJ 041—2000)的相应的质量验收标准相一致。

材料强度设计值是规范采用的设计值,不同的规范采用的材料强度设计值有所不同。例如建筑结构采用《混凝土结构设计规范》(GB 50010—2002)规定,C30 混凝土的抗压强度设计值为 14.3MPa,HRB335 钢筋的抗拉强度设计值为 300MPa,而《桥规》(JTG D62)规定的相应数值为 13.8MPa 和 280MPa。

《桥规》(JTG D62)采用的材料强度设计值比《混凝土结构设计规范》(GB 50010—2002)的相应数值低 4%~7%,说明什么问题?与规范采用的可靠指标β有什么关系?

在桥梁设计中有时需要参考国内其他行业规范(或用国外规范),应特别注意不同规范所采用设计可靠度表达形式和要求不同,所采用材料强度设计值也不尽相同,且不可机械的生搬硬套。

2-7 混凝土结构的耐久性是指结构对气候、环境作用而引起的破坏过程的抵抗能力,是直接关系结构使用寿命的重要问题。建议读者从回顾过去所学的建筑材料课的相关知识入手,总结分析影响混凝土结构耐久性的主要因素,提出你对加强混凝土结构耐久性的看法。

2-8 提高混凝土自身耐久性是解决混凝土结构耐久性的前提和基础。从本书表 2-6-2 和表 2-6-4 可看出,根据桥梁的使用环境,对混凝土最大水灰比(或水胶比)、最小水泥用量(或最小胶凝材料用量)和最低混凝土的强度等级提出了要求。控制这三项指标的根本目的是什么?设计与施工中还应该注意什么问题?

第二篇

钢筋混凝土结构

第三章　钢筋混凝土受弯构件正截面承载力计算

钢筋混凝土受弯构件的基本形式是板和梁，它们是组成工程结构的基本构件，在桥梁工程中应用很广。例如，人行道板、行车道板、小跨径板梁桥、T 形梁桥的主梁、横隔梁以及墩柱式墩(台)中的盖梁等都属于受弯构件。

由材料力学分析得知，在外力作用下，受弯构件将承受弯矩 M 和剪力 V 的作用。因此，设计受弯构件时，一般应满足下列两方面的要求：

(1)由于弯矩 M 的作用，构件可能沿某个正截面发生破坏，故需进行正截面承载力计算；

(2)由于弯矩 M 和剪力 V 的共同作用，构件可能沿某个斜截面发生破坏，故还需进行斜截面承载力计算。

本章主要讨论正截面承载力计算问题。

§3-1　钢筋混凝土受弯构件构造要点

一、钢筋混凝土板的构造

小跨径钢筋混凝土板，一般为实心矩形截面；跨径较大时，为减轻自重和节省混凝土常做成空心板。钢筋混凝土板梁的截面形式示于图 3-1-1。

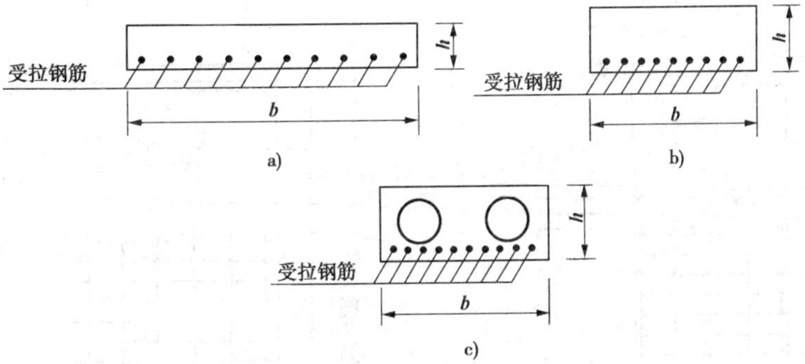

图 3-1-1　钢筋混凝土板梁的截面形式

a)整体式板；b)装配式实心板；c)装配式空心板

钢筋混凝土板的厚度根据跨径内最大弯矩和构造要求确定。为了保证施工质量，对板的最小厚度加以控制：行车道板的跨间厚度不应小于 120mm，悬臂端厚度不应小于 100mm；人行道板的厚度，就地浇筑的混凝土板不应小于 80mm，预制的混凝土板不应小于 60mm；空心板梁的底板和顶板厚度，均不应小于 80mm。

板的钢筋由主钢筋(即受力钢筋)和分布钢筋组成(图 3-1-2)。主钢筋布置在板的受拉区，行车道板内的主钢筋直径不应小于 10mm，人行道板内的主钢筋直径不应小于 8mm，板内主钢筋的间距应不大于200mm。分布钢筋垂直于主钢筋方向布置，在交叉处用铁丝绑扎或点焊，以固定相互位置。分布钢筋的作用是将荷载均匀分布到主钢筋上，同时还能防止因混凝土收缩和温度变化而出现的裂缝。分布钢筋应设在主钢筋的内侧，其直径不应小于8mm，间距不应大于200mm，其截面面积不应小于板截面面积的0.1%。在所有主钢筋弯折处，均应设置分布钢筋。

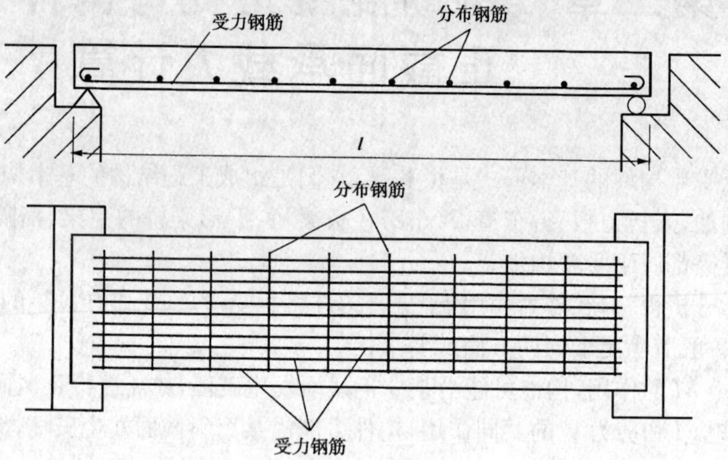

图 3-1-2　板的钢筋

为了防止钢筋外露锈蚀，钢筋边缘到构件边缘的混凝土保护层厚度，应符合《桥规》(JTG D62)规定的最小保护层厚度要求(见表 3-1-1)。

行车道板、人行道板的主钢筋最小保护层厚度：I 类环境条件为 30mm，II 类环境条件为 40mm，III、IV 类环境条件为 45mm；分布钢筋的最小保护层厚度：I 类环境条件为 15mm，II 类环境条件为 20mm，III、IV 类环境条件为 25mm。

在桥梁结构中，行车道板通常是与支承梁浇筑成一个整体。

单边固接的板称为悬臂板，主钢筋应布置在截面的上部。周边支承的板，视其长短边的比例，可分为两种情况(图 3-1-3)：

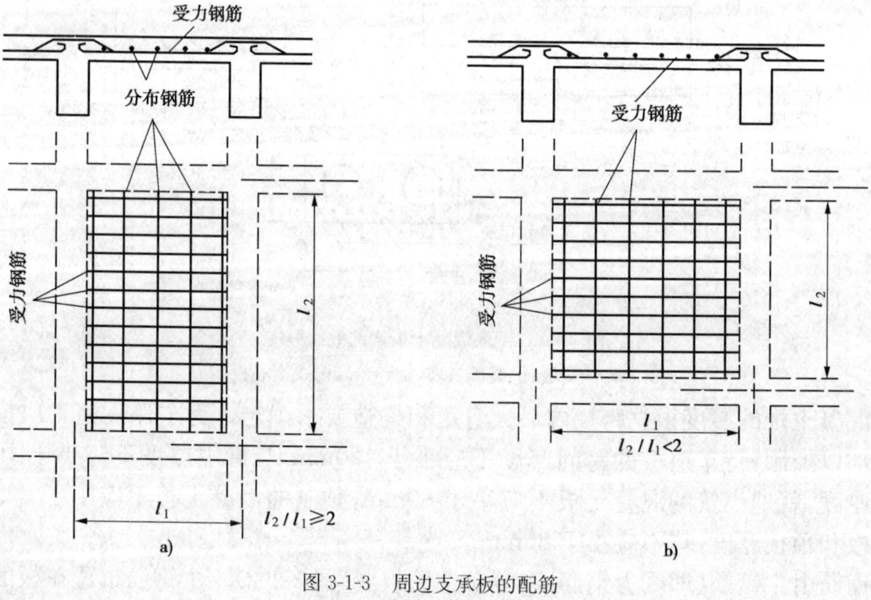

图 3-1-3　周边支承板的配筋

a)长、短边之比不小于 2；b)长、短边之比小于 2

(1)当长边与短边之比不小于2时，弯矩主要沿短边方向分配，长边方向受力很小，其受力情况与两边支承板基本相同，故称单向板。在单向板中，主钢筋沿短边方向布置，在长边方向只布置分布钢筋[图 3-1-3a)]。

(2)当长边与短边之比小于2时，两个方向同时承受弯矩，故称双向板。在双向板中，两个方向均需设置受力主钢筋[3-1-3b)]。

二、钢筋混凝土梁的构造

小跨径钢筋混凝土梁一般采用矩形截面；当跨径较大时，采用T形、工形和箱形截面(图3-1-4)。考虑到施工制模的方便，截面尺寸应模数化。矩形梁的截面宽度，一般取150mm、180mm、200mm、220mm、250mm，以后按50mm为一级增加。当梁高超过800mm时，以100mm为一级。矩形梁的高宽比一般为2.5～3。T形截面梁的高度与梁的跨度、间距及荷载大小有关。公路桥梁中大量采用的T形简支梁桥，其梁高与跨径之比约为1/10～1/20。T形梁的上翼缘尺寸，应根据行车道板的受力和构造要求确定。T形梁的腹板(梁肋)宽度与配筋形式有关：当采用焊接骨架配筋时，腹板宽度不应小于140mm，一般取160～220mm；当采用单根钢筋配筋时，腹板宽度较大，具体尺寸应根据布置钢筋的要求确定。

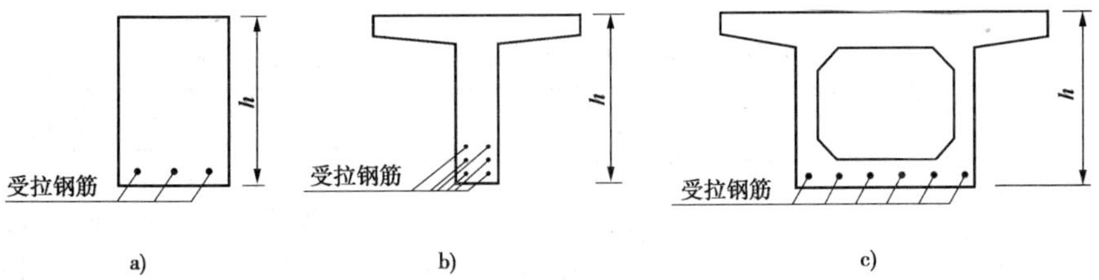

图 3-1-4 钢筋混凝土梁的截面形式

a)矩形梁；b)T形梁；c)箱形梁

梁内的钢筋骨架由纵向受力钢筋、弯起钢筋、箍筋、架立钢筋和水平纵向钢筋构成(图3-1-5)。

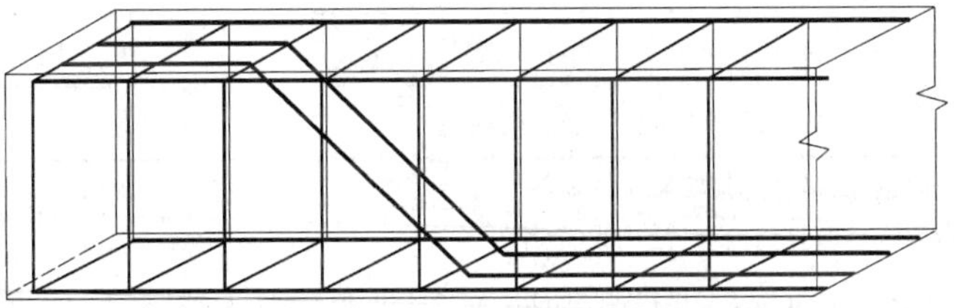

图 3-1-5 钢筋混凝土简支梁的钢筋骨架

1.纵向受力钢筋

布置在梁受拉区的纵向受力钢筋，是梁的主要受力钢筋，一般又称为主筋。当梁的高度受限制时，亦可在受压区布置纵向受压钢筋，用以协助混凝土承担压力。纵向受力钢筋的直径一般为14～32mm，同一梁内宜采用相同直径的钢筋，以简化施工。有时为了节省钢筋，也可采用两种直径，但直径相差应不小于2mm，以便于辨认。

梁内的纵向受力钢筋可以采用单根钢筋，也可采用束筋，还可采用竖向不留空隙的焊接钢筋骨架。采用单根配筋时，钢筋层数不宜多于三层，上、下层钢筋的排列应注意对齐，以便于混凝土的浇筑；采用束筋时，组成束筋的单根钢筋直径不应大于28mm，根数不应多于三根；当其直径大于 28mm 时应为两根；采用焊接钢筋骨架时，焊接骨架的钢筋层数不应多于六层，单根钢筋直径不应大于 32mm。纵向钢筋与弯起钢筋之间的焊缝，宜采用双面焊缝，其长度为 $5d$；纵向钢筋之间的短焊缝，其长度为 $2.5d$，此处 d 为纵向钢筋的直径（图 3-1-6）。

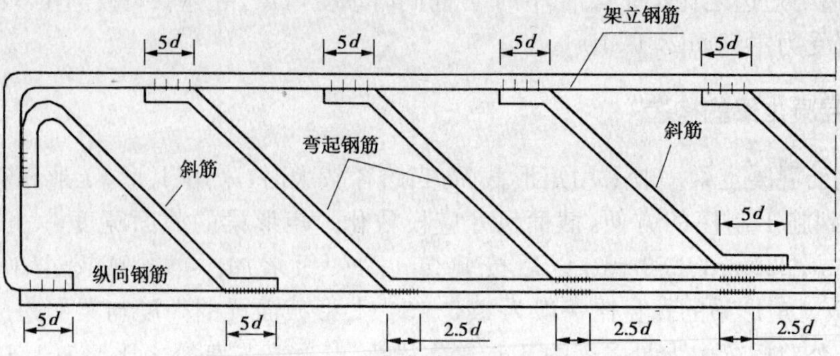

图 3-1-6　焊接钢筋骨架示意图

为了防护钢筋免于锈蚀，主钢筋至构件边缘的净距，应符合《桥规》(JTG D62)规定的钢筋最小混凝土保护厚度要求（见表 3-1-1）。主钢筋的最小混凝土保护层厚度：I 类环境条件为 30mm，II 类环境条件为 40mm，III、IV 类环境条件为 45mm。

普通钢筋和预应力直线钢筋最小混凝土保护层厚度(mm)　　表 3-1-1

序号	构件类型		环境条件		
			I	II	III、IV
1	基础、桩基承台	基坑底面有垫层或侧面有模板（受力主筋）	40	50	60
		基坑底面无垫层或侧面无模板（受力主筋）	60	75	85
2	墩台身、挡土结构、涵洞、梁、板、拱圈、拱上建筑（受力主筋）		30	40	45
3	人行道构件、栏杆（受力主筋）		20	25	30
4	箍筋		20	25	30
5	缘石、中央分隔带、护栏等行车道构件		30	40	45
6	收缩、温度、分布、防裂等表层钢筋		15	20	25

注：1. 对于环氧树脂涂层钢筋，可按环境类别 I 取用；
2. 保护层厚度大于 50mm 时，应在保护层内设置钢筋网。

为了便于浇筑混凝土，使振捣器能顺利插入，保证混凝土质量和增加混凝土与钢筋之间的黏着力，梁内主钢筋间或层与层之间应有一定的距离。各主钢筋间横向净距和层与层之间的竖向净距，当钢筋为三层及以下时，不应小于 30mm，并不小于钢筋直径；当钢筋为三层以上时，不应小于 40mm，并不小于钢筋直径的 1.25 倍（图 3-1-7）。

2. 弯起钢筋

弯起钢筋大多由纵向受力钢筋弯起而成，主要用以承担主拉应力，并增加钢筋骨架的稳定性。当将多余的纵向钢筋全部弯起仍不能满足受力和构造要求时，可以采用专设的斜短钢筋焊接，但不得采用不与主钢筋焊接的浮筋。弯起钢筋与梁的纵轴线宜成 45°角，在特殊情况下，可取不小于 30°或不大于 60°角弯起。弯起钢筋以圆弧弯折，圆弧直径不宜小于 20 倍钢筋直径。

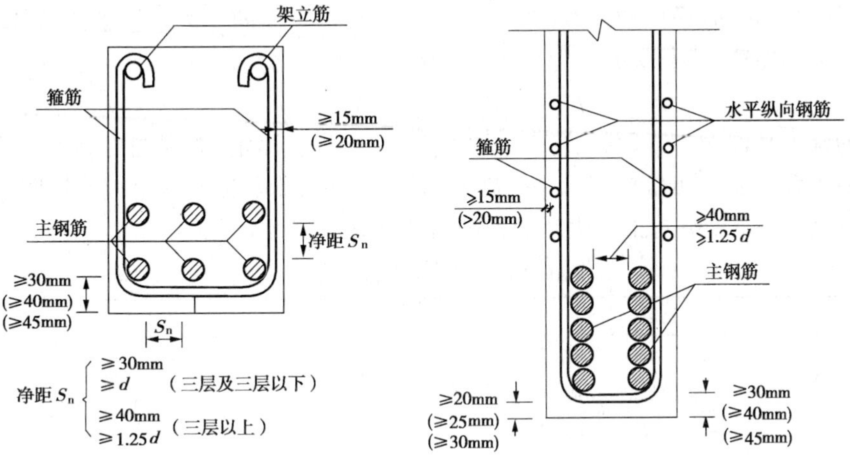

图 3-1-7　梁主钢筋净距和混凝土保护层

3. 箍筋

箍筋除了承受主拉应力外，在构造上还起固定纵向钢筋位置的作用。因此，无论计算上是否需要，梁内均应设置箍筋。梁内采用的箍筋形式如图 3-1-8 所示。

梁内只配置纵向受拉钢筋时，可采用开口箍筋；梁内除纵向受拉钢筋外，还配有纵向受压钢筋的双筋截面或同时承受弯矩和扭矩作用的梁，应采用封闭式箍筋。

箍筋直径应不小于 8mm 或主钢筋直径的 1/4。固定受拉钢筋的箍筋的间距不应大于梁高的1/2及且不大于 400mm；固定受压钢筋的箍筋，其间距还不应大于受压钢筋直径的 15 倍，且不应大于 400mm。

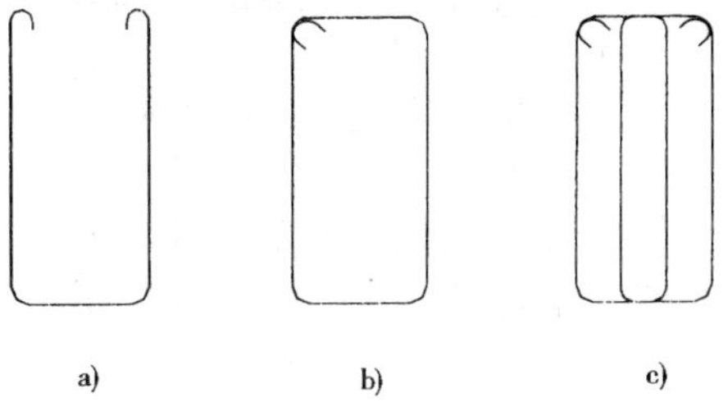

图 3-1-8　箍筋的形式

a)双肢、开口式；b)双肢、封闭式；c)四肢、封闭式

4. 架立钢筋

架立钢筋根据构造要求设置，其作用是架立箍筋、固定箍筋位置，把钢筋绑扎（或焊接）成骨架，架立钢筋的直径一般取 10～14mm。采用焊接骨架时，为保证骨架具有一定的刚度，架立钢筋的直径应适当加大。

5. 水平纵向钢筋

T 形截面梁及箱形截面的腹板两侧应设置水平纵向钢筋，以防止因混凝土收缩及温度变化而产生的裂缝。水平纵向钢筋的直径为 6～8mm，每个腹板内水平纵向钢筋截面面积为(0.001～0.002)bh，此处 b 为腹板厚度，h 为梁的高度。水平纵向钢筋的间距，在受拉区应不大于腹板厚度，且不大于 200mm；在受压区应不大于 300mm；在支点附近剪力较大区段，水平纵向钢筋截面面积应予增加，其间距宜为 100～150mm。

以上五种钢筋通过绑扎或焊接构成梁的钢筋骨架。

最后，应特别指出的是：前面给出的有关钢筋最小混凝土保护层的规定（见表 3-1-1），是《桥规》(JTG D62)的强制性条文，加大混凝土保护层厚度是保护钢筋免于锈蚀、提高混凝土结构耐久性的重要措施之一，应引起设计者的重视。

《防腐蚀规范》(JTG/T B07—01)规定：用于构件强度计算和标注于施工图上的钢筋(包括主筋、箍筋和分布筋)保护层厚度(钢筋外缘至混凝土表面的距离)，一般不应小于表3-1-2中的保护层最小厚度 c_{min} 与保护层厚度的施工允许误差 Δ 之和，即：

$$c \geqslant c_{min} + \Delta \tag{3-1-1}$$

式中的施工允许误差 Δ 根据施工验收要求的严格程度而定，对现浇混凝土构件一般可取10mm；如有专门的施工质量控制和检验制度，能够严格保证表层混凝土的养护质量和混凝土保护层的厚度可为5mm；对工厂生产的预制构件可取0～5mm。

混凝土保护层最小厚度 c_{min}(mm)　　表3-1-2

环境作用等级		B	C	D	E	F
板、墙等平面形构件	设计基准期不低于50年	20	30	40	45	50
	设计基准期不低于100年	30	40	45	50	55
柱等条形构件	设计基准期不低于50年	30	35	45	50	55
	设计基准期不低于100年	35	45	50	55	60

注：1. 表中的混凝土保护层厚度与表2-6-4的混凝土最低质量要求中对不同环境类别下混凝土胶凝材料的选用范围相应。如实际采用的混凝土水胶比低于表2-6-4中的数值(按表2-6-4中水胶比数值的相应级差衡量)，且水胶比不大于0.45，或实际采用的混凝土强度比表4.2.1中的最低值高10MPa时，则保护层的最小厚度可比表中数值适当减小，但减小的厚度一般不宜超过5mm。
2. 表中的保护层最小厚度值如小于所保护钢筋的直径，则取 c_{min} 与钢筋直径相同。
3. 引气混凝土的保护层厚度可按环境作用等级降低一个等级取用。
4. 直接接触土体浇筑的混凝土保护层厚度应不小于70mm。
5. 受风沙磨蚀，或处于流动水中，或同时受水中泥沙冲击侵蚀的构件保护层厚度应适量增加10～20mm。特殊磨蚀环境下应通过专门研究确定。
6. 如有可靠的附加防腐蚀措施并通过专门的论证，保护层厚度可适当降低。
7. 对于硫酸盐化学腐蚀环境，如无干湿交替，保护层最小厚度可取：板35mm，梁柱40mm。

应该指出，《防腐蚀规范》(JTG/T B07—01)关于钢筋最小混凝土保护层的规定，考虑施工误差的影响，对设计工作具有指导意义，可供参考。

§3-2　钢筋混凝土梁正截面破坏状态分析

为了研究钢筋混凝土梁的弯曲性能，探讨正截面的应力和应变分布规律，通常是采用图3-2-1所示的试验方案，进行钢筋混凝土梁试验研究。

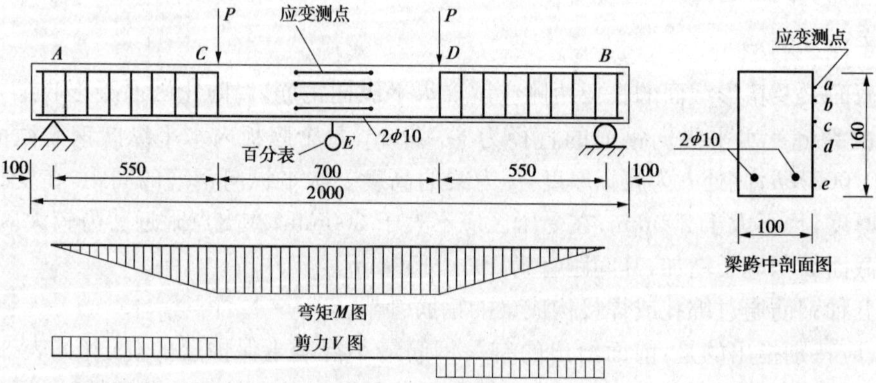

图3-2-1　钢筋混凝土试验梁(尺寸单位：mm)

试验采用两点对称加载，在梁的 CD 段剪力为零（忽略梁的自重影响），弯矩为常数，称为纯弯曲段。在梁的纯弯曲段，布置应变测点，测量各点的应变。在跨中截面布置百分表，量测挠度值。

试验测得的跨中截面的荷载—挠度关系曲线示于图 3-2-2。

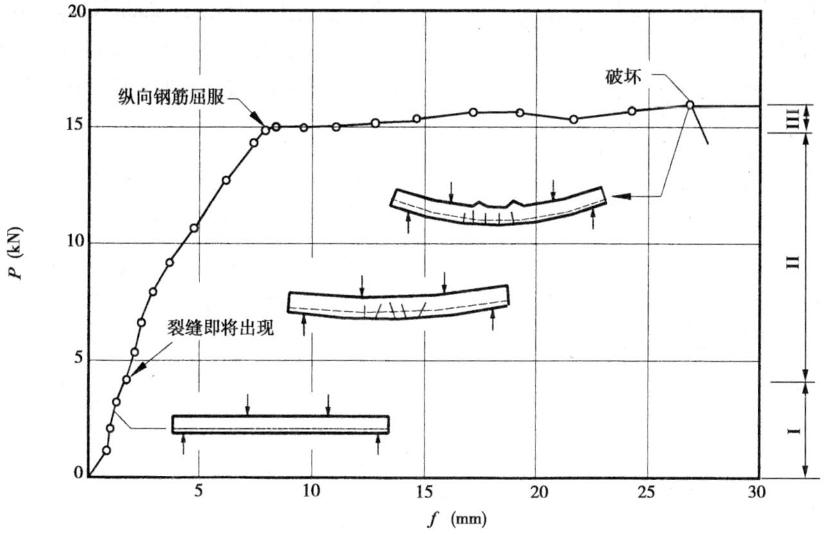

图 3-2-2　试验梁荷载—挠度关系曲线

从图 3-2-2 可以看出，试验梁的荷载—挠度关系曲线有两个明显的转折点，把梁的受力过程划分为三个阶段，各受力阶段的截面应力发展情况示于图 3-2-3。

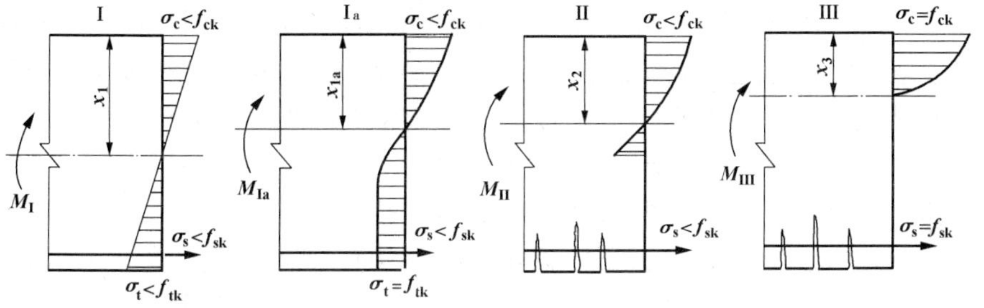

图 3-2-3　钢筋混凝土梁各受力阶段截面应力分布情况

阶段 I——当荷载较小时，挠度随荷载的增加而不断增长，梁处于弹性工作阶段。此时，混凝土压应力和拉应力均很小，按应力三角形分布。混凝土下缘拉应力小于其抗拉强度极限值，截面未出现裂缝。

阶段 I_a——当荷载增加时，混凝土的塑性变形发展，变形的增长速度大于应力的增长速度，此现象在受拉部位更为显著。因此，应力图形在受拉区呈曲线形，在受压区接近三角形。此时受拉区下缘应力达到混凝土抗拉强度极限值（应变达到混凝土抗拉应变极限值），即达到将要出现裂缝的临界阶段。计算钢筋混凝土构件裂缝出现（即开裂弯矩）时，以此阶段应力图为基础。

阶段 II——当荷载继续增加时，受拉区混凝土出现裂缝，并向上不断发展，混凝土受压区的塑性变形加大，其应力图略呈曲线形。此时，受拉区混凝土作用甚小，可以不考虑其参加工作，全部拉力由钢筋承受，但其应力尚未达到屈服强度。按允许应力法计算钢筋混凝土构件的弹性分析理论以此阶段为基础。

阶段 III——当荷载继续增加时，钢筋的应力增长较快，并达到屈服强度。其后由于钢筋的塑性变形，使裂缝进一步扩展，中性轴上升，混凝土受压区面积减少，混凝土的压应力随之达到抗压强度极限值，上缘混凝土压碎，导致全梁破坏。这一阶段是按承载能力极限状态计算钢筋混凝土构件的基本出发点。

必须指出，上述钢筋混凝土梁正截面破坏特征，是指在实际中广为采用的正常配筋的适筋梁而言的。试验研究表明，梁的正截面的破坏形式与配筋率的大小及钢筋和混凝土种类有关。图 3-2-4 给出了不同配筋率的试验梁的荷载—挠度关系曲线。

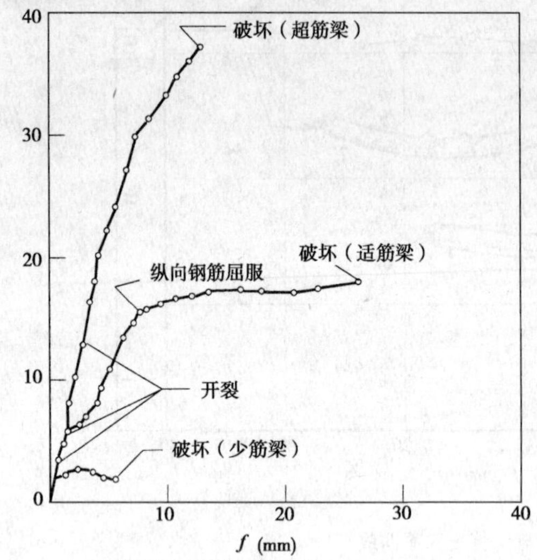

图 3-2-4　不同配筋率的试验梁荷载—挠度关系曲线

从图 3-2-4 可以看出，对于常用的钢筋和混凝土强度等级而言，梁的正截面破坏形式主要受配筋率影响。按照钢筋混凝土梁的配筋情况，正截面破坏形式可归纳为下列三种情况。

(1)适筋梁塑性破坏——配筋适当的梁(适筋梁)的破坏情况已如上述，其主要特点是受拉钢筋的应力首先达到屈服强度，受压区混凝土应力随之增大而达到抗压强度极限值，梁即告破坏。这种梁在完全破坏之前，钢筋要经历较大的塑性伸长，随之引起裂缝急剧开展和挠度的急剧增加，它将给人以明显的破坏征兆，破坏过程比较缓慢，通常称这种破坏为塑性破坏。

(2)超筋梁脆性破坏——如果梁内配筋过多(超筋梁)，其破坏特点是受拉钢筋应力尚未达到屈服强度之前，受压区混凝土边缘纤维的应力已达到抗压强度极限值(即压应变达到混凝土抗压应变极限值)，由于混凝土局部压碎而导致梁的破坏。这种梁破坏前变形(挠度)不大，裂缝开展也不明显，是在没有明显破坏征兆的情况下突然发生的脆性破坏。超筋梁配置钢筋过多，并没有充分发挥钢筋的作用，既不经济又不安全，在设计中一般是不允许采用的。

(3)少筋梁脆性破坏——对于配筋过少的梁(少筋梁)，其破坏特点是受拉区混凝土一旦出现裂缝，受拉钢筋的应力立即达到屈服强度，并迅速经历整个流幅，进入强化工作阶段，这时裂缝迅速向上延伸，开展宽度很大，即使受压区混凝土尚未压碎，由于裂缝宽度过大，已标志着梁的"破坏"。少筋梁截面尺寸大，承载能力相对较低，破坏过程发展迅速，即使有破坏征兆，也来不及挽救，也是不安全的，在结构设计中是不允许采用的。

在设计规范中，通常是规定最大配筋率和最小配筋率的限制来防止梁发生后两种脆性破坏，保证梁的配筋处于适筋梁的范围，发生正常的塑性破坏。以后我们所研究的钢筋混凝土梁都是指适筋梁而言，所有的计算公式都是针对适筋梁的塑性破坏状态导出的。

§3-3　钢筋混凝土受弯构件正截面承载力极限状态计算的一般问题

一、基本假设

钢筋混凝土受弯构件正截面承载能力极限状态计算采用第 III 阶段应力图，并引入下列基本假设作为计算的基础。

(1)构件变形符合平截面假设。

在弯曲变形后构件的截面仍保持平面，即混凝土和钢筋的应变沿截面高度符合线性分布。试验研究表明，钢筋混凝土受弯构件在裂缝出现前，截面应变分布接近直线，较好地符合平截面假设。在裂缝出现以后直至构件破坏时，就裂缝截面而言，平截面假设已不再成立，但是就包括裂缝在内的截面平均应变而言，基本上仍符合平截面假设。

(2)裂缝出现后，不考虑受拉区混凝土的抗拉作用，拉力全部由钢筋承担。

(3)受压区混凝土应力图形可通过混凝土应力—应变关系曲线来描述。我国采用较多的是《建混规》(GB 50010)推荐的混凝土应力—应变曲线[见图 1-1-11、公式(1-1-18)和公式(1-1-19)]。

(4)钢筋的应力原则上按其应变确定，对钢筋混凝土采用的 R235、HRB335、HRB400 及 KL400 钢筋，其应力—应变关系采用完全弹塑性模型，即取双直线形式[见图 1-2-3a)]和公式(1-2-1)，图中受拉钢筋的极限拉应变 $\varepsilon_{su}=\varepsilon_{sh}=0.01$。

二、正截面承载能力计算图式及基本方程

按照上述基本假设，给出的受弯构件正截面抗弯承载力计算通用图式示于图 3-3-1。

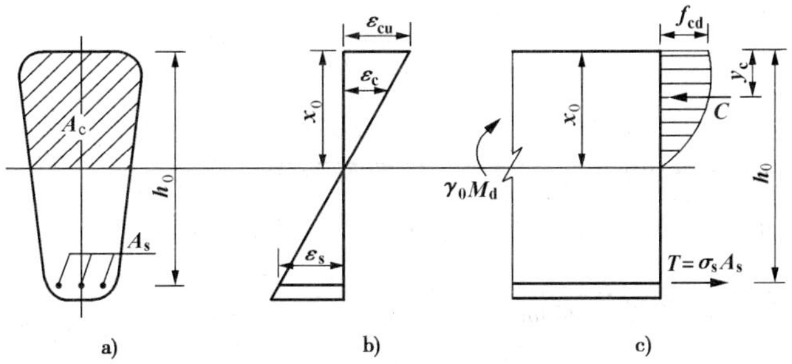

图 3-3-1　正截面承载力计算通用图式

a)断面图；b)应变图；c)应力图

基本方程为：

$$
\left.\begin{aligned}
&\text{由}\sum X=0\text{ 得} \qquad C=T \quad \text{即}, \int_0^{A_c}\sigma_c \mathrm{d}A_c=\sigma_s A_s \\
&\text{由}\sum M=0\text{ 得} \qquad \gamma_0 M_d \leqslant M_{du}=\sigma_s A_s(h_0-y_c)
\end{aligned}\right\} \tag{3-3-1}
$$

式中：y_c——受压区混凝土合力作用点至截面上边缘的距离。

运用上述方程进行正截面承载力计算时，受压区混凝土合力 C 及其作用位置 y_c 的计算，都需要进行积分运算；特别是对于受压区混凝土形状比较复杂的情况，这种积分运算比较麻烦。为了计算方便，可以设想在保持混凝土压应力合力 C 的大小和作用位置 y_c 不变的条件下，用等效矩形应力图来代替实际的曲线形应力图。这样的处理，显然对承载力的计算结果是没有影响的。

经过大量的等效换算，《桥规》(JTG D62)推荐采用的受压区混凝土等效矩形应力图宽度(即应力值)取抗压强度设计值 f_{cd}，矩形应力图的高度(即受压区高度)：

$$x=\beta x_0 \tag{3-3-2}$$

式中：x_0——曲线形应力图混凝土受压区高度；

β——矩形应力图高度系数，对 C50 以及以下混凝土取 $\beta=0.8$。

此外，上述第(4)项关于钢筋应力取值的规定，是针对不同配筋的通用情况而言的。对适

筋梁来说，构件破坏时受拉钢筋的应力均能达到其抗拉强度设计值 f_{sd}。换句话说，如果满足适筋梁的限制条件，受拉钢筋的应力取抗拉强度设计值 f_{sd}。

这样，我们就可以给出针对适筋梁而言，受压区混凝土应力采用等效矩形应力图表示的正截面承载力计算图式(图 3-3-2)。

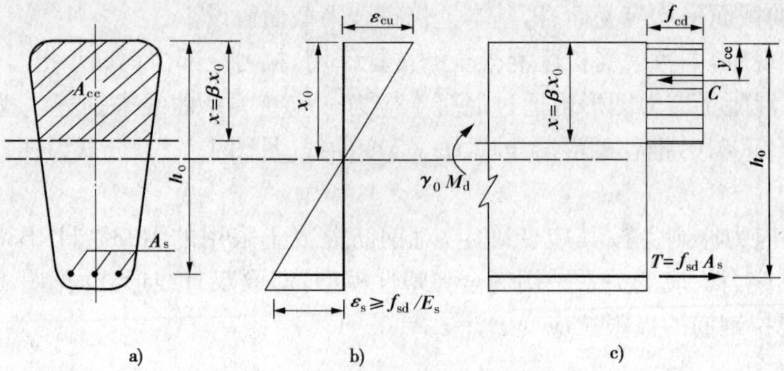

图 3-3-2 适筋梁正截面承载力计算图

a)断面图；b)应变图；c)应力图

相应的基本方程式为：

$$\left.\begin{aligned} &\text{由}\sum X=0\text{ 得} \qquad C=T \qquad f_{cd}A_{ce}=f_{sd}A_s \\ &\text{由}\sum M=0\text{ 得} \qquad \gamma_0 M_d \leqslant M_{du}=f_{sd}A_s(h_0-y_{ce}) \end{aligned}\right\} \tag{3-3-3}$$

式中：A_{ce}——等效矩形应力图对应的受压区混凝土面积；

y_{ce}——等效矩形应力图合力作用至截面受压边缘的距离。

三、最小配筋率和最大配筋率限制

必须指出，公式(3-3-3)是针对正常配筋的适筋梁的破坏状态导出的，因而截面配筋率必须满足下列要求：

$$\rho_{min} \leqslant \rho \leqslant \rho_{max} \tag{3-3-4}$$

(1)最小配筋率的限制，规定了少筋梁和适筋梁的界限。《桥规》(JTG D62)规定，钢筋混凝土受弯构件的受拉钢筋配筋百分率应不小于 $45f_{td}/f_{sd}$，同时不应小于 0.20，此处 f_{td} 为混凝土抗拉强度设计值，f_{sd} 为钢筋的抗拉强度设计值。受弯构件受拉钢筋的配筋率应按扣除受压翼缘后的有效面积计算。这样，矩形和 T 形截面受弯构件的最小配筋率限制可写为下列形式：

$$\rho=\frac{A_s}{bh_0} \geqslant \rho_{min}=0.45\frac{f_{td}}{f_{sd}}\text{，且不小于 }0.2\% \tag{3-3-5}$$

式中：b——矩形截面的梁宽，T 形截面的腹板宽度；

h_0——截面的有效高度，即纵向受拉钢筋合力作用点至受压边缘的距离。

《桥规》(JTG D62)给出的最小配筋率限值，是根据钢筋混凝土构件破坏时，截面所能承受的弯矩(按 III 阶段应力图计算)，不小于同一截面的素混凝土构件所承担的弯矩(按 I_a 阶段应力图计算)的原则确定的，其目的是保证混凝土受拉边缘出现裂缝时，梁不致因配筋过少而发生脆性破坏。

值得注意的是：《建混规》(GB 50010)给出的最小配筋率限值与《桥规》(JTJ 023)规定相同，但是配筋率的定义不同。《建混规》(GB 50010)规定受弯构件受拉钢筋配筋率按全面积计算。这样，最小配筋率限制应写为下列形式：

$$\rho = \frac{A_s}{bh} \geqslant \rho_{min} = 0.45\frac{f_{td}}{f_{sd}}, 且不小于0.2\% \tag{3-3-6}$$

式中：h——梁的高度。

(2)最大配筋率限制，规定了适筋梁和超筋梁的界限。对于钢筋和混凝土强度都已确定了的梁来说，总会有一个特定的配筋率，使得钢筋应力达到抗拉强度设计值 f_{sd}（应变达到屈服应变 $\varepsilon_y = f_{sd}/E_s$）的同时，受压区混凝土边缘纤维的应变也恰好达到混凝土的抗压极限应变值，通常将这种破坏称为"界限破坏"（图3-3-3）。相应于这种破坏的配筋率就是适筋梁的最大配筋率。

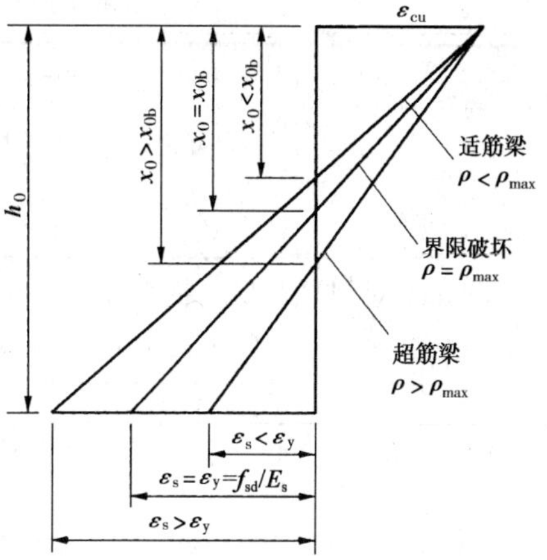

图3-3-3 适筋梁和超筋梁"界限破坏"的截面应变

最大配筋率的限制，一般是通过混凝土受压区高度来加以控制。

从图3-3-3可以看出，限制配筋率 $\rho \leqslant \rho_{max}$，可以转换为限制应变图变形零点至截面受压边缘的距离（即混凝土受压区曲线形应力图的高度）$x_0 \leqslant x_{0b}$，进一步转化为限制混凝土受压区等效矩形应力图的高度（一般简称为混凝土受压区高度）：

$$x \leqslant x_b = \xi_b h_0 \tag{3-3-7}$$

式中：x_b——相对于"界限破坏"时的混凝土受压区高度；

ξ_b——相对界限受压高度，又称为混凝土受压区高度界限系数，其数值按表3-3-1采用。

相对界限受压区高度 表3-3-1

钢筋种类 \ 混凝土强度等级		相对界限受压区高度 ξ_b			
		C50及以下	C55、C60	C65、C70	C75、C80
普通钢筋	R235	0.62	0.60	0.58	—
	HRB300	0.58	0.56	0.54	—
	HRB335	0.56	0.54	0.52	—
	HRB400、KL400	0.53	0.51	0.49	—
	HRB500	0.49	0.47	0.44	—
预应力钢筋	钢绞线、钢丝	0.40	0.38	0.36	0.35
	精轧螺纹钢筋	0.40	0.38	0.36	—

注：1. 截面受拉区配置不同种类钢筋的受弯构件，其 ξ_b 值应选用相应于各种钢筋的较小者。

2. $\xi_b = x_b/h_0$，x_b 为纵向受拉钢筋和受压区混凝土同时达到其强度设计值时的受压区高度。

表3-3-1给出的不同钢种配筋的混凝土受压区高度界限系数 ξ_b 的数值，是根据"界限破坏"时的变形条件求得的（见图3-3-3）。按照平截面假设，界限破坏时应变图变形零点到截面受压边缘的距离 x_{0b}，可由应变图比例关系求得：

$$x_{0b} = \frac{\varepsilon_{cu}}{f_{sd}/E_s + \varepsilon_{cu}} \cdot h_0 \tag{3-3-8}$$

将 $x_{0b} = x_b/\beta = \xi_b h_0/\beta$ 代入上式，则得：

$$\xi_b = \frac{x_b}{h_0} = \beta\frac{x_{0b}}{h_0} = \beta\frac{\varepsilon_{cu}}{f_{sd}/E_s + \varepsilon_{cu}} \tag{3-3-9}$$

式中：ε_{cu}——混凝土极限压应变，其数值与混凝土强度等级有关，按表 3-3-2 采用；

β——混凝土受压区矩形应力图高度系数，其数值与混凝土强度等级有关，按表 3-3-2 采用。

混凝土矩形应力图高度系数及极限压应变 表 3-3-2

混凝土强度等级	C50 及以下	C55	C60	C65	C70	C75	C80
β	0.80	0.79	0.78	0.77	0.76	0.75	0.74
ε_{cu}	0.0033	0.00325	0.0032	0.00315	0.0031	0.00305	0.003

例如，对 HRB335 钢筋，$f_{sd}=280\text{MPa}$，$E_s=2.1\times10^5\text{MPa}$，C50 及以下混凝土 $\varepsilon_{cu}=0.0033$，$\beta=0.8$，代入公式(3-3-9)，则可得：

$$\xi_b=\beta\frac{\varepsilon_{cu}}{f_{sd}/E_s+\varepsilon_{cu}}=0.8\times\frac{0.0033}{280/2.1\times10^5+0.0033}=0.5617\text{，取}\ \xi_b=0.56$$

§ 3-4 单筋矩形截面受弯构件正截面承载力计算

只在受拉区配置受力钢筋的截面称为单筋截面。单筋矩形截面受弯构件正截面承载力计算是其他形式复杂截面计算的基础。

一、计算图式和基本方程

根据钢筋混凝土受弯构件正截面承载力计算的基本假定，给出单筋矩形截面受弯构件正截面承载力计算图式(图 3-4-1)。

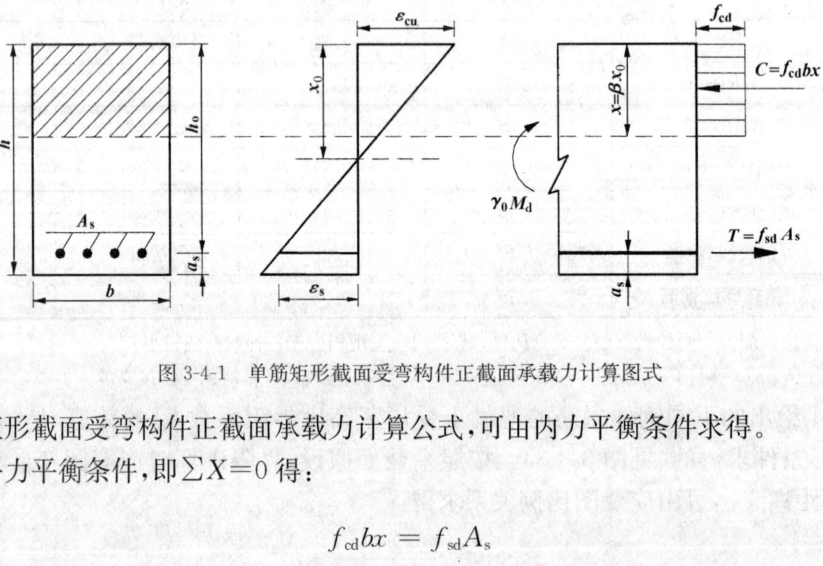

图 3-4-1 单筋矩形截面受弯构件正截面承载力计算图式

单筋矩形截面受弯构件正截面承载力计算公式，可由内力平衡条件求得。

由水平力平衡条件，即 $\sum X=0$ 得：

$$f_{cd}bx=f_{sd}A_s \tag{3-4-1}$$

由所有的力对受拉钢筋合力作用点力矩为零的平衡条件，即 $\sum M_{As}=0$ 得：

$$\gamma_0 M_d\leqslant f_{cd}bx\left(h_0-\frac{x}{2}\right) \tag{3-4-2}$$

由所有的力对受压区混凝土合力作用点力矩为零的平衡条件，即$\sum M_c=0$得：

$$\gamma_0 M_d \leqslant f_{sd} A_s \left(h_0 - \frac{x}{2}\right) \tag{3-4-3}$$

上述式中：M_d——弯矩组合设计值；

γ_0——桥梁结构的重要性系数；

f_{cd}——混凝土轴心抗压强度设计值，按附表1采用；

f_{sd}——纵向受拉钢筋抗拉强度设计值，按附表3采用；

A_s——纵向受拉钢筋的截面面积；

x——混凝土受压区高度；

b——矩形截面宽度；

h_0——截面有效高度，$h_0=h-a_s$；

h——截面高度；

a_s——纵向受拉钢筋合力作用点至截面受拉边缘的距离。

公式的适用条件：

(1) $\rho=\dfrac{A_s}{bh_0}\geqslant\rho_{min}=0.45\dfrac{f_{td}}{f_{sd}}$，且不小于0.2%；

(2) $x\leqslant\xi_b h_0$。

二、实用计算方法

在实际设计中，受弯构件正截面承载力计算可分为截面设计和承载能力复核两类问题。

1. 截面设计

根据已知的弯矩组合设计值进行截面设计，常遇到以下两种情况。

(1)截面尺寸已定，根据已知的弯矩组合设计值，选择钢筋截面面积。

已知：弯矩组合设计值$\gamma_0 M_d$；截面尺寸b、h_0；材料性能参数f_{cd}、f_{sd}、ξ_b。

求：钢筋截面面积A_s。

解：运用基本方程式(3-4-1)、式(3-4-2)或式(3-4-3)求解此类问题，只有两个未知数A_s和x，问题是可解的。

首先，由公式(3-4-2)解二次方程，求得混凝土受压区高度x，若$x\leqslant\xi_b h_0$，则将其代入式(3-4-3)或式(3-4-1)，求得所需钢筋截面面积：

$$A_s=\frac{\gamma_0 M_d}{f_{sd}\left(h_0-\dfrac{x}{2}\right)} \text{或} A_s=\frac{f_{cd}bx}{f_{sd}}$$

根据所求得的钢筋截面面积，参照构造要求，选择钢筋直径和根数，布置钢筋，并验算实际配筋率$\rho=A_s/bh_0>\rho_{min}$。

若由公式(3-4-2)求得的混凝土受压区高度$x>\xi_b h_0$，应加大截面尺寸或提高混凝土强度等级，或改为双筋截面。

(2)截面尺寸未知，根据已知的弯矩组合设计值，选择截面尺寸和配置钢筋。

已知：弯矩组合设计值$\gamma_0 M_d$，材料性能参数f_{cd}、f_{sd}、ξ_b。

求：截面尺寸b、h_0和钢筋截面面积A_s。

解:前面给出的基本公式(3-4-1)、式(3-4-2)和式(3-4-3)中,只有两个独立方程,而这类问题实际上存在4个未知数(b、h_0、A_s 和 x),问题的解答有无数个。为了求得一个比较合理的解答,通常是按配筋形式和构造要求,先假定梁宽 b 和配筋率 ρ(对矩形梁,可取 $\rho=0.006\sim0.015$,对板取 $\rho=0.003\sim0.008$),或直接选取一个 ξ 值(一般可取 $(0.3\sim0.7)\xi_b$)。这样就只剩下两个未知数(h_0 和 A_s),问题是可解的。

将 $x=\xi h_0$ 代入公式(3-4-2),求得梁的有效高度为:

$$h_0=\sqrt{\frac{\gamma_0 M_d}{\xi(1-0.5\xi)f_{cd}b}}$$

式中的 ξ 值根据假设的配筋率由公式(3-4-1)计算 $\xi=\rho f_{sd}/f_{cd}$,亦可按直接假定值代入。

梁的高度 $h=h_0+a_s$(式中 a_s 为钢筋合力作用点至截面下边缘的距离,布置一排钢筋时,取 $a_s\approx40\sim50$mm,布置二排钢筋时,取 $a_s\approx65$mm),梁高应取整数。

所需钢筋截面面积可由公式(3-4-3)近似求得:

$$A_s=\frac{\gamma_0 M_d}{f_{sd}\left(h_0-\dfrac{x}{2}\right)}$$

式中:h_0——截面尺寸调整后的实际有效梁高度。

应该指出,从理论上讲,截面尺寸调整后,混凝土受压区高度 x 值亦发生了变化,因而按上式求得的钢筋截面面积是近似的。对于这种情况,梁高调整后截面尺寸即为已知,钢筋截面面积的精确值确定,应按前面介绍的情况(1)的步骤进行。

2. 承载能力复核

承载能力复核是对初步设计好的截面进行承载力计算,判断其安全程度。

已知:截面尺寸 b、h_0,钢筋截面面积 A_s,材料性能参数 f_{cd}、f_{sd}、ξ_b,弯矩组合设计值 $\gamma_0 M_d$。

求:截面所能承受的弯矩设计值 M_{du},并判断其安全程度。

解:首先验算配筋率,若 $\rho=A_s/bh_0>\rho_{min}$,再由公式(3-4-1)求混凝土受压区高度

$$x=f_{sd}A_s/f_{cd}b$$

若 $x\leqslant\xi_b h_0$,则将其代入公式(3-4-2)或式(3-4-3)求得截面所能承受的弯矩设计值

$$M_{du}=f_{cd}bx\left(h_0-\frac{x}{2}\right)$$

或

$$M_{du}=f_{sd}A_s\left(h_0-\frac{x}{2}\right)$$

若截面所能承受的弯矩设计值大于截面应承受的弯矩组合设计值,即 $M_{du}>\gamma_0 M_d$,则说明该截面的承载力是足够的,结构是安全的。

若按公式(3-4-1)求得的 $x>\xi_b h_0$,说明该截面配筋已超出适筋梁的范围,应修改设计,适当增加梁高或提高混凝土强度等级,或改为双筋截面。

在实际设计中,当出现 $x>\xi_b h_0$ 的个别情况需按超筋梁进行强度复核时,该截面所能承受的弯矩设计值 M_{du},应按公式(3-3-1)给出的正截面承载力计算通用公式计算。

例题 3-4-1 已知:矩形截面尺寸为 250mm×500mm,承受的弯矩组合设计值 $M_d=136$kN·m,结构重要性系数 $\gamma_0=1$;拟采用 C25 混凝土,HRB335 钢筋。

求:所需钢筋截面面积 A_s。

解:根据拟采用的材料查得:$f_{cd}=11.5$MPa,$f_{td}=1.23$MPa,$f_{sd}=280$MPa,$\xi_b=0.56$。梁

的有效高度 $h_0=500-40=460\text{mm}$（按布置一排钢筋估算）。

首先由公式(3-4-2)求解受压区高度 x 即得：

$$\gamma_0 M_d = f_{cd}bx\left(h_0-\frac{x}{2}\right)$$

$$136\times10^6 = 11.5\times250x\left(460-\frac{x}{2}\right)$$

展开为 $x^2-920x+94\ 608.7=0$

解得 $x=117.96\text{mm}<\xi_b h_0=0.56\times460=257.6\text{mm}$。

将所得 x 值代入公式(3-4-1)，求得所需钢筋截面面积为：

$$A_s=\frac{f_{cd}bx}{f_{sd}}=\frac{11.5\times250\times117.96}{280}=1211.2\text{mm}^2$$

选取 4 ϕ 20(外径 22.7mm)提供的钢筋截面面积 $A_s=1\ 256\text{mm}^2$，钢筋按一排布置，所需截面最小宽度 $b_{min}=2\times30+4\times22.7+3\times30=240.8\text{mm}<b=250\text{mm}$，梁的实际有效高度 $h_0=h-(c+d/2)$，其中保护层厚度按 II 类环境取 $c=30\text{mm}$，钢筋直径取外径 $d=22.7\text{mm}$，代入后得 $h_0=500-(30+22.7/2)=458.7\text{mm}$，实际配筋率 $\rho=A_s/bh_0=1\ 256/250\times458.7=0.01095>\rho_{min}=0.45f_{td}/f_{sd}=0.45\times1.23/280=0.001\ 97\approx0.002$。

例题 3-4-2 有一计算跨径为 2.15m 的人行道板，承受的人群荷载为 3.5kN/m^2，板厚为 80mm，下缘配置 ϕ8 的 HRB300 钢筋，间距为 130mm，混凝土强度等级为 C20(图 3-4-2)。试复核正截面抗弯承载力，验算构件是否安全。

解：取板宽 $b=1000\text{mm}$ 的板条做为计算单元，板的重力密度取 $25\ \text{kN/m}^3$，自重荷载集度 $g=25\times10^3\times1.0\times0.08=2000\text{N/m}$。由自重荷载和人群荷载标准值产生的跨中截面的弯矩为：

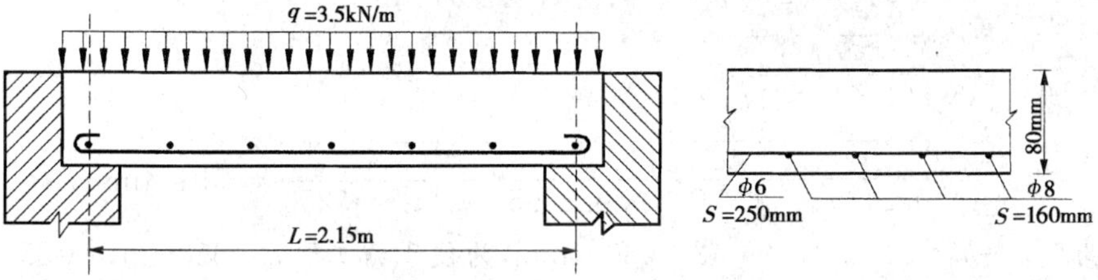

图 3-4-2 人行道板配筋示意图

$$M_{GK}=\frac{1}{8}gL^2=\frac{1}{8}\times2000\times2.15^2=1155.6\text{N}\cdot\text{m}$$

$$M_{QK}=\frac{1}{8}qL^2=\frac{1}{8}\times3500\times2.15^2=2022.3\text{N}\cdot\text{m}$$

考虑荷载分项系数后的弯矩组合设计值为

$$M_d=1.2M_{GK}+1.4M_{QK}=1.2\times1155.6+1.4\times2022.3=4217.94\text{N}\cdot\text{m}$$

取结构重要性系数 $\gamma_0=0.9$，则得：

$$\gamma_0 M_d=0.9\times4217.94=3796.1\text{N}\cdot\text{m}$$

按给定的材料查得：$f_{cd}=9.2\text{MPa}$，$f_{td}=1.06\text{MPa}$，$f_{sd}=250\text{MPa}$，$\xi_b=0.58$；受拉钢筋为 ϕ8，间距 $S=160\text{mm}$，保护层厚度按 I 类环境取 $C=20\text{mm}$。每米宽度范围内提供的钢筋截面面积 $A_s=314\text{mm}^2$，板宽 $b=1000\text{mm}$，板的有效高度 $h_0=80-(20+8/2)=56\text{mm}$。

截面的配筋率 $\rho = A_s/bh_0 = 314/1000 \times 56 = 0.0056 > \rho_{min} = 0.45 \times \frac{1.06}{195} = 0.00245$，满足最小配筋率要求。

由公式(3-4-1)求受压区高度

$$x = \frac{f_{sd}A_s}{f_{cd}b} = \frac{250 \times 314}{9.2 \times 1000} = 8.5\text{mm} \leqslant \xi_b h_0 = 0.58 \times 56 = 32.5\text{mm}$$

将所得 x 值代入公式(3-4-2)，求得截面所能承受的弯矩组合设计值为

$$\begin{aligned} M_{du} &= f_{cd}bx\left(h_0 - \frac{x}{2}\right) \\ &= 9.2 \times 1000 \times 8.5 \times \left(56 - \frac{8.5}{2}\right) = 4046850\text{N} \cdot \text{mm} \\ &= 4046.8\text{N} \cdot \text{m} > \gamma_0 M_d = 3\,796.2\text{N} \cdot \text{m} \end{aligned}$$

计算结果表明，该构件正截面承载力是足够的。

例题 3-4-3 已知：截面承受的弯矩组合设计值 $M_d = 215\text{kN} \cdot \text{m}$（其中自重弯矩 M_{Gk} 按假定截面尺寸 250mm×650mm 计算），结构重要性系数 $\gamma_0 = 1.0$。拟采用 C25 混凝土和 HRB335 钢筋，$f_{cd} = 11.5\text{MPa}$，$f_{td} = 1.23\text{MPa}$，$f_{sd} = 280\text{MPa}$，$\xi_b = 0.56$。

求：梁的截面尺寸 $b \times h$ 和钢筋截面面积 A_s。

解：对于截面尺寸未知的情况，必须预先假设两个未知数，假设梁宽 $b = 250\text{mm}$，配筋率 $\rho = 0.01$（或直接选取一个 ξ 值）。

将 $x = \xi h_0$，$A_s = \rho b h_0$，代入公式(3-4-1)，则：

$$\xi = \rho \frac{f_{sd}}{f_{cd}} = 0.01 \times \frac{280}{11.5} = 0.2435 < \xi_b = 0.56$$

将所得 ξ 值代入公式(3-4-2)，求得梁的有效高度为：

$$\begin{aligned} h_0 &= \sqrt{\frac{\gamma_0 M_d}{\xi(1 - 0.5\xi) f_{cd} b}} \\ &= \sqrt{\frac{215 \times 10^6}{0.2435 \times (1 - 0.5 \times 0.2435) \times 11.5 \times 250}} = 591.4\text{mm} \end{aligned}$$

梁的高度 $h = h_0 + a_s = 591.4 + 42 = 633.4\text{mm}$，为便于施工取 $h = 650\text{mm}$，$b = 250\text{mm}$，高宽比 $h/b = 650/250 = 2.6$。

梁的实际有效高度为 $h_0 = h - a_s = 650 - 42 = 608\text{mm}$（式中 a_s 按布置一排钢筋估算）。

某人按下列公式，分别以由公式(3-4-2)求得的 $h_0 = 591.4\text{mm}$ 和修改截面后的实际 $h_0 = 608\text{mm}$ 代入，求得受拉钢筋截面面积为：

(1) $A_s = \frac{\gamma_0 M_d}{f_{sd}(1 - 0.5\xi)h_0} = \frac{215 \times 10^6}{280 \times (1 - 0.5 \times 0.2435) \times 591.4} = 1478.3\text{mm}^2$

(2) $A_s = \frac{\gamma_0 M_d}{f_{sd}(1 - 0.5\xi)h_0} = \frac{215 \times 10^6}{280 \times (1 - 0.5 \times 0.2435) \times 608} = 1437.9\text{mm}^2$

(3) $A_s = \rho b h_0 = 0.01 \times 250 \times 591.4 = 1478.5\text{mm}^2$

(4) $A_s = \rho b h_0 = 0.01 \times 250 \times 608 = 1520\text{mm}^2$

试问这 4 种计算结果到底哪个正确？

严格讲这 4 种计算结果都是近似的，截面尺寸确定后，应按截面尺寸已知的情况，参照例题 3-4-1 的计算步骤，由公式（3-4-2）重新计算 x（或 ξ）。

$$\gamma_0 M_d = f_{cd}bx(h_0 - x/2)$$

$$215 \times 10^6 = 11.5 \times 250x(608 - x/2)$$

展开整理为：$$x^2 - 1216x + 149565.2 = 0$$

解得：$$x = 138.85\text{mm} < \xi_b h_0 = 0.56 \times 608 = 340.5\text{mm}$$

将 x 值代入公式(3-4-1)求得：

$$A_s = \frac{f_{cd}bx}{f_{sd}} = 11.5 \times 250 \times \frac{138.85}{280} = 1\,425.7\text{mm}^2$$

将精确计算结果与上面4种近似计算结果加以比较可以看出，计算结果(2)是比较接近实际的，而计算结果(4)是明显错误的。

最后，选取3 ϕ 25(外径28.4mm)，供给钢筋截面面积 $A_s = 1473\text{mm}^2$，钢筋按一排布置，所需截面最小宽度 $b_{min} = 2 \times 30 + 3 \times 28.4 + 2 \times 30 = 205\text{mm} < b = 250\text{mm}$。梁的实际有效高度 $h_0 = h - a_s = 650 - (30 + 28.4/2) = 605.7\text{mm}$。实际配筋率 $\rho = A_s/bh_0 = 1473/250 \times 605.7 = 0.0097$，在经济配筋范围之内。

应该指出，就实际设计工作来说，按上述第(2)项简化设计结果可以满足要求。但是，对上述4种计算结果的分析，对理解正截面承载力计算基本方程的意义，启发我们根据已知条件和设计要求，正确地选择和确定未知数，灵活运用基本方程式，解决承载力计算问题是十分有帮助的。

§3-5 双筋矩形截面受弯构件正截面承载力计算

一、概述

双筋截面系指除受拉钢筋外，在截面受压区亦布置受压钢筋的截面。当构件的截面尺寸受到限制，采用单筋截面出现 $x > \xi_b h_0$ 时，则应设置一定的受压钢筋来协助混凝土承担部分压力，这样就构成双筋截面。此外某些构件截面需要承受正、负弯矩时，也需采用双筋截面。

必须指出，从理论上分析采用受压钢筋协助混凝土承担压力是不经济的。在实际工程中，由于梁高过矮需要设置受压钢筋的情况也不多。但是从使用性能上看，双筋截面梁能增强截面的延性，提高结构的抗震性能，有利于防止结构的脆性破坏。此外，由于受压钢筋的存在，可以减少长期荷载效应作用下的变形。从这种意义上讲，采用双筋截面还是适宜的。

设计双筋截面在构造上应注意的是必须设置闭合箍筋，其间距一般不超过受压钢筋直径的15倍，以防止受压钢筋压屈，引起保护层混凝土剥落。

二、计算图式和基本方程

双筋截面梁破坏时的受力特点与单筋截面梁相似，其计算图式如图3-5-1所示，其中除受压钢筋的应力取钢筋抗压强度设计值 f'_{sd} 以外，其余各项均与单筋截面梁相同。

双筋矩形截面受弯构件正截面承载力计算公式，可由内力平衡条件求得。

由水平力平衡条件，即 $\sum X = 0$ 得：

$$f_{cd}bx + f'_{sd}A'_s = f_{sd}A_s \tag{3-5-1}$$

由所有的力对受拉钢筋合力作用点取矩的平衡条件，即 $\sum M_{As} = 0$ 得：

$$\gamma_0 M_d \leqslant f_{cd}bx\left(h_0 - \frac{x}{2}\right) + f'_{sd}A'_s(h_0 - a'_s) \tag{3-5-2}$$

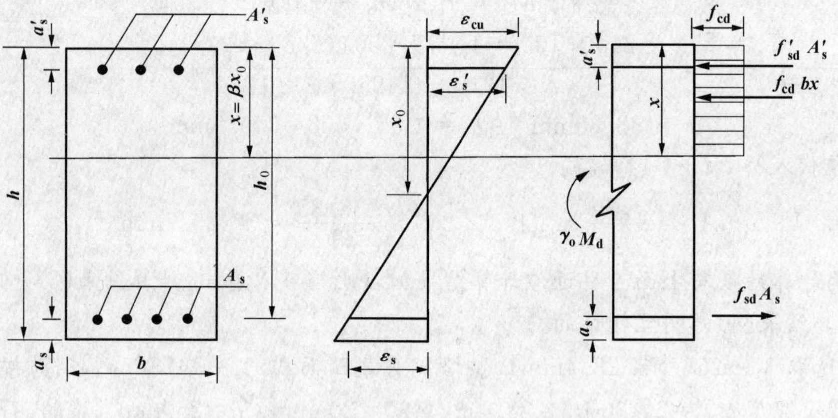

图 3-5-1　双筋矩形截面受弯构件正截面承载力计算图式

由所有的力对受压钢筋合力作用点取矩的平衡条件，即$\sum M_{A'_s}=0$得：

$$\gamma_0 M_d \leqslant - f_{cd}bx\left(\frac{x}{2}-a'_s\right)+f_{sd}A_s(h_0-a'_s) \tag{3-5-3}$$

应用上述公式时，必须满足下列条件：

(1)$x<\xi_b h_0$

(2)$x\geqslant 2a'_s$。

上述第一个限制条件与单筋截面梁相同，是为了保证梁的破坏从受拉钢筋屈服开始，防止梁发生脆性破坏；第二个限制条件是为了保证在极限状态下，受压钢筋的应力能达到其抗压强度设计值，若$x<2a'_s$，表明受压钢筋离中性轴太近，梁破坏时受压钢筋的应变不能充分发挥，其应力达不到抗压强度设计值。

三、实用计算方法

利用公式(3-5-1)～公式(3-5-3)进行双筋截面受弯构件正截面承载力计算，亦可分为截面设计和承载能力复核两种情况。

1. 截面设计

双筋截面的截面尺寸一般是按构造要求和总体布置预先确定的。因此，双筋截面设计的任务是确定受拉钢筋截面面积A_s和受压钢筋截面面积A'_s。前面给出的双筋矩形截面受弯构件正截面承载力计算公式(3-5-1)、公式(3-5-2)和公式(3-5-3)，只有两个独立方程，而截面设计问题实际上存在三个未知数(A_s、A'_s、x)，问题的解答有无数个。为了求得一个比较合理的解答，应根据不同的设计要求，预先假定一个未知数。这样，剩下两个未知数，问题就可解决。

在进行双筋截面配筋设计时，可能会遇到以下两种情况。

(1)受压钢筋截面面积A'_s已知

在某些情况下，为了改善梁的工作性能，即使梁高不受限制，在受压区亦可设置一定的受压钢筋。这时，受压钢筋可按构造要求布置。对于这种情况，只剩下两个未知数(A_s和x)，问题是可解的。

首先，由公式(3-5-2)解二次方程，求得混凝土受压区高度x，若$2a'_s\leqslant x\leqslant\xi_b h_0$，则将其代入公式(3-5-3)，求得受拉钢筋截面面积A_s；若$x>\xi_b h_0$，说明所假定的A'_s过小，应适当增大A'_s，再重新计算。

(2)受拉钢筋截面面积 A_s 和受压钢筋截面面积 A'_s 均为未知

对于这种情况，显然应假设混凝土受压区高度 x。

设计双筋截面的基本出发点，是首先充分发挥混凝土的抗压和钢筋的抗拉作用，按 $x=\xi_b h_0$ 求得该截面所能承受的弯矩值，对超出部分无法承担的内力，再考虑由受压钢筋和部分受拉钢筋来承担。换句话说，按充分利用混凝土抗压强度的原则设计双筋截面，应假设$x=\xi_b h_0$。

将 $x=\xi_b h_0$ 分别代入公式(3-5-4)和公式(3-5-5)，求得所需的受拉钢筋截面面积 A_s 和受压钢筋截面面积 A'_s。

由公式(3-5-2)得：

$$A'_s=\frac{\gamma_0 M_d-f_{cd}bx\left(h_0-\dfrac{x}{2}\right)}{f_{sd}{}'(h_0-a'_s)} \qquad (3\text{-}5\text{-}4)$$

由公式(3-5-3)得：

$$A_s=\frac{\gamma_0 M_d+f_{cd}bx\left(\dfrac{x}{2}-a'_s\right)}{f_{sd}(h_0-a'_s)} \qquad (3\text{-}5\text{-}5)$$

2. 承载力复核

承载能力复核，是对已经设计好的截面进行承载力计算，判断其安全程度。

这时，应首先由式(3-5-1)计算混凝土受压区高度为：

$$x=\frac{f_{sd}A_s-f'_{sd}A'_s}{f_{cd}b}$$

若满足 $2a'_s\leqslant x\leqslant\xi_b h_0$ 的限制条件，则将其代入公式(3-5-2)，求得截面所能承受的弯矩设计值为：

$$M_{du}=f_{cd}bx\left(h_0-\frac{x}{2}\right)+f'_{sd}A'_s(h_0-a'_s)$$

若所求得的截面所能承受的弯矩设计值大于该截面实际承受的弯矩组合设计值，即 $M_{du}>\gamma_0 M_d$，说明该截面的承载力是足够的，结构是安全的。

若按公式(3-5-1)求得的 $x<2a'_s$，因受压钢筋离中性轴太近，变形不能充分发挥，受压钢筋的应力达不到抗压强度设计值。这时，截面所能承受的弯矩设计值，可由下列近似公式计算得：

$$M_{du}=f_{sd}A_s(h_0-a'_s) \qquad (3\text{-}5\text{-}6)$$

应该指出，近似公式(3-5-6)是根据对受压钢筋合力作用取矩的平衡条件求得的，式中忽略了受压区混凝土的影响。因为当 $x<2a'_s$ 时，受压区混凝土合力相对于受压钢筋合点的力臂 $z=a'_s-\dfrac{x}{2}$ 很小。近似公式(3-5-6)可用于受压区边缘钢筋保护层厚度不大的一般情况下的承载力计算。当截面受压边缘钢筋的保护层厚度较大时，极限状态下受压钢筋的应力可参照第五章给出的纵向钢筋应力计算公式(5-2-3)确定。

例题 3-5-1 有一截面尺寸为 250mm×600mm 的矩形梁，所承受的最大弯矩组合设计值 M_d=400kN·m，结构重要性系数 γ_0=1。拟采用 C30 混凝土、HRB400 钢筋，f_{cd}=13.8MPa，

$f_{sd}=330\text{MPa}$，$f'_{sd}=330\text{MPa}$，$\xi_b=0.53$。试选择截面配筋，并复核正截面承载能力。

解：假设 $a_s=70\text{mm}$，$a'_s=40\text{mm}$，则 $h_0=600-70=530\text{mm}$。

首先，求 $x_b=\xi_b h_0=0.53\times530=280.9\text{mm}$ 的截面所能承受的最大弯矩组合设计值 M_{db}，判断截面配筋类型：

$$M_{db}=f_{cd}bx_b\left(h_0-\frac{x_b}{2}\right)$$

$$=13.8\times250\times280.9\times\left(530-\frac{280.9}{2}\right)=377.51\times10^6\text{N}\cdot\text{mm}$$

$$=377.51\text{kN}\cdot\text{m}<\gamma_0 M_d=400\text{kN}\cdot\text{m}$$

故应按双筋截面设计。

从充分利用混凝土抗压强度出发，取 $x=\xi_b h_0=0.53\times530=280.9\text{mm}$，将其分别代入公式(3-5-2)和公式(3-5-3)得：

$$A'_s=\frac{\gamma_0 M_d-f_{cd}bx\left(h_0-\frac{x}{2}\right)}{f_{sd}'(h_0-a'_s)}$$

$$=\frac{400\times10^6-13.8\times250\times280.9\times\left(530-\frac{280.9}{2}\right)}{330\times(530-40)}=139.08\text{mm}^2$$

$$A_s=\frac{\gamma_0 M_d+f_{cd}bx\left(\frac{x}{2}-a'_s\right)}{f_{sd}(h_0-a'_s)}$$

$$=\frac{400\times10^6+13.8\times250\times280.9\times\left(\frac{280.9}{2}-40\right)}{330\times(530-40)}=3075.57\text{mm}^2$$

受压钢筋选2 Φ 12(外径13.9mm)，供给的面积 $A'_s=226\text{mm}^2$，$a'_s=30+13.9/2=37\text{mm}$。

受拉钢筋选8 Φ 22(外径25.1mm)，供给的面积 $A_s=3041\text{mm}^2$，布置成两排，所需截面最小宽度 $b_{min}=2\times30+4\times25.1+3\times30=250\text{mm}=b=250\text{mm}$，$a_s=30+25.1+30/2=70.1\text{mm}$，$h_0=600-70.1=529.9\text{mm}$。

按实际配筋情况复核截面承载能力。

此时，应由公式(3-5-1)计算混凝土受压区高度为：

$$x=\frac{f_{sd}A_s-f'_{sd}A'_s}{f_{cd}b}$$

$$=\frac{330\times3041-330\times226}{13.8\times250}=269.26\text{mm}<\xi_b h_0=0.53\times529.9=280.85\text{mm}$$

$$>2a'_s=2\times37=74\text{mm}$$

该截面所能承受的弯矩设计值由公式(3-5-2)求得：

$$M_{du}=f_{cd}bx\left(h_0-\frac{x}{2}\right)+f'_{sd}A'_s(h_0-a'_s)$$

$$=13.8\times250\times269.26\left(529.9-\frac{269.26}{2}\right)+330\times226(529.9-37)$$

$$=403.95\times10^6\text{N}\cdot\text{mm}=403.95\text{kN}\cdot\text{m}>\gamma_0 M_d=400\text{kN}\cdot\text{m}$$

计算结果表明，截面承载力是足够的。

§3-6 T形截面受弯构件正截面承载力计算

一、概述

钢筋混凝土受弯构件常采用肋形结构，如桥梁结构中的桥面板和支承梁通常是浇筑成整体，形成平板下有若干梁肋的结构，即肋形结构。在荷载作用下，板与梁共同弯曲。当承受正弯矩时，梁上部受压，位于受压区的板参与工作，成为梁有效截面的一部分，梁的截面成为T形截面[图3-6-1-a)]；当承受负弯矩时，梁上部受拉，位于梁上部的板受拉后，混凝土开裂，不起受力作用，梁有效截面仍为矩形截面[图3-6-1-b)]。换句话说，判断一个截面在计算时是否属于T形截面，不是看截面本身的形状，而是由混凝土受压区的形状而定。从这种意义上讲，I形、Π形、箱形和空心板梁，在承受正弯矩时，混凝土受压区的形状与T形截面相似，在计算正截面承载力时均可按T形截面处理。

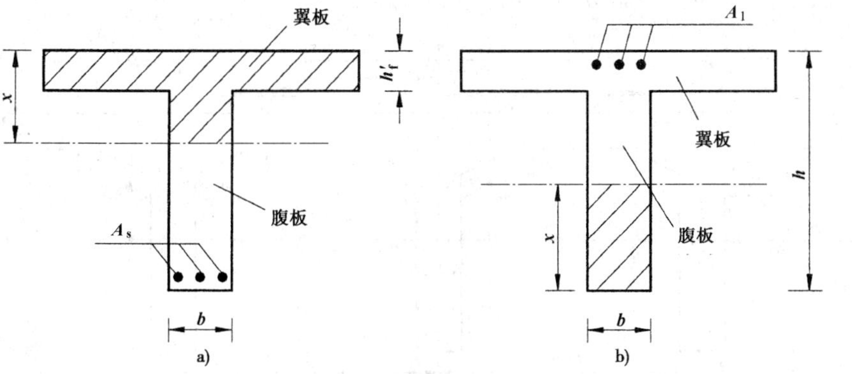

图3-6-1 T形截面的形成

中间带有圆孔的空心板梁，在计算正截面承载力时，可将其换算为等效的工字形截面处理。

将空心板截面按抗弯等效的原则，换算为等效工字形截面的方法是在保持截面面积、惯性矩和形心位置不变的条件下，将空心板的圆孔（直径为D）换算为b_k、h_k的矩形孔（见图3-6-2）。

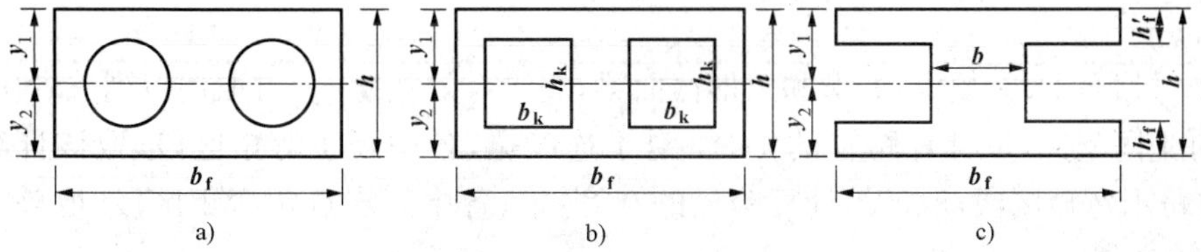

图3-6-2 空心板截面抗弯等效换算

按面积相等 $$b_k h_k = \frac{\pi D^2}{4}$$

按惯性矩相等 $$\frac{b_k h_k^3}{12} = \frac{\pi D^4}{64}$$

联立解求得 $$h_k = \frac{\sqrt{3}}{2} D, b_k = \frac{\sqrt{3}}{6} \pi D$$

这样，在保持原截面高度、宽度及圆孔形心位置不变的情况下，等效工字形截面尺寸为：

上翼缘厚度 $h'_f = y_1 - h_k/2 = y_1 - \frac{\sqrt{3}}{4}D$

下翼缘厚度 $h_f = y_2 - h_k/2 = y_2 - \frac{\sqrt{3}}{4}D$

腹板宽度 $b = b_f - 2b_k = b_f - \frac{\sqrt{3}}{3}\pi D$

T形截面梁由腹板和翼缘组成，主要依靠翼缘承担压力，钢筋承担拉力，通过腹板将受压区混凝土和受拉钢筋联系在一起共同工作。

从弹性力学分析得知，T形截面梁承受荷载产生弯曲变形时，在翼缘宽度方向纵向压应力的分布是不均匀的，离腹板越远压应力越小，其分布规律主要取决于截面和梁跨径的相对尺寸以及荷载形式。试验表明，在构件接近破坏时，由于塑性变形的发展，翼缘的实际应力分布要比弹性分析结果均匀一些。在实际工程中，对现浇的T形梁，有时翼缘很宽，考虑到远离腹板处翼缘的压应力很小，故在设计中把翼缘的工作宽度限制在一定范围内，一般称为翼缘的有效宽度 b'_f，并假定在 b'_f 范围内压应力是均匀分布的(见图3-6-3)。

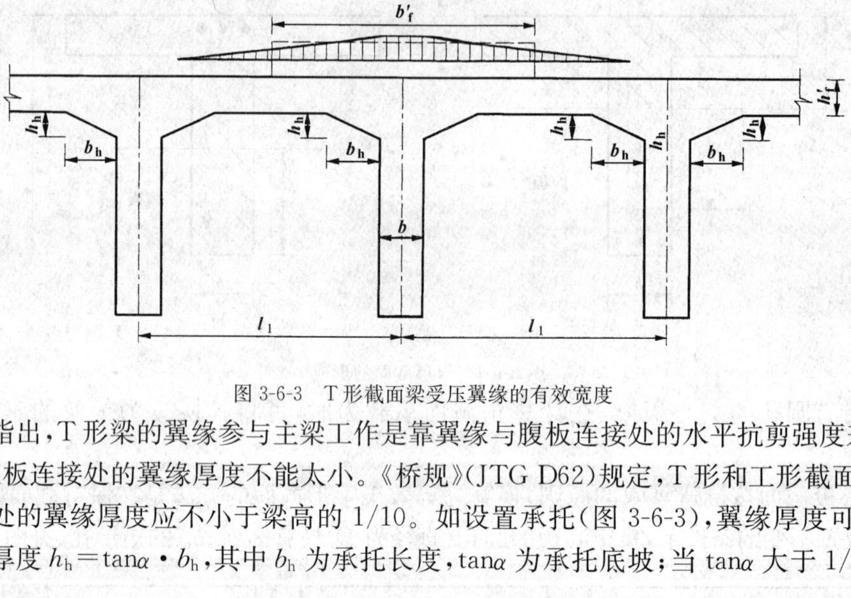

图 3-6-3　T形截面梁受压翼缘的有效宽度

还应指出，T形梁的翼缘参与主梁工作是靠翼缘与腹板连接处的水平抗剪强度来保证的，为此，与腹板连接处的翼缘厚度不能太小。《桥规》(JTG D62)规定，T形和工形截面梁翼缘与腹板连接处的翼缘厚度应不小于梁高的1/10。如设置承托(图3-6-3)，翼缘厚度可计入承托加厚部分厚度 $h_h = \tan\alpha \cdot b_h$，其中 b_h 为承托长度，$\tan\alpha$ 为承托底坡；当 $\tan\alpha$ 大于1/3时，取用 $h_h = b_h/3$。

《桥规》(JTG D62)规定，T形和工形截面梁，翼缘有效宽度 b'_f，可取用下列三者中较小值：

(1)对于简支梁，取计算跨径的1/3。对于连续梁，各中跨正弯矩区段，取该计算跨径的0.2倍；边跨正弯矩区段，取该跨计算跨径的0.27倍；各中间支点负弯矩区段，取该支点相邻两计算跨径之和的0.07倍；

(2)相邻两梁的平均间距；

(3) $b'_f = b + 2b_h + 12h'_f$，此处 b 为梁腹板宽度，b_h 为承托长度，h'_f 为受压区翼缘悬臂板的厚度；当 $h_h/b_h \geqslant 1/3$ 时，上式中 b_h 应以 $3h_h$ 代替，此处 h_h 为承托根部厚度。

外边梁翼缘的有效宽度取内梁翼缘有效宽度的一半，加上腹板宽度的1/2，再加上外侧悬臂板平均厚度的6倍。外边梁翼缘的有效宽度不应大于内梁翼缘有效宽度。

箱形截面梁翼缘的有效宽度目前比较通用的是按《德国规范》(DIN 1075)推荐的方法确定。我国在对该方法进行了大量的实桥验算和空间有限元分析的基础上，将这一方法纳入《桥规》(JTG D62)。

箱形截面梁在腹板两侧上、下翼缘的有效宽度 b_{mi} 可按下列规定计算(图 3-6-4、图 3-6-5 和表 3-6-1)。

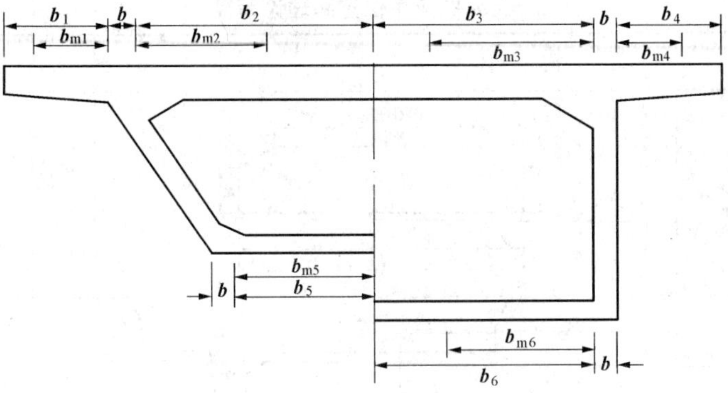

图 3-6-4　箱形截面梁翼缘有效宽度

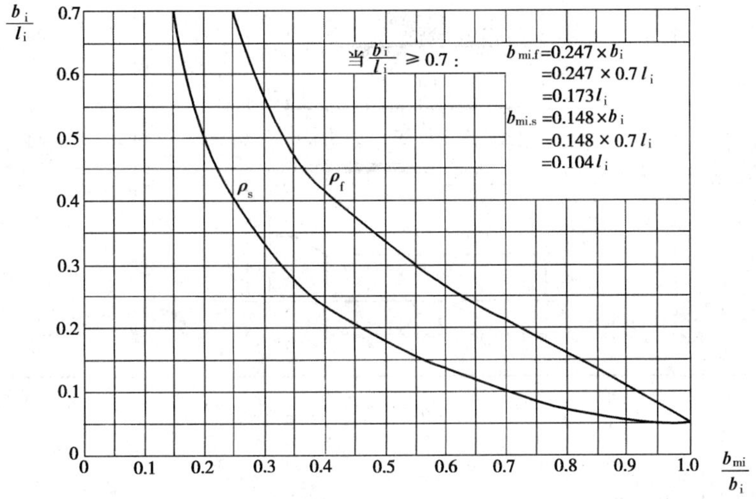

图 3-6-5　ρ_s、ρ_f 图线

注:1. $b_{mi,f}$ 为简支梁和连续梁各跨中部梁段、悬臂梁中间跨的中部梁段,当 $b_i/l_i \geqslant 0.7$ 时翼缘的有效宽度。

2. $b_{mi,s}$ 为简支梁支点、连续梁边支点和中间支点、悬臂梁悬臂段,当 $b_i/l_i \geqslant 0.7$ 时的翼缘的有效宽度。

3. l_i 见表 3-6-1。

简支梁和连续梁各跨中部梁段,悬臂梁中间跨的中部梁段

$$b_{mi} = \rho_f b_i \tag{3-6-1}$$

简支梁支点,连续梁边支点及中间支点,悬臂梁悬臂段

$$b_{mi} = \rho_s b_i \tag{3-6-2}$$

上两式中:b_{mi}——腹板上、下两侧各翼缘的有效宽度,$i=1,2,3\cdots$(见图 3-6-4);

b_i——腹板上、下两侧各翼缘的实际宽度,$i=1,2,3\cdots$(见图 3-6-4);

ρ_f——有关简支梁、连续梁各跨中部梁段、悬臂梁中间跨的中部梁段翼缘有效宽度计算系数,见图 3-6-5 中 ρ_f 曲线和表 3-6-1;

ρ_s——有关简支梁支点、连续梁边支点和中间支点、悬臂梁悬臂段翼缘有效宽度计算系数，见图 3-6-5 中 ρ_f 曲线和表 3-6-1。

当梁高 $h \geqslant b_i/0.3$ 时，翼缘有效宽度采用翼缘全宽。

ρ_s、ρ_f 的应用位置和理论跨径 l_i 表 3-6-1

结构体系			理论跨径
简支梁			$l_i = l$
连续梁	边跨	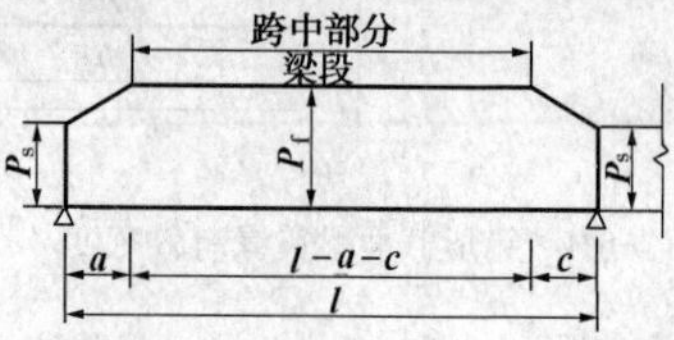	边支点或跨中部分梁段 $l_i = 0.8l$
	中间跨	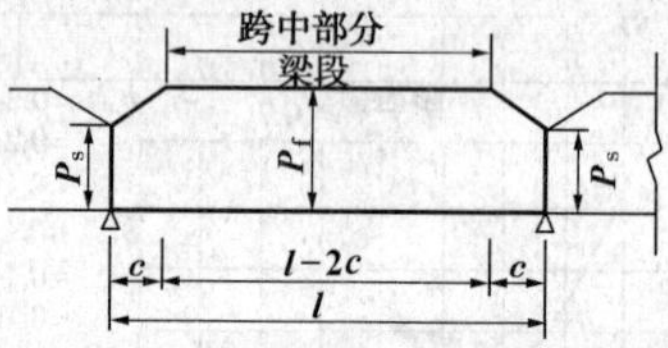	跨中部分梁段 $l_i = 0.8l$，中间支点 l_i 取 0.2 倍两相邻跨径之和
悬臂梁			$l_i = 1.5l$

注：1. a 取图 3-6-4 所示的与所求计算宽度 b_{mi} 相应的计算宽度 b_i（如求 b_{m1} 时，a 取 b_1），但 a 不大于 $0.25l$，l 为梁的计算跨径。

2. $c = 0.1l$。

3. 在长度 a 或 c 的梁段内系数可用线性插值法在 ρ_s 与 ρ_f 之间求取。

为了便于计算，笔者对图 3-6-5 给出的 $\boldsymbol{\rho_f}$ 和 $\boldsymbol{\rho_s}$ 曲线进行了回归分析，给出了 $\boldsymbol{\rho_f}$ 和 $\boldsymbol{\rho_s}$ 的计算表达式为：

$$\rho_f = -6.4435(b_i/l_i)^4 + 10.1(b_i/l_i)^3 - 3.5554(b_i/l_i)^2 - 1.4374(b_i/l_i) + 1.0807$$

$$\rho_s = 21.857(b_i/l_i)^4 - 38.013(b_i/l_i)^3 + 24.572(b_i/l_i)^2 - 7.6709(b_i/l_i) + 1.2705$$

应该指出，上面给出的 T 形梁和箱梁的翼缘有效宽度，都是针对受弯工作状态得出。对于承受轴力的构件是不适用的。为此，《桥规》(JTG D62)又进一步作如下明确规定：预应力混凝土梁在计算预加力引起的混凝土应力时，预加力作为轴向力产生的应力可按翼缘全宽计算；由预加力偏心引起的弯矩产生的应力可按翼缘有效宽度计算。对超静定结构进行作用(或荷载)效应分析时，梁的翼缘宽度可取全宽。

二、计算图式与基本方程

试验研究表明，T 形截面受弯构件的破坏状态及其正截面抗弯承载力计算图式与矩形截面梁基本相同。

为了叙述问题的方便，图 3-6-6 给出了双筋 T 形截面受弯构件正截面承载力计算图式。

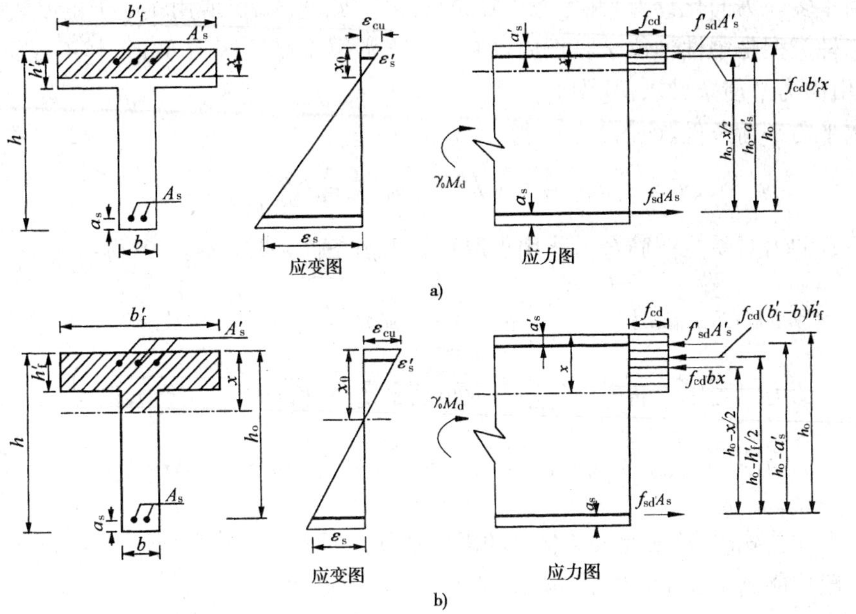

图 3-6-6　双筋 T 形截面受弯构件正截面承载能力计算图式

a) $x \leqslant h'_f$ 按矩形截面计算；b) $x > h'_f$ 按 T 形截面计算

T 形截面的计算，按中性轴所在位置不同分为两种类型：

第一种类型，中性轴位于翼缘内，即 $x \leqslant h'_f$，混凝土受压区为矩形，中性轴以下部分的受拉混凝土不起作用，故这种类型的 T 形截面与宽度为 b'_f 的矩形截面的正截面承载力完全相同。其正截面承载力计算公式，可由内力平衡条件求得[图 3-6-6a)]。

由水平力平衡条件，即 $\sum X=0$，得：

$$f_{cd}b'_f x + f'_{sd}A'_s = f_{sd}A_s \tag{3-6-3}$$

由所有力对受拉钢筋合力作用点取矩的平衡条件，即 $\sum M_{As}=0$，得：

$$\gamma_0 M_d \leqslant f_{cd}b'_f x\left(h_0 - \frac{x}{2}\right) + f'_{sd}A'_s(h_0 - a'_s) \tag{3-6-4}$$

由所有的力对受压区混凝土合力作用点取矩的平衡条件，即 $\sum M_c=0$，得：

$$\gamma_0 M_d \leqslant f_{sd}A_s\left(h_0 - \frac{x}{2}\right) + f'_{sd}A'_s\left(\frac{x}{2} - a'_s\right) \tag{3-6-5}$$

应用上述公式时，原则上应满足下列条件：

(1) $x \leqslant \xi_b h_0$；

(2) $x \geqslant 2a_s'$；

(3) $\rho = A_s/bh_0 > \rho_{min}$。

对于 $x \leqslant h'_f$ 的情况，$x \leqslant \xi_b h_0$ 的限制条件一般均能满足，故可不必作判别验算。

应特别指出的是验算第一种类型 T 形截面的最小配筋率限制时，配筋率 ρ 是相对于腹板宽度 b 和梁的有效高度 h_0 计算的，即 $\rho_s = A_s/bh_0$，而不是相对于 $b'_f h_0$ 的配筋率。前已指出，最小配筋率 ρ_{min} 是根据按 I_a 阶段应力图形计算的素混凝土梁的破坏弯矩，与按第 III 阶段应力图计算的同截面钢筋混凝土梁的破坏弯矩相等的条件得出的。计算表明，腹板宽度为 b、梁高度

为 h 的 T 形截面素混凝土梁的破坏弯矩，比宽度为 b、梁高为 h 的矩形截面素混凝土梁的破坏弯矩提高不多。为简化计算，并考虑以往设计经验，此处 ρ_{min} 仍取用相对于矩形截面的数值。

第二种类型是中性轴位于腹板内，即 $x>h'_f$，混凝土受压区为 T 形，其正截面承载力计算公式，可由内力平衡条件求得[图 3-6-6b)]。

由水平力平衡条件，即 $\sum X=0$，得：

$$f_{cd}bx + f_{cd}(b'_f - b)h'_f + f'_{sd}A'_s = f_{sd}A_s \tag{3-6-6}$$

由所有的力对受拉钢筋合力作用点取矩的平衡条件，即 $\sum M_{As}=0$，得：

$$\gamma_0 M_d \leqslant f_{cd}bx\left(h_0 - \frac{x}{2}\right) + f_{cd}(b'_f - b)h'_f\left(h_0 - \frac{h'_f}{2}\right) + f'_{sd}A'_s(h_0 - a'_s) \tag{3-6-7}$$

由所有的力对受压钢筋合力作用点取矩的平衡条件，即 $\sum M_{A's}=0$，得：

$$\gamma_0 M_d \leqslant -f_{cd}bx\left(\frac{x}{2} - a'_s\right) - f_{cd}(b'_f - b)h'_f\left(\frac{h'_f}{2} - a'_s\right) + f_{sd}A_s(h_0 - a'_s) \tag{3-6-8}$$

应用上述公式时，应满足 $x \leqslant \xi_b h_0$ 的限制条件。对于 $x>h'_f$ 的情况，$x \geqslant 2a'_s$ 和 $\rho>\rho_{min}$ 的限制条件一般均能满足要求，故可不必作判别验算。

三、实用设计方法

1. 单筋 T 形截面

(1)截面设计与配筋

T 形梁的截面设计，通常先按构造要求，参照已有设计资料及经验数据(高跨比 h/L)确定截面尺寸，计算恒载内力，求得弯矩组合设计值，然后再根据受力要求调整梁的高度。

从前面给出的公式(3-6-7)可以看出，对单筋 T 形截面而言($A'_s=0$)，若将式中的 x 值以 ξh_0 代入，即求得一个以 h_0 为未知数的二次方程：

$$\gamma_0 M_d = f_{cd}b\xi h_0\left(h_0 - \frac{\xi h_0}{2}\right) + f_{cd}(b'_f - b)\left(h_0 - \frac{h'_f}{2}\right) \tag{3-6-9}$$

整理后，得

$$Ah_0^2 + Bh_0 - C = 0 \tag{3-6-10}$$

式中：$A=f_{cd}b\xi(1-0.5\xi)$；

$B=f_{cd}(b'_f-b)h'_f$；

$C=\gamma_0 M_d+\frac{1}{2}f_{cd}(b'_f-b)h'^2_f$。

为了保证梁的塑性破坏性质，可在$(0.3\sim0.8)\xi_b$ 的范围内，选取一个适当的 ξ 值，计算系数 A、B、C，然后将其代入公式(3-6-10)，解二次方程，求得梁的有效高度 h_0。

梁的实际高度 $h=h_0+a_s$，式中 a_s 为受拉钢筋合力作用点至截面受拉边缘的距离，采用单根配筋，布置一排钢筋时，假设 $a_s\approx40\sim50$mm，布置二排钢筋时，假设 $a_s\approx60\sim70$mm；采用焊接骨架时，假设 $a_s\approx70\sim100$mm。梁高应取整数，并按调整后的梁高和预估的 a_s 值，重新计算梁的有效高度 h_0。若求得的梁高与假设梁高相差较大，应重新计算恒载内力，并对梁高再做适当调整。

截面尺寸确定后，配筋设计可按以下步骤进行。

首先应确定中性轴位置，判断截面类型。但是，由于钢筋截面面积未知，混凝土受压区高度无法求出。这时可利用 $x=h'_f$ 的界限条件来判断截面类型。显然，若满足

$$\gamma_0 M_d \leqslant f_{cd} b'_f h'_f \left(h_0 - \frac{h'_f}{2}\right) \tag{3-6-11}$$

则 $x \leqslant h'_f$，中性轴位于翼板内，即属于第一类 T 形，应按矩形截面计算。反之，

若

$$\gamma_0 M_d > f_{cd} b'_f h'_f \left(h_0 - \frac{h'_f}{2}\right) \tag{3-6-12}$$

则 $x > h'_f$，中性轴位于腹板内，即属于第二类 T 形，应按 T 形截面计算。

当 $x \leqslant h'_f$ 时，首先由公式(3-6-4)(令 $A'_s=0$)，解二次方程，求得混凝土受压区高度 x，若 $x \leqslant h'_f$，则将其代入公式(3-6-3)或公式(3-6-5)求得受拉钢筋截面面积 A_s 然后选择和布置钢筋，并验算截面最小配筋率。

当 $x > h'_f$ 时，首先由公式(3-6-7)(令 $A'_s=0$)，解二次方程，求得混凝土受压区高度 x，若 $h'_f < x \leqslant \xi_b h_0$，则将其代入公式(3-6-8)，求得受拉钢筋截面面积 A_s，然后选择和布置钢筋。

(2)承载能力复核

对已经设计好的 T 形截面梁进行正截面承载能力复核，可按下列步骤进行：

首先应确定中性轴位置，判断截面类型。对于已经设计好的截面，钢筋截面面积已知，可利用下列条件判断截面类型。若满足下列条件：

$$f_{cd} b'_f h'_f \geqslant f_{sd} A_s \tag{3-6-13}$$

表明钢筋所承担的拉力小于全部受压翼板内混凝土压应力的合力，则 $x \leqslant h'_f$，即属于第一类 T 形；反之，则 $x > h'_f$，即属于第二类 T 形。

承载能力复核时，亦可不必预先判断截面类型，先按第一类 T 形计算，由公式(3-6-3)确定混凝土受压区高度 x，若满足

$$x = \frac{f_{sd} A_s}{f_{cd} b'_f} \leqslant h'_f$$

说明假设按第一类 T 形计算是正确的，若同时满足 $\rho = A_s / b h_0 > \rho_{min}$ 的要求，将所得 x 值，代入公式(3-6-4)或公式(3-6-5)，求得该截面所能承受的弯矩设计值 M_{du}。若 $M_{du} > \gamma_0 M_d$，说明该截面的承载力是足够的。

若按第一类 T 形计算，由公式(3-6-3)确定的混凝土受压区高度 $x > h'_f$，说明假设为第一类 T 形是错误的。这时应改为按第二类 T 形计算，由公式(3-6-6)重新确定混凝土受压区高度 x，若 $h'_f < x \leqslant \xi_b h_0$，则将其代入公式(3-6-7)或公式(3-6-8)。计算该截面所能承担的弯矩设计值 M_{du}，若 $M_{du} > \gamma_0 M_d$ 说明该截面的承载力是足够的。

2. 双筋 T 形截面

T 形截面由于翼缘的作用，受压区面积较大，一般情况下，混凝土可以承担足够的压力，而不必设置受压钢筋。由于因混凝土压力不足，需采用双筋 T 形截面的情况在实际工程中很少遇到。双筋 T 形(特别是工字形和箱形)截面主要用于承受正、负变号弯矩，这时，底层受拉钢筋 A_s 应按承受正弯矩的受力要求确定；上层受拉钢筋 A'_s 应按承受负弯矩的受力要求确定。承载能力复核时，则应按双筋 T 形截面计算，分别考虑正、负弯矩两种荷载效应组合情况。

例题 3-6-1 T形截面梁截面尺寸如图 3-6-7 所示，所承受的弯矩组合设计值 $M_d=580kN\cdot m$，结构重要性系数 $\gamma_0=1.0$。拟采用 C30 混凝土，HRB400 钢筋，$f_{cd}=13.8MPa$，$f_{td}=1.39MPa$，$f_{sd}=330MPa$，$\xi_b=0.53$。试选择钢筋，并复核正截面承载能力。

解：按受拉钢筋布置成两排估算 $a_s=70mm$，梁的有效高度 $h_0=700-70=630mm$。梁的翼缘有效宽度 $b'_f=b+12h'_f=300+12\times120=1740mm>600mm$，故取 $b'_f=600mm$。

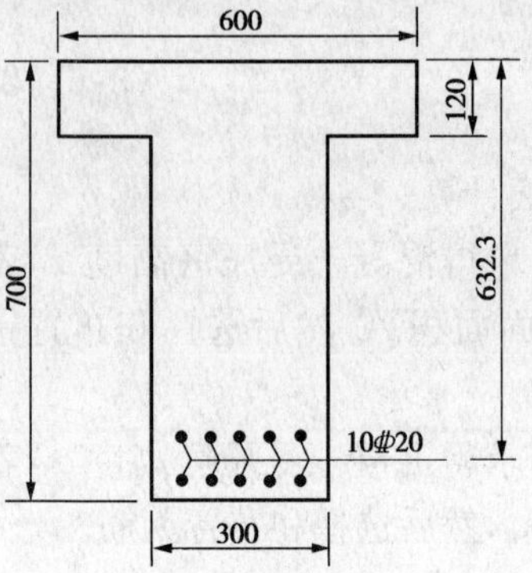

图 3-6-7 T形梁截面尺寸及配筋（尺寸单位：mm）

首先由公式(3-6-11)判断截面类型，当 $x=h'_f$ 时，截面所能承受的弯矩设计值为

$$f_{cd}b'_fh'_f\left(h_0-\frac{h'_f}{2}\right)=13.8\times600\times120\times\left(630-\frac{120}{2}\right)$$

$$=566.3\times10^6N\cdot mm$$

$$=566.3kN\cdot m<\gamma_0M_d=580kN\cdot m$$

故应按 $x>h'_f$ 的 T 形截面计算。

这时，应由公式(3-6-7)（令 $A'_s=0$）求得混凝土受压区高度 x，即

$$\gamma_0M_d=f_{cd}bx\left(h_0-\frac{x}{2}\right)+f_{cd}(b'_f-b)h'_f\left(h_0-\frac{h'_f}{2}\right)$$

$$580\times10^6=13.8\times300x\left(630-\frac{x}{2}\right)+13.8\times(600-300)\times120\times\left(630-\frac{120}{2}\right)$$

展开整理后得：

$$x^2-1260x+143393.23=0$$

解得：$x=126.5mm>h'_f=120mm$

$<\xi_bh_0=0.53\times630=333.9mm$

将所得 x 代入公式(3-6-6)得：

$$A_s=\frac{f_{cd}bx+f_{cd}(b'_f-b)h'_f}{f_{sd}}$$

$$=\frac{13.8\times300\times126.5+13.8\times(600-300)\times120}{330}$$

$$=3092.45mm^2$$

选择 10 ⌀ 20（外径 22.7mm），供给的钢筋截面面积 $A_s=3142mm^2$，10 根钢筋布置成两排，每排 5 根，所需截面最小宽度 $b_{min}=2\times30+5\times22.7+4\times30=293.5mm<b=300mm$，受拉钢筋合力作用点至梁下边缘的距离 $a_s=30+22.7+30/2=67.7mm$，梁的实际有效高度 $h_0=700-67.7=632.3mm$。

对上述已设计好截面进行承能力复核时，应按梁的实际配筋情况，由公式(3-6-6)计算混凝土受压区高度 x，即得：

$$x=\frac{f_{sd}A_s-f_{cd}(b'_f-b)h'_f}{f_{sd}\cdot b}$$

$$=\frac{330\times3142-13.8\times(600-300)\times120}{13.8\times300}$$

$$=130.45mm$$

$$h'_f=120mm<x=130.45mm<\xi_bh_0=0.53\times632.3=335.1mm$$

该截面所能承受的弯矩设计值为：

$$M_{du}=f_{cd}bx\left(h_0-\frac{x}{2}\right)+f_{cd}(b'_f-b)h'_f\left(h_0-\frac{h'_f}{2}\right)$$

$$=13.8\times300\times130.45\times\left(632.3-\frac{130.45}{2}\right)+$$

$$13.8\times(600-300)\times120\times\left(632.3-\frac{120}{2}\right)$$

$$=590.57\times10^6\text{N}\cdot\text{mm}=590.57\text{kN}\cdot\text{m}>\gamma_0M_d=580\text{kN}\cdot\text{m}$$

计算结果表明，该截面的抗弯承载力是足够的，结构是安全的。

例题 3-6-2 预制的钢筋混凝土简支空心板，截面尺寸如图 3-6-8a)所示，截面宽度 $b=1000$mm，截面高度 $h=450$mm，截面承受的弯矩组合设计值 $M_d=560$kN·m，结构重要性系数 $\gamma_0=0.9$。拟采用 C25 混凝土，HRB335 钢筋，$f_{cd}=11.5$MPa，$f_{td}=1.23$MPa，$f_{sd}=280$MPa，$\xi_b=0.56$。试选择钢筋，并复核承载能力。

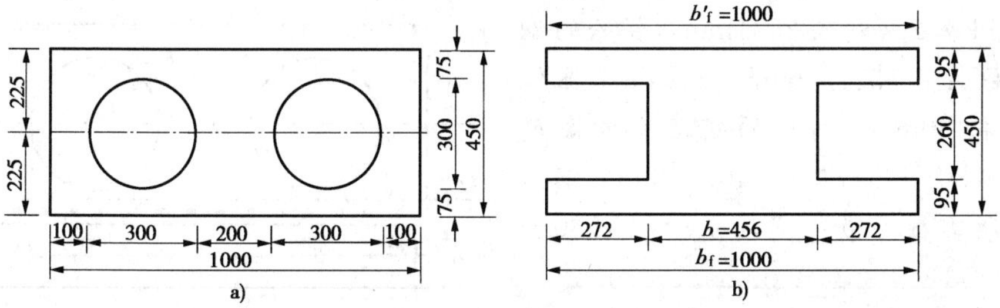

图 3-6-8 钢筋混凝土空心板截面尺寸(尺寸单位：mm)

a)简支空心板截面；b)抗弯等效的 I 形截面

解：为计算方便，先将空心板截面换算为抗弯等效的 I 形截面(参照图 3-6-2，且 $y_1=y_2=450/2=225$mm)，按下式求得等效 I 形截面尺寸[图 3-6-8b)]。

上翼缘厚度 $h'_f=y_1-\frac{\sqrt{3}}{4}D=225-\frac{\sqrt{3}}{4}\times300=95\text{mm}$

下翼缘厚度 $h_f=y_2-\frac{\sqrt{3}}{4}D=225-\frac{\sqrt{3}}{4}\times300=95\text{mm}$

腹板厚度 $b=b_f-\frac{\sqrt{3}}{3}\pi D=100-\frac{\sqrt{3}}{3}\times3.14\times300=456\text{mm}$

空心板采用单根钢筋配筋，假设 $a_s=40$mm，板的有效高度 $h_0=450-40=410$mm。

由公式(3-6-11)判别截面类型，当 $x=h'_f$ 时，截面所能承受的弯矩设计值为：

$$f_{cd}h'_fb'_f\left(h_0-\frac{h'_f}{2}\right)=11.5\times1000\times95\times\left(410-\frac{95}{2}\right)=399.45\times10^6\text{N}\cdot\text{mm}$$

$$=399.45\text{kN}\cdot\text{m}<\gamma_0M_d=0.9\times560=504\text{kN}\cdot\text{m}$$

故应按 $x>h'_f$ 的 T 形截面计算。

这时，应由公式(3-6-7)(令 $A'_s=0$)求得混凝土受压区高度 x，即可得：

$$\gamma_0M_d=f_{cd}bx\left(h_0-\frac{x}{2}\right)+f_{cd}(b'_f-b)h'_f\left(h_0-\frac{h'_f}{2}\right)$$

$$0.9\times 560\times 10^6=11.5\times 456x\left(410-\frac{x}{2}\right)+11.5\times(1000-456)\times 95\times\left(410-\frac{95}{2}\right)$$

整理后得：
$$x^2-820x+110053=0$$

解得
$$x=169.1\text{mm}<\xi_b h_0=0.56\times 410=229.6\text{mm}$$
$$>h_f'=95\text{mm}$$

将所得 x 代入公式(3-6-6)得

$$A_s=\frac{f_{cd}bx+f_{cd}(b_f'-b)h_f'}{f_{sd}}$$

$$=\frac{11.5\times 456\times 169.1+11.5\times(1000-456)\times 95}{280}$$

$$=5289.6\text{mm}^2$$

选择14 Φ 22(外径25.1mm)，供给的钢筋截面面积 $A_s=5321.4\text{mm}^2$。板的混凝土保护层厚度取30mm，则板的实际有效高度 $h_0=450-(30+25.1/2)=407.5\text{mm}$。钢筋布置一排所需截面最小宽度 $b_{min}=2\times 30+14\times 25.1+13\times 30=801.4\text{mm}<1000\text{mm}$。

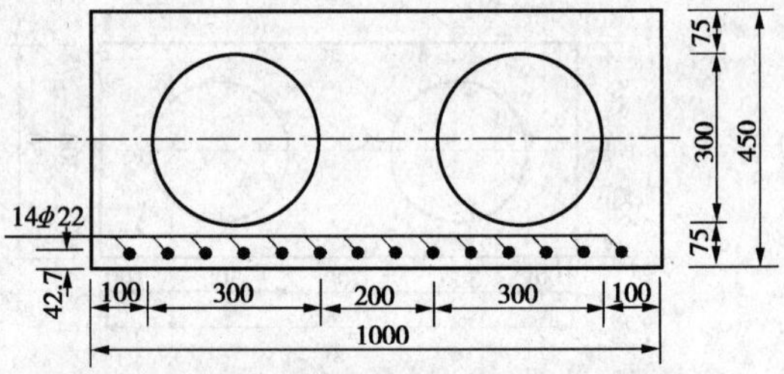

图 3-6-9 钢筋混凝土宽心板的配筋(尺寸单位:mm)

按图3-6-9所示的实际配筋情况，复核截面抗弯承载能力。这时，应由公式(3-6-6)，计算混凝土受压区高度 x，即得：

$$x=\frac{f_{sd}A_s-f_{cd}(b_f'-b)h_f'}{f_{cd}b}$$

$$=\frac{280\times 5321.4-11.5\times(1000-456)\times 95}{11.5\times 456}$$

$$=170.8\text{mm}$$

$$h_f'=95\text{mm}<x=170.8\text{mm}<\xi_b h_0=0.56\times 407.5=228\text{mm}$$

将所得 x 值代入公式(3-6-7)，求得该截面所能承受的弯矩设计值为

$$M_{du}=f_{cd}bx\left(h_0-\frac{x}{2}\right)+f_{cd}(b_f'-b)h_f'\left(h_0-\frac{h_f'}{2}\right)$$

$$=11.5\times 456\times 170.8\times\left(407.5-\frac{170.8}{2}\right)+$$

$$11.5\times(1000-456)\times 95\times\left(407.5-\frac{95}{2}\right)$$

$$=502.45\times 10^6\text{N}\cdot\text{mm}=502.45\text{kN}\cdot\text{m}<\gamma_0 M_d=0.9\times 560=504\text{kN}\cdot\text{m}$$

但仅相差0.3%时，可以认为该截面的抗弯承载力满足要求。

§3-7 在正截面承载力计算中引入纵向受拉钢筋极限拉应变限制的物理意义及控制方法

一、概述

《建混规》(50010)在正截面承载力计算的基本假设中，增加了“纵向受拉钢筋的极限应变取为0.01”的限制。关于这一限值的物理意义，规范条文说明解释为“对纵向受拉钢筋的极限拉应变规定为0.01，作为构件达到承载能力极限状态的标志之一”。此值对于有屈服点的热轧钢筋相当于已经进入了屈服台阶，意味着钢筋的拉应变超过屈服应变后可得到控制，此外，极限拉应变的规定，表示钢筋的均匀伸长率不得小于0.01，以保证构件具有较充分的延性。

从理论上讲，引入纵向受拉钢筋极限拉应变限制后，正截面承载力计算应以受压区边缘处混凝土应变达到极限值$\varepsilon_c=\varepsilon_{cu}$或纵向受拉钢筋应变达到极限值$\varepsilon_s=\varepsilon_{su}=0.01$两种情况控制设计。换句话说，这两个极限应变中只要具备其中一个，即标志构件达到极限状态（图3-7-1)。

二、以混凝土极限压应变ε_{cu}控制设计时承载力实用简化计算公式的适用条件

众所周知，前面(§3-4～§3-6)介绍的《桥规》(JTG D62)给出的正截面承载力计算公式，是以适筋梁的塑性破坏为基础，按受压区混凝土的应变达到极限值$\varepsilon_c=\varepsilon_{cu}$控制设计的计算图式导出的。公式适用条件$x\leqslant\xi_b h_0$(公式3-3-7)规定了混凝土受压区高度的最大值限制值，其实质是规定纵向受拉钢筋的应变应不小于钢筋的屈服应变($\varepsilon_s\geqslant f_{sd}/E_s$)，保证在极限状态下，钢筋进入塑性状态。但对进入屈服状态后钢筋的最大应变值没有加以限制，显然这与“纵向受拉钢筋极限拉应变取值为0.01”的基本假设是相矛盾的。

按照图3-7-1a)给出的以混凝土压应变控制设计的计算图式，在极限状态下，混凝土压应变达到极限值$\varepsilon_c=\varepsilon_{cu}$，而纵向钢筋拉应变应小于极限值$\varepsilon_s\leqslant\varepsilon_{su}=0.01$。纵向钢筋拉应变控制可以通过规定混凝土受压区高度最小值的限制条件来实现，即为：

$$x\geqslant\xi_{su}h_0 \qquad (3\text{-}7\text{-}1)$$

式中的ξ_{su}为混凝土压应变达到极限值ε_{cu}的同时，纵向受拉钢筋应变也恰好达到极限值$\varepsilon_{su}=0.01$时的混凝土受压区相对高度，其数值可由平截面假设求得。

对钢筋混凝土构件：

$$\xi_{su}=\frac{x_{su}}{h_0}=\beta\frac{\varepsilon_{cu}}{\varepsilon_{cu}+0.01} \qquad (3\text{-}7\text{-}2)$$

对C50及以下的混凝土，取$\varepsilon_{cu}=0.0033$，$\beta=0.8$代入上式，则得到$\xi_{su}=0.1985$。

这样，前面(§3-4～§3-6)给出的正截面承载力计算公式的适用条件(公式3-3-5)应改写为下列形式：

$$\xi_{su}h_0\leqslant x\leqslant\xi_b h_0 \qquad (3\text{-}7\text{-}3)$$

对于$x>\xi_b h_0$的情况，说明梁高过小，属于超筋梁范围，一般应修改设计。

对于$x<\xi_{su}h_0$情况，说明梁高偏大，在满足最小配筋率限值的前提下，其正截面抗弯承载力应以纵向受拉钢筋的应变达到极限值$\varepsilon_{su}=0.01$控制，按图3-7-1b)所示的图式计算。

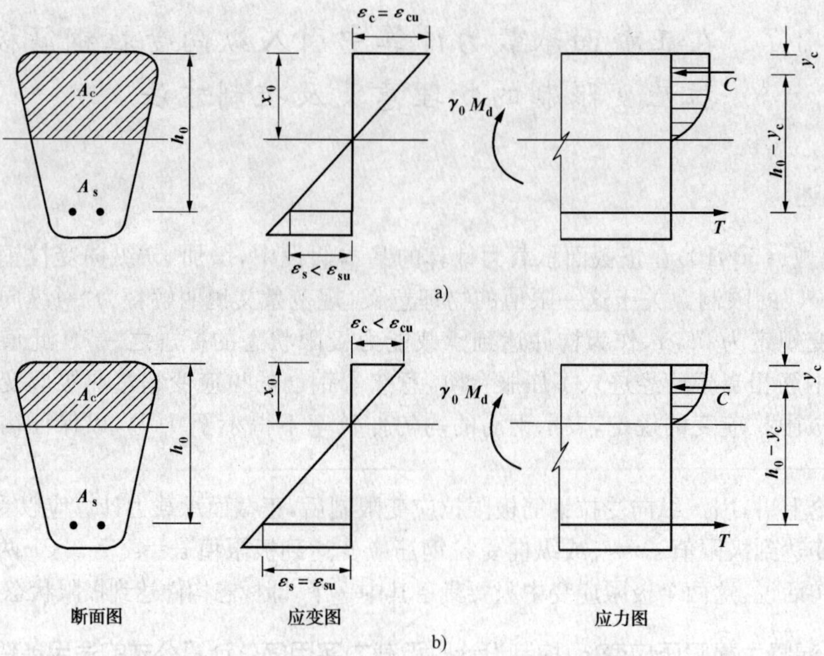

图 3-7-1　不同控制条件的正截面承载能力计算图式

a)以混凝土压应变 $\varepsilon_c=\varepsilon_{cu}$控制设计；b)以纵向钢筋拉应变 $\varepsilon_s=\varepsilon_{su}$控制设计

三、以纵向钢筋拉应变达到极限值 $\varepsilon_{su}=0.01$ 控制设计的正截面承载力实用简化计算

按照图 3-7-1b)所示的计算图式，在极限状态下，纵向受拉钢筋的应变取极限值 $\varepsilon_{su}=0.01$，受压区边缘处混凝土的应变小于极限值 ε_{cu}，其数值可通过变形零点至受压区边缘的距离 x_0 来表示：

$$\varepsilon_c = 0.01 \times \frac{x_0}{h_0 - x_0} < \varepsilon_{cu} \tag{3-7-4}$$

一般情况下，ε_c 不宜小于 $\varepsilon_0=0.002$。

距变形零点 x 处混凝土的应变为：

$$\varepsilon_{cx} = \varepsilon_c \frac{x}{x_0} = 0.01 \times \frac{x}{h_0 - x_0} \tag{3-7-5}$$

受压区混凝土取曲线应力图，不同截面高度处的应力值 σ_{cx} 根据应变值 ε_{cx} 由混凝土应力—应变曲线确定。纵向受拉钢筋的应力取钢筋抗拉强度设计值 f_{sd}，承载力计算公式由内力平衡条件求得。

由 $\sum X=0$ 得：

$$\int_{A_c} \sigma_{cx} \mathrm{d}A_c = f_{sd} A_s \tag{3-7-6}$$

由 $\sum M=0$ 得：

$$\gamma_0 M_d \leqslant M_{du.s} = f_{sd} A_s (h_0 - y_c) \tag{3-7-7}$$

式中：y_c——混凝土受压区合力作用点至截面受压边缘的距离。

应该指出，在给定混凝土的应力—应变曲线数学模型的情况下，利用计算机完成上述积分运算并不困难。

我们以常用的矩形和 T 形截面受弯构件为例，按《建混规》(50010)推荐的混凝土应力—

应变曲线[公式(1-1-18)和公式(1-1-19)]，代入公式(3-7-6)和公式(3-7-7)，通过积分运算，给出了不同配筋率时以纵向钢筋极限拉应变为控制条件的正截面承载力(结构抗力)$M_{du.s}$，并将其与按前面(§3-4～§3-6)介绍的不考虑纵向钢筋拉应变控制的实用简化公式求得的正截面假想名义抗弯承载力(假想名义结构抗力)$M_{du.c}$加以比较。计算结果表明，$M_{du.s}$和$M_{du.c}$相差不大，两者的比值为$M_{du.s}/M_{du.c}\approx 0.96\sim 0.97$。从图3-7-1所示的计算图式可以看出，当钢筋达到屈服后，纵向钢筋合力$Z_s=f_{sd}A_s$是个定值，与其相平衡的混凝土压应力合力也是一个定值，结构抗力只随内力臂的大小而变。以纵向钢筋极限拉应变控制设计时，受压区混凝土边缘的应变值较小，受压区混凝土合力作用点下移，使内力臂减小，结构抗力降低。但混凝土压应变对其合力作用点位置的影响不大，加之在简化计算中β值取值的近似性，最终导致系数$M_{du.s}$和$M_{du.c}$相差不大在预料之中。

这样，当截面高度较大(相对配筋率较小)，按常规计算方法计算出现$x<\xi_{su}h_0$时，应改为以纵向钢筋极限拉应变$\varepsilon_{su}=0.01$控制设计。但在实际设计中，对这种情况仍可按常规方法计算求得截面的假想名义承载力$M_{du.c}$，然后乘以修正系数β_s，求得真实的承载力$M_{du.s}=\beta_s M_{du.c}$，笔者建议取$\beta_s=0.95$。

此外，当以纵向钢筋极限拉应变控制设计时，受压区混凝土边缘压应变将小于极限值，但其数值也不宜过小。笔者建议，受压区混凝土边缘压应变不宜小于$\varepsilon_0=0.002$。若以此为控制条件，即可求得按纵向钢筋极限拉应变控制设计时，混凝土受压区高度最小值的限制条件为：

$$x\geqslant \xi_{\varepsilon 0}h_0 \tag{3-7-8}$$

式中：$\xi_{\varepsilon 0}$——纵向受拉钢筋应变达到极限值$\varepsilon_{su}=0.01$的同时，混凝土压应变恰好达到$\varepsilon_0=0.002$时的混凝土受压区相对高度，其数值可由平截面的假设求得：

$$\xi_{\varepsilon 0}=\beta\frac{\varepsilon_0}{\varepsilon_0+\varepsilon_{su}} \tag{3-7-9}$$

将$\varepsilon_{su}=0.01$，$\varepsilon_0=0.002$，$\beta=0.8$代入上式，则得$\xi_{\varepsilon 0}=0.1333$。

这样，引入纵向钢筋极限拉应变限制后的正截面承载力计算仍可按前面(§3-4～§3-6)给出的实用简化公式计算，并按以下规定处理：

(1)当满足$\xi_{su}h_0\leqslant x\leqslant \xi_b h_0$要求时，以混凝土压应变控制设计；

(2)当出现$x<\xi_{su}h_0$($0.1985h_0$)的情况时，以纵向钢筋拉应变控制设计，其承载力应乘以0.95的修正系数。

(3)为了保证梁的塑性破坏，混凝土受压区相对高度不宜小于$\xi_{\varepsilon 0}=0.1333$。

应该指出，在正截面承载力计算中，引入纵向受拉钢筋极限拉应变为0.01的规定，已被国内外很多规范采用。虽然《桥规》(JTG D62)没有明确规定此项限制，但是在桥梁设计中适当降低梁高，加大配筋率，以控制纵向钢筋的拉应变不要过大是十分必要的。

总结与思考

3-1 钢筋混凝土梁各受力阶段截面应力分布及破坏状态分析是建立承载力计算公式的基础。

图3-2-3所示各受力阶段截面应力分布有什么特点?

钢筋混凝土梁的破坏状态与钢筋配置的多少有关。什么叫适筋梁，其破坏特点是什么?什么叫超筋梁，其破坏特点是什么?什么叫少筋梁，其破坏特点是什么?在实际工程中如何保证所设计的梁都能处于适筋梁的范围?

3-2 最小配筋率规定了少筋梁和适筋梁的界限。

《桥规》(JTG D62)规定的钢筋混凝土受弯构件的受拉钢筋最小配筋率限制($\rho = A_s/bh_0 \leqslant 45f_{td}/f_{sd}$且不应小于0.2)是根据什么原则确定?对T形截面而言,验算最小配筋率时为什么不考虑受压翼缘的影响?

3-3 最大配筋率规定了超筋梁与适筋梁的界限。

最大配筋率限制($\rho \leqslant \rho_{max}$)可以转换为混凝土受压区高限制($x \leqslant \xi_b h_0$),两者的关系是什么?采用这种转换的表达方式的优点是什么?式中ξ_b的物理意义是什么?表3-3-4给出的适用于普通钢筋的ξ_b值是如何求得的?

3-4 本书§3-4节例题3-4-3给出了四种不同的计算结果,你认为哪个结果对?为什么?造成上述错误的根本原因是什么?你从中吸取了哪些教训?

3-5 有一等高度的T形截面钢筋混凝土三跨连续梁,中间支点截面承受负弯矩,根据正截面承载力要求,在截面顶部布置了10Φ28的纵向受拉钢筋。承载力复核表明,该截面的承载力满足要求(即$\gamma_0 M_d \leqslant M_{du}$),但混凝土受压区高度过大,不满足规范规定的限制条件(即$x \leqslant \xi_b h_0$)。

你认为这样的设计能用吗?造成这一问题的原因是什么?应如何修改设计?

①对桥面标高不受限制的情况,解决上述问题最有效的措施是增加(　　　　),或做成变截面连续梁。

②对桥面标高受限制的情况,上述问题应如何解决?

3-6 梁的有效高度h_0是影响构件承载力和工作性能的最主要因素。合理梁高的选择是影响设计质量和设计工作效率的关键。

为了保证梁的塑性破坏性质,一般以混凝土的相对受压区高度$\xi = x/h_0 = (0.5 \sim 0.7)\xi_b$为控制条件,确定梁的高度。

选择ξ时应注意什么问题?选定ξ值后,如何确定梁的高度?

3-7 有一钢筋混凝土矩形桥梁,设计的混凝土强度等级为C30,采用HRB335钢筋配筋,设计承载力满足要求,且有5%的富余量(即$M_{du}/\gamma_0 M_d = 1.05$),截面受压区高度(即$x = 0.8\xi_b h_0 \leqslant \xi_b h_0$)符合规范要求。

监理单位对制造完成的梁进行质量检查发现,混凝土的实测强度偏低,其强度等级只相当于C20,不满足设计要求。

设计单位认为原设计承载力有一定富余,混凝土强度偏低,对承载力影响不大。

就本例的情况而言,你认为混凝土强度偏低,对结构的承载力、工作性能和耐久性有什么影响。这样的梁到底能不能用?

提示:实测混凝土强度等级C20,其抗压强度设计值$f_{cd} = 9.2$MPa,仅相当于原设计C30的66.6%,这样,势必使混凝土受压后高度x增加,内力臂减小,将影响结构的承载力。

3-8 有一钢筋混凝土矩形梁原设计混凝土强度等级为C25,采用R235钢筋配筋,承载力满足要求,截面受压区高度(即$\xi = 0.6 \leqslant \xi_b = 0.62$)符合规范要求。

施工单位剩有部分HRB335,要求修改设计,设计单位认为因HRB335的$\xi_b = 0.56$,实际的$\xi = 0.6$大于$\xi_b = 0.56$,无法进行钢筋替换,截面尺寸已由构造要求确定,设计不能修改。

你如何评价设计单位的回复意见,从充分利用剩余材料的角度出发,在保持截面尺寸不变的前提下,设计应如何修改?

提示:在保持截面尺寸不变的前提下,混凝土受压后高度 x 与混凝土抗压强度设计值 f_{cd} 和受压钢筋截面面积 A'_s 有关。

3-9 钢筋混凝土受弯构件正截面承载力计算是关系结构安全使用的核心问题,是学习后续各章内容的基础。

从表面上看,不同截面形式(矩形、T 形、空心板和箱型)、不同配筋方式(单筋、双筋)的承载力计算公式不同,设计要求不同(截面配筋设计或承载力复核),解题的方法和步骤也不尽相同。公式繁杂,计算方法千变万化。建议读者抓住各类受弯构件承载力计算的共性特点,对本章学习内容进行归纳总结。写出读书报告,进行讨论和交流。以下要点供你参考。

受弯构件承载力计算的要点是:

①根据计算假设,正确绘制计算图式(应力图形);

②运用内力平衡条件,熟练列出计算方程式;

③根据设计要求,正确的判断计算公式中已知数和未知数(未知数的数量应与有效方程式数量相适应);

④注意验算并满足公式适用条件;

⑤解联立方程解决受弯构件承载力计算的问题;

⑥对计算结果进行判断分析,探求进一步完善和修改设计的意见。

应该指出,上述各点是贯穿第三章各节的一条红线,进而言之,是贯穿全书解决承载力计算问题的基本思路。

第四章 钢筋混凝土受弯构件斜截面承载力计算

§4-1 概 述

从材料力学分析得知，受弯构件在荷载作用下，除由弯矩作用产生法向应力外，同时还伴随着剪力作用产生剪应力。由法向应力和剪应力的结合，又产生斜向主拉应力和主压应力。

图 4-1-1 所示为无腹筋钢筋混凝土梁斜裂缝出现前的应力状态。当荷载较小时，梁尚未出现裂缝，全截面参加工作。荷载作用产生的法向应力、剪应力以及由法向应力和剪应力组合而产生的主拉应力和主压应力可按材料力学公式计算。对于混凝土材料，其抗拉强度很低，当荷载继续增加，主拉应力达到混凝土抗拉强度极限值时，就会出现垂直于主拉应力方向的斜向裂缝。这种由斜向裂缝的出现而导致梁的破坏称为斜截面破坏。

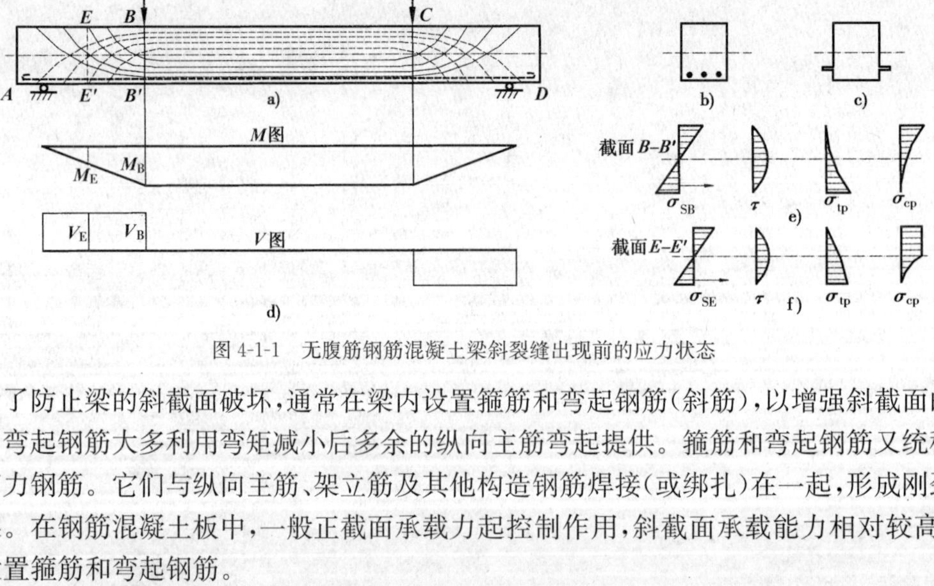

图 4-1-1 无腹筋钢筋混凝土梁斜裂缝出现前的应力状态

为了防止梁的斜截面破坏，通常在梁内设置箍筋和弯起钢筋(斜筋)，以增强斜截面的抗拉能力。弯起钢筋大多利用弯矩减小后多余的纵向主筋弯起提供。箍筋和弯起钢筋又统称为腹筋或剪力钢筋。它们与纵向主筋、架立筋及其他构造钢筋焊接(或绑扎)在一起，形成刚劲的钢筋骨架。在钢筋混凝土板中，一般正截面承载力起控制作用，斜截面承载能力相对较高，通常不需设置箍筋和弯起钢筋。

受弯构件斜截面承载力计算，包括斜截面抗剪承载力和斜截面抗弯承载力两部分内容。但是，在一般情况下，对斜截面抗弯承载力只需通过满足构造要求来保证，而不必进行验算。

§4-2 斜截面剪切破坏状态分析

钢筋混凝土梁的斜截面承载力是个十分复杂的研究课题，与很多因素有关。多数的试验研究认为，影响斜截面抗剪承载力的主要因素是剪跨比、混凝土强度等级、箍筋、弯起钢筋及纵向钢筋的配筋率，其中最重要的是剪跨比的影响。

所谓剪跨比，是指梁承受集中荷载时，集中力作用点到支点的距离 a（一般称为剪跨）与梁的有效高度 h_0 之比，即 $m=a/h_0$。若将剪跨 a 用该截面的弯矩与剪力之比表示，剪跨比即可表示为 $m=a/h_0=M/(V\cdot h_0)$。将 $m=M/(V\cdot h_0)$ 定义为广义剪跨比，并推广用于其他荷载形式。剪跨比的数值实际上反映了该截面所承受的弯矩和剪力的数值比例关系（即法向应力和剪应力的数值比例关系）。试验研究表明，剪跨比越大即弯矩的影响越大，则梁的抗剪承载力越低；反之，剪跨比越小即剪力的影响越大，则梁的抗剪承载力越高。

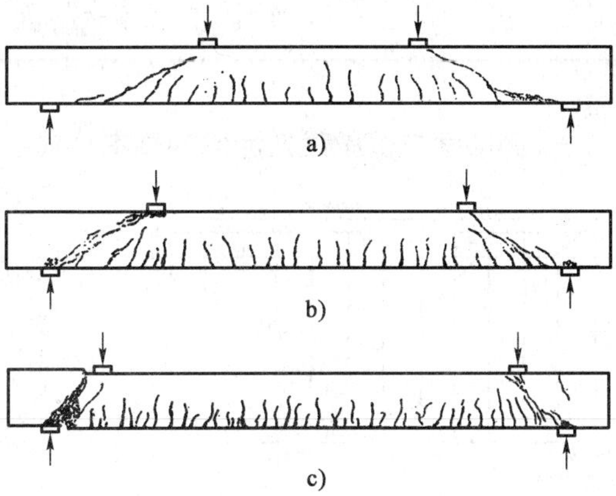

图 4-2-1　梁的斜截面剪切破坏形态

a)斜拉破坏；b)剪压破坏；c)斜压破坏

图 4-2-1 所示为钢筋混凝土梁的斜截面剪切破坏形态。根据大量的试验观测，钢筋混凝土梁的斜截面剪切破坏，大致可归纳为下列三种主要破坏形态：

(1)斜拉破坏

当剪跨比较大($m>3$)，且梁内配置的腹筋数量过少时，将发生斜拉破坏[图 4-2-1a)]。此时，斜裂缝一旦出现，则很快形成临界斜裂缝，并迅速伸展到受压边缘，将构件斜拉为两部分而破坏。破坏前斜裂缝宽度很小，甚至不出现裂缝，破坏是在无预兆情况下突然发生的，属于脆性破坏。这种破坏的危险性较大，在设计中应避免由它来控制梁的承载能力。

(2)剪压破坏

当剪跨比适中($1<m<3$)，且梁内配置的腹筋数量适当时，常发生剪压破坏[图 4-2-1b)]。这时，随着荷载的增加，首先出现一些垂直裂缝和微细的斜裂缝。当荷载增加到一定程度时，出现临界斜裂缝。临界斜裂缝出现后，梁还能继续承受荷载，随着荷载的增加，临界斜裂缝向上伸展，直到与临界斜裂缝相交的箍筋和弯起钢筋的应力达到屈服强度，同时斜裂缝末端受压区的混凝土在剪应力和法向应力的共同作用下达到强度极限值而破坏。这种破坏因钢筋屈服，使斜裂缝继续发展，具有较明显的破坏征兆，是设计中普遍要求的情况。

(3)斜压破坏

当剪跨比较小($m<1$)，或剪跨比适当，但截面尺寸过小，腹筋配置过多时，都会由于主压应力过大，发生斜压破坏[图 4-2-1c)]。这时，随着荷载的增加，梁腹板出现若干条平行的斜裂缝，将腹板分割成许多倾斜的受压短柱，最后，因短柱被压碎而破坏。破坏时与斜裂缝相交的箍筋和弯起钢筋的应力尚未达到屈服强度，梁的抗剪承载力主要取决于斜压短柱的抗压承载力。

除了上述三种主要破坏形态外，斜截面还可能出现其他破坏形态，如局部挤压破坏或纵向钢筋的锚固破坏等。

对于上述几种不同的破坏形态，设计时可采用不同的方法加以控制，以保证构件在正常工作情况下，具有足够的抗剪安全度。

一般用限制截面最小尺寸的办法，防止梁发生斜压破坏；用满足箍筋最大间距限制等构造要求和限制箍筋最小配筋率的办法，防止梁发生斜拉破坏。剪压破坏是设计中常遇到的破坏形态，而且抗剪承载力的变化幅度较大。因此，《桥规》(JTG D62)给出的斜截面抗剪承载力计算公式，都是依据这种破坏形态的受力特征为基础建立的。

§4-3　斜截面抗剪承载力计算

一、斜截面抗剪承载力计算的基本公式

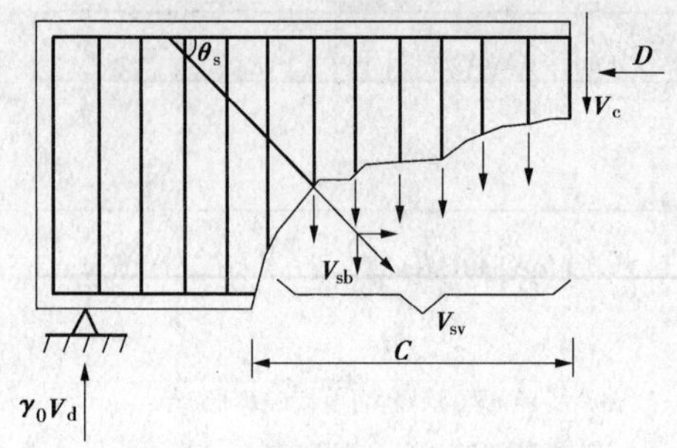

图 4-3-1　斜截面抗剪承载力计算图式

钢筋混凝土梁斜截面抗剪承载能力计算，以剪压破坏形态的受力特征为基础。此时，斜截面所承受的剪力组合设计值，由斜裂缝顶端未开裂的混凝土、与斜裂缝相交的箍筋和弯起钢筋三者共同承担(图 4-3-1)。

钢筋混凝土梁斜截面抗剪承载力计算的基本表达式为：

$$\gamma_0 V_d \leqslant V_c + V_{sv} + V_{sb} \qquad (4\text{-}3\text{-}1)$$

式中：V_d——斜截面受压端正截面处由作用(或荷载)产生的最大剪力组合设计值；

V_c——斜截面顶端受压区混凝土的抗剪承载力；

V_{sv}——与斜截面相交的箍筋的抗剪承载力；

V_{sb}——与斜截面相交的弯起钢筋的抗剪承载力。

1.混凝土抗剪承载力 V_c

影响混凝土抗剪承载力的主要因素，比较普遍地认为是剪跨比、混凝土强度等级和纵向钢筋配筋率。

剪跨比对混凝土的抗剪承载力有显著影响，当混凝土强度等级、截面尺寸及纵向钢筋配筋率相同时，剪跨比越大，混凝土的抗剪承载力越小，当剪跨比大于 3 时，变化逐渐减小。

混凝土强度等级直接影响斜截面抗剪承载力，混凝土强度等级越高，其受压、受剪及剪压状态下的强度极限值都相应提高。试验表明，混凝土强度等级对抗剪承载力的影响，并不呈线性关系，抗剪承载力大致与$\sqrt{f_{cu,k}}$成正比。

纵向钢筋可以约束斜裂缝的开展，阻止中性轴上升，有利于受压区混凝土抗剪作用的发挥。因此，纵向钢筋配筋率的大小，对混凝土抗剪承载力也有所影响。

根据国内外的有关试验资料，针对矩形截面梁给出考虑了材料性能分项系数后的混凝土抗剪承载力设计值的半经验半理论计算公式为：

$$V_c = 0.874 \times 10^{-4} \frac{(2 + 0.6p)}{m} \sqrt{f_{cu,k}} b h_0 \quad (\text{kN}) \qquad (4\text{-}3\text{-}2)$$

式中：V_c——混凝土的抗剪承载力(kN)；

$f_{cu,k}$——混凝土的强度等级(MPa)；

b——斜截面受压端正截面处的截面宽度，对矩形截面为梁宽，对 T 形截面为腹板宽度(mm)；

h_0——斜截面受压端正截面处纵向受拉钢筋合力点至截面受压边缘的距离(mm)(即不考虑弯起钢筋的影响)；

p——斜截面内纵向受拉钢筋配筋百分率，$p=100\rho$，$\rho=A_s/bh_0$，当 $p>2.5$ 时，取 $p=2.5$；

m——剪跨比，$m=M_d/(V_d h_0)$，当 $m<1.7$ 时，取 $m=1.7$；当 $m>3$ 时，取 $m=3$。

注：公式(4-3-2)由老《桥规》(JTG 023—85)给出斜截面抗剪承载力原始公式 $Q_h=\frac{\gamma_b}{\gamma_c}\frac{0.011(2+p)}{m}\sqrt{R}bh_0=0.0084\frac{(2+p)}{m}\sqrt{R}bh_0$ 转换求得。式中尺寸单位由 cm 改为 mm，配筋率 p 改为 $0.6p$，混凝土标号 R 改为强度等级 $f_{cu,k}$，$f_{cu,k}$ 和 R 的关系按《桥规》(JTG D62)附录 A01 式换算，式中 $\delta_f=0.16$。

2. 箍筋抗剪承载力 V_{sv}

箍筋的抗剪承载力系指与斜截面相交的箍筋抵抗梁沿斜截面破坏的能力。

$$V_{sv}=0.75\times10^{-3}\sum A_{sv,i}f_{sd,v}\quad(\text{kN})\tag{4-3-3}$$

式中，0.75 为考虑抗剪工作的脆性破坏性质和箍筋应力分布不均等因素的影响的修正系数(按老规范换算求得的修正系数为 0.732，调整为 0.75)。

为了确定与斜截面相交的箍筋数量，必须首先求得斜截面的水平投影长度 C，根据钢筋混凝土梁斜截面破坏试验分析，斜截面的水平投影长度 C 与剪跨比 m 有关，一般取 $C\approx0.6mh_0$。将 $\sum A_{sv}=\frac{C}{s_v}=\frac{0.6mh_0}{s_v}\cdot A_{sv}$ 代入式后，箍筋的抗剪承载力即可表达为下列形式：

$$\begin{aligned}V_{sv}&=0.75\times10^{-3}CA_{sv}f_{sd,v}/s_v\\&=0.45\times10^{-3}m\rho_{sv}f_{sd,v}bh_0\end{aligned}\tag{4-3-4}$$

式中：V_{sv}——箍筋的抗剪承载力设计值(kN)；

ρ_{sv}——箍筋的配筋率，$\rho_{sv}=A_{sv}/(s_v\cdot b)$；

s_v——斜截面范围箍筋的间距(mm)；

A_{sv}——斜截面内配置在同一截面的箍筋各肢总截面面积(mm^2)；

$f_{sd,v}$——箍筋的抗拉强度设计值(MPa)。

其余符号意义同前。

上面我们分别讨论了混凝土和箍筋的抗剪承载力。事实上，混凝土的抗剪承载力与箍筋的配置情况存在着复杂的制约关系，故可用一个综合的抗剪承载力 V_{cs} 表示混凝土和箍筋共同承担的抗剪承载力。若将 V_c 和 V_{sv} 的计算表达式直接相加(又称两项和表达形式)则得：

$$V_{cs}=0.874\times10^{-4}\frac{(2+0.6p)}{m}\sqrt{f_{cu,k}}bh_0+0.45\times10^{-3}m\rho_{sv}f_{sd,v}bh_0\tag{4-3-5}$$

按公式(4-3-5)计算混凝土和箍筋的抗剪承载力，首先要算出剪跨比 m，这样是比较麻烦的。为了简化计算，《桥规》(JTG D62)给出的混凝土和箍筋共同的抗剪承载力 V_{cs} 采用了两项积的表达形式：

$$V_{cs}=0.45\times10^{-3}bh_0\sqrt{(2+0.6p)\sqrt{f_{cu,k}}\rho_{sv}f_{sd,v}}\tag{4-3-6}$$

上面给出的混凝土和箍筋共同的抗剪承载力计算表达式(4-3-6)是从公式(4-3-5)导出的。从图 4-3-2 可以看出，混凝土的抗剪承载力 V_c 随剪跨比 m 的增大而减小，而箍筋的抗剪承载力 V_{sv} 随剪跨比 m 的增大而增加。这样，就可以求得一个“临界剪跨比”，使得混凝土和箍筋共同承担的抗剪承载力为最小。为此，可对 $V_{cs}=V_c+V_{sv}$ 求极值，即由 $d(V_s+V_{sv})/dm=0$ 的条件，求得临界剪跨比为：

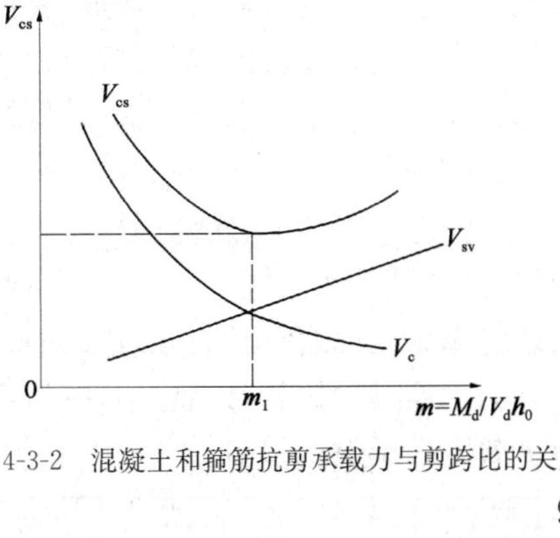

图 4-3-2 混凝土和箍筋抗剪承载力与剪跨比的关系

$$m_L = \sqrt{\frac{(2+0.6p)\sqrt{f_{cu,k}}}{5.149\rho_{sv} f_{sd,v}}} \quad (4\text{-}3\text{-}7)$$

将公式(4-3-5)中的剪跨比 m 用临界剪跨比 m_L(公式 4-3-7)代入,即可求得 V_{cs} 的最小值。

$$V_{cs,min} = 0.874 \times 10^{-4} \frac{(2+0.6p)\sqrt{f_{cu,k}} bh_0}{\sqrt{\frac{(2+0.6p)\sqrt{f_{cu,k}}}{5.149\rho_{sy} f_{sd,v}}}} +$$

$$0.45 \times 10^{-3} \sqrt{\frac{(2+0.6p)\sqrt{f_{cu,k}}}{5.149\rho_{sy} f_{sd,v}}} \rho_{sv} f_{sd,v} bh_0$$

将上式进行通分整理后得:

$$V_{cs,min} = 0.3966 \times 10^{-3} bh_0 \sqrt{(2+0.6p)\sqrt{f_{cu,k}} \rho_{sv} f_{sd,v}}$$

应该指出,上面给出的 $V_{cs,min}$ 是混凝土和箍筋共同承担的抗剪承载力的最小值,《桥规》(JTG D62)根据近年来的设计实践,将系数 0.3966 调整为 0.45,即得混凝土与箍筋共同的抗剪承载能力设计值计算表达式(4-3-6)。

3. 弯起钢筋抗剪承载力 V_{sb}

弯起钢筋对斜截面的抗剪作用,应为弯起钢筋抗拉承载力在竖直方向的分量:

$$V_{sb} = 0.75 \times 10^{-3} f_{sd,b} \sum A_{sb} \cdot \sin\theta_s \quad (kN) \quad (4\text{-}3\text{-}8)$$

式中:$f_{sd,b}$——弯起钢筋的抗拉强度设计值(MPa);

A_{sb}——斜截面内同一弯起平面的弯起钢筋截面面积(mm^2);

θ_s——弯起钢筋与梁轴线的夹角(°)。

考虑抗剪工作的脆性破坏性质和弯起钢筋应力分布不均等因素的影响,取修正系数0.75。

应该指出,上面给出的混凝土和箍筋共同的抗剪承载力 V_{cs} 计算表达式(4-3-6)是针对矩形截面等高度简支梁建立的半经验半理论公式。对于具有受压翼缘的 T 形和工形截面来说,尚应考虑受压翼缘对混凝土抗剪承载力的影响。在试验研究的基础上,《桥规》(JTG D62)引入修正系数 $\alpha_3 = 1.1$,考虑受压翼缘对混凝土和箍筋抗剪承载力的提高作用。

此外,对于连续梁来说,中间支点截面承受负弯矩,跨中截面承受正弯矩,在跨径内必然出现反弯点。试验研究表明,在反弯点附近区段内,斜截面受力状态及裂缝分布情况与承受单向弯矩的简支梁有很大的不同,其斜截面抗剪承载力有所降低,如图 4-3-3 所示。

图 4-3-3 所示为根据试验资料绘制的连续梁跨径内反弯点附近区段的斜裂缝及截面应力分布情况。对剪跨比适中的连续梁,当荷载增加到一定程度时,首先在正、负弯矩较大的区段内出现垂直裂缝。随着荷载的增加,在反弯点附近出现两条几乎平行的斜裂缝。斜裂缝与纵向钢筋相交后,斜裂缝处的钢筋拉应力明显增大,而相距不远的反弯点截面附近纵向钢筋的拉应力却很小。在这个区段内纵向钢筋的拉应力变化梯度很大,由于这个拉应力差的作用,在上、下纵向钢筋水平位置处的混凝土表面,出现一些断续的针状斜向裂缝(一般称黏结裂缝)。随着荷载的进一步增加,黏结裂缝越过反弯点,分别向支点和跨中荷载作用点延伸。由于黏结裂缝的充分发挥,使得这一区段内纵向钢筋和混凝土压应力发生重分布。试验研究表明,由于黏结裂缝充分发挥而引起的应力重分布,使得连续梁的抗剪承载力有所降低,降低的幅度与剪跨比有关。连续梁的剪跨比越小,应力重分布的过程越充分,与同一剪跨比的简支梁相比,其抗剪承载力降低得也越多。

《桥规》(JTG D62)根据国内外进行的承受异号弯矩的等高度钢筋混凝土连续梁斜截面抗剪性能试验资料分析，引入系数 $\alpha_1=0.9$，考虑异号弯矩对混凝土和箍筋共同的抗剪承载力的影响。

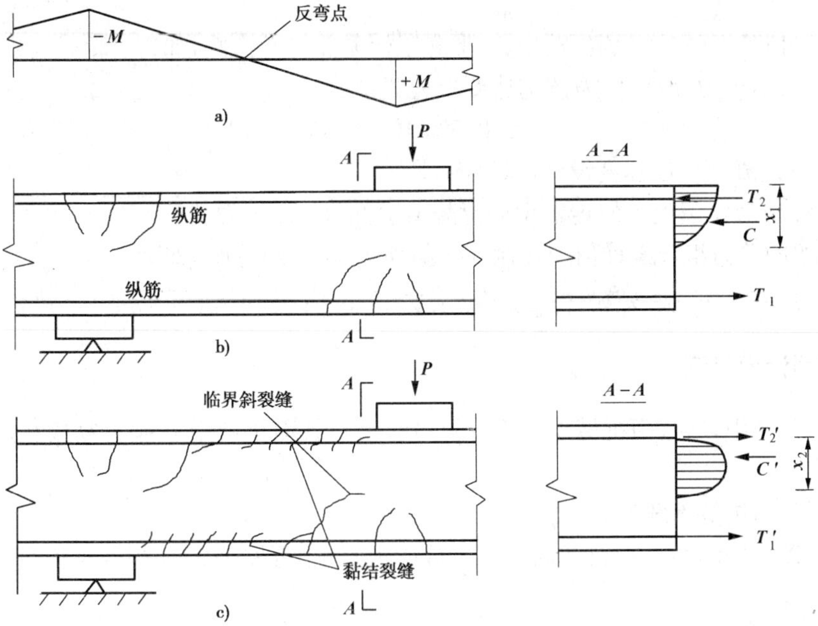

图 4-3-3 连续梁跨径内反弯点附近区段的斜裂缝及截面应力分布

这样，《桥规》(JTG D62)给出的适用于矩形、T 形和工形截面等高度钢筋混凝土简支梁及连续梁(包括悬臂梁)的斜截面抗剪承载力计算表达式，即可写成下列通用形式：

$$\begin{aligned}\gamma_0 V_d &\leqslant V_{cs}+V_{sb}\\ &\leqslant \alpha_1\alpha_3 0.45\times10^{-3}bh_0\sqrt{(2+0.6p)\sqrt{f_{cu,k}}\rho_{sv}f_{sd,v}}+\\ &\quad 0.75\times10^{-3}f_{sd,b}\sum A_{sb}\sin\theta_s \quad (\text{kN})\end{aligned} \tag{4-3-9}$$

式中：α_1——异号弯矩影响系数，计算简支梁和连续梁近边支点梁段的抗剪承载力时，取 $\alpha_1=1.0$；计算连续梁和悬臂梁近中间支点梁段的抗剪承载力时，取 $\alpha_1=0.9$；

α_3——受压翼缘影响系数，对矩形截面取 $\alpha_3=1.0$；对具有受压翼缘的 T 形、工形截面，取 $\alpha_3=1.1$。

二、抗剪强度上、下限复核

前已指出，《桥规》(JTG D62)给出的钢筋混凝土梁斜截面抗剪承载力计算公式是以剪压破坏形态的受力特征为基础建立的。换句话说，应用上述公式进行斜截面抗剪承载力计算的前提是构件的截面尺寸及配筋应符合发生剪压破坏的限制条件。

一般是用限制截面最小尺寸的办法，防止梁发生斜压破坏。《桥规》(JTG D62)规定，矩形、T 形和工形截面受弯构件，其截面尺寸应符合下列要求：

$$\gamma_0 V_d \leqslant 0.51\times10^{-3}\sqrt{f_{cu,k}}bh_0 \quad (\text{kN}) \tag{4-3-10}$$

式中：V_d——由作用(或荷载)产生的计算截面最大剪力组合设计值(kN)；

$f_{cu,k}$——混凝土强度等级(MPa)；

b——计算截面处的矩形截面宽度或 T 形和 I 形截面腹板宽度(mm)；

h_0——计算截面处纵向受拉钢筋合力作用点至截面受压边缘的距离(mm)(即不考虑弯起钢筋的影响)。

公式(4-3-10)实际上是规定了钢筋混凝土梁的抗剪强度上限值(即发生剪压破坏的极限值)。

《桥规》(JTG D62)还规定,矩形、T形和工形截面受弯构件,如符合下式要求时,则不需进行斜截面抗剪承载力计算,仅需按构造要求配置箍筋。

$$\gamma_0 V_d \leqslant 0.5\times 10^{-3} f_{td} b h_0 \quad (kN) \tag{4-3-11}$$

式中:f_{td}——混凝土抗拉强度设计值(MPa)。

公式(4-3-11)实际上是规定了钢筋混凝土梁抗剪强度下限值。

因此,梁的剪力组合设计值应控制在抗剪强度上、下限之间,即为:

$$0.5\times 10^{-3} f_{td} b h_0 < \gamma_0 V_d \leqslant 0.51\times 10^{-3}\sqrt{f_{cu,k}}\, b h_0$$

三、实用计算方法

在实际工作中,斜截面抗剪承载力计算可分为斜截面抗剪承载能力复核和抗剪配筋设计两种情况。

(一)斜截面抗剪承载能力复核

对初步设计好的梁进行斜截面抗剪承载能力复核,可按公式(4-3-9)求得验算斜截面所能承受的剪力设计值。

$$V_{du} = \alpha_1\alpha_3 0.45\times 10^{-3} b h_0 \sqrt{(2+0.6p)\sqrt{f_{cu,k}}\rho_{sv} f_{sd,v}} + 0.75\times 10^{-3} f_{sd,b}\sum A_{sb}\cdot \sin\theta_s \quad (kN)$$

若 $V_{du}>\gamma_0 V_d$,则说明该斜截面的抗剪承载力是足够的。

原则上应对承受剪力较大或抗剪强度相对薄弱的斜截面进行抗剪承载力复核。《桥规》(JTG D62)规定,受弯构件斜截面抗剪承载力的验算位置,应按下列规定采用(图4-3-4)。

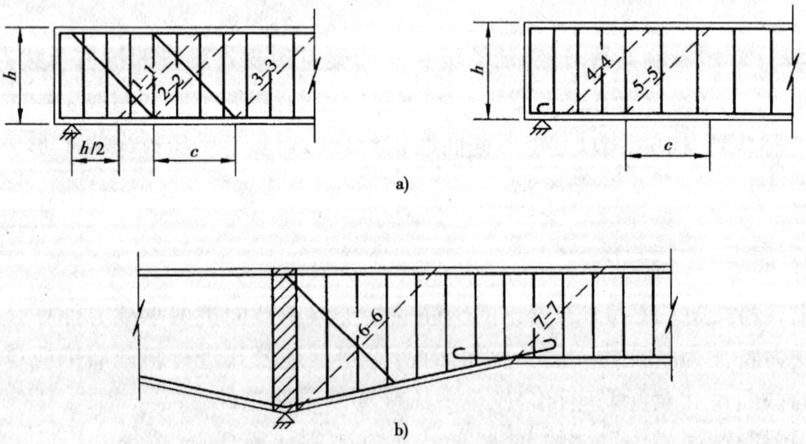

图4-3-4 斜截面抗剪承载能力验算位置示意图

a)简支梁和连续梁近边支点梁段;b)连续梁和悬臂梁近中间点梁段

1. 简支梁和连续梁近边支点梁段

(1)距支点中心 $h/2$ 处截面[图4-3-4a)截面1-1];

(2)受拉区弯起钢筋弯起点处截面[图4-3-4a)截面2-2、截面3-3];

(3)锚于受拉区的纵向钢筋开始不受力处的截面[图 4-3-4a)截面 4-4];

(4)箍筋数量或间距改变处的截面[图 4-3-4a)截面 5-5];

(5)构件腹板宽度变化处的截面。

2. 连续梁和悬臂梁近中间支点梁段

(1)支点横隔梁边缘处截面[图 4-3-4b)截面 6-6];

(2)参照简支梁的要求,需要进行验算的截面。

按公式(4-3-9)进行斜截面抗剪承载能力复核时,式中的剪力组合设计值 V_d 应取验算斜截面顶端的数值,即从图 4-3-4 所示的斜截面验算位置量取斜裂缝水平投影长度 $C\approx0.6mh_0$,近似求得斜截面顶端的水平位置,并以这一点对应的剪力组合设计值作为该斜截面的剪力设计值。

(二)抗剪配筋设计

利用公式(4-3-9)进行抗剪配筋设计时,荷载产生的剪力组合设计值,应由混凝土、箍筋和弯起钢筋共同承担。但是各自承担多大比例,涉及到剪力图的合理分配问题。近年来国内外的试验研究认为,箍筋的抗剪作用比弯起钢筋要好一些,其理由是:(1)弯起钢筋的承载范围较大,对斜裂缝的约束作用差;(2)弯起钢筋易使弯起点处的混凝土压碎或产生水平撕裂裂缝,而箍筋却能箍紧纵向钢筋防止撕裂;(3)箍筋对受压区混凝土起套箍作用,可以提高其抗剪能力;(4)箍筋连接受压区混凝土与梁腹板共同工作效果比弯起钢筋要好。因此,很多国家的规范都主张适当增大箍筋承担剪力的比例。《桥规》(JTG D62)吸取了这些意见,加大了箍筋承担剪力的比重,并规定了箍筋最小配筋率的限制。

《桥规》(JTG D62)规定,用作抗剪配筋设计的最大剪力组合设计值按下列规定取值(图 4-3-5):简支梁和连续梁近边支点梁段取离支点 $h/2$ 处的剪力组合设计值 V'_d[图 4-3-5a)];等高度连续梁和悬臂梁取支点上横隔梁边缘处的剪力组合设计值 V''_d[图4-3-5b)],将 V'_d或 V''_d分为两部分,其中至少 60%由混凝土和箍筋共同承担;至多 40%由弯起钢筋承担,并用水平线将剪力组合设计图分割。

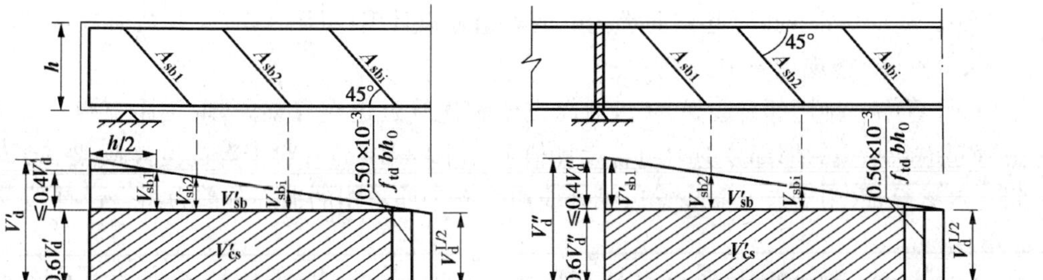

图 4-3-5 斜截面抗剪承载力配筋设计剪力组合设计值图分配示意图

a)简支架和连续梁近边支点梁段;b)等高度连续梁和悬臂梁近中间支点梁段

1. 箍筋设计

根据图 4-3-5 分配的应由混凝土和箍筋共同承担的剪力组合设计值 $\xi\gamma_0V'_d$或 $\xi\gamma_0V''_d$(其中 $\xi\geqslant0.6$),由公式(4-3-6)计算所需的箍筋配筋率:

$$\rho_{sv}=\left(\frac{\xi\gamma_0V'_d}{\alpha_1\alpha_3 0.45\times10^{-3}bh_0}\right)^2/[(2+0.6p)\sqrt{f_{cu,k}}f_{sd,v}]\geqslant\rho_{sv,min} \qquad (4\text{-}3\text{-}12)$$

若预先选定箍筋直径,则可求得箍筋间距:

$$s_v \leqslant \frac{A_{sv}}{b\rho_{sv}} \tag{4-3-13}$$

或 $$s_v \leqslant \frac{\alpha_1^2\alpha_3^2 0.2025\times10^{-6}(2+0.6p)\sqrt{f_{cu,k}}A_{sv}f_{sd,v}bh_0^2}{(\xi\gamma_0 V'_d)^2}\quad(\text{mm}) \tag{4-3-14}$$

布置箍筋时还应注意满足《桥规》(JTG D62)规定的有关构造要求：

钢筋混凝土梁应设置直径不小于 8mm，且不小于 1/4 主钢筋直径的箍筋。其最小配筋率：对 R235、HPB300 钢筋为 0.18%；对 HRB335 钢筋为 0.12%。当梁中配有计算需要的纵向受压钢筋，或在连续梁、悬臂梁近中间支点负弯矩的梁段，应采用封闭箍筋，同时，同排内任一纵向钢筋离箍筋折角处的纵向钢筋（角筋）的距离应不大于 150mm 或 15 倍箍筋直径（两者中较大者），否则，应设复合箍筋。相邻箍筋的弯钩接头，沿纵向位置应错开。

箍筋的间距不应大于梁高的 1/2，且不大于 400mm；当所箍钢筋为按受力需要的纵向受压钢筋时，不应大于所箍钢筋直径的 15 倍，且不应大于 400mm。在钢筋搭接接头范围内的箍筋间距，当搭接钢筋受拉时，不应大于钢筋直径的 5 倍，且不大于 100mm；当搭接钢筋受压时，不应大于钢筋直径的 10 倍，且不大于 200mm。支座中心向跨径方向长度在一倍梁高范围内，箍筋间距应不大于 100mm。

近梁端第一根箍筋应设置在距端面一个混凝土保护层距离处。梁与梁或梁与柱的交接范围内可不设箍筋；靠近交接面的第一根箍筋与交接面的距离不宜大于 50mm。

2. 弯起钢筋设计

根据图 4-3-5 分配的应由弯起钢筋承担的剪力组合设计值，按公式(4-3-8)求得所需弯起钢筋截面面积：

$$A_{sbi} = \frac{\gamma_0 V_{sbi}}{0.75\times10^{-3} f_{sd,b}\sin\theta_s} \tag{4-3-15}$$

式中：A_{sbi}——第 i 排弯起钢筋的截面面积(mm^2)；

V_{sbi}——应由第 i 排弯起钢筋承担的剪力组合设计值（见图 4-3-5），其数值按《桥规》(JTG D62)规定采用。

(1)计算第一排弯起钢筋 A_{sb1} 时，对简支梁和连续近边支点梁段，取用距支点中心 $h/2$ 处应由弯起钢筋承担的那部分剪力组合设计值 V_{sb1}［图 4-3-5a)］；对于等高度连续梁和悬臂梁近中间支点梁段，取用支点上横隔梁边缘处应由弯起钢筋承担的那部分剪力组合设计值 V'_{sb1}［图 4-3-5b］；

(2)计算第一排弯起钢筋以后的各排弯起钢筋 A_{sb2}，…，A_{sbi} 时，取用前一排弯起钢筋下面起弯点处应由弯起钢筋承担的那部分剪力组合设计值 V_{sb2}，…，V_{sbi}［图 4-3-5a)］或［图 4-3-5b)］。

应该指出，设计弯起钢筋时剪力设计值的取值，从理论上讲，应取可能通过该弯起钢筋的斜截面顶端截面处，应由弯起钢筋承担的那部分剪力组合设计值。《桥规》(JTG D62)规定的计算以后各排弯起钢筋时，取用前一排弯起钢筋起弯点处，应由弯起钢筋承担的那部分剪力组合设计值，相当于取用了可能通过该排弯起钢筋的斜截面起点的剪力组合设计值，这样处理是偏于安全的。

笔者建议在设计弯起钢筋时，设计剪力值可按下列规定采用：

(1)计算第 1 排（从支座向跨中计算）弯起钢筋时，取用距支座中心 $h/2$ 处（对连续梁为支点上横隔梁边缘处)，应由弯起钢筋承担的那部分剪力组合设计值；

(2)计算以后各排弯起钢筋时，取用计算前排弯起钢筋时的剪力设计值截面加一倍有效梁高处，应由弯起钢筋承担的那部分剪力组合设计值。

布置弯起钢筋时应注意满足《桥规》(JTG D62)规定的构造要求：

弯起钢筋一般由按正截面抗弯承载力计算不需要的纵向钢筋弯起供给。当采用焊接骨架配筋时，亦可采用专设的斜短钢筋焊接，但不准采用不与主筋焊接的浮筋。

弯起钢筋的弯起角宜取 45°。受拉区弯起钢筋的起弯点，应设在按正截面抗弯承载力计算充分利用该钢筋的截面(称为充分利用点)以外不小于 $h_0/2$ 处，弯起钢筋可在按正截面受弯承载力计算不需该钢筋截面面积之前弯起，但弯起钢筋与梁高中心线的交点，应位于按计算不需要该钢筋的截面(称为不需要点)以外(图 4-3-6)。弯起钢筋的末端(弯终点以外)应留有锚固长度：受拉区不应小于 $20d$，受压区不应小于 $10d$(式中 d 为钢筋直径)；对环氧树脂涂层钢筋应增加 25%；对 R235 钢筋尚应设置半圆弯钩。

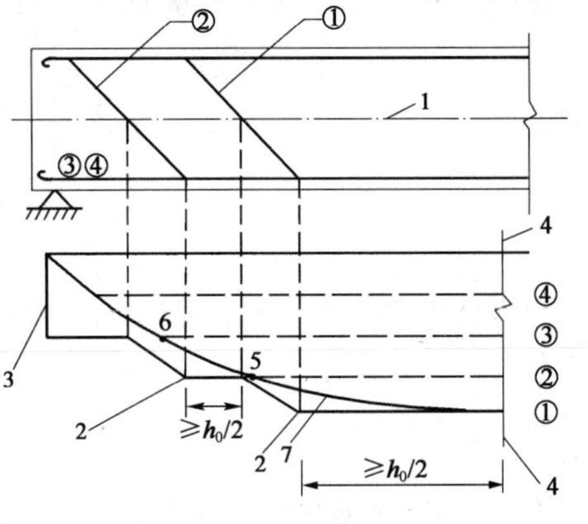

图 4-3-6　弯起钢筋弯起点位置

1-梁中心线；2-受拉区钢筋弯起点位置；3-正截面抗弯承载力图形；4-按计算受拉钢筋强度充分利用的截面；5-按计算不需要钢筋①的截面；6-按计算不需要钢筋②的截面；7-弯矩图；①②③④-钢筋批号

靠近端支点的第一排弯起钢筋顶部的弯折点，简支梁或连续梁边支点应位于支座中心截面处，悬臂梁或连续梁中间支点应位于横隔梁(板)靠跨径一侧的边缘处，以后各排(跨中方向)弯起钢筋梁顶部的弯折点，应落在前一排(支座方向)弯起钢筋的梁底部弯折点处或弯折点以内。

§4-4　变高度梁斜截面抗剪承载力计算

在桥梁工程中，经常遇到变高度的钢筋混凝土梁，例如连续梁、悬臂梁及刚架横梁等。目前国内外关于变高度梁斜截面抗剪承载力研究较少，特别是有说服力的试验研究资料不多。以往遇到这类问题，只能参照交通部 1975 年颁布的《公路桥涵设计规范》，用以弹性理论分析为基础的允许应力法计算。

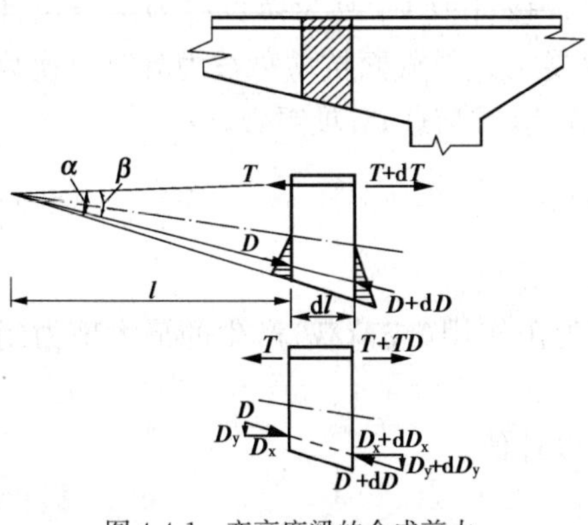

图 4-4-1　变高度梁的合成剪力

《桥规》(JTG D62)借助于变高度梁的弹性分析方法，考虑了弯矩引起的附加剪力的作用，将过去针对等高度梁导出的斜截面承载力计算公式(4-3-1)，推广应用于变高度梁。

一、变高度钢筋混凝土梁的换算剪力

按弹性理论分析，如图 4-4-1 所示的变高度梁，在弯矩作用下，截面下部混凝土压应力的合力 D 是沿倾斜方向作用的。并假设倾斜的压应力合力作用方向的延线与梁上、下边缘延线相交于一点。

混凝土压应力合力 D 的水平分力 D_x 与钢筋拉

力 T 组成内力偶与弯矩 M 相平衡；合力 D 的竖直分力 D_y 作为附加剪力作用于梁上。受压区混凝土合力 D 与水平线成 β 角，内力臂 z 沿 l 方向的变化规律为 $z=l\tan\beta$，而截面有效高度 h_0 的变化规律为 $h_0=l\tan\alpha$，则有 $z=\frac{\tan\beta}{\tan\alpha}\cdot h_0=\lambda h_0$，$\lambda=\tan\beta/\tan\alpha$ 为常数。这样，考虑截面变高度影响后的总剪力(又称换算剪力)为：

$$V'=V-D_y \tag{4-4-1}$$

$$D_y=D_x\tan\beta \tag{4-4-2}$$

$$D_x=\frac{M}{z}=\frac{M}{\lambda h_0} \tag{4-4-3}$$

$$\tan\beta=\lambda\tan\alpha \tag{4-4-4}$$

将公式(4-4-2)、公式(4-4-3)、公式(4-4-4)逐一代入公式(4-4-1)中，即可求得变高度梁换算剪力计算公式：

$$V'=V-\frac{M}{h_0}\tan\alpha \tag{4-4-5}$$

式中：V'——考虑截面变高度影响后的换算剪力；

V——计算截面的最大剪力；

h_0——计算截面处梁的有效高度；

α——梁倾斜边与水平线的夹角；

M——计算截面最大剪力对应的弯矩，一般采用下列简化值：在支点截面处 $M=M_G+\frac{1}{2}M_Q$，在跨径内截面处 $M=M_G$；

M_G——恒载弯矩；

M_Q——活载弯矩。

应该指出，上面给出的公式是针对图 4-4-1 所示的梁高随弯矩绝对值增加而增加的情况导出的，附加剪力作用方向向上，式中取(－)号。反之，对梁高随弯矩绝对值增加而减小的情况，式中应取(＋)号。

二、变高度钢筋混凝土斜截面承载力计算

《桥规》(JTG D62)将上面按弹性理论导出的变高度梁的换算剪力计算公式，推广应用于变高度钢筋混凝土梁的斜截面抗剪承载力计算。将§4-3 介绍的等高度梁斜截面抗剪承载力计算公式(4-3-1)和公式(4-3-9)中，不等号左侧的剪力组合设计值 V_d 改为换算剪力组合设计值 V_{cd}，公式不等号右侧各项不变，即可用于变高度钢筋混凝土梁斜截面抗剪承载力计算。换算剪力组合设计值 V_{cd} 参照公式(4-4-5)计算，并计入相应的作用(或荷载)分项系数，得：

$$V_{cd}=V_d-\frac{M_d}{h_0}\tan\alpha \tag{4-4-6}$$

式中：V_{cd}——考虑截面变高度影响后的换算剪力组合设计值；

V_d——按等高度梁计算的斜截面受压端正截面处由作用(或荷载)产生的最大剪力组合设计值；

M_d——相应于最大剪力组合设计值的弯矩组合设计值；

h_0——计算截面处梁的有效高度；

α——计算截面处梁下缘切线与水平线的夹角。

M_d 可按下列公式简化计算：

在支点截面处
$$M_d=\gamma_G M_{Gk}+\frac{1}{2}(\gamma_{Q1}M_{Q1k}+\psi_c\sum_{i=2}^{n}\gamma_{Qi}M_{Qik}) \tag{4-4-7}$$

在跨径内截面处
$$M_d=\gamma_G M_{Gk}$$

式中：M_{Gk}——永久作用（或荷载）标准值产生的弯矩；

M_{Q1k}——汽车荷载标准值产生的弯矩；

M_{Qik}——除汽车荷载以外其他可变荷载标准值产生的弯矩。

式中，分项系数 γ_G、γ_{Q1}、γ_{Qi}及组合系数 ψ_c 的意义见第二章公式(2-4-4)，其数值按《通用规范》(JTG D60)采用。

对梁高随弯矩绝对值增加而减小的情况，公式(4-4-6)中的"－"应改为"＋"。

这样，变高度钢筋混凝土梁斜截面抗剪承载力计算表达式可写为下列形式：

$$\gamma_0 V_{cd}\leqslant V_{cs}+V_{sb}$$

$$\gamma_0\left(V_d-\frac{M_d}{h_0}\tan\alpha\right)\leqslant V_{cs}+V_{sb} \tag{4-4-8}$$

式中：V_{cs}、V_{sb}——按§4-3 介绍的公式(4-3-6)和公式(4-3-8)计算。

在应用上述公式进行变高度钢筋混凝土斜截面抗剪承载力计算时应特别注意以下两个问题（见图 4-4-2）：

1. 斜截面计算位置的确定和 h_0 的取值

按公式(4-4-7)进行变高度梁的斜截面承载能力复核时，计算斜截面位置建议按下列方法确定：

(1)首先计算以悬臂根部为斜裂缝顶端受压区（底边）的第一条斜裂缝通过的斜截面。计算该斜截面时，梁的有效高度 h_0 应以悬臂根部截面的有效高度 h_{00} 代入。该斜截面的起点位于距悬臂根部截面的水平距离 $C_1=0.6mh_{00}\approx h_{00}$ 的截面顶面。

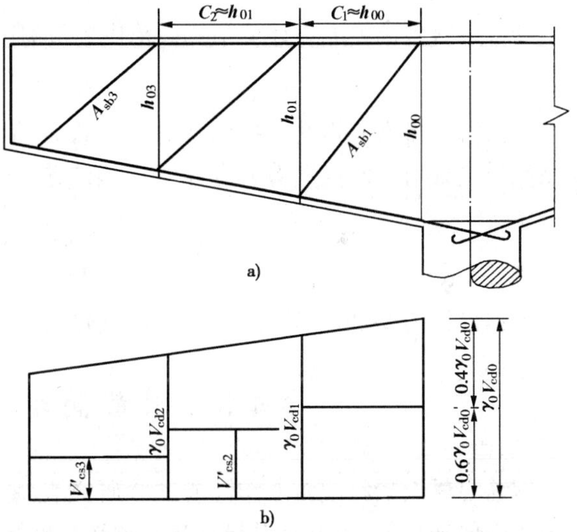

图 4-4-2　变高度钢筋混凝土梁斜截面承载力计算荷图

a)变高度梁立面图；b)变高度梁斜截面抗剪承载力计算图

(2)计算以第一个计算斜截面起点位置对应的截面下边缘做为斜裂缝顶端受压区的第二条斜裂缝通过的斜截面。计算该斜截面时，梁的有效高度取前一条斜裂缝起点处截面的有效高度 h_{01}。该斜截面的起点位于距悬臂根部截面的水平距离为 $C_1+C_2=0.6mh_{00}+0.6mh_{01}\approx h_{00}+h_{01}$ 的截面顶面。

(3)根据需要依次计算第三、第四个斜截面。

2. 剪力配筋设计

变高度梁的剪力配筋设计，应按可能出现的斜裂缝位置分段设计，分段进行抗剪强度上、下限复核，截面尺寸应满足下式要求：

$$\gamma_0\left(V_d-\frac{M_d}{h_0}\tan\alpha\right)\leqslant 0.51\times10^{-3}\sqrt{f_{cu,k}}bh_0\quad(\text{kN}) \tag{4-4-9}$$

对于满足下述要求的区段，可不进行斜截面承载力计算，仅需按构造要求配置箍筋：

$$\gamma_0\left(V_d-\frac{M_d}{h_0}\tan\alpha\right)\leqslant 0.5\times10^{-3}f_{td}bh_0 \quad (kN) \tag{4-4-10}$$

在各区段内混凝土、箍筋和弯起钢筋应分担的换算剪力组合设计值，参照图 4-3-5 的规定划分。为此，首先沿梁长方向，按可能出现的斜裂缝水平投影长度 $C_1=0.6mh_0\approx h_{00}$，$C_2=0.6mh_{01}\approx h_{01}$，$C_3=0.6mh_{02}\approx h_{02}$，将换算剪力组合设计图划分若干段，求得各段斜截面顶端受压区处对应的换算剪力组合设计值 $\gamma_0 V_{cd,i}$。

在第一段范围内，按混凝土与箍筋承担 $0.6\gamma_0 V_{cd,0}$，弯起钢筋承担 $0.4\gamma_0 V_{cd,0}$ 计算（式中 $V_{cd,0}$ 为第一个计算斜截面受压区顶端处，即悬臂根部截面的换算剪力组合设计值）。第一段范围内箍筋配筋率由公式(4-3-6)求得：

$$\rho_{sv,1}=\left[\frac{0.6\gamma_0 V_{cd,0}}{\alpha_1\alpha_3 0.45\times10^{-3}bh_{00}}\right]^2/(2+0.6p)\sqrt{f_{cu,k}}f_{sd,v}\geqslant\rho_{sv,min}$$

若已知每排箍筋的截面面积为 A_{sv}，则箍筋间距为：

$$s_{v1}=\frac{A_{sv}}{\rho_{sv1}\cdot b}$$

第一排弯起钢筋的截面面积由公式(4-3-8)求得：

$$A_{sb1}=\frac{0.4\gamma_0 V_{cd,0}}{0.75\times10^{-3}f_{sd,b}\sin\theta_s}$$

设计第二段时，亦可按第一段已选择确定的箍筋间距布置箍筋，并按第二个斜截面顶端受压区处梁的有效高度 h_{01}，计算第二段范围内混凝土与箍筋承担的剪力设计值为：

$$V_{cs,2}=\alpha_1\alpha_3 0.45\times10^{-3}bh_{01}\sqrt{(2+0.6p)\sqrt{f_{cu,k}}\rho_{sv}f_{fd,v}}$$

应由第二排弯起钢筋承担的换算剪力设计值为$(\gamma_0 V_{cd,1}-V_{cs,2})$（式中 $V_{cd,1}$ 为第二个斜截面顶端受压处对应的换算剪力设计值）。第二排弯起钢筋的截面面积由公式(4-3-8)求得：

$$A_{sb,2}=\frac{\gamma_0 V_{cd,1}-V_{cs,2}}{0.75\times10^{-3}f_{sd,b}\sin\theta_s}$$

根据设计需要，依次计算以后各段的箍筋和弯起钢筋数量。

§4-5 斜截面抗弯承载力计算

钢筋混凝土梁斜截面工作性能试验研究表明，斜裂缝的发生和发展，除了可能引起§4-2介绍的受剪破坏外，还可能引起斜截面的受弯破坏，特别是当梁内纵向受拉钢筋配置不足时，由于斜裂缝的开展，使与斜裂缝相交的箍筋和纵向钢筋的应力达到屈服强度，梁被斜裂缝分开的两部分，将绕位于受压区的公共铰转动，最后，混凝土梁产生法向裂缝，导致压碎破坏。

图 4-5-1 所示为斜截面抗弯承载力计算图式。在极限状态下，与斜裂缝相交的纵向钢筋、箍筋和弯起钢筋的应力均达到其抗拉强度设计值，受压区混凝土的应力达到抗压强度设计值。

斜截面抗弯承载力计算的基本公式，可由所有的力对受压区混凝土合力作用点取矩的平衡条件求得：

$$\gamma_0 M_d\leqslant f_{sd}A_s z_s+f_{sd}\sum A_{sb}z_{sb}+f_{sd,v}\sum A_{sv}z_{sv} \tag{4-5-1}$$

式中：　　M_d——斜截面受压端正截面处最大弯矩组合设计值；

A_s、$\sum A_{sb}$、$\sum A_{sv}$——与斜截面相交的纵向钢筋、弯起钢筋和箍筋的截面面积；

z_s、z_{sb}、z_{sv}——与斜截面相交的纵向钢筋、弯起钢筋和箍筋合力对受压区混凝土合力作用点的力臂。

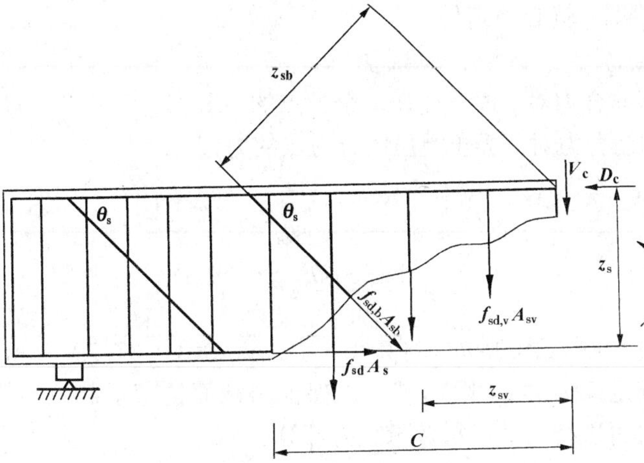

图 4-5-1　斜截面抗弯承载能力计算图式

斜截面受压区高度由所有的力对构件纵轴的投影之和为零的平衡条件求得：

$$f_{cd}A_c = f_{sd}A_s + f_{sd,b}\sum A_{sb}\cos\theta_s \tag{4-5-2}$$

式中：A_c——受压混凝土面积，对矩形截面取 $A_c=b\cdot x$；对 T 形截面 $A_c=bx+(b_f'-b)h_f'$；

θ_s——与斜截面相交的弯起钢筋与梁的纵轴的夹角。

按照公式(4-5-1)和公式(4-5-2)进行斜截面抗弯承载力计算时，首先应确定最不利斜截面位置。一般是计算几个不同角度的斜截面，按下列条件确定最不利的斜截面位置得：

$$\gamma_0 V_d = f_{sd,b}\sum A_{sb}\sin\theta_s + f_{sd,v}\sum A_{sv} \tag{4-5-3}$$

式中：V_d——斜截面受压端正截面处相应于最大弯矩的剪力组合设计值。

公式(4-5-3)是按荷载产生的破坏力矩与构件极限抗弯力矩之差为最小的原则导出的，其物理意义是满足此式要求的斜截面其抗弯承载力最小。

在实际设计中，钢筋混凝土受弯构件一般均不进行斜截面抗弯承载力计算。设计配置纵向钢筋时，正截面抗弯承载力已得到保证，在斜截面范围内若无纵向钢筋弯起，与斜截面相交的钢筋所能承受的弯矩与正截面相同(若考虑箍筋的影响，斜截面抗弯承载力将略大于正截面抗弯承载力)，因而无需进行斜截面抗弯承载力计算。在斜截面范围内若有部分纵向钢筋弯起，与斜截面相交的纵向钢筋少于斜截面受压端正截面的纵向钢筋，但若采取一定的构造要求，亦可不必进行斜截面抗弯承载力计算。例如，在§4-4 介绍的《桥规》(JTG D62)关于受拉区弯起钢筋起弯点，应设在按正截面抗弯承载力计算充分利用该钢筋强度的截面(称为充分利用点)以外不小于$h_0/2$处的规定(图 4-3-6)。可以证明满足上述构造要求，由于部分钢筋弯起，使与斜截面相交的纵向钢筋减少，由此而损失的斜截面抗弯承载力，完全可以由弯起钢筋提供的抗弯承载能力来补充，故可不必再进行斜截面抗弯承载力计算。

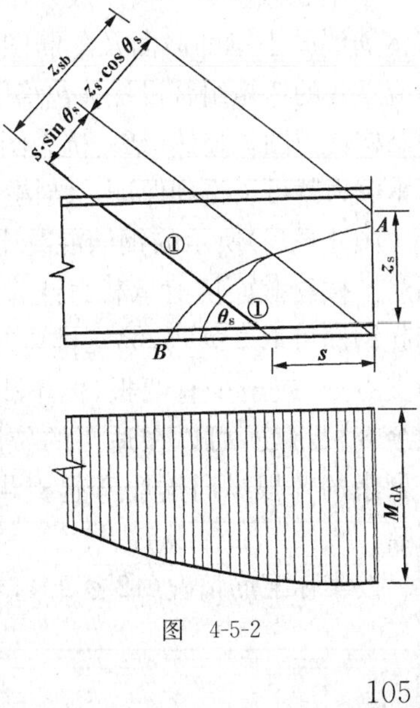

图　4-5-2

试以图 4-5-2 所示的梁段为例加以证明。截面 A 是①

钢筋的强度充分利用点，截面 A 对应的弯矩为 M_{dA}。在伸过截面 A 一段距离 s 后，将①钢筋弯起。如果发生斜裂缝 AB，则斜截面受压端正截面对应的弯矩仍为 M_{dA}。若要求斜截面 AB 的抗弯承载力足以抵抗 M_{dA}，就必须满足：

$$z_{sb} \geqslant z_s$$

式中：z_s——弯起前①钢筋合力对混凝土受压区合力点的力臂；

z_{sb}——弯起后①钢筋合力对混凝土受压区合力点的力臂。

按照几何关系可得：

$$z_{sb} = s\sin\theta_s + z_s\cos\theta_s \geqslant z_s$$

所以

$$s \geqslant \frac{1-\cos\theta_s}{\sin\theta_s} z_s \tag{4-5-4}$$

一般取 $\theta_s = 45°$ 或 $\theta_s = 60°$，$z_s \approx 0.9h_0$，将其代入上式得 $s = (0.37 \sim 0.52)h_0$，设计中取 $s \geqslant h_0/2$。所以，在设计中满足 $s \geqslant h_0/2$ 的规定，就可以保证斜截面抗弯承载力不低于相应的正截面抗弯承载力，故可不必再进行斜截面抗弯承载力计算。

§4-6 全梁承载能力校核

前面我们分别讨论了钢筋混凝土受弯构件正截面抗弯承载力、斜截面抗剪承载力和斜截面抗弯承载力计算方法。实际工作中，一般是首先根据主要控制截面（如简支梁的跨中截面）的正截面抗弯承载力计算要求，确定纵向钢筋的数量和布置方案；然后，根据支点附近区段的斜截面抗剪承载力计算要求，确定箍筋和弯起钢筋的数量和布置方案，最后根据弯矩和剪力组合设计值沿梁长方向的变化情况，进行全梁承载能力校核，综合考虑正截面抗弯、斜截面抗剪和斜截面抗弯等三个方面的要求，使所设计的钢筋混凝土梁沿梁长方向的任意一个截面都能满足下列要求：

$$\gamma_0 M_d \leqslant M_{du}$$
$$\gamma_0 V_d \leqslant V_{du}$$

即在最不利的荷载效应组合作用下，保证构件不会出现正截面和斜截面破坏。

全梁承载能力校核一般采用图解法，现以图 4-6-1 所示的例子加以说明。图 4-6-1a）所示为钢筋混凝土梁的截面及配筋图，4-6-1b）所示曲线图形为在最不利荷载效应组合作用下，构件应承受的弯矩组合设计值包络图，阶梯形图形为构件所能承受的正截面抗弯承载力图，通常称为结构抗力图。显然，结构抗力图必须能全部覆盖弯矩组合设计值包络图，这样全梁的正截面抗弯承载力就可以得到保证。结构抗力图与弯矩组合设计值包络图的差距越小，说明设计越经济。

图 4-6-1a）所示的钢筋混凝土梁，按正截面抗弯承载力计算，跨中截面须配置 12 ϕ 20 的钢筋。按斜截面抗剪承载力计算，须配置三排弯起钢筋，第一排弯起钢筋可取 2 ϕ 20，第二排弯起钢筋可取 2 ϕ 16，第三排弯起钢筋可取 2 ϕ 14。按《桥规》（JTG D62）规定，钢筋混凝土梁的支点处，应至少有两根，但不少于总数 1/5 的下层钢筋通过。若取 4 根钢筋通过支点，还剩余 8 根钢筋，可以在适当的位置弯起和截断。斜截面抗剪所需的三排 6 根钢筋能否全部由剩余的 8 根纵向钢筋弯起提供，还要看正截面承载力的需要，通过全梁承载能力校核来判断。

按实际配筋情况（12 ϕ 20），求得的跨中截面正截面抗弯承载力（即结构抗力）为：

$$M_{du,L/2} = f_{sd}A_s(h_0 - x/2)$$

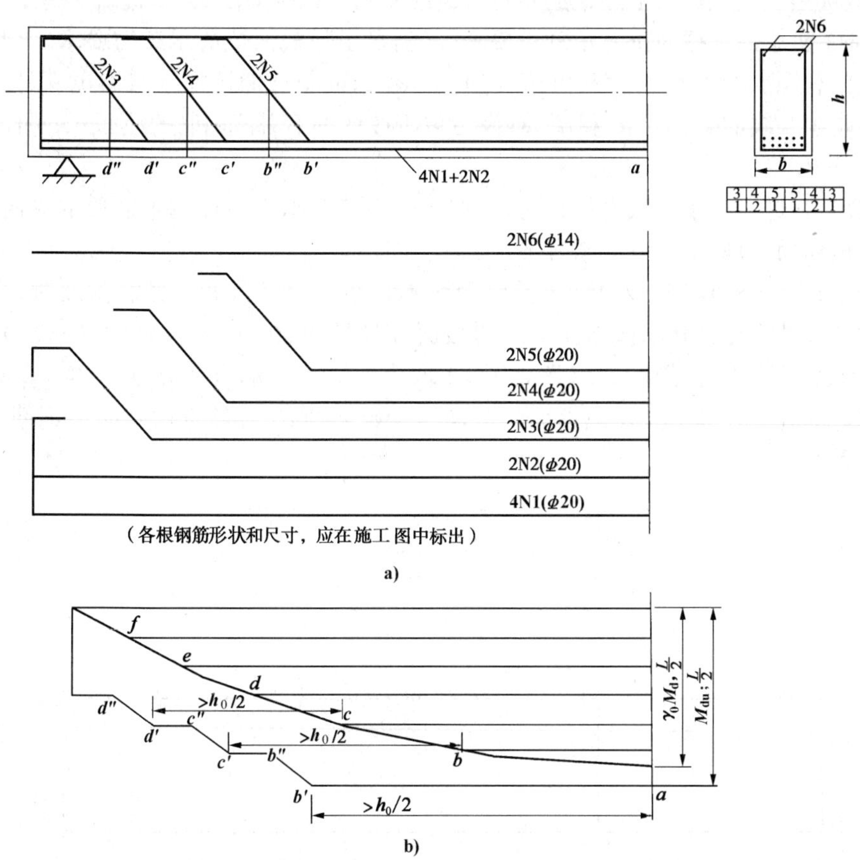

图 4-6-1　全梁承载能力校核

弯起钢筋一般成对弯起，为此可将跨中截面结构抗力 $M_{du,L/2}$ 分为 6 等分，每弯起两根钢筋（2 Φ 20），正截面抗弯承载力平均减少 $\Delta M_{du}=M_{du,L/2}/6$（当纵向钢筋直径不等或采用焊接骨架配筋各层钢筋距梁顶高度相差较大时，结构抗力图 $M_{du,L/2}$ 应按各根钢筋提供抗弯承载能力的比例划分）。过各分点做平行线与弯矩组合设计值包络图相交于 b、c、d、e 和 f 点[见图 4-6-1b)]。从理论上讲，按正截面抗弯承载力需要，这些交点以外的纵向钢筋都可以截断或弯起，例如，在交点 b 处可以截断或弯起 2 Φ 20 钢筋，在交点 c 处可以再截断或弯起 2 Φ 20 钢筋，这些交点称为“理论截断点”或“理论弯起点”（又称做充分利用点和不需要点，例如，b 点为 10 Φ 20 的充分利用点，12 Φ 20 的不需要点；c 点为 8 Φ 20 的充分利用点，10 Φ 20 的不需要点；d 点为 6 Φ 12 的充分利用点，8 Φ 20 的不需要点）。钢筋截断时应考虑截断后的锚固要求，留有一定的延伸长度；钢筋弯起时还应考虑斜截面抗弯承载力的需要，将实际弯起点向支座方向延伸 $h_0/2$ 的距离。

从图 4-6-1a）和图 4-6-1b）可以看出，按斜截面抗剪承载力需要，第三排弯起钢筋应从 b' 点弯起，从正截面抗弯承载力图看，这里又允许弯起 2 Φ 20，且满足弯起点至充分利用点的距离 $bb'>h_0/2$ 的要求，显然用弯起的 2 Φ 20 代替所需的 2 Φ 14 是偏于安全的。同理，按斜截面抗剪承载力需要，第二排弯起钢筋应从 c' 点弯起，第三排弯起钢筋应从 d' 点弯起，从正截面抗弯承载力图看，这里又允许弯起，且能满足弯起点至充分利用点的距离大于 $h_0/2$ 的要求。这样，取 6 根钢筋分别在 b'、c' 和 d' 分三次弯起，取 4 根钢筋伸入支点，还剩余 2 根钢筋可在适当位置剪断。但是，从图 4-6-1b）可以看出，剩余 2 根钢筋的理论截断点离支点较近，已无截断的必要，可全部直接通过支点。按上述钢筋布置方案绘制的结构抗力图，完全覆盖了弯矩设计值包络图，既保证了全梁的正截面抗弯承载力要求，又满足了斜截面抗剪承载力要求，弯起钢筋的起弯点距充分利用点的距离 ob'、bc' 和 cd' 均大于 $h_0/2$，故斜截面抗弯承载力也满足要求。弯起钢筋与梁高中心线的交点 b''、c'' 和 d''，均满足位于按计算不需该钢筋的截面 b、c 和 d 以外的构造要求。

应该指出，在进行全梁承载力校核时，对按正截面抗弯承载力计算不需要的纵向钢筋，应尽量做弯起钢筋用，最好不采取截断方案。

《桥规》(JTG D62)规定，梁内纵向受拉钢筋不宜在受拉区截断。如需截断时，应从按正截面抗弯承载力计算充分利用该钢筋强度的截面（即理论截断点）至少延伸 (l_a+h_0) 的长度，此处 l_a 为受拉钢筋的最小锚固长度（按表 1-3-1 取用），h_0 为梁的有效高度；同时，尚应考虑从按正截面抗弯承载力计算不需要该钢筋的截面至少延伸 $20d$（对环氧树脂涂层钢筋为 $25d$），此处 d 为钢筋直径（图 4-6-2）。

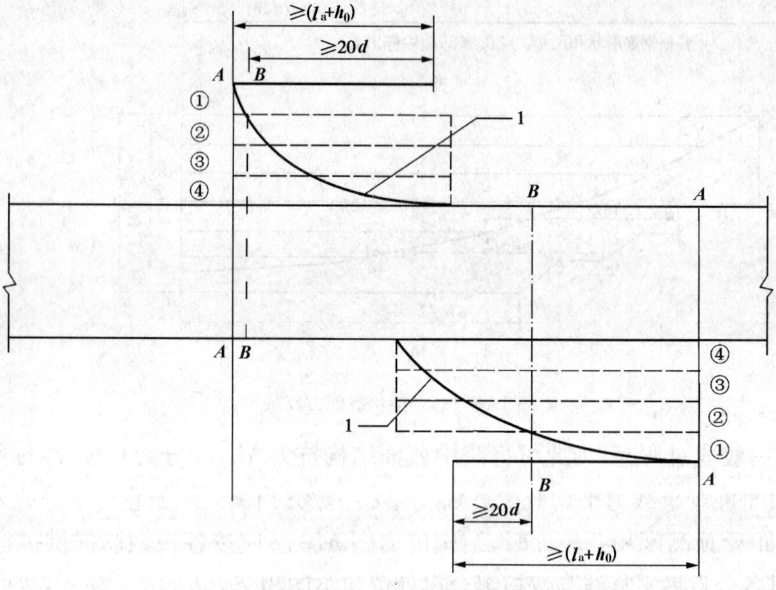

图 4-6-2　纵向钢筋断时的延伸长度

A-A：钢筋强度充分利用截面；B-B：按计算不需要该钢筋的截面

①②③④-钢筋批号；1-弯矩图

纵向受压钢筋如在跨间截断时，应延伸至按计算不需要该钢筋的截面以外至少 $15d$（环氧树脂涂层钢筋为 $20d$）。

§4-7　综合例题：装配式钢筋混凝土简支 T 形梁设计

一、设计资料

(1)桥面净空　净—13＋2×1m

(2)设计荷载　公路—II级汽车荷载

人群荷载　3.5kN/m^2

结构重要性系数 $\gamma_0=1.1$

(3)材料规格

钢筋:主筋采用 HRB400 钢筋

抗拉强度标准值 $f_{sk}=400\text{MPa}$

抗拉强度设计值 $f_{sk}=330\text{MPa}$

弹性模量 $E_s=2.0\times10^5\text{MPa}$

相对界限受压区高度 $\xi_b=0.53$

箍筋采用 HRB335 钢筋

抗拉强度标准值 $f_{sk}=335\text{MPa}$

抗拉强度设计值 $f_{sk}=280\text{MPa}$

混凝土:主梁采用 C30 混凝土

抗压强度标准值 $f_{ck}=20.1\text{MPa}$

抗压强度设计值 $f_{cd}=13.8\text{MPa}$

抗拉强度标准值 $f_{tk}=2.01\text{MPa}$

抗拉强度设计值 $f_{td}=1.39\text{MPa}$

弹性模量 $E_c=3.0\times10^4\text{MPa}$

(4)结构尺寸

T 形主梁:标准跨径 $L_k=20.00\text{m}$

计算跨径:$L_p=19.50\text{m}$

主梁全长 $L=19.96\text{m}$

横断面尺寸如图 4-7-1 所示。

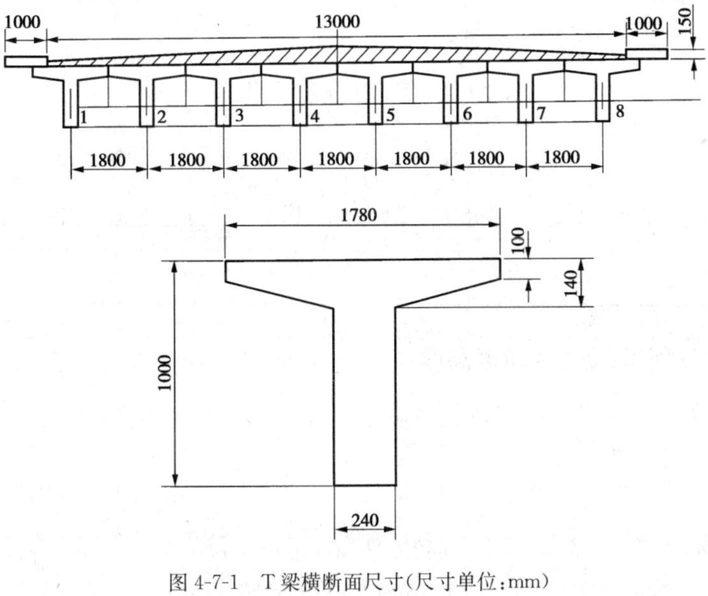

图 4-7-1 T 梁横断面尺寸(尺寸单位:mm)

二、内力计算(结果摘抄)

设计内力标准值见表 4-7-1。

设计内力标准值　　表 4-7-1

引起内力的荷载 / 内力值	恒　载	车 辆 荷 载	人 群 荷 载	备　注
跨中弯矩　$M_{d,L/2}$	912.58kN·m	859.57kN·m	85.44kN·m	车辆荷载引起的弯矩已计入冲击系数，$1+\mu=1.19$
1/4 处弯矩　$M_{d,L/2}$	684.48kN·m	664.17kN·m	65.26kN·m	
支点剪力　$V_{d,0}$	187.01kN	261.76kN		
跨中剪力　$V_{d,L/2}$		83.60kN		

弯矩组合设计值：

跨中截面　$M_{d,L/2}=1.2\times912.58+1.4\times859.57+0.8\times1.4\times85.44=2394.19\text{kN}\cdot\text{m}$

$L/4$ 截面　$M_{d,L/4}=1824.31\text{kN}\cdot\text{m}$

剪力组合设计值：

支点截面　$V_{d,0}=1824.31+1.4\times261.76=590.87\text{kN}$

跨中截面　$V_{d,L/2}=1.4\times83.60=117.12\text{kN}$

三、钢筋选择

根据跨中截面正截面承载力极限状态计算要求，确定纵向受拉钢筋数量。

拟采用焊接钢筋骨架配筋，设 $a_s=90\text{mm}$，则 $h_0=1000-90=910\text{mm}$，$h'_f=(140+100)/2=120\text{mm}$。翼缘计算宽度 b'_f按下式计算，并取其中较小者：

$$b'_f\leqslant\frac{L}{3}=19500/3=6500\text{mm};b'_f\leqslant1780\text{mm}$$

$$b'_f\leqslant b+12h'_f=240+12\times120=1680\text{mm}$$

故取 $b'_f=1680\text{mm}$

首先由公式(3-6-10)判断截面类型：

$$\gamma_0M_d\leqslant f_{cd}b'_fh'_f\left(h_0-\frac{h'_f}{2}\right)$$

$$\gamma_0M_d=1.1\times2394.19\times10^6=2633.61\times10^6\text{N}\cdot\text{m}$$

$$f_{cd}b'_fh'_f\left(h_0-\frac{h'_f}{2}\right)=13.8\times1680\times120\times\left(910-\frac{120}{2}\right)=2364.77\times10^6\text{N}\cdot\text{m}$$

$$2633.61\times10^6\text{N}\cdot\text{m}>2364.77\times10^6\text{N}\cdot\text{m}$$

故应按第二类 T 形计算。

由公式(3-6-7)确定混凝土受压区高度：

$$\gamma_0M_d=f_{cd}bx\left(h_0-\frac{x}{2}\right)+f_{cd}(b'_f-b)h'_f\left(h_0-\frac{h'_f}{2}\right)1.1\times2394.19\times10^6$$

$$=13.8\times240x\left(910-\frac{x}{2}\right)+13.8\times(1680-240)\times120\times\left(910-\frac{120}{2}\right)$$

展开整理后得：　$x^2-1820x+366364=0$

解得：　$x=230.5\text{mm}>h'_f=120\text{mm}$

$<\xi_bh_0=0.53\times910=482.3\text{mm}$

$>\xi_{su}h_0=0.1985\times910=180.61\text{mm}$

计算结果表明，上述按第二类 T 形计算求得的 x 值是正确的，且符合以混凝土极限压应变控制设计的限制条件。

将所得 x 值代入公式(3-6-3)求得所需钢筋截面面积为：

$$A_s=\frac{f_{cd}bx+f_{cd}(b'_f-b)h'_f}{f_{sd}}$$

$$=\frac{13.8\times240\times230.5+13.8\times(1680-240)\times120}{330}=9539.56\text{mm}^2$$

采用三排焊接骨架，选用 12 ϕ 32(外径 35.8mm)，供给 $A_s=12\times804.2=9650.4\text{mm}^2$。钢筋截面重心至截面下边缘的距离 $a_s=30+2\times35.8=101.6\text{mm}$，梁的实际有效高度 $h_0=1000-101.6=898.4\text{mm}$。截面最小宽度 $b_{min}=2\times30+5\times35.8=239\text{mm}<b=240\text{mm}$。

四、跨中截面正截面承载力复核

由公式(3-6-3)，确定混凝土受压区高度，得：

$$x=\frac{f_{sd}A_s-f_{cd}(b'_f-b)h'_f}{f_{cd}b}$$

$$=\frac{330\times9650.4-13.8\times(1680-240)\times120}{13.8\times240}$$

$$=241.54\text{mm}>h'_f=120\text{mm}$$

$$<\xi_bh_0=0.53\times898.4=476.15\text{mm}$$

$$>\varepsilon_{su}h_0=0.1985\times898.4=178.33\text{mm}$$

将 x 值代入公式(3-6-7)，求得截面所能承受的弯矩设计值为：

$$M_{du}=f_{cd}bx\left(h_0-\frac{x}{2}\right)+f_{cd}(b'_f-b)h'_f\left(h_0-\frac{h'_f}{2}\right)$$

$$=13.8\times240\times241.54\times\left(898.4-\frac{241.54}{2}\right)+13.8\times(1680-240)\times120\times\left(898.4-\frac{120}{2}\right)$$

$$=2621.37\times10^6\text{N}\cdot\text{mm}=2621.37\text{kN}\cdot\text{m}$$

$M_{du}=2621.37\text{kN}\cdot\text{m}<\gamma_0M_d=1.1\times2394.19=2\,633.61\text{kN}\cdot\text{m}$，但两者仅相差 0.46%，可以认为跨中截面的正截面承载能力是满足要求的。

五、斜截面抗剪承载力计算

1.抗剪强度上、下限复核

对于腹板宽度不变的等高度简支梁，距支点 $h/2$ 处的第一个计算截面的截面尺寸控制设计，应满足下列要求：

$$0.50\times10^{-3}f_{td}bh_0<\gamma_0V_d\leqslant0.51\times10^{-3}\sqrt{f_{cu,k}}bh_0$$

根据构造要求，仅保持最下面三根钢筋(3 ϕ 32)通过支点，其余各钢筋在跨间不同位置弯起或截断。支点截面的有效高度 $h_0=1000-(30+35.8/2)=952.1\text{mm}$，将有关数据代入上式得：

$$0.51\times10^{-3}\sqrt{f_{cu,k}}bh_0=0.51\times10^{-3}\sqrt{30}\times240\times952.1=638.3\text{kN}$$

$$0.5\times10^{-3}f_{td}bh_0=0.5\times10^{-3}\times1.39\times240\times952.1=158.81\text{kN}$$

距支点 $h/2$ 处的剪力组合设计值 $\gamma_0V_d=623.23\text{kN}$(其数值参见图4-6-4的剪力图按比例关系确定)。

$$158.81\text{kN}<623.23\text{kN}<638.3\text{kN}$$

计算结果表明，截面尺寸满足要求，但应按计算要求配置箍筋和弯起钢筋。

2.设计剪力图分配(见图 4-7-2)

支点剪力组合设计值　　$\gamma_0V_d=1.1\times590.87=649.96\text{kN}$

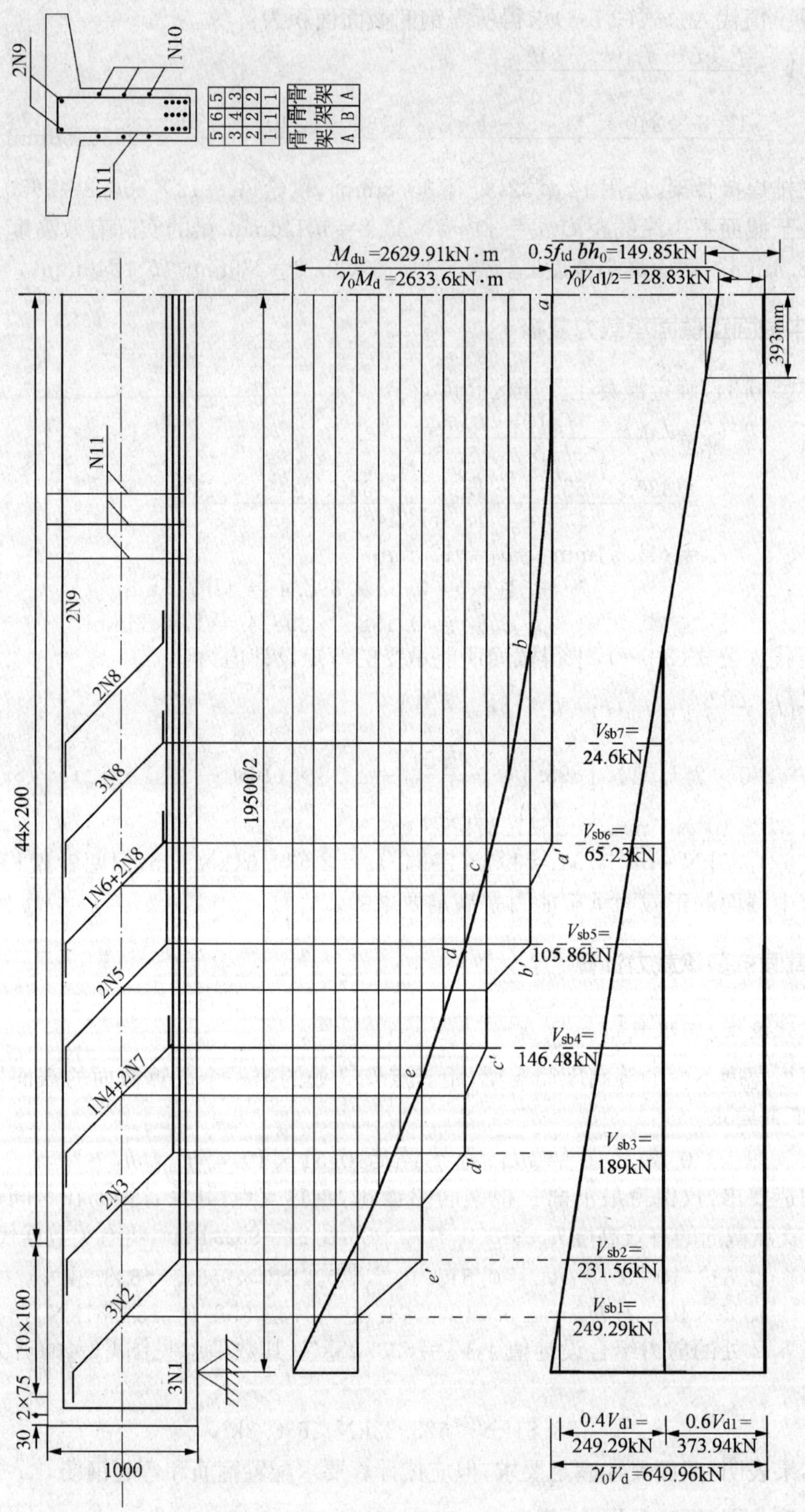

图 4-7-2 全梁承载力校核

跨中剪力组合设计值　　$\gamma_0 V_{d,L/2}=1.1\times117.12=128.83\text{kN}$

其中 $\gamma_0 V_d\leqslant0.50\times10^{-3}f_{td}bh_0=0.5\times10^{-3}\times1.39\times240\times898.4=149.85\text{kN}$ 部分，可不进行斜截面承载能力计算，箍筋按构造要求配置。不需进行斜截面承载力计算的区段半跨长度为：

$$x'=\frac{19500}{2}\times\frac{149.85-128.83}{649.96-128.83}=393.3\text{mm}$$

距支点 $h/2=1000/2=500\text{mm}$ 处的剪力组合设计值为 $V_{d1}=623.23\text{kN}$，其中应由混凝土和箍筋承担的剪力组合设计值为：

$$0.6V_{d1}=0.6\times623.23=373.94\text{kN}$$

应由弯起钢筋承担的剪力组合设计值为：

$$0.4V_{d1}=0.4\times623.23=249.29\text{kN}$$

3. 箍筋设计

由公式(4-3-12)确定箍筋配筋率：

$$\rho_{sv}=\left(\frac{0.6V_{d1}}{\alpha_3\times0.45\times10^{-3}bh_0}\right)^2/[(2+0.6p)\sqrt{f_{cu,k}}\cdot f_{sd,v}]$$

式中：p——纵向钢筋配筋百分率，按 3 Φ 32($A_s=2412.6\text{mm}^2$)伸入支点计算，可得：

$$p=100\rho=100\times\frac{A_s}{bh_0}=100\times\frac{2412.6}{240\times952.1}=1.056$$

α_3——受压翼缘影响系数，取 $\alpha_3=1.1$；

$f_{sd,v}$——箍筋抗拉强度设计值，取 $f_{sd,v}=280\text{MPa}$。

$$\rho_{sv}=\left(\frac{373.94}{1.1\times0.45\times10^{-3}\times240\times952.1}\right)^2/[(2+0.6\times1.056)\sqrt{30}\times280]$$
$$=0.0027>\rho_{sv,min}=0.0012$$

选用直径为 10mm 的双肢箍筋，单肢箍筋的截面面积 $A_{sv1}=78.54\text{mm}^2$，箍筋间距为：

$$s_v=\frac{nA_{sv1}}{b\rho_{sv}}=\frac{2\times78.54}{240\times0.0027}=242.4\text{mm}$$

取 $s_v=200\text{mm}$。

在支承截面处自支座中心至一倍梁高的范围内取 $s_v=100\text{mm}$。

4. 弯起钢筋设计

根据《桥规》(JTG D62)规定，计算第一排弯起钢筋时，取用距支座中心 $h/2$ 处，应由弯起钢筋承担的那部分剪力组合设计值，即 $V_{sb1}=0.4V_{d1}=249.29\text{kN}$。

第一排弯起钢筋的截面面积由公式(4-3-14)求得：

$$A_{sb1}=\frac{V_{sb1}}{0.75\times10^{-3}f_{sd}\sin\theta_s}=\frac{249.29}{0.75\times10^{-3}\times330\times0.707}=1424.66\text{mm}^2$$

由纵筋弯起 3 Φ 32，提供的 $A_{sb1}=2413\text{mm}^2$。

计算第二排弯起钢筋时，应取第一排弯起钢筋起弯点处(即距支座中心 $x_1=h_1=1000-(44+22.7+30+2\times35.8)=831.7\text{mm}$，其中 44mm 为架立钢筋的净保护层厚度，22.7mm 为架立钢筋的外径，30mm 为纵向钢筋的净保护厚度，35.8mm 为纵向钢筋的外径)，应由弯起钢筋承担的那部分剪力组合设计值，由图 4-7-2 按比例关系求得 $V_{sb2}=231.56\text{kN}$。

第二排弯起钢筋的截面面积为：

$$A_{sb2}=\frac{V_{sb2}}{0.75\times10^{-3}f_{sd}\sin\theta_s}=\frac{231.56}{0.75\times10^{-3}\times330\times0.707}=1323.3\text{mm}^2$$

由纵筋弯起的 2 Φ 32 钢筋提供的 A_{sb2}＝1609mm²。

计算第三排弯起钢筋时，应取第二排弯起钢筋弯点处[即距支座中心 $x_2=x_1+h_2=$ 831.7＋1000－(44＋22.7＋30＋3×35.8)＝1627.6mm]，应由弯起钢筋承担的那部分剪力组合设计值，由图 4-7-2 按比例关系求得 V_{sb3}＝189kN。

第三排弯起钢筋的截面面积为：

$$A_{sb3}=\frac{V_{sb3}}{0.75\times10^{-3}f_{sd}\sin\theta_s}=\frac{189}{0.75\times10^{-3}\times330\times0.707}=1080.2\text{mm}^2$$

由纵筋弯起Φ 32 和加焊 2 Φ 20 钢筋，提供的 A_{sb3}＝804.3＋628＝1432.4mm²。

计算第四排弯起钢筋时，应取第三排弯起钢筋弯点处[即距支座中心 $x_3=x_2+h_3=$ 1627.6＋1000－(44＋22.7＋30＋3×35.8)＝2423.5mm]，应由弯起钢筋承担的那部分剪力组合设计值，由图 4-7-2 按比例关系求得 V_{sb4}＝146.48kN。

第四排弯起钢筋的截面面积为：

$$A_{sb4}=\frac{V_{sb4}}{0.75\times10^{-3}f_{sd}\sin\theta_s}=\frac{146.48}{0.75\times10^{-3}\times330\times0.707}=837.11\text{mm}^2$$

由纵筋弯起 2 Φ 32 钢筋，提供的 A_{sb4}＝1609mm²。

计算第五排弯起钢筋时，应取第四排弯起钢筋弯点处[即距支座中心 $x_4=x_3+h_4=$ 2423.5＋1000－(44＋22.7＋30＋4×35.8)＝3183.6mm]，应由弯起钢筋承担的那部分剪力组合设计值，由图 4-7-2 按比例关系求得 V_{sb5}＝105.86kN。

第五排弯起钢筋的截面面积为：

$$A_{sb5}=\frac{V_{sb5}}{0.75\times10^{-3}f_{sd}\sin\theta_s}=\frac{105.86}{0.75\times10^{-3}\times330\times0.707}=604.95\text{mm}^2$$

由纵筋弯起Φ 32 和加焊 2 Φ 20 钢筋提供的 A_{sb5}＝1432.4mm²。

计算第六排弯起钢筋时，应取第五排弯起钢筋弯点处[即距支座中心 $x_5=x_4+h_5=$ 3183.6＋1000－(44＋22.7＋30＋4×35.8)＝3943.7mm]，由弯起钢筋承担的那部分剪力组合设计值，由图 4-7-2 按比例关系求得 A_{sb6}＝65.23kN。

第六排弯起钢筋的截面面积为：

$$A_{sb6}=\frac{V_{sb6}}{0.75\times10^{-3}f_{sd}\sin\theta_s}=\frac{65.23}{0.75\times10^{-3}\times330\times0.707}=372.77\text{mm}^2$$

第六排弯起钢筋采用加焊 3 Φ 20，提供的 A_{sb6}＝942mm²。

依此类推，求得第七排弯起钢筋的截面面积 A_{sb7}＝140.6mm，采用加焊 2 Φ 20，提供的 A_{sb7}＝628mm²。

六、全梁承载力校核

跨中截面所能承受的弯矩设计值 M_{du}＝2 621.37kN·m，将其分成 12 等分，按每次弯起的钢筋截面面积之比，近似求得钢筋弯起后各截面所能承受的弯矩设计值。

从图 4-7-2 可以看出，钢筋弯起后各截面的正截面抗弯承载力是足够的。各钢筋的弯起点距其充分利用点的距离(即图 4-6-4 中 aa'、bb'、cc'、dd'及 ee'两点间的水平距离)均大于$h/2$，故斜截面抗弯承载力亦满足要求。

七、钢筋图的绘制

钢筋混凝土梁的最终设计计算结果是以钢筋图的形式体现的。钢筋图是钢筋混凝土结构施工的主要依据，其内容包括配筋图和钢筋详图两部分。配筋图主要用于绑扎或焊接钢筋骨架的最后成型，应准确标明各号钢筋的位置（见图 4-7-2）。钢筋详图（又称大样图）主要用于钢筋的加工成型，应准确标明各号钢筋的规格、尺寸及形状（见图 4-7-3）。弯起钢筋的高度应按实际弯起情况准确计算，水平段长度可从图上量取，弯起钢筋的弯起角度应以竖直段和水平段长度表示，不能直接用角度表示。

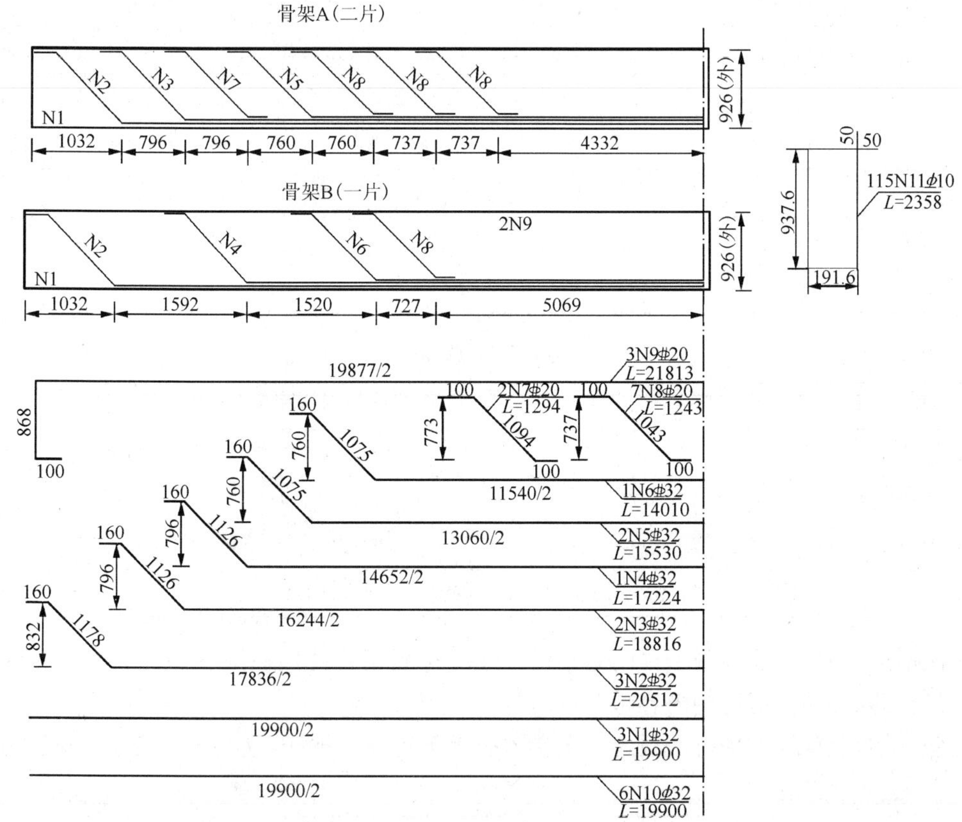

图 4-7-3　钢筋骨架及钢筋详图（尺寸单位：mm）

注：1. 图中尺寸均以 mm 计。

2. ϕ 32 钢筋接长采用闪光对接或机接接头，钢筋骨架弯起钢筋起弯点及弯起点末端采用双面贴角焊接，焊缝长度为 $5d$；

3. 计算钢筋长度时未计钢筋弯转及焊接搭接长度。

本例题采用 3 片平面焊接骨架（其中 A 型骨架两片，B 型骨架一片）。平面骨架焊接成型后，将其吊入模板，然后再绑扎箍筋（N11）和水平防收缩筋（N10），形成整体钢筋骨架。

八、工程数量表的编制

工程数量表包括钢筋明细表和工程数量总表两部分（表 4-7-2 和表4-7-3）。钢筋明细表主要用于施工现场的材料管理，应标明钢筋的规格、数量及下料长度。工程数量总表主要用于材料采购及管理，应标明不同规格的钢筋和混凝土的总用量。

钢筋明细表　　表4-7-2

编号	钢筋种类	直径 (mm)	数量	每根长度 (mm)	总长度 (m)	单位长质量 (kg/m)	总质量 (kg)
1	HRB400	32	3	19900	59.700	6.310	376.71
2	HRB400	32	3	20512	61.536	6.310	388.30
3	HRB400	32	2	18816	37.632	6.310	237.46
4	HRB400	32	1	17224	17.224	6.310	108.68
5	HRB400	32	2	15530	31.06	6.310	195.99
6	HRB400	32	1	14010	14.10	6.310	88.97
7	HRB400	30	2	1294	2.588	2.460	6.37
8	HRB400	20	7	1242	8.701	2.460	21.4
9	HRB400	20	3	21813	65.439	2.460	161.98
10	HRB335	10	115	2358	271.17	0.617	167.32
11	HRB335	10	6	19900	119.400	0.617	73.67

工程量总表　　表4-7-3

钢筋种类	直径	总质量(kg)	备注
HRB400	32	1396.11	以上两项总计 1585.86kg
HRB400	20	189.75	
HRB 335	10	240.99	
C30混凝土:8.5m³,钢筋总量1826.85kg			

应该指出,一根钢筋混凝土梁的完整设计还应包括正常使用极限状态的裂缝宽度及变形和短暂状态的应力验算,这些内容将在以后各章介绍。

此外,梁的上翼缘做为桥面板还应按受力要求配置横向钢筋,这些内容将在桥梁工程课中介绍。

总结与思考

4-1 钢筋混凝土受弯构件的斜截面破坏主要有剪压破坏、斜拉破坏和斜压破坏三种形态。

三种不同破坏形态的主要特征是什么?影响斜截面破坏形态的主要因素是什么?

斜截面抗剪承载力计算以剪压破坏特征为基础,在实际工程中如何防止发生不允许出现的斜拉破坏和斜压破坏?

4-2 试验和理论研究表明,剪跨比($m=M/Vh_0$)是影响混凝土和箍筋抗剪承载力的主要因素。

剪跨比的物理意义是什么?剪跨比对混凝土抗剪承载力的影响表现在哪里?剪跨比对箍筋抗剪承载力的影响表现在哪里?

既然剪跨比对混凝土和箍筋的抗剪承载力有重要影响，为什么《桥规》(JTG D62)给出的混凝土和箍筋的综合抗剪承载力 V_{cs} 的计算表达式(公式 4-3-6)中却不包含剪跨比 m？这样处理的优点和问题是什么？

4-3 按《桥规》(JTG D62)给出的公式进行斜截面抗剪承载力计算(即公式 4-3-9)和抗剪强度上下限复核(即公式 4-3-10 和 4-3-11)时，式中 h_0 的确切定义是什么？与前面所讲的梁的有效高度 h_0 有什么不同？为什么在这里要突出强调计算 时不考虑弯起钢筋的影响？

4-4 根据斜截面抗剪承载力要求进行抗剪配筋设计是钢筋混凝土梁设计的重要内容之一。利用公式(4-3-9)进行抗剪配筋设计时，荷载产生的剪力组合设计值应由混凝土、箍筋和弯起钢筋共同承担，但是各自承担多大比例，涉及剪应力图合理分配问题。现行《桥规》(JTG D62)规定，将距支点 $h/2$ 截面的剪力组合设计值 V_d' 以水平线划为两部分，其中 $\geq 0.6V_d'$ (老《桥规》取 V_d')分配给箍筋和混凝土共同承担。应该指出，从表面上看，现行、老规范在剪力图分配问题上变化不大，只是将分配给箍筋和混凝土的份额由 $0.6V_d'$ 改为 $\geq 0.6V_d'$。但是，由“等号”到“不等号”的变化，却体现了当今世界各国规范主张适当加大箍筋承担剪力的比重的发展趋势。

全面分析箍筋和弯起钢筋对斜截面抗剪承载力和梁的工作性能的影响，你认为“适当加大箍筋承担剪力的比重”的主要优点是什么？设计时应如何处理？

4-5 《桥规》(JTG D62)借助于变高度梁的弹性分析方法，考虑了弯矩引起的附加剪力的影响，将过去用于等高度的斜截面抗剪承载力计算公式，推广用于折线形变高度梁，即将其中的设计剪力值 V_d 以换算剪力 $V_{cd}=V_d-\frac{M_d}{h_0}\tan\alpha$ (公式 4-4-6)代替。

式中 V_d 和 M_d 之间存在什么关系？公式(4-4-7)给出的 M_d 简化计算公式，对支点处截面和跨径内截面，为什么采用不同的表达形式？你能否利用“影响线”的概念，说明简化公式(4-4-7)的合理性。

变高度梁抗剪配筋时剪力图应如何分配？梁的有效高度 h_0 应如何取值？

4-6 §4-7 综合例题是对前面所学内容的应用总结，建议读者在完成相应的课程设计(或大作业)后，以读书报告的形式对钢筋混凝土梁设计问题进行总结分析，以下要点可供参考：

①综合考虑正截面抗弯和斜截面抗剪承载力要求，是确保结构安全工作的基础，是钢筋混凝土梁设计的最核心问题。

②在设计中如何做到“正截面抗弯和斜截面抗剪配筋设计相互协调”，最大限度地发挥材料的利用率，例如，对合理梁高和纵向受拉钢筋选择及剪力图的合理分配等问题，你有哪些心得体会。

③设计中如何保证梁的塑性破坏性质，特别是如何防止发生斜截面的脆性破坏。

④设计中应注意满足哪些构造要求。

⑤设计的最后成果集中反映在设计图纸上，钢筋混凝土梁的设计图主要包括：

一般布置图、钢筋布置图(包括纵、横断面)、钢筋详图(又称大样图)、钢筋表(包括钢筋总表和钢筋明细表)和附注或说明。应针对上述各项的用途，确定图纸的内容和要求。

4-7 试分析题 4-7 图所示的构造设计是否合理，应如何修改？

4-8 栏杆倒塌事故分析。

某跨线桥栏杆因节日行人拥挤造成栏杆向外倾倒破坏的严重事故。工程事故处理调查发现该桥的栏杆设计构造不合理(题 4-8 图)。该桥采用在桥面板端预留方孔，插入带有 2 根顺桥向布置的锚固钢筋的预埋钢板，在方孔浇筑混凝土将预埋钢板固定在桥面板端的顶面，然后将栏杆柱钢管与预埋钢板焊接。事故现场调查发现，大部分栏杆柱连同下面的预埋钢筋和锚固钢筋连根拔出。个别栏杆钢管在焊缝处破坏。你认为从设计和施工角度分析，上述设计存在什么问题？应如何改进？

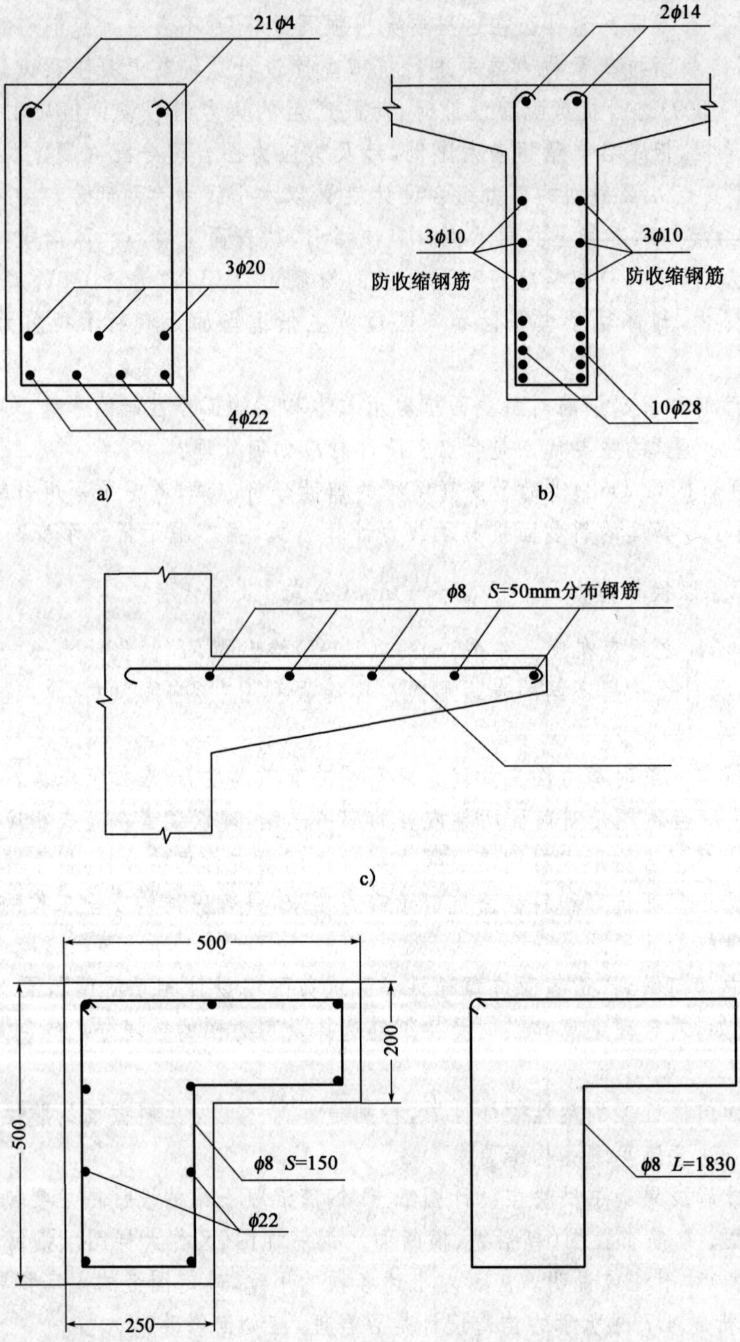

题 4-7 图

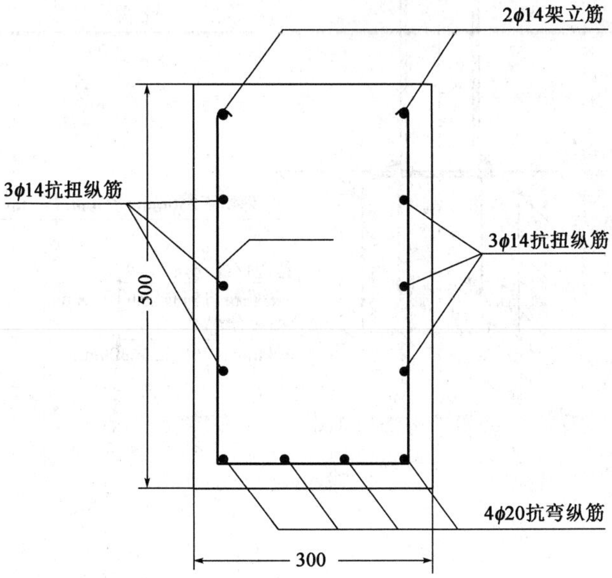

e)

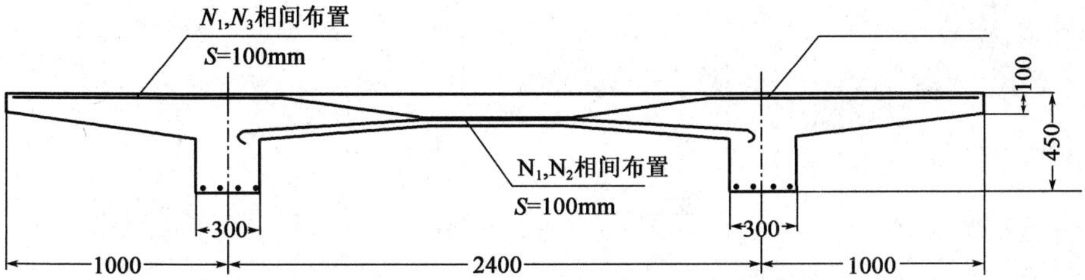

桥面板配筋示意图（主筋钢筋未示出，尺寸单位：mm）

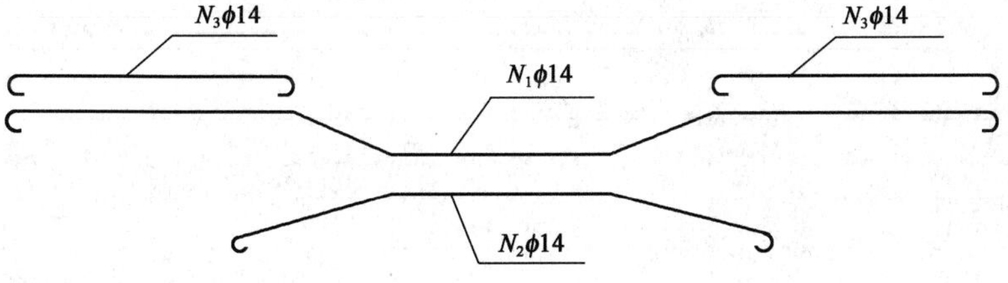

钢筋大样示意图（钢筋的尺寸和确切形状未示出）

f)

题 4-7 图

a)矩形梁跨中断面纵向受拉钢筋布置图；b)T 形截面梁跨中断面配筋示意图(翼板的横向钢筋未示出)；c)悬臂板配筋区；d)L 形柱配筋示意图(参见第五章)(纵向钢筋 10-ϕ22，L 形闭合箍筋 ϕ8，s=180mm；尺寸单位：mm)；e)弯扭构件配筋示意图(参见第七章)；f)人行桥桥面板配筋

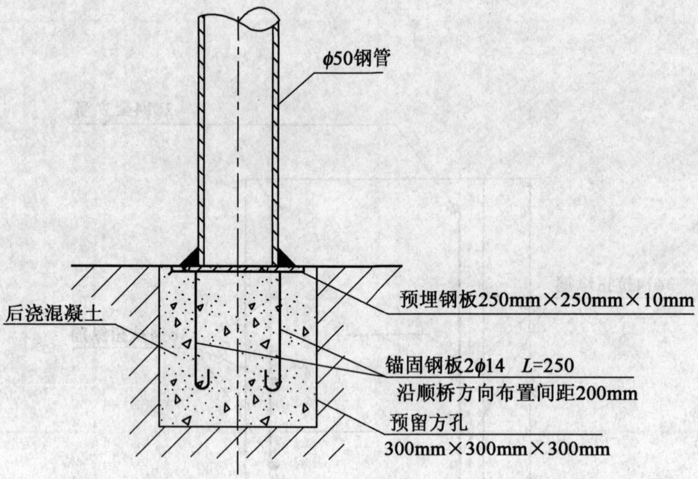
φ50钢管
预埋钢板250mm×250mm×10mm
后浇混凝土
锚固钢板2φ14 L=250
沿顺桥方向布置间距200mm
预留方孔
300mm×300mm×300mm

题 4-8 图

第五章　钢筋混凝土受压构件承载力计算

以承受轴向压力为主的构件称为受压构件(柱)。

理论上认为,轴向外力的作用线与构件轴线重合的受压构件,称为轴心受压构件。在实际结构中,真正的轴心受压构件几乎是没有的,因为由于混凝土材料组成的不均匀性,构件施工误差,安装就位不准,都会导致压力偏心。如果偏心距很小,设计中可以忽略不计,近似简化为按轴心受压构件计算。

轴向外力作用线偏离或同时作用有轴向力和弯矩的构件称为偏心受压构件。在实际结构中,在轴向力和弯矩作用的同时,还作用有横向剪力,如单层厂房的柱、刚架桥的立柱等。在设计时,因构件截面尺寸较大,而横向剪力较小,为简化计算,在承载力计算时,一般不考虑横向剪力,仅考虑轴向偏心力(或轴力和弯矩)的作用。

§5-1　轴心受压构件承载力计算

轴心受压构件按其配筋形式不同,可分为两种形式:一种为配有纵向钢筋及普通箍筋的构件,称为普通箍筋柱(直接配筋);另一种为配有纵向钢筋和密集的螺旋箍筋或焊接环形箍筋的构件,称为螺旋箍筋柱(间接配筋)。在一般情况下,承受同一荷载时,螺旋箍筋柱所需截面尺寸较小,但施工较复杂,用钢量较多,一般只在承受荷载较大,而截面尺寸又受到限制时才采用。

一、普通箍筋柱

1.构造要点

普通箍筋柱的截面常采用正方形或矩形。柱中配置的纵向钢筋用来协助混凝土承担压力,以减小截面尺寸,并增加对意外弯矩的抵抗能力,防止构件的突然破坏。纵向钢筋的直径不应小于12mm,其净距不应小于50mm,也不应大于350mm;对水平浇筑的预制件,其纵向钢筋的最小净距应按受弯构件的有关规定处理。纵向钢筋的配筋率不应小于0.5%,当混凝土强度等级高于C50(包括C50)时应不小于0.6%;同时,一侧钢筋的配筋率不应小于0.2%。受压构件的配筋率按构件的全截面面积计算(图5-1-1)。

柱内除配置纵向钢筋外,在横向围绕着纵向钢筋配置有箍筋,箍筋与纵向钢筋焊接(或绑扎)形成骨架,防止纵向钢筋受力后压屈。柱的箍筋应做成封闭式,其直径应不小于纵向钢筋直径的1/4,且不小于8mm。构件的纵向钢筋应设置于离角筋中距不大于150mm的范围内,如超出此范围设置纵向钢筋,应设复合箍筋。箍筋的间距不应大于纵向受力钢筋直径的15倍或构件短边尺寸(圆形截面采用0.8倍直径),并不大于400mm。在纵向受力钢筋搭接范围内箍筋间距不应大于搭接受压钢筋直径的10倍,且不大于200mm。纵向钢筋的配筋率大于3%时,箍筋间距不应大于纵向受力钢筋直径的10倍,且不大于200mm。

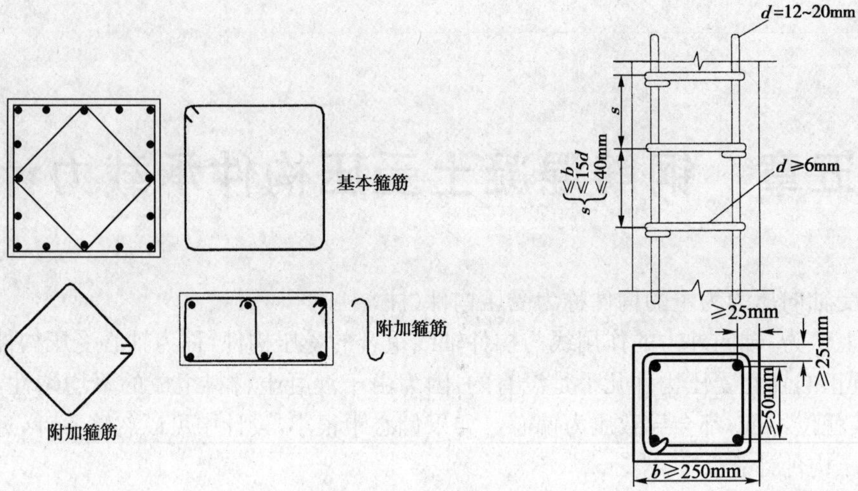

图 5-1-1　普通箍筋柱

2. 破坏状态分析

配有纵向受力钢筋和普通箍筋的短柱轴心受压试验指出，受荷后整个截面的应变是均匀分布的。最初，在荷载较小时，混凝土和钢筋都处于弹性工作阶段，钢筋和混凝土的应力基本上按其弹性模量的比值来分配。随着荷载逐渐加大，混凝土的塑性变形开始发展，弹性模量降低，柱子的变形的增加越来越大，混凝土应力的增加则越来越慢，钢筋的应力基本上与其应变成正比增加。若荷载长期持续作用，混凝土还会发生徐变，从而引起混凝土与钢筋之间的应力重分布，使混凝土的应力有所减小，钢筋的应力有所增加。加载至构件破坏时，柱子出现纵向裂缝，混凝土保护层剥落，箍筋间的纵向钢筋向外弯曲，混凝土被压碎。破坏时混凝土的应力达到轴心抗压强度极限值，相应的应变达到轴心抗压应变极限值（一般取 $\varepsilon_0=0.002$），而钢筋应力为 $\sigma_s'=\varepsilon_s'E_s=\varepsilon_0E_s$，但应不大于其屈服强度。

上述破坏情况是针对比较矮粗的短柱而言的。当柱子比较细长时，其破坏是由于丧失稳定所造成的。破坏时柱子侧向挠度增大，一侧混凝土被压碎，另一侧出现横向裂缝。与截面尺寸、混凝土强度等级和配筋相同的短柱相比，长柱的破坏荷载较小，一般是采用纵向稳定系数 φ 来表示长柱承载能力的降低程度。试验表明，稳定系数 φ 与构件的长细比有关。长细比为 L_0/i，对矩形截面可用 L_0/b 表示，圆形截面可用 $L_0/2r$ 表示（L_0 为柱的计算长度，i 为截面的最小回转半径，$i=\sqrt{I/A}$；b 为矩形截面的短边尺寸，r 为圆形截面的半径）。长细比 L_0/i（即 L_0/b 或 $L_0/2r$）越大，柱子越细长，则 φ 值越小，承载力越低。

3. 承载力计算公式

配有纵向钢筋和普通箍筋的轴心受压构件承载力计算公式，可由构件破坏时轴向力平衡条件求得：

$$\gamma_0N_d\leqslant0.9\varphi(f_{cd}A+f'_{sd}A'_s) \tag{5-1-1}$$

式中：N_d——轴向力组合设计值；

γ_0——结构的重要性系数；

φ——轴心受压构件稳定系数，按表 5-1-1 采用；

A'_s——全部纵向钢筋的截面面积；

A——构件截面面积，当纵向钢筋配筋率大于 3% 时，应扣除钢筋所占的混凝土面积，即将 A 改为 A_n，$A_n=A-A'_s$。

钢筋混凝土轴心受压构件的稳定系数　　表 5-1-1

L_0/b	≤8	10	12	14	16	18	20	22	24	26	28
$L_0/2r$	≤7	8.5	10.5	12	14	15.5	17	19	21	22.5	24
L_0/i	≤28	35	42	48	55	62	69	76	83	90	97
φ	1.0	0.98	0.95	0.92	0.87	0.81	0.75	0.70	0.65	0.60	0.56
L_0/b	30	32	34	36	38	40	42	44	46	48	50
$L_0/2r$	26	28	29.5	31	33	34.5	36.5	38	40	41.5	43
L_0/i	104	111	118	125	132	139	146	153	160	167	174
φ	0.52	0.48	0.44	0.40	0.36	0.32	0.29	0.26	0.23	0.21	0.19

注：1. 表中 L_0 为构件的计算长度；b 为矩形截面的短边尺寸；r 为圆形截面的半径；i 为截面最小回旋半径，$i=\sqrt{I/A}$（I 为截面惯性矩，A 为截面面积）。

2. 构件计算长度 L_0，当构件两端固定时取 $0.5L$；当一端固定一端为不移动的铰时取 $0.7L$；当两端为不移动的铰时取 L；当一端固定一端自由时取 $2L$，L 为构件支点间长度。

为便于电算使用，笔者对表 5-1-1 给出的稳定系数，以 L_0/i 为变量进行了回归分析，得到回归方程为：

$$\varphi = 7.0258\times10^{-11}(L_0/i)^5 - 3.7956\times10^{-8}(L_0/i)^4 + 7.8842\times10^{-6}(L_0/i)^3 - 7.6481\times10^{-4}(L_0/i)^2 + 0.027082L_0/i + 0.68865$$

该公式的误差范围为（0.0426～1.98）%，其精度可以满足工程设计工作要求。

4. 实用计算方法

在实际设计中，轴心受压构件承载能力计算可分为截面设计和承载能力复核两种情况。

（1）截面设计

当截面尺寸已知时，首先根据构件的长细比（L_0/b），由表 5-1-1 查得稳定系数 φ，再由公式（5-1-1）计算所需钢筋截面面积，可得：

$$A'_s = \frac{\gamma_0 N_d - 0.9\varphi f_{cd}A}{0.9\varphi f'_{sd}} \tag{5-1-2}$$

若截面尺寸未知，可在适宜的配筋率范围（ρ=0.8%～1.5%）内，选取一个 ρ 值，并暂设 $\varphi=1$。这时，可将 $A'_s=\rho A$ 代入公式（5-1-1）：

$$\gamma_0 N_d \leqslant 0.9\varphi(f_{cd}A + f'_{sd}\rho A)$$

所以

$$A \geqslant \frac{\gamma_0 N_d}{0.9\varphi(f_{cd} + f'_{sd}\rho)} \tag{5-1-3}$$

所需构件截面面积 A 确定后，应结合构造要求选取截面尺寸，截面的边长应取整数。然后，按构件的实际长细比（L_0/b），由表 5-1-1 查得稳定系数，再由公式（5-1-2）计算所需的钢筋截面面积 A'_s。

（2）承载力复核

对已经设计好的截面进行承载力复核时，首先应根据构件的长细比（L_0/b）由表 5-1-1 查得稳定系数 φ，然后由公式（5-1-1）求得截面所能承受的轴向力设计值为：

$$N_{du} = 0.9\varphi(f_{cd}A + f'_{sd}A'_s)$$

若所求得的 $N_{du}>\gamma_0 N_d$，说明构件的承载力是足够的。

例题 5-1-1　有一现浇的钢筋混凝土轴心受压柱，柱高 5m，底端固定，顶端铰接。承受的轴向压力组合设计值 N_d=950kN，结构重要性系数 γ_0=1.0。拟采用 C30 混凝土，f_{cd}=

13.8MPa；HRB400 钢筋，$f'_{sd}=330\text{MPa}$。试设计柱的截面尺寸及配筋。

解：设 $\rho=0.01$，暂取 $\varphi=1$，由公式(5-1-3)求得柱的截面面积为：

$$A \geqslant \frac{\gamma_0 N_d}{0.9\varphi(f_{cd}+f'_{sd}\rho)}$$

$$A \geqslant \frac{1.0\times 950\times 10^3}{0.9\times 1\times(13.8+330\times 0.01)}=61728.4\text{mm}^2$$

选取正方形截面，$b=\sqrt{61728.4}=248.5\text{mm}$，取 $b=250\text{mm}$。因截面尺寸小于 300mm，混凝土的抗压强度设计值应取 $f_{cd}=0.8\times 13.8=11.04\text{MPa}$。

柱的计算长度 $L_0=0.7L=0.7\times 5000=3500\text{mm}$，$L_0/b=3500/250=14$，查表 5-1-1 得，$\varphi=0.92$。

所需钢筋截面面积由公式(5-1-2)求得：

$$A'_s=\frac{\gamma_0 N_d-0.9\varphi f_{cd}A}{0.9\varphi f'_{sd}}$$

$$=\frac{950\times 10^3-0.9\times 0.92\times 11.04\times 250^2}{0.9\times 0.92\times 330}=1385.9\text{mm}^2$$

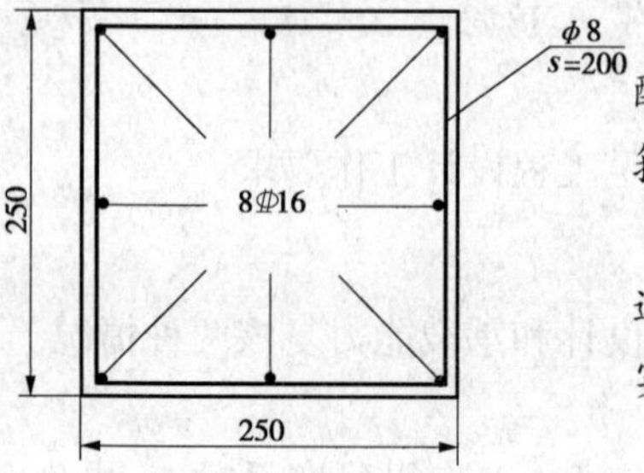

图 5-1-2 柱的配筋

选 8 Φ 16，供给的钢筋截面面积 $A_s{}'=1608\text{mm}^2$，实际的配筋率 $\rho=1608/250\times 250=0.0257$。钢筋布置见图 5-1-2，箍筋选 ϕ8，间距 $s=200\text{mm}<15d=15\times 16=240\text{mm}$。

应该指出，在上述配筋中，为满足构造要求和简化施工，选取了 8 Φ 16，供给的钢筋截面面积较需要值大 16%。柱的实际承载能力为：

$$N_{du}=0.9\times\varphi(f_{cd}A+f'_{sd}A'_s)$$
$$=0.9\times 0.92\times(11.04\times 250^2+330\times 1608)$$
$$=1010.7\times 10^3\text{N}=1010.7\text{kN}>\gamma_0 N_d=950\text{kN}$$

单就满足所需钢筋截面面积来说，上述配筋亦可选取 4 Φ 16＋4 Φ 14，供给的钢筋截面积为 $A'_s=804+616=1420\text{mm}^2$，与需要值接近。但是Φ 16 和Φ 14 两种钢筋直径相差太小，在工地上不易分辨，很容易弄错，从施工角度看，这一配筋方案是不可取的。

二、螺旋箍筋柱

1.构造要点

螺旋箍筋柱的截面形式，通常做成圆形或八角形(图 5-1-3)。

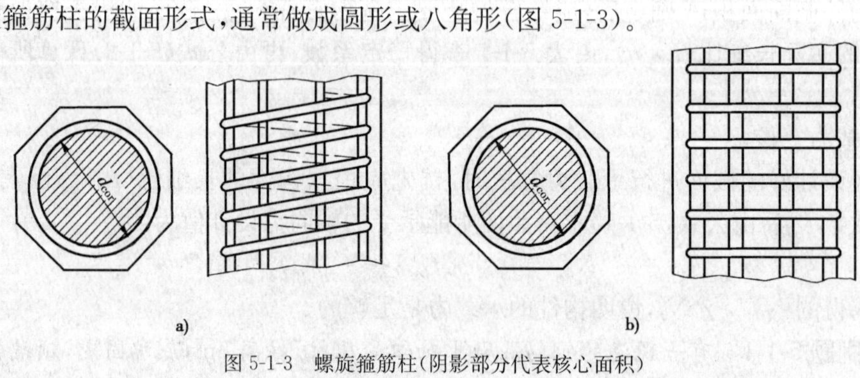

图 5-1-3 螺旋箍筋柱(阴影部分代表核心面积)

a)螺旋箍筋柱；b)焊接环形箍筋柱

螺旋箍筋柱的配筋特点是除了配置纵向受力钢筋外，还配置有密集的螺旋形或焊接环形箍筋。

纵向受力钢筋沿圆周均匀布置，其截面面积应不小于螺旋形或焊接环形箍筋圈内混凝土核心截面面积的 0.5%，构件核心混凝土截面面积应不小于整个截面面积的 2/3。

螺旋箍筋的直径应不小于纵向受力钢筋直径的 1/4，且不小于 8mm。为了保证螺旋箍筋能起到限制核心混凝土横向变形的作用，必须对箍筋的间距（即螺距）加以限制。《桥规》(JTG D62) 规定，螺旋箍筋的间距应不大于核心混凝土直径的 1/5，亦不大于 80mm，也不应小于 40mm，以利于混凝土浇筑。

螺旋箍筋的数量，一般以换算截面面积 A_{s0} 表示。所谓换算截面面积是将螺旋箍筋的截面面积折算成相当的纵向钢筋截面面积，即一圈螺旋箍筋的体积除以螺旋箍筋的间距：

$$A_{s0} = \frac{\pi d_{cor} A_{s01}}{S} \tag{5-1-4}$$

式中：A_{s0}——螺旋箍筋的换算截面面积；

d_{cor}——构件截面的核心直径；

A_{s01}——单根螺旋箍筋的截面面积；

S——沿构件轴线方向螺旋箍筋的间距。

为了更好地发挥螺旋箍筋的作用，《桥规》(JTG D62) 规定，螺旋箍筋换算截面面积 A_{s0} 应不小于全部纵向钢筋截面面积的 25%，配筋率 $\rho_{s0}=A_{s0}/A_{cor}$ 一般不小于 0.8%～1.0%，但也不宜大于 2.5%～3.0%（式中，A_{cor} 为螺旋箍筋圈内核心混凝土截面面积）。

2. 破坏状态分析

配置有纵向钢筋和密集的螺旋形或焊接环形箍筋的柱子承受轴向压力时，包围着核心混凝土的螺旋形箍筋（或焊接环形箍筋）犹如环筒一样，阻止核心混凝土的横向变形，使混凝土处于三向受力状态，因而大大提高核心混凝土的抗压强度。当轴向压力增加到一定数值时，混凝土保护层开始剥落。随着轴向压力的进一步增加，螺旋箍筋的应力也逐渐加大。最后，由于螺旋箍筋的应力达到屈服强度，失去了对核心混凝土的约束作用，使混凝土压碎而破坏。

由此可见，螺旋箍筋的作用是间接地提高核心混凝土的抗压强度，从而增加柱的承载力。所以，又常将这种螺旋箍筋柱称为间接配筋柱。

螺旋箍筋对柱的承载力的影响程度，与螺旋箍筋换算截面面积的大小有关。试验研究和理论分析表明，螺旋箍筋所提高的承载力约为同体积纵向受力钢筋承载力的 2～2.5 倍，一般以 $kf_{sd}A_{s0}$ 表示，K 称为螺旋箍筋影响系数。

必须指出，上述破坏情况是针对长细比较小的螺旋箍筋柱而言的。对于长细比较大的螺旋箍筋柱有可能发生失稳破坏，构件破坏时核心混凝土的横向变形不大，螺旋箍筋的约束作用不能有效发挥，甚至不起作用。换句话说，螺旋箍筋的作用只能提高核心混凝土的抗压强度，而不能增加柱的稳定性。为此，《桥规》(JTG D62) 规定，构件的长细比 $L_0/i \geqslant 48$（相当于 $L_0/2r > 12$）时，不考虑螺旋箍筋对核心混凝土的约束作用，应按普通箍筋柱计算其承载力。所以，只能对 $L_0/i \leqslant 48$（相当于 $L_0/2r \leqslant 12$）的构件，设计成螺旋箍筋柱才有意义。

3. 承载力计算公式

螺旋箍筋柱的承载力由三部分组成：核心混凝土承载力取 $f_{cd}A_{cor}$；纵向受力钢筋的承载力取 $f'_{sd}A'_s$；螺旋箍筋增加的承载力取 $kf_{sd}A_{s0}$。因此，螺旋箍筋柱承载力计算的基本公式可写为下列形式：

$$\gamma_0 N_d \leqslant 0.9(f_{cd}A_{cor} + f'_{sd}A'_s + kf_{sd}A_{s0}) \tag{5-1-5}$$

式中：A_{cor}——螺旋箍筋圈内的核心混凝土截面面积；

A_{s0}——螺旋箍筋的换算截面面积，其数值按公式(5-1-4)计算；

f_{sd}——螺旋箍筋的抗拉强度设计值；

k——螺旋箍筋影响系数，其数值与混凝土强度等级有关：混凝土强度等级为C50及以下时，取$k=2.0$；混凝土强度等级为C50～C80时，分别取$k=2.0\sim1.7$，中间插入取用。

4. 实用设计方法

在实际设计工作中，螺旋箍筋柱的承载力计算，可分为截面设计和承载能力复合两种情况。

(1)截面设计

当截面尺寸未知时，可将纵向钢筋A'_s和螺旋筋换算截面面积A_{s0}分别以配筋率$\rho=A'_s/A_{cor}$和$\rho_{s0}=A_{s0}/A_{cor}$表示，将公式(5-1-5)改写为下列形式：

$$\gamma_0 N_d \leqslant 0.9[f_{cd}A_{cor} + f'_{sd}\rho A_{cor} + kf_{sd}\rho_{s0}A_{cor}]$$

$$\gamma_0 N_d \leqslant 0.9[f_{cd} + f'_{sd}\rho + kf_{sd}\rho_{s0}]A_{cor}$$

所以

$$A_{cor} \geqslant \frac{\gamma_0 N_d}{0.9[f_{cd} + \rho f'_{sd} + k\rho_{s0}f_{sd}]} \tag{5-1-6}$$

设计时，在经济配筋范围内选取一个配筋率ρ和ρ_{s0}（一般可取$\rho=0.01\sim0.03$，$\rho_{s0}=0.01\sim0.025$）。代入公式(5-1-6)求得核心混凝土截面面积A_{cor}，核心混凝土直径为：

$$d_{cor} = \sqrt{\frac{4A_{cor}}{\pi}} = 1.128\sqrt{A_{cor}} \tag{5-1-7}$$

构件直径为$d=d_{cor}+2c$(此处c为纵向受力钢筋的混凝土保护层厚度)，并取整数。

截面尺寸确定后，求得实际的核心混凝土截面面积A_{cor}和相应的纵向钢筋截面面积$A'_s=\rho A_{cor}$。然后，再将其代入公式(5-1-5)，求得螺旋箍筋的换算截面面积为：

$$A_{s0} = \frac{\gamma_0 N_d - 0.9(f_{cd}A_{cor} + f'_{sd}A'_s)}{0.9kf_{sd}} \tag{5-1-8}$$

若已选定螺旋箍筋的直径，其间距可由公式(5-1-4)求得：

$$S \leqslant \frac{\pi d_{cor} \cdot A_{s01}}{A_{s0}} \tag{5-1-9}$$

(2)承载力复核

对已经设计好的螺旋箍筋柱进行承载能力复核时，首先应计算构件的长细比，判断是否满足$L_0/i\leqslant48$(或$L_0/2r\leqslant12$)的限制条件，同时，应对螺旋箍筋的间距进行复核，判断是否满足规范规定的构造要求。在满足上述限制条件和构造要求的基础上，按公式(5-1-4)计算螺旋箍筋换算截面面积A_{s0}。然后将其代入公式(5-1-5)求得截面所能承受的轴向力设计值N_{du}。若所求得的$N_{du}>\gamma_0 N_d$，说明构件的承载力是足够的。

在应用上述公式进行计算时，尚应注意以下两点：

①为了保证在使用荷载作用下，混凝土保护层不致脱落，《桥规》(JTG D62)规定，按螺旋箍筋柱计算的承载力设计值[公式(5-1-5)]，不应大于按普通箍筋柱计算的承载力设计值[公式(5-5-1)]的1.5倍。

②不满足构造要求(即$S>80$mm，$A_{s0}<0.25A'_s$)或构件长细比$L_0/i>48$(相当于$L_0/2r>$

12)的螺旋箍筋柱，不考虑螺旋箍筋的作用，其承载力应按普通箍筋柱计算。

例题 5-1-2 有一现浇的圆形截面柱，半径 $r=250\text{mm}$，柱高 $L=5\text{m}$，两端按铰接计算。承受的轴向压力组合设计值 $N_d=4700\text{kN}$，结构重要性系数 $\gamma_0=1.0$。拟采用 C30 混凝土，$f_{cd}=13.8\text{MPa}$；纵向钢筋采用 HRB400 钢筋，$f'_{sd}=330\text{MPa}$；箍筋采用 HRB335 钢筋，$f_{sd}=280\text{MPa}$。试选择钢筋。

解：首先按普通箍筋柱设计。柱的计算长度 $L_0=L=5000\text{mm}$，$L_0/2r=5000/2\times250=10$，由表 5-1-1 查得 $\varphi=0.96$。由公式(5-1-2)求得所需钢筋截面面积：

$$A'_s=\frac{\gamma_0 N_d-0.9\varphi f_{cd}A}{0.9\varphi f'_{sd}}$$

$$=\frac{4700\times10^3-0.9\times0.96\times13.8\times3.14\times500^2/4}{0.9\times0.96\times330}$$

$$=8168\text{mm}^2$$

配筋率 $\rho=A'_s/A=8168/3.14\times500^2/4=0.0416$，此配筋率偏大，并因 $L_0/2r=10<12$，可以采用配置螺旋箍筋提高柱的承载力，改为按螺旋箍筋柱设计。

假设按混凝土全截面计算的纵向钢筋配筋率 $\rho=0.025$，纵向钢筋截面面积 $A'_s=\rho A=0.025\times3.14\times500^2/4=4908\text{mm}^2$，选择 13 ϕ 22，供给钢筋截面面积 $A'_s=4941\text{mm}^2$。混凝土的保护层取 25mm，则得柱的核心直径及核心截面面积为：

$$d_{cor}=2r-2\times25=2\times250-2\times25=450\text{mm}$$

$$A_{cor}=\frac{\pi d_{cor}^2}{4}=\frac{3.14\times450^2}{4}=158962.5\text{mm}^2$$

然后，按公式(5-1-8)求得所需螺旋箍筋的换算截面面积为：

$$A_{s0}=\frac{\gamma_0 N_d-0.9(f_{cd}A_{cor}+f'_{sd}A'_s)}{0.9kf_{sd}}$$

式中：f_{sd}——螺旋箍筋的抗拉强度设计值，螺旋箍筋采用 HRB335 钢筋，$f_{sd}=280\text{MPa}$。

对 C30 混凝土取 $k=2$，代入上式后得：

$$A_{s0}=\frac{4700\times10^3-0.9(13.8\times158962.5+330\times4941)}{0.9\times2\times280}$$

$$=2496.4\text{mm}^2$$

$A_{s0}=2496.4\text{mm}^2>0.25A'_s=0.25\times4941=1235\text{mm}^2$，满足构造要求。

螺旋筋选取 ϕ 10，单肢螺旋筋的截面面积 $A_{s01}=78.5\text{mm}^2$。螺旋筋的间距可由公式(5-1-4)求得：

$$S=\frac{\pi d_{cor}A_{s01}}{A_{s0}}=\frac{3.14\times450\times78.5}{2496.4}=44.3\text{mm}$$

取 $S=45\text{mm}$，满足不小于 40mm，并不大于 80mm 的构造要求。

最后，按实际配筋情况 $A_{s0}=\dfrac{\pi d_{cor}A_{s01}}{S}=\dfrac{3.14\times450\times78.5}{45}=2464.9\text{mm}^2$，重新计算柱的实际承载力为：

$$N_{du}=0.9(f_{cd}A_{cor}+f'_{sd}A'_s+k\cdot f_{sd}A_{s0})$$

$$=0.9\times(13.8\times158962.5+330\times4941+2\times280\times2464.9)$$

$=4684.1\times10^3\text{N}=4684.1\text{kN}<\gamma_0 N_d=4700\text{kN}$，但仅相差3.4%。同时，满足 $N_{du}\leqslant1.5\times0.9\varphi(f_{sd}A+f'_{sd}A'_s)$ 的要求(式中 φ 值按表 5-1-1 查得，$\varphi=0.9575$)。

$$4084.6\text{kN} \leqslant 1.5 \times 0.9 \times 0.9575\left(13.8 \times \frac{3.14 \times 500^2}{4} + 330 \times 4\,941\right)/10^3$$
$$\leqslant 5608.42\text{kN}$$

计算结果表明，柱的承载力基本满足要求，在使用荷载作用下混凝土保护层不会脱落。

§5-2 偏心受压构件承载力计算的一般问题

在钢筋混凝土结构中，偏心受压构件应用很广。例如钢筋混凝土拱桥的主拱圈、刚架桥的支柱和横梁、桥梁墩、台的桩柱以及厂房结构中支承吊车梁的立柱等。

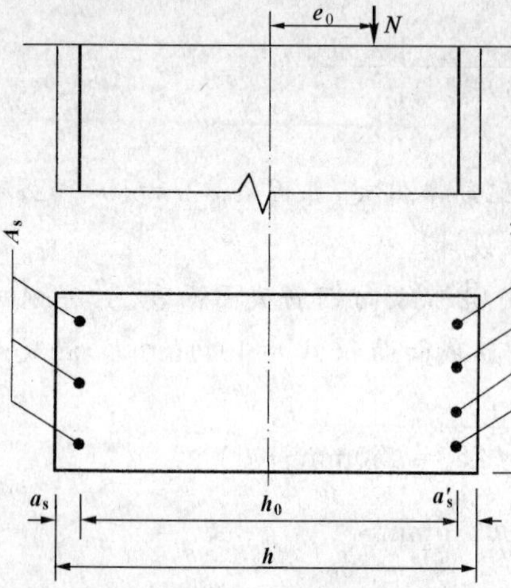

图 5-2-1 偏心受压柱截面及配筋

一、构造要点

偏心受压构件一般采用矩形截面，长边布置在弯矩作用方向，长短边的比值为 1.5～3.0。截面尺寸较大时常采用工形和箱形截面。

偏心受压构件的纵向钢筋，分别集中布置在弯矩作用方向截面的两侧面，布置在受压较大边的钢筋用 A'_s 表示，布置在受拉边或受压较小边的钢筋用 A_s 表示（见图 5-2-1）。全部纵向钢筋的配筋率 $[\rho=(A_s+A'_s)/bh]$ 应不小于 0.5%，当混凝土强度等级为 C50 及以上时，不应小于 0.6%；同时，每侧纵向钢筋配筋率（A_s/bh 或 A'_s/bh）不应小于 0.2%。桥梁结构中，常由于荷载作用位置的变化，在截面中产生数值接近而方向相反的弯矩，纵向受力钢筋大多采用对称布置方案。

偏心受压构件的纵向受力钢筋和箍筋的直径、间距等规定，与轴心受压构件相同，应注意的是由于偏心受压构件沿弯矩作用方向的截面高度较大，当截面高度 $h \geqslant 600$mm 时，在侧面应设置直径为 10～16mm 的纵向构造钢筋，并相应设置复合箍筋（图 5-2-2）。

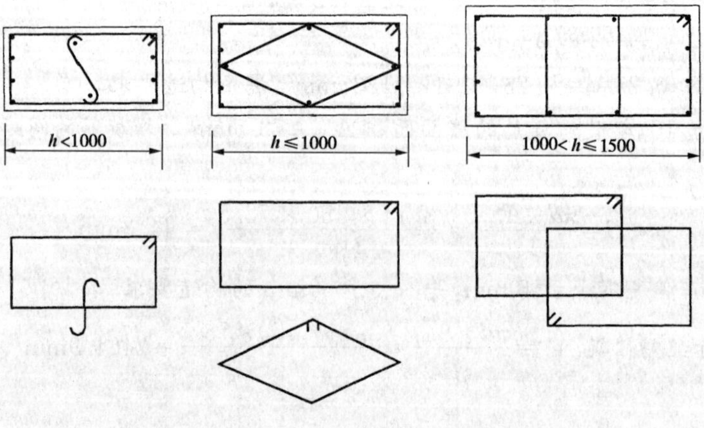

图 5-2-2 偏心受压柱的纵向构造钢筋及复合箍筋（尺寸单位：mm）

工形截面偏心受压柱的腹板厚度不宜小于 80mm，翼板厚度不宜小于 100mm，每侧翼板内的纵向钢筋不宜小于 4 根（一排），当翼板厚度 $h_f > 120$mm 时，宜在翼板内侧角处各增设一根纵向钢筋。两侧翼板和腹板应分别设置闭合箍筋，不准采用有内折角的箍筋（图 5-2-3）。

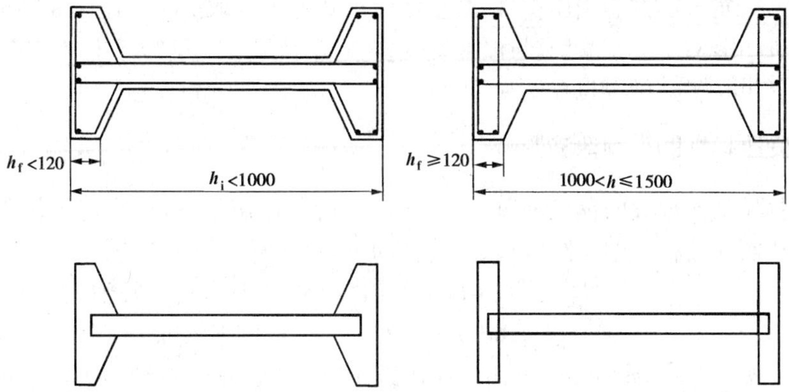

图 5-2-3　工形截面偏心受压柱的配筋(尺寸单位:mm)

二、破坏状态分析

大量的试验研究表明,钢筋混凝土偏心受压构件的破坏,在保证钢筋和混凝土之间握裹力的条件下,都是由受压区混凝土压碎造成的。但是,荷载相对偏心距和配筋情况不同时,混凝土压碎情况是不一样的。

当相对偏心距较大,且受拉钢筋配置不太多时,构件的破坏情况如图 5-2-4a)所示。这种破坏的特点是受拉区横向裂缝出现较早,随着荷载的增加,裂缝不断伸展,并逐渐形成一条明显的主裂缝。这时,构件的挠曲明显增加,受压区混凝土出现纵向裂缝,随即混凝土局部压碎,导致构件的破坏。这种破坏是由于受拉区钢筋的应力先达到屈服强度,钢筋变形急剧增加,受拉区裂缝扩展,受压区高度减小,从而使混凝土的压应力增大而压碎,通常将这种破坏称为“拉破坏”,即所谓大偏心受压构件。

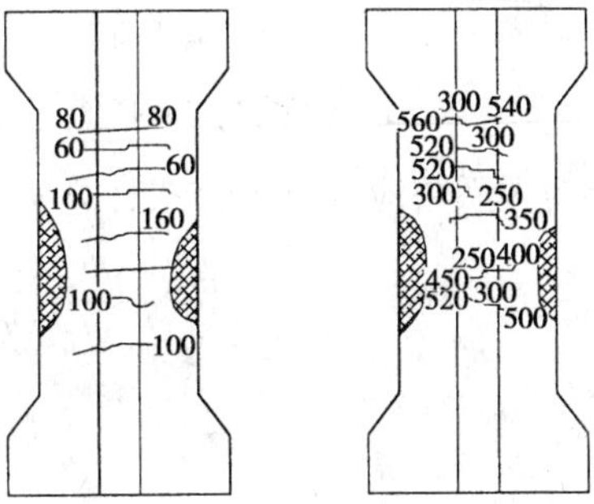

a)　　b)

图 5-2-4　偏心受压构件的破坏情况

a) $N_p^s=158\text{kN}$; b) $N_p^s=580\text{kN}$

当相对偏心距较小,或者虽然相对偏心距较大,但配置的受拉钢筋较多时,构件的破坏情况如图 5-2-4b)所示。这种破坏的特点是受拉区横向裂缝出现较晚,裂缝开展宽度不大,并无明显的主裂缝,当发现受压区混凝土局部“起皮脱落”或出现微小的网状裂缝后,随即引起混凝土的大面积压碎脱落,某些受压钢筋压屈,构件在某一横向裂缝处折断。这种情况下,混凝土本身承担的压力较大,由于压应力增高引起混凝土压碎,构件破坏时受拉边(或受压较小边)钢筋的应力尚小于屈服强度,通常将这种破坏称为“压破坏”,即所谓小偏心受压构件。

从理论上讲,在大、小偏心受压构件之间存在一个分界线,这种构件的破坏特点是受拉钢筋应力达到屈服强度的同时,受压区混凝土边缘纤维的应变也恰好达到混凝土的极限压应变,通常将这种破坏称为“界限破坏”。

界限破坏时的混凝土受压区高度,一般以 $x_b=\xi_b h_0$ 表示。

式中,ξ_b 为相对界限受压区高度,可以像受弯构件一样,利用界限破坏时的变形条件求得。

这样,即可根据构件破坏时混凝土受压区高度判断偏心受压构件的类型:

若 $x\leqslant\xi_b h_0$,属于大偏心受压构件,其正截面承载力主要由受拉钢筋控制;

若 $x_b > \xi_b h_0$，属于小偏心受压构件，其正截面承载力主要取决于受压区混凝土强度。

注：严格地讲，用以划分大、小偏心受压构件分界限的 ξ_b 值，应取按公式(3-3-7)计算求得的数值，不能直接取用表 3-3-2 给出的调整后的数值。

三、偏心受压构件的纵向弯曲影响

试验表明，长细比较大的钢筋混凝土柱，在偏心荷载作用下，构件在弯矩作用平面内将发生纵向弯曲，从而导致初始偏心距的增加，使柱的承载力降低(图 5-2-5)。

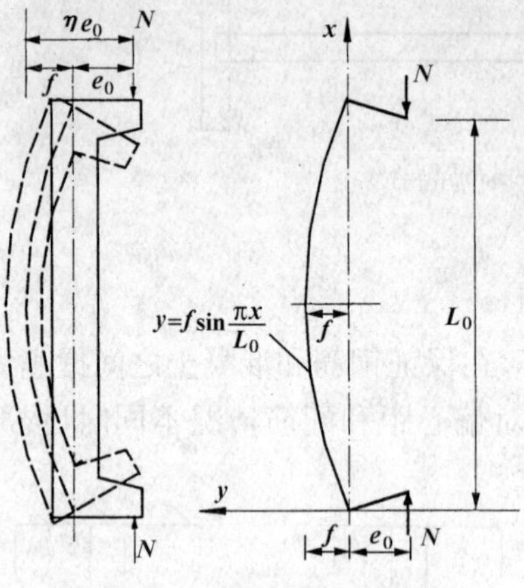

图 5-2-5　偏心受压柱的纵向弯曲

《桥规》(JTG D62)规定，对于长细比 $L_0/i > 17.5$(相当于矩形截面 $L_0/h > 5$ 或圆形截面 $L_0/d > 4.4$)的构件，应考虑构件在弯矩作用平面内挠曲对轴向力偏心距的影响。此时，应将轴向力对截面重心轴的偏心距 e_0 乘以偏心距增大系数 η。

$$e_0' = e_0 + f = e_0\left(1 + \frac{f}{e_0}\right) = \eta e_0 \qquad (5\text{-}2\text{-}1)$$

式中：e_0'——相对于截面重心轴的计算偏心距；

e_0——相对于截面重心轴的初始偏心距；

f——由偏心距为 e_0 的偏心荷载引起的构件在弯矩作用平面内产生的挠度。

矩形、T 形、工字形和圆形截面偏心受压构件，其偏心距增大系数应按下列公式计算。

$$\eta = 1 + \frac{1}{1400 e_0/h_0}(L_0/h)^2 \zeta_1 \zeta_2 \qquad (5\text{-}2\text{-}2)$$

$$\zeta_1 = 0.2 + 2.7 e_0/h_0 \leqslant 1$$

$$\zeta_2 = 1.15 - 0.01\frac{L_0}{h} \leqslant 1$$

式中：L_0——构件的计算长度，按表 5-1-1 注 2 的规定计算；

h_0——截面的有效高度，$h_0 = h - a_s$；

h——截面高度，对圆形截面取 $h = 2r$(式中 r 为圆形截面半径)；

ζ_1——荷载偏心率对截面曲率的影响系数；

ζ_2——构件长细比对截面曲率的影响系数。

《桥规》(JTG D62)给出的偏心距增大系数计算公式(5-2-2)是参照国外规范确定的。公式推导如下：

根据试验研究，对于两端铰接柱的侧向挠度曲线近似符合正弦曲线(图 5-2-5)

挠度曲线方程　　$y = f\sin\frac{\pi x}{L_0}$

挠度曲线曲率　　$\varphi = -\frac{d^2 y}{dx^2} = f\frac{\pi^2}{L_0^2}\sin\frac{\pi x}{L_0} = y\frac{\pi^2}{L_0^2}$

若近似取 $\pi^2 = 10$，则　　$\varphi \approx y\frac{10}{L_0^2}$ 或 $y = \varphi\frac{L_0^2}{10}$

根据平截面假设，曲率可以表示为：

$$\varphi=\frac{\varepsilon_c+\varepsilon_s}{h_0}$$

式中：ε_c——受压较大边缘混凝土的压应变；

ε_s——受拉边(或受压较小边)钢筋的应变。

对界限破坏时，取 $\varepsilon_c=1.25\varepsilon_{cu}=1.25\times0.0033$(式中，1.25 是考虑长期荷载作用下混凝土徐变影响的增大系数)。钢筋应变取 $\varepsilon_s=\varepsilon_y=f_y/E_s$，对常用的普通钢筋，可近似取 $f_y/E_s=0.0017$。

这样，界限破坏时的曲率 ϕ_b 为：

$$\varphi_b=\frac{1.25\times0.0033+0.0017}{h_0}=\frac{1}{171.7}\times\left(\frac{1}{h_0}\right)$$

界限破坏时，柱中点的最大挠度为：

$$f_b=\varphi_b\cdot\frac{L_0^2}{10}=\frac{1}{1717}\cdot\frac{L_0^2}{h_0}$$

前已指出，荷载相对偏心距(偏心率)不同，构件的破坏状态不同。不同破坏状态的挠度曲线的曲率和最大挠度值均与界限破坏时的情况有所差别。《桥规》(JTG D62)引入 ζ_1 系数，以考虑荷载偏心率对截面曲率的影响。

此外，试验研究表明，构件长细比增大时，构件达到最大承载能力时的截面应变及曲率也与界限破坏时的情况不同。《桥规》(JTG D62)引入系数 ζ_2，考虑构件长细比对截面曲率的影响。

这样，偏心受压构件破坏时柱中的最大挠度为：

$$f=f_b\zeta_1\zeta_2=\frac{1}{1717}\cdot\frac{L_0^2}{h_0}\zeta_1\zeta_2$$

偏心距增大系数为：

$$\eta=\left[1+\frac{f}{e_0}\right]=\left[1+\frac{1}{1717e_0}\cdot\frac{L_0^2}{h_0}\zeta_1\zeta_2\right]$$

若取 $h\approx1.1h_0$ 代入，则得公式(5-2-2)：

$$\eta=\left[1+\frac{1}{1400(e_0/h_0)}(L_0/h)^2\zeta_1\zeta_2\right]$$

还须指出，偏心受压构件除应在计算弯矩作用平面的承载力时需考虑偏心距增大系数的影响外，尚应按轴心受压构件验算垂直于弯矩作用平面的承载力。此时不考虑弯矩的作用，但应考虑轴心受压构件的稳定系数 φ 的影响。

四、偏心受压件正截面承载力计算的基本假设

在试验研究的基础上，引入下列基本假设做为钢筋混凝土偏心受压构件正截面承载力计算的基础：

(1)构件截面变形符合平截面假设；

(2)在极限状态下，受压区混凝土应力达到混凝土抗压强度设计值 f_{cd}，并取矩形应力图计算，矩形应力图的高度取 $x=\beta x_0$(式中 x_0 为应变图应变零点至受压较大边截面边缘的距离；β 为矩形应力图高度系数)；受压较大边钢筋的应力取钢筋抗压强度设计值 f'_{sd}；

(3)不考虑受拉区混凝土参加工作，拉力全部由钢筋承担；

(4)受拉边(或受压较小边)钢筋的应力，原则上根据其应变确定：

当 $x \leqslant \xi_b h_0$ 时，构件属大偏心受压，取 $\sigma_s = f_{sd}$；

当 $x > \xi_b h_0$ 时，构件属小偏心受压，钢筋应力按下式计算：

$$\sigma_{si} = \varepsilon_{cu} E_s \left(\frac{\beta}{x/h_{0i}} - 1 \right) \leqslant f_{sd} \tag{5-2-3}$$

式中：σ_{si}——第 i 层纵向钢筋的应力，正值表示拉应力，负值表示压应力；

ε_{cu}——混凝土极限压应变，混凝土强度等级 C50 及以下时取 $\varepsilon_{cu}=0.0033$，C80 时取 $\varepsilon_{cu}=0.003$，中间强度等级用直线插入求得；

E_s——钢筋的弹性模量；

β——截面受压区矩形应力图高度系数，混凝土强度等级 C50 及以下时取 $\beta=0.8$，C80 时取 $\beta=0.74$，中间强度等级用直线插入求得；

x——截面受压区高度；

h_{0i}——第 i 层纵向钢筋截面面积重心至受压较大边边缘的距离。

上面给出的前 3 项基本假设与受弯构件正截面承载力计算中采用的完全相同。这里需要进一步说明的是关于小偏心受压构件受拉边（或受压较小边）钢筋应力 σ_s 的取值问题。

公式(5-2-3)给出的是钢筋应力计算公式，是根据小偏心受压构件破坏时的应变关系导出的。

对于小偏心受压构件，$x > \xi_b h_0$，受拉边（或受压较小边）钢筋的应变 $\varepsilon_{si} < \varepsilon_y$（屈服应变），钢筋处于弹性工作阶段，其应力 $\sigma_{si} = \varepsilon_{si} E_s$。根据平截面假设，可求得钢筋应变为：

$$\varepsilon_{si} = \varepsilon_{cu} \left(\frac{\beta}{x/h_{0i}} - 1 \right)$$

所以 $\sigma_{si} = \varepsilon_{si} E_s = \varepsilon_{cu} E_s \left(\frac{\beta}{x/h_{0i}} - 1 \right)$。

对于普通强度混凝土（C50 及以下混凝土）将 $\varepsilon_{cu}=0.0033$，$\beta=0.8$ 代入则得：

$$\sigma_{si} = 0.0033 E_s \left(\frac{0.8}{x/h_{0i}} - 1 \right)$$

注：《建混规》(GB 50010—2002)规定，对普通强度混凝土(C50 以下)的小偏心受压构件的受拉边（或受压较小边）钢筋应力，亦可按下列近似公式计算：

$$\sigma_{si} = \frac{f_{sd}}{\xi_b - 0.8} \left(\frac{x}{h_{0i}} - 0.8 \right) \tag{5-2-4}$$

图 5-2-6 所示为偏心受压构件受拉边（或受压较小边）钢筋应力与相对受压区高度 $\xi = x/h_{0i}$ 的关系曲线。当 $\xi < \xi_b$ 时，属于大偏心受压，$\sigma_{si} = f_{sd}$；当 $\xi > \xi_b$ 时，属于小偏心受压，钢筋应力按公式(5-2-3)计算，当 $\xi = \xi_b$ 时，$\sigma_{si} = f_{sd}$；当 $\xi = 0.8$ 时，$\sigma_{si} = 0$，其间按反比例函数变化。

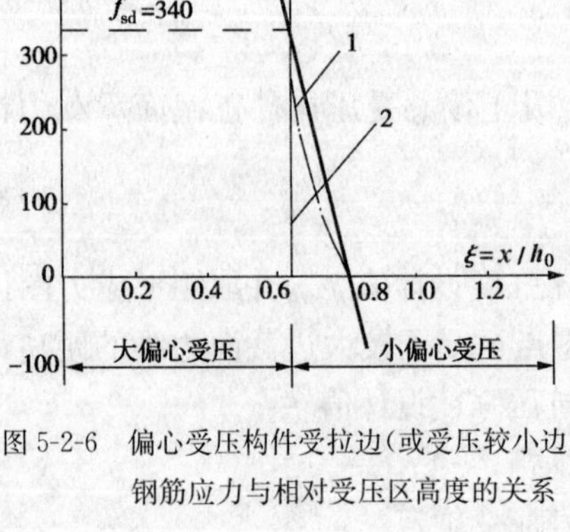

图 5-2-6　偏心受压构件受拉边（或受压较小边）钢筋应力与相对受压区高度的关系

根据试验研究结果，小偏心受压构件受拉边（或受压较小边）钢筋应力与相对高度之间近似存在线性关系。即当 $\xi = \xi_b$ 时，$\sigma_{si} = f_{sd}$，当 $\xi = 0.8$ 时，$\sigma_{si} = 0$，其间按直线关系变化，由此可得公式(5-2-4)。

计算结果表明，当 $\xi = x/h_0$ 与 ξ_b 相差较多时，采用近似公式(5-2-4)计算受拉边钢筋应力，对结构承载力影响不大。但 $\xi = x/h_0$ 接近或大于 0.8 时，采用近似公式(5-2-4)计算受拉边或受压较小边钢筋应力误差较大，甚至可能出现钢筋应力变号的情况，由此而造成的承载力的差异是不可忽视的，设计时应针对不同情况慎重处理。

§5-3 矩形截面偏心受压构件正截面承载力计算

一、正截面承载力计算基本方程式

图 5-3-1 是根据§5-2 给出的计算基本假设绘制的矩形截面偏心受压构件正截面承载力计算图式。承载力计算的基本公式，可由内力平衡条件求得：

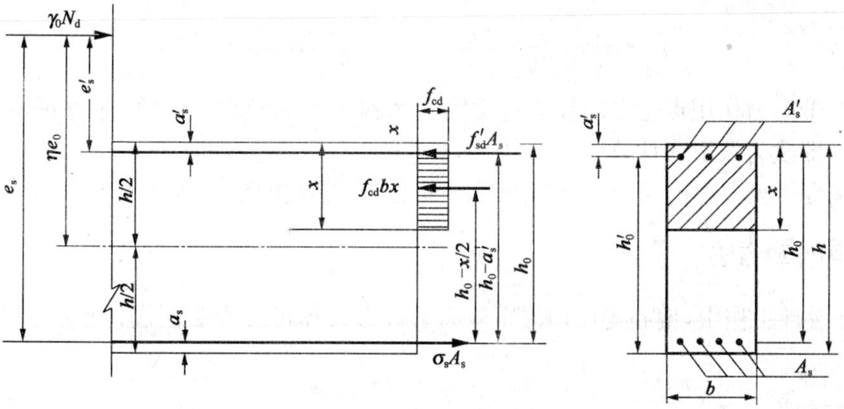

图 5-3-1　矩形截面偏心受压构件正截面承载能力计算图式

由轴向力平衡条件，即$\sum N=0$，得：

$$\gamma_0 N_d \leqslant f_{cd}bx + f'_{sd}A'_s - \sigma_s A_s \tag{5-3-1}$$

由所有的力对受拉边（或受压较小边）钢筋合力作用点取矩的平衡条件，即$\sum M_{A_s}=0$，得：

$$\gamma_0 N_d e_s \leqslant f_{cd}bx\left(h_0-\frac{x}{2}\right)+f'_{sd}A'_s(h_0-a'_s) \tag{5-3-2}$$

由所有的力对受压较大边钢筋合力作用点取矩的平衡条件，即$\sum M_{A'_s}=0$，得：

$$\gamma_0 N_d e'_s \leqslant -f_{cd}bx\left(\frac{x}{2}-a'_s\right)+\sigma_s A_s(h_0-a'_s) \tag{5-3-3}$$

由所有的力对轴向力作用点取矩的平衡条件，即$\sum M_N=0$，得：

$$f_{cd}bx\left(e_s-h_0+\frac{x}{2}\right)=\sigma_s A_s e_s - f'_{sd}A'_s e'_s \tag{5-3-4}$$

在式（5-3-1）～式（5-3-4）中，除图中标明的常用符号外，应着重说明的有：

σ_s——受拉边（或受压较小边）钢筋的应力，其取值与混凝土受压区高度 x 有关：当 $x \leqslant \xi_b h_0$ 时，取 $\sigma_s = f_{sd}$；当 $x > \xi_b h_0$ 时，σ_s 按公式（5-2-3）计算；

e_s——轴向力作用点至受拉边（或受压较小边）钢筋合力作用点的距离 $e_s=\eta e_0+\dfrac{h}{2}-a_s$；

e'_s——轴向力作用点至受压较大边钢筋合力作用点的距离 $e'_s=\eta e_0-\dfrac{h}{2}+a'_s$；

e_0——轴向力作用点至混凝土截面重心轴的距离，即初始偏心距，$e_0=\dfrac{M_d}{N_d}$；

η——偏心距增大系数,按公式(5-2-2)计算。

应用上述基本方程式计算大偏心受压构件承载力时,为了保证受压钢筋的应力达到其抗压强度设计值,混凝土受压区高度应满足下列条件:

$$x \geqslant 2a'_s \tag{5-3-5}$$

若不符合式(5-3-5)的条件,说明受压钢筋离中性轴太近,构件破坏时,受压钢筋的应力达不到抗压强度设计值。这时,构件的正截面承载力可按下列近似公式求得:

$$\gamma_0 N_d e'_s \leqslant f_{sd} A_s (h_0 - a'_s) \tag{5-3-6}$$

应用上述基本方程式计算小偏心受压构件,当轴向力作用在纵向钢筋 A_s 和 A'_s 之间时,为了防止离轴向力较远一侧混凝土先压坏,尚应满足下列条件:

$$\gamma_0 N_d e'_s \leqslant f_{cd} bh \left(h'_0 - \frac{h}{2}\right) + f'_{sd} A_s (h_0 - a'_s) \tag{5-3-7}$$

式中:e'_s——轴向力作用点至受压较大边钢筋合力作用点的距离,其数值应以正值代入上式,即改为按下式计算,$e'_s = h/2 - e_0 - a'_s$;

h'_0——受压较大边钢筋合力作用点至截面受压较小边的距离,$h'_0 = h - a'_s$。

二、实用计算方法

在实际设计工作中,偏心受压构件正截面承载力计算可分为截面设计和承载力复核两类问题。

1. 截面设计

偏心受压构件的截面尺寸,通常是根据构造要求预先确定好的。因此,截面设计的内容主要是根据已知的内力组合设计值选择钢筋。

(1)非对称配筋

利用上述基本方程式进行配筋设计时,对于非对称配筋情况,存在三个未知数(A_s、A'_s和 x)。但是在基本方程式(5-3-1)~式(5-3-4)中,只有两个独立方程式,因而问题的解答有无穷多个。为了求得合理的解答,必须根据不同的设计要求,预先确定其中一个未知数。

当偏心距较大时($\eta e_0/h_0 > 0.3$),一般是先按大偏心受压构件计算,通常是先假设 x 值。按照充分利用混凝土抗压强度的设计原则,假设 $x = \xi_b h_0$。

x 确定后,只剩下两个未知数(A_s 和 A'_s),问题是可解的。对大偏心受压构件,取 $\sigma_s = f_{sd}$,$x = \xi_b h_0$,分别代入式(5-3-2)和式(5-3-3),求得受压钢筋截面面积 A'_s 和受拉钢筋截面面积 A_s。

若按公式(5-3-2)求得的受压钢筋配筋率小于每侧受压钢筋的最小配筋率($\rho_{min} = 0.2\%$),则应按构造要求取 $A'_s = 0.002bh$。这时,应按受压钢筋截面面积 A'_s 已知的情况,重新求解 x 和 A_s。

对于这种情况,应首先由 $\Sigma M_{As} = 0$ 的条件[公式(5-3-2)],求得混凝土受压区高度 x。若 $x \leqslant \xi_b h_0$,属于大偏心受压构件,则取 $\sigma_s = f_{sd}$;若 $x > \xi_b h_0$,属于小偏心受压构件,应按公式(5-2-3)计算 σ_s 值。然后,将所得 x 和相应的 σ_s 值代入公式(5-3-1)中,由 $\Sigma N = 0$ 的平衡条件,或代入公式(5-3-3)中,由 $\Sigma M_{A's} = 0$ 的平衡条件,求得受拉边(或受压较小边)的钢筋截面面积 A_s。若按此步骤求得的 A_s 值仍小于最小配筋率限值,则应按构造要求配筋,取 $A_s = 0.002bh$。

当偏心距较小时($\eta e_0/h_0 \leqslant 0.3$),受拉边(或受压较小边)钢筋应力很小,对截面承载能力影响不大,通常按构造要求取 $A_s = 0.002bh$。这时,应按受拉边(或受压较小边)钢筋截面面积

A_s 已知的情况，求解 x 和 A'_s。

对于这种情况，先按小偏心受压构件计算，将 σ_s 的计算表达式(5-2-3)代入公式(5-3-3)，由 $\sum M_{A'_s}=0$ 的平衡条件，求得混凝土受压高度 x。

若所得 x 满足 $\xi_b h_0 \leqslant x \leqslant h$，则将其代入公式(5-2-3)计算 σ_s 值。然后，将所得 x 和 σ_s 值代入公式(5-3-1)或代入公式(5-3-2)，求得受压较大边钢筋截面面积 A'_s。若按上述步骤求得的 A'_s 仍小于最小配筋率限值，则应按构造要求取 $A'_s=0.002bh$。

若由公式(5-3-3)求得的 $x>h$，即相当于全截面均匀受压的情况。这时，公式(5-3-3)中的混凝土应力项应取 $x=h$，而钢筋应力 σ_s 仍以包含未知数 x 的公式(5-2-3)代入，并由此式重新确定 x 值和 σ_s 值。然后，再将 σ_s 值代入公式(5-3-1)，求得钢筋截面面积 A'_s。

(2)对称配筋

在桥梁结构中，常由于荷载作用位置不同，在截面中产生方向相反的弯矩，当其绝对值相差不大时，可采用对称配筋方案。装配式柱为了保证安装不出差错，有时也采用对称配筋。

运用基本方程式(5-3-1)～式(5-3-4)，解决对称配筋设计问题，只存在两个未知数($A_s=A'_s$ 和 x)，问题是可解的。

当 $\gamma_0 N_d \leqslant f_{cd} b \xi_b h_0$ 时为大偏心受压构件，取 $\sigma_s=f_{sd}$，由公式(5-3-1)求得混凝土受压区高度：

$$x=\frac{\gamma_0 N_d}{f_{cd} b} \tag{5-3-8}$$

若所得 $x \leqslant \xi_b h_0$，将其代入公式(5-3-2)，求得钢筋截面面积：

$$A'_s=A_s=\frac{\gamma_0 N_d e_s-f_{cd} b x\left(h_0-\dfrac{x}{2}\right)}{f_{sd}(h_0-a'_s)} \tag{5-3-9}$$

当 $\gamma_0 N_d > f_{cd} b \xi_b h_0$ 时为小偏心受压构件，将 σ_s 的计算表达式(5-2-3)，代入公式(5-3-3)，联立解公式(5-2-3)和公式(5-3-2)，并令 $A_s=A'_s$，求得 x 和 $A_s=A'_s$。若 $\xi_b h_0<x<h$，则所得 $A_s=A'_s$ 即为所求。

图 5-3-2 所示为矩形截面设计的电算框图。

2.承载能力复核

对初步设计好的偏心受压构件进行承载能力复核可分为两种情况：

第一类问题是在保持偏心距不变的情况下，计算构件所能承受的轴向力设计值 N_{du}，若 $N_{du}>\gamma_0 N_d$，说明构件的承载力是足够的。

第二类问题在保持轴向力设计值不变的情况下，计算构件所能承受的弯矩设计值 M_{du}(或偏心距 e_{0u})，若 $M_{du} \geqslant \gamma_0 M_d$(或 $e_{0u} \geqslant e_0$)，说明构件的承载力是足够的。

运用基本方程式(5-3-1)～式(5-3-4)，解决第一类偏心受压构件的承载能力复核问题，只存在两个未知数(x 和 N_{du})，问题是可解的。

对于这种情况，应首先由 $\sum M_N=0$ 的平衡条件公式(5-3-4)，确定混凝土受压区高度 x。

当偏心距较大时，可先按大偏心受压构件计算，取 $\sigma_s=f_{sd}$ 代入公式(5-3-4)得：

$$f_{cd} b x\left(e_s-h_0+\frac{x}{2}\right)=f_{sd} A_s e_s-f'_{sd} A'_s e'_s \tag{5-3-10}$$

展开整理后为一以 x 为未知数的二次方程，解二次方程求得 x。若 $x \leqslant \xi_b h_0$，则所得 x 即为所求。

当偏心距较小，或按公式(5-3-12)求得的 $x>\xi_b h_0$ 时，则应按小偏心受压构件计算，将公式

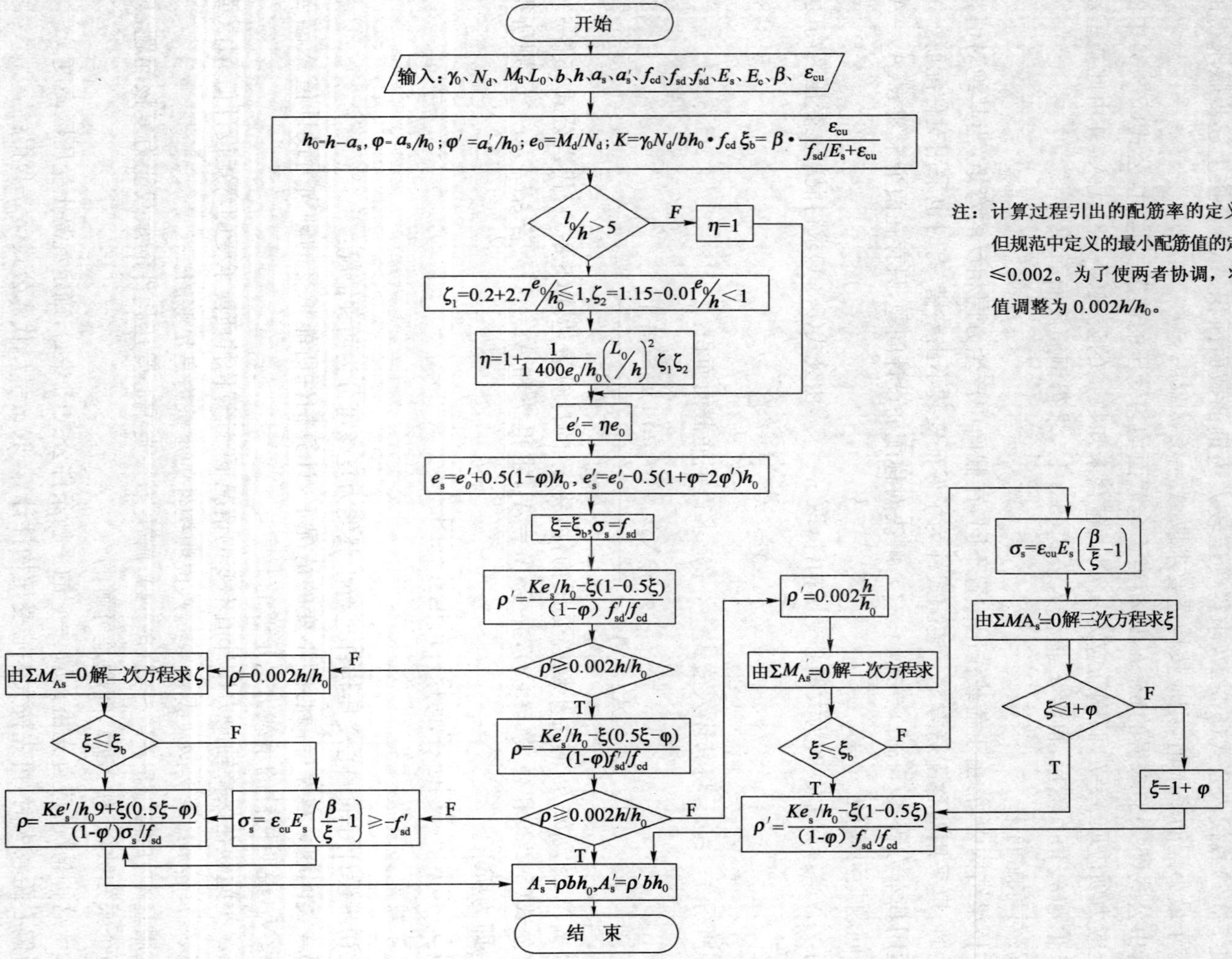

图 5-3-2　矩形截面电算框图

注：计算过程引出的配筋率的定义为 $\rho=A_s/bh_0$，但规范中定义的最小配筋值的定义是 $\rho=A_s/bh_0\leqslant 0.002$。为了使两者协调，将最小配筋限值调整为 $0.002h/h_0$。

(5-2-3)代入公式(5-3-4)。经展开整理后为以 x 为未知数的三次方程，解三次方程求得 x 值。若 $\xi_b h_0 < x \leqslant h$，则所得 x 即为所求。并代入公式(5-2-3)计算 σ_s 值。

若按小偏心受压构件计算，由公式(5-3-4)求得 $x > h$，即相当于混凝土全截面均匀受压的情况，计算混凝土合力及其作用点位置时，应取 $x = h$；计算钢筋应力 σ_s 时，仍以包含未知数 x 的公式(5-2-3)代入，并由公式(5-3-4)重新确定 x 值和计算相应的 σ_s 值。

求得混凝土受压区高度后，将 x 及与其相对应的 σ_s 值，代入公式(5-3-1)，求得构件所能承受的轴向力设计值：

$$N_{du} = f_{cd}bx + f_{sd}A'_s - \sigma_s A_s \tag{5-3-11}$$

式中，当 $x \leqslant \xi_b h_0$ 时，取 $\sigma_s = f_{sd}$；

当 $x > \xi_b h_0$ 时，σ_s 按公式(5-2-3)计算；

当 $x > h$ 时，计算混凝土合力项时取 $x = h$。

若 $N_{du} > \gamma_0 N_d$，说明构件的承载力是足够的。

运用基本方程式(5-3-1)～式(5-3-4)解决第二类偏心受压构件承载力复核问题，只存在两个未知数 e'_s(或 e_s)和 x，问题是可解的。这时，可先按大偏心受压构件，令 $\sigma_s = f_{sd}$ 代入公式(5-3-1)，由 $\sum N = 0$ 的平衡条件，确定混凝土受压区高度 x。若所得 $x \leqslant \xi_b h_0$，则将所得 x 值代入公式(5-3-2)或式(5-3-3)，求得允许偏心距 e_{su}(或 e'_{su})。若 $e_{su} \geqslant e_s$(或 $e'_{su} \geqslant e'_s$)说明构件的承载力是足够的。

若按 $\sigma_s = f_{sd}$ 由公式(5-3-1)求得的 $x > \xi_b h_0$，则应改为按小偏心受压构件计算，将 σ_s 计算表达式(5-2-3)代入公式(5-3-1)，求得混凝土受压区高度 x。若 $\xi_b h_0 < x < h$，则将其代入公式(5-3-2)或式(5-3-3)，计算容许的偏心距 e_{su}(或 e'_{su})。若 $e_{su} \geqslant e_s$(或 $e'_{su} \geqslant e_s$)，说明构件的承载能力是足够的。

例题 5-3-1 有一钢筋混凝土偏心受压构件，计算长度 $L_0 = 10\text{m}$，截面尺寸为 300mm×600mm，承受的轴向力组合设计值 $N_d = 315\text{kN}$，弯矩组合设计值 $M_d = 210\text{kN} \cdot \text{m}$，结构重要性系数 $\gamma_0 = 1$。拟采用 C30 混凝土，$f_{cd} = 13.8\text{MPa}$；HRB335 钢筋，$f_{sd} = 280\text{MPa}$，$f'_{sd} = 280\text{MPa}$，$E_s = 2 \times 10^5\text{MPa}$，$\xi_b = 0.56$。试选择钢筋，并复核承载力。

解：因 $L_0/h = 10000/600 = 16.67 > 5$，故应考虑偏心距增大系数 η 的影响，η 值按公式(5-2-2)计算：

$$\eta = 1 + \frac{1}{1400e_0/h_0}(L_0/h)^2\zeta_1\zeta_2$$

式中：$e_0 = M_d/N_d = \dfrac{210}{315} \times 10^3 = 666.7\text{mm}$；

$h_0 = h - a_s = 600 - 45 = 555\text{mm}$(假设 $a_s = a'_s = 45\text{mm}$)；

$L_0 = 10000\text{mm}$；$h = 600\text{mm}$；

$\zeta_1 = 0.2 + 2.7e_0/h_0 = 0.2 + 2.7 \times 666.7/555 = 3.44 > 1$，取 $\zeta_1 = 1$；

$\zeta_2 = 1.15 - 0.01\dfrac{L_0}{h} = 1.15 - 0.01\dfrac{10000}{600} = 0.98 < 1$。

代入上式则得：

$$\eta = 1 + \frac{1}{1400 \times \dfrac{666.7}{555}}\left(\frac{10000}{600}\right)^2 \times 1 \times 0.98 = 1.16$$

计算偏心距：

$$e_s=\eta e_0+h_0-\frac{h}{2}=1.16\times 666.7+555-\frac{600}{2}=1028.4\text{mm}$$

$$e'_s=\eta e_0-\frac{h}{2}+a'_s=1.16\times 666.7-\frac{600}{2}+45=518.4\text{mm}$$

(1)钢筋选择

因 $\eta e_0/h_0=1.16\times 666.7/555=1.39$，显然为大偏心受压构件，取 $\sigma_s=f_{sd}=280\text{MPa}$。

首先，以 $x=\xi_b h_0=0.56\times 555=310.8\text{mm}$ 代入公式(5-3-2)，求得受压钢筋截面面积。

$$A'_s=\frac{\gamma_0 N_d e_s-f_{cd}bx\left(h_0-\frac{x}{2}\right)}{f'_{sd}(h_0-a'_s)}$$

$$=\frac{1\times 315\times 10^3\times 1028.4-13.8\times 300\times 310.8\times\left(555-\frac{310.8}{2}\right)}{280\times(555-45)}$$

$$=-1332.1\text{mm}^2$$

A'_s 出现负值，则应改为按构造要求取 $A'_s=0.002bh=0.002\times 300\times 600=360\text{mm}^2$，选 3 ϕ 14（外径 16.2mm），供给的 $A'_s=462\text{mm}^2$，仍取 $a'_s=45\text{mm}$。

这时，应由公式(5-3-2)计算混凝土受压高度 x：

$$\gamma_0 N_d e_s=f_{cd}bx\left(h_0-\frac{x}{2}\right)+f'_{sd}A'_s(h_0-a'_s)$$

$$1\times 315\times 10^3\times 1028.4=13.8\times 300x\left(555-\frac{x}{2}\right)+280\times 462(555-45)$$

展开整理后得：

$$x^2-1110x+124624.35=0$$

解之得：

$$x=126.75\text{mm}<\xi_b h_0=0.56\times 555=310.8\text{mm}$$
$$>2a'_s=2\times 45=90\text{mm}$$

将所得 x 值代入公式(5-3-1)，求得受拉钢筋截面面积为：

$$A_s=\frac{f_{cd}bx+f'_{sd}A'_s-\gamma_0 N_d}{f_{sd}}$$

$$=\frac{13.8\times 300\times 126.75+280\times 462-1\times 315\times 10^3}{280}=1211\text{mm}^2$$

选 4 ϕ 20（外径 22.7mm），供给的 $A_s=1256\text{mm}^2$，布置成一排，所需截面最小宽度 $b_{min}=2\times 30+3\times 30+4\times 22.7=241\text{mm}<b=300\text{mm}$，仍取 $a_s=45\text{mm}$，$h_0=555\text{mm}$（图 5-3-3）。

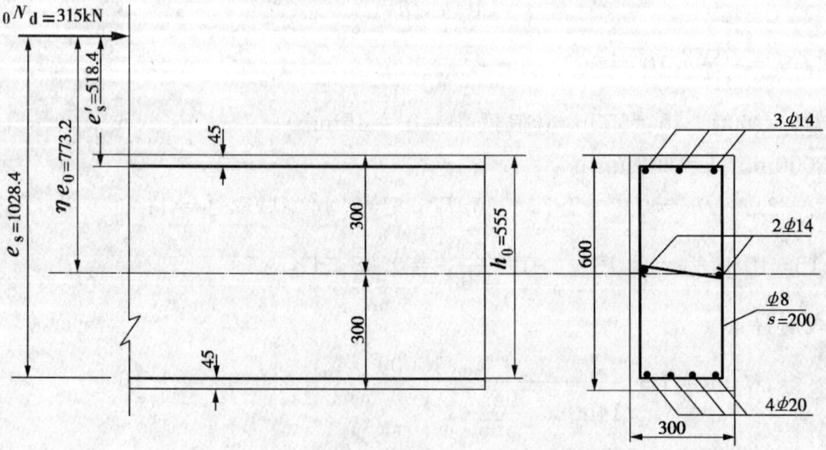

图 5-3-3　偏心受压构件计算简图及配筋（尺寸单位：mm）

(2)稳定验算

因 $L_0/b=10000/300=33.33>8$，应对垂直于弯矩作用平面进行稳定验算。稳定验算时，不考虑弯矩的作用，由公式(5-1-1)得：

$$N_{du}=0.9\varphi[f_{cd}bh+f'_{sd}(A_s+A'_s)]$$

按 $L_0/b=33.33$，查得 $\varphi=0.453$，代入上式得：

$$N_{du}=0.9\times0.453\times[13.8\times300\times600+280\times(462+1256)]$$
$$=1208.8\times10^3\text{N}=1208.8\text{kN}>\gamma_0N_d=315\text{kN}$$

计算结果表明，垂直弯矩作用平面的稳定性满足要求。

(3)承载能力复核

按实际配筋情况进行承载能力复核时，应由 $\sum M_N=0$ 的平衡条件公式(5-3-4)，确定混凝土受压区高度 x：

$$f_{cd}bx\left(e_s-h_0+\frac{x}{2}\right)=f_{sd}A_se_s-f'_{sd}A'_se'_s$$

$$13.8\times300x\left(1028.4-555+\frac{x}{2}\right)=280\times1256\times1028.4-280\times462\times518.4$$

展开整理后得：

$$x^2+946.8x-142322.46=0$$

解之得：
$$x=131.9\text{mm}<\xi_bh_0=0.56\times555=310.8\text{mm}$$
$$>2a'_s=2\times45=90\text{mm}$$

将所得 x 值代入公式(5-3-1)得：

$$N_{du}=f_{cd}bx+f'_{sd}A'_s-f_{sd}A_s$$
$$=13.8\times300\times131.9+280\times462-280\times1256$$
$$=323.9\times10^3\text{N}=323.9\text{kN}>\gamma_0N_d=315\text{kN}$$

计算结果表明，结构的承载力是足够的。

例题 5-3-2 有一现浇的钢筋混凝土偏心受压构件，计算长度 $L_0=2.5$m，截面尺寸 250mm×500 mm，承受的轴向力组合设计值 $N_d=1200$kN，弯矩组合设计值 $M_d=120$kN·m，结构重要性系数 $\gamma_0=1$。拟采用 C25 混凝土，$f_{cd}=11.5$MPa，$f_{td}=1.23$MPa；纵向钢筋拟采用 HRB335 钢筋，$f_{sd}=280$MPa，$f_{sd}'=280$MPa，$E_s=2.0\times10^5$MPa，$\xi_b=0.56$。试选择钢筋，并复核承载能力。

解：因 $L_0/h=2500/500=5$，故可不考虑附加偏心增大系数 η 的影响。假设 $a_s=a'_s=37$mm，$h_0=h-a_s=500-37=463$mm。计算偏心距为：

$$e_0=M_d/N_d=\frac{120}{1200}\times10^3=100\text{mm}$$

$$e_s=\eta e_0+h_0-\frac{h}{2}=100+463-\frac{500}{2}=313\text{mm}$$

$$e'_s=\eta e_0-\frac{h}{2}+a'_s=100-\frac{500}{2}+37=-113\text{mm}$$

(1)配筋设计

$\eta e_0/h_0=100/463=0.216$，偏心距较小，先按小偏心受压构件设计。

首先按构造要求，确定受拉边(或受压较小边)钢筋截面面积，取 $A_s\geq0.002bh=0.002\times250\times500=250\text{mm}^2$，选取 3 ϕ 12(外径 13.9mm)，供给 $A_s=339\text{mm}^2$，$a'_s=30+13.9/2$

$\approx 37\text{mm}$。

然后，由$\sum M_{A'_s}=0$的条件[公式(5-3-3)]，求混凝土受压区高度x。

式中，σ_s按公式(5-2-3)计算，对C50及以下混凝土，$\varepsilon_{cu}=0.0033$，$\beta=0.8$；HRB335钢筋弹性模量$E_s=2\times10^5\text{MPa}$；$h_0=463\text{mm}$，代入后得：

$$\sigma_s=\varepsilon_{cu}E_s\left(\frac{\beta}{x/h_0}-1\right)=0.0033\times2\times10^5\left(\frac{0.8}{x/463}-1\right)=660\times\left(\frac{370.4}{x}-1\right)$$

将上式和有关数据代入公式(5-3-3)，可得：

$$1200\times10^3\times(-113)=-11.5\times250x\left(\frac{x}{2}-37\right)+660\times\left(\frac{370.4}{x}-1\right)\times 339\times(463-37)$$

展开整理后得：

$$x^3-74x^2-28025.6x-24559321=0$$

采用Podolsky逐次渐近法求解三次方程得：$x=351.9\text{mm}>\xi_b h_0=0.56\times463=240.76\text{mm}$，说明按小偏心受压构件计算是正确的。

注：Podolsky逐次渐近法求解三次方程。

设$f(x)=Ax^3+Bx^2+Cx+D$

令$x=x_1+\Delta x_1$，其中x_1为第一次假定值，Δx_1为校正值，由台劳公式可得：

$$f(x)=f(x_1+\Delta x_1)=f(x_1)+\frac{\Delta x_1}{1!}f'(x_1)+\frac{\Delta x_1^2}{2!}f''(x_1)+\cdots\cdots=0$$

略去Δx_1的高次项得：

$$f(x_1)=-\Delta x_1 f'_{(x1)}$$

所以，$\Delta x_1=-\dfrac{f(x_1)}{f'(x_1)}$

则$x=x_1+\Delta x_1=x_1-\dfrac{f(x_1)}{f'(x_1)}=x_1-\dfrac{Ax_1^3+Bx_1^2+Cx_1+D}{3Ax_1^2+2Bx_1+C}$

将上式求得的x值，做为第二次假定值，继续试算，一般通过2～3次试算，即可达到要求。

受拉边或受压较小边的钢筋应力为：

$$\sigma_s=\varepsilon_{cu}E_s\left(\frac{\beta}{x/h_0}-1\right)=660\times\left(\frac{370.4}{x}-1\right)$$

$$=660\times\left(\frac{370.4}{351.9}-1\right)=34.7\text{MPa}(\text{拉应力})$$

由$\sum N=0$的条件[公式(5-3-1)]，求得受压较大边钢筋截面面积为：

$$A'_s=\frac{\gamma_0 N_d-f_{cd}bx+\sigma_s A_s}{f'_{sd}}$$

$$=\frac{1\times1200\times10^3-11.5\times250\times351.9-34.7\times339}{280}=714.5\text{mm}^2$$

选取4 ϕ 16(外径18.4mm)，供给$A'_s=804\text{mm}^2$，$a'_s=30+18.4/2=39.2\text{mm}$，取$a'_s=40\text{mm}$钢筋按一排布置，所需截面最小宽度$b_{min}=2\times30+4\times18.4+3\times30=223.6\text{mm}<b=250\text{mm}$。

受压较小边钢筋已选取3 ϕ 12，$A_s=339\text{mm}^2$，仍取$a_s=37\text{mm}$，$h_0=463\text{mm}$。实际的计算偏心距为

$$e_0=100\text{mm}$$

$$e_s = 313\text{mm}$$

$$e'_s = e_0 - h/2 + a'_s = 100 - 500/2 + 40 = -110\text{mm}$$

(2)稳定验算

对垂直于弯矩作用平面进行稳定验算，由公式(5-1-1)得：

$$N_{du} = 0.9\varphi[f_{cd}bh + f'_{sd}(A_s + A'_s)]$$

由 $L_0/b = 2500/250 = 10$，查得 $\varphi = 0.98$，代入上式得：

$$N_{du} = 0.9 \times 0.98 \times [11.5 \times 250 \times 500 + 280 \times (339 + 804)]$$
$$= 1550 \times 10^3\text{N} = 1550\text{kN} > \gamma_0 N_d = 1200\text{kN}$$

计算结果表明，垂直于弯矩作用平面的稳定性满足要求(图 5-3-4)。

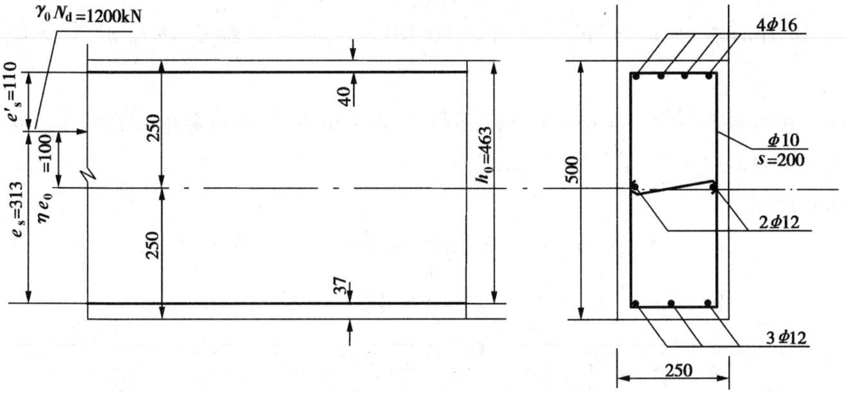

图 5-3-4 偏心受压构件计算简图及配筋(尺寸单位：mm)

(3)承载力复核

由 $\sum M_N = 0$ 的平衡条件[公式(5-3-4)]，确定受压区高度 x，可得：

$$f_{cd}bx\left(e_s - h_0 + \frac{x}{2}\right) = \sigma_s A_s e_s - f'_{sd}A'_s e'_s$$

将 $\sigma_s = \varepsilon_{cu}E_s\left(\frac{\beta}{x/h_0} - 1\right) = 660 \times \left(\frac{370.4}{x} - 1\right)$ 和有关数据代入上式

$$11.5 \times 250x\left[313 - 463 + \frac{x}{2}\right] = 660 \times \left(\frac{370.4}{x} - 1\right) \times 339 \times 313 - 280 \times 804 \times (-110)$$

展开整理后得：

$$x^3 - 300x^2 + 31490.4x - 18044759.4 = 0$$

解三次方程得 $x = 354.7\text{mm} > \xi_b h_0 = 0.56 \times 463 = 259.28\text{mm}$，属于小偏心受压构件。

受压较小边钢筋应力为：

$$\sigma_s = \varepsilon_{cu}E_s\left(\frac{\beta}{x/h_0} - 1\right) = 660 \times \left(\frac{370.4}{354.7} - 1\right) = 29.2\text{MPa}(\text{拉应力})$$

将所得 x 和 σ_s 值代入公式(5-3-1)得

$$N_{du} = f_{cd}bx + f'_{sd}A'_s - \sigma_s A_s$$
$$= 11.5 \times 250 \times 354.7 + 280 \times 804 - 29.2 \times 339$$
$$= 1235.0 \times 10^3\text{N} = 1235.0\text{kN} > \gamma_0 N_d = 1200\text{kN}$$

计算结果表明，承载力是足够的。

此外，对于轴向力作用于 A_s 和 A'_s 之间的小偏心受压构件，为了防止离轴向力较远一侧混凝土先压坏，尚应满足公式(5-3-7)的限制条件：

$$\gamma_0 N_d e'_s \leqslant f_{cd} bh(h'_0 - \frac{h}{2}) + f'_{sd} A_s (h_0 - a_s)$$

式中 $h'_0 = h - a'_s = 500 - 40 = 460\text{mm}$，$e'_s = 108\text{mm}$ 代入上式后得

$$1.0 \times 1200 \times 10^3 \times 110 \leqslant 11.5 \times 250 \times 500 \times \left(460 - \frac{500}{2}\right) + 280 \times 339 \times (460 - 37)$$

$132 \times 10^6 \text{N} \cdot \text{mm} \leqslant 342 \times 10^6 \text{N} \cdot \text{mm}$，满足要求。

例题 5-3-3 有一装配式钢筋混凝土柱，计算长度 $L_0 = 3.5\text{m}$，截面尺寸为 $250\text{mm} \times 500\text{mm}$。承受的轴向力组合设计值 $N_d = 1328\text{kN}$，双向变号弯矩组合设计值 $M_d = \pm 121.9\ \text{kN} \cdot \text{m}$，结构重要性系数 $\gamma_0 = 1.0$。拟采用 C25 混凝土，$f_{cd} = 11.5\text{MPa}$，$f_{td} = 1.23\text{MPa}$；HPB300 钢筋 $f_{sd} = f'_{sd} = 250\text{MPa}$，$\xi_b = 0.58$，$E_s = 2.1 \times 10^5 \text{MPa}$。试按对称配筋原则选择钢筋，并复核承载力。

解：因 $L_0/h = 3500/500 = 7$，故可不考虑附加偏心增大系数的影响，即 $\eta = 1$。假设 $a'_s = a_s = 37\text{mm}$，则 $h_0 = h - a_s = 500 - 37 = 463\text{mm}$。

计算偏心距为：

$$e_0 = M_d / N_d = 121.9/1328 \times 10^3 = 91.8\text{mm}$$

$$e_s = \eta e_0 + h_0 - \frac{h}{2} = 91.8 + 463 - \frac{500}{2} = 304.8\text{mm}$$

$$e'_s = \eta e_0 - \frac{h}{2} + a'_s = 91.8 - \frac{500}{2} + 37 = -121.2\text{mm}$$

(1)配筋设计

因相对偏心距（$\eta e_0 / h_0 = 91.8/463 = 0.198$）较小，先按小偏心受压构件计算，将

$$\sigma_s = \varepsilon_{cu} E_s \left(\frac{\beta}{x/h_0} - 1\right) = 0.0033 \times 2.1 \times 10^5 \times \left(\frac{0.8 \times 463}{x} - 1\right)$$

$$= 693 \times \left(\frac{370.4}{x} - 1\right)$$

代入公式(5-3-1)，并取 $A_s = A'_s$：

$$\gamma_0 N_d = f_{cd} bx + f'_{sd} A'_s - \sigma_s A_s$$

$$\gamma_0 N_d = f_{cd} bx + \left[f'_{sd} - 693 \times \left(\frac{370.4}{x} - 1\right)\right] A'_s$$

故

$$A_s = A'_s = \frac{\gamma_0 N_d - f_{cd} bx}{f'_{sd} - 693 \times \left(\frac{370.4}{x} - 1\right)}$$

$$= \frac{1328 \times 10^3 - 11.5 \times 250x}{250 - 693 \times \left(\frac{370.4}{x} - 1\right)} = \frac{1328 \times 10^3 x - 2875x^2}{943x - 256687.2}$$

将上式代入公式(5-3-2)，得：

$$\gamma_0 N_d e_s = f_{cd} bx \left(h_0 - \frac{x}{2}\right) + f'_{sd} A'_s (h_0 - a'_s)$$

$$1328 \times 10^3 \times 304.8 = 11.5 \times 250x \left(463 - \frac{x}{2}\right) + 250 \times \left[\frac{1\,328 \times 10^3 x - 2\,875x^2}{943x - 256687.2}\right] \times (463 - 37)$$

整理后得　　　　$x^3-1027.97x^2+4628.32x+8139459=0$

解三次方程得　$x=372.17\text{mm}>\xi_b h_0=0.58\times463=268.54\text{mm}$

说明按小偏心受压构件计算是正确的。

受拉边或受压较小边的钢筋应力为：

$$\sigma_s=\varepsilon_{cu}E_s\left(\frac{\beta}{x/h_0}-1\right)=693\times\left(\frac{370.4}{372.17}-1\right)=-3.3\text{MPa}(\text{压应力})$$

所需钢筋截面面积为：

$$A_s=A'_s=\frac{\gamma_0 N_d-f_{cd}bx}{f_{sd}-\sigma_s}$$

$$=\frac{1328\times10^3-11.5\times250\times372.17}{[250-(-3)]}=1018.6\text{mm}^2$$

选取 4 ϕ 20，供给的 $A_s=A'_s=1256\text{mm}^2$，钢筋布置成一排，所需截面最小宽度 $b_{min}=2\times30+4\times20+3\times30=230\text{mm}<b=250\text{mm}$。$a_s=a'_s=30+20/2=40\text{mm}$，$h_0=500-40=460\text{mm}$（图 5-3-5）。

$$e_s=2e_0+h_0-h/2=91.8+460-500/2=301.8\text{mm}$$

$$e_s=2e_0-h/2+a'_s=91.8-500/2+40=-118.2\text{mm}$$

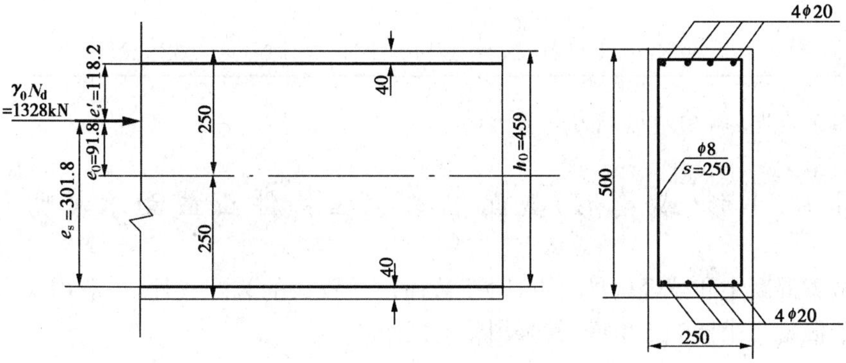

图 5-3-5　偏心受压构件计算简图及配筋(尺寸单位：mm)

(2)稳定验算

因 $L_0/b=3500/250=14>8$ 故应对垂直于弯矩作用平面进行稳定验算，由公式(5-1-1)得：

$$N_{du}=0.9\varphi[f_{cd}bh+2f'_{sd}A'_s]$$

按 $L_0/b=14$，查得 $\varphi=0.92$，代入上式，得：

$$N_{du}=0.9\times0.92\times[11.5\times250\times500+2\times250\times1256]$$

$$=1710.2\times10^3\text{N}=1710.2\text{kN}>\gamma_0 N_d=1328\text{kN}$$

(3)承载力复核

由 $\sum M_N=0$ 的条件(公式 5-3-4)确定混凝土受压区高度，得：

$$f_{cd}bx\left(e_s-h_0+\frac{x}{2}\right)=\sigma_s A_s e_s-f'_{sd}A'_s e'_s$$

将 $\sigma_s=\varepsilon_{cu}E_s\left(\frac{\beta}{x/h_0}-1\right)=0.0033\times2.1\times10^5\left(\frac{0.8\times460}{x}-1\right)693\times\left(\frac{368}{x}-1\right)$和有关数据代入上式，得：

$$11.5\times250x\left[301.8-460+\frac{x}{2}\right]$$

$$=693\times\left(\frac{368}{x}-1\right)\times1256\times301.8-250\times1256\times(-118.2)$$

展开整理后得：

$$x^3-316.4x^2+156921.3x-67248418.4=0$$

解三次方程得： $x=373\text{mm}>\xi_b h_0=0.58\times460=266.3\text{mm}$

受拉边或受压较小边钢筋应力为：

$$\sigma_s=\varepsilon_{cu}E_s\left(\frac{\beta}{x/h_0}-1\right)=693\times\left(\frac{368}{373}-1\right)=-9.3\text{MPa}$$

将所得 x 和 σ_s 值代入公式(5-3-1)得：

$$N_{du}=f_{cd}bx+f'_{sd}A'_s-\sigma_s A_s$$

$$=11.5\times250\times373+250\times1256-(-9.3)\times1256$$

$$=1398.1\times10^3\text{N}=1398.1\text{kN}>\gamma_0 N_d=1328\text{kN}$$

计算结果表明，结构的承载力是足够的。

§5-4 I形(或箱形)截面偏心受压构件正截面承载力计算

为了节省混凝土和减轻构件自重，对于截面尺寸较大的装配式柱，一般均采用I形截面。大跨径钢筋混凝土拱桥的主拱圈，常采用箱形截面。

一、纵向受力钢筋集中布置在截面两端的I形截面

试验研究表明，受力钢筋集中布置在截面两端的I形截面偏心受压构件正截面破坏特征与矩形截面者基本相同，所采用的计算图式(图5-4-1)完全一样。

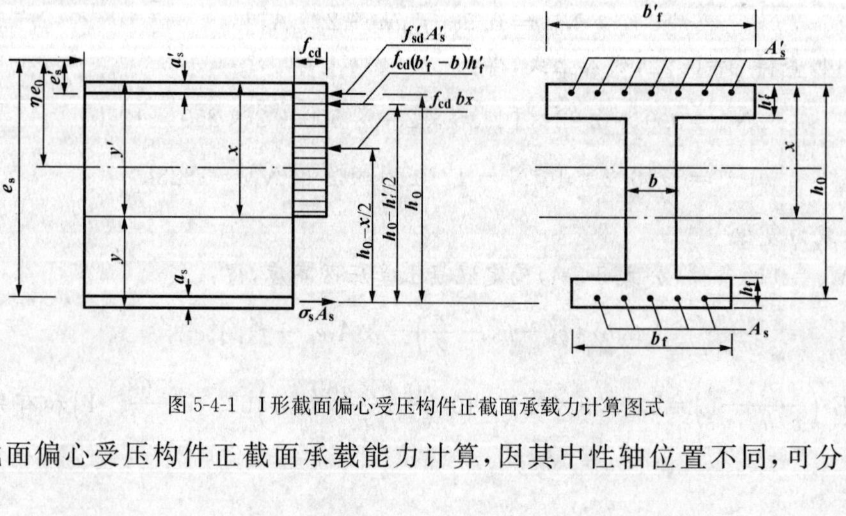

图 5-4-1 I形截面偏心受压构件正截面承载力计算图式

I形截面偏心受压构件正截面承载能力计算，因其中性轴位置不同，可分为下列几

种情况：

(1)当 $x \leqslant h_f'$时，中性轴位于上翼缘内，其正截面承载力应按宽度为 b_f'的矩形截面偏心受压构件计算。这种情况显然属于大偏心受压构件，取 $\sigma_s = f_{sd}$，并注意验算 $x \geqslant 2a_s'$的条件。

(2)若 $h_f' < x \leqslant (h - h_f)$，中性轴位于腹板内，其正截面承载力计算公式，由内力平衡条件求得：

由轴向力平衡条件，即$\sum N=0$得：

$$\gamma_0 N_d \leqslant f_{cd}bx + f_{cd}(b_f'-b)h_f' + f_{sd}'A_s' - \sigma_s A_s \tag{5-4-1}$$

由所有力对受拉边(或受压较小边)钢筋合力作用点取矩的平衡条件，即$\sum M_{As}=0$得：

$$\gamma_0 N_d e_s \leqslant f_{cd}bx\left(h_0 - \frac{x}{2}\right) + f_{cd}(b_f'-b)h_f'\left(h_0 - \frac{h_f'}{2}\right) + f_{sd}'A_s'(h_0 - a_s') \tag{5-4-2}$$

由所有力对轴向力合力作用点取矩的平衡条件，即$\sum M_N=0$得：

$$f_{cd}bx\left(e_s - h_0 + \frac{x}{2}\right) + f_{cd}(b_f'-b)h_f'\left(e_s - h_0 + \frac{h_f'}{2}\right) = \sigma_s A_s e_s - f_{sd}'A_s'e_s' \tag{5-4-3}$$

注：严格讲T形截面偏心受压构件的受压较大边的翼缘宽度 b_f'应按下列规定采用：承受轴力时，取全宽；承受弯矩时，应取计算宽度($b_f' \leqslant 12h_f'+b$)。为简化计算，在计算公式(5-4-1)～式(5-4-3)中的 b_f'可取用同样的数值。

式中：e_s——轴向力作用点至受拉边(或受压较小边)钢筋合力作用点的距离，$e_s = \eta e_0 + h_0 - y'$；

e_s'——轴向力作用点至受压较大边钢筋合力作用点的距离，$e_s' = \eta e_0 - y' + a_s'$；

y'——混凝土截面重心至受压较大边截面边缘的距离；

e_0——轴向作用点至混凝土截面重心轴的距离，即原始偏心距，$e_0 = M_d/N_d$；

η——偏心距增大系数，按公式(5-2-2)计算；

σ_s——受拉边(或受压较小边)钢筋的应力，其取值与 x 有关：当 $x \leqslant \xi_b h_0$ 时，取 $\sigma_s = f_{sd}$；当 $x > \xi_b h_0$ 时，按公式(5-2-3)计算。

(3)若$(h-h_f) < x \leqslant h$，中性轴位于下翼缘内，其正截面承载力计算公式，应改写为下列形式：

由$\sum N=0$得

$$\gamma_0 N_d \leqslant f_{cd}bx + f_{cd}(b_f'-b)h_f' + f_{cd}(b_f-b)(x-h+h_f) + f_{sd}'A_s' - \sigma_s A_s \tag{5-4-4}$$

由$\sum M_{As}=0$得

$$\gamma_0 N_d e_s \leqslant f_{cd}bx\left(h_0 - \frac{x}{2}\right) + f_{cd}(b_f'-b)h_f'\left(h_0 - \frac{h_f'}{2}\right) + f_{cd}(b_f-b)(x-h+h_f)\left(h_f - a_s - \frac{x-h+h_f}{2}\right) + f_{sd}'A_s'(h_0 - a_s') \tag{5-4-5}$$

由$\sum M_N=0$得

$$f_{cd}bx\left(e_s - h_0 + \frac{x}{2}\right) + f_{cd}(b_f'-b)h_f'\left(e_s - h_0 + \frac{h_f'}{2}\right) + f_{cd}(b_f-b)(x-h+h_f)\left(e_s + a_s - h_f + \frac{x-h+h_f}{2}\right) = \sigma_s A_s e_s - f_{sd}'A_s'e_s' \tag{5-4-6}$$

这种情况显然属于小偏心受压构件，受拉边(或受压较小边)钢筋应力 σ_s 应按公式(5-2-3)代入。

(4)若按公式(5-4-6)求得的 $x > h$，则表示全截面均匀受压的情况，计算混凝土合力及其作用点位置时就取 $x=h$，正截面承载力计算公式应改写为下列形式：

由$\sum N=0$得

$$\gamma_0 N_d \leqslant f_{cd} A_c + f'_{sd} A'_s - \sigma_s A_s \tag{5-4-7}$$

由$\sum M_{As}=0$得

$$\gamma_0 N_d e_s \leqslant f_{cd} A_c (h_0 - y') + f'_{sd} A'_s (h_0 - a'_s) \tag{5-4-8}$$

由$\sum M_N=0$得

$$f_{cd} A_c (e_s - h_0 + y') = \sigma_s A_s e_s - f'_{sd} A'_s e'_s \tag{5-4-9}$$

显然，对这种情况，受压较小边钢筋应力可直接由公式(5-4-9)求得：

$$\sigma_s = \left| \frac{f_{cd} A_c (e_s - h_0 + y') + f'_{sd} A'_s e'_s}{A_s e_s} \right| \leqslant f'_{sd}$$

式中：A_c——I形截面面积。

应该指出上述公式是针对图5-4-1所示的轴向力作用在截面以外的情况导出的，受拉边(或受压较小边)钢筋应力以箭头方向为正(表示拉力)。当轴向力作用于A_s和A'_s之间时，e'_s将出现负值，应按负值直接代入公式。计算钢筋应力σ_s出现负值表示为压力，亦应以负值直接代入公式。

实际上，公式(5-4-1)～公式(5-4-9)给出的I形偏心受压构件正截面承载力计算公式，可以涵盖除圆形截面以外的所有情况。当$h_f=0$，$b_f=b$时，即为T形截面；当$h_f=h'_f=0$，$b_f=b'_f=b$时，即为矩形截面。进一步而言，若令$\eta e_0=0$，则可推广到受压构件。

I形截面偏心受压构件的配筋设计可参照本章§5-3介绍的矩形截面偏心受压构件配筋设计方法进行。

(1)非对称配筋

当偏心距较大时，一般先按大偏心受压构件计算，取$\sigma_s=f_{sd}$，并假设$x=\xi_b h_0$，将其代入公式(5-4-2)，由$\sum M_{As}=0$的条件，求得受压钢筋截面面积A'_s。若所得$A'_s \geqslant 0.002[bh+(b'_f-b)h'_f+(b_f-b)h_f]$，则将其代入公式(5-4-1)，由$\sum N=0$条件，求得受拉钢筋截面面积$A_s$，若所得$A_s$不满足构造要求，应按构造要求确定$A_s$值。

当偏心较小时，受拉边(或受压较小边)钢筋可先按构造要求确定，取$A_s=0.002[bh+(b'_f-b)h'_f+(b_f-b)h_f]$。这时应按小偏心受压构件计算，受拉边(或受压较小边)钢筋应力σ_s按公式(5-2-3)计算，这时应联立解方程式(5-4-2)和式(5-4-1)，求得x和A'_s，若$\xi_b h_0 < x < h$，则所得A'_s即为所求，并应满足最小配筋率要求，且钢筋的总配筋率不小于毛截面面积的0.5%。

(2)对称配筋

采用对称配筋时，截面尺寸也是对称的。即$A_s=A'_s$，$h_f=h'_f$，$b_f=b'_f$。

当$\gamma_0 N_d \leqslant f_{cd} b \xi_b h_0 + f_{cd}(b'_f-b)h'_f$时，为大偏心受压构件，取$\sigma_s=f_{sd}$，由公式(5-4-1)求得混凝土受压区高度为：

$$x = \frac{\gamma_0 N_d - f_{cd}(b'_f - b)h'_f}{f_{cd} b}$$

若$h'_f < x \leqslant \xi_b h_0$，将其代入公式(5-4-2)求得钢筋截面面积为：

$$A_s = A'_s = \frac{\gamma_0 N_d e_s - f_{cd} b x \left(h_0 - \dfrac{x}{2}\right) - f_{cd}(b'_f - b)h'_f \left(h_0 - \dfrac{h'_0}{2}\right)}{f_{sd}(h_0 - a'_s)}$$

当$\gamma_0 Nd > f_{cd} b \xi_b h_0 + f_{cd}(b'_f-b)h'_f$时，为小偏心构件，$\sigma_s$应按公式(5-2-3)计算，将其代入公式(5-4-1)，联立解方程式(5-4-1)和式(5-4-2)，求得x和$A_s=A'_s$值，若$\xi_b h_0 < x \leqslant (h-h_f)$，则所得$A_s=A'_s$即为所求。

I形截面偏心受压构件的承载力复核可参照本章§5-3介绍的矩形偏心受压构件承载能力复核方法进行。

对初步设计好的I形截面偏心受压构件进行承载力复核时，应由所有力对轴向力作用点取矩的平衡条件，即$\sum M_N=0$确定中性轴位置。

当$\gamma_0 V_d \leqslant f_{cd} b \xi_b h_0 + f_{cd}(b'_f - b)h'_f$时，为大偏心受压构件，取$\sigma_s = f_{sd}$，代入公式(5-4-3)求$x$，若$h'_f < x \leqslant \xi_b h_0$，所得$x$即为所求，将其代入公式(5-4-1)，求得构件所能承受的轴向力设计值。

$$N_{du} = f_{cd} bx + f_{cd}(b'_f - b)h'_f + f'_{sd} A'_s - f_{sd} A_s$$

若$N_{du} > \gamma_0 N_d$，说明承载力是足够的。

若按上式求得的$x \leqslant h'_f$，则应改为按宽为b'_f的矩形截面大偏心受压构件重新求x，并进行承载力计算。

当$\gamma_0 V_d > f_{cd} b \xi_b h_0 + f_{cd}(b'_f - b)h'_f$时，为小偏心受压构件，将$\sigma_s$的计算表达式(5-2-3)代入公式(5-4-3)，解三次方程求得x值，若$\xi_b h_0 < x \leqslant (h - h_f)$，则所得$x$即为所求，将其代入公式(5-2-3)计算钢筋应力$\sigma_s$，然后将所得$\sigma_s$和$x$值代入公式(5-4-1)，求得构件所能承受的纵向力设计值N_{du}，若$N_{du} > \gamma_0 N_d$，说明构件承载能力是足够的。

二、沿截面腹部均匀布置纵向受力钢筋的I形截面

承受轴向力较大的I形(或箱形)截面偏心受压构件，有时在腹板中也布置纵向受力钢筋。参照§5-2介绍的偏心受压构件正截面承载力计算的基本假设，绘制的沿截面腹部均匀布置纵向受力钢筋的偏心受压构件正截面承载力计算图式示于图5-4-2。

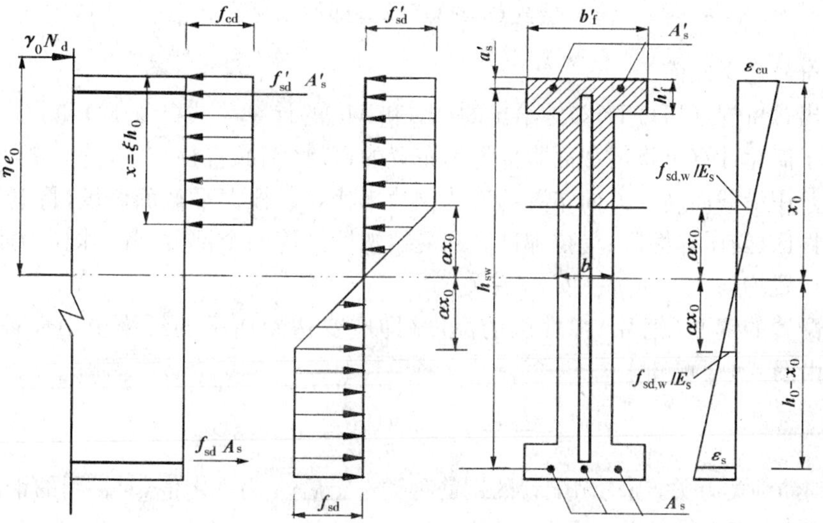

图5-4-2　沿截面腹部均匀布置纵向受力钢筋的偏心受压构件正截面承载力计算图式

从图5-4-2可以看出，沿截面腹部均匀布置纵向受力钢筋的偏心受压构件正截面承载力可以分解为三部分：

(1)集中布置在截面两端的纵向受力钢筋A'_s和A_s提供的承载能力($f'_{sd}A'_s$和$\sigma_s A_s$)；

(2)受压区混凝土提供的承载力$f_{cd}[bx + (b'_f - b)h'_f]$；

(3)沿截面腹部均匀布置纵向受力钢筋A_{sw}提供的承载力N_{sw}。

《桥规》(JTG D62)规定，沿截面腹部均匀布置纵向受力钢筋的偏心受压构件正截面承载

力，可按下列近似公式计算：

$$\gamma_0 N_d \leqslant f_{cd}[\xi b h_0 + (b'_f - b)h'_f] + f'_{sd}A'_s - \sigma_s A_s + N_{sw} \tag{5-4-10}$$

$$\gamma_0 N_d e_s \leqslant f_{cd}[\xi(1-0.5\xi)bh_0^2 + (b'_f - b)h'_f(h_0 - h'_f/2)] + f'_{sd}A'_s(h_0 - a'_s) + M_{sw} \tag{5-4-11}$$

$$N_{sw} = \left(1 + \frac{\xi - \beta}{0.5\beta\omega}\right) f_{sd,w} A_{sw} \tag{5-4-12}$$

当 $\xi = x/h_0 > \beta$ 时，取 $N_{sw} = f_{sd,w}A_{sw}$；

$$M_{sw} = \left[0.5 - \left(\frac{\xi - \beta}{\beta\omega}\right)^2\right] f_{sd\cdot w} A_{sw} h_{sw} \tag{5-4-13}$$

当 $\xi = x/h_0 > \beta$ 时，取 $M_{sw} = 0.5 f_{sd,w} A_{sw} h_{sw}$。

上述式中：N_{sw}——沿截面腹部均匀布置的纵向受力钢所承担的轴向力；

M_{sw}——沿截面腹部均匀布置的纵向受力钢筋所承担的轴向力 N_{sw} 对截面受拉边（或受压边小边）钢筋合力作用点的力矩；

β——混凝土受压区矩形应力图高度参数，对 C50 及以下混凝土取 $\beta = 0.8$；

A_{sw}——沿截面腹部均匀布置的纵向受力钢筋的总截面面积；

h_{sw}——沿截面腹部均匀布置的纵向受力钢筋区段高度，$h_{sw} = h_0 - a'_s$；

ω——沿截面腹部均匀布置纵向受力钢筋区段的高度与截面有效高度之比，$\omega = h_{sw}/h_0$；

σ_s——截面受拉边（或受压较小边）钢筋的应力，$\xi = xh_0 \leqslant \xi_b$ 时，取 $\sigma_s = f_{sd}$；$\xi = xh_0 > \xi_b$ 时，σ_s 值按公式(5-2-3)计算，即取 $\sigma_s = \varepsilon_{cu} E_s\left(\frac{\beta}{\xi} - 1\right)$；

其余各符号意义同前。

应该指出，《桥规》(JTG D62)中给出的 N_{sw} 和 M_{sw} 的计算公式(5-4-12)和公式(5-4-13)是近似的。为了简化计算可将沿截面腹部均匀布置的钢筋（钢筋直径相等，等间距布置，且每排不少于 4 根），用沿截面高度方向布置的连续钢片来代替。根据平截面假设，将钢片的应力划分为受压塑性区、受压弹性区、受拉弹性区和受拉塑性区等四个部分，各不同应力区段的合力及其作用点位置均与 $x_0 = x/\beta = \xi h_0/\beta$ 有关。

设均匀配置的钢筋（钢片）弹性区的高度（即应变达到屈服的纤维至中性轴的距离）为 $\alpha x_0 = \alpha x/\beta$，由图 5-4-2 可知

$$\frac{f_{sd,w}/E_s}{\varepsilon_{cu}} = \frac{\alpha x/\beta}{x/\beta} = \alpha \tag{5-4-14}$$

α 值与钢筋种类有关，当均匀配置的钢筋种类选定后，α 为一定值，对常用的钢筋可近似地取 $\alpha = 0.4$，这对构件承载力影响不大。

当 $\xi \leqslant \xi_b$ 时，按大偏心受压构件计算得

$$N_{sw} = \left(1 + \frac{\xi - \beta}{0.5\beta\omega}\right) f_{sd,w} A_{sw} \tag{5-4-15}$$

$$M_{sw} = \left[0.5 - \frac{(\beta - \xi)^2 + \frac{1}{3}(\alpha\xi)^2}{(\beta\omega)^2}\right] f_{sd,w} A_{sw} h_{sw} \tag{5-4-16}$$

当 $\xi > \xi_b$ 时，按小偏心受压构件计算得

$$N_{sw}=\left\{1-\frac{[\beta-(1-\alpha)\xi]^2}{1.6\omega\alpha\xi}\right\}f_{sd,w}A_{sw} \tag{5-4-17}$$

$$M_{sw}=\left\{0.5+\frac{[\beta-(1-\alpha)\xi]^3}{3.85\omega^2\alpha\xi}\right\}f_{sd,w}A_{sw}h_{sw} \tag{5-4-18}$$

将上面按平截面假设求得的腹部钢筋承载力 N_{sw}、M_{sw}的表达式分别用直线及二次曲线近似的拟合，同时将 $\alpha=0.4$ 代入，即得《桥规》(JTG D62)给出的近似计算公式(5-4-12)和公式(5-4-13)。

沿截面腹部均匀配置纵向受力钢筋的偏心受压构件的承载力复核和配筋设计，可参照矩形截面受压构件的计算步骤进行。

例题 5-4-1 有一跨径为 70m 的钢筋混凝土箱形拱，其截面尺寸如图 5-4-3 所示。在车辆荷载作用下，拱脚截面控制设计。单箱所承受的内力标准值：恒载轴力 $N_{GK}=5684.6$kN 恒载弯矩 $M_{GK}=-640.7$N·m；活载最大弯矩 $M_{QK}=1778.4$kN·m，相应的轴向力 $N_{QK}=534.6$；活载最小弯矩 $M_{QK}=-1742.26$kN·m，相应的轴向力 $N_{QK}=389.4$kN。结构重要性系数 $\gamma_0=1$。采用 C25 混凝土，$f_{cd}=11.5$MPa，$f_{td}=1.23$MPa，HPB300 钢筋，$f_{sd}=f'_{sd}=250$MPa，$E_s=2.1\times105$MPa，$\xi_b=0.58$。试选择钢筋，并复核承载力。

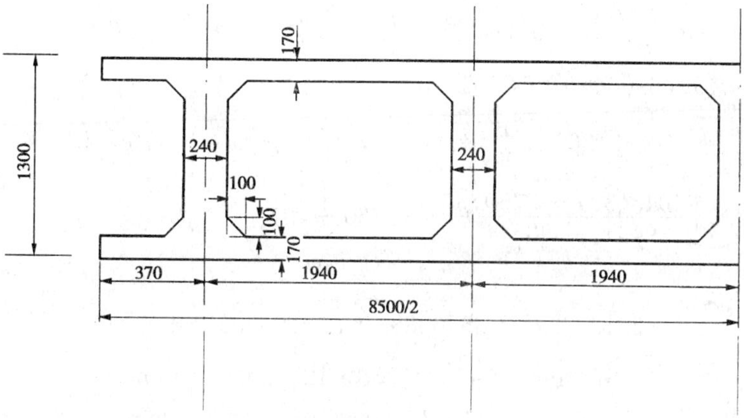

图 5-4-3 钢筋混凝土箱形拱截面尺寸(尺寸单位：mm)

解：(1)内力组合设计值

当恒载与活载效应同号时

$$N_d=1.2\times5684.6+1.4\times389.4=7366.68\text{kN}$$

$$M_d=-[1.2\times640.7+1.4\times1742.26]=-3208\text{kN}\cdot\text{m}$$

当恒载与活载效应异号时

$$N_d=0.9\times5\,684.6+1.4\times534.6=5864.6\text{kN}$$

$$M_d=-0.9\times640.7+1.4\times1778.4=1913.1\text{kN}\cdot\text{m}$$

最后，取 $N_d=7366.68$kN，$M_d=\pm3208$kN·m，按对称配筋设计。

(2)截面尺寸及偏心距计算

取一拱肋两边带翼缘的 I 形截面为计算单元，$h=1300$mm，$b=240$mm，$b_f=b'_f=1940$mm，$h_f=h'_f=170$mm，取 $a_s=a'_s=40$mm，则 $h_0=1300-40=1260$mm。

计算偏心距为：

$$e_0 = M_d / N_d = 3208/7366.68 \times 1000 = 435.5\text{mm}$$

$$e_s = e_0 + h_0 - y' = 435.5 + 1260 - 1300/2 = 1045.5\text{mm}$$

$$e'_s = e_0 - y' + a'_s = 435.5 - 1300/2 + 40 = -174.5\text{mm}$$

(3)配筋设计

因相对偏心距($e_0/h_0 = 435.5/1260 = 0.346$)较小,先按小偏心受压构件计算。

以 $\sigma_s = \varepsilon_{cu} E_s \left(\frac{\beta}{x/h_0} - 1\right) = 0.0033 \times 2.1 \times 10^5 \times \left(\frac{0.8}{x/1260} - 1\right) = 693 \times \left(\frac{1008}{x} - 1\right)$ 代入公式(5-4-1),并取 $A_s = A'_s$

$$\gamma_0 N_d = f_{cd} bx + f_{cd}(b'_f - b)h'_f + (f'_{sd} - \sigma_s)A'_s$$

$$1.0 \times 7366.68 \times 10^3 = 11.5 \times 240x + 11.5 \times (1940 - 240) \times 170 + \left[250 - 693 \times \left(\frac{1008}{x} - 1\right)\right]A_s$$

整理化简为:

$$A_s = A'_s = \frac{4043180x - 2760x^2}{943x - 698544}$$

将上式代入公式(5-4-2),得:

$$\gamma_0 N_d e_s = f_{cd} bx \left(h_0 - \frac{x}{2}\right) + f_{cd}(b'_f - b)h'_f \left(h_0 - \frac{h'_f}{2}\right) + f'_{sd} A'_s (h_0 - a'_s)$$

$$1.0 \times 7366.68 \times 10^3 \times 1045.5$$
$$= 11.5 \times 240x \left(1260 - \frac{x}{2}\right) + 11.5 \times (1940 - 240) \times 170 \times \left(1260 - \frac{170}{2}\right) +$$
$$250 \times \left[\frac{4043180x - 2760x^2}{943x - 698544}\right] \times (1260 - 40)$$

展开整理后得:

$$x^3 - 2613.89x^2 + 3670388.46x - 2038051449 = 0$$

解三次方程得: $x = 987.2\text{mm} > \xi_b h_0 = 0.58 \times 1260 = 730.8\text{mm}$

$< (h - h_f) = 1300 - 170 = 1130\text{mm}$

所以,$A_s = A'_s = \frac{4043180x - 2760x^2}{943x - 698544} = \frac{4043180 \times 987.2 - 2760 \times 987.2^2}{943 \times 987.2 - 689544} = 5392.33\text{mm}^2$

选择 18ϕ20,供给的 $A_s = A'_s = 5655.6\text{mm}^2$。每侧钢筋布置成一排,钢筋间净距为$(1940 - 18 \times 20)/18 = 87.8\text{mm} > 30\text{mm}$。$a_s = a'_s = 30 + 20/2 = 40\text{mm}$ 与假设值相同,故截面的有效高度及偏心距均不变。

(4)承载力复核

由 $\sum M_N = 0$ 的平衡条件公式(5-4-3)求混凝土受压区高度。

$$f_{cd} bx \left(e_s - h_0 + \frac{x}{2}\right) + f_{cd}(b'_f - b)h'_f \left(e'_s - h_0 + \frac{h'_f}{2}\right) = \sigma_s e_s A_s - f'_{sd} A'_s e'_s$$

式中:$\sigma_s = \varepsilon_{cu} E_s \left(\frac{\beta}{x/h_0} - 1\right) = 693 \times \left(\frac{1008}{x} - 1\right)$。

上式得:

$$11.5 \times 240x \left[1045.5 - 1260 + \frac{x}{2}\right] + 11.5 \times (1940 - 240) \times 170 \times \left(1045.5 - 1260 + \frac{170}{2}\right)$$

$$=693\times\left(\frac{1008}{x}-1\right)\times1045.5\times5655.6-250\times5655.6\times(-174.5)$$

展开整理后得

$$x^3-429x^3+2478653.3x-2993073648=0$$

解三次方程得　$x=987.67\text{mm}>\xi_b h_0=0.58\times1260=730.8\text{mm}$

$$<(h-h_f)=1300-170=1130\text{mm}$$

受拉边或受拉较小边钢筋应力：

$$\sigma_s=\varepsilon_{cu}E_s\left(\frac{\beta}{x/h_0}-1\right)=693\times\left(\frac{1008}{987.67}-1\right)=14.3\text{MPa}(\text{拉应力})$$

截面所能承受的纵向力设计值为：

$$N_{du}=f_{cd}bx+f_{cd}(b_f-b)h_f+(f'_{sd}-\sigma_s)A_s$$
$$=11.5\times240\times987.67+11.5\times(1940-240)\times170+(250-14.3)\times5655.6$$
$$=7382.49\times10^3\text{N}=7382.49\text{kN}>\gamma_0N_d=7366.68\text{kN}$$

计算结果表明，结构的承载力是足够的。

§5-5　圆形截面偏心受压构件正截面承载力计算

在桥梁结构中，钢筋混凝土圆形截面偏心受压构件应用很广，如柱式桥墩、台、钻孔灌注桩等。

圆形截面偏心受压构件的纵向受力钢筋通常是沿圆周均匀布置，其根数不少于6根。对于一般的钢筋混凝土圆形截面偏心受压柱，纵向钢筋的直径不宜小于12mm，保护层厚度不小于30～40mm。桥梁工程中采用的钻孔灌注桩，直径D不小于800mm，桩内纵向钢筋的直径不宜小于14mm，根数不宜少于8根，其净距不宜小于80mm，保护层厚度不宜小于60～75mm，箍筋的间距为200～400mm。对于直径较大的桩，为了加强钢筋骨架的刚度，可在钢筋骨架上每隔2～3m，设置一道直径为14～18mm的加劲箍筋。

试验研究表明，钢筋混凝土圆形截面偏心受压构件的破坏，都是由于受压区混凝土压碎所造成的。荷载偏心距不同时，也会出现类似图5-2-4所示的“拉破坏”和“压破坏”两种破坏形态。但是，对于钢筋沿圆周均匀布置的圆形截面来说，构件破坏时各根钢筋的应变是不等的，应力也不完全相同。随着荷载偏心距的增加，构件的破坏由“压破坏”向“拉破坏”的过渡基本上是连续的，这就为我们不必划分大、小偏心，拟定一个统一的计算方法提供了可能。

《桥规》(JTG D62)采用的圆形截面偏心受压构件正截面承载力计算公式是笔者在试验研究的基础上，通过截面变形协调和内力平衡条件建立的。

在试验研究的基础上，引入下列假设作为计算的基础(见图5-5-1)：

(1)构件变形符合平截面假设。

(2)构件达到极限破坏时，受压区混凝土的应力采用矩形应力图，矩形应力图的宽度取混凝土轴心抗压强度设计值f_{cd}，矩形应力图高度取$x=\beta x_0$，(式中x_0为应变图变形零点至受压较大边截面边缘的距离)，应力图高度系数β与变形零点相对位置$\zeta=x_0/2r$有关(式中r为圆形截面半径)，按下式计算：

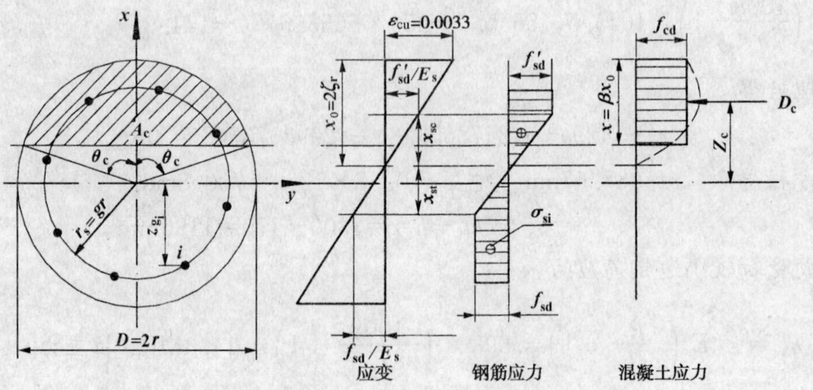

图 5-5-1 圆形截面偏心受压构件正截面承载力计算图式

当 $\zeta\leqslant 1$ 时，取 $\beta=0.8$

当 $1<\zeta\leqslant 1.5$ 时，取 $\beta=1.067-0.267\zeta$ (5-5-1)

当 $\zeta\geqslant 1.5$ 时，按全截面混凝土均匀受压处理。

(3)不考虑受拉区混凝土参加工作，拉力全部由钢筋承担。

(4)将钢筋视为理想的弹塑性体，各根钢筋的应力根据其应变确定。

对于具有 n 根钢筋的圆形截面偏心受压构件，其正截面承载力计算的基本方程可写成下列形式：

$$\gamma_0 N_d \leqslant D_c + D_s = f_{cd}A_c + \sum_{i=1}^{n}\sigma_{si}A_{si} \tag{5-5-2}$$

$$\gamma_0 N_d e'_0 \leqslant M_c + M_s = f_{cd}A_c z_c + \sum_{i=1}^{n}\sigma_{si}A_{si}z_{si} \tag{5-5-3}$$

式中：N_d——轴向力组合设计值；

e'_0——轴向力相对于 y 轴的计算偏心距 $e'_0=\eta e_0=\eta\dfrac{M_d}{N_d}$；

M_d——弯矩组合设计值；

η——偏心距增大系数，按公式(5-2-2)计算；

D_c——受压区混凝土应力的合力；

M_c——受压区混凝土应力的合力对 y 轴的力矩；

D_s——钢筋应力的合力；

M_s——钢筋应力的合力对 y 轴的力矩；

A_c——受压混凝土矩形应力图所对应的弓形截面面积；

z_c——受压区混凝土弓形面积的重心至 y 轴的距离；

z_{si}——第 i 根钢筋的截面面积重心至 y 轴的距离；

A_{si}——第 i 根钢筋的截面面积；

σ_{si}——第 i 根钢筋的应力。

钢筋应力 σ_{si} 按其应变 $\varepsilon_{si}=\dfrac{x_0-r+z_{si}}{x_0}\times 0.0033$ 确定，按下列规定取值：

若 $\varepsilon_{si}\geqslant f'_{sd}/E_s$，取 $\sigma_{si}=f'_{sd}$

若 $-f'_{sd}/E_s<\varepsilon_{si}<f'_{sd}/E_s$，取 $\sigma_{si}=\varepsilon'_{si}E_s$ (5-5-4)

若 $\varepsilon_{si}\leqslant -f'_{sd}/E_s$，取 $\sigma_{si}=-f'_{sd}$

式中：f'_{sd}——钢筋抗压强度设计值；

f_{sd}——钢筋抗拉强度设计值；

E_s——钢筋弹性模量。

式中以压应力为(＋)，拉应力为(－)，对常用普通钢筋，$|f_{sd}|=|f'_{sd}|$，按上述符号规律，$f_{sd}=-f'_{sd}$。

利用上述公式进行正截面承载力计算，通常采用试算法，在每次试算时都要根据假设的$\zeta=x_0/2r$值，确定每根钢筋的应变，计算每根钢筋的应力，这是一件很麻烦的工作。

为了简化计算，可近似地将沿圆周均匀布置的单根钢筋，用一个假想的薄壁钢环来代替（图5-5-2），并认为该薄壁钢环壁厚中心至截面重心的距离为$r_s=gr$，薄壁钢环的壁厚为：

$$t_s=\frac{\sum_{i=1}^{n}A_{si}}{2\pi r_s}=\frac{\rho r}{2g} \tag{5-5-5}$$

式中：$\rho=\sum_{i=1}^{n}A_{si}/\pi r^2$——配筋率。

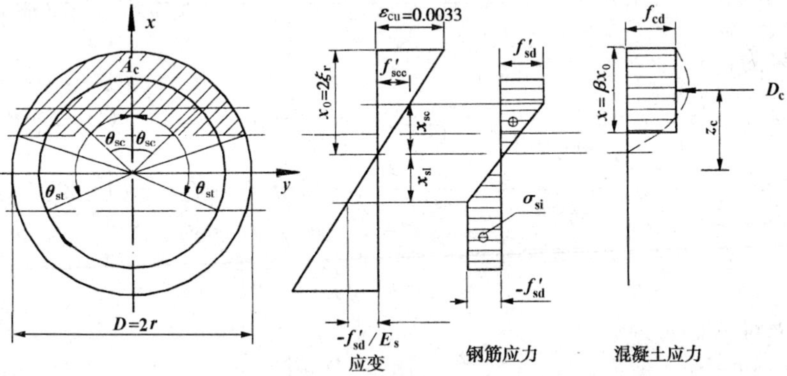

图5-5-2　圆形截面偏心受压构件正截面承载力计算简化图式

钢环截面变形符合平截面假设，其应变方程，可表达为如下形式为：

$$\varepsilon_{sx}=\varepsilon_{cu}\left(1+\frac{x-r}{2r\zeta}\right) \tag{5-5-6}$$

当$\varepsilon_{sx}=0$时，即得应变零点坐标为：

$$x_0=r(1-2\zeta) \tag{5-5-7}$$

当$\varepsilon_{sx}=f'_{sd}/E_s$时，即得钢环压应力塑性区起点坐标为：

$$x_{sc}=\left[\frac{2r\zeta}{\varepsilon_{cu}}\frac{f'_{sd}}{E_s}+r(1-2\zeta)\right]\leqslant gr \tag{5-5-8}$$

相应的圆心角之半为：

$$\theta_{sc}=\arccos\left[\frac{2\zeta}{g\varepsilon_{cu}}\frac{f'_{sd}}{E_s}+\frac{1-2\zeta}{g}\right]\leqslant\pi \tag{5-5-9}$$

当$\varepsilon_{sx}=-f'_{sd}/E_s$时，即得钢环拉应力塑性区起点坐标为：

$$x_{st}=\left[-\frac{2r\zeta}{\varepsilon_{cu}}\frac{f'_{sd}}{E_s}+r(1-2\zeta)\right]\geqslant -gr \tag{5-5-10}$$

相应的圆心角之半为：

$$\theta_{st}=\arccos\left[-\frac{2\zeta}{g\varepsilon_{cu}}\frac{f'_{sd}}{E_s}+\frac{1-2\zeta}{g}\right]\leqslant\pi \tag{5-5-11}$$

若$x_{st}<-gr$，说明受拉钢环的应力均未达到抗拉强度设计值，不存在拉应力塑性区，即取

$\theta_{st}=\pi$。

钢环上任意一点的应力表达式为：

$$\left.\begin{aligned}
&\text{当 } 0<\theta\leqslant\theta_{sc}\text{ 时，取} && \sigma_{s\theta}=f'_{sd}\\
&\text{当 } \theta_{sc}<\theta\leqslant\theta_{st}\text{ 时，取} && \sigma_{s\theta}=\frac{x-x_0}{x_{sc}-x_0}f'_{sd}\\
& && \quad=\frac{g\cos\theta-(1-2\zeta)}{g\cos\theta_{sc}-(1-2\zeta)}f'_{sd}\\
&\text{当 } \theta_{st}<\theta\leqslant\pi\text{ 时，取} && \sigma_{s\theta}=-f'_{sd}
\end{aligned}\right\}\tag{5-5-12}$$

钢筋应力的合力为：

$$D_s=\sum_{i=1}^{n}\sigma_{si}A_{si}\approx2\int_0^{\pi}\sigma_{s\theta}\mathrm{d}A_s$$

式中：$\mathrm{d}A_s=t_s r_s\mathrm{d}\theta=\frac{1}{2}\rho r^2\mathrm{d}\theta$。

所以，得：

$$D_s=2\int_0^{\theta_{sc}}f'_{sd}\frac{1}{2}\rho r^2\mathrm{d}\theta+2\int_{\theta_{sc}}^{\theta_{st}}\frac{g\cos\theta-(1-2\zeta)}{g\cos\theta_{sc}-(1-2\zeta)}f'_{sd}\frac{1}{2}\rho r^2\mathrm{d}\theta+2\int_{\theta_{st}}^{\pi}-f'_{sd}\frac{1}{2}\rho r^2\mathrm{d}\theta$$

积分结果为：

$$D_s=\rho r^2f'_{sd}\left\{\theta_{sc}-\pi+\theta_{st}+\frac{1}{g\cos\theta_{sc}-(1-2\zeta)}\times\left[g(\sin\theta_{st}-\sin\theta_{sc})-(1-2\zeta)(\theta_{st}-\theta_{sc})\right]\right\}$$

令 $$C=\theta_{sc}-\pi+\theta_{st}+\frac{1}{g\cos\theta_{sc}-(1-2\zeta)}\times\left[g(\sin\theta_{st}-\sin\theta_{sc})-(1-2\zeta)(\theta_{st}-\theta_{sc})\right]\tag{5-5-13}$$

则得 $$D_s=C\rho r^2f'_{sd}\tag{5-5-14}$$

钢筋合力对 y 轴的力矩为：

$$M_s=\sum_{i=1}^{n}\sigma_{si}A_{si}z_{si}\approx2\int_0^{\pi}\sigma_{s\theta}x\mathrm{d}A_s$$

式中：$\mathrm{d}A_s=\frac{1}{2}\rho r^2\mathrm{d}\theta$，$x=gr\cos\theta$。

所以

$$\begin{aligned}M_s=&2\int_0^{\theta_{sc}}f'_{sd}(gr\cdot\cos\theta)\cdot\frac{1}{2}\rho r^2\mathrm{d}\theta+\\&2\int_{\theta_{sc}}^{\theta_{st}}\frac{g\cdot\cos\theta-(1-2\zeta)}{g\cdot\cos\theta_{sc}-(1-2\zeta)}\cdot f'_{sd}(gr\cdot\cos\theta)\cdot\frac{1}{2}\rho r^2\mathrm{d}\theta+\\&2\int_{\theta_{st}}^{\pi}-f'_{sd}(gr\cdot\cos\theta)\cdot\frac{1}{2}\rho r^2\mathrm{d}\theta\end{aligned}$$

积分结果为：

$$\begin{aligned}M_s=\rho gr^3f'_{sd}\Big\{&\sin\theta_{sc}+\sin\theta_{st}+\frac{1}{g\cdot\cos\theta_{sc}-(1-2\zeta)}\times\\&\left[g\left(\frac{\theta_{st}-\theta_{sc}}{2}+\frac{\sin2\theta_{st}-\sin2\theta_{sc}}{4}\right)-(1-2\zeta)(\sin\theta_{st}-\sin\theta_{sc})\right]\Big\}\end{aligned}$$

令 $$\begin{aligned}D=&\sin\theta_{sc}+\sin\theta_{st}+\frac{1}{g\cdot\cos\theta_{sc}-(1-2\zeta)}\times\\&\left[g\left(\frac{\theta_{st}-\theta_{sc}}{2}+\frac{\sin2\theta_{st}-\sin2\theta_{sc}}{4}\right)-(1-2\zeta)(\sin\theta_{st}-\sin\theta_{sc})\right]\end{aligned}\tag{5-5-15}$$

则得： $$M_s=D\rho gr^3f'_{sd}\tag{5-5-16}$$

为了使用上的方便，受压区混凝土的合力 D_c 和对 y 轴的力矩 M_c 的计算，亦可进一步简化。

受压区混凝土的合力为：

$$D_c = f_{cd} A_c$$

式中：

$$A_c = \frac{2\theta_c - \sin 2\theta_c}{2} r^2 \quad (5\text{-}5\text{-}17)$$

$$\theta_c = \arccos(1 - 2\beta\zeta) \quad (5\text{-}5\text{-}18)$$

若令：

$$A = \frac{2\theta_c - \sin 2\theta_c}{2} \quad (5\text{-}5\text{-}19)$$

则得：

$$D_c = A r^2 f_{cd} \quad (5\text{-}5\text{-}20)$$

受压区混凝土的合力对 y 轴的力矩为：

$$M_c = f_{cd} A_c z_c$$

式中：

$$z_c = \frac{4\sin^3\theta_c}{3(2\theta_c - \sin 2\theta_c)} r \quad (5\text{-}5\text{-}21)$$

所以：

$$M_c = \frac{(2\theta_c - \sin 2\theta_c)}{2} \times \frac{4\sin^3\theta_c}{3(2\theta_c - \sin 2\theta_c)} r^3 f_{cd} = \frac{2}{3}\sin^3\theta_c \cdot r^3 f_{cd}$$

令：

$$B = \frac{2}{3}\sin^3\theta_c \quad (5\text{-}5\text{-}22)$$

则得：

$$M_c = B r^3 f_{cd} \quad (5\text{-}5\text{-}23)$$

这样，方程式(5-5-2)和(5-5-3)即可改写为下列简单形式

$$\gamma_0 N_d \leqslant A r^2 f_{cd} + C\rho r^2 f'_{sd} \quad (5\text{-}5\text{-}24)$$

$$\gamma_0 N_d e'_0 \leqslant B r^3 f_{cd} + D\rho g r^3 f'_{sd} \quad (5\text{-}5\text{-}25)$$

式中系数 A、B 仅与变形零点相对位置 $\zeta = x_0/2r$ 有关，系数 C、D 与变形零点相对位置 ζ、钢筋种类 f'_{sd}、E_s 及钢筋相对位置 $g = r_s/r$ 有关，其数值可编制成表(见附表 12)。对于常用的普通钢筋 $f'_{sd}/E_s = 0.000928 \sim 0.00165$，平均值为 0.0014，一般钻孔灌注桩 g 值的变化范围大致为 0.88～0.92。为了减少表格的篇幅，在编制系数 C、D 时，近似地取 $f'_{sd}/E_s = 0.0014$，$g = 0.88$。

利用公式(5-5-24)和公式(5-5-25)进行圆形截面偏心受压构件正截面承载能力计算，一般仍采用试算修正法，实际工作中可分为承载力复核和配筋设计两种情况。

(1)承载力复核

对截面尺寸和配筋已知的构件进行承载力复核，可将公式(5-5-24)和公式(5-5-25)相除得：

$$e'_0 = \frac{B f_{cd} + D\rho g f'_{sd}}{A f_{cd} + C\rho f'_{sd}} r \quad (5\text{-}5\text{-}26)$$

根据假定的 ζ 值，分别按公式(5-5-19)、公式(5-5-22)、公式(5-5-13)和公式(5-5-15)计算或查附表 12，求得系数 A、B、C 和 D，代入公式(5-5-26)计算偏心距，若所得数值与实际基本相符(允许偏差在 2%以内)，则假定的 ζ 值即为所求。然后，将与其对应的系数代入公式(5-5-24)，计算构件所能承受的轴向力设计值 N_{du}，若 $N_{du} \geqslant \gamma_0 N_d$，说明构件的承载力是足够的。

(2)配筋设计

当截面尺寸已知，需选择配筋时，可将公式(5-5-26)改写为下列形式：

$$\rho = \frac{f_{cd}}{f'_{sd}} \cdot \frac{A e'_0 - B r}{D g r - C e'_0} \quad (5\text{-}5\text{-}27)$$

根据假定的ξ值，分别按公式(5-5-19)、公式(5-5-22)、公式(5-5-13)和公式(5-5-15)计算或查附表12，求得系数A、B、C和D，代入公式(5-5-27)计算配筋率ρ，然后，将其代入公式(5-5-24)，若所得轴向力与实际值$\gamma_0 N_d$基本相等，则所得配筋率即为所求，所需钢筋截面面积为：

$$A_s = \rho \pi r^2 \tag{5-5-28}$$

圆形截面偏心受压构件承载力计算亦可采用诺模图进行。诺模图按不同的混凝土强度等级和钢筋种类编制(见附录11-1～11-7)。利用诺模图进行承载力计算的具体方法参照例题5-5-1。

若采用电算，图5-5-3给出计算框图可供参考。

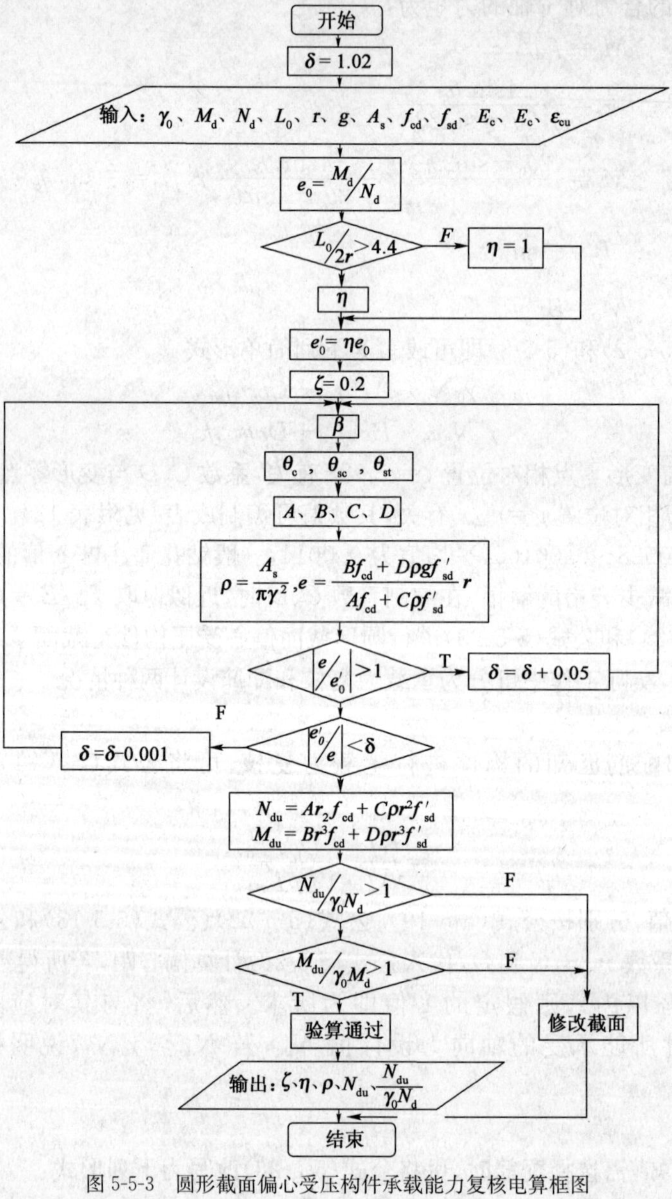

图5-5-3 圆形截面偏心受压构件承载能力复核电算框图

例题5-5-1 有一根直径D=1.2m的钻孔灌注桩，桩的计算长度L_0=5.2m，承受的

轴向力设计值 $N_d=11500kN$，弯矩设计值 $M_d=2415kN \cdot m$，结构重要性系数 $\gamma_0=1$。拟采用C25 混凝土，$f_{cd}=11.5MPa$；HRB335 钢筋 $f'_{sd}=280MPa$。试选择截面配筋，并复核截面抗压承载力。

解：桩的半径 $r=1200/2=600mm$，混凝土保护层厚度取 60mm，拟选用 Φ 28（外径31.6mm）钢筋，则 $r_s=600-\left(60+\frac{31.6}{2}\right)=524.2mm$，$g=r_s/r=524.2/600=0.874$。

桩的长细比 $L_0/D=5.2\times10^3/1200=4.33<4.4$，取 $\eta=1$。

计算偏心距 $e'_0=\eta e_0=M_d/N_d=2415\times10^6/11500\times10^3=210mm$。

方法一 查表法

(1)截面配筋设计

假设 $\zeta=0.8$，查附录 10 求得系数：$A=2.1234$，$B=0.5898$，$C=1.6381$，$D=1.1212$。将其代入公式(5-5-27)计算配筋率，得：

$$\rho=\frac{f_{cd}}{f'_{sd}}\times\frac{Ae'_0-Br}{Dgr-Ce'_0}$$

$$\rho=\frac{11.5}{280}\times\frac{2.1234\times210-0.5898\times600}{1.1212\times0.874\times600-1.6381\times210}=0.0154$$

将所得配筋率代入公式(5-5-24)求得轴向力设计值为：

$$N_{du}=Ar^2f_{cd}+C\rho r^2f'_{sd}$$

$$N_{du}=2.1234\times600^2\times11.5+1.6381\times0.0154\times600^2\times280$$
$$=11334730N=11334.73kN$$

$N_{du}/\gamma_0N_d=11334.73/11500=0.9856$，计算轴向力设计值与实际值基本相等，所得配筋率 $\rho=0.0154$即为所求，所需钢筋截面面积为：

$$A=\rho\pi r^2=0.0154\times3.1416\times600^2=17417mm^2$$

选 29 根 Φ 28，供给钢筋截面面积 $A_s=17855mm^2$，$r_s=524.2mm$，钢筋间距为 $2\pi r_s/n=2\times3.14\times526/29=114mm$。实际配筋率 $\rho=A_s/\pi r^2=17855/3.1416\times600^2=0.01578$。

(2)承载力复核

因实际配筋率略高于计算值，假设 $\zeta=0.805$，由附表 12 查得系数：$A=2.1387$，$B=0.5854$，$C=1.6596$，$D=1.1073$。将其代入公式(5-5-26)得：

$$e'_0=\frac{Bf_{cd}+D\rho gf'_{sd}}{Af_{cd}+C\rho f'_{sd}}\times r$$

$$e'_{0(计)}=\frac{0.5854\times11.5+1.1073\times0.01578\times0.876\times280}{2.1387\times11.5+1.6596\times0.01578\times280}\times600=207mm$$

$e'_{0(计)}/e'_{0(实)}=207/210=0.9857$，计算偏心距与实际值基本相等，$\zeta=0.805$ 即为所求。截面所能承受的轴向力设计值由公式(5-5-24)求得：

$$N_{du}=Ar^2f_{cd}+C\rho r^2f'_{sd}$$
$$=2.1387\times600^2\times115+1.6596\times0.01587\times600^2\times280$$
$$=11494\times10^3N=11494kN\approx\gamma_0N_d=11500kN$$

计算结果表明，截面抗压承载力满足要求，结构是安全的。

方法二 图解法

附图 1-4 所示为适用于 C25 混凝土、HRB335 钢筋的计算诺模图。利用诺模图进行承载力复核方法时：首先按实际配筋情况，计算配筋率$\rho=A_s/\pi r^2=0.01578\approx0.016$和相对偏心率$\eta e_0/r=210/600=0.35$；然后将图中$\rho=0.016$的曲线与$\eta e_0/r=0.35$的斜线相交，过交点引水平线与纵坐标轴相交，求得$k=2.78$，最后由下式求得承载力：

$$N_{du}=kf_{cd}r^2=2.78\times11.5\times600^2$$
$$=11509\times10^3\text{N}=11509\text{kN}\approx\gamma_0N_d=11500\text{kN}$$

计算结果表明，图解法与查表法计算结果相差不大，在实际设计中采用图解法进行设计非常方便，计算精度也满足要求。

§5-6　双向偏心受压构件正截面承载力计算

当作用于构件上的轴向压力在截面的两个主轴方向都有偏心(N、e_{0x}、e_{0y})时，或者构件同时承受轴向压力和两个方向的弯矩(N、M_x、M_y)时，称为双向偏心受压构件，有时亦称斜偏心受压构件。实际工程中双向偏心受压构件有框架房屋结构的角柱，支承斜桥的垂直布置的桥墩柱等。这类构件在斜向偏心压力作用下，弯曲平面与主轴斜交，截面中性轴也与主轴斜交，根据偏心距的不同，受压区混凝土面积有可能是三角形、梯形或者是更为复杂的五边形。构件破坏时，布置在截面周边的各钢筋的应力是不相等的，有些钢筋的应力能达到屈服强度，有些钢筋的应力则达不到屈服强度。从理论上讲，亦可像单向偏心受压构件那样引入截面变形平截面假设，依据各根钢筋的应变确定钢筋应力，受压区混凝土采用等效矩形应力图，根据内力平衡条件建立双向偏心受压构件正截面承载力计算公式。但是这样计算相当复杂，难以在实际中采用。因此，目前通常采用实用的简化方法。

《桥规》(JTG D62)规定，截面具有两个相互垂直对称轴的钢筋混凝土双向偏心构件(图5-6-1)，其正截面抗压承载力按下列公式计算：

$$\gamma_0N_d\leqslant\frac{1}{\dfrac{1}{N_{ux}}+\dfrac{1}{N_{uy}}-\dfrac{1}{N_{u0}}}\tag{5-6-1}$$

式中：N_{u0}——构件截面轴心受压承载力设计值，按公式(5-1-1)计算，式中取等号，以N_{u0}代替γ_0N_d，计入全部纵向钢筋，但不考虑稳定系数φ；

N_{ux}——按轴向力作用于x轴，并考虑相应的偏心距η_xe_{0x}后，计入全部纵向钢筋的单向偏心受压构件抗压承载力设计值，当只在x轴方向的截面上、下两边配置纵向钢筋时，N_{ux}可按矩形截面偏心受压构件正截面承载力计算基本方程式(5-3-1)～式(5-3-4)计算；当沿截面四周配置纵向钢筋时，应考虑腹部钢筋对承载力的影响，N_{ux}按公式(5-4-10)和式(5-4-11)计算；在上述计算中，公式均改用等号，以N_{ux}代替γ_0N_d；

N_{uy}——按轴向力作用于y轴，并考虑相应的偏心距η_ye_{0y}后，计入全部纵向钢筋的单向偏心受压构件抗压承载力设计值；N_{uy}的计算所采用的方法和计算公式与N_{ux}相同；

η_x、η_y——分别为沿x轴方向和沿y轴方向的偏心距增大系数，按公式(5-2-2)计算。

按公式(5-6-1)计算双向偏心受压构件正截面抗压承载力时，必须先拟定截面尺寸和钢筋布置方案，然后按轴心受压构件承载力计算公式计算N_{u0}，按单向偏心受压构件承载力计算公式分别计算N_{ux}和N_{uy}。最后，将其代入公式(5-6-1)进行承载能力复核。

应该指出，《桥规》(JTG D62)推荐采用的双向偏心受压正截面承载力计算公式是目前世界各国规范采用较多的近似计算公式，即所谓的尼克丁公式。

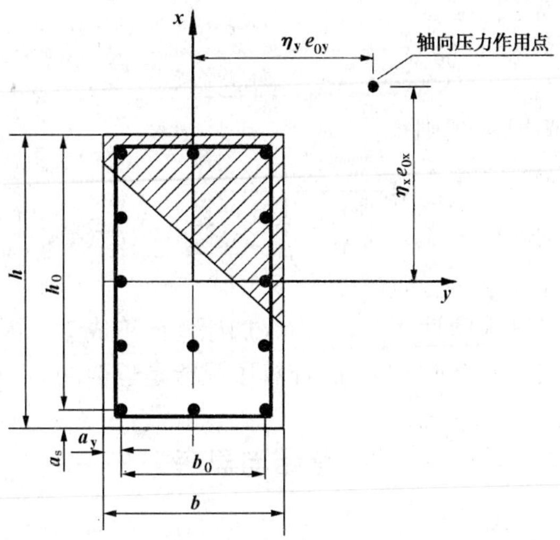

图 5-6-1　钢筋混凝土双向偏心受压构件截面

尼克丁公式是根据材料力学应力叠加原理，按单向偏心受压构件推导建立的。根据材料力学原理，在轴向力 N_{u0}，x 轴方向偏心力 N_{ux}、y 轴方向偏心力 N_{uy} 和双向偏心力 N_{uxy} 作用下，截面边缘应力分别为

$$\sigma_{u0}=\frac{N_{u0}}{A_0} \tag{5-6-2}$$

$$\sigma_{ux}=N_{ux}\left(\frac{1}{A_0}+\frac{\eta_x e_{0x}}{w_{0x}}\right) \tag{5-6-3}$$

$$\sigma_{uy}=N_{uy}\left(\frac{1}{A_0}+\frac{\eta_y e_{0y}}{w_{0y}}\right) \tag{5-6-4}$$

$$\sigma_{uxy}=N_{uxy}\left(\frac{1}{A_0}+\frac{\eta_x e_{0x}}{w_{0x}}+\frac{\eta_y e_{0y}}{w_{0y}}\right) \tag{5-6-5}$$

在极限状态下，截面边缘均能达到材料所能承受的容许值，即令

$$\sigma_{u0}=\sigma_{ux}=\sigma_{uy}=\sigma_{uxy}=[\sigma]$$

首先将公式(5-6-3)改写为：

$$\frac{[\sigma]}{N_{ux}}=\left(\frac{1}{A_0}+\frac{\eta_x e_{0x}}{w_{0x}}\right)$$

代入公式(5-6-5)，则得：

$$[\sigma]=N_{uxy}\left[\frac{[\sigma]}{N_{ux}}+\left(\frac{\eta_y e_{0y}}{w_{0y}}+\frac{1}{A_0}\right)-\frac{1}{A_0}\right] \tag{5-6-6}$$

然后，将公式(5-6-4)改写为：

$$\frac{[\sigma]}{N_{uy}}=\left(\frac{1}{A}+\frac{\eta_x e_{0y}}{w_{0y}}\right)$$

代入公式(5-6-6)则得：

$$[\sigma]=N_{uxy}\left[\frac{[\sigma]}{N_{ux}}+\frac{[\sigma]}{N_{uy}}-\frac{1}{A_0}\right] \tag{5-6-7}$$

再将公式(5-6-2)改写为：

$$\frac{[\sigma]}{N_{u0}}=\frac{1}{A_0}$$

代入公式(5-6-7)，并消去[σ]项则得：

$$N_{uxy}=\frac{1}{\frac{1}{N_{ux}}+\frac{1}{N_{uy}}-\frac{1}{N_{u0}}}$$

双向偏心力 N_{uxy} 应不小于 $\gamma_0 N_d$，即得公式(5-6-1)。

严格讲构件在破坏时已进入塑性状态，应力叠加原理已不成立。因而，将按材料力学应力叠加原理建立的尼克丁公式，推广到极限状态计算中只能是近似的。

总结与思考

5-1 螺旋箍筋柱是指配有纵向受压钢筋和密集的螺旋形箍筋的混凝土受压柱。靠箍筋的约束作用，间接地提高了核心混凝土的抗压强度，故一般又称间接配筋柱。

试问：下列情况的柱，能否按螺旋箍筋柱计算。

①直径 1.5m 的圆形截面混凝土柱，配有 20 根 Φ 32 的纵向受压钢筋，采用 ϕ12 的螺旋形箍筋(螺距 150mm)。

②直径 0.8m 的圆形截面混凝土柱，配有 16 根 Φ 32 的纵向受压钢筋，采用 ϕ10 的焊接环形箍筋(间距为 80mm)。

③边长为 0.8m 的正方形截面混凝土柱，配筋情况与②相同。

④直径 0.3m 的圆形截面混凝土柱，配有 6 根 Φ 20 的纵向受压钢筋，采用 ϕ8 的螺旋形箍筋(螺距 80mm)。

通过对上述情况的分析，你对螺旋箍筋柱的工作原理有什么新的认识？你能举出采用约束变形间接提高核心材料强度的例子吗？

5-2 按材料力学公式计算钢筋混凝土偏心受压构件截面应力时，如何划分大、小偏心？截面上、下核心点的物理意义是什么？核心长度如何确定的？

钢筋混凝土偏心受压构件承载力计算时，如何划分大、小偏心？划分大小偏心分界线的混凝土相对受压区高度 ξ_b 应如何确定？小偏心受压构件受拉(或受压较小)边钢筋应力计算公式(5-2-3)是如何建立的？

5-3 偏心受加压构件承载力计算时，为什么要分别考虑纵向弯曲引起的偏心距增大系数 η 和稳定系数 ϕ 的影响？两者的物理意义有什么不同？在什么情况下可不考虑 η 的影响？在什么情况下可不考虑 ϕ 的影响？

5-4 对于工程上常用的矩形截面钢筋混凝土偏心受压构件的承载力计算，《桥规》(JTG D62)5.3.5 只给出了两个计算方程式[相当于本书公式(5-3-1)和公式(5-3-2)]。为使用上的方便，笔者建议又增加了两个方程式[公式(5-3-3)和公式(5-3-4)]。

但是，必须指出，对于偏心受压构件承载力计算，只有 $\sum N=0$ 和 $\sum M=0$ 两个平衡条件，因而，无论列多少个方程式，只有两个是有效的。

在运用上述基本方程式进行配筋设计和承载力复核时，首先应根据已知条件和设计要求，确定未知数，对于具有两个以上未知数的情况，必须参照有关构造要求，对多余的未知数进行假设。最后剩余两个未知数，即可运用上述基本方程式联立求解。在上述计算中尚应注意受拉钢筋应力取值与混凝土受压高度的关系。

建议读者，在总结分析运用基本方程进行偏心受压构件配筋设计和承载力复核的基础上，编制电算程序。

5-5 《桥规》(JTG D62)给出的圆形截面偏心受压构件承载力计算公式，为什么不再区分大、小偏心，而采用了统一的计算公式[相当于本书公式(5-5-24)和(5-5-25)]？

圆形截面偏心受压构件的承载力计算一般采用试算修正法[公式(5-5-26)和公式(5-5-27)]。

圆形截面偏心受压构件的承载力计算，亦可采用电算程序进行。建议读者(特别是研究生)编制《圆形截面偏心受压构件的承载力计算电算程序》(图5-5-3给出的框图可供参考)。

5-6 试验研究表明，环形截面偏心受压构件(例如，管柱基础、空心钻孔桩等)具有与圆形截面偏心受压构件相同的破坏形式。上面给出的圆形截面偏心受压构件的承载力计算公式原则上可以推广应用于环形截面偏心受压构件，但式中混凝土项的承载力计算公式应如何变化？钢筋项的承载力有没有变化？

提示：注意圆形截面和环形截面混凝土受压区形状不同。

建议读者(特别是研究生)推导适用于圆形和环形截面偏心受压构件承载力计算通用公式，编制相应的电算程序。

5-7 锚固钢筋定位错误事故处理意见分析

有一现浇施工的钢筋混凝土受压柱截面尺寸为300mm×300mm，配置8根ϕ22的纵向受压钢筋。施工时按8—ϕ22向受压钢筋设计位置，在基础混凝土中预埋相应的短钢筋，待基础

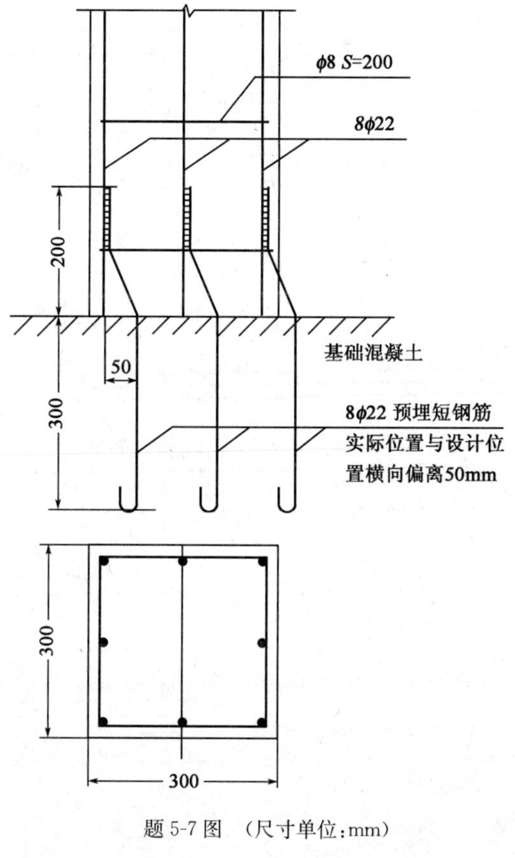

题5-7图 (尺寸单位:mm)

混凝土硬结后，将 8-ϕ22 纵向受压钢筋与相应短钢筋焊接，然后立模浇筑混凝土。但现场测量发现，预埋钢筋的实际位置与纵向受压钢筋的设计位置不符，横向偏离 50mm，施工单位建议采用“将露出基础顶面的短钢筋弯折横移 50mm，然后再与相应的纵向受压钢筋焊接”的办法进行处理，认为这样处理不会影响柱的承载力（见题 5-7 图）。

你认为这样处理合适吗？你有什么好的处理意见？

第六章 钢筋混凝土受拉构件承载力计算

以承受轴向拉力为主的构件，称为受拉构件。当轴向拉力作用线与构件截面形心轴线重合时称为轴心受拉构件。当轴向拉力作用线偏离构件截面形心轴线或构件上既作用有轴向拉力，又同时作用有弯矩时，则称为偏心受拉构件。

在钢筋混凝土结构物中，真正的轴心受拉构件是很少见的。桥梁工程中常见的偏心受拉构件有桁架桥中的拉杆和系杆拱桥中的系杆等。

由于混凝土的抗拉强度很低，钢筋混凝土受拉构件在拉力不大时，混凝土就会出现裂缝。因此，对受拉构件除了进行正截面承载力计算外，还需进行裂缝宽度验算（见第八章）。

§6-1 轴心受拉构件承载力计算

轴心受拉构件破坏时，混凝土早已开裂，拉力全部由钢筋承担，其承载力计算公式为：

$$\gamma_0 N_d \leqslant f_{sd} A_s \tag{6-1-1}$$

式中：N_d——轴向拉力组合设计值；

f_{sd}——钢筋抗拉强度设计值；

A_s——受拉钢筋截面面积。

若仅从受力角度考虑，轴心受拉构件无需配置箍筋。但是，为了形成钢筋骨架，保证纵向钢筋在截面中的正确位置，仍需配置一定数量的箍筋，间距一般不宜大于200mm。轴心受拉构件的纵向钢筋接头必须采用焊接或机械接头，不得采用绑扎接头。

§6-2 偏心受拉构件承载力计算

偏心受拉构件通常采用矩形截面，长边布置在弯矩作用方向。纵向受力钢筋分别集中布置在截面的两端。受拉较大边的钢筋以 A_s 表示，受压边或受拉较小边的钢筋以 A'_s 表示。偏心受拉构件纵向钢筋的直径、间距及一侧受拉钢筋的最小配筋率限值与受弯构件相同，但其配筋率应按构件毛截面面积计算。箍筋按构造要求布置。

一、偏心受拉构件的破坏特征

偏心受拉构件受力特点和破坏特征与轴向拉力的偏心距有关。

当偏心距 $e_0 \leqslant h/2 - a_s$，即轴向拉力作用于 A_s 和 A'_s 之间时，混凝土开裂前，截面一侧受拉，另一侧可能存在一个较小的受压区，截面内力的合力如图 6-2-1a）中虚线箭头所示。在混凝土开裂后，为保持截面的力矩平衡（$Te_s = T'e'_s$），截面内已不存在受压区，整个截面裂通，两侧钢筋均受拉。在非对称配筋情况下，只有轴向拉力作用于两侧钢筋截面面积的“塑性中心”

时，所有钢筋才能同时达到屈服强度。否则只有受拉较大边的钢筋应力达到屈服强度，而另一侧钢筋应力则达不到屈服强度。因此，只要轴向拉力作用于 A_s 和 A'_s 之间，无论偏心距 e_0 大小，构件破坏时全截面受拉，拉力全部由钢筋 A_s 和 A'_s 承受，这种破坏称小偏心受拉破坏。

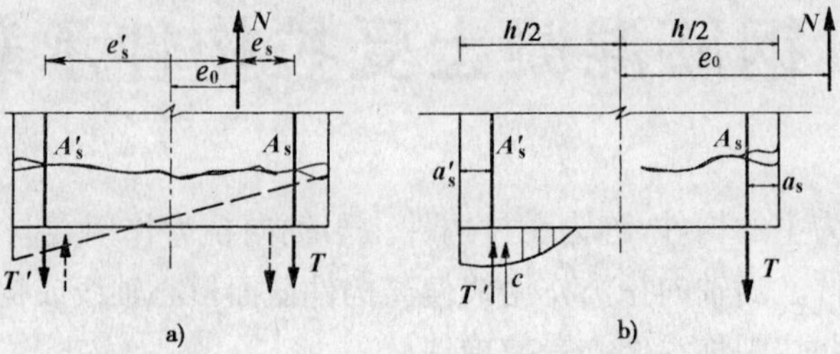

图 6-2-1　偏心受拉构件的受力特征

当偏心距 $e_0>h/2-a_s$，即轴向拉力作用于 A_s 和 A'_s 范围以外时，从开始受力截面即为部分受压，部分受拉。受拉区混凝土开裂后，为了保持截面的力矩平衡，截面内必须保留有受压区，直到构件破坏为止[图 6-2-1b)]。这种构件的破坏特征取决于受拉钢筋 A_s 的数量。当 A_s 配置适量时，构件破坏从受拉钢筋屈服开始，然后受压区边缘混凝土的应变达到压应变极限值而破坏，这种破坏属于正常的大偏心受拉破坏。当 A_s 配置过多时，混凝土先被压碎。构件破坏时，受拉钢筋的应力达不到屈服强度，这种破坏也属于大偏心受拉范畴，但具有一定的脆性破坏性质。设计中一般以第一种正常破坏的大偏心受拉为依据。

二、小偏心受拉构件承载力计算

当轴向拉力作用于钢筋 A_s 合力作用点和 A'_s 合力作用点之间时，全截面受拉(图 6-2-2)。构件破坏时，截面已全部裂通，拉力全部由钢筋承受，并认为钢筋 A_s 和 A'_s 的应力均达到其抗拉强度设计值，其正截面承载力按下式计算：

$$\gamma_0 N_d e_s \leqslant f_{sd} A'_s (h_0 - a'_s) \tag{6-2-1}$$

$$\gamma_0 N_d e'_s \leqslant f_{sd} A_s (h'_0 - a_s) \tag{6-2-2}$$

式中：e_s——轴向拉力作用点至钢筋 A_s 合力作用点的距离 $e_s=h/2-e_0-a_s$；

e'_s——轴向拉力作用点至钢筋 A'_s 合力作用点的距离 $e'_s=e_0+h/2-a'_s$；

e_0——轴向拉力作用点至混凝土截面形心的偏心距 $e_0=M_d/N_d$。

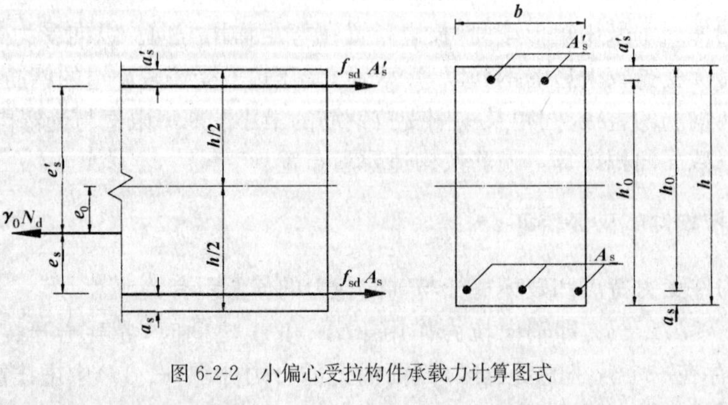

图 6-2-2　小偏心受拉构件承载力计算图式

当对称配筋时，离轴向拉力作用点较远一侧的钢筋 A'_s 的应力达不到抗拉强度设计值，截面设计时，两侧钢筋均按 A_s 设置。

即 $$A_s = A'_s = \frac{\gamma_0 N_d e'_s}{f_{sd}(h'_0 - a_s)} \tag{6-2-3}$$

三、大偏心受拉构件承载力计算

当轴向拉力作用于钢筋 A_s 合力作用点与 A'_s 合力作用点以外时，截面部分开裂，但必然仍保留部分受压区以维持内力平衡。构件破坏时，受拉钢筋 A_s 的应力达到抗拉强度设计值 f_{sd}，受压钢筋 A'_s 的应力达到抗压强度设计值 f'_{sd}，受压区混凝土的应力达到轴心抗压强度设计值 f_{cd}，并取矩形应力图计算。大偏心受拉构件正截面承载力计算公式，由内力平衡条件求得（图 6-2-3）：

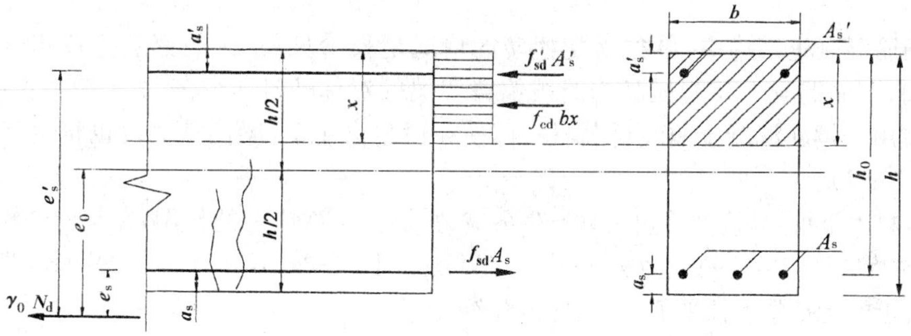

图 6-2-3　大偏心受拉构件承载力计算图式

由 $\sum N = 0$ 得：

$$\gamma_0 N_d \leqslant f_{sd}A_s - f'_{sd}A'_s - f_{cd}bx \tag{6-2-4}$$

由 $\sum M_{As} = 0$ 得：

$$\gamma_0 N_d e_s \leqslant f_{cd}bx(h_0 - x/2) + f'_{sd}A'_s(h_0 - a'_s) \tag{6-2-5}$$

由 $\sum M_N = 0$ 得：

$$f_{sd}A_s e_s - f'_{sd}A'_s e'_s = f_{cd}bx(e_s + h_0 - x/2) \tag{6-2-6}$$

公式的适用条件是：

$$x \leqslant \xi_b h_0$$
$$x \geqslant 2a'_s$$

若出现 $x < 2a'_s$ 的情况，可忽略混凝土的作用，构件承载力由下列近似公式计算：

$$\gamma_0 N_d e'_s \leqslant f_{sd}A_s(h_0 - a'_s) \tag{6-2-7}$$

大偏心受拉构件的承载力计算亦分为承载力复核和配筋设计两种情况，具体计算方法可参照§5-3 介绍的矩形截面大偏心受压构件进行，不同的是将轴向压力改为轴向拉力。

第七章　钢筋混凝土受扭及弯扭构件承载力计算

§7-1　概　　述

在钢筋混凝土结构中，单独承受扭转的情况是很少见的，一般都是扭转和弯曲同时存在。例如，钢筋混凝土T形梁桥当荷载偏离T梁的对称轴时，除有弯矩和剪力作用外，还受有扭矩作用。钢筋混凝土曲线桥、斜桥，即使在恒载作用下，梁的截面内也将会产生较大的扭转（图7-1-1）。

由材料力学可知，构件受扭后将产生剪应力 τ_0，由于剪应力的作用，在与构件轴线大致成45°角方向相应地产生主拉应力 σ_{tp} 和主压应力 σ_{cp}[图7-1-2a)]，并且 $\sigma_{tp}=\sigma_{cp}=\tau_0$，当主拉应力达到混凝土的抗拉强度极限值时，构件将开裂。

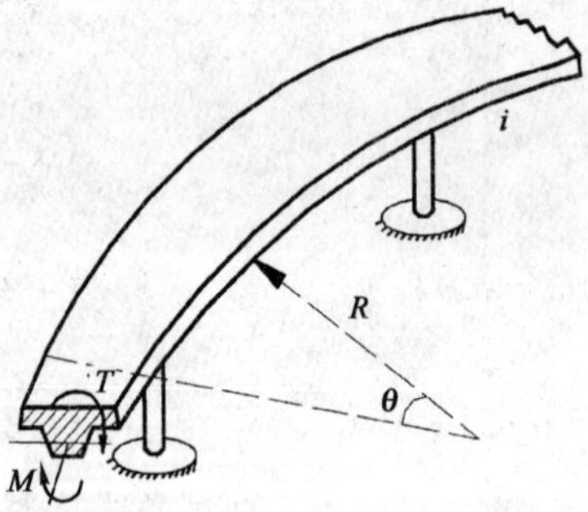

图7-1-1　曲线桥的受扭工作示意图

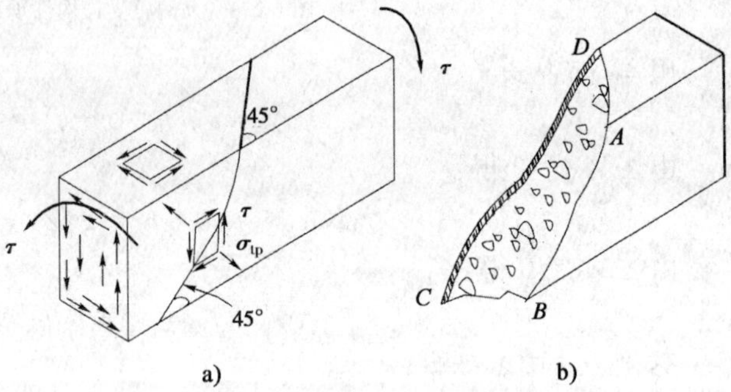

图7-1-2　素混凝土抗扭构件的受力情况及破坏面

试验表明，矩形截面素混凝土构件在扭矩作用下，先在构件的长边中点附近沿45°方向出现斜裂缝，这条初始裂缝迅速向两边延伸，最后构件三面开裂，一面受压，形成一个空间扭曲破坏面[图7-1-2b)]。这种破坏称为扭曲截面破坏，破坏带有突然性，属于脆性破坏。

素混凝土构件的抗扭承载力很低，且表现出明显的脆性破坏特征，故通常在构件内设置一定数量的抗扭钢筋，用以改善构件的受力性能。受扭构件最有效的配筋方式是沿垂直于斜裂缝方向配置螺旋形钢筋，当混凝土开裂后，主拉应力直接由钢筋承受。但是这种配筋方式施工比较复杂，且不能适应扭矩方向的变化，实际上很少采用。一般都是配置抗扭附加纵筋和附加箍筋来承担主拉应力，抗扭钢筋应尽量靠近构件表面设置。

钢筋混凝土构件受扭试验表明，在裂缝出现以前，钢筋的应力很小，其受力性能与素混凝土构件相似。在裂缝即将出现时，钢筋混凝土受扭构件所能承受的开裂扭矩与同样截面尺寸的素混凝土构件所能承受的极限扭矩相比提高很少。在裂缝出现后，由于钢筋的存在，构件并不会立即破坏，随着扭矩的不断增加，在构件表面逐渐形成大体连续接近于45°倾斜角的螺旋形裂缝，具有裂缝的混凝土和钢筋共同组成新的受力系统中，混凝土受压，箍筋和纵筋受拉。此后，随着扭矩的进一步加大，混凝土和钢筋的应力不断增长，直至构件破坏(图 7-1-3)。

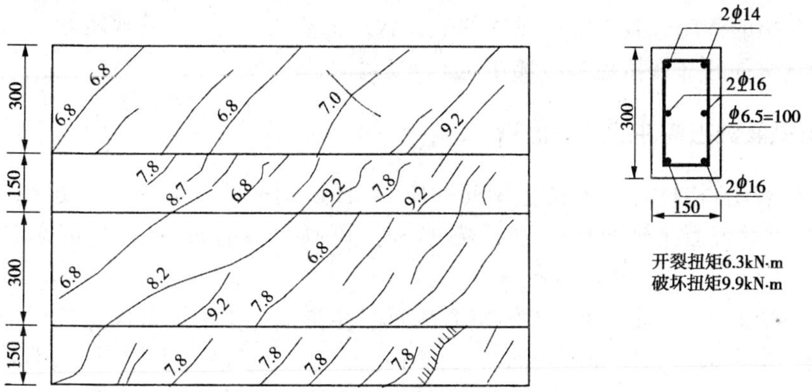

图 7-1-3　钢筋混凝土受扭试件的破坏情况(尺寸单位：mm)
[图中所注数字为裂缝出现时的扭矩值(kN·m)]

钢筋混凝土受扭构件的破坏状态与箍筋和纵筋的数量及其比例有关。

对箍筋及纵筋配置数量适当的构件，随着扭矩的增加，构件某一长边上的斜裂缝中有一条发展为临界斜裂缝，与这条临界斜裂缝相交的箍筋和纵筋的应力将首先达到屈服强度，构件产生较大的非弹性扭转变形。施加的扭矩再稍有增加，临界斜裂缝向截面短边延伸发展，与短边上临界斜裂缝相交的箍筋和纵筋的应力相继达到屈服强度，斜裂缝将进一步加宽，直到空间扭曲破坏面受压边混凝土被压碎，导致构件破坏。这种破坏是延续进行的，与受弯构件适筋梁的正截面破坏相类似，称为适筋受扭破坏，属于塑性破坏。

当箍筋和纵筋或其中之一配置过少时，其破坏特征与素混凝土构件相似，破坏是脆性的，称为少筋受扭破坏。

对箍筋和纵筋配比率相差较大的情况，构件破坏时配筋率较小的箍筋或纵筋的应力首先达到屈服强度，随后混凝土被压碎。这种破坏称部分超筋受扭破坏，仍具有一定的塑性破坏特征。

当箍筋和纵筋均配置过多时，破坏前出现多条密集的螺旋形裂缝，构件破坏时这些裂缝的宽度也不大。构件的破坏是由于裂缝间的混凝土被压碎而引起的。破坏时箍筋和纵筋的应力均未达到屈服强度，这种破坏称为完全超筋受扭破坏，属于脆性破坏。

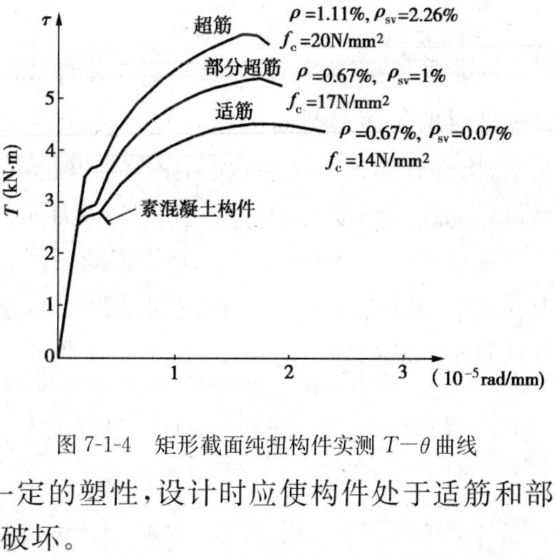

图 7-1-4　矩形截面纯扭构件实测 $T-\theta$ 曲线

图 7-1-4 给出了适筋、部分超筋、完全超筋以及素混凝土受扭构件的扭矩 T 与扭转角 θ 的关系曲线。

由图可见，适筋构件的塑性变形比较充分，部分超筋次之，而超筋构件和素混凝土构件的塑性变形很小。为了保证构件受扭时具有一定的塑性，设计时应使构件处于适筋和部分超筋范围内，避免发生少筋或完全超筋的脆性破坏。

§7-2　钢筋混凝土纯扭构件的承载力计算

从前面介绍的钢筋混凝土纯扭试件的受力状态分析可以看出，反映钢筋混凝土抗扭性能的重要指标是构件的开裂扭矩和破坏扭矩。

一、矩形截面纯扭构件的开裂扭矩

试验研究表明，构件开裂前抗扭钢筋的应力很低，钢筋的存在对开裂扭矩的影响很小，因此，在研究钢筋混凝土纯扭构件的开裂扭矩时，可以忽略钢筋的作用，按素混凝土构件一样考虑。

由材料力学可知，匀质弹性材料的矩形截面构件在扭矩作用下截面上的剪应力分布如图7-2-1a)所示。最大剪应力发生在截面长边的中点处，且等于最大主拉应力（即 $\sigma_{tp,max}=\tau_{max}$）。当最大主拉应力达到混凝土的抗拉强度极限值时，构件将开裂。换句话说，按弹性体计算的钢筋混凝土纯扭构件的开裂扭矩为截面长边中点处的主拉应力（其数值等于剪应力）达到混凝土抗拉强度极限值时所对应的扭矩。混凝土并非是理想的弹性体，显然按上述图式计算构件的开裂扭矩是偏低的。

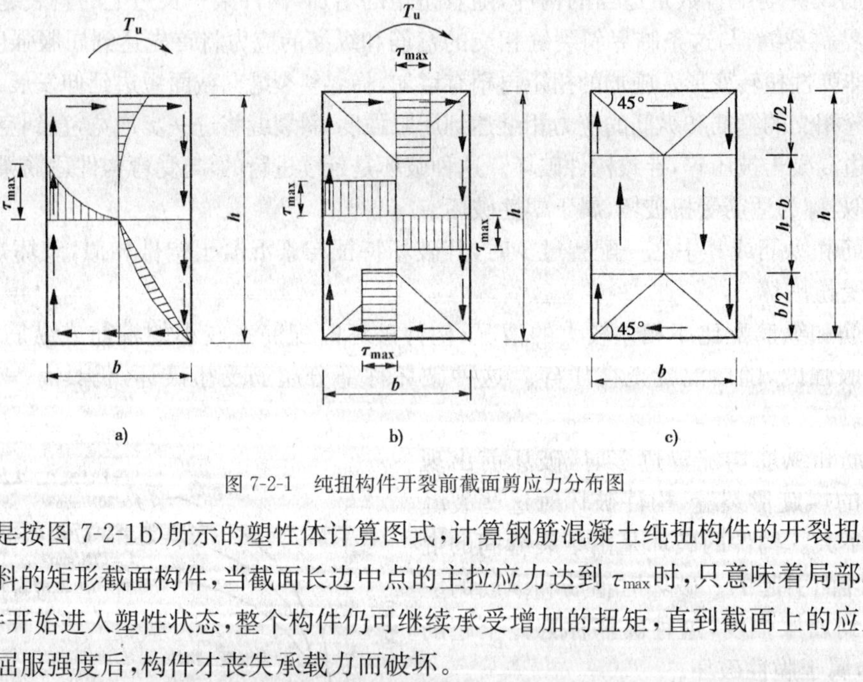

图7-2-1　纯扭构件开裂前截面剪应力分布图

通常是按图7-2-1b)所示的塑性体计算图式，计算钢筋混凝土纯扭构件的开裂扭矩。对理想塑性材料的矩形截面构件，当截面长边中点的主拉应力达到 τ_{max} 时，只意味着局部材料发生屈服，构件开始进入塑性状态，整个构件仍可继续承受增加的扭矩，直到截面上的应力全部达到材料的屈服强度后，构件才丧失承载力而破坏。

现按图7-2-1b)所示的应力分布图，计算构件的开裂扭矩。设矩形截面的长边为 h，短边为 b，将截面上的剪应力分布图划分为8部分[图7-2-1c)]，分别计算各部分剪应力的合力，并将其对截面的扭转中心取矩，由平衡条件得：

$$T_{cr}=\tau_{max}\left\{2\times\frac{b}{2}(h-b)\frac{b}{4}+4\times\frac{1}{2}\left(\frac{b}{2}\right)^2\frac{2}{3}\frac{b}{2}+2\times\frac{1}{2}b\frac{b}{2}\left[\frac{2}{3}\frac{b}{2}+\frac{1}{2}(h-b)\right]\right\}$$

$$T_{cr}=\frac{b^2}{6}(3h-b)\tau_{max}$$

构件开裂时，$\tau_{max}=\sigma_{tp}=f_{td}$，所以，开裂扭矩为：

$$T_{cr}=f_{td}\frac{b^2}{6}(3h-b)=f_{td}W_t \tag{7-2-1}$$

$$W_t=\frac{b^2}{6}(3h-b) \tag{7-2-2}$$

式中：W_t——矩形截面受扭构件的受扭塑性抵抗矩；

f_{td}——混凝土的抗拉强度设计值。

由于混凝土并非理想塑性材料，所以在整个截面上剪应力完成重分布之前，构件就已开裂。此外，构件内除了作用有主拉应力外，还有与主拉应力成正交方向的主压应力作用，在拉压复合应力作用下，混凝土的抗拉强度低于单向受拉时的抗拉强度。因此，当按理想塑性材料的应力分布图计算钢筋混凝土构件的开裂扭矩时，应乘以小于 1 的修正系数，其数值通常由试验确定，一般取 0.5～0.7。

二、矩形截面纯扭构件的破坏扭矩

关于钢筋混凝土纯扭构件的承载能力计算，目前所采用的计算模型（计算理论）主要有两种：一种是欧美广泛采用的变角度空间桁架模型；另一种是以前苏联 M. M. 列西克为代表的斜弯曲破坏理论（又称扭曲破坏极限平衡理论）。我国《桥规》（JTG D62）给出的钢筋混凝土受扭构件承载能力计算公式是在变角度空间桁架计算理论的基础上建立的。

试验研究和理论分析表明，钢筋混凝土受扭构件开裂后，在裂缝充分发展且钢筋应力接近屈服强度时，构件截面核心混凝土作用可以忽略。因此，实心截面的钢筋混凝土受扭构件，可假想为箱形截面构件，此时，具有螺旋形裂缝的混凝土外壳、纵筋和箍筋组成空间桁架，共同抵抗外扭矩的作用。

变角度空间桁架模型的基本假设是：

（1）具有螺旋形裂缝的混凝土外壳组成桁架的斜压杆，只承受压力；

（2）纵筋和箍筋分别构成桁架的弦杆和腹杆，只承受拉力；

（3）忽略核心混凝土的抗扭作用和钢筋的销栓作用。

这样，实心截面受扭构件可以看作为箱形截面构件或薄壁管构件，从而在抗扭承载力计算中可以应用薄壁管理论。

由薄壁管理论可知，在扭矩 T_u 作用下，沿箱形截面侧壁中将产生大小相等的环向剪力流 q［图 7-2-2a)］，其数值为

$$q=\tau t_a=\frac{T_u}{2A_{cor}} \tag{7-2-3}$$

式中：q——横截面管壁上单位长度的剪力值，称为剪力流；

τ——扭矩产生的剪应力；

t_a——箱形截面侧壁厚度；

T_u——开裂后构件承担的极限扭矩；

A_{cor}——剪力流中心线所包围的面积，即构件截面核心面积，其数值为，$A_{cor}=b_{cor}\cdot h_{cor}$；

b_{cor}——侧壁的有效宽度（左右壁板纵筋中心线间的距离）；

h_{cor}——侧壁的有效高度（上下壁板纵筋中心线间的距离）。

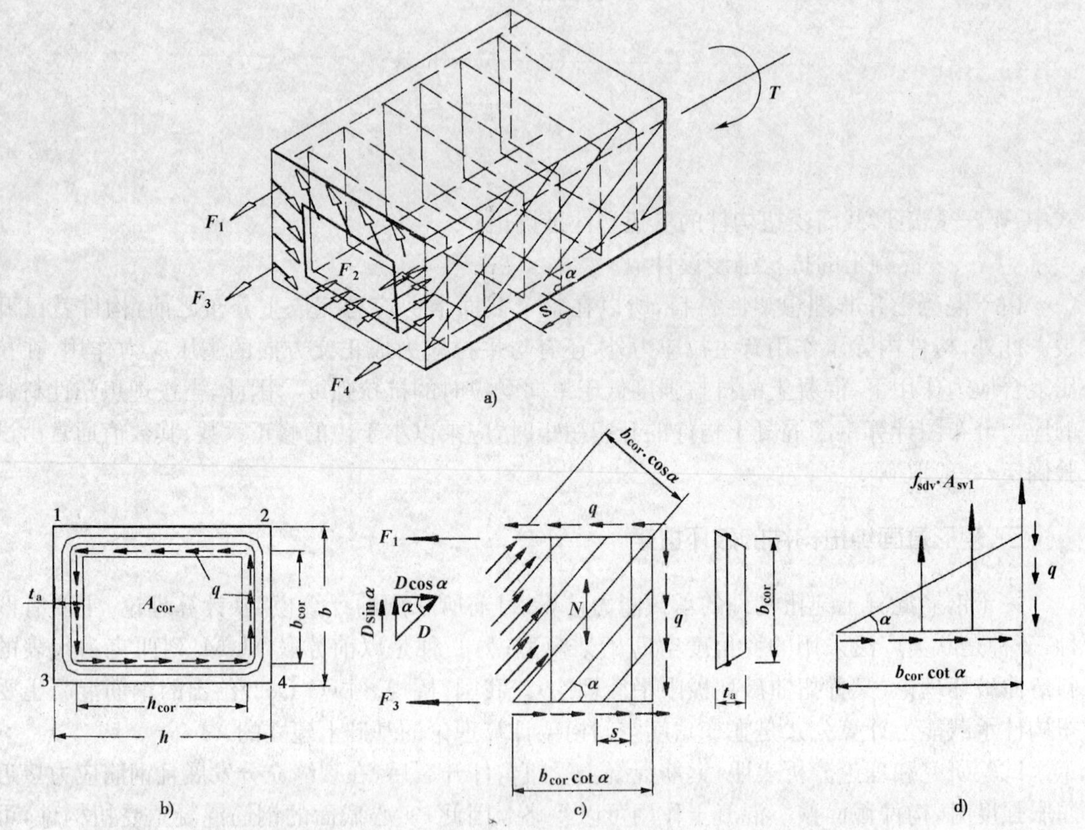

图 7-2-2　空间桁架计算模型

现从箱形截面一个侧壁中取一个斜裂缝投影长度的单元来分析，如图 7-2-2b)、c)、d)所示，侧壁有剪力流 q，上、下纵筋拉力 F_1、F_3，混凝土斜向压力 D，由平衡条件得：

混凝土斜向压力

$$D=qb_{cor}/\sin\alpha \tag{7-2-4}$$

纵向钢筋拉力

$$F_1=F_3=\frac{1}{2}D\cos\alpha=\frac{1}{2}qb_{cor}\cot\alpha \tag{7-2-5}$$

箍筋拉力

$$N=D\sin\alpha=qb_{cor} \tag{7-2-6}$$

拉力 N 分布在 $b_{cor}\cdot\cot\alpha$ 范围内，应由一排箍筋承担的拉力为

$$N_v=NS_v^t/(b_{cor}\cot\alpha)=qS_v^t/\cot\alpha \tag{7-2-7}$$

式中：S_v^t——抗扭箍筋的间距。

若构件配置的纵筋数量适当，构件破坏时纵筋和箍筋的应力均可达到其屈服强度。整个箱形截面上的纵筋拉力的平衡条件是：

$$A_{st}f_{sd,t}=\sum_{i=1}^{4}F_i=4\left[\frac{1}{2}qb_{cor}\cot\alpha+\frac{1}{2}qh_{cor}\cot\alpha\right]=q\cdot U_{cor}\cot\alpha \tag{7-2-8}$$

式中：A_{st}——抗扭纵向钢筋的总截面面积；

$f_{sd,t}$——抗扭纵向钢筋的抗拉强度设计值；

U_{cor}——剪力流中心线所包围的截面核心面积的周长，$U_{cor}=2(b_{cor}+h_{cor})$。

箍筋拉力的平衡条件为：

$$A_{svl}f_{sd,v}=qS_v^t/\cot\alpha \tag{7-2-9}$$

式中：A_{svl}——抗扭箍筋单肢截面面积；

$f_{sd,v}$——抗扭箍筋的抗拉强度设计值。

若将式中的剪力流以 $q=T_u/2A_{cor}$ 分别代入式(7-2-8)和式(7-2-9)，则得：

$$A_{st}f_{sd,t}=T_u/2A_{cor}U_{cor}\cot\alpha$$

$$\therefore \quad T_u=2A_{st}f_{sd,t}\frac{A_{cor}}{U_{cor}}/\cot\alpha \tag{7-2-10}$$

$$A_{svl}f_{sd,v}=T_u/2A_{cor}S_v^t/\cot\alpha$$

$$\therefore \quad T_u=2A_{svl}f_{sd,v}\frac{A_{cor}}{S_v^t}\cot\alpha \tag{7-2-11}$$

将式(7-2-10)和式(7-2-11)相等，可求得：

$$\cot\alpha=\sqrt{\frac{A_{st}f_{sd,t}S_v^t}{A_{svl}f_{sd,v}U_{cor}}}=\sqrt{\zeta} \tag{7-2-12}$$

将式(7-2-12)代入式(7-2-11)，即可求得构件破坏时抗扭钢筋承担的极限扭矩为：

$$T_u=2\sqrt{\zeta}\frac{A_{svl}f_{sd,v}A_{cor}}{S_v^t} \tag{7-2-13}$$

$$\zeta=\frac{A_{st}f_{sd,t}S_v^t}{A_{svl}f_{sd,v}U_{cor}} \tag{7-2-14}$$

式中：ζ——纯扭构件纵筋与箍筋的配筋强度比，其数值应符合 $0.6\leqslant\zeta\leqslant1.7$ 的要求，当 $\zeta>1.7$ 时，取 $\zeta=1.7$。

试验表明，当纵筋与箍筋的配筋强度比 ζ 在 0.5～2.0 之间变化，构件破坏时纵筋和箍筋的应力基本上均可达到屈服强度。为稳妥起见，《桥规》(JTG D62)取 ζ 的限制条件为 $0.6\leqslant\zeta\leqslant1.7$。设计时可在 0.6～1.7 之间取略大些的数值，以减少抗扭箍筋的用量。

三、钢筋混凝土纯扭构件的抗扭承载力

钢筋混凝土纯扭构件的抗扭承载力应包括开裂前混凝土提供的抗扭承载力和抗扭钢筋(纵筋和箍筋)提供的抗扭承载力。在试验研究和统计分析的基础上，在满足可靠度要求的前提下，《桥规》(JTG D62)给出的矩形截面钢筋混凝土纯扭构件的抗扭承载力的计算公式为：

$$\gamma_0 T_d\leqslant0.35f_{td}W_t+1.2\sqrt{\zeta}\frac{f_{sd,v}A_{svl}A_{cor}}{S_v^t}\quad(\text{N}\cdot\text{mm}) \tag{7-2-15}$$

式中：T_d——扭矩组合设计值(N·mm)；

f_{td}——混凝土抗拉强度设计值(MPa)；

W_t——截面受扭塑性抵抗矩(mm^3)，按公式(7-2-2)计算。

其余符号意义同公式(7-2-7)～公式(7-2-13)。

必须指出，上面给出的抗扭承载力计算公式是以适筋梁的受扭塑性破坏为前提建立的。为此，应用公式(7-2-15)计算抗扭承载力时，必须满足下列限制条件。

1. 抗扭强度上限值

当抗扭钢筋配置过多时，构件可能发生混凝土被压碎而抗扭钢筋应力尚未达到屈服强度的完全超筋受扭脆性破坏。在这种情况下，即使增加抗扭钢筋数量，其抗扭承载力几乎不再增

加，这时构件的抗扭承载力取决于混凝土的强度等级和截面尺寸。为了防止出现这种脆性破坏，必须限制抗扭钢筋的配筋率，或规定构件的截面最小尺寸限制截面应力，《桥规》(JTG D62)采用的是后一种办法，通过规定截面最小尺寸限制截面应力，间接地限制抗扭钢筋的配筋率不致过大。

钢筋混凝土矩形截面纯扭构件的截面尺寸应符合下列要求：

$$\frac{\gamma_0 T_d}{W_t}=\frac{\gamma_0 T_d}{\frac{b^2}{6}(3h-b)}\leqslant 0.5\times 10^{-3}\sqrt{f_{cu,k}} \tag{7-2-16}$$

式中：T_d——扭矩组合设计值(kN·mm)；

h——矩形截面的长边尺寸(mm)；

b——矩形截面的短边尺寸(mm)；

$f_{cu,k}$——混凝土立方体抗压强度标准值(MPa)。

2. 抗扭强度下限值

钢筋混凝土纯扭构件，当所承担的扭矩小于开裂扭矩(相应于素混凝土构件的破坏扭矩)时，不致出现裂缝。钢筋混凝土纯扭构件满足下列要求时，可不进行抗扭承载力计算，但必须按构造要求配置抗扭钢筋。

$$\frac{\gamma_0 T_d}{W_t}=\frac{\gamma_0 T_d}{\frac{b^2}{6}(3h-b)}\leqslant 0.5\times 10^{-3} f_{td} \tag{7-2-17}$$

式中：f_{td}——混凝土抗拉强度设计值(MPa)；

其余符号意义同公式(7-2-16)。

这样，钢筋混凝土矩形截面纯扭构件承载能力计算公式(7-1-15)的适用条件为：

$$0.5\times 10^{-3} f_{td}<\frac{\gamma_0 T_d}{\frac{b^2}{6}(3h-b)}\leqslant 0.51\times 10^{-3}\sqrt{f_{cu,k}} \tag{7-2-18}$$

若剪应力大于抗扭强度上限值，则应加大截面尺寸；若剪应力小于抗扭强度下限值，则按构造要求配置抗扭钢筋。

3. 纯扭构件的最小配筋率

最小配筋率包括最小箍筋配筋率(又称配箍率)$\rho_{sv,min}^t$和最小纵筋配筋率$\rho_{st,min}$两种含义。规定最小配筋率的目的是防止构件开裂后发生突然的脆性破坏。纯扭构件的最小配筋率可根据钢筋混凝土构件的抗扭承载力应不小于同一截面的素混凝土的构件的抗扭承载力(即开裂扭矩)的原则确定。钢筋混凝土构件抗扭承载力按公式(7-2-15)计算，素混凝土构件的开裂扭矩按公式(7-2-1)计算，为取得较大的最小配筋率限制，不考虑修正系数折减，即取$M_{cr}=f_{td}W_t$。

根据最小配筋率的取值原则得：

$$0.35 f_{td}W_t+1.2\sqrt{\zeta}\frac{f_{sd,v}A_{sv1}}{S_v^t}A_{cor}\geqslant f_{td}W_t \tag{7-2-19}$$

$$\frac{A_{sv1}}{S_v^t}\geqslant\left(\frac{0.542W_t}{\sqrt{\zeta}A_{cor}}\right)\frac{f_{td}}{f_{sd,v}}$$

引入箍筋配筋率$\rho_{sv}^t=\frac{2A_{sv,1}}{bS_v^t}$，并代入上式，则得：

$$\rho_{sv,min}^t=\left(\frac{1.084W_t}{bA_{cor}\sqrt{\zeta}}\right)f_{td}/f_{sd,v}$$

将工程中常用的 $\zeta=1.0\sim1.3$、$b/h=1\sim1/3$ 代入上式括号内，得 $1.084W_t/b\cdot A_{cor}\sqrt{\zeta}=0.4\sim0.6$，取中间值 0.55，并近似取 $f_{td}=0.1f_{cd}$，则得抗扭箍筋最小配筋率为：

$$\rho_{sv,min}^{t}=0.055f_{cd}/f_{sd,v} \tag{7-2-20}$$

抗扭纵筋最小配筋率可按下述方法求得。

将公式(7-2-19)中的 A_{sv1}，转为用 A_{st} 表示，由公式(7-2-14)可得

$$A_{sv1}=\frac{f_{sd,t}A_{st}S_v^t}{\zeta f_{sd,v}U_{cor}}$$

将上式代入公式(7-2-19)则得：

$$0.35f_{td}W_t+1.2\frac{A_{st}f_{sd,t}}{\sqrt{\zeta}}\frac{A_{cor}}{U_{cor}}\geqslant f_{td}W_t$$

由此可得抗扭纵筋的最小配筋率为：

$$\rho_{st,min}=\frac{A_{st,min}}{bh}=\left(0.542\sqrt{\zeta}\frac{W_t}{bh}\frac{U_{cor}}{A_{cor}}\right)\frac{f_{td}}{f_{sd,t}}$$

将常用的 $\zeta=1.0\sim1.3$，$b/h=1\sim1/3$ 代入，则得

$$0.542\sqrt{\zeta}\frac{W_t}{bh}\frac{U_{cor}}{A_{cor}}=0.7\sim0.9$$

取中间值 0.8，并近似取 $f_{td}=0.1f_{cd}$，代入上式括号内，则得抗扭纵筋的最小配筋率为

$$\rho_{st,min}=0.08f_{cd}/f_{sd,t} \tag{7-2-21}$$

例题 7-2-1 有一矩形截面受扭构件，截面尺寸 $b\times h=250\text{mm}\times500\text{mm}$，承受的扭矩组合设计值 $T_d=20\text{kN}\cdot\text{m}$，结构重要性系数 $\gamma_0=1$。拟采用 C25 混凝土（$f_{cd}=11.5\text{MPa}$，$f_{td}=1.23\text{MPa}$），箍筋采用 HPB300 钢筋（$f_{sd,v}=250\text{MPa}$），纵筋采用 HRB335 钢筋（$f_{sd,t}=280\text{MPa}$）。试进行配筋设计，并复核承载能力。

解：(1)公式适用条件复核（抗扭强度上、下限复核）

钢筋混凝土矩形截面纯扭构件承载力计算公式应符式(7-2-18)的要求。

$$0.5\times10^{-3}f_{td}<\frac{\gamma_0T_d}{W_t}\leqslant0.5\times10^{-3}\sqrt{f_{cu,k}}$$

式中：$W_t=\frac{b^2}{6}(3h-b)=\frac{250^2}{6}(3\times500-250)=13.021\times10^6\text{mm}^3$；

$T_d=20\text{kN}\cdot\text{m}=20\times10^3\text{kN}\cdot\text{mm}$，$\gamma_0=1$，$f_{td}=1.23\text{MPa}$，$f_{cu,k}=25\text{MPa}$。

将以上数据代入公式(7-2-18)得：

$$0.5\times10^{-3}\times1.23<\frac{20\times10^3}{13.021\times10^6}<0.51\times10^{-3}\times\sqrt{25}$$

$$0.615\times10^{-3}<1.5359\times10^{-3}<2.55\times10^{-3}$$

计算结果表明，截面尺寸满足要求，但需配置抗扭钢筋。

(2)抗扭箍筋设计

由公式(7-2-15)得：

$$\frac{A_{sv1}}{S_v^t}=\frac{\gamma_0T_d-0.35f_{td}W_t}{1.2\sqrt{\zeta}f_{sd,v}A_{cor}}$$

式中：$A_{cor}=b_{cor}h_{cor}=(250-30\times2)\times(500-30\times2)=190\times440=83600\text{mm}^2$。

取 $\zeta=1$。代入上式，得：

$$\frac{A_{svl}}{S_v^t}=\frac{20\times10^6-0.35\times1.23\times13.021\times10^6}{1.2\times250\times83600}=0.05744\text{mm}$$

选 $\phi10$，$A_{svl}=78.5\text{mm}^2$

$$S_v^t=\frac{A_{svl}}{0.5744}=\frac{78.5}{0.5744}=136.94\text{mm}，取\ S_v^t=100\text{mm}$$

箍筋配筋率，得：

$\rho_{sv}^t=\frac{2\times A_{svl}}{bS_v^t}=\frac{2\times78.5}{250\times100}=6.28\times10^{-3}>\rho_{sv,min}^t=0.055\times\frac{11.5}{250}=2.53\times10^{-3}$。满足最小配箍率要求。

(3)抗扭纵筋设计

由公式(7-2-14)得：

$$A_{st}=\zeta\times\frac{A_{svl}}{S_v^t}\times\frac{f_{sd,v}\cdot U_{cor}}{f_{sd,t}}$$

将 $U_{cor}=2(b_{cor}+h_{cor})=2\times(190+440)=1260\text{mm}$ 和由公式(7-2-15)求得的 $A_{svl}/S_v^t=0.5744$代入上式得：

$$A_{st}=0.5744\times\frac{250\times1260}{280}=645.9\text{mm}^2$$

选取 4 ϕ 16，供给 $A_{st}=804\text{mm}^2$，布置在构件的四角处。

纵筋配筋率 $\rho_{st}=A_{st}/bh=804/250\times500=6.432\times10^{-3}>\rho_{st,min}=0.08f_{cd}/f_{sd,t}=0.08\times11.5/280=3.287\times10^{-3}$，满足最小配筋率要求。

(4)承载力复核

按实际配筋情况计算纵筋与箍筋的配筋强度比，得

$$\zeta=\frac{A_{st}f_{sd,t}S_v^t}{A_{svl}f_{sd,v}U_{cor}}=\frac{804\times280\times100}{78.5\times256\times1260}=0.91$$

构件所能承受的扭矩设计值由公式(7-2-15)求得：

$$\begin{aligned}T_{du}&=0.35\times f_{td}W_t+1.2\sqrt{\zeta}\frac{f_{sd,v}A_{svl}A_{cor}}{S_v^t}\\&=0.35\times1.23\times13.021\times10^6+1.2\sqrt{0.91}\times\frac{250\times78.5\times83600}{100}\\&=5.6055\times10^6+18.7810\times10^6\\&=24.3865\times10^6\text{N}\cdot\text{mm}=24.4\text{kN}\cdot\text{m}>\gamma_0T_d=20\text{kN}\cdot\text{m}\end{aligned}$$

计算结果表明，抗扭承载能力是足够的。

§7-3 受弯、剪、扭共同作用的钢筋混凝土矩形截面构件的承载力计算

实际工程中单纯的受扭构件很少，大多数是弯矩、剪力和扭矩同时作用。试验研究表明，构件的抗扭承载力与其抗弯和抗剪承载力是相互影响的，即构件的抗扭承载力随同时作用的弯矩和剪力的大小而发生变化。同样，构件的抗弯和抗剪承载力也随同时作用的扭矩的大小

而发生变化。工程上将这种相互影响称为构件各承载力之间的相关性。

由于弯、剪、扭承载力之间的相互影响极为复杂，所以要完全考虑它们之间相关性，并用一个统一的相关方程来计算是非常困难的。因此，《桥规》(JTG D62)对弯、剪、扭共同作用构件的承载力计算采用了部分相关、部分叠加的简化计算方法，即对混凝土抗力部分考虑相关性的影响，对钢筋的抗力部分采用叠加的方法。

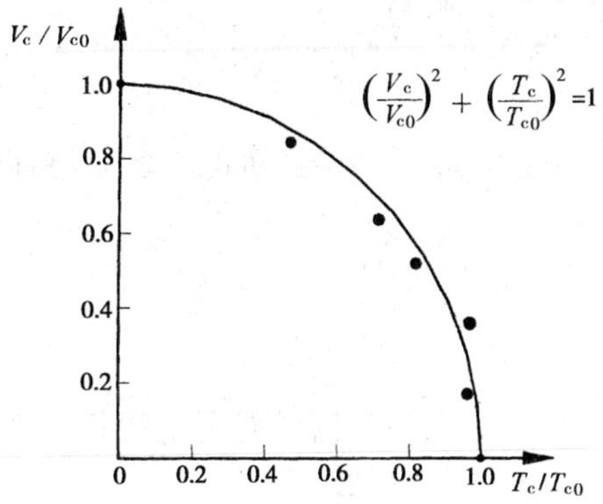

图 7-3-1 剪、扭承载力相关关系

一、剪、扭构件的承载力计算

无腹筋的剪扭构件的试验结果表明，当剪力与扭矩共同作用时，由于剪力的存在将使混凝土的抗扭承载力降低，而扭矩的存在也将使混凝土的抗剪承载力降低，两者的相关关系大致符合 1/4 圆规律(图 7-3-1)，其表达式为

$$\left(\frac{V_c}{V_{c0}}\right)^2+\left(\frac{T_c}{T_{c0}}\right)^2=1 \tag{7-3-1}$$

式中：V_c、T_c——剪、扭共同作用下混凝土的抗剪及抗扭承载力；

V_{c0}——纯剪构件混凝土的抗剪承载力，按《建混规》(GB 50010)计算，$V_{c0}=0.07f_{cd}bh_0$；

T_{c0}——纯扭构件混凝土的抗扭承载力，即 $T_{c0}=0.35f_{td}W_t$。

钢筋混凝土剪扭构件的抗剪及抗扭承载力分别由相应的混凝土抗力和钢筋抗力组成，即得：

$$V_u=V_c+V_s \tag{7-3-2}$$

$$T_u=T_c+T_s \tag{7-3-3}$$

式中：V_u、T_u——剪扭构件的抗剪及抗扭承载力；

V_c、T_c——剪扭构件中混凝土的抗剪及抗扭承载力；

V_s、T_s——剪扭构件中钢筋的抗剪及抗扭承载力。

根据部分相关、部分叠加的简化原则，公式(7-3-2)和公式(7-3-3)中的 V_s 和 T_s，应分别按纯剪及纯扭构件的相应公式计算。而 V_c 和 T_c 应考虑剪扭相关关系，可直接由公式(7-3-1)给出的相关方程求解确定。为简化计算，《建混规》(GB 50010)将图 7-3-1 所示的 V_c 与 T_c 相关的 1/4 圆曲线，用三段直线组成的折线代替(见图 7-3-2)。

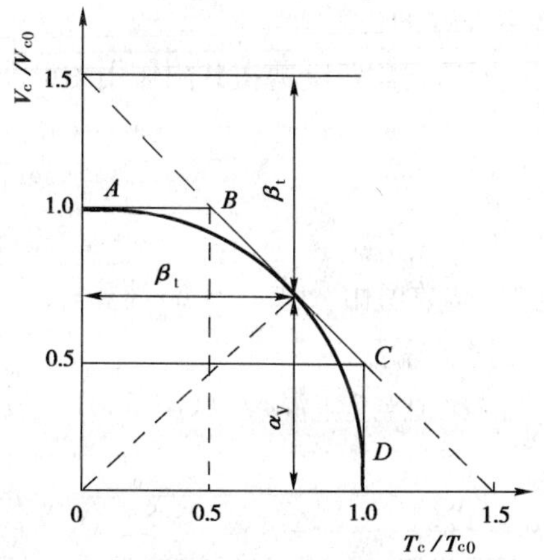

图 7-3-2 混凝土剪、扭承载力相关关系计算模式

图中直线 AB 段表示当混凝土承受的扭矩 $T_c \leqslant 0.5T_{c0}$ 时，混凝土的抗剪承载力不予降低；直线 CD 段表示当混凝土承受的剪力 $V_c \leqslant 0.5V_{c0}$ 时，混凝土的抗扭承载力不予降低；斜线 BC 段表示剪扭的相关影响，混凝土的抗剪和抗扭承载力均予以降低。若设 $\alpha_v=V_c/V_{c0}$，$\beta_t=T_c/T_{c0}$，则斜线 BC 上任意一点均满足下列条件：

$$\alpha_v+\beta_t=1.5 \tag{7-3-4}$$

α_v 与 β_v 的关系为：

$$\frac{\alpha_v}{\beta_t}=\frac{V_c/V_{c0}}{T_c/T_{c0}}$$

若将 $V_{c0}=0.07f_{cd}bh_0$ 和 $T_{c0}=0.35f_{td}W_t$ 代入上式，并近似地取 $V_c/T_c=V_d/T_d$，$f_{td}=0.1f_{cd}$，代入上式则得：

$$\frac{\alpha_v}{\beta_t}=0.5\frac{V_d}{T_d}\cdot\frac{W_t}{bh_0} \tag{7-3-5}$$

联立解式(7-3-4)和式(7-3-5)，则得：

$$\beta_t=\frac{1.5}{1+0.5\frac{V_d}{T_d}\cdot\frac{W_t}{bh_0}} \tag{7-3-6}$$

$$\alpha_v=1.5-\beta_t \tag{7-3-7}$$

式中：β_t——剪扭构件混凝土抗扭承载能力降低系数，当 $\beta_t<0.5$ 时，取 $\beta_t=0.5$；当 $\beta_t>1.0$ 时，取 $\beta_t=1.0$；

α_v——剪扭构件混凝土抗剪承载能力降低系数；

V_d——剪力组合设计值；

T_d——扭矩组合设计值。

其余符号意义同前。

这样，即可求得承受剪扭共同作用的钢筋混凝土矩形截面构件的抗扭承载力计算表达式为

$$\gamma_0 T_d\leqslant 0.35\beta_t f_{td}W_t+1.2\sqrt{\zeta}\frac{f_{sd,v}A_{sv1}A_{cor}}{S_v^t}\quad(\mathrm{N\cdot mm}) \tag{7-3-8}$$

从理论上分析，考虑剪、扭承载力的相关关系，对承受剪扭共同作用的钢筋混凝土构件的抗剪承载能力亦应予以折减，即将其中混凝土的抗剪承载力乘以降低系数 α_v。这样，承受剪扭共同作的钢筋混凝土构件的抗剪承载力计算表达式为

$$\gamma_0 V_d\leqslant\alpha_v V_c+V_{sv}+V_{sb} \tag{7-3-9}$$

式中：α_v——剪扭构件混凝土抗剪承载力降低系数，其数值按公式(7-3-7)和公式(7-3-6)计算；

V_c——受剪构件混凝土抗剪承载力设计值。

应该指出，《桥规》(JTG D62)没有给出混凝土抗剪承载力 V_c 的计算表达式，而是采用了混凝土与箍筋共同承担的综合抗剪能力 V_{cs} 的表达方式[公式(4-3-6)]，显然如果将混凝土与箍筋共同承担的综合抗剪承载力 V_{cs} 乘以降低系数 α_v 是不合理的。

为了与《桥规》(JTG D62)给出的抗剪承载力计算公式相协调，可将承受剪扭共同作用的钢筋混凝土构件的抗剪承载力计算表达式改写为下列形式：

$$\gamma_0 V_d\leqslant\alpha_{cs}V_{cs}+V_{sb} \tag{7-3-10}$$

$$\alpha_{cs}=(10-2\beta_t)/9 \tag{7-3-11}$$

式中：V_{cs}——受剪构件混凝土与箍筋共同承担的抗剪能力，其数值由公式(4-3-6)计算；

α_{cs}——剪扭构件混凝土与箍筋共同承担的抗剪能力降低系数。

大量计算表明，按 α_{cs} 对 V_{cs} 的折减数与总抗剪承载力的比值与《建混规》(GB 50010)按 α_v 对 V_c 的折减数与总抗剪承载力的比值大致接近。

这样，将 α_{cs}、V_{cs} 和 V_{sb} 的计算表达式[公式(7-3-10)、公式(4-3-9)、公式(4-3-8)]代入公式(7-3-10)。经整理后即可求得《桥规》(JTG D62)给出的承受剪扭共同作用的钢筋混凝土矩形截面构件的抗剪承载力计算公式为

$$\gamma_0 V_d \leqslant \alpha_1 \alpha_3 \frac{(10-2\beta_t)}{20} \times 10^{-3} b h_0 \sqrt{(2+0.6p)\sqrt{f_{cu,k}}\rho_{sv} f_{sd,v}} +$$

$$0.75 \times 10^{-3} f_{sd,b} \sum A_{sb} \sin\theta_s \quad (kN) \tag{7-3-12}$$

式中符号意义见第四章公式(4-3-9)和公式(4-3-8)中的说明。

必须指出，上面给出的剪扭构件承载力计算公式(7-3-8)和公式(7-3-11)，是以适筋梁的塑性破坏为基础建立的。因此，在按上述公式进行剪扭构件承载力计算时，必须满足规范规定的截面尺寸及最小配筋率的限制条件。

《桥规》(JTG D62)规定，承受剪扭共同作用的钢筋混凝土矩形截面构件，其截面尺寸应符合下列要求：

$$\frac{\gamma_0 V_d}{b h_0} + \frac{\gamma_0 T_d}{\frac{b^2}{6}(3h-b)} \leqslant 0.51 \times 10^{-3} \sqrt{f_{cu,k}} \tag{7-3-13}$$

当符合下列条件时：

$$\frac{\gamma_0 V_d}{b h_0} + \frac{\gamma_0 T_d}{\frac{b^2}{6}(3h-b)} \leqslant 0.5 \times 10^{-3} f_{td} \tag{7-3-14}$$

可不进行构件抗扭承载力计算，仅需按构造要求配置抗扭钢筋。

(1)剪扭构件的箍筋的最小配筋率

剪扭构件的最小配筋率，包括最小箍筋配筋率(又称配箍率)和最小纵筋配筋率两种含义。

剪扭构件的最小箍筋配筋率 $\rho_{sv,min}$，由受剪最小箍筋率 $\rho_{sv,min}^{v}$ 和受扭最小箍筋率 $\rho_{sv,min}^{t}$ 两部分组成：

$$\rho_{sv,min} = \rho_{sv,min}^{v} + \rho_{sv,min}^{t} \tag{7-3-15}$$

从剪扭承载能力相关关系可知，当 $\beta_t \leqslant 0.5$ 时，不考虑扭矩对抗剪承载力的影响，其抗剪箍筋最小配筋率按纯剪配筋率确定，《建混规》(GB 50010)给出的纯剪构件箍筋最小配筋率为 $\rho_{sv,min}^{v} = 0.02 f_{cd}/f_{sd,v}$；当 $\beta_t \geqslant 1.0$ 时，不考虑剪力对抗扭承载力的影响，即取抗剪箍筋的配筋率为零。当 $\beta_t = 0.5 \sim 1.0$ 之间时，按直线插入法确定，则得：

$$\rho_{sv,min}^{v} = 0.04(1-\beta_t) f_{cd}/f_{sd,v} \tag{7-3-16}$$

同理，当 $\beta_t \geqslant 1.0$ 时，不考虑剪力对抗扭承载力的影响，其抗扭箍筋的最小配筋率按纯扭构件确定，即取 $\rho_{sv,min}^{t} = 0.055 f_{cd}/f_{sd,v}$(公式 7-2-20)；当 $\beta_t \leqslant 0.5$ 时，不考虑扭矩对抗剪承载力的影响，即抗扭箍筋的配筋率为零。当 $\beta_t = 0.5 \sim 1.0$ 之间时，按直线插入法确定，则得：

$$\rho_{sv,min}^{t} = 0.055(2\beta_t - 1) f_{cd}/f_{sd,v} \tag{7-3-17}$$

将公式(7-3-16)和公式(7-3-17)代入公式(7-3-15)，经整理后即得《建混规》(GBJ 10—89)给出的剪扭构件最小箍筋配筋率为：

$$\rho_{sv,min} = 0.02[1+1.75(2\beta_t - 1)] f_{cd}/f_{sd,v} \tag{7-3-18}$$

应该指出，由于《桥规》(JTG D62)给出的纯剪构件最小箍筋配筋率的形式与《建混规》(GB 50010)不同，反映在剪扭构件的最小箍筋配筋率的表达形式上也略有不同。

《桥规》(JTG D62)规定，纯剪构件箍筋的最小配筋率，当采用 R235(或 HPB310)钢筋时，取 0.0018；当采用 HRB335 钢筋时，取 0.0012。为推导公式方便，在确定剪扭构件箍筋配筋率时，将纯剪构件的箍筋最小配筋率用 C 表示[C 值相当于《建混规》(GB 50010)中的 $\rho_{sv,min} = 0.02 f_{cd}/f_{sd,v} = C$]。这样，按《桥规》(JTG D62)的表达方式，剪扭构件的抗剪箍筋的最小配筋率表达式

(7-3-16)，应改写为下列形式：

$$\rho_{sv,min}^{v}=2C(1-\beta_t) \tag{7-3-19}$$

将公式(7-3-19)和公式(7-3-17)代入公式(7-3-15)，整理后，即可求得《桥规》(JTG D62)给出的剪扭构件最小箍筋配筋率为：

$$\rho_{sv,min}=\left[(2\beta_t-1)\left(0.055\frac{f_{cd}}{f_{sd,v}}-C\right)+C\right] \tag{7-3-20}$$

式中：C——系数，当采用 R235(或 HPB300)钢筋时，取 $C=0.0018$；当采用 HRB335 钢筋时，取 $C=0.0012$。

(2)剪扭构件的抗扭纵筋的最小配筋率

抗扭纵筋的最小配筋率可由公式(7-2-14)求得：

$$A_{st}=\zeta\frac{f_{sd,v}}{f_{sd,t}}\frac{bU_{cor}}{2}\frac{2A_{sv1}}{bS_v^t}=\zeta\frac{f_{sd,v}}{f_{sd,t}}\frac{bU_{cor}}{2}\rho_{sv}^t$$

若取 $\rho_{sv}^t=\rho_{sv,min}^t$，则得 $A_{st,min}$，所以：

$$\rho_{st,min}=\frac{A_{st,min}}{bh}=\zeta\frac{f_{sd,v}}{f_{sd,t}}\frac{U_{cor}}{2h}\rho_{sv,min}^t$$

在上式中取 $\zeta=1.2$，$U_{cor}/2h=1.18$，并将 $\rho_{sv,min}^t=0.055(2\beta_t-1)f_{cd}/f_{sd,v}$［公式(7-3-17)］代入，即可求得《桥规》(JTG D62)给出的剪扭构件的抗扭纵筋最小配筋率为：

$$\rho_{st,min}=0.08(2\beta_t-1)f_{cd}/f_{sd,t} \tag{7-3-21}$$

二、弯、扭构件承载力计算

钢筋混凝土构件在弯矩和扭矩共同作用下的破坏特征及承载力与扭弯比（$\Psi=T_d/M_d$）、构件截面尺寸、配筋形式及数量等因素有关。

弯扭共同作用时，按抗弯需要设置的受拉纵筋布置在弯曲受拉区，有时也在弯曲受压区布置纵向受压钢筋，按抗扭需要设置的纵筋沿截面周边均匀对称布置。这样，将两种纵筋叠加后，形成非对称配筋情况。此时，根据截面四周配筋情况及扭弯比（$\Psi=T_d/M_d$）的不同，弯扭构件可能有三种不同的破坏情况。

(1)在非对称配筋情况下，仅承受扭矩作用时，其承载力由纵筋较少一侧(弯曲受压区)所控制。当弯扭共同作用时，弯曲受压区的压应力可以抵消一部分扭矩产生的拉应力，从而提高了这一侧的抗扭承载力。截面上作用的弯矩越大，构件所能承受的扭矩也就越大，其相关曲线如图 7-3-3 中的曲线 AB 所示。这种构件破坏时的裂缝分布及混凝土压碎情况与纯扭构件相似，称为扭型破坏。

图 7-3-3　非对称配筋截面的弯扭构件承载力相关曲线

(2)当构件上作用的弯矩增大时，截面弯曲受拉区纵筋同时承受较大弯矩和扭矩引起的拉应力，可能首先达到屈服，而导致构件的破坏。截面上作用的弯矩越大，抗弯所占用的弯曲受拉纵筋的比例越大，截面的抗扭承载力就越低，其相关曲线如图 7-3-3 中的曲线 BC 所示。这类构件的破坏特征与纯弯构件相似，称为弯型破坏。

(3)若梁的两侧纵筋和箍筋配置不足，截面的高宽比又较大时，可能由于侧边纵筋或箍筋受扭作用首先达到屈服，而导致构件破坏，其承载力由侧面钢筋所控制，这类破坏称弯扭型破坏。由于弯矩对梁侧面的抗扭承载力影响很小，这种破坏时的相关曲线为一水平线，如图 7-3-3 的直线 DE 所示。图中水平线 DE 位置，根据梁侧面纵筋和箍筋数量多少及截面高宽比而定。

由上述分析可以看出，弯扭构件承载力相关关系复杂，受多种因素制约。即使给出某些实验相关曲线，也很难在实际工作中应用。为此，一般在设计中对弯扭构件的承载力计算均采用简单的叠加方法处理。首先按纯扭构件计算，确定抗扭所需的纵筋和箍筋；然后再按受弯构件计算，确定抗弯所需的纵筋，最后将抗扭纵筋和抗弯纵筋叠加。

三、弯、剪、扭构件的承载力计算

弯、剪、扭共同作用的构件的承载力相关关系比较复杂，目前尚研究得不够。《桥规》(JTG D62)是以剪扭和弯扭构件承载力计算方法为基础，建立弯、剪、扭构件承载力计算方法。承受弯、剪、扭共同作用的钢筋混凝土构件，应分别按受弯构件正截面抗弯承载力和剪扭构件抗扭承载力要求，计算所需的纵筋截面面积；箍筋应分别按剪扭构件的抗剪和抗扭承载力计算，所得的箍筋截面面积叠加后统一布置。

在实际工作中，弯、剪、扭构件承载力计算可分为截面设计和承载能力复核两种情况。

1. 配筋设计

弯、剪、扭构件的截面尺寸通常是按构件要求预选确定的。配筋设计是根据给定的设计内力值(M_d、V_d 和 T_d)，确定所需的纵筋和箍筋数量及配置方案。

弯、剪、扭构件的配筋设计可按下列步骤进行：

(1)验算抗剪扭强度上、下限

按公式 (7-3-13)和公式(7-3-14)验算抗剪强度上、下限。即剪力和扭矩引起的剪应力之和应满足下式要求：

$$0.5\times10^{-3}f_{td}<\left(\frac{\gamma_0 V_d}{bh_0}+\frac{\gamma_0 T_d}{\frac{b^2}{6}(3h-b)}\right)\leqslant0.51\times10^{-3}\sqrt{f_{cu,k}}$$

若最大剪应力大于上限值，则应加大截面尺寸或提高混凝土强度等级；若最大剪应力小于下限值，可不进行抗剪和抗扭承载力计算，仅需按构造要求配筋。

(2)确定箍筋数量

首先选定纵筋与箍筋的配筋强度比 ζ 值，一般可取 ζ 值为 1.2 左右。并按公式(7-3-6)计算剪扭构件混凝土抗扭承载力降低系数 β_t。将 ζ 和 β_t 代入公式(7-3-8)，求得抗扭所需的单肢箍筋截面面积为：

$$\frac{A_{sv1}}{S_v^t}=\frac{\gamma_0 T_d-0.35\beta_t f_{td}W_t}{1.2\sqrt{\zeta}f_{sd,v}A_{cor}}$$

若将所需抗扭箍筋以配筋率表示，可得：

$$\rho_{sv}^t=\frac{2A_{sv1}}{S_v^t b}=\frac{2(\gamma_0 T_d-0.35\beta_t f_{td}W_t)}{1.2\sqrt{\zeta}f_{sd,v}A_{cor}b}$$

然后，按剪扭构件计算，由公式(7-3-12)确定抗剪所需的箍筋配筋率。

$$\rho_{sv}^v=\frac{\left[\dfrac{\gamma_0 V_d-0.75\times10^{-3}f_{sd,b}\sum A_{sb}\sin\theta_s}{\alpha_1\alpha_3\dfrac{(10-2\beta_t)}{20}\times10^{-3}bh_0}\right]^2}{(2+0.6p)\sqrt{f_{cu,k}}f_{sd,v}}$$

最后，应将抗扭所需的箍筋数量和抗剪所需的箍筋数量相加。

若抗剪箍筋也采用双肢箍筋，可将上面求得配筋率 ρ_{sv}^{t} 与 ρ_{sv}^{v} 直接相加，求得剪扭构件的箍筋总配筋率为：

$$\rho_{s,v}=\rho_{sv}^{v}+\rho_{sv}^{t}$$

若选定单肢箍筋截面面积 A_{sv1}，则箍筋间距为：

$$S_{v}=\frac{2A_{sv,1}}{b\rho_{sv}}=\frac{2A_{sv,1}}{b(\rho_{sv}^{v}+\rho_{sv}^{t})}$$

若截面宽度较大，抗剪箍筋需采用 4 肢或 6 肢时，应首先分别计算出抗剪箍筋配筋率和间距。

抗剪箍筋间距为：

$$S_{v}^{v}\leqslant\frac{nA_{sv1}}{b\rho_{sv}^{v}}$$

式中：n——抗剪箍筋的肢数。

抗扭箍筋的间距为：

$$S_{v}^{t}\leqslant\frac{2A_{sv1}}{b\rho_{sv}^{t}}$$

布置在构件截面两侧的箍筋，即可承担扭矩，又可承担剪力，按抗扭和抗剪需要布置，其间距 S_{v} 由下式求得：

$$\frac{1}{S_{v}}=\frac{1}{S_{v}^{v}}+\frac{1}{S_{v}^{t}}$$

布置在构件截面内部的箍筋，不能承担扭矩，只能承担剪力，原则上应按由抗剪需要确定的间距 S_{v}^{v} 布置。为了施工方便，内部箍筋最好与两侧箍筋布置在同一竖直平面内，即取内部箍筋间距为 S_{v}（或 $2S_{v}$），显然这样处理是偏于安全的。

(3)确定纵筋数量

抗弯纵筋应按第三章介绍的受弯构件正截面承载力计算公式确定。对单筋截面，只在截面的弯曲受拉区布置受拉纵筋。对双筋截面除在弯曲受拉区布置受拉纵筋外，还在截面的弯曲受压区布置受压纵筋。

抗扭纵筋数量，应根据由公式(7-3-8)求得的 A_{sv1}/S_{v}^{t} 和所选定的纵筋与箍筋强度比 ζ 值，由公式(7-2-15)求得：

$$A_{st}=\zeta\frac{A_{sv1}}{S_{v}^{t}}\frac{f_{sd,v}U_{cor}}{f_{sd,t}}$$

所得的抗扭纵筋沿截面四周对称布置。

2. 承载力复核

对截面尺寸和配筋（纵筋和箍筋）均为已知的弯、剪、扭构件进行承载能力复核的难点在于如何将统一布置的纵筋和箍筋分解为抗弯、抗剪和抗扭所分担的相应份额。弯、剪、扭构件的承载能力复核一般按下列步骤进行。

(1)抗剪强度上、下限复核

按公式(7-3-13)和公式(7-3-14)复核抗剪强度上、下限，即剪力和扭矩引起的混凝土最大剪应力之和，应控制在抗剪强度上、下限之间。

若最大剪应力小于抗剪强度下限值，可不进行抗剪和抗扭承载力计算，直接按受弯构件计算正截面抗弯承载能力。

(2)按公式(7-3-6)计算剪扭构件混凝土抗扭承载力降低系数β_t。

(3)按剪扭构件承载力计算公式(7-3-12)求得抗剪所占用的单肢箍筋截面面积,从实际配置的单肢箍筋截面积中减去抗剪所占用单肢截面面积,剩余部分即为可供承担扭矩的单肢箍筋截面面积A_{sv1}。

(4)按受弯构件正截面抗弯承载力要求,确定抗弯纵筋数量。然后,从实际布置在弯曲受拉区的全部纵筋中减去抗弯纵筋,剩余部分即为可供承担扭矩的单边抗扭纵筋,并将其与布置在弯曲受压区的纵筋相比较,取其中较小者。根据抗扭纵筋对称布置的原则,求得沿截面四周布置的抗扭纵筋总截面面积A_{st}。

(5)将上述求得的能够用来承担扭矩的单肢箍筋截面面积A_{sv1}和抗扭纵筋截面面积A_{st},代入公式(7-2-14),计算纵筋与箍筋的配筋强度比。

(6)将上面求得的ζ、β_t、A_{sv1}值,代入公式(7-3-8)计算截面所能承受的扭矩设计值,可得:

$$T_u=0.35\beta_t f_{td}W_t+1.2\sqrt{\zeta}\frac{f_{sd,v}A_{sv1}A_{cor}}{S_v^t}$$

若$T_u\geqslant\gamma_0 T_d$,说明构件的抗扭承载力是足够的。因为前面给出的可供抗扭需要的箍筋和纵筋数量是在满足抗剪和抗弯承载力要求的前提下得出的,构件的抗剪和抗弯承载力已得到保证。所以,只要满足$T_u\geqslant\gamma_0 T_d$的条件,构件在弯、剪、扭共同作用下的承载力是足够的。

四、弯、剪、扭构件的钢筋构造要求

在弯、剪、扭构件中,箍筋和纵筋的配筋率及构造要求,应符合下列规定:

(1)箍筋的配筋率ρ_{sv}应不小于按公式(7-3-18)或公式(7-3-20)计算所确定的箍筋最小配筋率$\rho_{sv,min}$。箍筋直径不小于8mm和1/4主筋直径,间距不应大于梁高的1/2和400mm,且须采用封闭式箍筋,箍筋末端应做成135°弯钩。弯钩和接头应箍牢纵向钢筋,相邻两根箍筋的弯钩和接头沿纵向应交替布置。

(2)纵筋的配筋率不应小于受弯构件纵筋最小配筋率与受扭构件纵筋最小配筋率之和。受弯构件的纵筋最小配筋率为$\rho_{s,min}=\frac{A_{s,min}}{bh}=0.45f_{td}/f_{sd}$或0.002。受扭构件的纵筋最小配筋率为$\rho_{st,min}=0.08(2\beta_t-1)\cdot f_{cd}/f_{sd,t}$(公式7-3-21)。

承受扭矩的纵筋应沿截面周边均匀对称布置,其间距不应大于300mm;在矩形截面的基本单元的四角必须设有纵筋,其末端应留有《桥规》(JTG D62)规定的受拉钢筋最小锚固长度(见表1-3-1)。

例题7-3-1 有一矩形截面钢筋混凝土弯扭构件,截面尺寸$b\times h=250\text{mm}\times600\text{mm}$,承受的最大弯矩组合设计值$M_d=117\text{kN}\cdot\text{m}$,剪力组合设计值$V_d=109\text{kN}$,扭矩组合设计值$T_d=12\text{kN}\cdot\text{m}$,结构重要性系数$\gamma_0=1$。拟采用C25混凝土,$f_{cd}=11.5\text{MPa}$,$f_{td}=1.23\text{MPa}$;HPB300钢筋,$f_{sd}=250\text{MPa}$。试进行配筋设计,并复核截面承载力。

解:(1)有关参数计算

假设$a_s=40\text{mm}$,则$h_0=600-40=560\text{mm}$;取混凝土保护层厚度为30mm,则:

截面核心长度为$b_{cor}=250-30\times2=190\text{mm}$,$h_{cor}=600-30\times2=540\text{mm}$

截面核心面积$A_{cor}=190\times540=102600\text{mm}$

截面核心周长$U_{cor}=2\times(190+540)=1460\text{mm}$

受扭塑性抵抗矩 $W_t=\frac{b^2}{6}(3h-b)=\frac{250^2}{6}(3\times600-250)=16.1458\times10^6\text{mm}^3$

(2)验算抗剪、扭强度上、下限(公式适用条件)

剪扭构件承载力计算公式应符合下式要求

$$0.5\times10^{-3}f_{td}<\left(\frac{\gamma_0 V_d}{bh_0}+\frac{\gamma_0 T_d}{W_t}\right)<0.51\times10^{-3}\sqrt{f_{cu,k}}$$

$$0.5\times10^{-3}\times1.23<\left(\frac{109}{250\times560}+\frac{12\times10^3}{16.1458\times10^6}\right)<0.51\times10^{-3}\sqrt{25}$$

$$0.615\times10^{-3}<1.522\times10^{-3}<2.55\times10^{-3}$$

截面尺寸满足要求,但需按计算要求设置抗剪扭钢筋。

(3)箍筋设计

①抗扭箍筋计算

首先,按公式(7-3-6)计算剪扭共同作用时的承载能力降低系数。

$$\beta_t=\frac{1.5}{1+0.5\times\frac{V_d}{T_d}\cdot\frac{W_t}{bh_0}}=\frac{1.5}{1+0.5\times\frac{109}{12\times10^3}\times\frac{16.1458\times10^6}{250\times560}}=0.9844$$

选定抗扭纵筋与箍筋的配筋强度比 $\zeta=1.2$,代入公式(7-3-8)求得抗扭箍筋数量

$$\frac{A_{sv1}}{S_v^t}=\frac{\gamma_0 T_d-0.35\beta_t f_{td}W_t}{1.2\times\sqrt{\zeta}f_{sd,v}A_{cor}}=\frac{12\times10^6-0.35\times0.9844\times1.23\times16.1458\times10^6}{1.2\times\sqrt{1.2}\times250\times102600}$$

$$=0.1529\text{mm}^2/\text{mm}$$

为便于与抗剪箍筋相叠加,将 A_{sv1}/S_v^t 改为配筋率表示

$$\rho_{sv}^t=\frac{2}{b}\cdot\frac{A_{sv1}}{S_v^t}=\frac{2}{250}\times0.1529=1.2232\times10^{-3}$$

②抗剪箍筋计算

对于不配置斜筋的情况,剪扭共同作用时所需的抗剪箍筋配筋率可由下式确定(公式 7-3-11):

$$\rho_{sv}^v=\frac{\left[\frac{\gamma_0 V_d}{\alpha_1\alpha_3\left(\frac{10-2\beta_t}{20}\right)10^{-3}bh_0}\right]^2}{(2+0.6p)\sqrt{f_{cu,k}}\cdot f_{sd,v}}$$

式中:$p=100\rho=100\times\frac{A_s}{bh_0}$,假设纵筋为 $4\phi20$,$A_s=1256\text{mm}^2$。

$$p=100\times\frac{1256}{250\times560}=0.8971$$

$$\rho_{sv}^v=\frac{\left[\frac{109}{\frac{10-2\times0.9844}{20}\times10^{-3}\times250\times560}\right]^2}{(2+0.6\times0.8971)\sqrt{25}\times250}=1.1848\times10^{-3}$$

总的箍筋配筋率为:

$$\rho_{sv}^t+\rho_{sv}^v=(1.2232+1.1848)\times10^{-3}=2.408\times10^{-3}$$

按《桥规》(JTG D62)计算箍筋的最小配筋率为:

$$\rho_{sv,\min}=(2\beta_t-1)\left(0.055\frac{f_{cd}}{f_{sd,v}}-C\right)+C$$

对 HPB300 钢筋,取 $C=0.0018$,代入上式得:

$$\rho_{sv,min}=(2\times0.9844-1)\left(0.055\times\frac{11.5}{195}-0.0018\right)+0.0018=3.2\times10^{-3}$$

$$\rho_{sv}^{t}+\rho_{sv}^{v}=2.408\times10^{-3}<\rho_{sv,min}=3.2\times10^{-3}$$

上述计算配筋率小箍筋最小配筋率。若选箍筋直径为 ϕ8,$A_{sv1}=50.3mm^2$,按箍筋最小配筋率确定的箍筋间距为:

$$S_v=\frac{2A_{sv1}}{b\rho_{sv,min}}=\frac{2\times50.3}{250\times3.2\times10^{-3}}=125.8mm$$

取 $S_v=120mm$。

(4)抗扭纵筋设计

由公式(7-2-15)得

$$A_{st}=\zeta\frac{A_{sv1}}{S_v^t}\frac{f_{sd,v}U_{cor}}{f_{sd,t}}=1.2\times0.1961\times\frac{250\times1460}{250}=343.57mm^2$$

从满足构造要求考虑,选 4ϕ12,$A_{st}=452mm^2$。

$$\rho_{st}=\frac{A_{st}}{bh}=\frac{452}{250\times600}=3.013\times10^{-3}$$

$$\rho_{st,min}=0.08(2\beta t-1)f_{cd}/f_{sd,t}=0.08\times(2\times0.9844-1)11.5/250=2.566\times10^3$$

$$\rho_{st}=3.013\times10^{-3}>\rho_{sc,min}=2.566\times10^3$$

满足最小配筋率要求。

(5)抗弯纵筋设计

由公式(3-4-3)求混凝土受压区高度,得:

$$\gamma_0M_d=f_dbx\left(h_0-\frac{x}{2}\right)$$

$$117\times10^6=11.5\times250x\left(560-\frac{x}{2}\right)$$

展开整理后得:

$$x^2-1120x+81391.3=0$$

解得 $x=78.1mm<\xi_bh_0=0.62\times560=347.2mm$

由公式(3-4-1)求得抗弯纵筋截面面积,得:

$$A_s=\frac{f_{cd}bx}{f_{sd}}=\frac{11.5\times250\times78.1}{250}=898.15mm^2$$

选 4ϕ20,供给 $A_s=1256mm^2$,抗弯纵筋配筋率为:

$\rho_s=A_s/bh_0=1256/250\times560=8.97\times10^{-3}>\rho_{s,min}=0.45\times f_{td}/f_{sd}=0.45\times1.23/250=2.214\times10^{-3}$,满足最小配筋率要求。

钢筋布置说明:

抗扭纵筋 4ϕ12 应沿截面周边(四角)对称布置,衣角布置抗扭纵筋 2ϕ12 应与抗弯纵筋 4ϕ20 统一布置。但计算所需的抗弯纵筋截面面积为 898.15mm,选择 4ϕ20,供给截面面积为 $1256mm^2$,富余部分 1256～898.15=357.85mm,完全可以替代 2ϕ12($A_s=226mm^2$)抗扭纵筋的作用。最后,在底排布置 4ϕ20,顶角布置 2ϕ12,为满足构造要求,在两侧增设 2ϕ12(图 7-3-4)。

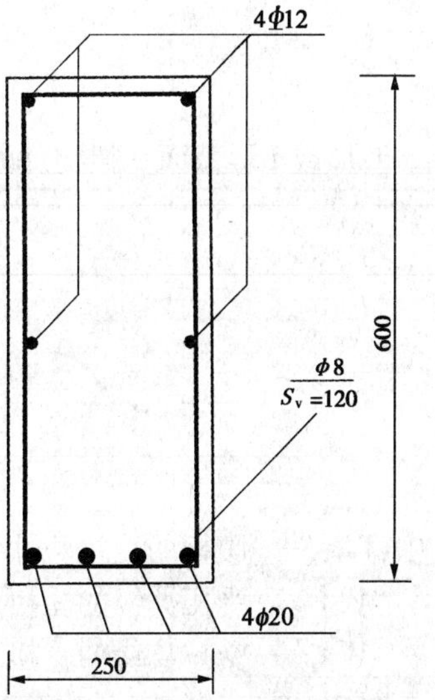

图 7-3-4　弯、扭构件配筋(尺寸单位:mm)

§7-4 复杂形式截面受扭构件的承载力计算

在桥梁结构构件中，除了矩形截面外，还有一些复杂形式的横截面，如T形、I形和箱形截面，特别是箱形截面具有抗扭刚度大，能承受异号弯矩等优点，已在连续梁桥、曲线梁桥中得以广泛采用。

T形、I形和箱形截面受扭构件的承载力计算，原则上仍可采用前面给出的矩形截面受扭构件承载力计算公式。弯、剪、扭共同作用时，矩形截面构件承载力计算方法，也可推广用于T形、I形及箱形截面构件。具体做法是将复杂形式截面划分为若干个矩形截面，分别按矩形截面进行配筋设计，各分块矩形截面所承担的扭矩设计值，按其受扭塑性抵抗矩与截面总的受扭塑性抵抗矩之比进行分配。

一、T形、I形及箱形截面受扭塑性抵抗矩

计算T形和I形截面受扭塑性抵抗矩时，可将T形和I形截面分为若干个矩形截面，并近似地认为全截面的受扭塑性抵抗矩等于各分块矩形截面受扭塑性抵抗矩之和。截面分块的原则是应首先满足腹板截面的完整性，然后再划分受压翼缘和受拉翼缘面积(图7-4-1)。

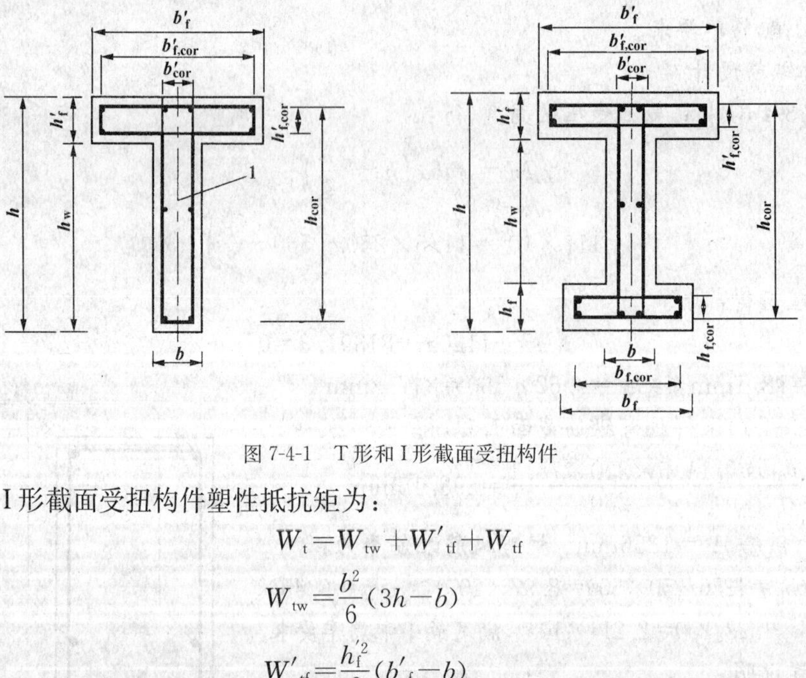

图7-4-1 T形和I形截面受扭构件

T形或I形截面受扭构件塑性抵抗矩为：

$$W_t = W_{tw} + W'_{tf} + W_{tf} \tag{7-4-1}$$

$$W_{tw} = \frac{b^2}{6}(3h - b) \tag{7-4-2}$$

$$W'_{tf} = \frac{h_f'^2}{2}(b'_f - b) \tag{7-4-3}$$

$$W_{tf} = \frac{h_f^2}{2}(b_f - b) \tag{7-4-4}$$

式中：W_{tw}——腹板的受扭塑性抵抗矩；

W'_{tf}——受压翼缘的受扭塑性抵抗矩；

W_{tf}——受拉翼缘的受扭塑性抵抗矩。

图7-4-2所示的箱形截面受扭塑性抵抗矩，等于同尺寸的实心矩形截面的塑性抵抗矩减去空心部分的塑性抵抗矩：

$$W_t=\frac{b^2}{6}(3h-b)-\frac{(b-2t_1)^2}{6}[3(h-2t_2)-(b-2t_1)] \tag{7-4-5}$$

式中：b——箱形截面的短边尺寸；

h——箱形截面的长边尺寸；

t_1——箱形截面长边壁厚；

t_2——箱形截面短边壁厚。

带有受压翼缘的箱形截面总的受扭塑性抵抗矩，尚应加上受压翼缘的受扭塑性抵抗矩，其数值按公式(7-4-3)计算。

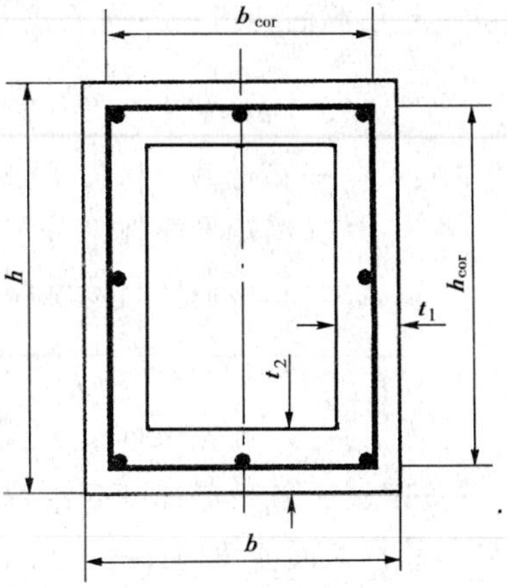

图 7-4-2　箱形截面受扭构件($h>b$)

二、扭矩设计值的分配

T形、I形和箱形截面划分为若干矩形截面后，各分块矩形截面所承担的扭矩设计值，按各分块矩形面积的受扭塑性抵抗矩与截面总的受扭塑性抵抗矩之比分配。

腹板或矩形箱体承受的扭矩设计值为：

$$T_{wd}=\frac{W_{tw}}{W_t}T_d \tag{7-4-6}$$

受压翼缘承受的扭矩设计值为：

$$T'_{fd}=\frac{W'_{tf}}{W_t}T_d \tag{7-4-7}$$

受拉翼缘承受的扭矩设计值为：

$$T_{fd}=\frac{W_{tf}}{W_t}T_d \tag{7-4-8}$$

式中：T_d——T形、I形和带翼缘的箱形截面构件承受的扭矩设计值；

T_{wd}、T'_{fd}、T_{fd}——分配给腹板或矩形箱体、受压翼缘、受拉翼缘的扭矩设计值；

W_t——T形、I形或带翼缘的箱形截面总的受扭塑性抵抗矩；

W_{tw}、W'_{tf}、W_{tf}——腹板或矩形箱体、受压翼缘、受拉翼缘的受扭塑性抵抗矩。

三、承载力计算

T形、I形和箱形截面受扭构件的承载力，应按各分块面积所分担的扭矩设计值，对腹板或矩形箱体、受压翼缘和受拉翼缘分别进行计算。腹板、受压翼缘和受拉翼缘的抗扭承载力仍采用前面给出矩形截面公式进行计算。对于矩形箱体部分，考虑到薄壁结构的受力特点，对公式进行了局部修改。

1. 箱形截面抗扭承载力计算特点

钢筋混凝土箱形截面构件抗扭承载力计算是至今尚未圆满解决的课题。美国混凝土学会(ACI)的试验研究结果表明，箱形截面梁的抗扭承载力与同尺寸的实心矩形截面梁接近。并规定当箱形截面壁厚与相应计量方向的宽度之比为：$t_1/h\geqslant1/4$ 或 $t_2/b\geqslant1/4$ 时，其抗扭承载力与具有同样尺寸的实心矩形截面相同；当 $1/10\leqslant t_1/h<1/4$ 或 $1/10\leqslant t_2/b<1/4$ 时，由于箱壁相对尺寸减薄，其抗扭承载力较具有同样尺寸的实心矩形截面梁有所降低。因此，在承载力计算时，近似地将截面的抗扭抗力乘以折减系数 $\beta_a=4\cdot t_2/b$。

这样，前面给出的用于矩形截面构件承载力计算公式(7-2-15)和公式(7-3-8)中的混凝土抗力项乘以折减系数 β_a，即可用于箱形截面构件。

箱形截面纯扭构件的承载力计算公式为：

$$\gamma_0 T_d \leqslant 0.35\beta_a f_{td} W_t + 1.2\sqrt{\zeta}\frac{f_{sdv} A_{sv1} A_{cor}}{S_v^t} \tag{7-4-9}$$

式中：T_d——箱形截面构件承受的扭矩组合设计值，对于带有受压翼缘的箱形截面，应以分配给矩形箱体部分承受的扭矩设计值 T_{wd} 代替；

β_a——箱形截面有效壁厚折减系数，当 $0.1b \leqslant t_2 < 0.25b$ 或 $0.1h \leqslant t_1 < 0.25h$ 时，取 $\beta_a = 4\frac{t_2}{b}$ 或 $\beta_a = 4\frac{t_1}{h}$ 两者较小者。当 $t_2 \geqslant 0.25b$ 或 $t_1 \geqslant 0.25b$ 时，取 $\beta_a = 1.0$(此处 t_1、t_2、b、h 参见图 7-4-2)；

W_t——箱形截面的受扭塑性抵抗矩，其数值按公式(7-4-5)计算。

箱形截面剪扭构件的抗扭承载力计算公式为：

$$\gamma_0 T_d \leqslant 0.35\beta_a \beta_t f_{td} W_t + 1.2\sqrt{\zeta}\frac{f_{sd,v} A_{sv1} A_{cor}}{S_v^t} \tag{7-4-10}$$

式中符号意义同公式(7-4-9)和式(7-3-8)

2. 弯、剪、扭构件的配筋设计

T 形、I 形和带翼缘的箱形截面的钢筋混凝土弯、剪、扭构件，其纵向钢筋和箍筋应按下列规定计算：

(1)按受弯构件正截面抗弯承载力计算要求所需的钢筋截面面积，布置抗弯纵筋；

(2)T 形、I 形截面的腹板及带受压翼缘的箱形截面的矩形箱体，应按剪扭构件设计。

①按抗扭承载力公式(7-3-8)或公式(7-4-10)计算所需的抗扭纵筋，沿截面周边均匀对称布置。

②按抗扭承载力公式(7-3-8)或公式(7-4-10)计算所需的抗扭箍筋配筋率 ρ_{sv}^t，按抗剪承载力公式(7-3-11)计算所需的抗剪箍筋配筋率 ρ_{sv}^v，最后将抗扭箍筋和抗剪箍筋数量相加，统一进行布置。

(3)T 形、I 形和带翼缘的箱形截面的受压翼缘或受拉翼缘应按纯扭构件承载力公式(7-2-15)计算所需的抗扭纵筋和箍筋，其中抗扭纵筋应沿截面周边对称布置。

T 形、I 形截面的腹板和带受压翼缘的箱形截面的矩形箱体，按剪扭构件设计时，其截面应符合下列要求：

$$\frac{\gamma_0 V_d}{bh_0} + \frac{\gamma_0 T_{wd}}{W_{tw}} \leqslant 0.51 \times 10^{-3}\sqrt{f_{cu,k}}$$

当符合下列条件时

$$\frac{\gamma_0 V_d}{bh_0} + \frac{\gamma_0 T_{wd}}{W_{tw}} \leqslant 0.5 \times 10^{-3} f_{td}$$

可不进行构件抗扭承载力计算，仅需按构造要求配置构造钢筋。

式中：V_d——剪力组合设计值(kN)；

T_{wd}——分配给腹板或矩形箱体的扭矩设计值(kN·mm)；

b——T 形、I 形截面的腹板宽度或矩形箱体垂直于弯矩作用平面的壁厚之和 (mm)；

h_0——平行于弯矩作用平面的截面有效高度(mm)；

W_{tw}——T 形、I 形截面腹板或带翼缘箱形截面的矩形箱体的受扭塑性抵抗矩(mm^3)。

腹板和矩形箱体的最小配筋率按公式(7-3-19)和(7-3-20)确定。

T形、I形和带翼缘按纯扭构件设计,其抗剪强度限值按公式(7-2-16)确定。最小配筋率按公式(7-3-20)和(7-3-21)确定。

总结与思考

7-1 钢筋混凝土受扭构件的破坏状态与箍筋和纵向钢筋的数量及其比例有关。

根据箍筋和纵筋数量及其比例的不同,钢筋混凝土受扭构件的破坏状态可分为:①适筋受扭破坏;②少筋受扭破坏;③部分超筋受扭破坏;④完全超筋受扭破坏。

这几种破坏状态的主要特征是什么?钢筋混凝土受扭构件设计以哪种破坏状态为计算基础?为什么?工程设计时采取哪些措施保证构件处于所要求的破坏状态范围。

7-2 钢筋混凝土纯扭构件的抗扭承载力计算公式(7-2-15)由两部分组成。

第一部分为混凝土提供的抗扭承载力,其中截面受扭塑性抵抗矩 W_t 按公式(7-2-2)计算,式中 h 和 b 的确切定义是什么?

第二部分为抗扭纵筋和箍筋提供的抗扭承载力,式中 ζ 为纵筋和箍筋的配筋强度比,其物理意义是什么?在工程设计时应如何选择?

7-3 在本例题 7-2-1 的计算中,某人以实际配置的箍筋情况($A_{sv1}=78.5\text{mm}^2$,$S_v^t=100\text{mm}$)代入公式(7-2-14),求得抗扭纵筋的数量为:

$$A_{st}=\frac{78.5}{100}\times\frac{195\times1260}{280}=688.84\text{mm}^2>648\text{mm}^2$$

按照这种计算方法就出现了如下的反常现象:在前面的抗扭箍筋设计中,计算求得的 $S_v^t=136.94\text{mm}$,取 $S_v^t=100\text{mm}$,实际上已增加了的抗扭箍筋数量。但是按实际增加了的抗扭箍筋反求所需抗扭纵筋的数量却大于直接按公式(7-2-15)求得的数值,即抗扭箍筋数量越多,所需的抗扭纵筋也越多,这显然是错误的。造成这一错误的根本原因是什么呢?了解这一点对正确应用上述公式是有帮助的。

7-4 受弯、剪、扭共同作用的钢筋混凝土构件的承载力计算如何考虑剪和扭的相互影响?系数 α_v 和 β_t 的定义是什么?α_v 和 β_t 之间有什么关系?

按《桥规》(JTG D62)给出的公式计算剪、扭构件的抗剪承载力时,为什么不能直接引入系数 α_v,而须将 α_v 转化为 α_{cs}?α_{cs}的计算表达式(公式 7-3-11)是根据什么原则确定的?

7-5 《桥规》(JTG D62)对弯、剪、扭共同作用的构件的承载力计算采用部分相关和部分叠加的简化计算方法。

在实际工作中,弯、剪、扭构件的承载力计算可分为截面配筋设计和承载力复核两种情况:

①截面设计的一般做法是分别按受弯构件正截面抗弯承载力要求,计算所需的受拉纵向钢筋截面面积;按剪扭构件抗扭承载力要求,计算所需的抗扭纵向钢筋的截面面积;箍筋应分别按剪、扭构件的抗剪和抗扭承载力计算,所得的箍筋截面面积(或间距)叠加后统一布置。

②承载力复核的难点在于如何将统一布置的纵向钢筋和箍筋,分解为抗弯、抗剪和抗扭的相应份额。

建议读者,通过对例题 7-3-1 的分析,对弯、剪、扭构件的截面配筋设计和承载力复核的计算方法进行总结,谈谈你的心得体会。

7-6 《桥规》(JTG D62)将前面所述的弯、剪、扭共同作用时矩形截面构件的承载力计算公式，推广用于T型、工型及箱型截面构件。具体做法是将复杂的截面划分为若干个矩形截面，分别按矩形截面进行配筋设计。

①截面分块的原则是什么？

②各分块面积承担的扭矩如何分配？

③箱型截面抗扭承载力计算公式(7-4-9)中系数β_a的物理意义是什么？应如何确定？

7-7 弯、剪、扭构件的配筋应满足哪些要求？以常用的箱型截面为例，抗剪箍筋和抗扭箍筋应如何布置？抗扭纵筋应如何布置？

第八章　钢筋混凝土构件持久状况正常使用极限状态计算

结构持久状态正常使用极限状态涉及适用性和耐久性问题。从结构角度分析，影响钢筋混凝土结构耐久性的主要因素是裂缝。裂缝开展宽度过大，会加速钢筋的腐蚀，影响结构的使用寿命，为了保证结构的耐久性，应对混凝土的裂缝加以限制；影响结构适用性的主要问题是结构的变形，梁的挠度过大，将导致行车振动过大，影响行车的舒适性，为了保证结构的适用性，应对正常使用情况下的结构挠度加以限制。

钢筋混凝土构件持久状况正常使用极限状态计算，采用作用（或荷载）的短期效应组合、长期效应组合或短期荷载效应组合并考虑长期效应的影响，对构件的裂缝宽度和挠度进行验算，并使各项计算值不超过《桥规》(JTG D62)规定的各相应限值。

作用（或荷载）的短期效应和长期效应组合情况，按《通用规范》(JTG D60)规定采用，对简支结构为：

短期效应组合

$$S_s = S_{Gk} + 0.7S_{Q1k}/(1+\mu) + S_{Q2k} \tag{8-0-1}$$

长期效应组合

$$S_l = S_{Gk} + 0.4[S_{Q1k}/(1+\mu) + S_{Q2k}] \tag{8-0-2}$$

式中：S_s——作用（或荷载）短期效应组合设计值；

S_l——作用（或荷载）长期效应组合设计值；

S_{Gk}——永久作用（或荷载）效应标准值；

S_{Q1k}——车辆荷载效应标准值（包括冲击系数）；

S_{Q2k}——人群荷载效应标准值。

在上述各种组合中，车辆荷载效应可不计冲击系数。

§8-1　混凝土结构裂缝与耐久性

混凝土是一种耐久性较好的建筑材料，但是在钢筋混凝土结构中如果出现较大的裂缝，扩大了水分和有害介质侵入的通道，会加速钢筋的腐蚀，缩短结构的使用寿命，严重影响结构的耐久性。

一、混凝土结构的裂缝分类

混凝土结构有各种各样的裂缝，从引起裂缝的原因上可归纳分两大类。

第一类由外荷载引起的裂缝，称为结构性裂缝（又称为荷载裂缝）。

众所周知，混凝土的抗拉强度很低，相应的抗拉极限应变大约为 $\varepsilon_{tu}=0.0001 \sim 0.00015$。混凝土的抗应力（拉应变）达到抗拉极限强度（极限拉应变）时，混凝土就要开裂，换句话说，混凝土即将开裂的瞬间，钢筋的应力只有 $\sigma_s=\varepsilon_{tu}E_s=(0.0001\sim0.00015)\times2\times10^5=(20\sim30)$ MPa。事实上，在使用阶段钢筋的应力远大于此值，所以说在使用阶段钢筋混凝土结构出现裂缝是不可避免的。因而，习惯上又将这种裂缝称为正常裂缝。

结构性裂缝可根据构件的受力特征判断。图 8-1-1 所示为钢筋混凝土简支梁的典型结构性裂缝分布示意图。

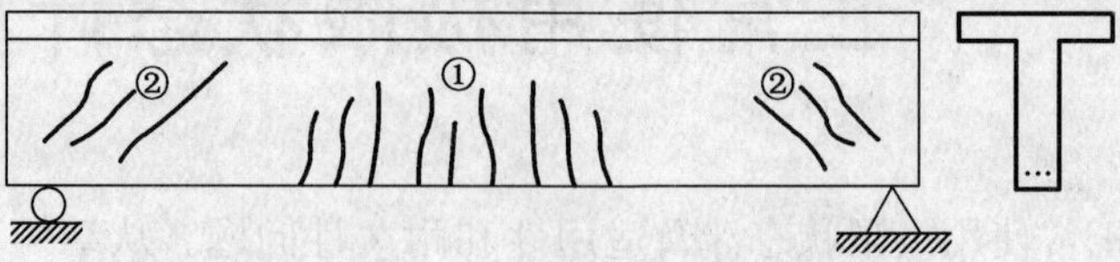

图 8-1-1 钢筋混凝土梁结构性裂缝

图 8-1-1 中①所示的跨中截面附近下缘受拉区由正应力引起的竖向裂缝，是最常见的结构性裂缝。在正常设计和使用情况下，裂缝宽度不大，间距较密，分布均匀。若竖直裂缝宽度过大，预示结构正截面承载力不足。图 8-1-1 中②所示为支点(或腹板宽度变化处)附近截面由主拉应力引起的斜裂缝。在正常设计和使用情况下很少出现斜裂缝，即使出现裂缝宽度也很小。若斜裂缝宽度过大，预示结构的斜截面承载力不足，存在发生斜截面脆性破坏的潜在危险。

第二类为由变形引起的裂缝，称为非结构性裂缝，如温度变化、混凝土收缩等因素引起的结构变形受到限制时，在结构内部就会产生自应力，当自应力达到混凝土抗拉强度极限值时，就会引起混凝土裂缝。

关于混凝收缩产生的原因及其对结构的影响，在本书第一章§1-1 中已做了简要地叙述。在混凝土凝固过程中由于水泥凝胶体本身体积收缩引起的体积缩小称为凝缩；由于水泥水化过程多余水分蒸发而引起的体积缩小称为干缩。收缩中以干缩为主，约占收缩总量的 80%～90%。

混凝土收缩裂缝是混凝土结构最常见的非结构性裂缝。

混凝土成形后，表面水分蒸发，这种水分蒸发总是由表及里逐步发展。截面上湿度不等，内外干缩量不一样，当混凝土表面收缩变形受到混凝土内部约束时，将在混凝土中产生拉应力，引起混凝土开裂。尤其是混凝土早期养护不当，混凝土表面直接受到风吹日晒的影响，表面水分蒸发较快，产生较大的拉应力，混凝土早期强度低，很容易出现收缩裂缝。

混凝土温度裂缝，按结构的温度场、温度变形和应力的不同可分为三种类型：

①截面均匀温差裂缝

一般桥梁结构为杆件体系长细结构，当温度变化时只考虑沿梁长度方向的温度变形，这种变形受到约束时，就会在混凝土内部产生拉应力，拉应力达到混凝土抗拉强度极限值时，混凝土就要出现裂缝。

②截面上、下温差裂缝

以桥梁中大量采用的箱形梁为例，当外界温度变化时，会造成箱内外的温度差。在这种温差作用下，梁不但有轴向变形，还伴随着产生弯曲变形。梁的弯曲变形在超静定结构中不但引起结构的位移，而且因多余约束的存在，还要产生结构内部温度应力，内部温度应力达到混凝土抗拉强度极限值时，混凝土就要出现裂缝。

③截面内外温差裂缝

水泥在水化过程产生一定的水化热。浇筑大体积混凝土时水化热不容易散发，内部温度不断上升，而混凝土表层散热较快，使截面内部产生温差。另外，预制构件采用蒸气养生时，由于升温或降温速度过快，也会使截面内部产生温差，在这种温差作用下截面纵向纤维伸长将受到约束，产生温度应力。当温度应力达到混凝土抗拉强度极限值时，混凝土就要出现裂缝。

应该指出，上述两类裂缝的特征有明显区别，对结果的危害效果也不相同。工程实践表明，对于正常设计与施工的构件而言，由荷载引起的结构性裂缝数量不多；由变形引起的非结构性裂缝是大量存在的，有些非结构性裂缝（例如，混凝土收缩裂缝）是无法避免的，对结构耐久性的影响是不可忽视的，但是其危害程度是可以控制的。

二、混凝土结构裂缝对耐久性影响

特别需要指出的是，不论何种原因产生的裂缝，都会对混凝土结构的耐久性造成影响。钢筋混凝土结构的裂缝与钢筋锈蚀是相互作用的。钢筋锈蚀与混凝土的碳化、氯离子侵蚀以及水分、氧气的存在条件是分不开的，而提供这种条件的通道一个是毛细孔道，另一个是裂缝。其中裂缝对钢筋锈蚀的影响更大。混凝土开裂后，钢筋的锈蚀速度将大大加快。钢筋锈蚀后，生成的腐蚀物体积膨胀，产生顺筋裂缝，由于裂缝的进一步扩展提供了使侵蚀破坏作用逐步升级、混凝土耐久性不断下降的渠道，形成导致混凝土结构耐久性进一步退化的恶性循环。

混凝土结构的表面，即水泥基复合材料与外界环境的接触区域，是混凝土结构耐久性的第一道防线。由于裂缝的存在，混凝土表层甚至基体内部可能藏纳或通过的水分增加。裂缝越深，水分的穿透距离越长，各种侵蚀性化学成分都会借助于水的搬运作用深入到混凝土基体内部。混凝土表层的微细裂缝一旦灌入水分，也会由于表面张力的作用而将水分保留在其中，混凝土受冻时，水即结冰，体积膨胀，使得原有的裂缝进一步扩张，待温度回升后，结冰融化，扩张后的裂缝可以容纳更多的水。如此反复循环，将导致混凝土的损伤破坏，耐久性降低。因此，控制混凝土表面裂缝对提高混凝土结构的耐久性是十分重要的，“唇亡齿寒”，第一道防线被突破，就有可能导致结构耐久性的最终破坏。

三、控制裂缝开展是结构耐久性设计的重要内容

(1)对于荷载引起的结构性裂缝，可以通过设计计算限制裂缝开展宽度。在正常使用环境下，裂缝宽度小于0.3mm，钢筋不致锈腐。为了确定安全使用，允许的裂缝宽度还应小一些。

《桥规》(JTG D62)规定，钢筋混凝土构件计算的最大裂缝宽度不应超过下列规定的限值：

I类和II类环境　　0.2mm

III类和IV类环境　0.15mm

(2)非结构性裂缝是无法避免的，但是其危害程度是可以控制的。控制非结构性裂缝的基本方法是“放”、“抗”结合，以“放”为主。所谓“放”的方法是指采用构造和施工措施（例如，设置变形缝，分段浇筑等）减小约束应力或变形，释放约束能量。所谓“抗”的方法是指提高结构本身的抗裂能力，例如采用又掺技术提高混凝土的极性，采用密而细的配筋都可提高结构的抗裂能力。

采用综合措施控制裂缝开展是结构耐久性设计的重要内容，是涉及混凝土材料组成、结构设计与施工、养护与管理等多学科的复杂问题，有关内容将在后续课程中加以介绍。

§8-2 钢筋混凝土构件裂缝宽度计算

目前国内外有关裂缝宽度的计算方法都是针对荷载引起的正截面垂直裂缝而建立的，它们大致可分为两大类。

第一类是以黏结—滑移理论为基础的半经验半理论公式。按照这种理论，裂缝的间距取决于钢筋与混凝土间黏结应力的分布，裂缝的开展是由于钢筋与混凝土间的变形不再维持协调，出现相对滑动而产生。第二类是以统计分析方法为基础的经验公式。《桥规》(JTG D62)推荐采用的裂缝宽度计算公式，即属于第二类经验公式。

根据试验研究结果分析，影响裂缝宽度的主要因素有：受拉钢筋的应力、受拉钢筋直径、受拉钢筋配筋率、混凝土保护层厚度、混凝土抗拉强度、受拉钢筋的粘着特征和荷载特征等。

(1)混凝土抗拉强度的影响

多数研究认为混凝土抗拉强度对裂缝宽度影响不大，可略去不计。

(2)保护层厚度对裂缝宽度的影响

保护层越厚，裂缝开口越宽。但是，从另一方面讲，允许裂缝宽度也与保护层厚度有关，也就是说，保护层越厚，钢筋锈蚀的可能越小。保护层厚度对计算裂缝宽度和允许裂缝宽度限值的影响可大致抵消，从设计观点出发可以同时略去此项影响。

(3)受拉钢筋应力的影响

所有关于裂缝宽度的研究都认为，裂缝截面的受拉钢筋应力是影响裂缝宽度的最重要因素。但是描述钢筋应力与裂缝宽度之间关系的公式却各不相同。原大连工学院的研究结果取受拉钢筋应力 σ_s 与最大裂缝宽度 $W_{f,max}$ 为线性关系：$W_{f,max}=k_1\sigma_s+k_1'$，式中 k_1 和 k_1' 为由试验资料决定的系数。

(4)钢筋直径的影响

试验表明，在受拉钢筋配筋率及钢筋应力大致相同的情况下，裂缝宽度随钢筋直径而变化。取最大裂缝宽度 $W_{f,max}$ 与复合参数$(30+d)$的关系为线性关系：

$$W_{f,max}=k_2(30+d)+k_2'$$

式中，k_2 和 k_2' 为由试验资料决定的系数。

(5)受拉钢筋配筋率的影响

试验表明，当钢筋直径相同，钢筋应力大致相等的情况下，裂缝宽度随配筋率的增加而减小。当配筋率 ρ 接近某一数值(如 $\rho\geqslant0.02$ 时)，裂缝宽度基本不变。因此，经验关系取 $W_{f,max}=\dfrac{k_3}{0.28+10\rho}+k_3'$，式中 k_3 和 k_3' 为由试验资料决定的系数。

(6)荷载特征的影响

在裂缝宽度公式中引用系数 C_3 来考虑荷载特征对最大裂缝宽度的影响。根据试验资料：

受弯构件 $C_3=1.0$

偏心受压构件 $C_3=0.9$

偏心受拉构件 $C_3=1.1$

轴心受拉构件 $C_3=1.2$

(7)钢筋黏结特征的影响

在裂缝宽度公式中，引用系数 C_1 来考虑钢筋黏结特征对裂缝宽度的影响，根据试验资料，取

对带肋钢筋　　　　　　　　　　$C_1=1.0$

对光面钢筋　　　　　　　　　　$C_1=1.4$

(8)长期或重复荷载的影响

原南京工学院的试验资料指出，在使用荷载作用下，裂缝的间距不随荷载作用时间而变，但裂缝宽度则随时间以逐渐减低的比率在增加。

中国建筑科学研究院所做的试验指出，重复荷载作用下不断发展的裂缝宽度是初始使用荷载下裂缝宽度的1.0～1.5倍。因而，在裂缝宽度计算中取用扩大系数 C_2 来考虑长期或重复荷载的影响。

原大连工学院按上述各项影响钢筋混凝土构件裂缝宽度的因素，进行数理统计分析，建立了钢筋混凝土构件裂缝宽度计算公式。《桥规》(JTG D62)在裂缝宽度计算中仍沿用原规范(JTJ 023—85)规定，推荐采用了原大连工学院的公式，并根据桥梁结构的特点做了适当的调整。

《桥规》(JTG D62)规定，矩形、T形和工形截面钢筋混凝土构件，其特征裂缝宽度(保证率为95%)可按下列公式计算：

$$W_{fk}=C_1C_2C_3\frac{\sigma_{ss}}{E_s}\left(\frac{30+d}{0.28+10\rho}\right) \tag{8-2-1}$$

式中：C_1——钢筋表面形状系数，对光面钢筋 $C_1=1.4$，对带肋钢筋 $C_1=1.0$；

C_2——作用(或荷载)长期效应影响系数，$C_2=1+0.5\frac{S_l}{S_s}$，其中 S_l 和 S_s 为分别按作用(或荷载)长期效应组合和短期效应组合计算的弯矩或轴向力值；

C_3——与构件受力特征有关的系数，钢筋混凝土板式受弯构件，取 $C_3=1.15$，其他受弯构件，取 $C_3=1.0$；偏心受压构件 $C_3=0.9$；偏心受拉构件 $C_3=1.1$；轴心受拉构件 $C_3=1.2$；

d——纵向受拉钢筋直径(mm)，当采用不同直径的钢筋时，d 改用换算直径 d_e，当采用单根钢筋配筋时，$d_e=4A_s/u$ 或 $d_e=\frac{\sum n_i d_i^2}{\sum n_i d_i}$，当采用焊接钢筋骨架时，$d_e=4A_s/0.75u$，此处 u 为钢筋截面的总周长，A_s 为纵向受拉钢筋的总截面面积，d_i 为钢筋直径，n_i 为直径为 d_i 的钢筋根数；

ρ——截面配筋率，对矩形及T形截面 $\rho=A_s/bh_0$，对带有受拉翼缘的T形截面 $\rho=\frac{A_s}{bh_0+(b_f-b)h_f}$，当 $\rho>0.02$ 时，取 $\rho=0.02$，当 $\rho<0.006$ 时，取 $\rho=0.006$；

h_0——梁的有效高度；

b——矩形截面宽度，T形截面的腹板宽度；

b_f——构件受拉翼缘宽度；

h_f——构件受拉翼缘厚度；

σ_{ss}——短期荷载效应作用下，开裂截面受拉钢筋应力。

对不同的荷载作用情况，开裂截面受拉钢筋的应力 σ_{ss} 分别按下列近似公式计算：

受弯构件

$$\sigma_{ss}=\frac{M_s}{0.87A_sh_0} \tag{8-2-2}$$

轴心受拉构件

$$\sigma_{ss}=\frac{N_s}{A_s} \tag{8-2-3}$$

偏心受拉构件 $$\sigma_{ss}=\frac{N_s e'_s}{A_s(h'_0-a_s)} \tag{8-2-4}$$

偏心受压构件 $$\sigma_{ss}=\frac{N_s e_s(e_s-z)}{A_s z} \tag{8-2-5}$$

$$z=\left[0.87-0.12(1-\gamma'_f)\left(\frac{h_0}{e_s}\right)^2\right]h_0 \tag{8-2-6}$$

$$\gamma'_f=\frac{(b'_f-b)h'_f}{bh_0} \tag{8-2-7}$$

式中：M_s、N_s——按短期荷载效应组合计算的弯矩值、轴力值；

A_s——受拉区纵向钢筋截面面积：对轴心受拉构件，取全部纵向钢筋截面面积；对偏心受拉构件，取受拉较大边纵向钢筋截面面积；对受弯、偏心受压构件，取受拉区纵向钢筋截面面积；

e_s——轴向力作用点至纵向受拉钢筋 A_s 合力作用点距离，$e_s=\eta_s e_0+y_s$；

e'_s——轴向力作用点至受压(或受拉较小边)纵向钢筋 A'_s 合力作用点的距离，$e'_s=\eta_s e_0-y'_s$；

y_s——截面重心至纵向受拉钢筋合力点的距离；

y'_s——截面重心至受压(或受拉较小边)纵向钢筋合力点的距离；

e_0——轴向力作用点至截面重心的偏心距，$e_0=M_s/N_s$；

η_s——使用阶段的轴向力偏心距增大系数，其数值按下式计算：

$$\eta_s=1+\frac{1}{4000e_0/h_0}\left(\frac{L_0}{h}\right)^2 \tag{8-2-8}$$

当 $L_0/h\leqslant 14$ 时，取 $\eta_s=1$。

在应用公式(8-2-1)～公式(8-2-8)计算裂缝宽度时，应注意以下几点：

①公式(8-2-1)是以统计分析方法为基础的经验公式，使用时应注意公式的适用范围。显然，当按公式(8-2-3)～公式(8-2-5)求得的钢筋应力 $\sigma_{ss}\leqslant 30$MPa 时，混凝土不会开裂，计算裂缝宽度是没有意义的。

②公式(8-2-1)中钢筋直径对裂缝宽度的影响，实际上是反映钢筋表面面积对黏着力的影响。采用不同直径时的换算直径应按表面面积等效的原则进行换算，对于束筋和钢筋骨架，换算时尚应考虑钢筋叠放对周长的影响。

③公式(8-2-6)给出偏心受压构件内力臂计算公式是按开裂的大偏心受压构件应力图式建立的近似公式，其适用条件是：

$$\eta_s e_0>K_s$$

式中：e_0——短期荷载效应组合作用下原始偏心距，$e_0=M_s/N_s$；

K_s——相对于受拉钢筋应力为零时的偏心距(即截面上核心点至换算截面重心轴的距离)，其数值按下式计算：

$$K_s=\frac{I_0}{A_0(y-a_s)}$$

A_0、I_0——按全截面参加工作计算的换算截面面积和惯性矩；

y——受拉钢筋重心至换算截面重心轴的距离；

a_s——受拉钢筋重心至截面下边缘的距离。

④按公式(8-2-1)计算偏心受压构件裂缝时，系数 $C_2=1+0.5\dfrac{S_l}{S_s}$，式中 S_l 和 S_s 是取轴力设计值，还是取弯矩设计值？

笔者认为，偏心受压构件的裂缝宽度不仅与轴力有关，还与弯矩有关，系数 C_2 应分别按轴力设计值和弯矩设计值计算，取其中较大者。

对于桥梁结构中大量采用的圆形截面偏心受压构件，《桥规》(JTG D62)给出的裂缝宽度计算公式是笔者在开展的圆形截面偏心受压构件抗裂试验研究的基础上，通过多元回归方法建立的经验公式。

《桥规》(JTG D62)规定，圆形截面钢筋混凝土偏心受压构件特征裂缝宽度(保证率为95%)，可按下列公式计算：

$$W_{fk}=C_1C_2\left[0.03+\frac{\sigma_{ss}}{E_s}\left(0.004\frac{d}{\rho}+1.52c\right)\right]\quad(\text{mm})\tag{8-2-9}$$

$$\sigma_{ss}=\left[59.42\frac{N_s}{\pi r^2 f_{cu,k}}\left(2.80\frac{\eta_s e_0}{r}-1.0\right)-1.65\right]\rho^{-2/3}\quad(\text{MPa})\tag{8-2-10}$$

式中：σ_{ss}——荷载短期效应组合作用下，截面受拉边缘钢筋的应力；

ρ——截面配筋率，$\rho=A_s/\pi r^2$；

c——混凝土保护层厚度(mm)；

r——构件截面的半径(mm)；

$f_{cu,k}$——混凝土强度等级(MPa)。

按上式求得的 $\sigma_{ss}\leqslant 24$ MPa 时，可不必验算裂缝宽度。

公式(8-2-10)中的 η_s，按公式(8-2-8)计算，式中 h 以 $2r$ 代替，h_0 以 $(r+r_s)$ 代替，r_s 为构件截面纵向钢筋所在圆周的半径。其余符号的意义及取值方法与公式(8-2-1)和公式(8-2-8)相同。

例题 8-2-1 求§4-7 综合例题装配式钢筋混凝土简支 T 形梁跨中截面裂缝宽度。

已知：恒载弯矩标准值 $M_{GK}=912.52$kN·m，汽车荷载弯矩标准值(不计冲击力)$M_{Q1k}=859.57$kN·m[其中包括冲击系数$(1+\mu)=1.19$]，人群荷载弯矩标准值 $M_{Q2k}=85.44$kN·m。跨中截面配置 12 ⌀ 32，$A_s=9650.4\text{mm}^2$，$a_s=101.6$mm，$h_0=898.4$mm。

解：正常使用极限状态裂缝宽度计算，采用荷载短期效应组合，并考虑荷载长期效应的影响。

荷载短期效应组合

$$\begin{aligned}M_s&=M_{Gk}+0.7M_{Q1k}/(1+\mu)+M_{Q2k}\\&=912.52+0.7\times859.51/1.19+85.44=1503.59\text{kN}\cdot\text{m}\end{aligned}$$

荷载长期效应组合

$$\begin{aligned}M_l&=M_{Gk}+0.4[M_{Q1k}/(1+\mu)+M_{Q2k}]\\&=912.52+0.4(8595.57/1.19+85.44)=1235.63\text{kN}\cdot\text{m}\end{aligned}$$

跨中截面裂缝宽度按公式(8-2-1)计算：

$$W_{fk}=C_1C_2C_3\frac{\sigma_{ss}}{E_s}\left(\frac{30+d}{0.28+10\rho}\right)$$

式中：$C_1=1$，$C_3=1$；

$$C_2=1+0.5\frac{M_l}{M_s}=1+0.5\times\frac{1235.63}{1503.59}=1.41;$$

$$\sigma_{ss}=\frac{M_s}{0.87A_sh_0}=\frac{1503.59\times10^6}{0.87\times9650.4\times898.4}=199.34\text{MPa}。$$

注：钢筋骨架最外层钢筋应力学：

$$\sigma_{ss}=1.1\frac{M_s}{0.92\Delta_s k_0}=1.1\frac{1053.59\times10^6}{0.92\times9650\times698.4}=209.35\text{MPa}$$，与上述结果差4%。

$$d_e=\frac{4A_s}{0.75u}=\frac{4\times9650.4}{0.75\times(12\times3.14\times35.8)}=38.15\text{mm}$$

$\rho=A_s/bh_0=9650.4/240\times898.4=0.0448>0.02$，取 $\rho=0.02$

$E_s=2.0\times10^5\text{MPa}$

将以上数据代入公式(8-2-1)得：

$$W_{fk}=1.41\times\frac{199.34}{2.0\times10^5}\times\left(\frac{30+38.15}{0.28+10\times0.02}\right)=0.199\text{mm}$$

计算裂缝宽度小于允许值0.2mm，满足规范要求。

§8-3 钢筋混凝土受弯构件变形计算

按持久状况正常使用极限状态计算要求，应对钢筋混凝土受弯构件进行变形计算。设计钢筋混凝土结构时，应使其具有足够的刚度，避免因产生过大的变形，影响结构的正常使用。

钢筋混凝土受弯构件在正常使用极限状态下的挠度，可根据给定的构件刚度，用结构力学方法计算。从结构力学分析得知，受弯构件挠度计算的通式是

$$f=\int_0^l\frac{\overline{M}_1 M}{B}\mathrm{d}x \tag{8-3-1}$$

式中：$\overline{M}_1$——在挠度计算点作用单位力时产生的弯矩；

M——荷载产生的弯矩。

对于等高度梁可不做积分运算，直接用图乘法计算。

简支梁在均布荷载作用下，跨中最大挠度为：

$$f=\frac{5}{384}\frac{qL^4}{B} \tag{8-3-2}$$

简支梁在跨中作用有集中力时，跨中最大挠度为：

$$f=\frac{1}{48}\frac{PL^3}{B} \tag{8-3-3}$$

将上述公式(8-3-1)～(8-3-3)用于计算钢筋混凝土的挠度，关键是要解决抗弯刚度的合理取值问题。

《桥规》(JTG D62)在总结分析国内外研究资料的基础上，给出了钢筋混凝土受弯构件的抗弯刚度计算表达式为

$$B=\frac{B_0}{\left(\frac{M_{cr}}{M_s}\right)^2+\left[1-\left(\frac{M_{cr}}{M_s}\right)^2\right]\frac{B_0}{B_{cr}}} \tag{8-3-4}$$

式中：B——开裂构件等效截面的抗弯刚度；

B_0——全截面的抗弯刚度，$B_0=0.95E_cI_0$；

B_{cr}——开裂截面的抗弯刚度，$B_{cr}=E_cI_{cr}$；

M_{cr}——开裂弯矩，$M_{cr}=\gamma f_{tk}W_0$；

γ——构件受拉区混凝土塑性影响系数，$\gamma=2S_0/W_0$；

S_0——全截面换算截面重心轴以上(或以下)部分面积对换算截面重心轴的面积矩；

W_0——全截面换算截面面积对受拉边缘的弹性抵抗矩；

I_0——全截面换算截面惯性矩；

I_{cr}——开裂截面换算截面惯性矩(开裂截面换算截面的几何特征值的具体计算方法参见第九章)。

构件刚度确定后，即可代入公式(8-3-1)或公式(8-2-2)、(8-3-3)计算荷载短期效应组合作用下的挠度值。

受弯构件在使用阶段的挠度尚应考虑长期效应的影响，即按荷载短期效应组合计算的挠度值乘以挠度长期增长系数 η_θ。

$$f_l=\eta_\theta f_s \tag{8-3-5}$$

式中：η_θ——挠度长期增长系数，采用 C40 以下混凝土时，$\eta_\theta=1.6$；采用 C40～C80 混凝土时，$\eta_\theta=1.45\sim1.35$，中间强度等级可按直线插入取值。

《桥规》(JTG 062)规定，钢筋混凝土受弯构件按上述计算的长期挠度值，在消除结构自重产生的长期挠度后，不应超过下列规定的限值：

梁式桥主梁的最大挠度处　　$L/600$

梁式桥主梁的悬臂端　　$L_1/300$

此处，L 为受弯构件的计算跨径，L_1 为悬臂长度。

钢筋混凝土受弯构件的预拱度可按下列规定设置：

(1)当由荷载短期效应组合并考虑长期效应影响产生的长期挠度不超过 $L/1600$ 时，可不设预拱度；

(2)当不符合上述规定时，则应设置预拱度。预拱度值按结构自重和 1/2 可变荷载频遇值计算的长期挠度值之和采用。

例题 8-3-1　求§4-7 综合例题装配式钢筋混凝土简支 T 形梁跨中截面挠度。

已知：截面尺寸见图 4-7-3。设计内力及配筋情况见§4-7 综合例题及例题 8-2-1。

解：荷载短期效应作用下的跨中截面挠度按下式近似计算：

$$f_s=\frac{5}{48}\times\frac{M_sL^2}{B}$$

其中：$M_s=1503.59\text{kN}\cdot\text{m}=1503.59\times10^6\text{N}\cdot\text{mm}$

$L=19.50\text{m}=19.5\times10^3\text{mm}$

$$B=\frac{B_0}{\left(\frac{M_{cr}}{M_s}\right)^2+\left[1-\left(\frac{M_{cr}}{M_s}\right)^2\right]\frac{B_0}{B_{cr}}}$$

B_0 为全截面抗弯刚度，$B_0=0.95E_cI_0$。对变形计算而言，T 形梁的受压翼缘宽度应取全宽，即取 $b'_f=1780\text{mm}$；$\alpha_{Es}=E_s/E_c=2\times10^5/3\times10^4\approx6.67$。按全截面参加工作计算的换算截面几何特征值为：换算截面重心至受压缘的距离 $y'_0=386.2\text{mm}$；至受拉边缘的距离 $y_0=1000-386.2=613.8\text{mm}$；换算截面惯性矩 $I_0=5.9881\times10^{10}\text{mm}^4$；对受拉边缘的弹性抵抗矩 $W_0=I_0/y_0=5.9881\times10^{10}/613.8=9.7557\times10^7\text{mm}^3$。换算截面重心以上部分面积对重心轴的面积矩为 $S_0=240\times386.2^2/2+(1780-240)\times120\times\left(386.2-\frac{120}{2}\right)=78179812.8\text{mm}^2$。

取 $E_c=3.0\times10^4\text{MPa}$，将有关数据代入，得：

$$B_0=0.95\times10^4\times5.9881\times10^{10}=17.0661\times10^{14}\text{N}\cdot\text{mm}^2$$

B_{cr} 为开裂截面的抗弯刚度，$B_{cr}=E_cI_{cr}$，开裂截面的换算截面几何特征值，按第九章公式

(9-1-6)和公式(9-1-7)计算求得：

混凝土受压区高度 $x_0=247.2\text{mm}$，换算截面惯性矩 $I_{cr}=3.5202\times10^{10}\text{mm}$。

$$B_{cr}=3.0\times10^4\times3.5202\times10^{10}=10.5607\times10^{14}\text{N}\cdot\text{mm}^2$$

开裂弯矩
$$M_{cr}=\gamma f_{tk}W_0$$

$$\gamma=2S_0/W_0=2\times78179812.8/9.7557\times10^7=1.6028$$

$$f_{tk}=2.01\text{MPa}$$

代入上式得：

$$M_{cr}=1.6028\times2.01\times9.7557\times10^7=314.29\times10^6\text{N}\cdot\text{mm}=314.29\text{kN}\cdot\text{m}$$

$$M_s=1503.59\text{kN}\cdot\text{m}$$

将以上数据代入公式(8-3-4)得：

$$B=\frac{17.0061\times10^{14}}{\left[\frac{314.29}{1503.59}\right]^2+\left[1-\left(\frac{314.29}{1503.59}\right)^2\right]\times\frac{17.0061\times10^{14}}{10.5607\times10^{14}}}$$

$$=10.738\times10^{14}\text{N}\cdot\text{mm}$$

荷载短期效应作用下跨中截面挠度为：

$$f_s=\frac{5}{48}\times\frac{M_sL^2}{B}=\frac{5}{48}\times\frac{1503.59\times10^6\times19500^2}{10.738\times10^{14}}=53.2\text{mm}$$

长期挠度为：

$$f_l=\eta_\theta f_s=1.6\times53.2=85.2\text{mm}>L/1610=19500/1600=12.19\text{mm}$$

应设置预拱度，预拱度值按结构自重和 1/2 可变荷载频遇值计算的长期挠度值之和采用。

$$f_p'=\eta_\theta\times\frac{5}{48}\times\frac{\{M_{GK}+0.5[0.7M_{Q1K}/(1+\mu)+M_{Q2K}]\}L^2}{B}$$

$$=1.6\times\frac{5}{48}\times\frac{[912.52+0.5(0.7\times859.57/1.19+85.44)\times10^6]\times19500^2}{10.738\times10^{14}}$$

$$=71.38\text{mm}$$

消除自重影响后的长期挠度为

$$f_{lQ}=\eta_\theta\times\frac{5}{48}\,\frac{(M_s-M_{GK})L^2}{B}$$

$$=1.6\times\frac{5}{48}\times\frac{(1503.59-912.52)\times10^6\times19500^2}{10.738\times10^{14}}$$

$$=34.9\text{mm}>L/600=19500/600=32.5\text{mm}$$

计算挠度略大于规范限值，但仅相差 2.4mm，可以认为基本满足规范要求。

总结与思考

钢筋混凝土构件正常使用极限状态计算的内容是对构件的裂缝宽度和挠度进行验算，使各项计算值不超过《桥规》(JTG D62)规定的限值，以保证结构的适用性和耐久性。

学习本章时特别提醒读者注意：对钢筋混凝土构件进行裂缝宽度限制的主要目的是防止因裂缝宽度过大，造成钢筋腐蚀，而影响结构的耐久性。但是，本章所讲的裂缝宽度计算只涉及结构性裂缝，对结构耐久性设计而言，是远远不够的。工程中大量存在的非结构性裂缝，对结构耐久性的影响是不可忽视的。在第一次接触裂缝计算问题时，对裂缝及其对结构耐久性的影响有一个较为全面而清醒地认识，对后续课程的学习，乃至正确设计思想的形成是十分必要的。

8-1 从产生原因上划分，混凝土结构的裂缝可分为结构性裂缝和非结构裂缝两大类。以简支梁为例，典型的结构性裂缝的主要特征是什么？结构性裂缝的出现与哪些因素有关？非结构性裂缝的出现与哪些因素有关？按你现在的理解，应采取哪些措施控制非结构性裂缝？

8-2 《桥规》(JTG D62)给出的裂缝宽度计算公式(本书公式8-2-1)是以统计分析方法为基础的经验公式。

从影响裂缝宽度的变量分析和公式(8-2-1)的表达式上可以受到启发，从设计角度看，为了控制裂缝宽度，应采取那些措施？

8-3 对于采用不同钢筋直径配筋的构件，按公式(8-2-1)计算裂缝宽度时，式中的钢筋直径 d 应以换算直径代替。此处的钢筋换算应按什么原则换算？对钢筋骨架或束筋配筋情况，换算时应注意什么问题？

8-4 钢筋应力 σ_{ss} 是影响裂缝宽度的最主要因素。从某种意义上讲，钢筋应力的计算精度决定了裂缝宽度计算结果的可信性。

①公式(8-2-2)给出的受弯构件钢筋应力计算公式是针对矩形截面梁给出的近似公式(即取内力臂 $z=0.87h_0$)，求得的钢筋应力是合力作用点处的平均应力。对桥梁工程上常用的焊接骨架配筋的T形梁(见§4-7综合例题)而言，一般取内力臂 $z=0.92h_0$。对于这种情况，公式(8-2-2)还适用吗？

提示：按公式(8-2-2)求得的钢筋应力是钢筋合力作点处的平均值，严格讲，计算裂缝宽度时应取底部最外排钢筋的应力。对钢筋骨架配筋应综合考虑上述两种因素。

②公式(8-2-5)～(8-2-7)给出的偏心受压构件钢筋应力是针对在荷载效应短期组合作用下，截面开裂的大偏心受压的受力形式建立的近似式。公式的适用条件是什么？这里所指的大、小偏心是如何划分的？与§5-2承载力计算中大、小偏心划分有什么区别？

8-5 钢筋混凝土受弯构件的挠度，可根据给定的构件刚度，用结构力学方法计算。构件刚度按公式(8-3-4)计算。

①《桥规》(JTG D62)规定，梁式桥主梁的最大挠度计算值应小于 $L/600$，此处所指的最大挠度计算值的确切定义是什么？若验算结果不满足上述限制要求，应如何处理？

②《桥规》(JTG D62)规定，对荷载短期效应组合作用的长期挠度值大于 $L/600$ 的情况，应设置预拱度。设置预拱度的目的是什么？预拱度的数值如何确定？

施工时有两种不同的处理方法：一种做法是将底模板和钢筋骨架均做成向上弯的曲线形；另一种做法是只将底模板做成向上弯的曲线形。你认为哪种方法对？为什么？

第九章　钢筋混凝土结构短暂状况应力验算

钢筋混凝土桥梁构件按短暂状况设计时，应计算其在制作、运输及安装等施工阶段，由构件自重及施工荷载引起的正截面和斜截面的应力，并不得超过《桥规》(JTG D62)规定的限值。

施工荷载采用标准值，当有组合时不考虑荷载组合系数。

当用吊机(车)行驶于桥梁上进行安装时，应对已安装就位的构件进行验算，吊机(车)重力应乘以1.20的荷载系数。

当进行构件运输和安装计算时，构件的自重应乘以动力系数。动力系数按《通用规范》(JTG D60)的规定采用。

钢筋混凝土结构按短暂状况设计时的施工阶段应力验算，以第三章§3-2介绍的第II阶段应力图作为计算的基础，即认为开裂后的截面仍处于弹性工作状态。这种计算方法就是过去桥梁设计中长期采用的以古典弹性理论分析为基础的允许应力设计法。

§9-1　钢筋混凝土受弯构件短暂状况正截面应力验算

一、弹性分析设计法的基本原理

钢筋混凝土受弯构件短暂状况正截面应力计算，采用第II阶段应力图，并引入下列假设作为计算的基础(图9-1-1)：

(1)截面变形符合平截面假设；

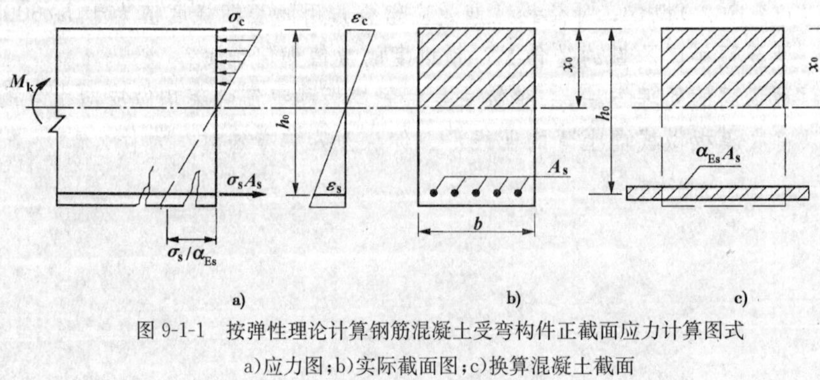

图9-1-1　按弹性理论计算钢筋混凝土受弯构件正截面应力计算图式

a)应力图；b)实际截面图；c)换算混凝土截面

(2)受压区混凝土取三角形应力图，即认为受压区混凝土处于弹性工作状态，其应力与应变成正比；

(3)不考虑受拉区混凝土的抗拉作用，拉力全部由钢筋承担。

上面给出的(1)和(2)项假设就是材料力学中的平截面假设和虎克定律，它们是建立材料力学公式的基础。换句话说，上述基本假设与材料力学中采用的基本假设是一致的。因而，原则上可以利用材料力学公式计算钢筋混凝土构件的应力和变形。但是，应首先解决截面换算问题，因为材料力学公式只适用于单一弹性模量的均质弹性体，而钢筋混凝土是由混凝土和钢筋两种弹性模量不同的材料组成的复合结构。要想直接利用材料力学公式计算钢筋混凝土构件的应力和变形，必须设法将钢筋截面用等效的混凝土截面来代替(亦可将混凝土截面用等效的钢截面来代替)，即将整个截面换算为单一材料组成的混凝土截面(或钢截面)，通常将这种换算后的截面称为换算截面(见图 9-1-1)。按换算截面的几何特征值，直接代入材料力学公式，即可计算钢筋混凝土构件的截面应力和变形。

二、钢筋混凝土构件的换算截面

(1)等效换算原理

在钢筋混凝土结构中，通常是将钢筋截面换算为等效的混凝土截面。假设布置在混凝土受压区的钢筋 A'_s 的应变为 ε'_s，应力为 $\sigma'_s=\varepsilon'_s E_s$，钢筋承受的总压力为 $\sigma'_s A'_s$。如果我们将钢筋截面面积 A'_s 用等效的混凝土截面面积 A_{c0} 来代替，换算后混凝土截面应力 $\sigma_c=\varepsilon_c E_c$，承受的总压力为 $\sigma_c A_{c0}$。所谓等效换算，就是必须保持换算前后钢筋所承受的总压力的大小和作用点位置不变。这样，即有下列关系：

$$\sigma'_s A'_s=\sigma_c A_{c0} \tag{9-1-1}$$

式中，$\sigma'_s=\varepsilon'_s E_s$，$\sigma_c=\varepsilon_c E_c$，根据变形协调条件，钢筋与黏结在一起的混凝土具有相同的变形，即 $\varepsilon'_s=\varepsilon_c$，若将 ε'_s 以 $\varepsilon_c=\sigma_c/E_c$ 表示，则得：

$$\sigma'_s=E_s/E_c\cdot\sigma_c \tag{9-1-2}$$

将公式(9-1-2)代入公式(9-1-1)，则得：

$$\alpha_{Es}\sigma_c A'_s=\sigma_c A_{c0} \tag{9-1-3}$$

$$A_{c0}=\alpha_{Es}A'_s$$

式中：A_{c0}——钢筋 A'_s 的换算截面面积；

α_{Es}——钢筋与混凝土弹性模量之比。

公式(9-1-3)的物理意义是钢筋 A'_s 可以用位于钢筋截面重心处截面面积为 $\alpha_{Es}A'_s$ 的混凝土来代替。按照上述等效换算原则，位于受拉区的钢筋 A_s 也可用位于钢筋截面重心处的截面面积为 $\alpha_{Es}A_s$ 的假想的能抗拉的混凝土来代替。这样，只要将钢筋以位于其截面重心处的截面面积为 α_{Es} 倍钢筋截面面积的能抗拉的混凝土来代替，整个截面即换算为单一弹性模量的混凝土截面。

(2)换算截面几何特征值的计算

为了计算换算截面几何特征值，首先应确定换算截面的受压区高度，其数值由换算截面各分块面积对截面中性轴的面积矩之和为零的条件求得：

对矩形截面

$$\frac{bx_0^2}{2}+\alpha_{Es}A'_s(x_0-a'_s)-\alpha_{Es}A_s(h_0-x_0)=0 \tag{9-1-4}$$

由公式(9-1-4)求得受压区高度 x_0 后，按下式计算换算截面惯性矩

$$I_{cr}=\frac{bx_0^3}{3}+\alpha_{Es}A'_s(x_0-a'_s)^2+\alpha_{Es}A_s(h_0-x_0)^2 \tag{9-1-5}$$

对图 9-1-2 所示的工形和翼缘位于受压区的 T 形截面，有以下两种情况。

当 $x_0 > h'_f$ 时，换算截面受压区高度和惯性矩应分别按下式计算：

$$\frac{b'_f x_0^2}{2} - \frac{(b'_f - b)(x_0 - h'_f)^2}{2} + \alpha_{Es} A'_s (x_0 - a'_s) - \alpha_{Es} A_s (h_0 - x_0) = 0 \tag{9-1-6}$$

$$I_{cr} = \frac{b'_f x_0^3}{3} - \frac{(b'_f - b)(x_0 - h'_f)^3}{3} + \alpha_{Es} A'_s (x_0 - a'_s)^2 + \alpha_{Es} A_s (h_0 - x_0)^2 \tag{9-1-7}$$

当 $x \leqslant h'_f$ 时，按宽度为 b'_f 的矩形截面计算。

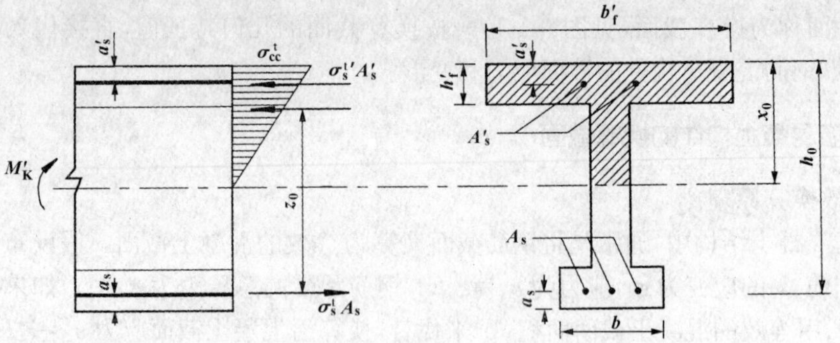

图 9-1-2　筋混凝土受弯构件正截面应力计算

三、正截面应力验算

钢筋混凝土受弯构件按短暂状况设计时，正截面应力按下式计算，并应符合下列规定：

(1)受压区混凝土边缘纤维压应力：

$$\sigma^t_{cc} = \frac{M^t_k x_0}{I_{cr}} \leqslant 0.80 f'_{ck} \tag{9-1-8}$$

(2)受拉钢筋的应力

$$\sigma^t_{st} = \alpha_{Es} \frac{M^t_k (h_{0i} - x_0)}{I_{cr}} \leqslant 0.75 f_{sk} \tag{9-1-9}$$

式中：M^t_k——由构件自重及临时施工荷载标准值产生的弯矩值；

x_0——换算截面的受压区高度；

I_{cr}——开裂的换算截面的惯性矩；

h_{0i}——受拉区第 i 排钢筋截面重心至受压区边缘的距离；

f'_{ck}——施工阶段相应于混凝土立方体抗压强度 $f'_{cu,k}$ 的混凝土轴心抗压强度标准值；

f_{sk}——钢筋的抗拉强度标准值。

对于多层焊接骨架配筋的构件，应验算最外排钢筋的应力。

§9-2　钢筋混凝土受弯构件短暂状况斜截面应力验算

从材料力学分析得知，受弯构件在荷载作用下，除由弯矩产生的法向应力外，同时还伴随着剪力产生的剪应力。由于法向应力和剪应力的结合，又产生斜向主应力，即主拉应力和主压应力。当主拉应力达到混凝土抗拉强度极限值时，构件就会出现斜裂缝，最终导致梁的斜截面破坏。因此，钢筋混凝土受弯构件短暂状况斜截面应力验算主要是计算主拉应力，并不得超过《桥规》(JTG D62)规定的限值。

一、钢筋混凝土梁的剪应力

由材料力学得知，均质弹性体的剪应力按下式计算

$$\tau=\frac{VS}{Ib} \tag{9-2-1}$$

在梁宽 b 值不变的情况下，剪应力是随面积矩 S 而变化的。在梁的上、下边缘处 $S=0$，故剪应力 $\tau=0$；在中性轴处 S 最大，故 τ 值最大。

钢筋混凝土梁的剪应力计算以第Ⅱ阶段应力图作为计算的基础。在§9-1 中针对钢筋混凝土受弯构件正截面应力计算引入的基本假设和换算截面原理，对计算斜截面应力也是适用的。这样，只要将公式(9-2-1)中的惯性矩 I 和面积矩 S 改为开裂的换算截面惯性矩 I_{cr} 和截面面积矩 S_0，即可用于计算钢筋混凝土梁的剪应力：

$$\tau=\frac{V_k S_0}{I_{cr} b} \tag{9-2-2}$$

式中：V_k——荷载标准值产生的剪力；

I_{cr}——换算截面惯性矩；

S_0——所求应力之水平纤维以上(或以下)部分换算面积对换算截面重心轴的面积矩；

b——所求应力之水平纤维处的截面宽度。

按公式(9-2-2)计算的钢筋混凝土矩形梁的剪应力沿截面高度方向的变化情况示于图 9-2-1a)。在受压区仅 S_0 随梁高而变，在受压边缘处，$S_0=0$，$\tau=0$；在中性轴处 S_0 最大，故 τ 值也最大。中间值按二次抛物线规律变化。在受拉区不考虑混凝土的抗拉作用，任何一层纤维处的面积矩为一常数，其值为 $\alpha_{Es}A_s(h_0-x_0)$，所以图中 (h_0-x_0) 高度范围内，τ 值不变。

钢筋混凝土 T 形截面梁剪应力沿截面高度方向的分布情况示于图 9-2-1b)和 9-2-1c)。

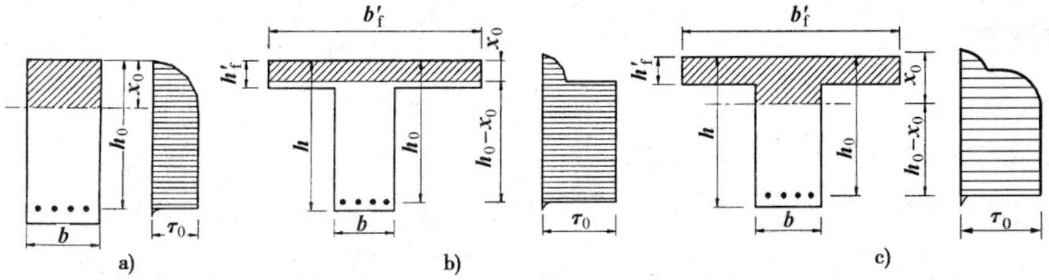

图 9-2-1　筋混凝土梁的剪应力图

从图 9-2-1 可以看出，钢筋混凝土梁在中性轴处剪应力最大，一般记为 τ_0，并在整个受拉区保持这一最大值。

为简化计算，钢筋混凝土梁的最大剪应力 τ_0 常采用下列简便公式计算：

1. 等高度钢筋混凝土梁的最大剪应力

等高度的钢筋混凝土梁由弯矩引起的法向应力和剪力引起的剪应力分布情况示于图 9-2-2。

沿梁长方向取微分段 dx 来分析，在中性轴以下任意截取一部分，其上必将产生水平剪应力 τ_0，以平衡两端钢筋拉力之差，由平衡条件得：

$$\tau_0 b\,dx=dZ$$

$$\tau_0=\frac{dZ}{b\,dx} \tag{9-2-3}$$

而 $M=Z\cdot z$，其中 z 为内力臂。在微分段长度 dx 内，可视 z 不变，所以

$$dM = z dZ$$
$$dZ = dM/z \tag{9-2-4}$$

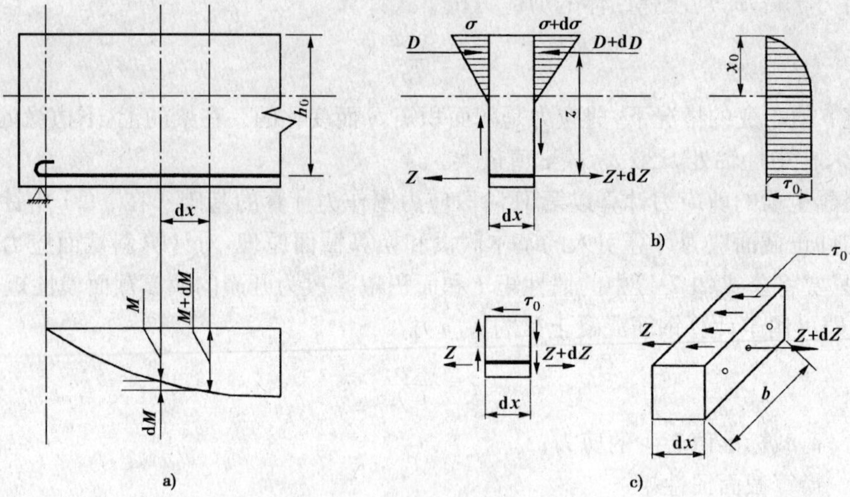

图 9-2-2　钢筋混凝土梁段和分离体的受力情况

将公式(9-2-4)代入公式(9-2-3),并取$\frac{dM}{dx}=V$,可得:

$$\tau_0=\frac{dM}{zb\,dx}=\frac{V}{bz} \tag{9-2-5}$$

式中,z 为内力臂,如果在前面的计算中已经求出,此处可以沿用。通常在初步计算时,内力臂 z 可近似地取下列数值:

单筋矩形梁	$z=0.87h_0$
双筋矩形梁	$z=0.9h_0$
T 形梁	$z=0.92h_0$ 或 $z=h_0-h'_f/2$

2. 变高度钢筋混凝土梁的最大剪应力

在桥梁工程上经常遇到变高混凝土梁,例如连续梁、悬臂梁及刚架桥横梁等。一般的变高度梁,其倾斜边与水平线的斜角 α 值不大(一般小于 15°),可近似地认为沿纤维方向的剪应力与其水平分量数值相等。

从变高度梁中截取微分段 dx 进行分析(图 9-2-3)。假定各层纤维的应力方向均汇交于一点,则任意竖直截面上受压区合力 D 与受拉区钢筋合力 Z 均汇交于这一点。受压区合力 D 与水平线成 β 角,则内力臂沿 l 方向的变化规律为 $z=l\tan\beta$;而截面有效高度的变化规律是 $h_0=l\tan\alpha$,故有:

$$z=\frac{h_0}{\tan\alpha}\cdot\tan\beta=\lambda h_0$$

式中:$\lambda=\tan\beta/\tan\alpha$ 为常数。

截面中最大剪应力 τ_0 的水平分量为 τ_{0x},由中性轴以上 a-a 平面上的平衡条件求得:

$$\tau_{0x}b\,dx=(Z+dZ)-Z=dZ \tag{9-2-6}$$

而弯矩 $M=Zz$,即 $Z=M/z$,对变高度梁而言,M、z 均沿跨径变化,故

$$dZ=d\left(\frac{M}{z}\right)=\frac{z\,dM-M\,dz}{z^2} \tag{9-2-7}$$

将公式(9-2-7)代入公式(9-2-6)，则有：

$$\tau_{0x}=\frac{1}{b}\left[\frac{1}{z}\frac{\mathrm{d}M}{\mathrm{d}x}-\frac{M}{z^2}\frac{\mathrm{d}z}{\mathrm{d}x}\right]$$

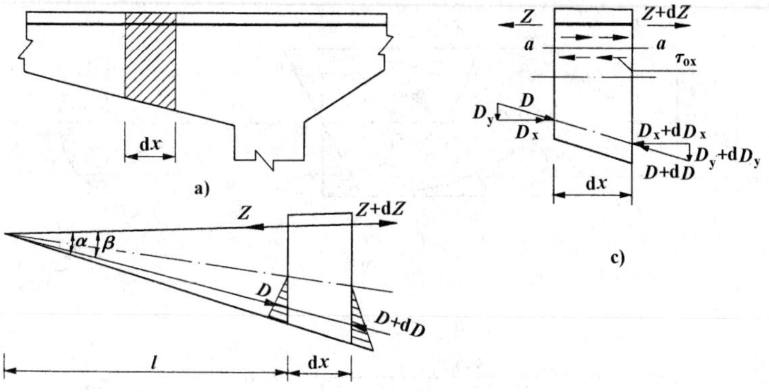

图 9-2-3　变高度钢筋混凝土梁的剪应力

其中，$\frac{\mathrm{d}M}{\mathrm{d}x}=V$，$\frac{\mathrm{d}z}{\mathrm{d}x}=\lambda\frac{\mathrm{d}h_0}{\mathrm{d}x}=\lambda\tan\alpha$ 将其代入上式，经整理后得：

$$\tau_{0\mathrm{x}}=\frac{1}{b}\left[\frac{V}{z}-\frac{M}{z}\cdot\frac{1}{\lambda h_0}\cdot\lambda\tan\alpha\right]=\frac{1}{bz}\left[V-\frac{M}{h_0}\tan\alpha\right] \tag{9-2-8}$$

当斜角 α 不大时，可取 $\tau_0=\tau_{0\mathrm{x}}$，即

$$\tau_0=\frac{1}{bz}\left[V-\frac{M}{h_0}\tan\alpha\right] \tag{9-2-9}$$

应该指出公式(9-2-9)是针对图 9-2-3 所示的梁高随弯矩绝对值增加而加大的情况导出的。对于梁高随弯矩绝对值增大而减小的情况，公式中的(－)号应改为(＋)。

公式(9-2-9)中的剪力 V 和弯矩 M，应包括恒载和活载两部分内力。一般是首先按最大剪力最不利位置布置荷载，求得与其对应的弯矩值 M。为简化计算，通常是剪力 V 取最大值，对应的弯矩 M 近似地按下列规定采用：

在支点处截面
$$M=M_{\mathrm{G}}+\frac{1}{2}M_{\mathrm{Q}} \tag{9-2-10}$$

跨径内截面
$$M=M_{\mathrm{G}} \tag{9-2-11}$$

式中：M_{G}——由结构恒载产生的弯矩；

M_{Q}——由活载产生的支点弯矩。

二、钢筋混凝土梁的主应力

从材料力学得知，当法向应力 σ 和剪应力 τ 同时作用在梁内某一小单元体上，则在单元体的某一方向上将出现主拉应力，在与主拉应力方向垂直的方向上将出现主压应力，其大小和方向为：

$$\left.\begin{aligned}
&\text{主拉应力} && \sigma_{\mathrm{tp}}=\frac{\sigma}{2}-\sqrt{\frac{\sigma^2}{4}+\tau^2}\\
&\text{主压应力} && \sigma_{\mathrm{cp}}=\frac{\sigma}{2}+\sqrt{\frac{\sigma^2}{4}+\tau^2}\\
&\text{主拉应力方向} && \tan2\alpha=-\frac{2\tau}{\sigma}
\end{aligned}\right\} \tag{9-2-12}$$

式中，σ 以压应力为正，以拉应力为负。

在匀质梁中因受压区和受拉区的各层纤维的法向应力 σ 和剪应力 τ 都是变化的，故其主应力方向也是变化。其主应力轨迹如图 9-2-4a）所示。

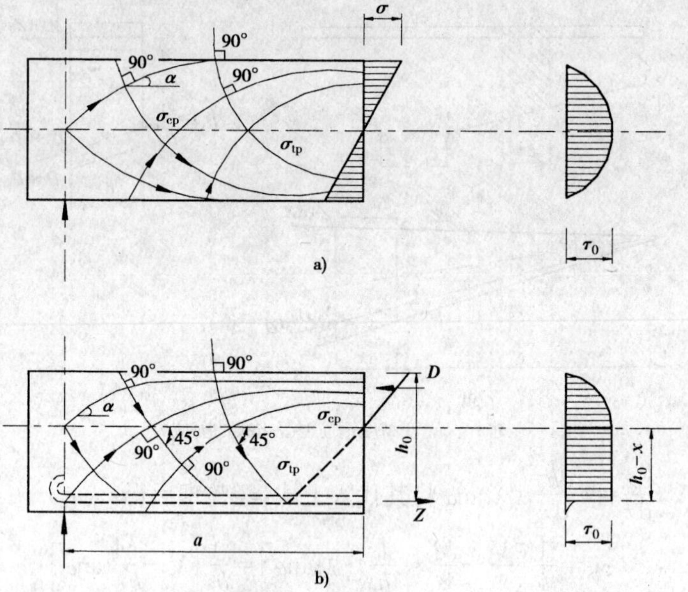

图 9-2-4　主应力轨迹图

a）匀质梁；b）钢筋混凝土梁

对于处于第 II 应力阶段（带裂缝工作）的钢筋混凝土梁，其主应力与轨迹线有如下特点［图 9-2-4b）］。

（1）在受压区内法向应力 σ 和剪应力 τ 的分布，均与匀质梁相同，故主应力轨迹线的变化规律与匀质梁相同。

（2）在中性轴处，由于 $\sigma=0$，$\tau=\tau_0$，由公式（9-2-12）可得 $\sigma_{tp}=\sigma_{cp}=\tau_0$，主平面方向为 $\tan 2\alpha=\infty$，$\alpha=45°$，即主拉应力方向与梁轴线成 45°的交角。

（3）在受拉区，由于不考虑混凝土的抗拉作用，$\sigma=0$，$\tau=\tau_0$，数值不变，所以，$\sigma_{tp}=\sigma_{cp}=\tau_0$ 主应力轨迹呈直线，主拉应力与梁轴线呈 45°的交角，均不变。

由此得出一个重要的结论：在钢筋混凝土梁中性轴处及整个受拉区主拉应力达到最大值，主拉应力在数值上等于主压应力，且等于最大剪应力，其方向与梁轴线呈 45°交角。即

$$\sigma_{tp}=\sigma_{cp}=\tau_0=\frac{V}{bz} \tag{9-2-13}$$

由于主拉应力与主压应力及最大剪应力在数值相等，且混凝土的抗拉强度最低，所以，在钢筋混凝土结构中只验算主拉应力，不必验算主压应力和剪应力。

这样，钢筋混凝土受弯构件短暂状况设计斜截面应力验算，就是计算中性轴处的主拉应力 σ_{tp}^{t}，并应符合下列规定：

$$\sigma_{tp}^{t}=\frac{V_k^t}{bz}\leqslant f'_{tk} \tag{9-2-14}$$

式中：V_k^t——由施工荷载标准值产生的剪力，对变高梁应考虑附加弯矩对剪力的影响，其数值参照公式（9-2-9）确定；

b——矩形截面宽度，T 形、工形截面的腹板宽度；

z——受压区混凝土合力点至受拉钢筋合力点的距离(内力臂);

f'_{tk}——施工阶段相应于混凝土立方体抗压强度 $f'_{cu,k}$ 的混凝土轴心抗拉强度标准值。

对于某些需要按短暂状况计算荷载或其他需按弹性分析允许应力法进行抗剪配筋设计的情况,应按下列方法处理。

钢筋混凝土受弯构件中性轴处的主拉应力,若符合下列条件:

$$\sigma_{tp}^{t} \leqslant 0.25 f'_{tk} \tag{9-2-15}$$

该区段的主拉应力全部由混凝土承受,此时抗剪钢筋按构造要求配置。

中性轴处的主拉应力不符合公式(9-2-15)的区段,则主拉应力全部由箍筋和弯起钢筋承受。箍筋、弯起钢筋可按剪应力图配置(图 9-2-5),并按下列公式计算:

(1)箍筋

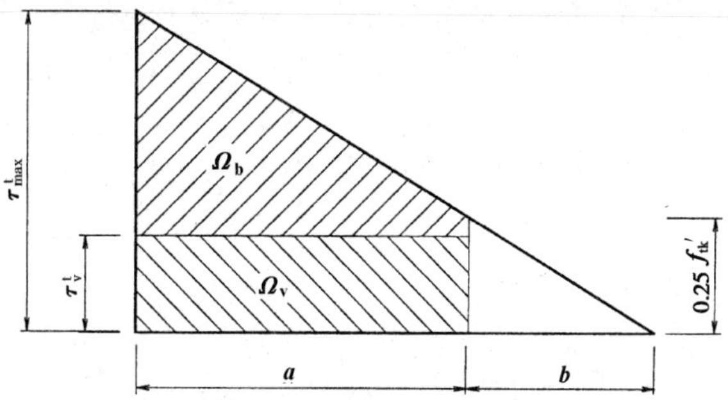

图 9-2-5 钢筋混凝土受弯构件剪应力沿梁长方向分布图

$$\tau_{v}^{t} \geqslant \frac{nA_{sv1}[\sigma_{sv}^{t}]}{bS_{v}} \tag{9-2-16}$$

(2)弯起钢筋

$$A_{sb} \geqslant \frac{b\Omega_{b}}{[\sigma_{sb}^{t}]\sin\theta_{s}} \tag{9-2-17}$$

式中:τ_v^t——由箍筋承担的主拉应力(剪应力)值;

n——同一截面内箍筋的肢数;

$[\sigma_{sv}^t]$——按短暂状况设计时,箍筋钢筋应力限值,取$[\sigma_{sv}^t]=0.75 f_{sk,v}$;

A_{sv1}——一肢箍筋的截面面积;

S_v——箍筋的间距;

b——矩形截面宽度,T 形和工形截面的腹板宽度;

A_{sb}——弯起钢筋的总截面面积;

$[\sigma_{sb}^t]$——按短暂状况设计时,弯起钢筋力限值,取$[\sigma_{sb}^t]=0.75 f_{sk,b}$;

Ω_b——相应于由弯起钢筋承受的剪应力图的面积;

θ_s——弯起钢筋与构件轴线的夹角。

总结与思考

钢筋混凝土结构按短暂状况设计时的应力验算,以第三章§3-2 介绍的第 II 阶段应力图作为计算的基础,即认为开裂后的截面仍处于弹性工作状态。这种计算方法就是过去桥梁设计中长期采用的以古典弹性理论为基础的允许应力设计法。

学习本章的目的，除了直接用于施工应力验算外，更重要的是建议读者对过去的古典设计方法有所了解，通过新、旧设计方法的对比分析，借鉴与吸收有益的内容，以弥补现有设计方法的某些不足。

9-1 钢筋混凝土结构弹性分析设计法的实质可概括为“采用换算截面几何特征值，直接代入材料力学公式，计算截面的应力和应变”。

你对这句话是如何理解的？钢筋混凝土构件换算截面按什么原则换算？换算截面的几何特征值如何计算？

9-2 通过§9-2关于变高度钢筋混凝土梁的最大剪应力分析（图9-2-3），你对第四章§4-4提到的变高度梁换算剪力（公式4-4-5）的概念有什么新的理解？

9-3 按弹性分析法进行钢筋混凝土梁斜截面设计时，为什么只验算主拉应力，而不进行剪应力和主压应力验算。按主拉应力如何进行抗剪钢筋设计？

第十章　钢筋混凝土深受弯构件承载能力极限状态计算

根据试验研究结果，一般将跨高比 $L/h \geqslant 5.0$ 的梁称为浅梁，将 $L/h \leqslant 2.0$ 的简支梁和 $L/h \leqslant 2.5$ 的连续梁称为深梁(此处，L 为梁的计算跨径，可取 L_0 和 $1.15L_n$ 两者较小者，其中 L_0 为梁支座中心线之间的距离，L_n 为梁的净跨；h 为梁的截面高度)。深梁和浅梁的受力特征不同，截面配筋和构造要求也有很大的差异。国内习惯将比深梁的跨高比大，但比浅梁的跨高比小的梁称为短梁。近年来的国内外试验研究表明，短梁的受力特征与浅梁有一定区别，它相当于浅梁与深梁之间的过渡状态。《建混规》(GB 50010—2002)将 $L/h < 5.0$ 的钢筋混凝土梁(包括深梁和短梁)统称为深受弯构件。

钢筋混凝土深梁在工业与民用建筑及特种结构中应用较广，例如：剪力墙结构的底层大梁、地下室墙壁和墙式基础梁，各类储仓或水池的侧壁，桥梁结构中的横隔梁等都具有深梁的特点。

公路桥梁柱式墩、台的盖梁，其跨高比大多数在 3～5 之间，属于深受弯构件的短梁。

§10-1　深受弯构件的受力性能

一、深梁的受力特点及破坏形态

钢筋混凝土深梁因其高度与计算跨径接近，在荷载作用下其受力性能与普通钢筋混凝土梁有较大差异。图 10-1-1 是用有限元分析确定的具有不同跨高比的均质弹性材料简支梁在均布荷载作用下，其跨中截面的弯曲应力分布图。

从图 10-1-1 b)、c)、d)可以看出，深梁的正截面应变分布不符合平截面假设，应力分布亦不能再看作是线性关系。梁的跨高比越小，这种非线性分布越明显。

试验研究表明，深梁的破坏形态主要有以下三种：

(1)弯曲破坏

当纵向钢筋配筋率较低时，随着荷载的增加，一般在最大弯矩作用截面附近首先出现垂直裂缝，并逐渐发展成为临界裂缝，纵向钢筋应力达到屈服强度后，裂缝进一步扩展，混凝土受压区高度减小，顶面混凝土被压碎，梁丧失承载力，通常将这种破坏称为正截面弯曲破坏[图 10-1-2a)]。

当纵向钢筋配筋率稍大时，跨中的垂直裂缝发展缓慢，而弯剪区受拉边缘的裂缝向上发展为斜裂缝。由于主拉应力的卸荷作用，使梁腹斜裂缝两侧混凝土承受的主压应力增大，梁内产生了明显的应力重分布，形成了以纵向受拉钢筋为拉杆，斜裂缝上部混凝土为拱腹的“拉杆拱”受力体系。在此“拉杆拱”体系中，由于“拉杆”(即深梁的纵向钢筋)首先达到屈服强度使梁破坏，通常这种破坏称为斜截面弯曲破坏[图 10-1-2b)]。

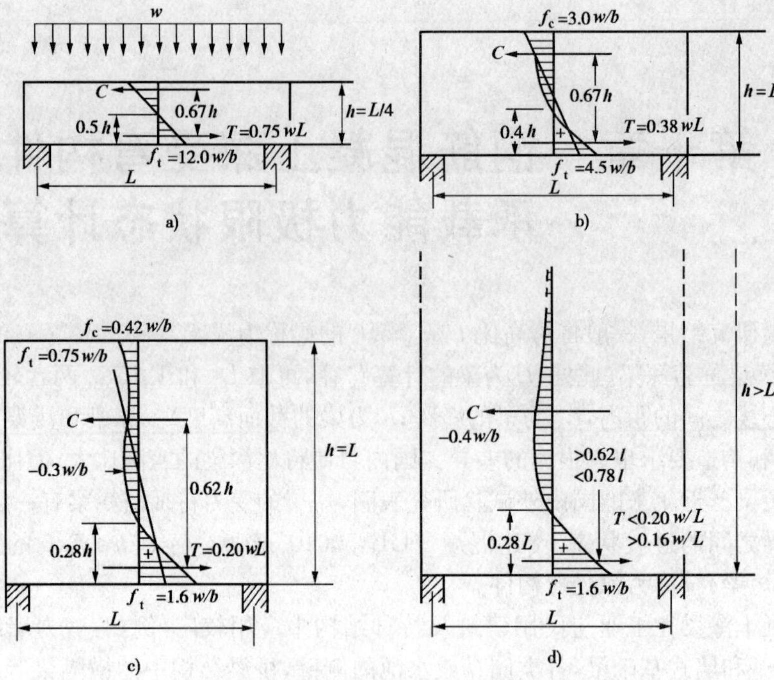

图 10-1-1　匀质弹性材料简支梁弯曲应力分布情况

a)$L/h=4$；b)$L/h=2$；c)$L/h=1$；d)$L/h<1$

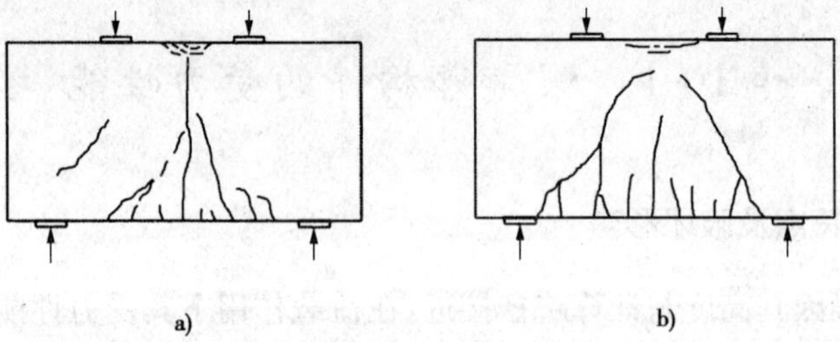

图 10-1-2　简支梁的弯曲破坏

a)正截面弯曲破坏；b)斜截面弯曲破坏

(2)剪切破坏

当纵向钢筋配筋率较高时，深梁的抗弯能力将大于抗剪能力。在弯剪区产生斜裂缝形成“拉杆拱”体系后，随着荷载的增加，“拱腹”混凝土首先压碎或劈裂，即为剪切破坏。

根据斜裂缝发展的特征，深梁的剪切破坏又可分为斜压破坏和劈裂破坏两种形态。图 10-1-3a)所示为斜压破坏，其破坏特征是随着荷载的增加，“拱腹”混凝土压应力随之增加，梁腹上出现许多大致平行的斜裂缝，最后导致混凝土被压碎。图 10-1-3b)所示为劈裂破坏，其破坏特征是随着荷载的增加，主要的一条斜裂缝继续延伸，接近破坏时在主要斜裂缝的外侧，突然出现一条与其大致平行的劈裂缝，随之深梁破坏。

可见，随着纵向钢筋配筋率的增长，深梁将由弯曲破坏转化为剪切破坏，不存在一般梁的超筋破坏现象。

(3)局部受压和锚固破坏

试验表明，在达到受弯和受剪承载力之前，深梁发生局部承压破坏的可能性比普通梁要大得多。另外，随着深梁斜裂缝的发展，支座附近的纵向受拉钢筋应力迅速增加，因此容易被拔出,而发生锚固破坏。

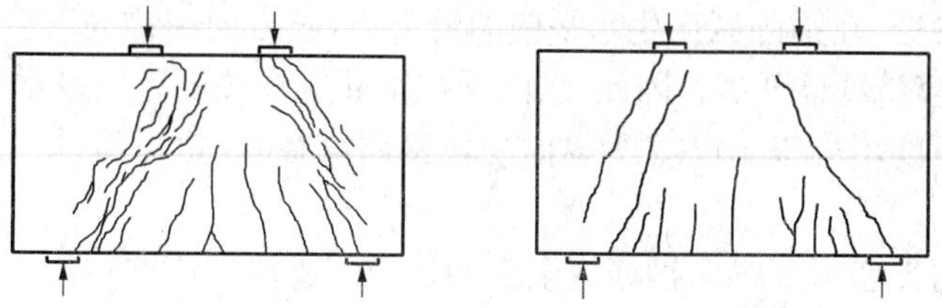

图 10-1-3　简支深梁的剪切破坏

a)斜压破坏;b)劈裂破坏

二、短梁的受力性能

短梁相当于是一般梁与深梁之间的过渡状态,试验结果表明,短梁从加荷到最后破坏经历了弹性阶段、带裂缝工作阶段和破坏阶段在弹性阶段随着 L/h 的增大,其正截面应变沿截面高度愈来愈接近线性分布[图 10-1-1a)],在带裂缝工作阶段其平均应变基本上符合平截面假设。

短梁的破坏形态与浅梁类似:

(1)弯曲破坏

根据纵向钢筋配筋率的不同,短梁的弯曲破坏亦可分为适筋梁的塑性破坏、少筋梁的脆性破坏和超筋梁的脆性破坏等三种情况。

(2)剪切破坏

集中荷载作用下短梁的临界斜裂缝大致由支座向集中荷载作用点发展,根据剪跨比的不同,有斜压、剪压和斜拉三种破坏形态。均布荷载作用下的短梁的临界斜裂缝大致由支座向梁顶 $L/4$ 处发展,其破坏形态与跨高比有关,跨高比较小时发生斜压破坏,跨高比较大时可发生剪压破坏。

(3)局部受压和锚固破坏

试验表明,短梁在达到受弯和受剪承载力之前,在反力较大的支座部位多发生局部受压破坏;伸入支座锚固区的纵向钢筋应力较高时,则容易发生锚固破坏。

§10-2　深梁的配筋及构造要求

钢筋混凝土深梁的受力特性与普通钢筋混凝土梁不同,其钢筋布置及构造要求与普通钢筋混凝土梁有较大差异。

图 10-2-1 为荷载作用在梁顶部时简支深梁的钢筋布置。钢筋混凝土深梁配置的主要钢筋有:纵向受拉钢筋 1;水平分布钢筋 2 及竖向分布钢筋 3 组成的钢筋网;附加水平钢筋 4 及竖向钢筋 5 组成的钢筋网和拉筋 6。为了限制深梁裂缝宽度和开展,钢筋混凝土深梁中的纵向受拉钢筋宜采用较小直径的钢筋。

一、深梁的下部纵向受拉钢筋的锚固

深梁出现斜裂缝后,形成拉杆拱受力体系,靠近支座的纵向受拉钢筋应力与跨中钢筋应力渐趋一致。因此,深梁下部纵向钢筋应全部伸入支座,不得在跨间弯起或截断。

伸入支座的纵向受拉钢筋应采用水平弯钩锚固，不宜采用竖直弯钩。试验表明，竖直弯钩受力时将形成竖向尖劈，在锚固区产生水平向的劈裂力，其方向与锚固区竖向压力产生的水平拉力一致，使锚固区容易过早开裂。因此，纵向受拉钢筋应在锚固区内设水平弯钩(图 10-2-1)，弯钩末直线水平段长度不小于 $10d$(d 为纵向受拉钢筋直径)。也可将同层的两根纵向受拉钢筋焊成环形钢筋。

对连续深梁中间支座下部纵向钢筋应全部伸过中间支座中心线。

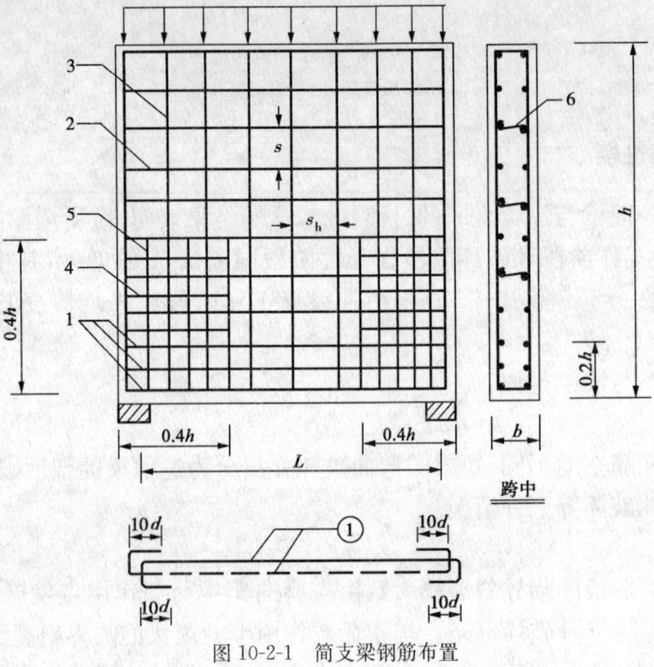

图 10-2-1　简支梁钢筋布置

1-下纵向受拉钢筋；2-水平分布钢筋；3-竖向分布钢筋；4-附加水平钢筋；5-附加竖向钢筋；6-拉筋

二、深梁的下部纵向受拉钢筋布置

由于深梁的下部纵向钢筋在支座处锚固构造要求，纵向受拉钢筋宜均匀布置在深梁下边缘以上 $0.2h$ 的高度范围内(图 10-2-1)。试验表明，在破坏时深梁下边缘以上 $0.2h$ 高度范围内的纵向受拉钢筋均能充分发挥作用。

三、连续梁中间支座截面的上部纵向受拉钢筋布置

试验和分析表明，在弹性阶段连续深梁中间支座截面上正应力 σ_x 的分布，随跨高比 L/h 的不同而改变，约在梁底部 $0.2h$ 范围内为受压区，其上为拉应力区，当 $L/h>1.5$ 时，最大拉应力位于梁顶面，随着 L/h 的减小，最大拉应力下移。当 $L/h=1$ 时，最大拉应力在 $(0.2\sim0.6)h$ 范围内。为了简化，通常将连续深梁中间支座截面分成三段，截面上部两段的纵向受拉钢筋作如下分配：

(1)设连续深梁中间支座截面所需的纵向受拉钢筋截面面积为 A_s，则从梁顶面到 $0.2h$ 深度(称为上带)内，设置的钢筋截面面积为 $\frac{1}{2}\left(\frac{L}{h}-1\right)A_s$；由 $0.2h$ 至 $0.8h$ 深度(称为中带)内，设置其余的纵向受拉钢筋截面面积[图 10-2-2b)]，由 $0.8h$ 至 h 的深度称为下带，是连续深梁中间支座截面的受压区。

(2)在连续深梁中间支座截面上带和中带中，点钢筋截面面积 1/2 的纵向受拉钢筋沿深梁通长布置；剩余的纵向受拉钢筋可取长为 0.8h 的直钢筋布置[图 10-2-2a)]。

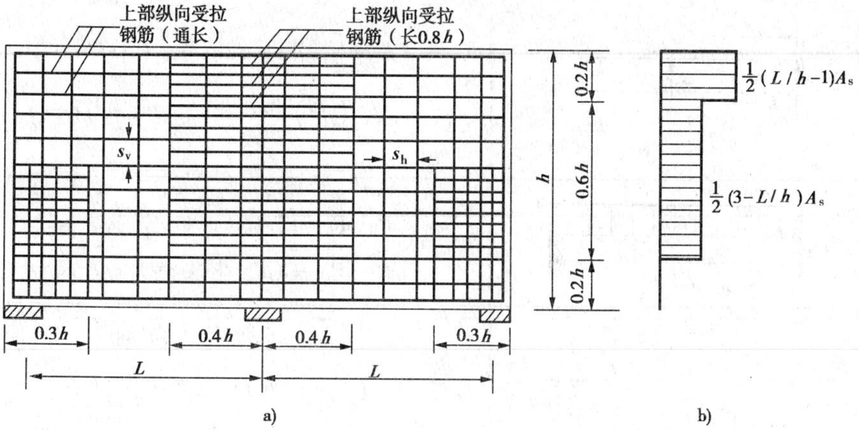

图 10-2-2　连续梁的钢筋布置

此外，深梁梁腹两侧应配置由水平钢筋和竖向分布钢筋组成的正交钢筋网。水平分布钢筋的最小配筋率 $\rho=A_{sh}/bs_v$（式中，A_{sh} 为一层水平分布钢筋的截面面积；s_v 为水平分布筋的间距）应不小 0.25%（光圆钢筋）或0.2%（带肋钢筋）。

§10-3　深梁的内力计算

一、简支深梁的内力计算

简支深梁的弯矩和剪力计算与一般浅梁相同，可按一般结构力学方法计算。

二、连续深梁的内力计算

连续深梁的内力值及其分布规律与一般连续梁不同：其跨中正弯矩比一般连续梁偏大，而支座负弯矩则偏小，且随高跨比及跨数的不同而变化。连续深梁的弯矩和剪力计算，应考虑剪切变形的影响，按二维弹性力学方法计算。

在实际设计中，一般均以支座反力推算计算截面的弯矩和剪力值。中国工程建设标准化协会标准《钢筋混凝土深梁设计规程》(CECS39:92)附录 3 给出了等跨等截面连续深梁支座反力计算公式（表 10-3-1），这些公式是以弹性有限元法的计算结果为依据，用不同的曲线拟合求得的。

等跨等截面连续深梁支座反力计算公式　　表 10-3-1

跨 数	计 算 图 式	支 座 反 力
两跨	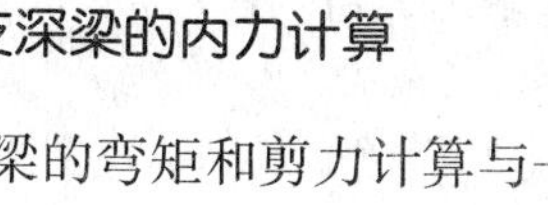	$R_B=\left(1.313-0.289\frac{h}{L}\right)qL$ $R_A=(2qL-R_B)/2=qL-R_B/2$

续上表

跨数	计算图式	支座反力
两跨	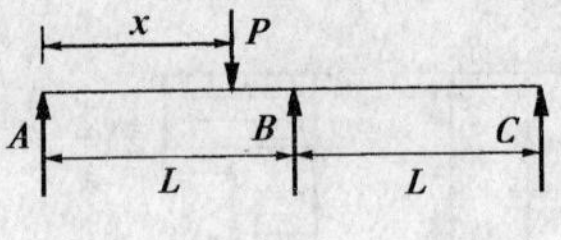 $(0\leqslant x\leqslant L)$	$R_A=\left[1.083-0.219\dfrac{h}{L}-\left(1.647-0.837\dfrac{h}{L}\right)\times\left(\dfrac{x}{L}\right)+\left(0.481-0.374\dfrac{h}{L}\right)\left(\dfrac{x}{L}\right)^2\right]P$
	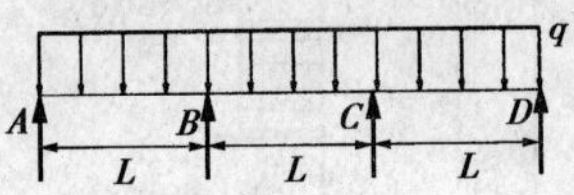	$R_B=R_C=\left(1.121-0.079\dfrac{h}{L}\right)qL$ $R_A=R_D=[3qL-2R_B]/2=1.5qL-R_B$
三跨	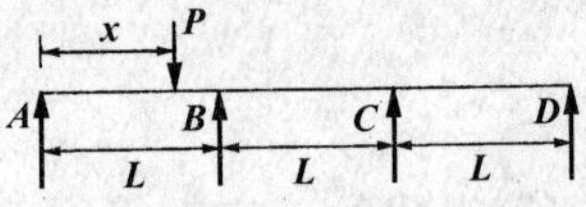 $(0\leqslant x\leqslant L)$	$R_A=\left[1.098-0.256\dfrac{h}{L}-\left(1.563-0.825\dfrac{h}{L}\right)\times\left(\dfrac{x}{L}\right)+\left(0.194-0.264\dfrac{h}{L}\right)\left(\dfrac{x}{L}\right)^2+\left(0.206-0.078\dfrac{h}{L}\right)\left(\dfrac{x}{L}\right)^3\right]P$ $R_B=\left[-0.152+0.424\dfrac{h}{L}+\left(2.164-1.684\dfrac{h}{L}\right)\times\left(\dfrac{x}{L}\right)-\left(0.448-0.546\dfrac{h}{L}\right)\left(\dfrac{x}{L}\right)^2-\left(0.436-0.219\dfrac{h}{L}\right)\left(\dfrac{x}{L}\right)^3\right]P$

注：L——梁的计算跨径，可取 L_0 和 $1.15L_n$ 两者中较小者，其中 L_0 为梁支座中心线之间的距离，L_n 为梁的净跨。

h——深梁的截面高度。

§10-4　深受弯构件的承载力计算

一、正截面抗弯承载力计算

试验研究表明，影响深受弯构件（包括深梁和短梁）抗弯承载力的主要因素是纵向受拉钢筋及水平分布钢筋的强度及数量、跨高比及混凝土强度等级等。为了与浅梁的正截面承载力计算公式相衔接，《建混规》（GB 50010）和《桥规》（JTG D62）采用内力臂 z 来综合反映各项因素的影响。

钢筋混凝土深受弯构件的正截面抗弯承载力按下式计算：

$$\gamma_0 M_d\leqslant f_{sd}A_s z \tag{10-4-1}$$

根据试验资料分析，内力臂 z 可按下式计算：

$$z=\left(0.75+0.05\frac{L}{h}\right)\left(h_0-\frac{x}{2}\right) \tag{10-4-2}$$

当 $L<h$ 时，取内力臂 $z=0.6L$。

式中：h_0——截面有效高度，$h_0=h-a_s$，当 $L/h\leqslant 2$ 时，跨中截面取 $a_s=0.1h$，支点截面取 $a_s=0.2h$；当 $L/h>2$ 时，a_s 按受拉钢筋布置情况确定；

x——截面受压区高度，其数值可由内力平衡条件确定。

应该指出，试验表明水平分布筋对深受弯构件抗弯承载力的作用占 10%～30%。为简化计算，在正截面抗弯承载力计算公式中未考虑此项影响，显然，这样处理是偏于安全的。

二、斜截面抗剪承载力计算

1. 截面限制条件

为了与 $L/h=5$ 时一般受弯构件的受剪截面控制条件相衔接,《桥规》(JTG D62)根据深梁的实验结果,同时参照《建混规》(GB 50010)的规定,抗剪截面尺寸应符合下列要求:

$$\gamma_0 V_d \leqslant \frac{\frac{L}{h}+10.3}{30} \times 10^{-3}\sqrt{f_{cu,k}}bh_0 \quad (kN) \tag{10-4-3}$$

2. 斜截面抗剪承载力计算公式

试验结果表明,影响深受弯构件斜截面抗剪承载力的主要因素为截面尺寸、混凝土强度等级、剪跨比、荷载形式、腹筋配筋率及纵向钢筋配筋率等。在深受弯构件斜截面抗剪承载力计算中应考虑水平腹筋和垂直腹筋二者的作用,同时尚应考虑这两种腹筋的作用随梁的跨高比和剪跨比的变化。

对于 $2<L/h\leqslant5$ 的情况(如桥梁桩柱式墩台盖梁),水平分布钢筋布置较少,可忽略其作用,斜截面抗剪承载力可按《桥规》(JTG D62)给出的公式计算:

$$\gamma_0 V_d \leqslant \alpha_1\left(\frac{14-L/h}{20}\right)\times10^{-3}bh_0\sqrt{(2+0.6p)\sqrt{f_{cu,k}}\rho_{sv}f_{sd,v}} \quad (kN) \tag{10-4-4}$$

式中:α_1——连续梁异号弯矩影响系数,计算近边支点梁段时,取 $\alpha_1=1.0$;计算中间支点时,取 $\alpha_1=0.9$;计算刚架各节点时,取 $\alpha_1=0.9$。

对于 $L/h<2$ 的情况(例如桥梁墩台承台),混凝土的抗剪作用将被突出,竖向分布钢筋几乎不起作用,可以忽略不计,但需考虑水平分布钢筋的作用,此时,斜截面抗剪承载力可按下式计算:

$$\gamma_0 V_d \leqslant \frac{(8-L/h)}{3}\times\frac{0.9\times10^{-4}(2+0.6\rho)}{m}\sqrt{f_{cu,k}}bh_0 + \frac{(5-L/h)}{6}\rho_{sh}f_{sd,h}bh_0 \quad (kN) \tag{10-4-5}$$

式中:m——剪跨比;

ρ——纵向受拉钢筋配筋百分率(不计水平分布钢筋);

ρ_{sh}——水平分布钢筋的配筋率;

$f_{sd,h}$——水平分布钢筋的抗拉强度设计值。

公式(10-4-5)中,第一部分为混凝土提供的抗剪承载力,计算公式取自《桥规》(JTG D62)混凝土抗剪承力的原始公式(4-3-2),系数由 0.874 调整为 0.9;第二部分为水平分布钢筋提供的抗剪承载力,计算公式取自《建混规》(GB 50010)。

§10-5 钢筋混凝土盖梁(短梁)的承载力计算

钢筋混凝土盖梁的跨高比大多在 3～5,属于深受弯构件的短梁,但未进入深梁的范围。

《桥规》(JTG D62)规定:钢筋混凝土盖梁其跨高比 $L/h>5.0$ 时,可按钢筋混凝土一般构件计算;简支盖梁的跨高比为 $2.0<L/h\leqslant5.0$;连续梁跨高比 $2.5<L/h\leqslant5.0$ 时,应按深受弯构件的短梁计算,而其构造则不必按深梁的特殊要求处理。

一、钢筋混凝土盖梁作为短梁计算时的内力计算

1.静定盖梁的内力按一般梁计算

公路桥梁中采用的桩柱式墩台的盖梁与柱固接，其内力一般按刚架计算确定，当盖梁与柱的线刚度(EJ/L)之比大于5时，双柱式盖梁按简支梁计算。

2.连续盖梁的内力可按表10-3-1给出的支座反力推算

此外，计算连续盖梁(或悬臂盖梁)支座负弯矩时，应考虑支承宽度对弯矩的折减影响。折减后的弯矩可按下式计算，但折减后的弯矩不得小于未经折减的弯矩的0.9倍(图10-5-1)。

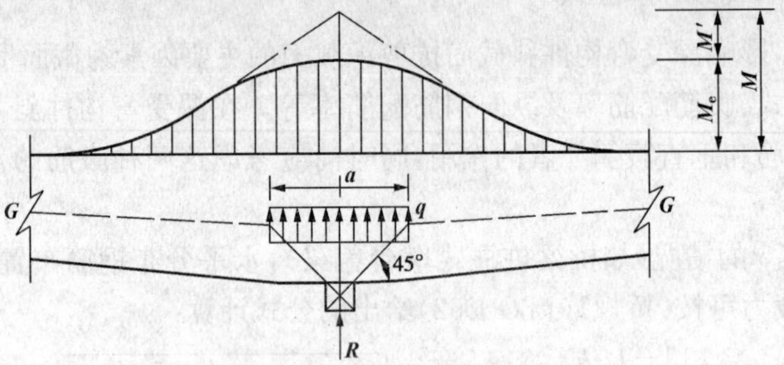

图10-5-1　中间支承处折减弯矩计算图

$$\left.\begin{aligned} M_e &= M - M' \geqslant 0.9M \\ M' &= \frac{1}{8}qa^2 \\ q &= R/a \end{aligned}\right\} \tag{10-5-1}$$

式中：M_e——折减后的支点负弯矩；

M——按理论公式或方法计算求得的支点中心线处的负弯矩；

M'——折减弯矩；

q——梁的支点反力在支座两侧向上按45°分布于梁截面重心轴G-G的荷载集度；

R——支座反力；

a——梁支点反力在支座(墩柱)按45°扩散交于重心轴G-G的长度(圆形墩柱可换算为$0.8d$的方形柱向上扩散)。

二、钢筋混凝土盖梁作为短梁计算时截面抗弯承载力计算

在实际设计中盖梁的承载力计算亦分为配筋设计和承载力复核两种情况。

1.配筋设计

对截面尺寸和设计内力均为已知的短梁的配筋设计可参照第三章介绍的一般钢筋混凝土构件配筋设计方法进行。

首先由$\sum M_{As}=0$的条件求混凝土受压区高度。

$$\gamma_0 M_d = f_{cd}bx(0.75+0.05L/h)\left(h_0-\frac{x}{2}\right) \tag{10-5-2}$$

解二次方程求得x，将其代入下式，求得所需的纵向受拉钢筋截面积。

$$f_{cd}bx = f_{sd}A_s \tag{10-5-3}$$

$$A_s = \frac{f_{cd}bx}{f_{sd}}$$

2. 承载力复核

对截面尺寸和配筋均为已知的短梁，承载力复核的方法是：首先由公式(10-5-3)求得混凝土受压区高度 x，将其代入公式(10-5-2)求得截面所能承担的弯矩设计值。

$$M_{du}=f_{sd}A_s(0.75+0.05L/h)\left(h_0-\frac{x}{2}\right) \tag{10-5-4}$$

若 $M_{du}\geqslant\gamma_0 M_d$，则说明正截面抗弯承载力是足够的。

三、钢筋混凝土盖梁作为短梁时的斜截面抗剪承载力计算

钢筋混凝土盖梁的纵向受拉钢筋一般均通长布置，中间不予剪断和弯起。斜截面的抗剪承载力主要由剪压区混凝土和箍筋提供，由公式(10-4-4)计算。

钢筋混凝土盖梁的截面尺寸，应满足公式(10-4-3)的要求。

钢筋混凝土盖梁斜面抗剪承载力复核及箍筋设计方法可参照第四章介绍的一般钢筋混凝土的有关规定进行。

四、钢筋混凝土盖梁悬臂端的承载力计算

钢筋混凝土盖梁的悬臂长度较短，但截面尺寸较大，具有悬臂深梁的受力特征。

《桥规》(JTG D62)规定：钢筋混凝土盖梁两端位于柱外的悬臂部分设有外边梁时，当外边梁至柱边缘的距离(圆形截面柱可换算为边长等于 0.8 倍直径的方形截面柱)大于盖梁截面高度时，其正截面和斜截面承载力可按一般钢筋混凝土悬臂梁计算。当外边梁作用点至柱边缘的距离等于或小于盖梁截面高度时，悬臂部分的正截面抗弯和斜截面抗剪承载力，可按“撑杆—系杆体系”计算。

《桥规》(JTG D62)提出的短悬臂深梁的“撑杆—系杆体系”计算方法是参照《美国公路桥梁设计规范——荷载与抗力系数法 AASHTO—LRFD，1994》和 1982 年国际预应力协会(FIP)的《钢筋混凝土与预应力混凝土结构设计建议》的有关条款提出的。这种计算方法还可用于支承挂梁的牛腿和桩基础的承台计算。

1. 撑杆及系杆的内力计算

图 10-5-2 为钢筋混凝土盖梁作为短悬臂深梁按“撑杆—系杆体系”计算简图，作用于悬臂上的集中力 $\gamma_0 N_d$ 由混凝土作为斜向撑杆与纵向受拉钢筋作为系杆组成的“撑杆—系杆体系”承担。

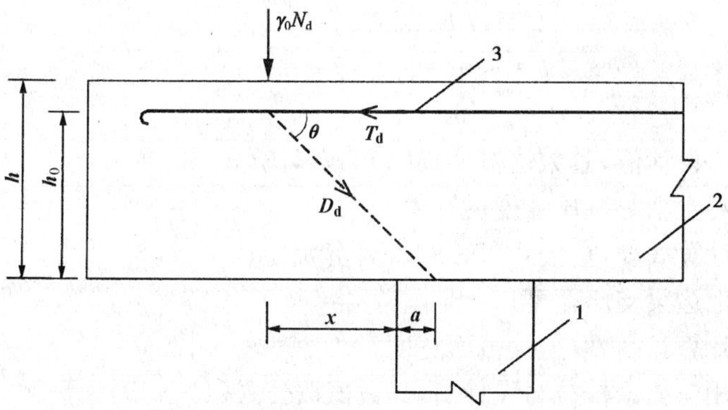

图 10-5-2　盖梁悬臂按“撑杆—系杆体系”计算简图

1-墩台；2-盖梁；3-系杆钢筋

从“撑杆—系杆体系”力的平衡条件求得：

混凝土撑杆承受的压力 $D_d = N_d/\sin\theta$ (10-5-5)

纵向钢筋系杆承受的拉力 $T_d = N_d/\tan\theta$ (10-5-6)

撑杆压力线与系杆拉力线的夹角：

$$\theta = \arctan\frac{h_0}{a+x} \tag{10-5-7}$$

式中：a——为撑杆压力线在盖梁底面作用点至墩台边缘的距离，取 $a=0.15h_0$；

h_0——盖梁的截面有效高度；

x——集中力作用点至墩柱边缘距离。

2. 承载力计算

短悬臂盖梁的承载力计算包括：混凝土撑杆抗压承载力，钢系杆抗拉承载力和斜截面抗剪承载力计算。

(1)混凝土撑杆抗压承载力计算

《桥规》(JTG D62)规定：混凝土撑杆抗压承载力可按下式计算(图10-5-3)：

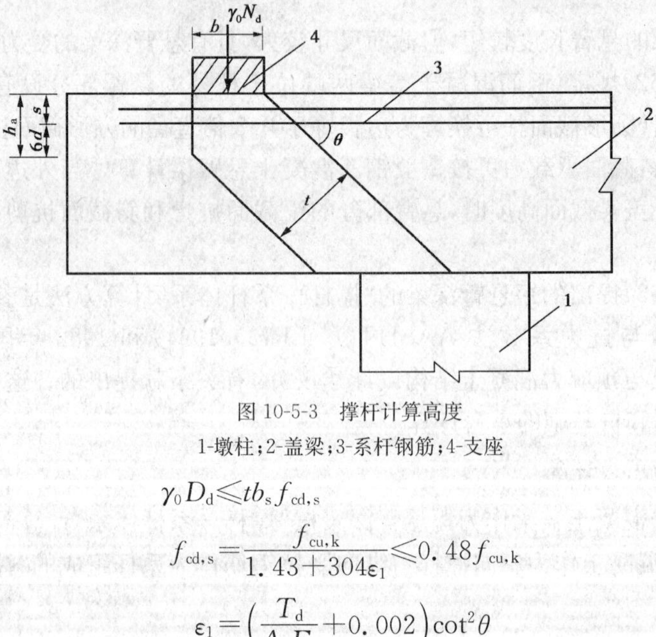

图 10-5-3 撑杆计算高度

1-墩柱；2-盖梁；3-系杆钢筋；4-支座

$$\gamma_0 D_d \leqslant t b_s f_{cd,s} \tag{10-5-8}$$

$$f_{cd,s} = \frac{f_{cu,k}}{1.43+304\varepsilon_1} \leqslant 0.48 f_{cu,k} \tag{10-5-9}$$

$$\varepsilon_1 = \left(\frac{T_d}{A_s E_s} + 0.002\right)\cot^2\theta \tag{10-5-10}$$

$$t = b\sin\theta + h_a\cos\theta \tag{10-5-11}$$

$$h_a = s + 6d \tag{10-5-12}$$

式中：D_d——撑杆压力设计值，其数值按公式(10-5-6)计算；

$f_{cd,s}$——撑杆混凝土轴心抗压强度设计值；

t——撑杆的计算高度，按公式(10-5-12)计算确定；

b——短悬臂上边梁支座宽度；

b_s——撑杆的计算宽度，取盖梁截面宽度；

T_d——与撑杆相应的系杆拉力设计值，其数值按公式(10-5-7)计算；

A_s——在撑杆计算宽度 b_s 范围内纵向受拉钢筋的截面面积；

s——底层系杆钢筋中心至盖梁顶面的距离；

d——系杆钢筋的直径，当采用不同直径的钢筋时，d取加权平均值。

(2)钢筋系杆抗拉承载力计算

《桥规》(JTG D62)规定钢筋系杆抗拉承载力按下式计算：

$$\gamma_0 T_d \leqslant f_{sd} A_s \tag{10-5-13}$$

(3)斜截面抗剪承载力计算

悬臂盖梁的斜截面抗剪承载力可按一般钢筋混凝土受弯构件计算。

总结与思考

10-1 根据跨高比的不同，一般将受弯构件划分为深梁、短梁和浅梁三大类，三类不同梁的破坏状态的主要特点是什么？配筋方式有什么不同？

10-2 钢筋混凝土盖梁设计是实际工作中经常遇到的问题。钢筋混凝土盖梁作为短梁计算时，其承载力计算与一般浅梁计算有什么不同？在正截面承载力计算中如何考虑跨高比的影响？配筋上应注意那些问题？

第三篇

预应力混凝土结构

第十一章　预应力混凝土结构的一般问题

§11-1　预应力混凝土的基本原理

钢筋混凝土的结构由于使用上具有一系列优点，例如，耐久性好、可就地取材、制造工艺简单等，至今仍是工程结构的主要形式之一。但是，钢筋混凝土结构也有其固有的缺点，这主要表现为混凝土的抗拉强度过低，极限拉应变太小，在设计荷载作用下，混凝土很容易开裂，影响结构的耐久性。

在研究钢筋混凝土抗裂性时曾经指出，在钢筋混凝土结构中，只要混凝土所承受的拉应力达到其抗拉极限强度，或者说混凝土的拉应变达到其极限拉应变时，混凝土就要开裂。由于黏着力的作用，钢筋与其周围的混凝土具有相同的变形。因而，混凝土即将出现裂缝时，钢筋中的应力仅为 $\sigma_s=\varepsilon_{tu}E_s=(0.0001\sim0.00015)\times2.0\times10^5=20\sim30\text{MPa}$。事实上，钢筋的设计应力要远远大于此值，这就是说，在设计荷载作用下，钢筋混凝土结构的受拉区总是要出现裂缝的，但是裂缝宽度是可以控制的。所有研究裂缝宽度的资料都指出，钢筋应力是影响裂缝宽度的最主要因素，并认为裂缝开展宽度与钢筋应力成正比。显然，这与充分利用钢材的抗拉性能产生了很大的矛盾，特别是随着冶金工业的发展，钢筋的强度不断提高，这种矛盾就更加突出。目前，国产高强钢丝和钢绞线的抗拉强度标准值已达 1470～1860MPa。如果将这种高强钢丝或钢绞线直接配置在混凝土中，按设计荷载作用下钢筋应力达到其抗拉强度标准值的一半进行设计，即取钢筋应力 $\sigma_s=f_{sk}/2=735\sim930\text{MPa}$，这时钢丝周围混凝土的拉应变为 $\varepsilon_t=\varepsilon_s=\sigma_s/E_s=(735\sim930)/1.95\times10^5=0.0038\sim0.0048$，这个应变相当于混凝土极限拉应变的30～40 倍，这将引起混凝土的严重开裂，结构根本无法正常使用。即使提高混凝土的强度等级，其抗拉强度提高有限，仍解决不了抗裂问题。所以说，在钢筋混凝土结构中，高强度钢筋和高等级混凝土根本无法充分发挥作用。

如何解决这一问题呢？解决钢筋混凝土结构裂缝问题的积极措施是设法预先在混凝土中造成一种预压应力，用以抵消外荷载作用所产生的拉应力，使混凝土的整个截面始终处于受压工作状态（或限制混凝土的拉应力小于其抗拉强度允许值），这样也就不会出现拉应力，从理论上讲，没有拉应力也就不会出现裂缝。

下面通过一个混凝土梁的例子，进一步说明对混凝土预加应力的原理。

图 11-1-1 所示为一根由 C30 混凝土制作的纯混凝土梁，跨径 $L=4\text{m}$，截面尺寸为 200mm×300mm，断面抵抗矩 $W=200\times300^2/6=3000000\text{mm}^3$，在$q=15\text{kN/m}$的均布荷载作用下，有

跨中弯矩 $$M=\frac{qL^2}{8}=\frac{15\times10^3\times4^2}{8}=30000\text{N}\cdot\text{m}$$

跨中截面应力 $$\sigma=\frac{M}{W}=\frac{30000\times10^3}{3000000}=\pm10\text{MPa}$$

对 C30 混凝土来说，抗压强度标准值为 20.1MPa，而抗拉强度标准值只有 2.01MPa。所

以，承受 10MPa 的压应力是没有问题的，但要承担 10MPa 的拉应力则是根本不可能的。实际上，这样一根纯混凝土梁早已断裂，是无法承担 $q=15\text{kN/m}$ 的均布荷载的。

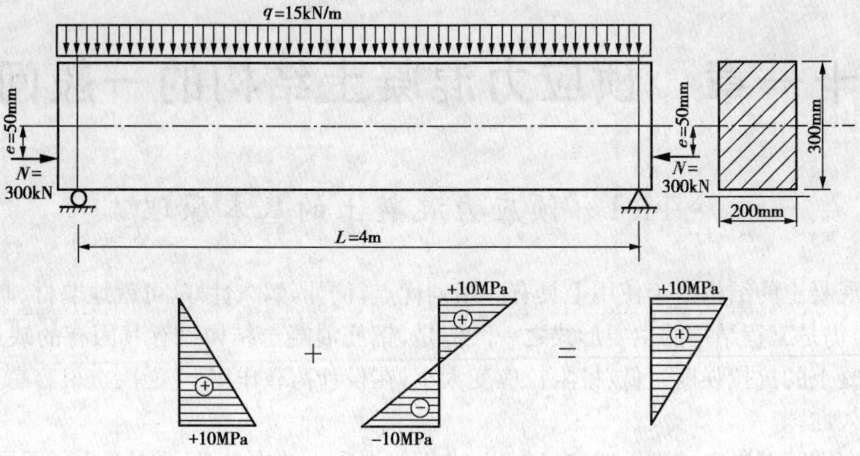

图 11-1-1　预应力混凝土梁工作原理

如果在梁端加一对偏心距 $e=50\text{mm}$、$N=300\text{kN}$ 的预加力，在预加力作用下，混凝土所受到的预压应力为：

$$\sigma_{pc}=\frac{N}{A}\mp\frac{Ne}{W}=\frac{300\times10^3}{200\times300}\mp\frac{300\times10^3\times50}{3000000}=\begin{matrix}0\\+10\text{MPa}\end{matrix}$$

这样，就相当于在梁的下缘预先储备了 10MPa 的压应力，用以抵抗外荷载产生的拉应力，使得在外荷载和预加力共同作用下的截面应力为：

$$\sigma_{ce}=\frac{N}{A}\mp\frac{Ne}{W}\pm\frac{M}{W}=\begin{matrix}0+10\\+10-10\end{matrix}=\begin{matrix}+10\text{MPa}\\0\end{matrix}$$

显然，这样的梁承受 $q=15\text{kN/m}$ 的均布荷载是没有问题的，而且整个截面始终处于受压工作状态。从理论上讲，没有拉应力也就不会出现裂缝。将这种预先加过应力的混凝土称为预应力混凝土。

对混凝土施加预压力的通常做法是张拉钢筋，使其伸长后再加以锚固，将其反力传递于混凝土，造成钢筋受拉而混凝土受压的预应力状态。这种预应力状态必须依靠高强度钢筋的张拉和回压来建立，混凝土由于受到很高的压应力也必须采用较高强度等级的混凝土。因此，预应力混凝土结构为合理使用高强度材料开辟了广阔的前景。

在预应力混凝土结构设计中，预加力的大小和偏心取决于设计期望达到的应力状态。传统的做法是按预加力和外荷载共同作用下，截面不出现拉应力的设计准则，选择预加力的大小和偏心。这种在一切荷载组合情况下，都必须保持全截面受压的预应力混凝土称为全预应力混凝土。

全预应力混凝土虽然具有抗裂性好、刚度大等优点，但也存在一些的缺点。例如，反拱过大，并由于混凝土徐变的影响不断发展；由于预加力过大易于产生平行于预应力钢筋的纵向裂缝，这些裂缝是不可恢复的，在一定程度上比可恢复的垂直裂缝对结构耐久性的影响更为严重。

针对全预应力混凝土结构由于预加力过大所引起的问题，从 20 世纪 60 年代开始，国际工程界就开始了适当减小预加力、降低预应力混凝土抗裂要求的热烈讨论，逐步形成了部分预应力混凝土的新概念。所谓部分预应力混凝土，系指在预加力和外荷载作用下，允许出现拉应力或允许出现裂缝的预应力混凝土。

《桥规》(JTG D62)根据预应力大小的程度(严格定义为预应力度),将预应力混凝土划分为全预应力混凝土和部分预应力混凝土两大类。部分预应力混凝土又分为A类构件和B类构件两种情况。

全预应力混凝土——在作用(或荷载)短期效应下,控制截面受拉边缘不允许出现拉应力。

部分预应力混凝土:

A类构件——在作用(或荷载)短期效应下,控制截面受拉边缘允许出现拉应力,但应控制拉应力不得超过某个允许值,(对于这种情况,国际上习惯称为有限预应力混凝土)。

B类构件——在作用(或荷载)短期效应下,允许出现裂缝,但对最大裂缝宽度加以限制。

部分预应力混凝土构件一般采用混合配筋方案,根据使用性能要求,配置一定数量的预应力钢筋;为满足极限承载力的需要,补充配置适量的普通钢筋(又称非预应力钢筋)。混合配筋的部分预应力混凝土构件,兼顾了预应力混凝土和钢筋混凝土两者的优越结构性能,既能有效地控制使用荷载作用下的裂缝、挠度与反拱,破坏前又具有较好的延性。现在部分预应力混凝土结构已逐渐为国内外工程界所重视,优先采用部分预应力混凝土结构已成为配筋混凝土结构系列中的重要发展趋势。

§11-2 预加力的实施方法

在实际工程中,如何对混凝土施加预应力呢?一般是在混凝土中配置高强度钢筋,采用张拉钢筋的办法(用千斤顶机械张拉或用电热法张拉),对混凝土施加预压力。按施工工艺分为先张法和后张法。

一、先张法

先张法即先张拉钢筋后浇筑构件混凝土的施工方法。其施工程序如图11-2-1所示。首

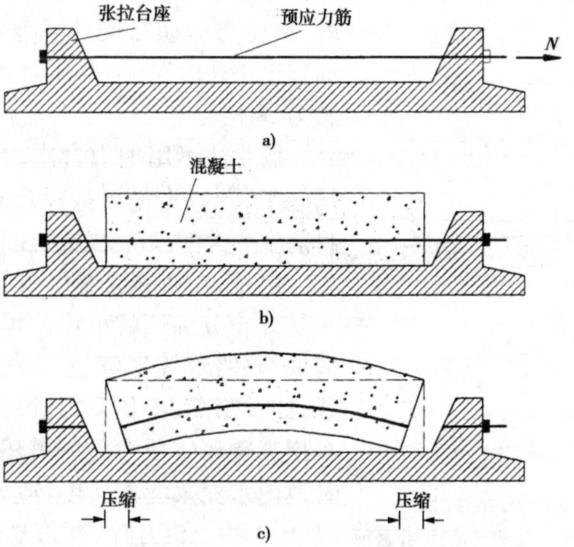

图11-2-1 先张法施工程序示意图

a)用千斤顶张拉预应力钢筋,并临时锚固于加力台座上;b)浇筑混凝土;c)待混凝土结硬后,解除预应力钢筋与加力台座之间的联系,传力于混凝土

先将预应力钢筋按设计规定的张拉力用千斤顶进行张拉，并临时锚固在加力台座上；然后浇筑构件混凝土；待混凝土凝结硬化，并具有足够的强度后（一般要求不低于设计强度的80%），解除预应力钢筋与加力台座之间的联系，钢筋企图回缩，但这时混凝土已能紧紧地握裹住预应力钢筋，除两端稍有内缩外，中部已不能自由滑动，于是使混凝土受到一个很大的预压应力，即形成预应力混凝土构件。

先张法预应力混凝土的关键技术是如何保证预应力钢筋与混凝土的可靠黏结。为了增加预应力筋与混凝土的黏结力，先张法所用的预应力钢筋一般采用高强度的螺旋肋钢丝、钢绞线和精轧螺纹钢筋。

先张法生产工艺简单，工序少，质量容易得到保证，适宜工厂化大批量生产，是目前我国生产预应力混凝土中小型构件的主要施工方法，特别是在房屋建筑中，一些中小型构件几乎全部采用先张法生产。

我国常用的先张法有台座法和钢模机组流水法两种。台座法又有直线配筋和折线配筋两种工艺。

先张直线配筋台座法（又称先张长线法）的台座长度为80～200m，一次张拉钢筋可以生产多个中小型构件，生产率高，设备简单，便于采用自然养护。

先张折线配筋台座法，须设置钢筋转向的特殊装置，构造较为复杂。采用折线配筋可更好地适应构件的受力要求。

先张钢模机组流水法的特点是用钢模板代替台座承受张拉反力。其优点是机械化程度高和生产效率高，生产成本低。

二、后张法

后张法是先浇筑构件混凝土后张拉钢筋的施工方法，其施工程序如图11-2-2所示。预应力钢筋可以是预先放在套管内浇在混凝土里，也可以在后来穿进预先做好的混凝土管道中。一般用千斤顶张拉钢筋（亦有用电热法张拉钢筋的），使其伸长，然后用特制的锚具将钢筋两端锚固在梁端混凝土上，使混凝土受到预压应力。这时，预应力钢筋与梁身混凝土之间尚无接触，需要向管道压注水泥浆，使预应力钢筋与梁身混凝土黏结为一体。

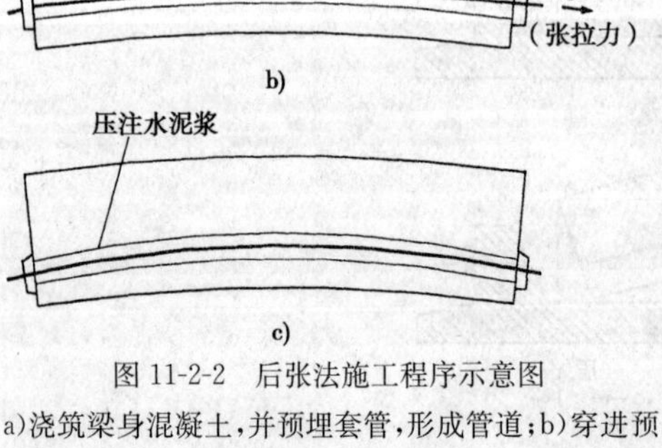

图11-2-2 后张法施工程序示意图

a)浇筑梁身混凝土，并预埋套管，形成管道；b)穿进预应力钢筋，待混凝土结硬后，进行张拉；c)锚固钢筋，传力于混凝土，压注水泥浆，填塞管道

后张法不用加力台座，张拉设备简单，便于现场施工，预应力筋可按设计要求布置成曲线形，是目前生产大型预应力混凝土构件的主要方法。

但是，在后张法施工中预留管道及压注水泥浆是件十分麻烦的工作。预留管道有直线形和曲线形两种：直线形管道多采用抽拔钢管的方法形成；曲线形管道多采用预埋波纹管的方法形成。采用真空压浆技术向管道压注水泥浆。为了保证管道内水泥浆的密实度，应严格控制水灰比，一般以0.4～0.45为宜，并可加入适量的减水剂和膨胀剂。压浆用水泥浆，按70mm×70mm×70mm立方体试件，标准养护28d测得的强度不应低于 30MPa。

应该指出，近年来有关混凝土耐久性的研究引起了土木工程界的极大关注。特别是对后张法预应力混凝土管道灌浆的质量提出了怀疑。国内外的大量工程实践表明，管道灌浆不饱满，水泥浆强度等级过低、质量得不到保证是较为普通的现象。尤其是在管道弯起处，钢筋张拉后紧贴管道的凸出处，即使灌浆再饱满，也不可能将紧贴管壁凸出部分的钢筋与梁体混凝土黏结为整体。水分的侵入，造成预应力钢筋的锈蚀是不可避免的，对混凝土结构的耐久性构成了潜在的威胁。针对这一问题，就迫使人们更多地采用先张法。

先张法与后张法相比除了具有施工简单、生产效率高、成本低等优点外，其最大的优势是取消了预留管道和压浆工序，省去了构造复杂的锚具，靠混凝土的黏结力锚固钢筋，混凝土保护钢筋免于锈蚀，结构的耐久性可以得到保证。

近些年来，先张法预应力混凝土在我国桥梁工程中有了较大的发展，先张法预应力混凝土空心板梁桥的跨度已达 20～23m。对更大跨径的桥梁，目前仍以后张法预应力混凝土结构为主，并在管道材料选择，改进管道灌浆工艺，提高灌浆质量方面做了一些试验研究工作，例如，以聚乙烯塑料波纹管，取代过去使用铁皮波纹管，以真空吸浆工艺取代压浆工艺，在注浆材料中加入适量的钢筋阻锈剂等。与此同时，我国工程界也在积极探索和逐步推广有利于提高结构耐久性的预应力混凝土新的结构构思和施工工艺，例如，无黏结预应力混凝土和体外预应力混凝土等。

无黏结预应力混凝土是将带有专用防腐油脂涂层和外包层（聚乙烯或聚丙烯材料）保护的钢绞线或高强度粗钢筋。如同普通钢筋一样，按设计位置铺放在模板内，然后浇筑混凝土，待混凝土达到设计强度要求后，再进行钢筋张拉，并将其锚固在梁端。由于预应力钢筋与梁体混凝土之间没有黏结，故称为无黏结预应力混凝土。

体外预应力混凝土是将具有专门防腐蚀保护层的预应力钢筋布置在梁体的外部（或箱内），钢筋张拉后，锚固在梁端或中间横梁上。体外预应力筋可以布置成折线，通过中间转向块调节预应力筋的位置和倾斜角，以适应设计上的要求。

无黏结预应力混凝土和体外预应力混凝土从施工程序上分，仍属于后张法范畴。但是，由于取消了预留管道和灌浆工艺，简化了施工，而且预应力钢筋本身具有防腐蚀保护，使结构的耐久性大大提高，有着广阔的发展前景。

§11-3　预应力钢筋的锚固

在后张法中为了维持预应力钢筋中的应力，必须将张拉后的钢筋用锚具牢靠地锚固在梁体混凝土上。在先张法中也需采用临时的夹具将张拉好的钢筋锚固在加力台座上。锚、夹具是保证预应力混凝土安全施工和结构可靠工作的关键设备。在设计、制造或选择锚、夹具时应注意满足下列要求：

(1)锚具零部件一般选用 45 号优质碳素结构钢制作，除了强度要求外，尚应满足规定的硬度要求，加工精度高，工作安全可靠，预应力损失小；

(2)构造简单，制作方便，用钢量少；

(3)张拉锚固方便，设备简单，使用安全。

目前预应力混凝土结构中所用的锚、夹具种类很多，但从原理上可分为摩阻锚固、承压锚固和黏着锚固三种类型。

一、摩阻锚固

摩阻锚固的原理是利用锥形或梯形楔块的侧向力产生的摩阻力来防止钢丝滑动。这个侧向力最初是由于千斤顶推动(或锤击)楔块而产生的,然后当钢丝受力时,产生了不可避免的滑动,这个滑动会带紧楔块,于是增加了侧向力,直至两者平衡为止,钢丝即被卡住。例如,锚固预应力钢丝束的钢制锥形锚、锚固预应力钢绞线的夹片锚等都属于摩阻锚固之列。

1. 钢制锥形锚

钢制锥形锚主要用于钢丝束的锚固(图 11-3-1)。这种锚具由锚塞(又称锥销)和锚圈组成,预应力钢丝束通过锚圈孔用双动千斤顶张拉后,顶压锚塞,靠锥形锚塞的侧压力所产生的摩阻力来锚固钢丝。

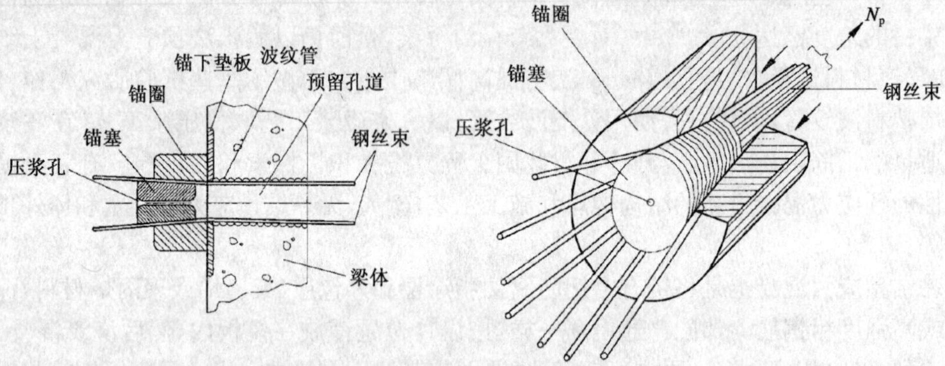

图 11-3-1　钢制锥形锚

在桥梁工程中早期采用的钢制锥形锚,有锚固 18ϕ5 和 24ϕ5 钢丝束等两种。锚塞用 45 号优质结构钢经热处理制成,其硬度一般要求为洛氏硬度 HRC55～58 单位,锚圈用 5 号或 45 号钢冷作旋制而成,不作淬火处理。

钢制锥形锚的优点是锚固方便,锚具面积小,便于在梁体上分散布置。但锚固时钢丝的回缩量较大(即预应力损失较大)。同时,它不能重复张拉和接长,使钢丝束的设计长度受到千斤顶行程的限制。

2. 夹片锚

夹片锚具体系主要作为锚固钢绞线筋束之用,如图 11-3-2 所示。由于钢绞线与周围接触的面积小,且强度高,硬度大,故对锚具的锚固性能要求很高。我国从 20 世纪 60 年代开始,研究锚固钢绞线的夹片锚,先后开发了 JM 锚具、XM 锚具、QM 锚具和 OVM 锚具系列,这些锚具系列都经过严格检测,锚固性能均达到国际预应力混凝土协会(FIP)标准,并已广泛用于各种土建结构工程中,桥梁结构中采用 OVM 锚具较多。

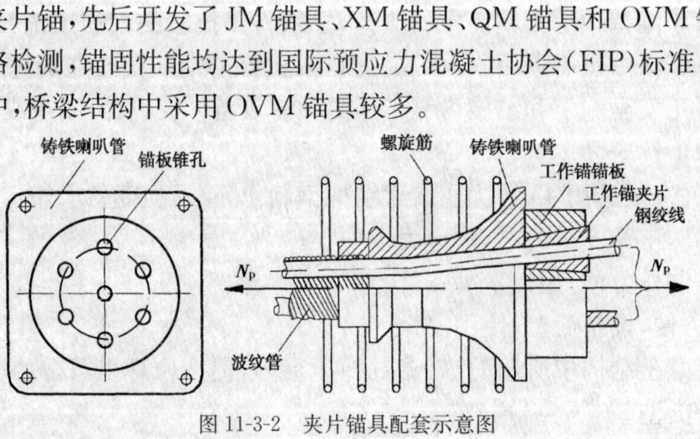

图 11-3-2　夹片锚具配套示意图

夹片锚由带锥孔的锚板和夹片组成(图 11-3-2)。张拉时,每个锥孔穿进一根钢绞线,张拉后各自用夹片将孔中的钢绞线抱夹锚固,每个锥孔各自成为一个独立的锚固单元。每个夹片锚具由多个独立锚固单元组成,能锚固 1～55 根不等的 ϕ^s15.2 或 ϕ^s12.7 钢绞线所组成的筋束,其最大锚固吨位可达 11000kN,故夹片锚又称为大吨位钢绞线群锚体系。其特点是各根钢绞线独立工作,即使单根锥孔的钢绞线锚固失效,也不会影响全锚,只需对失效孔的钢绞线进行补拉。夹片锚具因锚板锥孔布置的需要,预留管道端部必须扩孔,即工作锚下的一段预留管道做成喇叭形,或配置专门的铸铁喇叭形锚垫板。

二、承压锚固

承压锚固系将钢筋的端头做成螺纹(或镦成粗头),钢筋张拉后拧紧螺帽(或锚圈),通过螺帽(或锚圈)与垫板的承压作用将钢筋锚固。目前我国采用的镦头锚和钢筋螺纹锚具都属于承压锚固之列。

1. 镦头锚

镦头锚由带孔眼的锚杯和固定锚杯的锚圈(螺帽)组成(图 11-3-3),钢丝穿过锚杯上的孔眼,用镦头机将端头镦粗呈圆头形,与锚杯锚定。在钢丝编束时,先将钢丝的一端穿进锚杯孔管,并将端头镦粗;另一端钢丝束通过构件的预留管道,并穿进另一端的锚杯孔眼之后再镦粗。预留管道两端均设置扩孔段。张拉千斤顶通过连接件与锚杯连接,张拉后拧紧锚圈(螺帽),将锚杯连同所锚固的钢丝锚固在构件的端部。

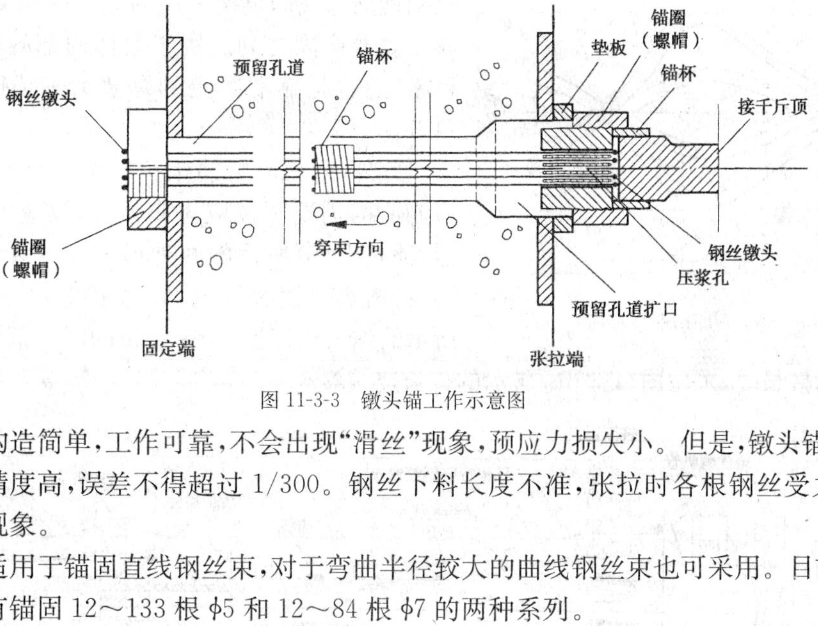

图 11-3-3 镦头锚工作示意图

镦头锚构造简单,工作可靠,不会出现“滑丝”现象,预应力损失小。但是,镦头锚对钢丝下料长度要求精度高,误差不得超过 1/300。钢丝下料长度不准,张拉时各根钢丝受力不均,容易发生断丝现象。

镦头锚适用于锚固直线钢丝束,对于弯曲半径较大的曲线钢丝束也可采用。目前,我国采用的镦头锚有锚固 12～133 根 ϕ5 和 12～84 根 ϕ7 的两种系列。

2. 钢筋螺纹锚具

采用高强度粗钢筋作预应力筋时,可采用螺纹锚具固定(见图 11-3-4)。

钢筋螺纹锚具的制造关键在于螺纹的加工。为了避免端部螺纹削弱钢筋截面,常采用特制的钢模冷轧成纹,使阴纹压入钢筋圆周之内,而阳纹则挤到钢筋圆周之外,这样可使螺纹段的平均直径与原钢筋直径相差无几,而且通过冷轧还可提高钢筋的强度。由于螺纹系冷轧而成,故又将这种螺纹锚具称为轧系锚。

近年来，国内外相继采用可直接拧上螺帽和连接套筒的高强精轧螺纹钢，这种钢筋沿长度方向具有规则但不连续的凸形螺纹，可在任意位置进行锚固和接长。

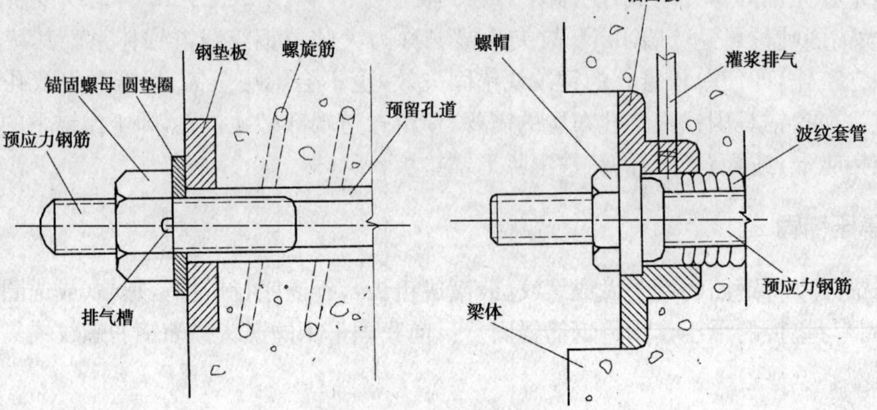

图 11-3-4　钢筋螺纹锚具

螺纹锚具受力明确，锚固可靠，预应力损失小，构造简单，施工方便，并能重复张拉、放松或拆卸，是很有发展前途的。

三、黏着锚固

黏着锚固是将钢丝端头浇在高强度混凝土（或合金溶液）中，靠混凝土（或合金）的黏结力锚固钢筋。我国早期采用的原苏联柯罗夫金式锚具属于黏着锚固之列。用于梁体内部的压花锚具（又称暗锚）也是靠混凝土的黏着力来锚固钢丝的（图 11-3-5）。

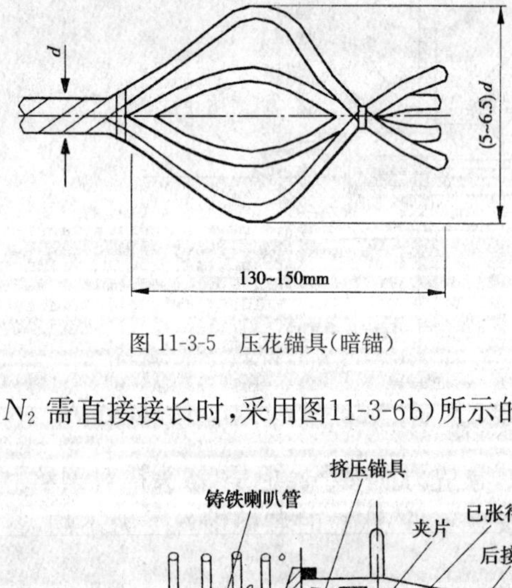

图 11-3-5　压花锚具（暗锚）

此外，受预应力筋张拉长度或材料供应长度的限制有时需要将预应力筋接长，预应力筋接长连接器有图 11-3-6 所示的两种形式。当钢绞线束 N_1 锚固后，需再与钢绞线束 N_2 连接时，采用图 11-3-6a）所示的锚头连接器；当未张拉的两根钢绞线束 N_1 和 N_2 需直接接长时，采用图11-3-6b）所示的接长连接器。

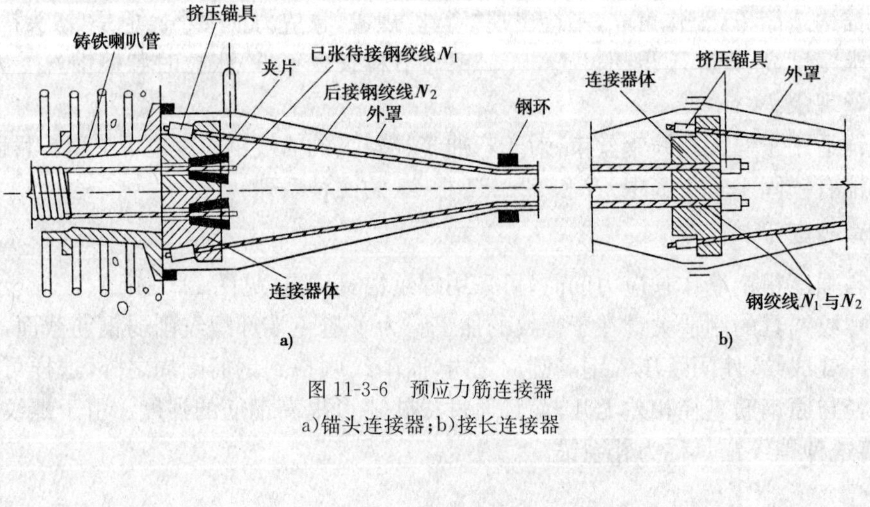

图 11-3-6　预应力筋连接器

a）锚头连接器；b）接长连接器

上面介绍的锚具设计参数和相应配件尺寸，可参阅各生产厂家的产品介绍材料选用。

§11-4　预应力损失

由于受施工因素、材料性能和环境条件等的影响，预应力钢筋在张拉时所建立的预拉应力（称张拉控制应力），将会有所降低，这些减少的应力称为预应力损失。

预应力钢筋实际存余的预应力称为有效预应力，其数值取决于张拉时的控制应力和预应力损失，即

$$\sigma_{pe}=\sigma_{con}-\sigma_l \tag{11-4-1}$$

式中：σ_{pe}——预应力钢筋中的有效预应力；

σ_{con}——张拉控制应力；

σ_l——预应力损失。

张拉控制应力按《桥规》(JTG D62)的规定取用：

钢丝、钢绞线　　$\sigma_{con}\leqslant 0.75f_{pk}$

精轧螺纹钢筋　　$\sigma_{con}\leqslant(0.85\sim0.9)f_{pk}$

式中，f_{pk}为预应力钢筋抗拉强度标准值。

为了使预应力钢筋中实际存余的有效预应力与设计值相符，必须对张拉控制应力和预应力损失进行准确的量测和估算。施工时可以通过测量预加力的大小和变形来标定控制应力，预应力损失则需要尽可能准确地估算。如果预应力损失估计过大，而实际发生较小，则有效预应力过大，设计不经济，甚至可能在使用荷载作用前，截面上边缘出现拉应力或出现裂缝，造成上拱过大等不利影响；如果预应力损失估计过小，而实际发生较大，则会造成有效预应力不足，影响结构的使用性能和承载力。因此，应重视对每一种预应力损失的研究。

《桥规》(JTG D62)规定，预应力混凝土构件在持久状态正常使用极限状态计算和使用阶段应力验算中，应考虑下列因素引起的预应力损失：

预应力钢筋与管道壁之间的摩擦　　σ_{l1}

锚具变形、钢筋回缩和接缝压缩　　σ_{l2}

预应力钢筋与台座之间的温差　　σ_{l3}

混凝土的弹性压缩　　σ_{l4}

预应力钢筋的应力松弛　　σ_{l5}

混凝土的收缩和徐变　　σ_{l6}

此外，尚应考虑预应力钢筋与锚圈之间的摩擦、台座弹性变形等因素引起的其他预应力损失。

预应力损失值可根据试验确定，当无可靠试验数据时，可按下述方法计算。

一、摩阻损失 σ_{l1}

在后张法构件中，由于张拉钢筋时预应力钢筋与管壁之间接触而产生摩擦阻力，此项摩擦阻力与张拉力方向相反，因此，钢筋中的实际应力比张拉端拉力计中的读数要小，即造成钢筋中的应力损失σ_{l1}。摩擦阻力引起的预应力损失与钢筋表面形状、管道材料、管道形状和施工质量等因素有关。

摩阻损失可分为两部分：第一部分为弯曲影响的摩阻损失，仅在曲线部分加以考虑；第二

部分为由管道尺寸、位置的局部偏差所引起的摩阻损失，在直线段和曲线段均须加以考虑。

首先，就钢筋在曲线段管道的第一部分因弯曲所引起的摩阻损失加以讨论。

在图 11-4-1 所示的曲线段 AB 上取微分段 $\mathrm{d}x$（相应的圆心角为 $\mathrm{d}\theta$）。假设其左端沿切线方向作用的拉力为 N，右端沿切线方向作用的力为 $N-\mathrm{d}N_1$，式中 $\mathrm{d}N_1$ 即为由弯曲影响引起的摩擦阻力。从微分段 $\mathrm{d}x$ 力的平衡条件可知，作用于二端切线方向的拉力 N 和 $N-\mathrm{d}N$，将产生一个指向弯曲中心的径向压力 F。若忽略 $\mathrm{d}x$ 微分段内张拉力微小变化对径向压力的影响，则径向压力 F 为：

$$F=2N\sin\frac{\mathrm{d}\theta}{2}\approx 2N\cdot\frac{\mathrm{d}\theta}{2}=N\mathrm{d}\theta$$

摩擦阻力 $\mathrm{d}N_1$ 等于径向压力乘以摩擦系数 μ，其方向与拉力方向相反。

$$\mathrm{d}N_1=-\mu F=-\mu N\mathrm{d}\theta \tag{11-4-2}$$

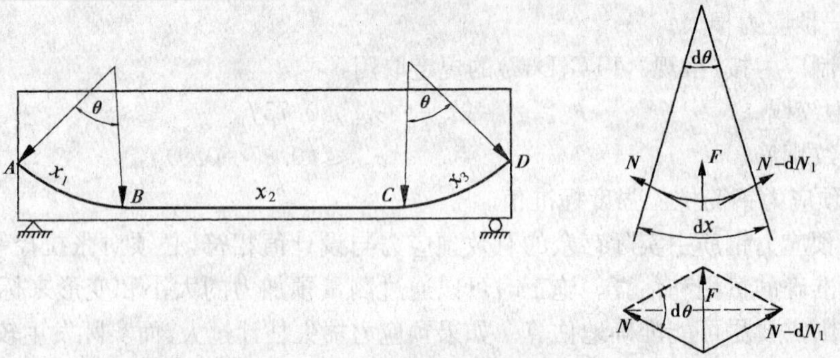

图 11-4-1 摩阻损失计算图式

第二部分摩阻损失是由管道局部偏差所引起的，在曲线段和直线段均应加以考虑。假设每米长度管道局部偏差对摩擦阻力的影响系数为 k，则在 $\mathrm{d}x$ 范围内由管道局部偏差而产生的摩阻力为：

$$\mathrm{d}N_2=-kN\mathrm{d}x \tag{11-4-3}$$

这样，总的摩擦阻力为：

$$\mathrm{d}N=\mathrm{d}N_1+\mathrm{d}N_2=-(\mu N\mathrm{d}\theta+kN\mathrm{d}x)$$

移项后得：

$$\frac{\mathrm{d}N}{N}=-(\mu\mathrm{d}\theta+k\mathrm{d}x)$$

对上式进行积分，即可求得经过摩阻损失后任意点 n 的有效预加力。

$$N_{\mathrm{n}}=N_{\mathrm{con}}e^{-(\mu\theta+kx)} \tag{11-4-4}$$

式中：N_{con}——施力点的张拉力，即张拉端的张拉控制力；

N_{n}——计算点 n 处经过摩阻损失后的有效预加力。

这样，即可求得从张拉施力点到任意计算点 n 的摩阻损失 σ_{l1} 的一般表达式为：

$$\sigma_{l1}=\frac{N_{\mathrm{con}}-N_{\mathrm{n}}}{A_{\mathrm{p}}}=\frac{1}{A_{\mathrm{p}}}\left[N_{\mathrm{con}}-N_{\mathrm{con}}e^{-(\mu\theta+kx)}\right]=\frac{N_{\mathrm{con}}}{A_{\mathrm{p}}}\left[1-e^{-(\mu\theta+kx)}\right]$$

$$\sigma_{l1}=\sigma_{\mathrm{con}}\left[1-e^{-(\mu\theta+kx)}\right] \tag{11-4-5}$$

式中：σ_{con}——预应力钢筋锚下的张拉控制应力；

μ——预应力钢筋与管道壁的摩擦系数，按表 11-4-1 采用；

θ——从张拉端至计算截面曲线管道部分切线的夹角之和(rad)；

k——管道每米局部偏差对摩擦的影响系数，按表11-4-1采用；

x——从张拉端至计算截面的管道长度，可近似取该段管道在构件纵轴上的投影长度(m)。

计算摩阻损失的系数 k 和 μ 值 表11-4-1

管道成型方式	k	μ	
		钢绞线、钢丝束	精轧螺纹钢筋
预埋金属波纹管	0.0015	0.2～0.25	0.50
预埋塑料波纹管	0.0015	0.14～0.17	—
预埋铁皮管	0.0030	0.35	0.40
预埋钢管	0.001	0.25	—
抽芯成型	0.0015	0.55	0.60

为了减少摩阻损失，常采用如下措施：

(1)采用两端同时张拉

对于纵向对称配筋的情况，采用两端同时张拉最大应力损失发生在中间截面，管道长度 x 和曲线段切线夹角 θ 均减小一半。

(2)对钢筋进行超张拉

张拉端首先超张拉5%～10%，使得中间截面的预应力也相应提高，但张拉端回到控制应力时，由于受到反向摩擦力的影响，这个回松的应力并没有传到中间截面，使得中间截面仍可保持较大的张拉应力。

超张拉程序应符合有关施工规范的规定。

二、锚具变形损失 σ_{l2}

在后张法中，当钢筋张拉结束并进行锚固时，锚具将受到巨大的压力作用，由于锚具本身的变形、钢丝滑动、垫板缝隙压密以及分块拼装时的接缝压缩等因素，均会使已锚固好的钢筋略有松动，造成应力损失。此项锚具变形的数值，因锚具形式而异，约为1～6mm。由锚具变形引起的预应力损失 σ_{l2} 可按下式计算：

$$\sigma_{l2}=\frac{\sum \Delta L}{L}E_{\mathrm{p}} \tag{11-4-6}$$

式中：ΔL——锚具变形、钢筋回缩和接缝压缩值(mm)，按表11-4-2采用；

L——张拉端至锚固端之间的距离(mm)；

E_{p}——预应力钢筋的弹性模量(MPa)。

锚具变形、钢筋回缩和接缝压缩值(mm) 表11-4-2

锚具、接缝类型		ΔL	锚具、接缝类型	ΔL
钢丝束的钢制锥形锚具		6	镦头锚具	1
夹片式锚具	有顶压时	4	每块后加垫板的缝隙	1
	无顶压时	6	水泥砂浆接缝	1
带螺帽锚具的螺帽缝隙		1	环氧树脂砂浆接缝	1

应该指出，按公式(11-4-6)计算锚具变形损失 σ_{l2} 时，未考虑管道的反摩阻影响，即认为沿构件全长各截面的锚具变形损失均相等。实际上由于 锚具变形所引起的钢筋回缩，同样会受

到管道摩阻力的影响，这种摩阻力与钢筋张拉时的摩阻力方向相反，故称反摩阻。若考虑反摩阻的影响，则锚具变形损失 σ_{l2} 仅影响锚具附近一段的钢筋，在这一影响区段内其数值也是变化的。《桥规》(JTG D62)规定，后张法构件预应力曲线钢筋由锚具变形、钢筋回缩和接缝压缩引起的预应力损失，应考虑反向摩擦的影响。

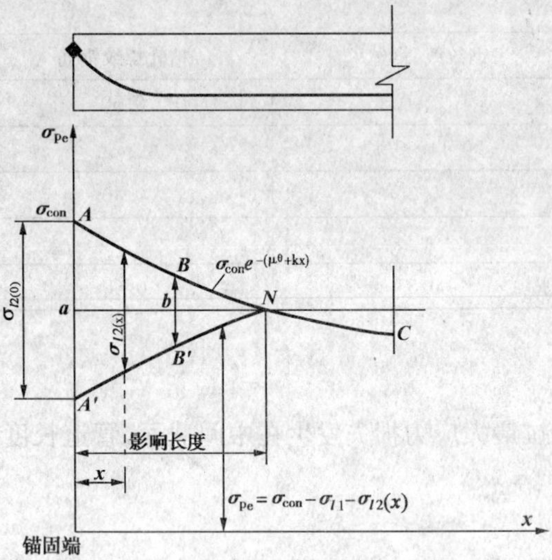

图 11-4-2　考虑反摩阻后钢筋预应力损失计算图式

图 11-4-2 所示为张拉和锚固钢筋时钢筋中的应力沿梁长方向的变化示意图。设张拉端锚下钢筋张拉控制应力 $A(\sigma_{con})$，由于管道摩阻力的影响钢筋的应力由梁端向跨中逐渐降低为图中 $ABNC$ 曲线。在锚固传力时，由于锚具变形引起应力损失，使梁端锚下钢筋的应力降为 A' $(\sigma_{con}-\sigma_{l2(0)})$，考虑反摩阻的影响，并假定反向摩阻系数与正向摩阻系数相等，钢筋应力将按图中 $A'B'NC$ 曲线变化，锚具变形损失的影响长度为 aN，两曲线间的纵距即为该截面锚具变形引起的应力损失 $\sigma_{l2(x)}$，例如，在 b 处截面的锚具变形损失为$\overline{BB'}$，在交点 N 处该项损失为零。

从张拉端 a 至 N 点的范围为回缩影响区，总回缩量$\sum\Delta L$ 应等于其影响区内各微分段 dx 回缩应变的累计，即为：

$$\sum\Delta L=\int_a^N \varepsilon\,dx=\frac{1}{E_p}\int_a^N \sigma_{l2(x)}\,dx$$

故

$$\int_a^N \sigma_{l2(x)}\,dx=E_p\sum\Delta L \tag{11-4-7}$$

式中，$\int_a^N \sigma_{l2(x)}\,dx$ 为图形 $ABNB'A'$ 的面积，即图形 $ABNa$ 面积的两倍。根据已知的 $E_p\sum\Delta L$ 值，用试算法确定一个等于 $E_p\sum\Delta L/2$ 的面积 $ABNa$，即求得回缩影响长度 aN。在回缩影响长度 aN 内，任一截面处的锚具变形损失为以 aN 为基线的向上垂直距离的两倍。例如，b 截面处的锚具变形损失 $\sigma_{l2(b)}=\overline{BB'}=2\,\overline{Bb}$。

应该指出，上述计算方法概念清楚，但使用不太方便，为了求得较为精确的解答，有时需经过多次的反复试算，这样做是很麻烦的。

《桥规》(JTG D62)推荐的考虑反摩阻后钢筋应力损失计算图式，是目前国际上多数国家规范采用的简化计算图式，其核心是认为由张拉端至锚固范围内由管道摩擦引起的预拉力损失沿梁长方向均匀分配，即将扣除管道摩阻损失后钢筋应力沿梁长方向的分布曲线简化为直线(图 11-4-3 中的 caa'线)，显然，这条线的斜率为：

$$\Delta\sigma_d=\frac{\sigma_{con}-\sigma_{pe.1}}{L}=\frac{\sigma_{l1}}{L} \tag{11-4-8}$$

式中：$\Delta\sigma_d$——单位长度由管道摩擦引起的预应力损失(MPa/mm)；

σ_{con}——张拉端锚下控制应力(MPa)；

$\sigma_{pe.1}$——扣除沿途管道摩擦损失后锚固端的预应力(MPa)；

L——张拉端至锚固端之间的距离(mm)；

σ_{l1}——管道摩擦损失，其数值按公式(11-4-5)计算。

图 11-4-3 所示为考虑反摩阻后钢筋应力损失简化计算图式，图中 caa'表示预应力钢筋扣除管道摩阻损失后锚固前瞬间的应力分布线，其斜率为 $\Delta\sigma_d$。锚固时张拉端预应力筋将发生钢筋回缩，由此引起的张拉端预应力损失为 $\Delta\sigma$。考虑反摩阻的作用，此项预拉力损失将随着离开张拉端距离 x 的增加而逐渐减小，并假定按直线规律变化。由于钢筋回缩发生的反向摩阻力和张拉时发生的摩阻力的摩阻系数相等，因此，代表锚固前和锚固后瞬间的预应力钢筋应力变化的两根直线 caa'和 ea 的斜率相等，但方向相反。两根直线的交点 a 至张拉端的水平距离即为回缩影响区长度 L_f。当 $L_f<L$ 时，锚固后整根预应力钢筋的预应力变化线可用折线 eaa'表示。为了确定这根折线，需要求出两个未知量，一个是张拉端预应力损失 $\Delta\sigma$，另一个是预应力钢筋回缩影响区长度 L_f。

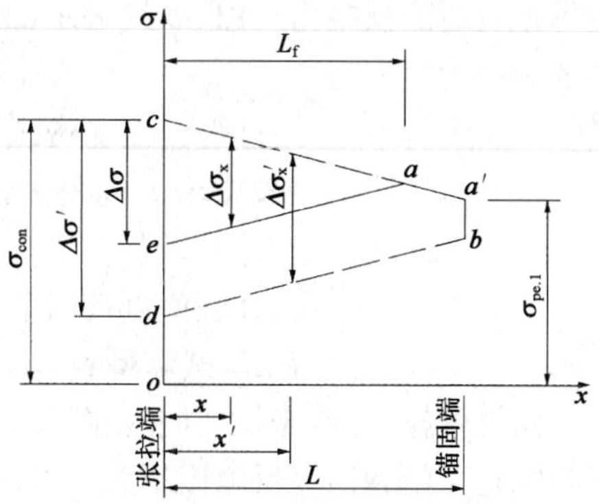

图 11-4-3 考虑反摩阻后钢筋应力损失简化计算图式

caa'-预应力钢筋扣除管道正摩阻损失后的应力分布线；eaa'-$L_f \leqslant L$ 时，预应力钢筋扣除管道正摩阻和钢筋回缩(考虑反摩擦)应力分布线；db-$L_f>L$ 时，预应力钢筋扣除管道正摩阻和钢筋回缩(考虑反摩阻)损失后的应力分布线；cae-等腰三角形；$ca'bd$-等腰梯形

由于直线 caa'与 ea 的斜率相等，Δcae 为等腰三角形，可将底边 $\Delta\sigma$ 通过高度 L_f 和斜率 $\Delta\sigma_d$ 表示，钢筋回缩引起的张拉端预应力损失为：

$$\Delta\sigma=2L_f\Delta\sigma_d \tag{11-4-9}$$

钢筋的总回缩量等于回缩影响区 L_f 范围内各微分段回缩应变的累计，并应与锚具变形值 $\sum\Delta L$ 相协调。

$$\sum\Delta L=\int_0^{L_f}\frac{\Delta\sigma_{(x)}}{E_p}dx=\frac{1}{E_p}\int_0^{L_f}\Delta\sigma_{(x)}dx \tag{11-4-10}$$

式中，$\int_0^{L_f}\Delta\sigma_{(x)}dx$ 即为 Δcae 的面积，所以：

$$\sum\Delta LE_p=\frac{1}{2}\Delta\sigma L_f \tag{11-4-11}$$

将 $\Delta\sigma=2L_f\Delta\sigma_d$ 代入上式，则得回缩影响长度 L_f 的计算表达式如下：

$$L_f=\sqrt{\frac{\sum\Delta LE_p}{\Delta\sigma_d}} \tag{11-4-12}$$

式中，$\Delta\sigma_d$ 由公式(11-4-8)计算。

求得回缩影响长度 L_f 后，即可按下列不同情况，计算考虑反摩阻后预应力钢筋的应力损失：

(1)当 $L_f\leqslant L$ 时，扣除管道正摩阻和钢筋回缩(考虑反摩阻)损失后的预应力线以折线 eaa'表示(图 11-4-3)。离张拉端 x 处由锚具变形引起的考虑反摩阻后的预应力损失为：

$$\Delta\sigma_x(\sigma_{l2})=\Delta\sigma\frac{L_f-x}{L_f} \tag{11-4-13}$$

式中：$\Delta\sigma_x(\sigma_{l2})$——距张拉端 x 处由锚具变形引起的考虑反摩阻后的预应力损失；

$\Delta\sigma$——张拉端处由锚具变形引起的考虑反摩阻后的预应力损失，按公式(11-4-9)计算，即取 $\Delta\sigma=2L_f\Delta\sigma_d$。

如 $x\geqslant L_f$，表示该截面不受锚具变形的影响，即取 $\sigma_{l2}=0$。

(2)当 $L_f > L$ 时，预应力钢筋的全长均处于反摩阻影响长度以内，扣除管道摩阻和钢筋回缩等损失后的预应力线以 db 线表示(图 11-4-4)，距张拉端 x' 处由锚具变形引起的考虑反摩阻后的预应力损失为：

$$\Delta\sigma'_x(\sigma'_{l2}) = \Delta\sigma' - 2x'\Delta\sigma_d \tag{11-4-14}$$

式中：$\Delta\sigma'_x(\sigma'_{l2})$——距张拉端 x' 处由锚具变形引起的考虑反摩阻后的预拉力损失；

$\Delta\sigma'$——当 $L_f > L$ 时，在 L 范围内预应力钢筋考虑反摩阻后在张拉端下的预应力损失，其数值可按以下方法求得：令图 11-4-3 中 $ca'bd$ 等腰梯形面积 $A = \sum \Delta L E_p$，试算得到 cd，则 $\Delta\sigma' = cd$。

两端张拉(分次张拉或同时张拉)，且反摩阻损失影响长度有重叠时，在重叠范围内同一截面扣除正摩阻和回缩反摩阻损失后预应力钢筋的应力可取：两端分别张拉、锚固，分别计算正摩阻和反摩阻损失，分别将张拉端锚下控制应力减去上述应力计算结果所得较大值。

三、温差损失 σ_{l3}

在先张法中，钢筋的张拉和临时锚固是在常温下进行的。当采用蒸气或其他加热方法养护混凝土时，钢筋将因受热而伸长，而加力台座不受升温的影响，设置在两个加力台座上的临时锚固点间的距离保持不变，这样将使钢筋松动。等降温时，钢筋与混凝土已黏结为一体，无法恢复到原来的应力状态，于是产生了应力损失 σ_{l3}。

假设张拉钢筋时的自然温度为 t_1，混凝土加热养护时预应力钢筋的最高温度为 t_2，则温差为 $\Delta t = t_2 - t_1$。钢筋因温度升高 Δt 而产生的变形总值为 $\Delta L = \alpha \Delta t L = \alpha(t_1 - t_2)L$，由此而造成的应力损失为：

$$\sigma_{l3} = \frac{\Delta L}{L} E_p = \alpha E_p (t_2 - t_1) \tag{11-4-15}$$

式中：α——预应力钢筋的线膨胀系数，取 $\alpha = 1.0 \times 10^{-5}/℃$；

E_p——预应力钢筋的弹性模量，取 $E_p = 2.0 \times 10^{-5}$ MPa。

若将 $\alpha = 1.0 \times 10^{-5}/℃$ 和 $E_p = 2.0 \times 10^{-5}$ MPa 代入公式(11-4-15)，则得由于温差造成的应力损失的计算表达式为：

$$\sigma_{l3} = 2\Delta t = 2(t_2 - t_1) \quad (\text{MPa}) \tag{11-4-16}$$

式中：σ_{l3}——由预应力钢筋与台座间的温度差造成的应力损失(MPa)；

t_2——混凝土加热养护时受拉钢筋的最高温度(℃)；

t_1——张拉钢筋时制造场地的自然温度(℃)。

如果混凝土加热养护时，台座与构件共同受热(如钢模机组流水作业先张法)，则不会产生温差应力损失。

为了减小温差引起的应力损失，可采用两次升温分阶段养护的措施。第一次升温的温差一般控制在 20℃以内，此时，钢筋与混凝土之间尚无黏结，因而这个温差将引起应力损失。待混凝土结硬并具有一定强度(7.5～10MPa)后，再进行第二次升温。这时，钢筋与混凝土已黏结为一体，共同受热，共同变形，不会引起新的应力损失。

四、混凝土的弹性压缩损失 σ_{l4}

预应力混凝土构件在受到预加力的作用后，混凝土将产生弹性压缩变形，造成预应力损失。

(1)先张法构件的弹性压缩损失

在先张法中，构件受压时钢筋已与混凝土黏结，两者共同变形，由混凝土弹性压缩引起的应力损失为：

$$\sigma_{l4}=\varepsilon_c E_p=\frac{\sigma_{pc}}{E_c}E_p=\alpha_{Ep}\sigma_{pc} \tag{11-4-17}$$

$$\sigma_{pc}=\frac{N_p}{A_0}+\frac{N_p e_{p0}^2}{I_0} \tag{11-4-18}$$

式中：α_{Ep}——预应力钢筋弹性模量与混凝土弹性模量的比值；

σ_{pc}——在计算截面钢筋重心处，由全部钢筋预加力产生的混凝土法向应力；

N_p——全部钢筋的预加力(扣除相应的预应力损失)；

A_0、I_0——构件换算截面面积和惯性矩；

e_{p0}——预应力钢筋截面重心至换算截面重心的距离。

(2)后张法构件分批张拉引起的弹性压缩损失

在后张法中，如果所有的预应力钢筋同时张拉，预加力是在混凝土弹性压缩完成之后量出的，故无需考虑此项损失。但是，事实上由于受张拉设备的限制，钢筋往往需分批张拉。这样，先张拉的钢筋就要受到后张拉者所引起的混凝土弹性压缩产生的应力损失。第一批张拉的钢筋此项应力损失最大，以后逐批减小，最后一批无此项损失。

图 11-4-4 所示为一后张法预应力混凝土构件，截面配置六根预应力钢筋，分三批进行张拉，每批张拉两根。每次张拉所加的预加力 $\Delta N_p=N_p/3$。若忽略预加力的偏心影响，并认为每张拉一批钢筋时构件产生的弹性压缩变形值为 ΔL，相应的预应力损失为：

$$\Delta\sigma_{l4}=\frac{\Delta L}{L}E_p=\Delta\varepsilon_c E_p=\frac{\Delta\sigma_{pc}}{E_c}E_p=\alpha_{Ep}\Delta\sigma_{pc} \tag{11-4-19}$$

式中：$\Delta\sigma_{pc}$——每张拉一批钢筋引起的混凝土法向应力。

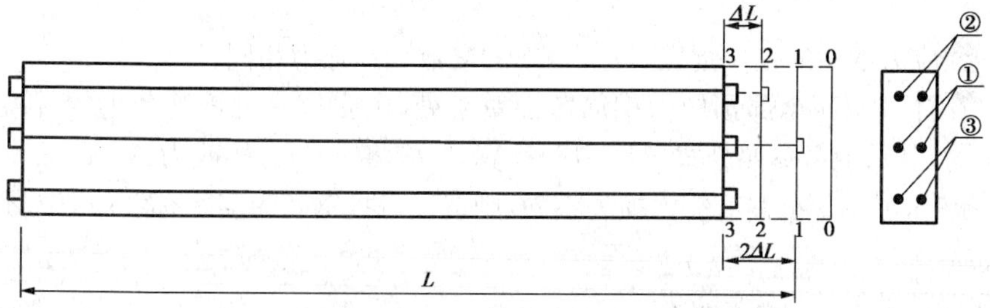

图 11-4-4　后张法构件分批张拉示意图

这样，第一批张拉并已锚好的钢筋，将受到第二批和第三批张拉时引起的混凝土弹性压缩的影响，将产生 $2\alpha_{Ep}\Delta\sigma_{pc}$ 的应力损失；第二批张拉并已锚固好的钢筋，将受到第三批张拉时引起的混凝土弹性压缩的影响，将产生 $\alpha_{Ep}\Delta\sigma_{pc}$ 的应力损失；第三批张拉的钢筋无此项损失。这样，即可写出分批张拉时各批钢筋应力损失的通用表达式为：

$$\sigma_{l4}^{i}=\alpha_{Ep}(m-i)\Delta\sigma_{pc} \tag{11-4-20}$$

式中：σ_{l4}^{i}——第 i 批张拉钢筋的弹性压缩损失；

m——分批张拉的批数；

i——已张拉的批数(包括此次张拉者在内)。

必须指出，上面给出计算表达式(11-4-20)是针对每批张拉根数相等的对称配筋的轴心受拉构件导出的。对受弯构件来说，由于各批钢筋的偏心距不同，每批张拉的根数也不一定相等，张拉各批钢筋时所引起的混凝土法向应力$\Delta\sigma_{pc}$也不可能完全相同。这时，由分批张拉引起的各批钢筋的弹性压缩损失，应按下式计算：

$$\sigma_{l4}=\alpha_{Ep}\sum\Delta\sigma_{pc} \tag{11-4-21}$$

式中：$\sum\Delta\sigma_{pc}$——在计算截面先张拉钢筋截面重心处，由后张拉各批钢筋产生的混凝土法向应力。

对于分批张拉批数为m，第i批张拉钢筋的情况，$\sum\Delta\sigma_{pc}$可按下式计算：

$$\sum\Delta\sigma_{pc}=\frac{\Delta N_{p(i+1)}}{A_n}+\frac{\Delta N_{p(i+1)}e_{p(i+1)}}{I_n}e_{pi}+\frac{\Delta N_{p(i+2)}}{A_n}+\frac{\Delta N_{p(i+2)}\cdot e_{p(i+2)}}{I_n}e_{pi}+\cdots+\frac{\Delta N_{p\cdot m}}{A_n}+\frac{\Delta N_{p\cdot m}\cdot e_{p\cdot m}}{I_n}e_{pi} \tag{11-4-22}$$

式中：A_n、I_n——构件净截面面积和惯性矩；

e_{pi}——第i批张拉钢筋截面重心至净截面重心的距离；

$\Delta N_{p(i+1)}$，$\Delta N_{p(i+2)}\cdots\Delta N_{p\cdot m}$——后张拉各批钢筋的预加力（扣除相应的预应力损失）；

$e_{p(i+1)}$，$e_{p(i+2)}\cdots e_{p\cdot m}$——后张拉各批钢筋合力作用点至净截面重心的距离。

后张法预应力混凝土梁多为曲线配筋，钢筋在各截面的相对位置不断变化，使各截面的$\sum\Delta\sigma_{pc}$值也不相同。设计时应根据全梁的内力分布情况，选取若干具有代表性的控制截面，分别按公式（11-4-21）和公式（11-4-22）计算各根钢筋由分批张拉引起的弹性压缩损失。显然，这样计算是很麻烦的。

为简化计算，对于跨径较小的简支梁，通常以$L/4$截面作为全梁的平均截面计算分批张拉引起的弹性压缩损失。

对于各批张拉根数相等的情况，亦可按下列近似公式计算由分批张拉引起的各根钢筋平均应力损失：

$$\sigma_{l4}=\frac{m-1}{2}\alpha_{Ep}\Delta\sigma_{pc} \tag{11-4-23}$$

式中：m——预应力钢筋的张拉批数，每批钢筋的根数和预加力相同；

$\Delta\sigma_{pc}$——在计算截面全部预应力钢筋截面重心处，由张拉一批钢筋产生的混凝土法向应力，其数值可参照公式（11-4-18）计算，但应将A_0、I_0、e_{p0}改为A_n、I_n、e_{pn}。

分批张拉时，由于每批钢筋应力损失不同，则造成每批钢筋的实际有效预应力不等。常用的补救方法有：

（1）对先张拉的钢筋进行超张拉；

（2）对先张拉的钢筋进行重复张拉。

五、钢筋的应力松弛（徐舒）损失σ_{l5}

试验研究指出，钢材的应力松弛（徐舒）与钢的成分、加工方式、张拉应力的大小及时间等因素有关。《桥规》（JTG D62）规定，预应力钢筋由钢筋应力松弛引起的预应力损失终值，可按下列规定计算。

1. 预应力钢丝、钢绞线

$$\sigma_{l5}=\Psi\zeta\left(0.52\frac{\sigma_{pe}}{f_{pk}}-0.26\right)\sigma_{pe} \tag{11-4-24}$$

式中：Ψ——超张拉系数，一次张拉时，$\Psi=1.0$；超张拉时，$\Psi=0.9$；

ζ——钢筋松弛系数，I级松弛（普通松弛），取$\zeta=1$；II级松弛（低松弛），取$\zeta=0.3$；

σ_{pe}——传力锚固时的钢筋应力，对后张法构件，$\sigma_{pe}=\sigma_{con}-\sigma_{l1}-\sigma_{l2}-\sigma_{l4}$；对先张法构件 $\sigma_{pe}=\sigma_{con}-\sigma_{l2}$；

f_{pk}——预应力钢筋的抗拉强度标准值。

2. 精轧螺纹钢筋

一次张拉 $\sigma_{l5}=0.05\sigma_{con}$ (11-4-25)

超张拉 $\sigma_{l5}=0.035\sigma_{con}$

当需分阶段计算预应力钢丝、钢绞线的钢筋松弛损失时，其中间值与终极值的比值应根据建立预应力的时间按表 11-4-3 确定。

钢筋松弛损失中间值与终极值的比值 表 11-4-3

时间(d)	2	10	20	30	40
比值	0.5	0.61	0.74	0.87	1.00

六、混凝土收缩和徐变损失 σ_{l6}

由于混凝土收缩和徐变的影响，会使预应力混凝土构件产生变形，因而引起预应力钢筋的应力损失。《桥规》(JTG D62)规定，由混凝土收缩、徐变引起的构件受拉区预应力钢筋的应力损失，可按下式计算：

$$\sigma_{l6(t)}=\frac{0.9[E_p\varepsilon_{cs(t,t_0)}+\alpha_{Ep}\sigma_{pc}\phi_{(t,t_0)}]}{1+15\rho\rho_{ps}} \tag{11-4-26}$$

$$\rho=(A_p+A_s)/A \tag{11-4-27}$$

$$\rho_{ps}=1+e_{ps}^2/i^2 \tag{11-4-28}$$

$$e_{ps}=\frac{A_pe_p+A_se_s}{A_p+A_s} \tag{11-4-29}$$

式中：$\sigma_{l6(t)}$——由混凝土收缩、徐变引起的构件受拉区预应力钢筋的应力损失；

σ_{pc}——构件受拉区全部纵向钢筋截面重心处，由预加力(扣除相应阶段的预应力损失)和结构自重产生的混凝土法向应力；

E_p——预应力钢筋弹性模量；

α_{Ep}——预应力钢筋弹性模量与混凝土弹性模量的比值；

ρ——构件受拉区全部纵向钢筋配筋率；

ρ_{ps}——计算参数；

i——截面回转半径，$i=\sqrt{I/A}$，A、I 为构件截面面积和惯性矩，《桥规》(JTG D62)规定，对先张法取换算截面 A_0、I_0；对后张法取净截面 A_n、I_n[注：笔者建议此处近似地按混凝土毛截面或净截面计算]；

e_{ps}——构件截面受拉区全部纵向钢筋截面重心至构件截面重心的距离；

$\varepsilon_{cs(t,t_0)}$——预应力钢筋传力锚固龄期为 t_0，计算考虑的龄期为 t 时的混凝土收缩应变，其终极值 $\varepsilon_{cs(t_u,t_0)}$ 可按表 11-4-3 取用；

$\phi_{(t,t_0)}$——加载龄期为 t_0，计算考虑的龄期为 t 时的徐变系数，其终极值 $\phi_{(t_u,t_0)}$ 可按表 11-4-4 取用。

混凝土收缩应变和徐变系数终极值 表 11-4-4

混凝土收缩应变终极值 $\varepsilon_{cs(t_u,t_0)} \times 10^{-3}$								
传力锚固龄期(d)	40%≤RH<70%				70%≤RH<99%			
	理论厚度 h(mm)				理论厚度 h(mm)			
	100	200	300	≥600	100	200	300	≥600
3～7	0.50	0.45	0.38	0.25	0.30	0.26	0.23	0.15
14	0.43	0.41	0.36	0.24	0.25	0.24	0.21	0.14
28	0.38	0.38	0.34	0.23	0.22	0.22	0.20	0.13
60	0.31	0.34	0.32	0.22	0.18	0.20	0.19	0.12
90	0.27	0.32	0.30	0.21	0.16	0.19	0.18	0.12

混凝土徐变系数终极值 $\phi_{(t_u,t_0)}$								
加载龄期(d)	40%≤RH<70%				70%≤RH<99%			
	理论厚度 h(mm)				理论厚度 h(mm)			
	100	200	300	≥600	100	200	300	≥600
3	3.78	3.36	3.14	2.79	2.73	2.52	2.39	2.20
7	3.23	2.88	2.68	2.39	2.32	2.15	2.05	1.88
14	2.83	2.51	2.35	2.09	2.04	1.89	1.79	1.65
28	2.48	2.20	2.06	1.83	1.79	1.65	1.58	1.44
60	2.14	1.91	1.78	1.58	1.55	1.43	1.36	1.25
90	1.99	1.76	1.65	1.46	1.44	1.32	1.26	1.15

注：1. 表中 RH 代表桥梁所处环境的年平均相对湿度(%)。

2. 表中理论厚度 $h=2A/u$，A 为构件截面面积，u 为构件与大气接触的周边长度，当构件为变截面时，A 和 u 均可取其平均值。

3. 本表适用于由硅酸盐水泥或快硬水泥配制而成的混凝土，表中数值系按强度等级 C40 混凝土计算，对 C50 及以上混凝土，表列数值应乘以 $\sqrt{26.8/f_{ck}}$[1]，式中 f_{ck} 为混凝土轴心抗压强度标准值(MPa)。

4. 本表适用于季节性变化的平均温度－20～＋40℃。

5. 构件的实际传力锚固龄期、加载龄期或理论厚度为表列数值中间值时，收缩应变和徐变系数可直线内插取值。

6. 在分段施工或结构体系转换中，当需计算阶段应变和徐变系数时，可按《桥规》(JTG D62)附录 F 提供的方法进行。

对于受压区配置预应力钢筋和普通钢筋的情况，由混凝土收缩、徐变引起的构件受压区预应力钢筋应力损失，亦可参照上式计算，但式中的有关符号及取值方法，应改为以受压区的有关参数表示。

综上所述，所列各项预应力损失在不同的施工方法中所考虑的亦不相同。从损失完成的时间上看，有些损失出现在混凝土预压完成以前，有些损失出现在混凝土预压后；有些损失很快就完成，有些损失则需要延续很长时间。通常按损失完成的时间将其分为两组：

第一批损失 $\sigma_{l,\mathrm{I}}$。传力锚固时的损失，发生在混凝土预压过程完成以前，即预施应力阶段；

第二批损失 $\sigma_{l,\mathrm{II}}$。传力锚固后的损失，发生在混凝土预压过程完成以后的若干年内，即使用荷载作用阶段。

[1] 规范原为 $\sqrt{32.4}$，可能有误。

不同施工方法所考虑的各阶段预应力损失值组合情况列于表 11-4-5。

各阶段预应力损失值的组合 表 11-4-5

预应力损失的组合	先张法构件	后张法构件
传力锚固时的损失（第一批）$\sigma_{l,\mathrm{I}}$	$\sigma_{l2}+\sigma_{l3}+\sigma_{l4}+0.5\sigma_{l5}$	$\sigma_{l1}+\sigma_{l2}+\sigma_{l4}$
传力锚固后的损失（第二批）$\sigma_{l,\mathrm{II}}$	$0.5\sigma_{l5}+\sigma_{l6}$	$\sigma_{l5}+\sigma_{l6}$

在设计预应力混凝土构件时，应根据所采用的施工方法，按照不同的工作阶段考虑有关的预应力损失。在各项损失中，一般来说，以混凝土收缩、徐变引起的应力损失最大；此外，在后张法中摩阻损失的数值也较大；当预应力钢筋长度较短时，锚具变形损失也不小，这些都应予以重视。

§11-5 预应力混凝土受弯构件各受力阶段分析

试验研究表明，预应力混凝土梁从张拉钢筋到受荷破坏大致可分为四个工作阶段：第一阶段为预施应力阶段（包括预制、运输、安装）；第二阶段为从受荷开始直到构件出现裂缝前的整体工作阶段；第三阶段为带裂缝工作阶段；第四阶段为破坏阶段。

图 11-5-1 所示为一根后张法预应力混凝土梁从张拉钢筋到受荷破坏的工作情况。各不同工作阶段梁的抗弯工作性能，可以通过跨中截面的应力状态来描述。

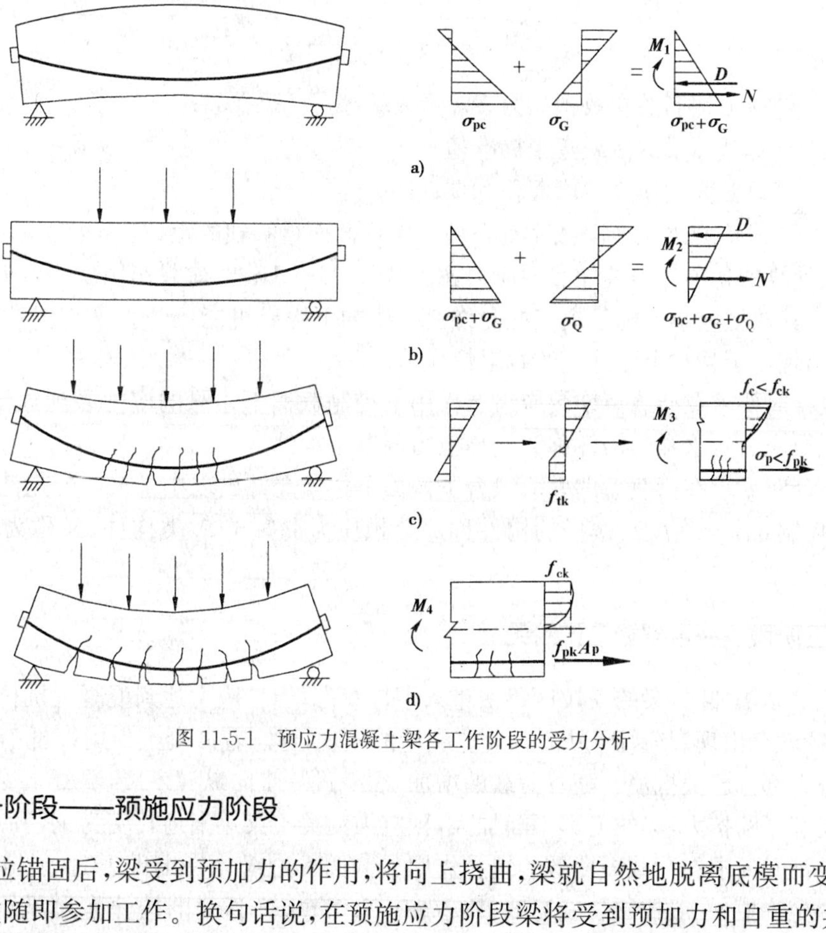

图 11-5-1 预应力混凝土梁各工作阶段的受力分析

一、第一阶段——预施应力阶段

钢筋张拉锚固后，梁受到预加力的作用，将向上挠曲，梁就自然地脱离底模而变为两端支承，梁的自重随即参加工作。换句话说，在预施应力阶段梁将受到预加力和自重的共同作用，此时的预加力应扣除第一批应力损失。对后张法构件，因管道尚未灌浆，计算截面应力时应采用扣除管道影响的净截面几何特征值。预施应力阶段梁处于弹性工作阶段，由预加力和自重引起的截面应力，可按材料力学公式计算。

$$\sigma_{cc}\text{或}\ \sigma_{ct}=\frac{N_{p1}}{A_n}\mp\frac{N_{p1}e_{pn}}{I_n}y_n\pm\frac{M_{Gk}}{I_n}y_n \tag{11-5-1}$$

式中：N_{p1}——传力锚固时的预加力，$N_{p1}=(\sigma_{con}-\sigma_{lI})A_p$；

M_{Gk}——计算截面处梁的自重弯矩标准值；

e_{pn}——相对于净截面重心轴的预加力偏心距；

A_n、I_n——计算截面的净截面面积和惯性矩。

为了保证结构在预施应力阶段（构件制造、运输、吊装）的安全，一般规定在预加力和自重作用下，截面上边缘不出现拉应力或允许出现有限的拉应力（通常控制在 $0.7f'_{tk}$以内），下边缘的压应力亦不能超过规范规定的允许值。

二、第二阶段——从承受使用荷载到构件出现裂缝前的整体工作阶段

这一工作阶段经历的时间较长，预应力损失已逐步完成，预应力钢筋中最后保留的有效预加力为 $N_p=(\sigma_{con}-\sigma_{l,I}-\sigma_{l,II})A_p$。对后张法构件，管道中已灌浆，计算截面应力时应采用考虑钢筋影响的换算截面几何特征值。试验研究表明，整体工作阶段梁基本处于弹性工作状态。由有效预加力、自重和活荷载引起的截面应力，可按材料力学公式计算。

$$\sigma_{cc}\text{或}\ \sigma_{ct}=\frac{N_p}{A_n}\mp\frac{N_pe_{pn}}{I_n}y_n\pm\frac{M_{Gk}}{I_n}y_n\pm\frac{M_{Qk}}{I_0}y_0 \tag{11-5-2}$$

式中：N_P——预应力钢筋的有效预加力，$N_p=(\sigma_{con}-\sigma_{l,I}-\sigma_{l,II})A_p$；

M_{Qk}——计算截面梁的活载弯矩标准值；

A_n、I_n——计算截面的换算截面面积和惯性矩；

y_n、y_0——所求应力之点至净截面重心轴和换算截面重心轴的距离。

按上式计算的各项应力叠加后的应力图示于图 11-5-1b）。荷载作用后，梁的上缘保持较大的压应力，其数值应小于规范规定的允许值。梁的下缘有可能应力为零或保持较小的压应力，也可能出现小于某一个允许值的有限拉应力。

如果设计时要求在荷载短期效应组合作用下控制截面下边缘的应力必须大于等于零（即不允许出现拉应力），这样的构件称为全预应力混凝土构件。

如果设计时要求在荷载短期效应组合下截面下边缘允许出现小于某一个允许值的有限拉应力（一般控制 $\sigma_{ct}\leqslant0.7f_{tk}$），这样的构件称部分预应力混凝土 A 类构件（又称为有限预应力混凝土构件）。

三、第三阶段——带裂缝工作阶段

当荷载继续增加时，梁的受拉区很快进入塑性状态，当拉应力达到混凝土抗拉强度极限值时，梁的下缘就会出现裂缝[图 11-5-1c)]。裂缝的出现，标志着混凝土中用以抵消拉应力的预压应力储备大部分已被抵消。随着荷载的增加，裂缝进一步向纵深发展，混凝土受压区逐渐缩小。裂缝宽度不断扩大，梁的变形不断加大，预应力混凝土梁逐渐地转变为钢筋混凝土梁。

如果设计时要求在荷载短期效应组合作用下截面下边缘允许出现裂缝，但应控制裂缝宽度小于某个允许值（一般控制裂缝宽度 $W\leqslant0.1\sim0.15$mm），这样的构件称为部分预应力混凝

土 B 类构件。带裂缝工作的初期阶段，梁受压区混凝土基本上仍处于弹性工作阶段。部分预应力混凝土 B 类构件开裂后的截面应力，可按开裂的钢筋混凝土弹性体计算。

四、第四阶段——破坏阶段

梁开裂后，再继续增加荷载，混凝土的压应力和钢筋中的拉应力均增长很快，受压区混凝土进入塑性状态，应力图呈曲线形[图 11-5-1d)]。随着荷载的增加，钢筋应力进一步加大，当钢筋应力接近和达到其抗拉强度极限值时，裂缝继续向上扩展，混凝土受压高度迅速减小，最后混凝土应力达到其抗压强度极限值，导致梁的破坏。

通过对预应力混凝土梁各不同工作阶段的受力分析可以看出，第一和第二工作阶段预应力混凝土构件处于弹性工作阶段，截面应力可按材料力学公式计算。第三工作阶段是个过渡阶段，第三阶段初期的截面应力可按开裂的钢筋混凝土弹性体计算。预应力全部耗尽后，梁已转变为钢筋混凝土构件，进入第四工作阶段，处于塑性工作状态。因而，预应力混凝土受弯构件最后破坏阶段的承载力计算，实质上是钢筋混凝土结构问题。具体计算时，应针对构件所处的不同工作阶段特点，采用不同的计算方法。

§11-6　预应力混凝土结构设计计算的主要内容

按《桥规》(JTG D62)规定，预应力混凝土结构设计计算应包括下列主要内容。

一、持久状况承载能力极限状态计算

预应力混凝土受弯构件的承载能力极限状态计算，包括正截面承载力计算和斜截面承载力计算两部分内容。斜截面承载力计算又分为斜截面抗剪承载力和斜截面抗弯承载力计算两种情况。

在分析预应力混凝土梁破坏阶段的应力状态时已经指出，预应力全部耗尽后，梁已经转变为钢筋混凝土构件，进入第四工作阶段，处于塑性工作状态。所以，预应力混凝土受弯构件承载力计算，实质上是钢筋混凝土结构问题。在第三章和第四章介绍的钢筋混凝土受弯构件正截面和斜截面承载力计算图式及计算方法，原则上都可推广用于预应力混凝土结构计算。

二、持久状况正常使用极限状态计算

预应力混凝土受弯构件正常使用极限状态计算包括抗裂性及裂缝宽度验算和变形验算两部分。

1. 抗裂性及裂缝宽度验算

全预应力混凝土及部分预应力混凝土 A 类构件的抗裂性验算是通过荷载短期效应组合作用下，正截面混凝土法向拉应力和斜截面混凝土主拉应力来控制的。全预应力混凝土和部分预应力混凝土 A 类构件，在荷载短期效应组合作用下，处于第二工作阶段，全截面参加工作，截面应力(法向拉应力和主拉应力)可按材料力学公式计算。

部分预应力混凝土 B 类构件在荷载短期效应组合作用下的裂缝宽度，应小于《桥规》(JTG D62)规定的允许值。

2. 变形验算

预应力混凝土受弯构件在正常使用极限状态下的挠度，可根据给定的构件刚度用结构力

学方法计算。

三、持久状况构件应力验算

按持久状况设计的预应力混凝土受弯构件，作为对承载能力极限状态的补充，应计算其使用阶段正截面混凝土的法向压应力，受拉区钢筋的拉应力和斜截面混凝土的主压应力，并不得超过《桥规》(JTG D62)规定的限值，计算时荷载取其标准值，不计分项系数和组合系数，车辆荷载应考虑冲击系数。

部分预应力混凝土B类构件，在使用阶段标准荷载作用下的截面应力应按开裂的钢筋混凝土弹性体计算。

四、短暂状态构件应力计算

预应力混凝土受弯构件按短暂状况设计时，应计算其在制作、运输及安装等施工阶段，由预加力和构件自重引起的截面应力，并不得超过《桥规》(JTG D62)规定的限值。

预应力混凝土受弯构件按短暂状况设计，处于第一工作阶段(即预施应力作用阶段)，截面应力可按材料力学公式确定。

此外，预应力混凝土结构设计时，还应对锚下局部应力进行验算。

总结与思考

11-1 预应力混凝土结构是20世纪最具革命性的结构构思，是当今乃至今后桥梁结构的主要形式之一。但是预应力的思想并不是什么新概念，从某种意义上讲，“任何一种结构(或材料)只要预先施加一定的力(压力或拉力)，就可以承受平时状态下无法承受的应力(拉应力或压应力)”，你对这句话是如何理解的？你能举出两个以上利用预应力思想的例子吗？

11-2 预应力混凝土结构按施工工艺(即张拉钢筋与浇筑混凝土的先后次序)分为先张法和后张法。熟练掌握这两种施工方法的施工程序是学习后续课程的基础(图11-2-1和图11-2-2)。

①先张法预应力混凝土的关键技术是如何保证预应力钢筋与混凝土的可靠黏结。为了加强预应力筋与混凝土的黏结力，应采取哪些措施？

②工程实践表明，后张法预应力混凝土管道灌浆质量是影响预应力混凝土结构耐久性的薄弱环节。你对这一问题是如何认识的？按你现在的认识水平，应采取哪些改进措施？建议读者在学完桥梁工程课程以后，再思考一下这个问题，你有哪些新的看法？

③在综合对比分析先张法和后张法优缺点的基础上，对“在中、小跨径桥梁中优先采用先张法”的设计建议，你是如何看的？对于分散建设的公路桥梁建设项目，推广先张法的主要障碍是什么？应如何解决？你有哪些好的建议？

11-3 预应力混凝土所用材料的基本性能在第一章已有介绍。从材料选择角度分析，预应力混凝土结构为高强材料的合理应用提供了可能；从另一方面讲，预应力混凝土必须采用高强材料(即非用不可)，这是为什么？

①混凝土的收缩和徐变将引起预应力损失，从结构设计角度分析，影响徐变的主要因素是什么？

②用于预应力混凝土的高强度钢筋的应力松弛(又称徐舒)将引起预应力损失。钢筋应力

松弛的定义是什么？与徐变有什么区别？影响钢筋应力松弛的主要因素是什么？

11-4 正确估算预应力损失是确定钢筋的实际永存的有效预应力，乃至后续设计计算结果与预期设计结果相符的前提。

按《桥规》(JTG D62)规定，预应力混凝土构件按持久状态正常使用极限状态计算和使用阶段应力计算时，应考虑哪几项损失？其中哪几项损失较大？

建议读者首先应理解各项损失计算公式的物理意义，明确式中有关符号的确切定义，从公式分析中探讨减少该项损失的技术措施。

11-5 §11-5所述预应力受弯构件受力阶段分析是学习后续各章的基础，应熟练掌握个不同受荷阶段的受力特点和截面应力变化规律(图15-5-1)。

第十二章　预应力混凝土结构持久状况承载能力极限状态计算

从对预应力混凝土梁各工作阶段的受力分析得知，当预先储备的预压应力全部耗尽以后，预应力混凝土梁就转化为普通钢筋混凝土梁，因而预应力混凝土梁破坏阶段的承载力计算，实质上是钢筋混凝土梁承载力计算问题。

预应力混凝土受弯构件承载力计算包括正截面承载力计算和斜截面承载力计算两部分。斜截面承载力计算又分斜截面抗剪承载力和斜截面抗弯承载力两种情况。

§12-1　预应力混凝土受弯构件正截面承载力计算

预应力混凝土受弯构件的正截面承载力，取决于梁的破坏状态。试验研究表明，预应力混凝土梁的正截面破坏状态与钢筋混凝土梁一样，依据截面配筋率的大小划分为：正常配筋的适筋梁塑性破坏、配筋过多的超筋梁脆性破坏和配筋过少的少筋梁脆性破坏三种情况。预应力混凝土梁的设计，亦应控制在适筋梁的范围之内。设计时也是采用控制混凝土受压区高度 $x \leqslant \xi_b h_0$ 的办法控制构件的配筋率，以保证构件破坏时发生塑性破坏。

预应力混凝土相对界限受压区高度（又称受压区高度界限系数）的数值按表 12-1-1 采用。

预应力混凝土相对界限受压区高度　　表 12-1-1

相对界限受压区高度 / 混凝土强度等级 / 钢筋种类	ξ_b			
	C50 及以下	C50、C60	C65、C70	C75、C80
钢绞线、钢丝	0.40	0.38	0.36	0.35
精轧螺纹钢筋	0.40	0.38	0.36	—

必须指出，对钢筋混凝土构件来说，相对界限受压区高度 ξ_b 只与钢筋和混凝土的力学性能有关；而对预应力混凝土构件来说，相对界限受压区高度 ξ_b 不仅取决于钢筋和混凝土的力学性能，而且还与预应力的大小有关。

图 12-1-1 所示为预应力混凝土受弯构件界限破坏时的截面变形情况。在预加力作用下，截面处于①的位置，受拉区预应力钢筋的有效预应力为 σ_{pe}，相应的应变为 ε_{pe}，在预应力钢筋重心处混凝土的有效预压力为 $\sigma_{pc.p}$，相应的应变为 $\varepsilon_{pc.p}$。随着外荷载的增加，截面位置由最初的①过渡到最后破坏时的③，中间必须经过②的位置，即全截面混凝土应力为零的完全消压状态，这时预应力钢筋的应变为 $\varepsilon_0=\varepsilon_{pe}+\varepsilon_{pc.p}$。相应地钢筋中的应力为 σ_{p0}：对后张法构件，$\sigma_{p0}=\sigma_{pe}+\alpha_{Ep}\sigma_{pc.p}=\sigma_{con}-\sum\sigma_l+\alpha_{Ep}\sigma_{pc.p}$；对先张法构件，$\sigma_{p0}=\sigma_{pe}+\sigma_{l4}=\sigma_{con}-\sum\sigma_l+\sigma_{l4}$。截面位置由②过渡到③时，受压区边缘混凝土的应变由零增至受压极限应变，预应力钢筋应变由 ε_0 增至 ε_{pd}，其增量为 $\varepsilon_{pd}-\varepsilon_0$，其中 ε_{pd} 为相应于应力达到抗拉强度设计值时的应变，对钢绞线、钢丝，$\varepsilon_{pd}=$

$f_{pd}/E_p+0.002$，对精轧螺纹钢，$\varepsilon_{pd}=f_{pd}/E_p$。

由界限破坏时应变图③可求得相对界限受压区高度为：

$$\xi_b=\frac{x_b}{h_0}=\beta\frac{x_{ob}}{h_0}=\beta\cdot\frac{\varepsilon_{cu}}{\varepsilon_{cu}+(\varepsilon_{pd}-\varepsilon_0)} \tag{12-1-1}$$

若以应力形式表示，则得

(1)对钢丝和钢绞线

$$\xi_b=\frac{\beta}{1+\frac{0.002}{\varepsilon_{cu}}+\frac{f_{pd}-\sigma_{p0}}{E_p\cdot\varepsilon_{cu}}} \tag{12-1-2}$$

(2)对精轧螺纹钢筋

$$\xi_b=\frac{\beta}{1+\frac{f_{pd}-\sigma_{p0}}{E_p\cdot\varepsilon_{cu}}} \tag{12-1-3}$$

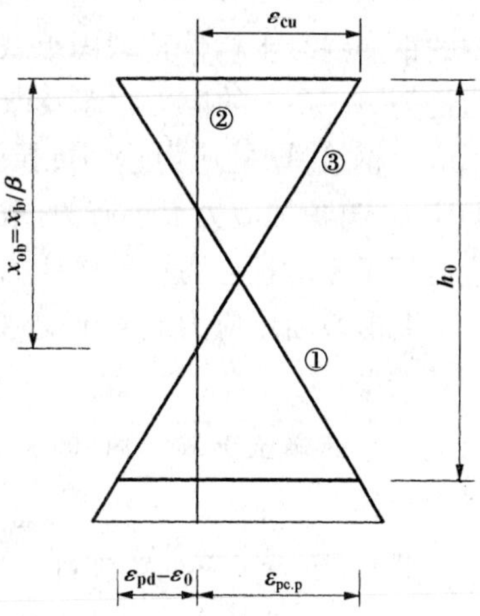

图 12-1-1　预应力混凝土受弯构件界限破坏时截面变形情况

在上述公式中只有 σ_{p0} 为未知数，但可根据以往预应力混凝土构件的设计经验，对 $f_{pd}-\sigma_{p0}$ 作一定范围的设定，计算出最大和最小的 ξ_b 值。最后确定表 12-1-1 的数值时，选用了计算的最小值，尽可能使构件取得较好的延性。

预应力混凝土受弯构件正截面承载力计算以第四阶段（相当于钢筋混凝土梁的第 III 工作阶段）应力图形作为计算的基础。在第三章介绍的钢筋混凝土受弯构件正截面承载力计算的计算假设和基本原理，原则上都可推广用于预应力混凝土结构。

为了叙述问题的方便，以图 12-1-2 所示的上、下缘均配置预应力钢筋和普通钢筋的双筋 T 形截面为例，建立预应力混凝土受弯构件正截面承载力计算的通用公式。

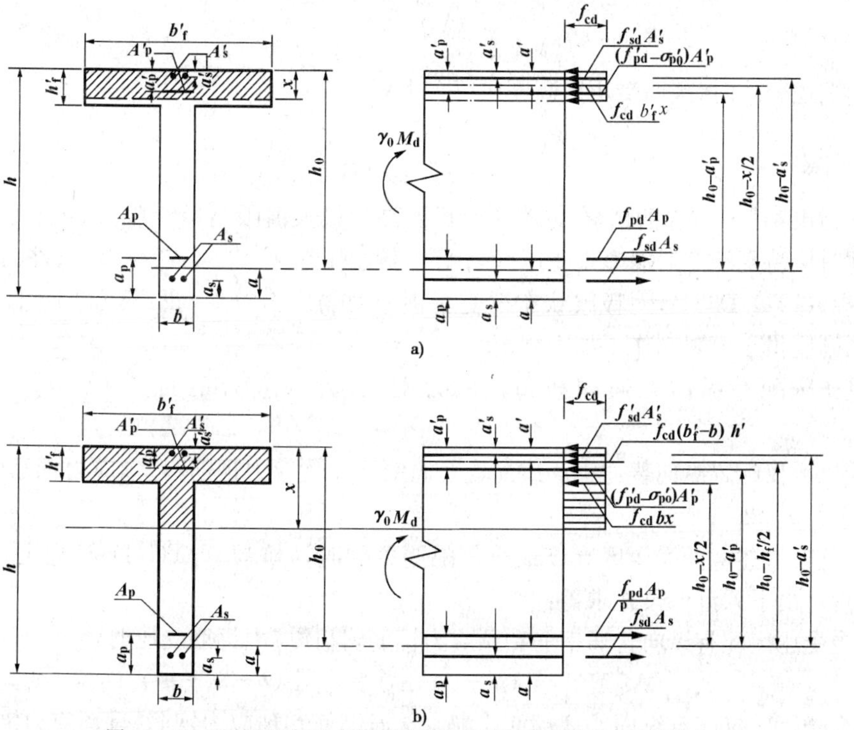

图 12-1-2　预应力混凝土 T 形截面受弯构件正截面承载力计算图式

a) $x\leqslant h'_f$；b) $x>h'_f$

将图 12-1-2 所示的预应力混凝土 T 形截面受弯构件正截面承载力计算图式与第三章介绍的钢筋混凝土构件正截面承载力计算图式(图 3-6-4)加以比较可以看出，受压区混凝土及普通钢筋 A_s 和 A'_s 的应力状态及取值方法与钢筋混凝土相同。在极限状态下，配置在受拉区的预应力钢筋 A_p 的应力达到抗拉强度设计值 f_{pd}。极限状态下，配置在受压区的预应力钢筋 A'_p 的应力，与预加应力大小有关，取 $f'_{pd}-\sigma'_{p0}$，式中 σ'_{p0} 为受压区预应力钢筋合力点处混凝土法向应力等于零时预应力钢筋的应力。

T 形截面预应力混凝土受弯构件正截面承载能力计算，按中性轴所在位置不同分为以下两种类型：

1. 中性轴位于翼缘内，即 $x\leqslant h'_f$[图 12-1-2a)]，混凝土受压区为矩形，应按宽度为 b'_f 的矩形截面计算

此时，应满足下列条件：

$$f_{sd}A_s+f_{pd}A_p\leqslant f_{cd}b'_fh'_f+f'_{sd}A'_s+(f'_{pd}-\sigma'_{p0})A'_p \tag{12-1-4}$$

正截面承载力计算公式，由内力平衡条件求得。

由水平力平衡条件，即 $\sum X=0$ 得：

$$f_{cd}b'_fx+f'_{sd}A'_s+(f'_{pd}-\sigma'_{p0})A'_p=f_{sd}A_s+f_{pd}A_p \tag{12-1-5}$$

由所有的力对受拉区钢筋合力作用点取矩的平衡条件，即 $\sum M_Z=0$ 得：

$$\gamma_0M_d\leqslant f_{cd}b'_fx\left(h_0-\frac{x}{2}\right)+f'_{sd}A'_s(h_0-a'_s)+(f'_{pd}-\sigma'_{p0})A'_p(h_0-a'_p) \tag{12-1-6}$$

由所有的力对受压区混凝土合力作用点取矩的平衡条件，即 $\sum M_D=0$ 得：

$$\gamma_0M_d\leqslant f_{sd}A_s\left(h-a_s-\frac{x}{2}\right)+f_{pd}A_p\left(h-a_p-\frac{x}{2}\right)+f'_{sd}A'_s\left(\frac{x}{2}-a'_s\right)+(f'_{pd}-\sigma'_{p0})A'_p\left(\frac{x}{2}-a'_p\right) \tag{12-1-7}$$

应用上述公式时，截面受压区高度应符合下列条件：

$$x\leqslant\xi_bh_0$$

$$x\geqslant 2a' \text{(或 } 2a'_s\text{)}$$

应该指出，对 $x\leqslant h'_f$ 的情况，混凝土受压区高度最大值限制($x\leqslant\xi_bh_0$)条件一般均能满足要求。此时应特别注意对混凝土受压区高度最小值限制[$x\geqslant 2a'$(或 $2a'_s$)]条件的验算。

《桥规》(JTG D62)针对极限状态下受压预应力筋应力符号(正、负)的不同情况，对混凝土受压区高度最小值限制作了如下规定：

当受压区配有纵向普通钢筋和预应力钢筋，且预应力钢筋受压[($f'_{pd}-\sigma'_{p0}$)为正]时，$x\geqslant 2a'$。

当受压区仅配置纵向普通钢筋或配置普通钢筋和预应力钢筋，且预应力钢筋受拉[($f'_{pd}-\sigma'_{p0}$)为负]时，$x\geqslant 2a'_s$。

当不符合上述截面受压区高度最小值限制条件时，《桥规》(JTG D62)规定，构件的正截面承载力，可由下列近似公式求得：

(1)当受压区配有纵向普通钢筋和预应力钢筋，且预应力钢筋受压时，

$$\gamma_0M_d\leqslant f_{pd}A_p(h-a_p-a')+f_{sd}A_s(h-a_s-a') \tag{12-1-8}$$

(2)当受压区仅配有纵向普通钢筋或配有普通钢筋和预应力钢筋，且预应力钢筋受拉时，

$$\gamma_0M_d\leqslant f_{pd}A_p(h-a_p-a'_s)+f_{sd}A_s(h-a_s-a'_s)-(f'_{pd}-\sigma'_{p0})A'_p(a'_p-a'_s) \tag{12-1-9}$$

笔者认为，混凝土受压区高度最小值限制条件是为了保证在极限状态下受压钢筋的应力达到其抗压设计强度设计值(即其应变达到 0.002)。若 $x \leqslant 2a'$(或 $2a'_s$)表明受压钢筋离中性轴太近，构件破坏时，受压钢筋的应变不能充分发挥，其应力达不到抗压强度设计值。换句话说，对于 $x \leqslant 2a'$(或 $2a'_s$)的情况，极限状态下受压普通钢筋和预应力钢筋的应力是一个小于 f'_{sd} 和($f'_{pd}-\sigma'_{p0}$)的未知数。这时，要正确判断和区分受压预应力筋应力的正负，精确计算受压普通钢筋和预应力筋合力作用点至截面上边缘的距离 a' 是不可能的。

笔者建议，对于不符合混凝土受压区高度最小值限制条件[$x \leqslant 2a'$(或 $2a'_s$)]的情况。可不再区分($f'_{pd}-\sigma'_{p0}$)的正负，直接由下列近似公式求得其正截面承载力：

$$\gamma_0 M_d \leqslant f_{pd}A_p(h-a_p-a'_s)+f_{sd}A_s(h-a_s-a'_s) \tag{12-1-10}$$

或

$$\gamma_0 M_d \leqslant f_{pd}A_p(h-a_p-a'_p)+f_{sd}A_s(h-a_s-a'_p) \tag{12-1-11}$$

公式(12-1-10)由对受压普通钢筋合力作用点取矩的平衡条件求得，取矩时忽略了受压预应力筋和混凝土的影响，因为其力臂很小，对承载力的影响是微不足道的。

公式(12-1-11)由对受压预应力筋合力作用点取矩的平衡条件求得，取矩时忽略了受压普通钢筋和混凝土的影响。

应该指出，《桥规》(JTG D62)关于不满足 $x \geqslant a'$(或 $2a'_s$)时，承载力计算公式(即本书公式 12-1-8)和式(12-1-9)来源于《混凝土结构设计规范》(GB 50010)。新编的《混凝土结构设计规范》(GB 50010—2010)已对这条规定进行了修改，不再考虑($\sigma'_{pa}-\sigma'_{po}$)为正的情况，只给于与本书公式(12-1-9)基本相同的一种公式。公式(12-1-9)是由对受压区普通钢筋合力作用取矩的平衡条件求得的，取矩时只忽略混凝土的影响。笔者认为公式(12-1-9)中最后一项的内力臂($\alpha'_p-\alpha'_s$)很小，若忽略此项影响，公式(12-1-9)即变为笔者建议的公式(12-1-10)。

2. 中性轴位于腹板内，即 $x>h'_f$[图 12-1-2b)]，混凝土受压区为 T 形

此时，截面不符合公式(12-1-4)的条件，其正截面承载力计算公式，由内力平衡条件求得。

由水平力平衡条件，即 $\sum X=0$ 得：

$$f_{cd}bx+f_{cd}(b'_f-b)h'_f+f'_{sd}A'_s+(f'_{pd}-\sigma'_{p0})A'_p=f_{sd}A_s+f_{pd}A_p \tag{12-1-12}$$

由所有的力对受拉区钢筋合力作用点取矩的平衡条件，即 $\sum M_Z=0$ 得：

$$\gamma_0 M_d \leqslant f_{cd}bx\left(h_0-\frac{x}{2}\right)+f_{cd}(b'_f-b)h'_f\left(h_0-\frac{h'_f}{2}\right)+ f'_{sd}A'_s(h_0-a'_s)+(f'_{pd}-\sigma'_{p0})A'_p(h_0-a'_p) \tag{12-1-13}$$

应用上述公式时，应注意满足 $x \leqslant \xi_b h_0$ 的限制条件。对于 $x>h'_f$ 的情况，$x \geqslant 2a'$(或 $x \geqslant 2a'_s$)的限制条件一般均能满足，故可不进行此项验算。

在公式(12-1-4)～公式(12-1-13)中，除一般常用的通用符号外，需要进一步加以解释的有：

a——受拉区预应力钢筋和普通钢筋合力作用点至截面受拉边缘的距离，$a=\dfrac{f_{pd}A_pa_p+f_{sd}A_sa_s}{f_{pd}A_p+f_{sd}A_s}$；

a'——受压区预应力钢筋和普通钢筋合力作用点至截面受压边缘的距离，$a'=\dfrac{(f'_{pd}-\sigma_{p0})A'_pa'_p+f'_{sd}A'_sa'_s}{(f'_{pd}-\sigma_{p0})A'_p+f'_{sd}A'_s}$；

($f'_{pd}-\sigma'_{p0}$)——极限状态下，受压区混凝土的应力达到其抗压强度设计值时，受压区预应力钢筋的应力；

f_{pd}'——受压区预应力钢筋的抗压强度设计值；

σ_{p0}'——受压区预应力钢筋合力点处，混凝土法向应力为零时，预应力钢筋的应力，对先张法构件，$\sigma_{p0}'=\sigma_{con}'-\sum\sigma_l'+\sigma_{l4}'$，对后张法构件，$\sigma_{p0}'=\sigma_{con}'-\sum'\sigma_l'+\alpha_{Ep}\sigma_{pc.p}'$。

此处 σ_{con}' 为受压区预应力钢筋的控制应力，$\sum\sigma_l'$ 为受压区预应力钢筋的全部预应力损失，σ_{l4}' 为先张法构件受压区预应力钢筋的弹性压缩损失，$\sigma_{pc.p}'$ 为受压区预应力钢筋截面重心处由预加力产生的混凝土法向压应力。

受压区预应力钢筋的应力（$f_{pd}'-\sigma_{p0}'$）的含义可以这样来理解：在荷载作用以前，由于预加力的作用，受压预应力钢筋截面重心处混凝土已经产生的压缩变形为 $\varepsilon_{pc.p}'=\sigma_{pc.p}'/E_c$。荷载作用后，受压区混凝土进一步受到压缩，直至受压边缘的应变达到抗压极限变形 $\varepsilon_{cu}=0.0033$ 时，混凝土压碎破坏。一般认为，此时受压预应力钢筋截面重心处混凝土的压应变为 0.002。这样，从加荷到最后破坏，受压预应力钢筋截面重心处混凝土的压缩变形增量为（$0.002-\varepsilon_{pc.p}'$），受压预应力钢筋必将受到同样大小的压缩，致使钢筋中的预应力降低（$0.002-\varepsilon_{pc.p}'$）$E_p$。为了与图 12-1-2 中所示的（$f_{pd}'-\sigma_{p0}'$）的箭头方向保持一致，以压应力为"＋"，拉应力为"－"代入。受压预应力钢筋的最后应力为

$$-(\sigma_{con}'-\sum\sigma_l')+(0.002-\varepsilon_{pc.p}')E_p$$

若将 $\varepsilon_{pc.p}'=\sigma_{pc.p}'/E_c$、$E_p/E_c=\alpha_{Ep}$ 代入，并按钢筋抗压强度取值定义，取 $f_{pd}'=0.002E_p$，则得受压钢筋的最后应力为

$$f_{pd}'-(\sigma_{con}'-\sum\sigma_l'+\alpha_{Ep}\sigma_{pc.p}')=f_{pd}'-\sigma_{p0}'$$

对先张法构件来说，$\alpha_{Ep}\sigma_{pc.p}'$ 即相当于弹性压缩损失 σ_{l4}。

在实际设计工作中，预应力混凝土受弯构件的正截面承载力计算亦可分为承载力复核和配筋设计两种情况。

(1)承载力复核

对已经设计好的截面进行承载力复核，可按下列步骤进行：

首先判断截面类型。若满足公式(12-1-4)的限制条件，应按宽度为 b_f' 的矩形截面计算。

由公式(12-1-5)求得截面受压区高度，若所得 $x\leqslant h_f'$，且满足 $2a'\leqslant x\leqslant\xi_b h_0$ 的限制条件，将其代入公式(12-1-6)，求得截面所能承受的抗弯承载力设计值 M_{du}，若 $M_{du}\geqslant\gamma_0 M_d$，则说明该截面的抗弯承载力是足够的。

若不满足公式(12-1-4)的限制条件，应按 T 形截面计算。这时，应由公式(12-1-10)重新求得截面受压区高度 x，若所得 $x>h_f'$，且满足 $x\leqslant\xi_b h_0$ 的限制条件，将 x 代入公式(12-1-13)，求得截面所能承受的抗弯承载力设计值 M_{du}，若 $M_{du}>\gamma_0 M_d$，则说明该截面抗弯承载力是足够的。

(2)配筋设计

预应力混凝土受弯构件的截面尺寸通常按构造要求，并参照已有设计确定。预应力钢筋的截面面积，一般是根据使用性能要求确定。这里所说的配筋设计的实质是从满足承载能力极限状态的需要出发，选择普通钢筋的数量。对于这类问题有三个未知数 A_s、A_s' 和 x，但在公式(12-1-5)～公式(12-1-7)或公式(12-1-12)～公式(12-1-13)中只有两个有效方程，通常是假设 A_s' 或取 $A_s'=0$。这样，只剩下两个未知数 A_s 和 x，问题就可解了。

对于这种情况，可首先按 $x\leqslant h_f'$ 情况计算，由公式(12-1-6)求得截面受压区高度，若所得 $x\leqslant h_f'$，且满足 $2a'\leqslant x\leqslant\xi_b h_0$ 的条件，将 x 值代入公式(12-1-5)，求得受拉普通钢筋截面面积 A_s。

若按公式(12-1-6)求得的截面受压区高度 $x>h_f'$，应改为按 T 形截面计算，由公式(12-1-13)求 x，若所得 $x>h_f'$，且满足 $x\leqslant\xi_b h_0$ 的限制条件，将 x 值代入公式(12-1-12)，求得受拉普通钢筋截面面积 A_s。

注：应该指出，在预应力混凝土受弯构件正截面承载力计算中，若考虑纵向受拉钢筋极限应变取值为 0.01的控制条件，应参照§3-7 介绍的有关规定处理。

前已指出，在正截面承载力计算中，落实"纵向受拉钢筋极限拉应变取值为 0.01"的规定，可以通过规定混凝土受压区高度最小值的限制来实现。

$$x\geqslant\xi_{pu}h_0 \tag{12-1-14}$$

式中：ξ_{pu}——混凝土压应变达到极限值 ε_{cu}，纵向受拉钢筋应变达到极限值 $\varepsilon_{pu}=0.01$ 时的混凝土受压区相对高度。对预应力混凝土构件，其极限拉应变应从混凝土消压时的钢筋应变 ε_{p0} 处开始计算。

当采用钢丝和钢绞线时：

$$\xi_{pu}=\frac{x_{pu}}{h_0}=\beta\frac{\varepsilon_{cu}}{\varepsilon_{cu}+0.002+(0.01-\sigma_{p0}/E_p)} \tag{12-1-15}$$

对 C50 及以下混凝土取 $\varepsilon_{cu}=0.0033$，$\beta=0.8$，近似按 $\sigma_{p0}=1000\text{MPa}$ 计算，则得 $\xi_{pu}\approx0.2563$。

当采用精轧螺纹钢时：

$$\xi_{pu}=\frac{x_{pu}}{h_0}=\beta\frac{\varepsilon_{cu}}{\varepsilon_{cu}+(0.01-\sigma_{p0}/E_p)} \tag{12-1-16}$$

对 C50 及以下混凝土取 $\varepsilon_{cu}=0.0033$，$\beta=0.8$，近似按 $\sigma_{p0}\approx500\text{MPa}$ 计算，则得 $\xi_{pu}\approx0.2444$。

这样，前面给出的以混凝土极限压应变 ε_{cu} 控制设计的公式(12-1-4)～公式(12-1-7)和公式(12-1-10)、公式(12-1-11)的适用条件应改写为下列形式：

$$\xi_{pu}h_0\leqslant x\leqslant\xi_b h_0 \tag{12-1-17}$$

当 $x<\xi_{pu}h_0$ 时，应改为以纵向钢筋极限拉应变 ε_{pu} 控制设计。对于这种情况，仍可按前面给出的计算公式，求得截面的假想名义承载力，然后乘以修正系数 $\beta=0.95$，求得真实的承载力。

当以纵向受拉钢筋极限拉应变控制设计时，受压区混凝土边缘的压应变小于极限值，但其数值也不宜太小。若以 $\varepsilon_0=0.002$ 控制，混凝土受压区高度应满足下列要求：

$$x\geqslant\xi_{\varepsilon0}h_0 \tag{12-1-18}$$

式中，$\xi_{\varepsilon0}$ 为纵向钢筋应变达到极限值 0.01，混凝土应变达到 $\varepsilon_0=0.002$ 时，混凝土受压区相对高度。

对预应力混凝土构件，当采用钢丝和钢绞线时

$$\xi_{\varepsilon0}=\beta\frac{\varepsilon_0}{\varepsilon_0+0.002+(0.01-\sigma_{p0}/E_p)} \tag{12-1-19}$$

若近似地按 $\sigma_p=1000\text{MPa}$ 计算，则得 $\xi_{\varepsilon0}=0.1778$。

当采用精轧螺纹钢时

$$\xi_{\varepsilon0}=\beta\frac{\varepsilon_0}{\varepsilon_0+(0.01-\sigma_{p0}/E_p)} \tag{12-1-20}$$

若近似地按 $\sigma_{p0}=500\text{MPa}$ 计算，则得 $\xi_{\varepsilon0}=0.1684$。

§12-2 预应力混凝土受弯构件斜截面承载力计算

预应力混凝土受弯构件斜截面承载力计算与钢筋混凝土一样，也包括斜截面抗剪承载力和斜截面抗弯承载力计算两部分。

一、斜截面抗剪承载力计算

预应力混凝土受弯构件斜截面抗剪承载力计算，其计算斜截面位置，可参照钢筋混凝土的有关规定处理。

《桥规》(JTG D62)规定，预应力混凝土受弯构件，其抗剪截面尺寸应符合前述公式(4-3-10)的要求。

$$\gamma_0 V_d \leqslant 0.51\times10^{-3}\sqrt{f_{cu,k}}bh_0 \quad (kN)$$

应该指出，公式(4-3-10)给出抗剪截面尺寸符合条件是针对钢筋混凝土梁的试验研究结果导出的。《桥规》(JTG D62)将其推广用于预应力混凝土受弯构件没有考虑弯曲预应力筋竖直分力(一般称预剪力)的影响，显然这样处理是偏于安全的。

笔者认为：抗剪截面尺寸复核(又称抗剪强度上限值验算)，其实质是控制截面主压应力不要太大，以防止发生脆性斜压破坏。预加力的存在，必将对截面的主压应力有所影响。因此，复核预应力混凝土受弯构件抗剪截面尺寸时，应将预加力的竖直分力 V_p 作为外力来考虑，应将公式(4-3-10)中的剪力组合设计值 $\gamma_0 V_d$ 改为 $\gamma_0 V_d-0.9V_P$，即应满足下式要求：

$$\gamma_0 V_d - 0.9V_p \leqslant 0.51\times10^{-3}\sqrt{f_{cu,k}}bh_0 \quad (kN) \tag{12-2-1}$$

式中，$V_p=\sum\sigma_{pe,b}A_{pb}\sin\theta_p$ 为预加力的竖直分力，又称为预剪力，$\sigma_{pe,b}$ 为预应力弯起钢筋的有效预应力，A_{pb} 为计算截面上同一弯起平面内预应力弯起钢筋的截面面积，θ_p 为计算截面上预应力弯起钢筋的切线与构件纵轴的夹角。

预应力混凝土受弯构件斜截面抗剪承载力计算，以剪压破坏形态的受力特征为基础。此时，斜截面所承受的剪力设计值，由斜截面顶端未开裂的混凝土，与斜截面相交的箍筋和弯起预应力钢筋三者共同承担，如图 12-2-1 所示。

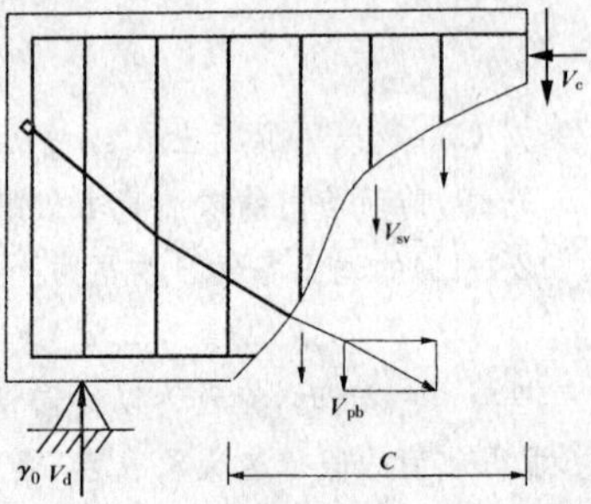

图 12-2-1　斜截面抗剪承载力计算图式

预应力混凝土受弯构件斜截面抗剪承载力计算的基本表达式为：

$$\gamma_0 V_d \leqslant V_c + V_{sv} + V_{pb} \tag{12-2-2}$$

若将混凝土和箍筋的抗剪承载力，用两者共同承担的综合抗剪承载力 V_{cs} 表示，预应力混凝土受弯构件斜截面抗剪承载力计算的基本表达式可改写为下列形式：

$$\gamma_0 V_d \leqslant V_{cs} + V_{pb} \tag{12-2-3}$$

上两式中：V_c——斜截面顶端受压混凝土的抗剪承载力；

V_{sv}——与斜截面相交的箍筋的抗剪承载力；

V_{pb}——与斜截面相交的预应力弯起钢筋的抗剪承载力；

V_{cs}——混凝土与箍筋共同的抗剪承载力。

按《桥规》(JTG D62)规定，V_{cs} 和 V_{pb} 的计算如下所述。

1.混凝土与箍筋共同的抗剪承载力

$$V_{cs}=\alpha_1\alpha_2\alpha_3\times0.45\times10^{-3}bh_0\sqrt{(2+0.6p)\sqrt{f_{cu,k}}\rho_{sv}f_{sd,v}} \tag{12-2-4}$$

式中，除一般常用符号外，需进一步加以解释的有：

(1)α_2——预应力提高系数，取 $\alpha_2=1.25$，但当预应力钢筋的合力引起的截面弯矩与外弯矩的方向相同时，或允许出现裂缝的部分预应力混凝土受弯构件，取 $\alpha_2=1.0$。

国内外的研究表明，预加应力可以提高梁的抗剪能力，这主要是由于轴向压力能阻滞斜裂缝的出现和开展，增加了混凝土剪压强度，从而提高了混凝土所承担的抗剪能力；预应力混凝土的斜裂缝长度比钢筋混凝土有所增长，也提高了斜裂缝内箍筋的抗剪能力。根据国内外所做的 52 根无腹筋及 30 根有腹筋的预应力混凝土简支梁的试验资料，其剪力破坏试验值 V_{sv}^{s} 与按原桥规计算的混凝土与箍筋共同承担的计算值 V_{cs}^{j} 的比值平均为 2.27。即使考虑受压翼缘影响系数 $\alpha_3=1.1$ 和荷载分项系数后，取 $\alpha_2=1.25$ 也是偏于安全的。

(2) p——纵向钢筋配筋百分率，$p=100\rho$，$\rho=(A_p+A_{pb}+A_s)/bh_0$，当 $p>2.5$，取 $p=2.5$。

此处给出的纵向钢筋配筋率系数指包括纵向预应力钢筋 A_P、纵向普通钢筋 A_s 和弯起预应力钢筋 A_{pb} 的综合配筋率。实践表明，上述钢筋对斜裂缝的开展均有一定的限制作用。

(3) h_0——斜截面受压端正截面处纵向预应力筋和纵向普通钢筋合力点至截面受压边缘的距离(mm)（即不考虑弯起预应力筋的影响）。

2. 预应力弯起钢筋的抗剪承载力

$$V_{pb}=0.75\times10^{-3}f_{pd}\sum A_{pb}\sin\theta_p \tag{12-2-5}$$

式中：f_{pd}——预应力钢筋抗拉强度设计值(MPa)；

A_{pb}——斜截面内在同一弯起平面的预应力弯起钢筋截面面积(mm^2)；

θ_p——在斜截面受压区顶端正截面处，预应力弯起钢筋的切线与水平线的夹角。

3. 竖向预应力钢筋的抗剪承载力

对于采用竖向预应力钢筋的情况，《桥规》(JTG D62) 5.2.7 注 1 规定，计算 V_{cs} 的计算公式(12-2-3)中的箍筋配筋率 ρ_{sv} 和抗拉强度设计值 $f_{sd,v}$，应以竖向预应力钢筋配筋率 ρ_{pv} 和抗拉强度设计值 $f_{pd,v}$ 代替。这样规定的实质是将竖向预应力钢筋的作用视为箍筋一样处理。

笔者认为，竖向预应力筋的作用机理与箍筋不同，两者不能代替。构件同时配有竖向预应力筋和箍筋时，也无法代替。

笔者建议，对于同时配有竖向预应力钢筋和箍筋的情况，可将竖向预应力钢筋的抗剪承载力单独计算，斜截面抗剪承载力计算的基本方程式(12-2-2)改写为下列形式：

$$\gamma_0 V_d\leqslant V_{cs}+V_{pb}+V_{pv} \tag{12-2-6}$$

式中，V_{pv} 为与斜裂缝相交的竖向预应力钢筋的抗剪承载力，其数值可按下式计算：

$$V_{pv}=0.75\times10^{-3}f_{pd,v}\sum A_{pv}\quad(\text{kN}) \tag{12-2-7}$$

式中，0.75 为考虑竖向预应力钢筋应力不均匀分布影响系数，$\sum A_{pv}$ 为与斜裂缝相交的竖向预应力钢筋截面面积(mm^2)，$f_{pd,v}$ 为竖向预应力钢筋的抗拉强度设计值(MPa)。

二、斜截面抗弯承载力计算

当纵向钢筋配置较少时，预应力混凝土受弯构件也有可能发生斜截面的弯曲破坏。

图 12-2-2 所示为配有受拉预应力钢筋和普通钢筋的预应力混凝土受弯构件斜截面抗弯承载力计算图式。此时，与斜裂缝相交的纵向预应力钢筋、纵向普通钢筋、箍筋和弯起预应力钢筋的应力均达到其抗拉强度设计值，受压区混凝土的应力达到抗压强度设计值。

斜截面抗弯承载力计算的基本方程式可由所有力对受压区混凝土合力作用点取矩的平衡条件求得。

$$\gamma_0 M_d\leqslant f_{sd}A_s z_s+f_{pd}A_p z_p+\sum f_{pd}A_{pb}z_{pb}+\sum f_{sd,v}A_{sv}z_{sv} \tag{12-2-8}$$

式中：M_d——斜截面受压区顶端正截面处的弯矩组合设计值；

A_s、A_p——纵向受拉普通钢筋和纵向预应力钢筋的截面面积；

z_s、z_p——纵向受拉普通钢筋合力点和纵向预应力钢筋合力点至受压区混凝土合力点的距离；

A_{pb}——与斜截面相交的同一弯起平面内预应力弯起钢筋的截面面积；

z_{pb}——与斜截面相交的同一弯起平面内预应力弯起钢筋的合力对受压区混凝土合力点的力臂；

A_{sv}——与斜截面相交的配置在同一截面的箍筋总截面面积；

z_{sv}——与斜截面相交的配置在同一截面的箍筋合力，对受压区混凝土合力点的力臂。

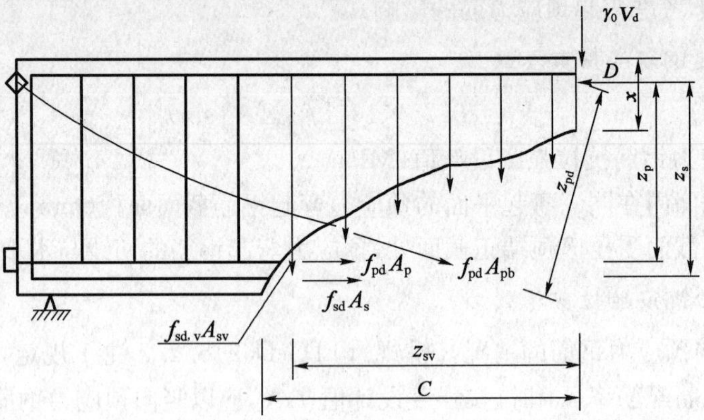

图 12-2-2　预应力混凝土受弯构件斜截面抗弯承载能力计算图式

斜截面受压区高度由所有的力水平投影之和为零的平衡条件求得。

$$f_{cd}A_c = f_{sd}A_s + f_{pd}A_p + \sum f_{pd}A_{pb}\cos\theta_p \tag{12-2-9}$$

式中：A_c——受压区混凝土面积，对矩形截面取 $A_c = bx$；对 T 形截面，取 $A_c = bx + (b_f' - b)h_f'$；

θ_p——与斜截面相交的预应力弯起钢筋与梁纵轴的夹角。

按照公式(12-2-7)和公式(12-2-8)进行预应力混凝土受弯构件斜截面抗弯承载力计算时，首先应确定最不利斜截面位置。一般是对受拉区抗弯薄弱处，自下而上沿斜向计算几个不同角度的斜截面，按下列条件确定最不利的斜截面位置。

$$\gamma_0 V_d = \sum f_{pd}A_{pb}\sin\theta_p + \sum f_{sd,v}A_{sv} \tag{12-2-10}$$

式中：V_d——斜截面受压区顶端正截面处相应于最大弯矩组合设计值的最大剪力组合设计值。

最后还应指出，预应力混凝土受弯构件承载力计算并应注意以上两点：

①§12-1、§12-2 给出的计算公式都是针对预应力混凝土简支梁导出的，对预应力混凝土连续梁属超静定结构，尚应考虑预加力次内力的影响。

②计算先张法预应力混凝土构件端部锚固区段的正截面和斜截面承载力时，应考虑梁端锚固区范围内预应力钢筋抗拉强度设计值的折减。《桥规》(JTG D62)规定，计算先张法预应力混凝土构件端部锚固区的承载力时，锚固区内预应力钢筋的抗拉强度设计值，在锚固起点处应取为零，在锚固终点处应取为 f_{pd}，两点之间按直线内插法求得。先张法预应力钢筋的锚固长度应按表 12-2-1 采用。

预应力钢筋的锚固长度 l_a(mm)　　表 12-2-1

预应力钢筋种类		混凝土强度等级					
		C40	C45	C50	C55	≥C60	≥C65
钢绞线	1×2,1×3, f_{pd}=1170MPa	115d	110d	105d	100d	95d	90d
	1×7,f_{pd}=1260MPa	130d	125d	120d	115d	110d	105d
螺旋肋钢丝	f_{pd}=1200MPa	95d	90d	85d	83d	80d	80d
刻痕钢丝	f_{pd}=1070MPa	125d	115d	110d	105d	103d	100d

注:1. 当采用骤然放松预应力钢筋的施工工艺时,锚固长度的起点从离构件末端的 $0.25l_{tr}$ 处开始,l_{tr} 为预应力钢筋的预应力传递长度,其数值按表 13-1-1 采用。

2. 当预应力钢筋的抗拉强度设计值 f_{pd} 与表值不同时,其锚固长度应根据表值按强度比例增减。

§12-3　预应力混凝土偏心受压构件正截面承载力计算

预应力混凝土偏心受压构件在桥梁工程中应用较少,主要有预应力混凝土刚架桥的纵梁和立柱、预应力混凝土斜拉桥的纵梁等。

试验研究表明,在§11-5 中介绍的对预应力混凝土受弯构件的各工作阶段的分析,原则上也可用于预应力混凝土偏心受压构件。按照这一推理,预应力混凝土偏心受压构件最后也是以钢筋混凝土形式破坏的,这一点已被预应力混凝土偏心受压构件的试验所证明。因此,预应力混凝土偏心受压构件的正截面承载力计算与钢筋混凝土偏心受压构件是一样的。

预应力混凝土偏心受压构件与钢筋混凝土偏心受压构件一样,按截面受压区高度划分为两种类型:

当 $x \leqslant \xi_b h_0$ 时,属于大偏心受压构件;

当 $x > \xi_b h_0$ 时,属于小偏心受压构件。

应特别指出,用于划分预应力混凝土偏心受压构件大、小偏心界限的相对界限受压区高度 ξ_b 的数值应按公式(12-1-2)或(12-1-3)计算,而不能直接套用表 12-1-1 给出的计算预应力混凝土受弯构件时采用的数值。因为预应力混凝土构件的 ξ_b 值与混凝土截面应力为零时的预应力钢筋应力 σ_{p0} 有关。表 12-1-1 给出 ξ_b 值是按假定的常用 σ_{p0} 值计算求得的,如果将其直接用于划分预应力偏心受压构的大小偏心的界限,对于 x 值接近 $\xi_b h_0$ 的情况,在计算时就可能出现:假定为大偏心构件,计算结果是小偏心构件;而按小偏心构件计算结果又是大偏心构件的反常现象。因此,用于划分预应力混凝土偏心受压构件大小偏心界限的 ξ_b,应根据实际的 σ_{p0} 按公式(12-1-2)或(12-1-3)计算确定。

预应力混凝土偏心受压构件正截面承载力计算图式与钢筋混凝土偏心受压构件基本相同。在第五章介绍的钢筋混凝土偏心受压构件正截面承载力计算的计算假设和基本原理,原则上都可推广用于预应力混凝土偏心受压构件。

图 12-3-1 所示为受拉边(或受压较小边)及受压边均配有预应力钢筋和普通钢筋的矩形截面偏心受压构件正截面承载力计算图式。

将图 12-3-1 与第五章介绍的钢筋混凝土矩形截面偏心受压构件正截面承载力计算图式(图 5-3-1)加以比较可以看出,受压区混凝土及普通受压钢筋的应力状态与取值方法与钢筋混凝土构件相同。

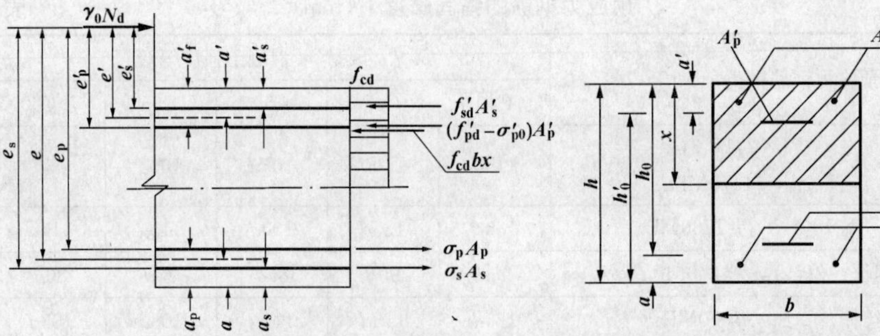

图 12-3-1　预应力混凝土矩形截面偏心受压构件正截面承载能力计算图式

受拉边(或受压较小边)普通钢筋和预应力钢筋的应力与截面受压区高度有关。

当 $x \leqslant \xi_b h_0$ 时,构件属于大偏心受压构件,普通钢筋的应力取 $\sigma_s = f_{sd}$,预应力钢筋的应力取 $\sigma_p = f_{pd}$;

当 $x > \xi_b h_0$ 时,构件属于小偏心构件,普通钢筋和预应力钢筋的应力,可根据平截面假设计算:

对普通钢筋 $$\sigma_{si} = \varepsilon_{cu} E_s \left(\frac{\beta h_{0i}}{x} - 1\right) \qquad -f_{sd}' \leqslant \sigma_{si} \leqslant f_{sd} \tag{12-3-1}$$

对预应力钢筋 $$\sigma_{pi} = \varepsilon_{cu} E_p \left(\frac{\beta h_{0i}}{x} - 1\right) + \sigma_{p0i} \qquad -(f_{pd}' - \sigma_{p0i}) \leqslant \sigma_{pi} \leqslant f_{pd} \tag{12-3-2}$$

式中:x——截面受压区高度;

h_{0i}——第 i 层纵向钢筋截面重心至受压较大边边缘的距离;

σ_{si}、σ_{pi}——第 i 层纵向普通钢筋、预应力钢筋的应力(正值表示拉应力,负值表示压应力);

σ_{p0i}——第 i 层纵向预应力钢筋截面重心处混凝土法向应力等于零时,预应力钢筋的应力,即取 $\sigma_{p0i} = \sigma_{con} - \sum \sigma_{li} - \alpha_{Ep}\sigma_{pci}$。

上面给出的普通钢筋应力计算公式(12-3-1),与§5-2 计算钢筋混凝土偏心受压构件时给出公式(5-2-2)相同。预应力钢筋的应力计算公式(12-3-2),是参照图 12-1-1 给出的预应力混凝土构件的截面变形情况,由平截面假设导出的。

预应力混凝土偏心受压构件布置在受压较大边的预应力钢筋的应力取值与预应力混凝土受弯构件中受压预应力钢筋相同,即取 $\sigma_p' = f_{pd}' - \sigma_{p0}'$。

预应力混凝土矩形截面偏心受压构件正截面承载力计算的基本方程,由内力平衡条件求得:

由轴向力平衡条件,即 $\sum N = 0$,得:

$$\gamma_0 N_d \leqslant f_{cd} bx + f_{sd}' A_s' + (f_{pd}' - \sigma_{p0}') A_p' - \sigma_s A_s - \sigma_p A_p \tag{12-3-3}$$

由所有的力对受拉边(或受压较小边)钢筋合力作用点取矩的平衡条件,即 $\sum M_z = 0$,得:

$$\gamma_0 N_d e \leqslant f_{cd} bx \left(h_0 - \frac{x}{2}\right) + f_{sd}' A_s' (h_0 - a_s') + (f_{pd}' - \sigma_{p0}') A_p' (h_0 - a_p') \tag{12-3-4}$$

由所有的力对轴向力作用点取矩的平衡条件,即 $\sum M_N = 0$ 得:

$$f_{cd} bx \left(e - h_0 + \frac{x}{2}\right) = \sigma_s A_s e_s + \sigma_p A_p e_p - f_{sd}' A_s' e_s' - (f_{pd}' - \sigma_{p0}') A_p' e_p' \tag{12-3-5}$$

在上述公式(12-3-3)~公式(12-3-5)中,除图中标明的常用符号外,应着重说明的有:

σ_s,σ_p——受拉边(或受压较小边)普通钢筋和预应力钢筋的应力,其数值与截面受压区高

度 x 有关：当 $x \leqslant \xi_b h_0$ 时，取 $\sigma_s = f_{sd}$，$\sigma_p = f_{pd}$；当 $x > \xi_b h_0$ 时，σ_s 和 σ_p 分别按公式(12-3-1)和公式(12-3-2)计算。

e——轴向力作用点至截面受拉边(或受压较小边)纵向钢筋 A_s 和 A_p 合力作用点的距离，$e = \eta e_0 + \frac{h}{2} - a$，其中轴向力对截面重心轴的偏心距 $e_0 = \frac{M_d}{N_d}$，偏心距增大系数 η 按公式(5-2-4)计算；

h_0——截面的有效高度，$h_0 = h - a$，其中截面受拉边(或受压较小边)纵向钢筋 A_s 和 A_p 合力作用点至截面边缘的距离 $a = \frac{\sigma_s A_s a_s + \sigma_p A_p a_p}{\sigma_s A_s + \sigma_p A_p}$。

在应用上述基本方程计算预应力混凝土大偏心受压构件时，为了保证受压钢筋的应力达到其抗压强度设计值，混凝土受压区高度应满足下列条件：

当受压区配有纵向普通钢筋和预应力钢筋，且预应力钢筋受压($f'_{pd} - \sigma'_{p0} > 0$)时，$x \geqslant 2a'$。

当受压区仅配置纵向普通钢筋或配有普通钢筋和预应力钢筋，且预应力钢筋受拉($f'_{pd} - \sigma'_{p0} < 0$)时，$x \geqslant 2a'_s$。

当不符合上述截面受压区高度最小值的限制条件时，构件的正截面承载力可参照第十二章§12-1中给出受弯构件正截面承载力近似公式(12-1-8)和(12-1-9)或公式(12-1-10)和公式(12-1-11)计算，此时，该公式中的 M_d，应以 $N_d e'_s$ 代替，计算时应考虑偏心距增大系数 η。

预应力混凝土偏心受压构件正截面承载力计算，亦可分为截面设计(配筋设计)和承载力复核两类问题。具体设计步骤可参照第五章§5-3介绍的钢筋混凝土偏心受压构件正截面承载力实用计算方法进行。

§12-4 预应力混凝土受扭及弯扭构件承载力计算

预应力混凝土受扭及弯扭构件承载力计算，原则上可参照第七章介绍的钢筋混凝土受扭及弯扭构件相应公式进行，但是应考虑预加力对混凝土抗扭承载力的影响。

预应力混凝土纯扭构件的试验表明，预加力提高抗扭承载力的前提是纵向钢筋不能屈服，当预加力产生的混凝土法向压应力不超过规定的限值时，纯扭构件的抗扭承载力可提高 $0.08\frac{N_{p0}}{A_0}W_t$，考虑到实际应力分布不均匀性等不利影响，《建混规》(GB 50010)规定，预应力混凝土纯扭构件的抗扭承载力可提高 $0.05\frac{N_{p0}}{A_0}W_t$。

《桥规》(JTG D62)参照上述规定，将用于钢筋混凝土纯构件和剪扭构件承载力计算公式(7-2-13)和(7-3-8)不等号右边增加预应力影响项 $0.05\frac{N_{p0}}{A_0}W_t$，即可用预应力混凝土纯扭和剪扭构件的承载力计算。

《桥规》(JTG D62)给出的预应力混凝土矩形和箱形截面纯扭构件的抗扭承载力通用计算公式为

$$\gamma_0 T_d \leqslant 0.35\beta_a f_{td} W_t + 0.05\frac{N_{p0}}{A_0}W_t + 1.2\sqrt{\zeta}\frac{f_{sd,v} A_{svl} \cdot A_{cor}}{S_v} \quad (\text{N} \cdot \text{mm}) \tag{12-4-1}$$

公式适用条件是

$$0.5 \times 10^{-3}\alpha_2 f_{td} \leqslant \frac{\gamma_0 T_d}{W_t} \leqslant 0.51 \times 10^{-3}\sqrt{f_{cu,k}} \tag{12-4-2}$$

《桥规》(JTG D62)给出的承受剪、扭共同作用的预应力混凝土构件的承载力计算公式为：

抗扭承载力

$$\gamma_0 T_d \leqslant \beta_t \left[0.35\beta_a f_{td} + 0.05\frac{N_{p0}}{A_0}\right) W_t + 1.2\sqrt{\zeta}\frac{f_{sd,v}A_{svl}A_{cor}}{S_v^t} \quad (\text{N}\cdot\text{mm}) \tag{12-4-3}$$

抗剪承载力

$$\gamma_0 V_d \leqslant \alpha_1\alpha_2\alpha_3 \frac{(10-2\beta_t)}{20}\times 10^{-3} bh_0\sqrt{(2+0.6p)\sqrt{f_{cu,k}}\rho_{sv}f_{sd,v}} + 0.75\times 10^{-3} f_{pd}\sum A_{pb}\sin\theta_p \quad (\text{kN}) \tag{12-4-4}$$

公式的适用条件是

$$0.5\times 10^{-3}\alpha_2 f_{td} \leqslant \frac{\gamma_0 V_d}{bh_0} + \frac{\gamma_0 T_d}{W_t} \leqslant 0.51\times 10^{-3}\sqrt{f_{cu,k}} \tag{12-4-5}$$

式中：α_2——预应力提高系数，$\alpha_2=1.25$；

N_{p0}——计算截面上混凝土法向应力等于零时的纵向预应力筋及普通钢筋的合力，按第十三章公式(13-1-12)或公式(13-3-5)计算，当 $\zeta<1.7$ 或 $e_{p0}>h/6$ 时，取 $N_{p0}=0$；

A_0——计算截面的换算截面面积；

W_t——计算截面的塑性抗扭抗矩，按公式(7-2-2)或公式(7-4-5)计算；

b——矩形截面的宽度箱形截面腹板宽度之和；

ζ——纯扭构件纵筋与箍筋的配筋强度比，其数值按公式(7-2-14)计算，并应符合 $0.6\leqslant\zeta\leqslant1.7$ 的要求；

β_t——剪扭构件混凝土抗扭承载力降低系数，按公式(7-3-6)计算；

β_a——箱形截面有效壁厚折减系数，其数值按公式(7-4-9)的规定采用。

其余符号的意义，见第七章公式(7-2-13)、式(7-2-14)。

预应力混凝土弯、剪、扭构件的配筋方法及有关构造要求，可参见第七章§7-4。

§12-5 锚下局部承压承载力计算

局部承压是指构件受力表面仅有部分面积来承受压力的受力状态。例如，后张法预应力混凝土构件端部锚固区，桥梁墩(台)帽直接支承支座垫板的部分。

一、局部承压工作机理分析

局部承压区的应力状态较为复杂。近似按平面应力问题分析时，在局部承压区中任一点将产生三种应力，即 σ_x、σ_y 和 τ(见图 12-5-1)。σ_x 为沿 x 方向的正应力，在局部承压区 $AOBGFE$ 部分为压应力，在其余部分为拉应力，最大拉应力 $\sigma_{x,max}$ 发生在局部承压区 $ABCD$ 的中点附近。σ_y 为沿 y 方向的正应力，在局部承压区内绝大部分的都是压应力，oy 轴处的压应力 σ_y 较大，其中又以 o 点处为最大，即等于 P_1。当 b/a 值较大时，在试件 A、B 点附近，σ_x 和 σ_y 均为拉应力，但其值都不大。

关于混凝土局部承压的工作机理，国内外学者提出过许多观点，主要有两种理论：

1. 套箍理论

套箍理论认为，局部承压区的混凝土可看作是承受侧压力作用的混凝土芯块。当局部荷载作用增大时，受挤压的混凝土向外膨胀，使核心混凝土处于三向受压状态，提高了混凝土的强度。当周围混凝土环向应力达到抗拉极限强度时，混凝土开裂，试件破坏(图 12-5-2)。

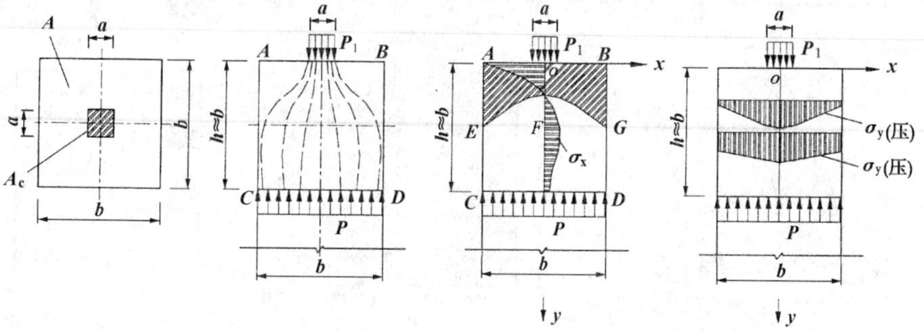

图 12-5-1　局部承压区的应力状态

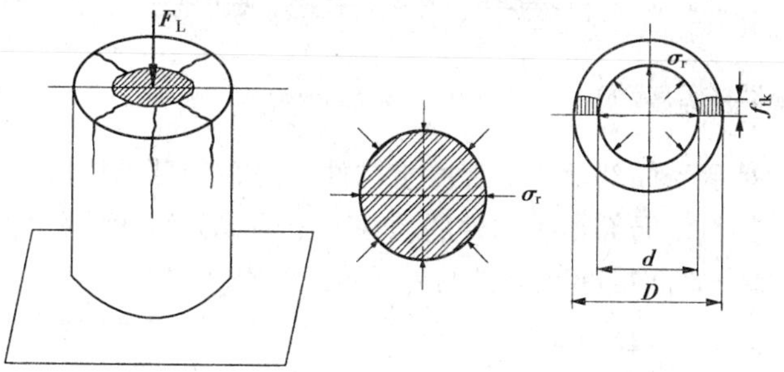

图 12-5-2　混凝土局部承压的套箍理论受力模型

以往的规范大多以这种套箍理论为基础建立局部承压承载力计算公式。但是，试验研究发现，运用套箍理论来说明局部承压多种复杂的破坏形态时，存在一些矛盾现象。例如，按照套箍理论的极限平衡条件，作为套箍的外圈混凝土一旦开裂，它对核心混凝土的侧限作用也就消失，构件会立即丧失承载能力，即认为开裂荷载就等于破坏荷载。然而，这一结论与实验结果不尽相符。在实际工程上常遇到的局部承压情况，破坏荷载要比开裂荷载大得多。又例如，在条形局部承压(系指传递局部荷载的承压板宽与试件截面宽相等)情况下，外围混凝土并未形成套箍，而局部承压强度仍有明显提高。对于这种情况套箍理论也不能给予合理的解释。

2. 剪切理论

近年来，国内外对局部承压的开裂和破坏机理作了一些探讨，提出了以剪切破坏为标志的局部承压"剪切破坏机理"。认为在局部荷载作用下，构件端部的受力特征可以比拟为一个带多根拉杆的拱结构[见图 12-5-3a)]，紧靠承压板下面的混凝土(相当于拱顶)，承受轴向局部荷载和拱顶的侧压力。距承压板较深的混凝土，位于拱拉杆处，承受横向拉力。当局部承压荷载达到开裂荷载时，相当于部分拉杆达到抗拉极限强度，从而产生局部纵向裂缝[见图 12-5-3b)]。荷载继续增加，裂缝延伸，拱机构中更多的拉杆破坏，内力进一步调整，拉杆合力中心至拱顶压力中心的力臂逐渐加大，拱顶侧向压力 T 与局部荷载 N_c 的比值有所下降，承压板下核心混凝土所受的三轴应力也随之发生变化，当 N_c 与 T 的比值达到某一数值时，核心混凝土逐步形成剪切破坏的楔形体，拱机构最终破坏[见图 12-5-3c)]。

从上述分析可以看出，局部承压构件在不同受荷阶段存在着两种类型的劈裂力：第一种是拱作用引起的横向劈裂力，它的作用位置在拱拉杆部位，即端块的中下部位，这种力自加荷开始直至破坏始终存在；第二种劈裂力是楔形体形成时引起的，它仅在接近破坏阶段才产生，作用位置在楔形体高度范围内。显然，这两类力的作用位置、出现时间和形成原因都不相同。

《桥规》(JTG D62)给出的局部承压计算公式是依据这种“剪切破坏机理”建立的。

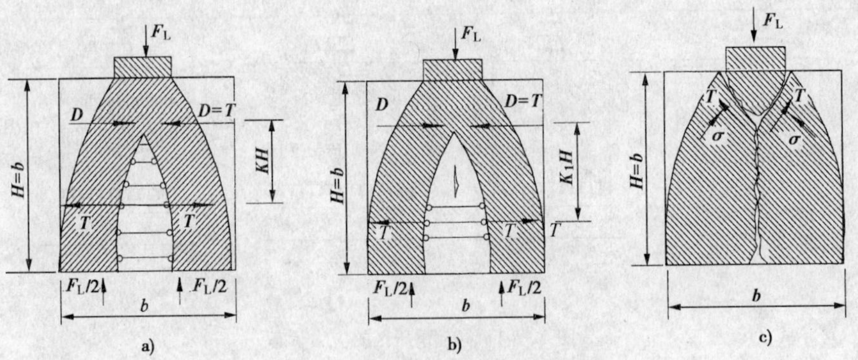

图 12-5-3　局部承压剪切理论受力模型

二、局部承压构件的承载力

在实际工程中，对承受局部承压的混凝土构件一般在局部承压区段范围配置间接钢筋（螺旋形钢筋或方格钢筋网）。局部承压构件的承载力由两部分组成，其一由混凝土提供的局部承压承载力 N'_{lc}；第二部分是间接配筋提供的局部承压承载力 N''_{lc}。

1. 混凝土的局部承压承载力

混凝土承受局部受压时的抗压强度比轴心抗压强度要高。混凝土的局部承压强度一般用局部承压强度提高系数乘以轴心抗压强度表示：

$$f_{lcd}=\beta f_{cd} \tag{12-5-1}$$

这样，混凝土局部承载力计算表达式可写为下列形式：

$$N'_{lc}=\beta f_{cd}A_{ln} \tag{12-5-2}$$

试验研究表明，混凝土局部承压强度提高系数 β 与局部承压计算底面积 A_b 和局部承压面积 A_l 之比有重要关系。根据国内外的试验资料得出：

$$\beta=\sqrt{\frac{A_b}{A_l}} \tag{12-5-3}$$

上两式中：A_{ln}、A_l——混凝土局部受压面积，当局部受压面积有孔洞时，A_{ln} 为扣除孔洞后的面积，A_l 为不扣除孔洞的面积。当局部受压面积设置垫板时，局部受压面积应计入在垫板中沿 45°刚性角所扩大的面积。对于具有喇叭管并与垫板连成整体的锚具，A_{ln} 可取垫板面积扣除喇叭管尾端内孔面积；

A_b——局部受压时的计算底面积，按图 12-5-4 确定。

应该指出，按《桥规》(JTG D62)规定，在计算混凝土局部承压提高系数 β 时，采用的是不扣除孔洞的承压面积 A_l；在进行承载能力计算时，采用的是扣除孔洞后的承压面积 A_{ln}。这样处理是为了避免造成预留孔道越大，计算 β 值越高的不合理情况。

《桥规》(JTG D62)对计算底面积 A_b 的取值，采用了“同心、对称”的原则，即要求计算底面积与局部受压面积 A_l 具有相同的重心位置，并对称。局部受压面积各边向外扩大的有效距离不超过承压板短边尺寸 b；对圆形承压板，可沿周边扩大一倍距离 a（图 12-5-4）。

2. 间接配筋的局部承压承载能力

局部承压区内配置的间接钢筋可采用方格钢筋网或螺旋式钢筋两种形式（图 12-5-5）。

间接钢筋宜选用 6～10mm 的小直径钢筋，且尽量接近承压表面布置。

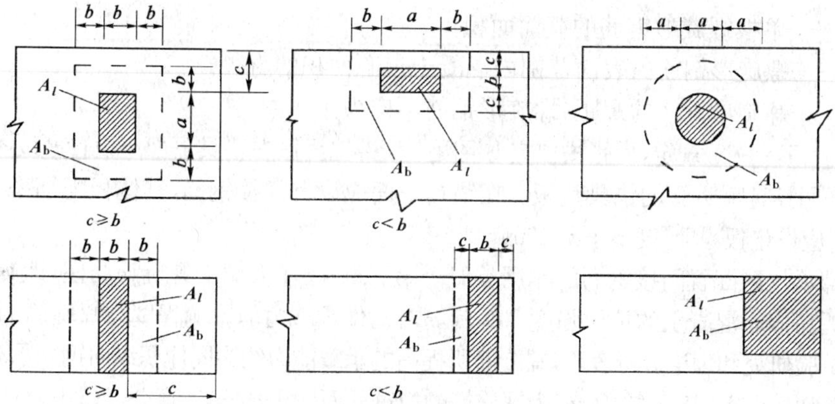

图 12-5-4　局部承压时计算底面积 A_b 的示意图

间接钢筋的体积配筋率按下式计算：

当采用方格钢筋网时[图 12-5-5a)]

$$\rho_V=\frac{n_1A_{s1}l_1+n_2A_{s2}l_2}{l_1l_2s} \tag{12-5-4}$$

式中：n_1、A_{s1}——方格钢筋网沿 l_1 方向的钢筋根数、单根钢筋的截面面积；

n_2、A_{s2}——方格钢筋网沿 l_2 方向的钢筋根数、单根钢筋的截面面积；

s——方格钢筋的层距(方格钢筋网不应少于 4 层)。

此时，在钢筋网两个方向钢筋截面面积相差不应大于 50%。

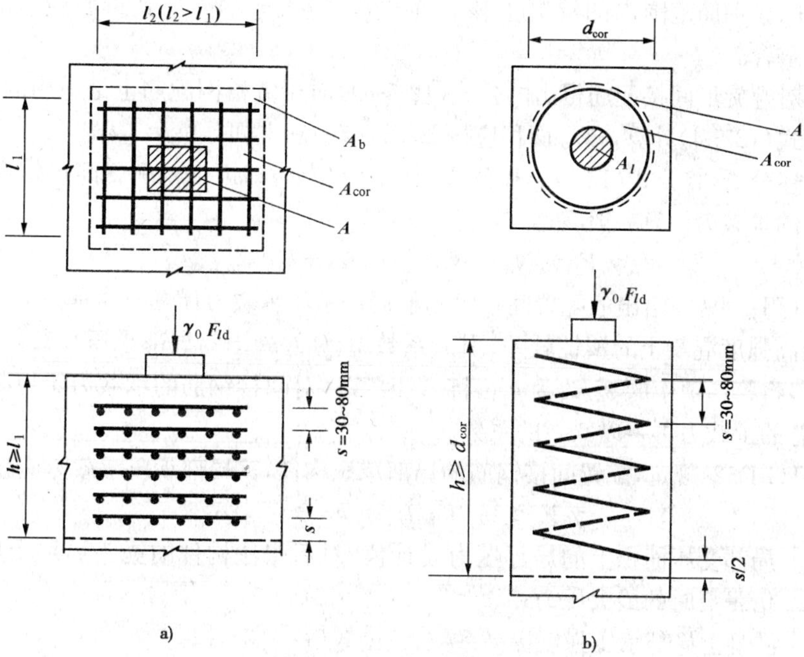

图 12-5-5　局部承压配筋图

a)方格网配筋；b)螺旋形配筋

当采用螺旋形钢筋时[图 12-5-5b)]

$$\rho_v=\frac{4A_{ss1}}{d_{cor}s} \tag{12-5-5}$$

式中：A_{ss1}——单根螺旋形钢筋的截面面积；

d_{cor}——螺旋形钢筋内表面范围内混凝土核心面积的直径；

s——螺旋形钢筋的螺距（螺旋形钢筋不应少于4圈）。

《桥规》(JTG D62)规定，后张法预应力混凝土端部锚固区在锚具下面应设置厚度不小于16mm的垫板或采用具有喇叭管的锚具垫板。在锚具下面应设置间接钢筋，其体积配筋率 ρ_v 不应小于0.5%，锚下应设垫板，其厚度不小于16mm。

在局部承压区配置间接钢筋的作用类似于第五章§5-1介绍的螺旋箍筋柱，螺旋箍筋的作用是间接地提高核心混凝土的抗压强度。螺旋筋对构件承载力的影响程度与螺旋筋的换算截面面积有关。试验研究和理论分析表明，螺旋筋所提高的承载能力约为同体积纵向钢筋承载能力的2～2.5倍，一般以 $kf_{sd}A_{s0}$ 表示，式中 A_{s0} 为螺旋筋的换算截面面积，按第五章公式(5-1-4)计算。

如果将螺旋筋的换算截面面积 A_{s0} 用公式(12-5-5)给出的体积配筋率 ρ_v 表示，并引入系数 $\beta_{cor}=\sqrt{\frac{A_{cor}}{A_l}}$，则得螺旋筋的承载力：

$$N''_{lc}=kf_{sd}A_{s0}=kf_{sd}\rho_v A_{cor}=k\rho_v\beta_{cor}^2 f_{sd}A_l \tag{12-5-6}$$

$$\beta_{cor}=\sqrt{\frac{A_{cor}}{A_l}}\geqslant 1 \tag{12-5-7}$$

式中：k——间接钢筋影响系数，混凝土强度等级C50及以下，取 $k=2.0$，C50～C80混凝土时，取 $k=2.0$～1.7，中间直线插入取用；

β_{cor}——间接配筋时局部承压承载能力提高系数；

A_{cor}——间接钢筋范围内的混凝土核心面积，不应大于 A_b，且其重心应与 A_l 的重心相重合。

上面针对螺旋形间接配筋得出的公式(12-5-6)，对于方格网配筋也是适用的，这时体积配筋率应按公式(12-5-4)计算，核心面积应按图12-5-5a)确定，取 $A_{cor}=l_1l_2$。

根据上述分析，将公式(12-5-2)和公式(12-5-6)相加，即可求得配置间接钢筋的混凝土局部承压构件的承载力计算一般表达式：

$$\gamma_0 F_{ld}\leqslant N'_{lc}+N''_{lc}\leqslant \beta f_{cd}A_{ln}+k\rho_v\beta_{cor}^2 f_{sd}A_l \tag{12-5-8}$$

《桥规》(JTG D62)给出的配置间接钢筋的局部承压承载力计算公式是在上式基础上建立的。考虑到高强度混凝土的塑性较差，引入系数 η_s 对混凝土的局部承压承载能力予以修正，为简化计算，将第二项中的 β_{cor}^2 改为 β_{cor}，将 A_l 改 A_{ln}，对间接钢筋的承载力予以折减。为了安全起见，对总的承载力再乘以0.9的系数。

《桥规》(JTG D62)规定，配置间接钢筋的局部承压构件，其局部承压承载力应按下式计算：

$$\gamma_0 F_{ld}\leqslant 0.9(\eta_s\beta f_{cd}+k\rho_v\beta_{cor}f_{sd})A_{ln} \tag{12-5-9}$$

式中：F_{ld}——局部受压面积上的局部压力设计值；对后张法构件的锚头局部受压区可取1.2倍张拉时的最大压力；

β——混凝土局部承压强度提高系数，按公式(12-5-3)计算；

β_{cor}——配置间接钢筋时局部抗压承载力提高系数，按公式(12-5-7)计算；

f_{cd}——混凝土抗压强度设计值；

A_{ln}——扣除孔洞后的混凝土局部承压面积；

η_s——混凝土局部承压承修正系数，C50及以下取 $\eta_s=1.0$，C50～C80，取 $\eta_s=1.0$～0.76，中间直线插入取值。

三、局部承压的抗裂性验算

为了防止梁端混凝土由于强大集中压力作用而出现裂缝，尚需对锚固区进行抗裂性验算。《桥规》(JTG D62)规定，配置间接钢筋的混凝土构件，其局部受压区尺寸应满足下列抗裂性计算要求：

$$\gamma_0 F_{ld} \leqslant 1.3\eta_s \beta f_{cd} A_{ln} \tag{12-5-10}$$

若不能满足公式(12-5-10)的要求，则应加大构件端部截面尺寸，或调整局部承压面积。

总结与思考

12-1 预应力混凝土受弯构件承载力计算是确保结构安全工作的核心问题。

从前述对预应力混凝土梁各工作阶段的受力分析得知，当预先储备的预压应力全部耗尽后，预应力混凝土就蜕变为普通钢筋钢筋混凝土梁，因而预应力混凝土梁的承载力计算，实质上是钢筋混凝土梁承载力计算问题，两者具有大致相同的计算图式和计算公式，其适用条件也基本相同。

建议读者将本章的内容与前面第三章和第四章讲述的钢筋混凝土承载力计算内容对比学习，明确共性，找出区别，突出重点。

12-2 预应力混凝土受弯构件正截面承载力计算公式的适用条件 $x \leqslant \xi_b h_0$，其物理意义是什么？此处所指的预应力混凝土界限受压区高度 ξ_b 的计算公式(12-1-2)和(12-1-3)与前面用于钢筋混凝土的计算公式(3-3-9)的主要区别是什么？式中 σ_{p0} 的物理意义是什么？对先张法和后张法构件 σ_{p0} 的表达式为什么不同？

12-3 预应力混凝土受弯构件承载力计算时，极限状态下受压预应力筋的应力取($f'_{pd}-\sigma'_{p0}$)的物理意义是什么？

12-4 有一根预应力混凝土梁，设计的张拉控制应力 $\sigma_{con}=0.75f_{pk}$，其正截面承载力满足规范要求，但安全储备富余量不大，在使用荷载作用下，全截面保持一定的压应力，抗裂性验算满足规范要求。但施工完成后，发现测量钢筋张拉应力的油压表不准，经对油压表校正后确认，实际张拉控制应力为 $\sigma_{con}=0.4f_{pk}$，只相当原设计值的53%。

设计单位认为，张拉控制应力不足对结构的承载力没有影响，张拉控制应力不足对结构抗裂性的影响可以采用一定的补救措施解决，这根梁还可以使用。

你认为上述看法对吗？张拉控制应力严重不足，对承载力到底有没有影响？

提示：(1)极限状态下预应力筋的应力 σ_p 与混凝土受压区高度 x 有关：当 $x \leqslant \xi_b h_0$ 时，取 $\sigma_p=f_{pd}$；当 $x>\xi_b h_0$ 时，取 $\sigma_p=\varepsilon_p E_p$，式中 ε_p 由截面变形条件求得。

(2)从公式(12-1-2)可以看出，相对受压区高度 ξ_b 与 σ_{p0} 有关，规范给出的 $\xi_b=0.4$，是按正常设计和施工情况的 σ_{p0} 确定的。

(3)预应力严重不足时，σ_{p0} 将减小，ξ_b 将增大，这对梁的破坏状态和承载力有什么影响？

12-5 《桥规》(JTG D62)5.2.4条规定：受弯构件在应用公式(5.2.2-3)的条件时(即 $x \leqslant \xi_b h_0$)，可不考虑按正常使用极限状态计算可能增加的纵向受拉钢筋截面面积和按构造要求配置的纵向钢筋截面面积。有人将此条规定作为解决混凝土受压区高度超限的措施，明确提出"在进行正截面抗弯承载力计算时，若不能满足 $x \leqslant \xi_b h_0$ 的条件时，可不考虑按正常使用极限状态计算可能增加的纵向受拉钢筋截面面积和按构造要求配置的纵向钢筋截面面积"。你认为这样处理合适吗?

你对规范这条规定的意义是如何理解的?

12-6 《桥规》(JTG D62)给出的预应力混凝土受弯构件抗剪承载力计算公式采用了与前面第四章介绍的钢筋混凝土构件基本相同的表达形式,其主要区别是:

①计算混凝土与箍筋的综合抗剪承载力 V_{cs} 时,引入了预应力提高系数 α_2。系数 α_2 的物理意义是什么?如何取值?

②对于配有竖向预应力筋的情况,《桥规》(JTG D62)5.2.7 注 1 指出:当采用竖向预应力钢筋时,公式 5.2.7-2(相当于本书公式 12-2-3)中的 ρ_{sv} 和 $f_{sd,v}$ 应换以 ρ_{pv} 和 $f_{pd,v}$,其中 ρ_{pv} 和 $f_{pd,v}$ 分别为竖向预应力钢筋的配筋率和抗拉强度设计值。

你认为规范这样处理合适吗?从作用原理上分析,竖向预应力筋和箍筋能相互代替吗?对同时配有箍筋和竖向预应力筋的情况怎么代替?

你认为这一问题应如何解决?

③预应力混凝土受弯构件抗剪承载力计算以剪压破坏形态的受力特征为基础。其截面尺寸应满足《桥规》(JTG D62)公式(4-3-10)的规定。

预应力混凝土受弯构件斜截面尺寸复核(即抗剪强度上限值验算)时,是否应考虑弯起预应力筋竖向分力(又称预剪力)的影响?若考虑此项影响,公式(4-3-10)应如何变化?

第十三章　预应力混凝土结构持久状况正常使用极限状态计算

公路桥涵的持久状况设计应按正常使用极限状态的要求，采用作用（或荷载）短期效应组合、长期效应组合或短期效应组合并考虑长期效应组合的影响，对构件的抗裂性、裂缝宽度和变形进行验算，并使各项计算值不超过《桥规》（JTG D62）规定的各相应限值。在上述各种组合中，车辆荷载效应可不计冲击系数。

§13-1　预应力混凝土受弯构件的抗裂性验算

一、抗裂性验算的内容及控制条件

预应力混凝土结构的抗裂性验算包括正截面抗裂性和斜截面抗裂性验算两部分。

正截面抗裂性是通过正截面混凝土的法向拉应力来控制的。《桥规》（JTG D62）规定，正截面抗裂性应满足下列要求：

（1）全预应力混凝土构件，在作用（或荷载）短期效应组合下

预制构件　$$\sigma_{st}-0.85\sigma_{pc}\leqslant 0 \tag{13-1-1}$$

分段浇筑或砂浆接缝的纵向分块构件　$$\sigma_{st}-0.8\sigma_{pc}\leqslant 0 \tag{13-1-2}$$

（2）部分预应力混凝土A类构件，在作用（或荷载）短期效应组合下

$$\sigma_{st}-\sigma_{pc}\leqslant 0.7f_{tk} \tag{13-1-3}$$

但在荷载长期效应组合下

$$\sigma_{lt}-\sigma_{pc}\leqslant 0 \tag{13-1-4}$$

应该指出，《桥规》（JTG D62）规定，此处所指的荷载长期效应组合系指结构自重和直接施加于桥上的活荷载产生的效应组合，不考虑间接施加于桥上的其他作用效应。

笔者认为，对常用的简支梁而言，正截面抗裂以截面下边缘控制设计，荷载长期效应组合下的控制条件（公式13-1-4）一般均能满足要求。但是，在荷载长期效应组合下截面上边缘出现拉应力，将对结构耐久性产生不良影响。故应对荷载长期效应组合作用下截面上边缘的抗裂性进行验算。此时只计构件自重效应，不考虑活载（可变荷载准永久值）的影响，更为不利。

斜截面的抗裂性是通过斜截面混凝土的主拉应力来控制的。《桥规》（JTG D62）规定，斜截面抗裂性应符合下列条件：

（1）全预应力混凝土构件，在作用（或荷载）短期效应组合下

预制构件　$$\sigma_{tp}\leqslant 0.6f_{tk} \tag{13-1-5}$$

现场浇筑（包括预制拼装）构件　$$\sigma_{tp}\leqslant 0.4f_{tk} \tag{13-1-6}$$

（2）部分预应力混凝土A类构件和允许开裂的B类构件，在作用（或荷载）短期效应组合下

预制构件 $\sigma_{tp} \leqslant 0.7 f_{tk}$ (13-1-7)

现场现浇(包括预制拼装)构件 $\sigma_{tp} \leqslant 0.5 f_{tk}$ (13-1-8)

上述式中:σ_{st}——在作用(或荷载)短期效应组合下,构件抗裂性验算截面边缘混凝土的法向拉应力;

σ_{lt}——在作用(或荷载)长期效应组合下,构件抗裂验算截面边缘混凝土的法向拉应力;

σ_{pc}——扣除全部预应力损失后的预加力在构件抗裂性验算截面边缘产生的混凝土有效预压应力;

σ_{tp}——在预加力及作用(或荷载)短期效应组合下,构件抗裂性验算截面混凝土的主拉应力;

f_{tk}——混凝土的抗拉强度标准值。

二、全预应力混凝土及部分预应力混凝土 A 类构件正截面抗裂性验算

正截面抗裂性验算的实质是选取若干控制截面(例如,简支梁的跨中截面,连续梁的跨中和支点截面等),计算在作用(或荷载)短期效应组合作用下抗裂性验算截面边缘混凝土的法向拉应力,并控制其满足公式(13-1-1)或(13-1-2)的限制条件。

全预应力混凝土及部分预应力混凝土 A 类构件,在作用(或荷载)短期效应组合作用下,全截面参加工作,构件处于弹性工作阶段。截面应力可按材料力学公式计算:

1. 荷载产生的抗裂性验算截面边缘法向拉应力计算

荷载产生的截面边缘混凝土法向拉应力,按材料力学给出的受弯构件应力计算公式计算。对先张法构件采用换算截面几何性质;对后张法构件,承受构件自重作用时预应力管道尚未灌浆,应采用净截面几何性质,承受恒载(例如桥面铺装及人行道、栏杆等)及汽车、人群等可变荷载时,预应力管道已灌浆,应采用换算截面几何性质。

在作用(或荷载)短期效应组合$[M_s = M_{Gk} + 0.7M_{Q1k}/(1+\mu) + M_{Q2k}]$作用下

对先张法构件

$$\sigma_{st} = M_s / W_0 \tag{13-1-9}$$

对后张法构件

$$\sigma_{st} = \frac{M_{G1k}}{W_n} + \frac{M_{G2k} + 0.7M_{Q1k}/(1+\mu) + M_{Q2k}}{W_0} \tag{13-1-10}$$

在荷载长期效应组合 $M_l = M_{Gk} + 0.4[M_{Q1k}/(1+\mu) + M_{Q2k}]$作用下

对先张法构件

$$\sigma_{lt} = M_l / W_0 \tag{13-1-11}$$

对后张法构件

$$\sigma_{lt} = \frac{M_{G1k}}{W_n} + \frac{M_{G2k} + 0.4[M_{Q1k}/(1+\mu) + M_{Q2k}]}{W_0} \tag{13-1-12}$$

式中:M_{Gk}——永久荷载弯矩标准值,$M_{Gk} = M_{G1k} + M_{G2k}$;

M_{G1k}——构件自重弯矩标准值;

M_{G2k}——恒载(桥面铺装,人行道、栏杆等)弯矩标准值;

M_{Q1k}——包括冲击系数影响的汽车荷载弯矩标准值;

M_{Q2k}——人群荷载弯矩标准值;

W_0——构件换算截面对抗裂验算边缘的弹性抵抗矩；

W_n——构件净截面对抗裂验算边缘的弹性抵抗矩。

应特别指出的是这里所讲的净截面系指扣除预应力钢筋及管道影响，但包括普通钢筋在内的换算截面而言的。

2. 预加力产生的抗裂性验算截面边缘混凝土有效预压应力计算

预加力产生的截面边缘混凝土有效预压应力，按材料力学给出的偏心受压构件应力计算公式计算。预加力应扣除全部预应力损失。对先张法构件采用换算截面几何性质；对后张法构件采用净截面几何性质。计算预加力引起的应力时，由轴力产生的应力应按受压翼缘全宽计算的截面面积计算，由弯矩产生的应力应按翼缘的有效宽度计算的截面抵抗矩。对于翼缘板带有现浇段的情况，其截面几何特征值应按预制部分翼缘宽度计算。

由预加力产生的构件抗裂验算边缘混凝土的有效预压应力 σ_{pc}，应按下式计算：

对先张法构件

$$\sigma_{pc}=\frac{N_{p0}}{A_0}+\frac{N_{p0}e_{p0}}{W_0} \tag{13-1-13}$$

对后张法构件

$$\sigma_{pc}=\frac{N_p}{A_n}+\frac{N_pe_{pn}}{W_n} \tag{13-1-14}$$

式中：N_{p0}、N_p——先张法构件、后张法构件的预应力钢筋与普通钢筋的合力；

A_0、A_n——按翼缘全宽计算的换算截面面积、净截面面积；

W_0、W_n——按翼缘有效宽度计算的对构件抗裂验算边缘换算截面弹性抵抗矩、净截面弹性抵抗矩；

e_{p0}、e_{pn}——预应力钢筋和普通钢筋的合力，对按翼缘有效宽度计算的换算截面、净截面重心的偏心距。

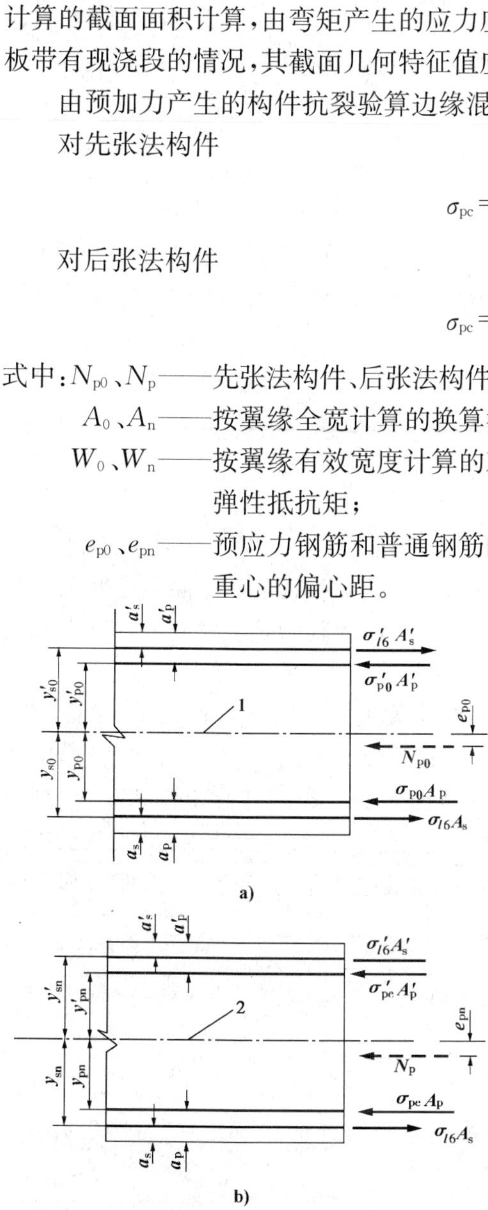

图 13-1-1　预应力钢筋和普通钢筋合力及偏心矩

a)先张法构件；b)后张法构件

1-换算截面重心轴；2-净截面重心轴

图 13-1-1 所示为在受拉区和受压区均配有预应力钢筋和普通钢筋的通用情况。在部分预应力混凝土结构中，普通钢筋数量较大，在计算钢筋合力 N_{p0}、N_p 及相应的 e_{p0}、e_{pn} 时，应考虑混凝土收缩、徐变对普通钢筋应力的影响。当混凝土产生收缩、徐变变形时，普通钢筋与预应力钢筋一样将受压缩。若近似地认为由混凝土收缩、徐变引起的普通钢筋重心处与预应力钢筋重心处的压缩相等(即相应地应力损失相等)，则混凝土收缩、徐变对普通钢筋的影响，可以通过预应力筋应力损失 σ_{l6} 来描述，即相当于普通钢筋获得一个压力 $\sigma_{l6}A_s$ 或 $\sigma'_{l6}A'_s$。为了平衡此项压力，在混凝土中产生一个拉力 $\sigma_{l6}A_s$ 或 $\sigma'_{l6}A'_s$。换句话说，考虑混凝土收缩和徐变的影响，相当于在普通钢筋截面重心处对混凝土施加一个拉力 $\sigma_{l6}A_s$ 或 $\sigma'_{l6}A'_s$。

预应力钢筋和普通钢筋的合力 N_{p0}、N_p 及其偏心距 e_{p0}、e_{pn} 按下列公式计算(图 13-1-1)：

先张法构件

$$N_{p0}=\sigma_{p0}A_p+\sigma'_{p0}A'_p-\sigma_{l6}A_s-\sigma'_{l6}A_s \quad (13\text{-}1\text{-}15)$$

$$e_{p0}=\frac{\sigma_{p0}A_py_{p0}-\sigma'_{p0}A'_py'_{p0}-\sigma_{l6}A_sy_{s0}+\sigma'_{l6}A'_sy'_{s0}}{\sigma_{p0}A_p+\sigma'_{p0}A'_p-\sigma_{l6}A_s-\sigma'_{l6}A'_s} \quad (13\text{-}1\text{-}16)$$

$$\sigma_{p0}=\sigma_{con}-\sum\sigma_l+\sigma_{l4} \quad (13\text{-}1\text{-}17)$$

$$\sigma'_{p0}=\sigma'_{con}-\sum\sigma'_l+\sigma'_{l4} \quad (13\text{-}1\text{-}18)$$

后张法构件

$$N_p=\sigma_{pe}A_p+\sigma'_{pe}A'_p-\sigma_{l6}A_s-\sigma'_{l6}A'_s \quad (13\text{-}1\text{-}19)$$

$$e_{pn}=\frac{\sigma_{pe}A_py_{pn}-\sigma'_{pe}A'_py'_{pn}-\sigma_{l6}A_sy_{sn}+\sigma'_{l6}A'_sy'_{sn}}{\sigma_{pe}A_p+\sigma'_{pe}A'_p-\sigma_{l6}A_s-\sigma'_{l6}A'_s} \quad (13\text{-}1\text{-}20)$$

$$\sigma_{pe}=\sigma_{con}-\sum\sigma_l \quad (13\text{-}1\text{-}21)$$

$$\sigma'_{pe}=\sigma'_{con}-\sum\sigma'_l \quad (13\text{-}1\text{-}22)$$

在公式(13-1-15)～公式(13-1-22)中，除图中标明的常用符号外，需进一步加以解释的有：

σ_{p0}、σ'_{p0}——先张法构件受拉区和受压区预应力钢筋合力点处混凝土法向应力为零时的预应力钢筋应力。公式(13-1-17)和公式(13-1-18)中的$\sum\sigma_l$为包括弹性压缩损失σ_{l4}在内的总预应力损失。混凝土法向应力为零时预应力筋的应力，应扣除混凝土弹性压缩的影响，即$\sigma_{p0}=\sigma_{pe}+\sigma_{l4}=\sigma_{con}-\sum\sigma_l+\sigma_{l4}$。

σ_{pe}、σ'_{pe}——后张法构件受拉区和受压区预应力钢筋的有效预应力。

三、预应力混凝土受弯构件斜截面抗裂性验算

斜截面抗裂性验算的实质是选取若干最不利截面(例如支点附近截面，梁肋宽度变化处截面等)，计算在荷载短期效应组合作用下截面的主拉应力，并控制其满足公式(13-1-5)或公式(13-1-7)的限制条件。

全预应力混凝土及部分预应力混凝土 A 类构件，在荷载短期效应组合作用下，全截面参加工作，构件处于弹性工作阶段。即使是允许开裂的部分预应力混凝土 B 类构件，验算抗裂性所选取的支点附近截面，在一般情况下，也是处于全截面参加工作的弹性工作状态。因此，主拉应力可按材料力学公式计算。

对于配有纵向预应力钢筋和竖向预应力钢筋的预应力混凝土受弯构件，由预加力和荷载短期效应组合产生的混凝土主拉应力，按下式计算：

$$\sigma_{tp}=\frac{\sigma_{cx}+\sigma_{cy}}{2}-\sqrt{\left(\frac{\sigma_{cx}-\sigma_{cy}}{2}\right)^2+\tau_x^2} \quad (13\text{-}1\text{-}23)$$

1. 混凝土法向应力 σ_{cx}(以简支梁为例)

σ_{cx}为在预加力(扣除全部预应力损失后)和荷载短期效应组合弯矩$[M_s=M_{Gk}+0.7M_{Q1}/(1+\mu)+M_{Q2k}]$作用下，计算主应力点的混凝土法向应力：

对先张法构件

$$\sigma_{cx}=\sigma_{pc}\pm\frac{M_s}{I_0}y_0=\frac{N_{p0}}{A_0}\mp\frac{N_{p0}e_{p0}}{I_0}y_0\pm\frac{M_s}{I_0}y_0 \quad (13\text{-}1\text{-}24)$$

对后张法构件

$$\sigma_{cx}=\sigma_{pc}\pm\frac{M_{G1k}}{I_n}y_n\pm\frac{M_{G2k}+0.7M_{Q1k}/(1+\mu)+M_{Q2k}}{I_0}y_0$$

$$=\frac{N_p}{A_n}\mp\frac{N_p e_{pn}}{I_n}y_n\pm\frac{M_{G1k}}{I_n}y_n\pm\frac{M_{G2k}+0.7M_{Q1k}/(1+\mu)+M_{Q2k}}{I_0}y_0 \quad (13\text{-}1\text{-}25)$$

式中：y_0、y_n——分别为计算主应力点至按翼缘有效宽计算的换算截面重心轴和净截面重心轴的距离；

N_{p0}、N_p——分别按公式(13-1-15)和公式(13-1-19)计算，对后张法曲线形预应力筋应将式中的 $\sigma_{pe}A_p$ 改为 $\sigma_{pe}A_p\cos\theta_p$。

2. 混凝土竖向压应力 σ_{cy}

由竖向预加力产生的混凝土竖向压应力，按下式计算：

$$\sigma_{cy}=0.6\frac{n\sigma_{pe,v}A_{pv}}{bs_{pv}} \quad (13\text{-}1\text{-}26)$$

式中：$\sigma_{pe,v}$——竖向预应力钢筋的有效预应力，$\sigma_{pe,v}=\sigma_{con,v}-\sum\sigma_{l,v}$；

A_{pv}——单肢竖向预应力钢筋的截面面积；

n——同一截面内竖向预应力钢筋的肢数；

s_{pv}——竖向预应力钢筋的纵向间距；

b——梁的腹板宽度。

3. 混凝土剪应力 τ_x

τ_s 为由预应力弯起钢筋预加力的竖直分力（又称预剪力）V_p 和按荷载效应短期组合剪力 V_s 产生的计算主应力点处的混凝土剪应力。

预剪力为 $V_p=\sum\sigma_{pe,b}A_{pb}\sin\theta_p$

荷载效应短期组合剪力为 $V_s=V_{G1k}+V_{G2k}+0.7V_{Q1k}/(1+\mu)+V_{Q2k}$

由预剪力 V_p 和荷载效应短期合剪力 V_s 产生的混凝土剪应力，按下列公式计算：

对后张法构件

$$\tau_x=\frac{V_{G1k}S_n}{bI_n}+\frac{[V_{G2k}+0.7V_{Q1k}/(1+\mu)+V_{Q2k}]S_0}{bI_0}-\frac{\sum\sigma_{pe,b}A_{pb}\sin\theta_p}{bI_n}S_n \quad (13\text{-}1\text{-}27)$$

先张法构件一般均采用直线配筋，没有预剪力的作用，由荷载效应短期组合剪力 V_s 产生的剪应力为

$$\tau_x=\frac{V_sS_0}{bI_0}=\frac{[V_{Gk}+0.7V_{Q1k}/(1+\mu)+V_{Q2k}]S_0}{bI_0} \quad (13\text{-}1\text{-}28)$$

式中：S_0、S_n——计算主应力点水平纤维以上（或以下）部分换算截面面积和净截面面积对其截面重心轴的面积矩；

b——计算主应力点处的截面宽度；

$\sigma_{pe,b}$——预应力弯起钢筋的有效预应力，$\sigma_{pe,b}=\sigma_{con,b}-\sum\sigma_{l,b}$；

A_{pb}——计算截面上同一弯起平面内预应力弯起钢筋的截面面积；

θ_p——计算截面上预应力弯起钢筋的切线与构件纵轴的夹角。

在应用上述公式计算主拉应力时应特别注意以下几点：

(1)主拉应力计算公式(13-1-23)中的 σ_{cx} 和 τ_x 应是同一计算截面、同一水平纤维处、由同一荷载产生的法向应力和剪应力值。一般是按最大剪力短期效应组合和与其对应的弯矩短期

效应组合计算，切不可不加分析的随意组合。

(2)对先张法构件端部区段进行抗裂性验算，计算由预加力引起的截面应力时，应考虑梁端预应力传递长度 l_{tr} 范围内预加力的变化。《桥规》(JTG D62)规定，预应力传递长度 l_{tr} 范围内预应力钢筋的实际应力值，在构件端部取为零，在预应力传递长度末端取有效预应力，两点之间按直线变化取值(图 13-1-2)。

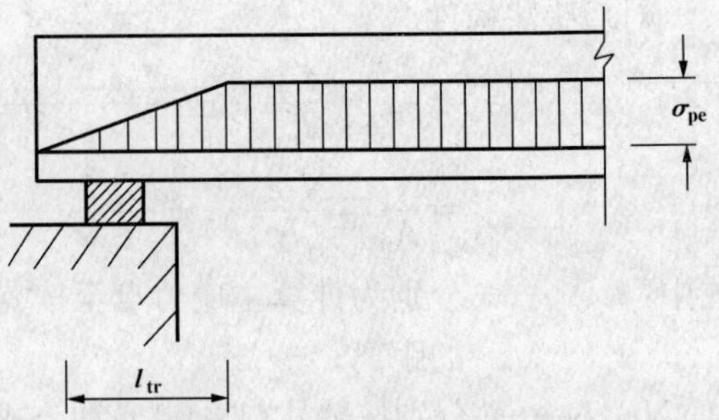

图 13-1-2　预应力钢筋传递长度内有效应力值

预应力钢筋的传递长度按表 13-1-1 采用。

预应力钢筋传递长度 l_{tr}(mm)　　表 13-1-1

预应力钢筋种类		混凝土强度等级					
		C30	C35	C40	C45	C50	≥C55
钢绞线	1×2,1×3　$\sigma_{pe}=1000$MPa	$75d$	$68d$	$63d$	$60d$	$57d$	$55d$
	1×7　$\sigma_{pe}=1000$MPa	$80d$	$73d$	$67d$	$64d$	$60d$	$58d$
螺旋肋钢筋　$\sigma_{pe}=1000$MPa		$70d$	$64d$	$58d$	$56d$	$53d$	$51d$
刻痕钢丝　$\sigma_{pe}=1000$MPa		$89d$	$81d$	$75d$	$71d$	$68d$	$65d$

注：1. 确定预应力传递长度时，应取与放张时混凝土立方体强度相应的混凝土抗拉强度标准值 f'_{cu}，当 f'_{cu} 为表列混凝土强度等级之间时，预应力传递长度按直线内插取用。

2. 当预应力钢筋的有效预应力值 σ_{pe} 与表值不同时，其预应力传递长度应根据表值按比例增减。

3. 当采用骤然放松预应力钢筋施工工艺时，l_{tr} 应从构件末端 $0.25l_{tr}$ 处计算。

应该指出，上面给出的预加力引起的混凝土有效预应力 σ_{pc}(公式 13-1-13 和公式 13-1-14)和混凝土法向应力 σ_{cx}(公式 13-1-24)都是针对简支梁导出的，对于预应力混凝土连续梁等超静定结构，尚应考虑预加力引起的次效应 M_{p2} 的影响。

§13-2　部分预应力混凝土 B 类构件的裂缝宽度计算

部分预应力混凝土 B 类构件在正常使用阶段允许出现裂缝。因此，控制裂缝宽度是部分预应力混凝土设计中的一项重要内容。

《桥规》(JTG D62)规定，部分预应力混凝土 B 类受弯构件，其计算的最大裂缝宽度不应超过表 13-2-1 的规定。

部分预应力混凝土 B 类构件裂缝宽度限值　　表 13-2-1

环境条件	采用钢丝或钢绞线的预应力混凝土构件	采用精轧螺纹钢筋的预应力混凝土构件
I 类及 II 类环境	0.10mm	0.20mm
III 类及 IV 类环境	不得采用带裂缝的 B 类构件	0.15mm

国内外关于计算部分预应力混凝土 B 类构件裂缝宽度的公式很多，由于裂缝问题的复杂性，这些公式都带有很大经验成分，计算结果相差很大。

《桥规》(JTG D62)推荐的部分预应力混凝土 B 类构件裂缝宽度计算公式与钢筋混凝土裂缝宽度计算公式是有相同的形式：

$$W_f=C_1C_2\frac{\sigma_{ss}}{E_s}\left(\frac{30+d}{0.28+10\rho}\right) \tag{13-2-1}$$

$$\sigma_{ss}=\frac{M_s-N_{p0}(z-a_{p0})\pm M_{p2}}{(A_p+A_s)z} \tag{13-2-2}$$

$$z=\left[0.87-0.12(1-\gamma_f')\left(\frac{h_0}{e}\right)^2\right]h_0 \tag{13-2-3}$$

$$e=d_{p0}+\frac{M_s}{N_{p0}} \tag{13-2-4}$$

式中：C_1——普通钢筋表面形状系数，对光面钢筋 $C_1=1.4$，对带肋钢筋 $C_1=1.0$；

C_2——作用（或荷载）长期效应影响系数，$C_2=1+0.5\frac{M_l}{M_s}$，其中 M_l 和 M_s 分别为按作用（或荷载）长期效应组合和短期效应组合计算的弯矩值；

ρ——配筋率，$\rho=(A_s+A_p)/[bh_0+(b_f-b)h_f]$，当 $\rho>0.02$ 时，取 $\rho=0.02$，当 $\rho<0.006$ 时，取 $\rho=0.006$；

d——纵向受拉钢筋的直径（mm），对配有预应力钢绞线束（或钢丝束）和普通钢筋的情况，d 应改用等效直径 d_e 代替。《桥规》（JTG D62）规定：对混合配筋的预应力混凝土构件，钢绞线束（或钢丝束）和普通钢筋的等效直径为 $d_e=\frac{\sum n_i d_i^2}{\sum n_i d_i}$，式中：$n_i$ 为受拉区的普通钢筋、钢绞线束（或钢丝束）的根数；d_i 为受拉区的普通钢筋的公称直径，钢绞线束（或钢丝束）的等代直径 $d_{pe}=\sqrt{n}d$❶，n 为钢绞线束中钢绞线（或钢丝束中钢丝）的根数，d 为钢绞线（或单根钢丝）的公称直径；

σ_{ss}——由作用（或荷载）短期效应组合引起的开裂截面纵向受拉钢筋的应力；

N_{p0}——混凝土法向应力为零时纵向预应力筋和普通钢筋的合力，对先张法构件，可按公式（13-1-15）计算；对后张法构件，应按§13-3 给出的公式（13-3-6）计算；

z——受拉区纵向预应力钢筋和普通钢筋合力作用点（近似取预应力钢筋和普通钢筋截面重心）至截面受压区合力作用点的距离；

d_{p0}——混凝土法向应力等于零时，纵向预应力钢筋和普通钢筋合力 N_{p0} 作用点至受拉区纵向预应力钢筋和普通钢筋合力作用点（近似取预应力筋和普通钢筋截面重心）的距离（原公式以 e_p 表示，为了与偏心距区别，此处改为 d_{p0}）；

γ_f'——受压翼缘截面面积与腹板有效截面面积之比，$\gamma_f'=(b_f'-b)h_f'/bh_0$；

M_{p2}——预加力 N_{pe} 在预应力混凝土连续梁等超静定结构中产生的次内力。

《桥规》（JTG D62）推荐的近似公式（13-2-2）～公式（13-2-4）来源于《建混规》（GBJ 10—89），其物理意义（参见第十四章§14-2）是在 M_s 作用下的部分预应力混凝土 B 类构件，经过"消压"处理后，即可转化为按弯矩 M_s 和偏心压力 N_{p0} 作用下的钢筋混凝土偏心受压构件。计算纵向受拉钢筋应力，内力臂 z 采用了简化近似公式。

§13-3 预应力混凝土受弯构件的变形计算

预应力混凝土受弯构件的变形由两部分组成：一部分是预加力产生的反挠度；另一部分是由荷载产生的挠度。由于这两部分挠度方向相反，可以互相抵消一部分，所以预应力混凝土受

❶笔者认为，这里所指的不同直径钢筋的等效直径是按钢筋表面积相等的原则进行换算的。钢绞线束的等代直径 d_{pe} 建议用钢绞线束（或钢丝束）的公称直径代替，其数值可按钢绞线束的布置情况确定。

弯构件的总挠度值一般是很小的。但是总挠度值的大小并不能反映结构的刚度大小，因此，用总挠度值来控制预应力混凝土的变形是没有意义的。

为了保证结构在使用过程不致产生过大的变形，应对使用荷载作用阶段梁的挠度值加以限制。《桥规》(JTG D62)规定，预应力混凝土受弯构件在使用荷载作用阶段的长期挠度值(按荷载短期效应组合计算，乘以挠度长期增长系数)，在消除结构自重产生的长期挠度后不应超过以下规定的限值：

梁式桥主梁的最大挠度处　　$L/600$

梁式桥主梁的悬臂端　　$L_1/300$

此处，L 为受弯构件的计算跨径，L_1 为悬臂长度。

预应力混凝土受弯构件在正常使用极限状态下的挠度，可根据给定构件刚度用结构力学的方法计算(参见§8-3)。

《桥规》(JTG D62)规定预应力混凝土构件的抗弯刚度按下列规定采用：

(1)全预应力混凝土和部分预应力混凝土A类构件

$$B_0=0.95E_cI_0 \quad (13\text{-}3\text{-}1)$$

❶

(2)允许开裂的部分预应力混凝土B类构件

在开裂弯矩 M_{cr} 作用下　　$B_0=0.95E_cI_0$

在 (M_s-M_{cr}) 作用下　　$B_{cr}=E_cI_{cr}$　　(13-3-2)

式中：I_0——全截面换算截面惯性矩；

I_{cr}——开裂截面换算截面惯性矩，其数值可参考§14-2公式(14-2-19)计算；

M_{cr}——开裂弯矩，其数值按下式计算

$$M_{cr}=(\sigma_{pc}+\gamma f_{tk})W_0 \quad (13\text{-}3\text{-}3)$$

笔者认为对后张法构件，计算开裂弯矩时应考虑不同受力阶段截面几何特征值的不同。公式(13-3-3)中的$(\sigma_{pc}+\gamma f_{tk})$为预压应力和混凝土自身抗拉强度提供的抗裂应力储备。构件自重作用后，将抵消部分抗裂应力储备，实际剩余的抗裂应力储备为$(\sigma_{pc}+\gamma f_{tk}-\sigma_{lG})$，其中 σ_{lG} 为构件自重弯矩作用下截面抗裂验算边缘的拉应力，其数值应按净截面几何特征值计算(即 $\sigma_{lG}=M_G/W_n$)。荷载作用后，抗裂拉应力储备将进一步降低，抗裂应力储备全部被抵消后，梁就要开裂，对应的总弯矩即为开裂弯矩 M_{cr}。这样，后张法构件的开裂弯矩计算表达式应改写为下列形式：

$$M_{cr}-M_G=\left[\sigma_{pc}+\gamma f_{tk}-\frac{M_G}{W_n}\right]W_0$$

$$M_{cr}=(\sigma_{pc}+\gamma f_{tk})W_0-\left(\frac{W_0}{W_n}\right)M_G \quad (13\text{-}3\text{-}4)$$

式中：M_G——构件自重弯矩标准值；

γ——构件受拉区混凝土塑性影响系数，$\gamma=2S_0/W_0$；

S_0——全截面换算截面重心轴以上(或以下)部分面积对其重心轴的面积矩；

W_0——换算截面受拉边缘的弹性抵抗矩；

❶严格讲，对后张法预应力混凝土的挠度计算，亦应按分阶段受力情况，采用不同的截面几何特征(I_0 或 I_n)，按《桥规》(JTG D62)规定，全预应力混凝土及部分预应力混凝土A类构件的挠度计算，统一按刚度 $B_0=0.95E_cJ_0$ 计算。式中0.95为带有经验性的修正系数；E_c 为按规范选取的混凝土弹性模量，其数值与实际情况也存在一定差异。在这种情况过分追求计算公式表面的精确性是没有意义的。

W_n——净截面受拉边缘的弹性抵抗矩；

f_{tk}——混凝土的抗拉强度标准值；

σ_{pc}——相应于 N_{p0} 作用时构件抗裂验算边缘混凝土的预压应力。

还应特别指出，此处 N_{p0} 为相应于混凝土法向应力为零时(即完全消压)，全部预应力钢筋和普通钢筋的合力。对先张法构件 N_{p0} 可按公式(13-1-15)～公式(13-1-18)计算，σ_{pc} 可按公式(13-1-13)计算。但对后张法构件，计算 N_{p0} 和 σ_{pc} 时，则应考虑在全部钢筋合力 N_p 作用下产生的弹性压缩的影响，为了达到截面的完全消压，必须在受拉区预应力钢筋重心处施加一个拉力 $\sigma_{p0}A_p=(\sigma_{con}-\sum\sigma_l+\alpha_{Ep}\sigma_{pc,p})A_p$，在受压区预应力钢筋重心处施加一个拉力 $\sigma'_{p0}A'_p=(\sigma'_{con}-\sum\sigma'_l+\alpha_{Ep}\sigma'_{pc,p})A'_p$，此处 $\sigma_{pc,p}$ 和 $\sigma'_{pc,p}$ 为在合力 N_p 作用下受拉区预应力钢筋和受压力预应力钢筋重心处混凝土的预压应力，其数值应按下式计算：

$$\sigma_{pc,p}=\frac{N_p}{A_n}+\frac{N_p e_{p,n}}{I_n}y_{pn} \tag{13-3-5}$$

$$\sigma'_{pc,p}=\frac{N_p}{A_n}+\frac{N_p e_{p,n}}{I_n}y'_{pn} \tag{13-3-6}$$

式中：y_{pn}——受拉预应力筋合力点至净截面重心轴的距离；

y'_{pn}——受压预应力钢筋合力点至净截面重心轴的距离。

这样，即可求得后张法构件的 N_{p0} 和 σ_{pc} 计算表达式：

$$N_{p0}=\sigma_{p0}A_p+\sigma'_{p0}A'_p-\sigma_{l6}A_s-\sigma'_{l6}A'_s \tag{13-3-7}$$

$$\sigma_{p0}=(\sigma_{con}-\sum\sigma_l+\alpha_{Ep}\sigma_{pc,p}) \tag{13-3-8}$$

$$\sigma'_{p0}=(\sigma'_{con}-\sum\sigma'_l+\alpha_{Ep}\sigma'_{pc,p}) \tag{13-3-9}$$

N_{p0} 的作用点至净截面重心的距离

$$e_{p0,n}=\frac{\sigma_{p0}A_p y_{pn}-\sigma'_{p0}A'_p y'_{pn}-\sigma_{l6}A_s y_{sn}+\sigma'_{l6}A'_s y'_{sn}}{\sigma_{p0}A_p+\sigma'_{p0}A'_p-\sigma_{l6}A_s-\sigma'_{l6}A'_s} \tag{13-3-10}$$

在 N_{p0} 作用下，抗裂验算边缘混凝土预压应力为：

$$\sigma_{pc}=\frac{N_{p0}}{A_n}+\frac{N_{p0}e_{po,n}}{W_n} \tag{13-3-11}$$

式中：A_n、W_n——净截面面积和相对于抗裂验算边缘的净截面弹性抵抗矩。

预应力混凝土受弯构件在使用阶段的挠度应考虑长期效应的影响，即按荷载短期效应组合计算的短期挠度值 f_s 乘以挠度长期增长系数 η_θ。

$$f_l=\eta_\theta f_s \tag{13-3-12}$$

挠度长期增长系数可按下列规定取用：

采用 C40 以下混凝土时，$\eta_\theta=1.60$；采用 C40～C80 混凝土时，$\eta_\theta=1.45～1.35$，中间等级强度混凝土按直线插入取值。

预应力混凝土受弯构件按上述计算的长期挠度值，在消除结构自重及恒载产生的长期挠度，应满足《桥规》(JTG D62)规定的挠度限值。

$$\eta_\theta f_s-\eta_\theta f_G<\frac{L}{600}\text{或}\frac{L_1}{300} \tag{13-3-13}$$

式中：f_s——按荷载短期效应组合计算的短期挠度；

f_G——构件恒载产生的挠度。

η_θ——挠度长期增长系数。

由于预加力的反拱作用，中小跨径的预应力混凝土梁一般不设预拱度。但由于大跨径预应力混凝土桥梁结构自重较大，则应设置预拱度。为了保持桥梁在正常使用过程桥面的平整性，有时还需对预加力产生的反拱进行适当的控制。这些都涉及到由预加力产生的挠度计算问题。

预加力引起的反拱值，可用结构力学方法按刚度 $B_0=E_cJ_0$ 计算，并乘以挠度长期增长系数。计算使用阶段预加力反拱时，预应力钢筋的应力应扣除全部预应损失，长期增长系数取用 $\eta_\theta=2.0$。

$$f_p=-\eta_\theta\int_0^L\frac{M_{1(x)}M_{p(x)}}{E_cJ_0}dx \tag{13-3-14}$$

式中：M_{1x}——在挠度计算点作用单位力时的弯矩值；

$M_{P(x)}$——在扣除全部预应力损失后的有效预加力作用下构件的弯矩值。

预应力混凝土受弯构件的预拱度按下列规定设置：

(1)当预加力产生的长期反拱值大于按荷载短期效应组合计算的长期挠度时，可不设预拱度；

(2)当预加力产生的长期反拱值小于按荷载短期效应组合计算长期挠度时，应设置预拱度。预拱度值按该项荷载的挠度值与预加力的长期反拱值之差采用。预拱度的设置应按最大的预拱值沿顺桥向做成平滑的曲线。

此外，对自重较小的预应力混凝土受弯构件，应考虑预加力反拱过大可能造成的不利影响，必要时采取倒预拱等措施，避免桥面隆起甚至开裂破坏。

预应力混凝土受弯构件当需要计算施工阶段的挠度时，可按构件自重和预应力产生的初始弹性变形乘以$[1+\phi_{(t,t_0)}]$求得。此处 $\phi_{(t,t_0)}$ 为混凝土徐变系数，可根据加载龄期 t_0 和计算龄期 t 按《桥规》(JTG D62)附录 F 的方法计算。

总结与思考

按《桥规》(JTG D62)规定，预应力混凝土正常使用极限状态计算，采用荷载短期效应组合、长期效应组合或短期效应组合并考虑长期效应组合的影响，对构件的抗裂性、裂缝宽度和变形进行验算，并使各项计算值不超过规范规定的限值，以保证结构正常工作的适用性和耐久性。

13-1 预应力混凝土受弯构件正截面抗裂性是以荷载短期效应组合作用下正截面法向拉应力来控制，即应满足下列条件：

全预应力混凝土构件　　$\sigma_{st}-(0.8\text{ 或 }0.85)\sigma_{pc}\leqslant 0$

部分预应力混凝土 A 类构件　　$\sigma_{st}-\sigma_{pc}\leqslant 0.7f_{tk}$

(1) σ_{st} 为荷载短期效应组合作用下，构件抗裂性验算边缘混凝土的法向拉应力，其数值按材料力学公式计算。对后张法构件应注意不同受荷阶段截面几何特征值的不同。

(2)σ_{pc} 为预加力产生的构件抗裂性验算边缘混凝土有效预压应力，其数值按材料力学公式(即本书公式 13-1-13 和公式 13-1-14)计算，并应注意以下几点：

①计算截面面积 A 和截面弹性抵抗矩 W 时，受压翼缘的宽度取值为什么不同？

②式中的 N_{po}、N_p 为预应力筋和普通钢筋的合力，为什么在先张法和后张法中取值不同？

③如何考虑混凝土收缩、徐变对普通钢筋的影响？

13-2 《桥规》(JTG D62)规定，预应力混凝土受弯构件的正截面抗裂性，尚应满足在荷载长期效应组合下不得消压(即 $\sigma_{lt}-\sigma_{pc}\leqslant 0$)的要求。

式中 σ_{lt} 为荷载长期效应组合作用下抗裂性验算边缘混凝土的法向拉应力。《桥规》(JTG D62)6.3 条注 1 特别提出:本条规定的荷载长期效应组合系指结构的自重和直接加于桥上的活载产生的效应组合,不考虑间接施加于桥上的其他作用。

你对上面所指的“不得消压”的要求是如何理解的?

以常用的预应力混凝土简支梁为例,“不得消压”的要求是指截面的下缘不允许出现拉应力,还是指截面的上缘不允许出现拉应力?

对全预应力混凝土和部分预应力混凝土 A 类构件而言,在荷载长期效应组合作用下截面下边缘可能出现拉应力吗? 有必要进行此项验算吗?

对允许开裂的部分预应力混凝土 B 类构件而言,由于所加的预加力较少,在荷载长期效应组合作用下截面下缘有可能出现拉应力,进行此项验算是必要的。计算结果表明,对于设计允许裂缝宽度为 0.1～0.15mm 的部分预应力混凝土 B 类构件,此项验算一般均能满足要求。

从前面 § 11-5 介绍的预应力混凝土受弯构件各受力阶段分析可以看出,若所加的预加力过大,在荷载长期效应组合作用下截面的上边缘有可能出现拉应力,甚至出现裂缝。工程实践表明,截面上边缘出现拉应力将严重影响结构的耐久性,存在预应力钢筋腐蚀脆断的潜在危险。因此,贯彻落实《桥规》(JTG D62)6.3 条“荷载长期效应组合作用下不得消压”的规定,重点是控制截面的上边缘(更确切地说是截面预拉区)不出现拉应力。这时,公式(13-1-4)的控制条件应如何变化? 是控制“荷载长期效应组合作用下不得消压”,还是控制“永久荷载效应组合作用下不得消压”? 哪种情况最不利?

13-3 预应力钢筋混凝土受弯构件斜截面抗裂性是以荷载短期效应组合作用下的主拉应力来控制的,即应满足 $\sigma_{tp}\leqslant(0.4\sim0.7)f_{tk}$ 的要求。式中 σ_{tp} 为在预加力和荷载短期效应组合作用下构件抗裂性验算截面混凝土的最大主拉应力,其数值按材料力学公式计算(公式 13-1-23)。

应用上式计算主拉应力时应特别注意:式中 σ_{cx} 和 τ_x 应该是同一计算截面、同一水平纤维处,由同一荷载产生的法向应力和剪应力值。一般按荷载短期效应组合最大剪力值和与其相应的荷载短期效应组合的弯矩值计算,切不可不加分析的随意组合。

13-4 《桥规》(JTG D62)推荐的部分预应力混凝土 B 类构件的裂缝宽度计算公式与前面 § 8-2 介绍的钢筋混凝土裂缝宽度公式(8-2-1)具有相同的形式。

基本思路是将 M_s 作用下的部分预应力混凝土 B 类构件,经过“消压”处理后,转化为按弯矩 M_s 和偏心压力 N_{p0} 作用的钢筋混凝土偏心受压构件,计算钢筋应力时内力臂 Z 采用了简化计算公式。

13-5 预应力混凝土受弯构件的变形,根据给定的刚度,按结构力学方法确定,并应注意以下几点:

①对部分预应力混凝土 B 类构件,为什么开裂前、后刚度取值不同?

②《桥规》(JTG D62)给出开裂弯矩计算公式[相当于本书公式(13-3-3)]的物理意义是什么? 你对笔者提出的用于后张法的开裂弯矩计算公式(13-3-4)的修改建议如何看?

③《桥规》(JTG D62)在预应力混凝土构件变形计算中引入了系数 η_θ 考虑长期效应的影响,为什么在计算荷载效应引起的长期挠度(公式 13-3-12)和计算预加力引起的反拱(公式 13-3-14)中,系数 η_θ 的取值不同。

提示:混凝土受荷时龄期不同,徐变值不同。

第十四章　预应力混凝土结构持久状况和短暂状况构件的应力计算

桥涵结构设计的持久状况系指桥涵建成后承受自重、车辆荷载持续时间很长的状况。按照以往公路桥梁的设计习惯，该状况的预应力混凝土结构除应进行承载能力极限状态和正常使用极限状态设计外，还应进行构件应力验算。构件应力验算的实质是构件强度计算，是对承载力计算的补充，其内容包括使用阶段正截面混凝土的法向压应力、受拉钢筋的拉应力和斜截面混凝土主压应力验算，并不得超过《桥规》(JTG D62)规定的相应限值。持久状况构件应力验算时，作用(或荷载)取其标准值，不计分项系数，汽车荷载应考虑冲击系数影响。

预应力混凝土结构按短暂状况设计时，应计算在制造、运输及安装等阶段，由预加力(扣除相应的预力损失)、构件自重及其他施工荷载引起的正截面法向应力，并不得超过《桥规》(JTG D62)规定的限值。构件自重和施工荷载采用标准值，当有组合时不考虑荷载组合系数。

§14-1　全预应力混凝土及部分预应力混凝土A类构件使用阶段的应力验算

全预应力混凝土及部分预应力混凝土A类构件在使用阶段构件处于全截面参加工作的弹性工作状态，截面应力可按材料力学公式计算。这样，我们在第十三章§13-1抗裂性验算中给出的正截面法向应力和斜截面主应力计算公式，原则上都可推广用于全预应力混凝土及部分预应力混凝土A类构件在使用阶段的应力验算。在预应力损失取值、构件截面几何性质的采用上两者完全相同，只是在荷载效应组合上有所不同。抗裂性验算是计算荷载短期效应组合(汽车荷载不计冲击系数)作用下的截面应力，应力验算是计算荷载效应标准值(汽车荷载考虑冲击系数)作用下的截面应力。

一、正截面应力验算

1.混凝土受压边缘的法向压应力计算

对先张法构件

$$\sigma_{cc}^{k}=\frac{N_{p0}}{A_0}-\frac{N_{p0}e_{p0}}{W_0'}+\frac{M_{Gk}+M_{Q1k}+M_{Q2k}}{W_0'} \tag{14-1-1}$$

对后张法构件

$$\sigma_{cc}^{k}=\frac{N_p}{A_n}-\frac{N_p e_{pn}}{W_n'}+\frac{M_{G1k}}{W_n'}+\frac{M_{G2k}+M_{Q1k}+M_{Q2k}}{W_0'} \tag{14-1-2}$$

式中：N_{p0}、N_p——按公式(13-1-12)和公式(13-1-16)计算；

W_0'、W_n'——按受压翼缘有效宽度计算的换算截面和净截面对受压边缘的弹性抵抗矩；

A_0、A_n——按受压翼缘全宽度计算的换算截面和净截面积；

其余符号的意义见公式(13-1-11)和公式(13-1-12)。

按公式(14-1-1)或公式(14-1-2)计算的混凝土的最大压应力,应满足《桥规》(JTG D62)规定的限值,即 $\sigma_{cc}^{k}\leqslant 0.5f_{ck}$,其中 f_{ck} 为混凝土轴心抗压强度标准值。

2. 受拉区预应力钢筋的拉应力计算

$$\sigma_{p}^{k}=(\sigma_{con}-\sum\sigma_{l})+\alpha_{Ep}\sigma_{ct}^{k} \tag{14-1-3}$$

公式(13-1-3)中等号右边前一项($\sigma_{con}-\sum\sigma_{l}$)为扣除全部预应力损失后剩余的有效预应力,后一项为由荷载引起的钢筋应力的增量,其中 α_{Ep} 为预应力钢筋与混凝土弹性模量之比,σ_{ct}^{k} 为由荷载效应标准值引起的受拉区预应力钢筋合力点处混凝土法向拉应力。σ_{ct}^{k} 按下式计算:

对先张法构件

$$\sigma_{ct}^{k}=\frac{M_{Gk}+M_{Q1k}+M_{Q2k}}{I_0}y_{p0} \tag{14-1-4}$$

对后张法构件

$$\sigma_{ct}^{k}=\frac{M_{G2k}+M_{Q1k}+M_{Q2k}}{I_0}y_{p0} \tag{14-1-5}$$

式中:y_{p0}——受拉区预应力钢筋合力点至换算截面重心的距离。

因为在后张法中,钢筋张拉控制应力是在构件自重作用后测得的,所以在公式(14-1-5)中不再考虑构件自重的影响。

按公式(14-1-3)计算的钢筋应力,应满足《桥规》(JTG D62)规定的限值:

对钢绞线、钢丝　　　　$\sigma_{p}^{k}\leqslant 0.65f_{pk}$

对精轧螺纹钢筋　　　　$\sigma_{p}^{k}\leqslant 0.8f_{pk}$

式中:f_{pk}——预应力钢筋的抗拉强度标准值。

二、斜截面主压应力验算

斜截面应力验算是选取若干最不利截面(例如支点附近截面、梁肋宽度变化处截面等),计算在荷载效应标准值作用下截面的主压应力,并控制其满足《桥规》(JTG D62)规定的限制条件。斜截面主压应力验算的目的是防止构件腹板在预加力和使用阶段荷载作用下被压坏。

由预加力和荷载效应标准值产生的混凝土主压应力和主拉应力,可按下式计算:

$$\left.\begin{matrix}\sigma_{cp}^{k}\\ \sigma_{tp}^{k}\end{matrix}\right\}=\frac{\sigma_{cx}^{k}+\sigma_{cy}}{2}\pm\sqrt{\left(\frac{\sigma_{cx}^{k}-\sigma_{cy}}{2}\right)^{2}+(\tau_{x}^{k})^{2}} \tag{14-1-6}$$

式中:σ_{cx}^{k}——在预加力(扣除全部预应力损失后)和荷载效应标准值作用下,计算主应力点的混凝土法向压应力;

σ_{cy}——由竖向预应力钢筋的预加力产生的混凝土竖向压应力,按公式(13-1-26)计算;

τ_{x}^{k}——由预应力弯起钢筋的预加力竖直分力和荷载效应标准值产生的计算主应力点处的混凝土剪应力。

混凝土法向应力 σ_{cx}^{k} 按下式计算:

对先张法构件

$$\begin{aligned}\sigma_{cx}^{k}&=\sigma_{pc,y}\pm\frac{M_{Gk}+M_{Q1k}+M_{Q2k}}{I_0}y_0\\&=\frac{N_{p0}}{A_0}\mp\frac{N_{p0}e_{p0}}{I_0}y_0\pm\frac{M_{Gk}+M_{Q1k}+M_{Q2k}}{I_0}y_0\end{aligned} \tag{14-1-7}$$

对后张法构件

$$\sigma_{cx}^{k}=\sigma_{pc,y}\pm\frac{M_{G1k}}{I_n}y_n\pm\frac{M_{G2k}+M_{Q1k}+M_{Q2k}}{I_0}y_0$$

$$=\frac{N_p}{A_n}\mp\frac{N_p e_{pn}}{I_n}y_n\pm\frac{M_{G1k}}{I_n}y_n\pm\frac{M_{G2k}+M_{Q1k}+M_{Q2k}}{I_0}y_0 \tag{14-1-8}$$

式中：$\sigma_{pc,y}$——计算主应力点处混凝土的有效预压应力。

混凝土剪应力 τ_x^k 按下式计算：

对后张法构件

$$\tau_x^k=\frac{V_{G1k}S_n}{bI_n}+\frac{[V_{G2k}+V_{Q1k}+V_{Q2k}]S_0}{bI_0}-\frac{\sum\sigma_{pe,b}A_{pb}\sin\theta_p}{bI_n}S_n \tag{14-1-9}$$

对先张法构件

$$\tau_x^k=\frac{[V_{Gk}+V_{Q1k}+V_{Q2k}]S_0}{bI_0} \tag{14-1-10}$$

公式(14-1-6)～公式(14-1-10)中符号的意义及取值方法与抗裂验算中计算主拉应力的相应公式相同。在抗裂验算中提出的计算 σ_{cx} 和 τ_x 时的对应关系及先张法构件端部区段预应力传递长度 l_{tr} 范围内预加力的变化等问题，在进行斜截面主压应力验算时也应特别注意。

按公式(14-1-6)计算的混凝土主压应力应符合下列规定：

$$\sigma_{cp}^{k}\leqslant 0.6f_{ck} \tag{14-1-11}$$

此处，《桥规》(JTG D62)保留了根据使用阶段在预加力和荷载效应标准值作用下产生的主拉应力数值设置箍筋的规定，作为构件斜截面抗剪承载力的补充。

根据公式(14-1-6)计算的混凝土主拉应力，按下列规定设置箍筋：

在 $\sigma_{tp}\leqslant 0.5f_{ck}$ 的区段，箍筋可按构造要求设置；

在 $\sigma_{tp}>0.5f_{ck}$ 的区段，箍筋的间距 s_v 可按下列公式计算：

$$s_v=\frac{f_{sk}A_{sv}}{\sigma_{tp}b} \tag{14-1-12}$$

式中：f_{sk}——箍筋抗拉强度标准值；

A_{sv}——同一截面内箍筋的总截面面积；

b——矩形截面宽度，T形或工形截面的腹板宽度。

按上述规定计算的箍筋用量应与按斜截面承载力计算的箍筋数量进行比较，取其中较多者。

三、使用阶段的应力验算时荷载效应组合的探讨

应该指出，上面给出的混凝土法向应力、预应力钢筋应力及混凝土主压应力计算公式，都是针对预应力混凝土简支梁导出的，计算中只考虑了构件自重、恒载(包括桥面铺装、人行道、栏杆等)、车辆荷载和人群荷载作用的最基本组合情况。预应力混凝土使用阶段的应力验算做为承载能力极限状态的补充，应考虑结构上可能同时出现的作用(或荷载)，取其最不利效应组合进行计算，并应考虑多种可变作用(或荷载)效应组合的影响。例如，在预应力混凝土连续梁使用阶段应力计算时，除了考虑车辆荷载和人群荷载等可变荷载作用的基本组合情况外，通常还要考虑车辆荷载、人群荷载、温度作用、支座不均匀沉陷等多种可变作用(或荷载)效应组合。

众所周知，老《桥规》(JTJ 023—85)规定的作用阶段应力限值，是按不同荷载组合情况分别列出的，即应符合下列规定：

受压区混凝土最大压应力

荷载组合 I：$\sigma_{ha} \leqslant 0.5R_a^b$；荷载组合 II 或 III：$\sigma_{ha} \leqslant 0.6R_a^b$（式中 R_a^b 相当于 f_{ck}）。

预应力钢筋的最大拉应力

荷载组合 I：对钢绞线、钢丝 $\sigma_y \leqslant 0.65R_y^b$；对冷拉粗钢筋 $\sigma_y \leqslant 0.8R_y^b$（式中 R_y^b 相当于 f_{pk}）

荷载组合 II 或 III：对钢绞线、钢丝，$\sigma_y \leqslant 0.7R_y^b$；对冷拉粗钢筋，$\sigma_y \leqslant 0.85R_y^b$。

老《桥规》（JTG 023—85）在计算预应力混凝土构件使用阶段应力时，将荷载组合 II 或 III 作用下的混凝土最大压应力限值提高 12%，预应力钢筋最大拉应力限值提高 10.7%。这样处理方法，可粗略地反映多种可变荷载组合作用的影响。

《桥规》（JTG D62）给出的使用阶段应力限值，不再区分作用（或荷载）效应组合情况，采用了相同的数值。这一限值相当于老《桥规》（JTG 023—85）荷载组合 I 的水平。换句话说，在进行预应力混凝土使用阶段应力验算时，如何考虑多种可变使用（或荷载）效应组合的影响，在《桥规》（JTG D62）中没有更明确的规定。

笔者建议：在预应力混凝土梁使用阶段应力验算中，引入作用（或荷载）效应组合系数 Ψ_c，考虑多种可变作用（或荷载）效应组合的影响。作用（或荷载）效应组合系数 Ψ_c，可参照《公路桥涵设计通用规范》（JTG D60）给出的承载能力极限状态计算的基本组合中的规定取值。

这样，用于使用阶段应力验算时，作用（或荷载）效应组合标准值可表达为下列形式：

$$S_k = \sum_{i=1}^{m} S_{Gik} + S_{Q1k} + \Psi_c \sum_{j=2}^{n} S_{Qjk}$$

式中：S_k——使用阶段作用（或荷载）效应组合标准值；

S_{Gik}——第 i 个永久作用效应的标准值；

S_{Q1k}——汽车荷载效应（含汽车冲击力、离心力）的标准值；

S_{Qjk}——在作用效应组合中，除汽车荷载效应（含汽车冲击力、离心力）外的其他第 j 个可变作用效应的标准值；

Ψ_c——在作用效应组合中除汽车荷载效应（含汽车冲击力、离心力）外的其他可变作用效应的组合系数：当永久作用与汽车荷载和人群荷载（或其他一种可变使用）组合时，人群荷载（或其他一种可变作用）的组合系数取 $\Psi_c=0.8$；当除汽车荷载（含汽车冲击力、离心力）外尚有两种其他可变作用参与组合时，其组合系数取 $\Psi_c=0.70$；尚有三种可变使用参与组合时，其组合系数 $\Psi_c=0.60$；尚有四种及多于四种的可变作用参与组合时，取 $\Psi_c=0.50$。

例如：(1)除汽车荷载效应外，只有一种可变使用参与组合，取 $\Psi_c=0.8$

$$S_k = \sum_{i=1}^{m} S_{Gik} + S_{Q1k(汽车)} + 0.8S_{Q2k(人群)}$$

(2)除汽车荷载效应外，尚有两种可变作用参与组合，取 $\Psi_c=0.7$

$$S_k = \sum_{i=1}^{m} S_{Gik} + S_{Q1k(汽车)} + 0.7(S_{Q2k(人群)} + S_{温度})$$

(3)除汽车荷载效应外，尚有三种可变作用参与组合，取 $\Psi_c=0.6$

$$S_k = \sum_{i=1}^{m} S_{Gik} + S_{Q1k(汽车)} + 0.6(S_{Q1k(人群)} + S_{温度} + S_{支座沉陷})$$

应该指出，效应组合系数 Ψ_c 是承载能力计算的基本组合中考虑多个可变作用时，对综合作用效应的影响，在保持可靠指标及恒载和汽车荷载分项系数不变的前提下，引入一个小于 1.0 的组合效应系数，对作用（或荷载）效应标准值作等效折减。这里将其借用于使用阶段应力计算的多种可变作用（或荷载）效应组合的处理方法是近似的，也是可行的。

§14-2　部分预应力混凝土B类构件开裂后的应力验算

开裂后的部分预应力混凝土B类构件的应力状态与钢筋混凝土偏心受压构件相似。开裂截面的中性轴位置不仅与截面尺寸和材料性能有关，而且还与预加力和荷载大小有关。

以图14-2-1所示的后张法T形截面受弯构件为例，建立部分预应力混凝土B类构件开裂后的应力计算公式。

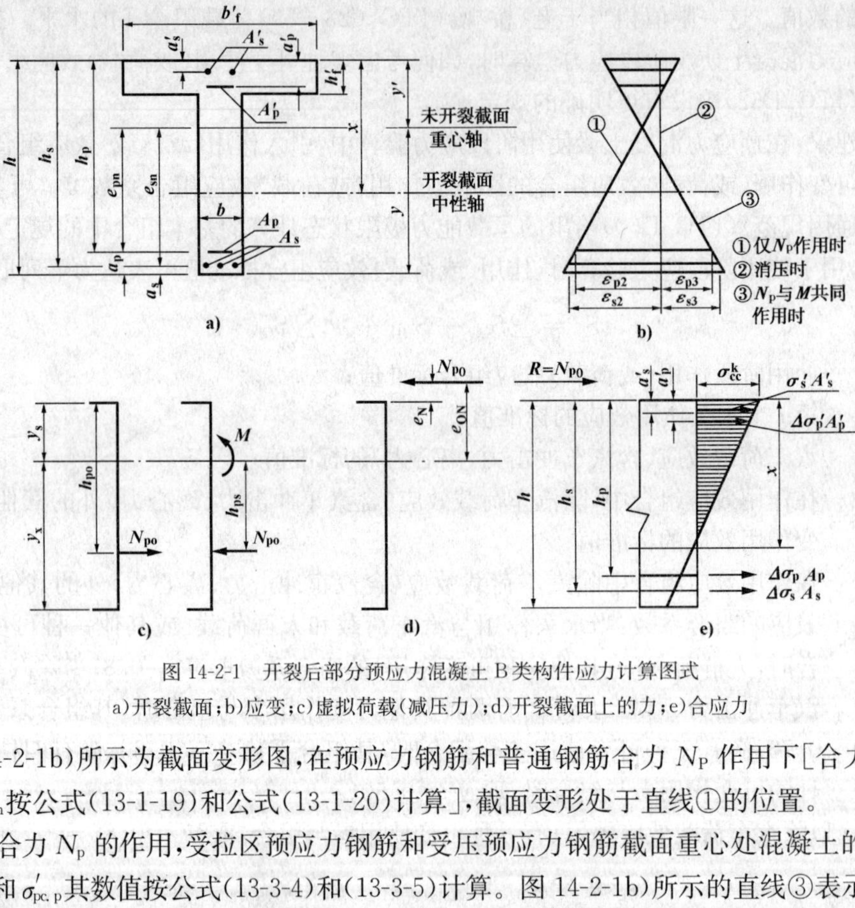

图14-2-1　开裂后部分预应力混凝土B类构件应力计算图式

a)开裂截面；b)应变；c)虚拟荷载(减压力)；d)开裂截面上的力；e)合应力

图14-2-1b)所示为截面变形图，在预应力钢筋和普通钢筋合力N_P作用下[合力N_P及其偏心距e_{pn}按公式(13-1-19)和公式(13-1-20)计算]，截面变形处于直线①的位置。

由于合力N_p的作用，受拉区预应力钢筋和受压预应力钢筋截面重心处混凝土的有效预压力为$\sigma_{pc,p}$和$\sigma'_{pc,p}$其数值按公式(13-3-4)和(13-3-5)计算。图14-2-1b)所示的直线③表示在预应力钢筋和普通钢筋的合力N_P和荷载弯矩M_k共同作用下的截面变形。由位置①过渡到位置③必然要经过虚线②的位置，虚线②对应于混凝土的完全消压，即截面上混凝土应力为零。

为了使截面达到完全消压状态，必须对截面施加一个拉力N_{p0}(又称为虚拟荷载)。换句话说，为了消除混凝土的预压应力，须对受拉区预应力钢筋截面重心处施加一个拉力$\sigma_{p0}A_p=(\sigma_{con}-\sum\sigma_l+\alpha_{Ep}\sigma_{pc,p})A_p$；对受压区预应力钢筋截面重心处施加一个拉力$\sigma'_{p0}A'_p=(\sigma'_{con}-\sum\sigma'_l+\alpha_{Ep}\sigma'_{pc,p})A'_p$。考虑混凝土收缩徐变的影响，还须对受拉区普通钢筋截面重心处施加一个压力$\sigma_{l6}A_s$，对受压区普通钢筋重心处施加一个压力$\sigma'_{l6}A'_s$。虚拟荷载N_{p0}即为上述各项预应力钢筋和普通钢筋的合力。

$$N_{p0}=\sigma_{p0}A_p-\sigma_{l6}A_s+\sigma'_{p0}A'_p-\sigma'_{l6}A'_s \tag{14-2-1}$$

N_{p0}作用点距截面受压边缘的距离[见图 14-2-1c)]为：

$$h_{p0}=\frac{\sigma_{p0}A_p h_p-\sigma_{l6}A_s h_s+\sigma'_{p0}A'_p a'_p-\sigma'_{l6}A'_s a'_s}{N_{p0}}$$

通过对截面施加虚拟荷载的技术处理后，截面变形处于图 14-2-1b)所示虚线②的位置，沿梁的全高混凝土应变(或应力)为零，即相当没有受荷的钢筋混凝土构件。在此基础上尚未考虑的荷载有：

(1)为了抵消多加的虚拟荷载，应在虚拟荷载作用点施加一个与其大小相等方向相反的压力 $R=N_{p0}$；

(2)使用阶段荷载弯矩 $M_k=M_{Gk}+M_{Q1k}+M_{Q2k}$。

在压力 N_{p0}和弯矩 M_k 的共同作用下，其效应与钢筋混凝土偏心受压构件相类似，作用于距截面受压边缘的距离为 h_{p0}的压力 N_{p0}和弯矩 M_k，可以用一个距截面受压边缘的距离为 e_N的合力 R 来代替：

$$R=N_{p0}$$

$$e_N=(M_k-N_{p0}h_{p0})/N_{p0}=\frac{M_k}{N_{p0}}-h_{p0} \tag{14-2-2}$$

这样，承受预加力合力 N_p 和弯矩 M_k 作用的部分预应力混凝土受弯构件就化为承受距截面受压边缘的偏心距为 e_N 的纵向压力为 $R=N_{p0}$的钢筋混凝土偏心受压构件。

开裂后的部分预应力混凝土受弯构件，按钢筋混凝土偏心构件分析方法计算时，采用以下假定：

(1)截面变形符合平截面假定；

(2)受压区混凝土取三角形应力图；

(3)不考虑受拉区混凝土参加工作，拉力全部由钢筋承担。

开裂后的部分预应力混凝土受弯构件的中性轴位置可由所有的力对偏心力 $R=N_{p0}$的作用点取矩的平衡条件求得(图 14-2-2)。

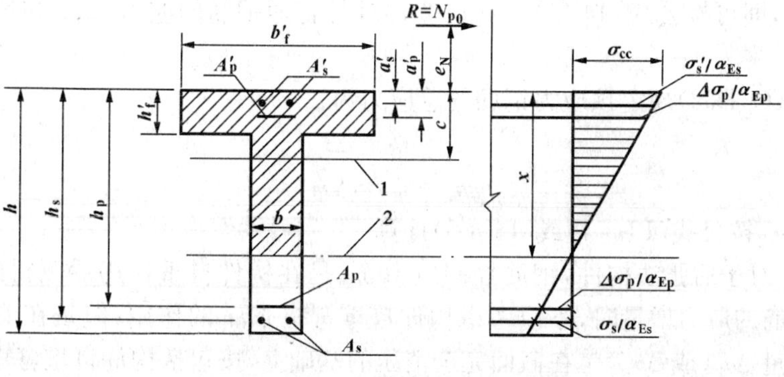

图 14-2-2　开裂后的部分预应力混凝土受弯构件截面应力计算图式

1-开裂截面重心轴；2-开裂截面中性轴

$$\frac{1}{2}\sigma_{cc}b'_f x\left(e_N+\frac{x}{3}\right)-\frac{1}{2}\sigma_{cc}\frac{x-h'_f}{x}(b'_f-b)(x-h'_f)\left(e_N+h'_f+\frac{x-h'_f}{3}\right)+$$

$$\sigma'_s A'_s(e_N+a'_s)+\Delta\sigma'_p A'_p(e_N+a'_p)-\Delta\sigma_p A_p(e_N+h_p)-\sigma_s A_s(e_N+h_s)=0 \tag{14-2-3}$$

式中，普通钢筋应力 σ'_s、σ_s 和预应力钢筋的应力增量 $\Delta\sigma'_p$、$\Delta\sigma_p$，可按变形图直线比例关系，通过受压边缘混凝土应力 σ_{cc}来表示：

$$\sigma'_s = \alpha_{Es}\sigma_{cc}\frac{x - a'_s}{x} \tag{14-2-4}$$

$$\Delta\sigma'_p = \alpha_{Ep}\sigma_{cc}\frac{x - a'_p}{x} \tag{14-2-5}$$

$$\Delta\sigma_p = \alpha_{Ep}\sigma_{cc}\frac{h_p - x}{x} \tag{14-2-6}$$

$$\sigma_s = \alpha_{Es}\sigma_{cc}\frac{h_s - x}{x} \tag{14-2-7}$$

将公式(14-2-4)～(14-2-7)代入公式(14-2-3)并令：$g_p = h_p + e_N$；$g_s = h_s + e_N$；$g'_p = a'_p + e_N$；$g'_s = a'_s + e_N$，$b_0 = b'_f - b$。消去共同项 σ_{cc}，即可求得一个以 x 为未知数的三次方程式：

$$Ax^3 + Bx^2 + Cx + D = 0 \tag{14-2-8}$$

式中：$A = b$；

$B = 3be_N$；

$C = 3b_0h'_f(2e_N + h'_f) + 6\alpha_{Ep}(A_pg_p + A'_pg'_p) + 6\alpha_{Es}(A_sg_s + A'_sg'_s)$；

$D = -b_0h'2_f(3e_N + 2h'_f) - 6\alpha_{Ep}(A_ph_pg_p + A'_ph'_pg'_p) - 6\alpha_{Es}(A_sh_sg_s + A's h'_sg'_s)$。

计算求得系数 A、B、C、D 后，代入公式(14-2-8)解一元三次方程式，求得 x 值。

中性轴位置确定后，即可由所有的力水平投影之和为零的平衡条件，求得混凝土受压边缘的应力

$$\sigma_{cc} = \frac{N_{p0}x}{S_0} \tag{14-2-9}$$

式中：S_0——换算截面对开裂截面中性轴的面积矩，按下式计算：

$$S_0 = \frac{1}{2}b'_fx^2 - \frac{1}{2}(b'_f - b)(x - h'_f)^2 + \alpha_{Ep}A'_p(x - a'_p) + \alpha_{Es}A'_s(x - a'_s) - \alpha_{Ep}A_p(h_p - x) - \alpha_{Es}A_s(h_s - x) \tag{14-2-10}$$

求得 σ_{cc} 后，即可按公式(14-2-4)～(14-2-7)计算普通钢筋的应力 σ_s、σ'_s 和预应力钢筋应力增量 $\Delta\sigma_p$、$\Delta\sigma'_p$。

《桥规》(JTG D62)规定预应力钢筋的总应力为：

$$\sigma_p = \sigma_{p0} + \Delta\sigma_p \tag{14-2-11}$$

$$\sigma'_p = \sigma'_{p0} + \Delta\sigma'_p \tag{14-2-12}$$

式中，σ_{p0}、σ'_{p0} 按公式(13-3-4)或(13-3-5)计算。

笔者认为，对于后张法构件，钢筋控制应力 σ_{con} 是在构件自重作用后测得的，在计算使用阶段预应力钢筋的应力增量时，不应考虑构件自重弯矩 M_{G1k} 的作用；但是在前面给出的使用阶段的应力增量 $\Delta\sigma_p$（或 $\Delta\sigma'_p$）是在截面完全消压的基础上，按包括构件自重弯矩在内的全部使用荷载计算的，按公式(14-2-11)和(14-2-12)计算预应力钢筋总应力偏大，应扣除构件自重弯矩 M_{G1k} 的影响。

笔者建议，后张法部分预应力混凝土 B 类构件使用阶段预应力筋的总应力可按下式计算：

$$\sigma^k_b = \sigma_{p0} + \Delta\sigma_p - \alpha_{Ep}\frac{M_{G1k}}{I_n}y_{pn} \tag{14-2-13}$$

$$\sigma'^k_b = \sigma_{p0} + \Delta\sigma_p - \alpha_{Ep}\frac{M_{G1k}}{I_n}y'_{pn} \tag{14-2-14}$$

式中：M_{G1k}——构件自重弯矩标准值；

I_n——按全截面参加工作计算的净截面惯性矩；

y_{pn}、y'_{pn}——受拉区预应力钢筋和受压区预应力钢筋截面重心至净截面重心轴的距离。

开裂截面的应力亦可按《桥规》(JTG D62)推荐的下列公式计算。

开裂截面混凝土受压边缘应力为：

$$\sigma_{cc}=\frac{N_{p0}}{A_{cr}}+\frac{N_{p0}e_{0N}C}{I_{cr}} \tag{14-2-15}$$

开裂截面受拉区预应力钢筋的应力增量

$$\Delta\sigma_p=\alpha_{Ep}\left[\frac{N_{p0}}{A_{cr}}+\frac{N_{p0}e_{0N}(h_p-C)}{I_{cr}}\right] \tag{14-2-16}$$

$$C=\left[b'_f x\frac{x}{2}-(b'_f-b)(x-h'_f)\left(h'_f+\frac{x-h'_f}{2}\right)+(\alpha_{Es}-1)A'_s a'_s+(\alpha_{Ep}-1)A'_p a'_p+\alpha_{Ep}A_p h_p+\alpha_{Es}A_s h_s\right]/\left[b'_f x-(b'_f-b)(x-h'_f)+(\alpha_{Es}-1)A'_s+(\alpha_{Ep}-1)A'_p+\alpha_{Ep}A_p+\alpha_{Es}A_s\right] \tag{14-2-17}$$

$$A_{cr}=b'_f x-(b'_f-b)(x-h'_f)+(\alpha_{Ep}-1)A'_p+(\alpha_{Es}-1)A'_s+\alpha_{Ep}A_p+\alpha_{Es}A_s \tag{14-2-18}$$

$$I_{cr}=\frac{b'_f x^3}{12}+b'_f x\left(c-\frac{x}{2}\right)^2-\frac{(b'_f-\mathrm{b})(x-h'_f)^3}{12}-(b'_f-b)(x-h'_f)\left(c-h'_f-\frac{x-h'_f}{2}\right)^2+(\alpha_{Es}-1)A'_s(c-a'_s)^2+(\alpha_{Ep}-1)A'_p(c-a'_p)^2+\alpha_{Ep}A_p(h_p-c)^2+\alpha_{Es}A_s(h_s-c)^2 \tag{14-2-19}$$

式中：e_{0N}——合力 $R=N_{p0}$ 的作用点至开裂换算截面重心轴的距离，$e_{0N}=e_N+C$；

C——截面受压区边缘至开裂换算截面重心轴距离(见图 14-2-2)；

e_N——合力 $R=N_{p0}$ 作用点至截面受压边缘的距离，按公式(14-2-4)计算；

A_{cr}——开裂换算截面面积；

I_{cr}——开裂换算截面对重心轴的惯性矩。

最后求得的混凝土边缘最大压应力应满足 $\sigma_{cc}\leqslant 0.5f_{ck}$。

预应力钢筋的应力应满足以下限值要求：

对钢丝、钢绞线 $\sigma_p\leqslant 0.65f_{pk}$；对精轧螺纹钢筋 $\sigma_p\leqslant 0.8f_{pk}$。

预应力混凝土受弯构件受拉区的普通钢筋，在使用阶段的应力很小，可不必验算。

§14-3　预应力混凝土受弯构件短暂状况应力验算

预应力混凝土结构按短暂状况设计时，应计算在制造、运输及安装等施工阶段，由预加力(扣除相应的预应力损失)、构件自重及其他施工荷载引起的截面应力，并不得超过《桥规》(JTG D62)规定的限制。

在第十一章§11-5 分析预应力混凝土受弯构件各受力阶段的工作状态时已指出，预应力钢筋张拉锚固后，梁向上挠曲，构件自重随即参加工作。预施应力阶段梁处于弹性工作状态，预加力和构件自重引起的截面应力，可按材料力学公式计算，这时预加力应扣除第一批应力损失，构件自重弯矩应采用标准值。

在预加力和构件自重作用下混凝土截面法向应力按下式计算：

对先张法构件

预拉区 σ^t_{ct}
预压区 σ^t_{cc}

$$\begin{matrix}\sigma^t_{ct}\\ \sigma^t_{cc}\end{matrix}=\frac{N_{p10}}{A_0}\mp\frac{N_{p10}\cdot e_{p01,0}}{I_0}y_0\pm\frac{M_{G1k}}{I_0}y_0 \tag{14-3-1}$$

对后张法构件

预拉区

预压区

$$\left.\begin{array}{l}\sigma_{ct}^{t}\\ \sigma_{cc}^{t}\end{array}\right\}=\frac{N_{p1}}{A_n}\mp\frac{N_{p1}\cdot e_{p1,n}}{I_n}y_n\pm\frac{M_{G1k}}{I_n}y_n \tag{14-3-2}$$

式中：N_{p10}——先张法构件扣除第一批预应力损失后，相当于混凝土应力为零时钢筋预加力的合力，$N_{p01}=\sigma_{p01}A_p+\sigma'_{p01}A'_p$其中，$\sigma_{p01}=\sigma_{con}-\sigma_{l1}+\sigma_{l4}$，$\sigma'_{p01}=\sigma'_{con}-\sigma'_{l1}+\sigma'_{l4}$；

$e_{p01,0}$——合力 N_{p01}作用点距换算截面重心的距离，$e_{p01,0}=\dfrac{\sigma_{p01}A_p y_{p0}+\sigma'_{p01}A'_p y'_{p0}}{\sigma_{p0}A_p+\sigma'_{p0}A'_p}$；

N_{p1}——后张法构件扣除第一批预应力损失后预应力钢筋预加力的合力，$N_{p1}=\sigma_{pe,1}A_p+\sigma'_{pe,1}A'_p$ 其中，$\sigma_{pe,1}=\sigma_{con}-\sigma_{l1}$，$\sigma'_{pe,1}=\sigma'_{con}-\sigma'_{l1}$；

$e_{p1,n}$——合力 N_{p1}的作用点至净截面重心的距离，$e_{p1,n}=\dfrac{\sigma_{pe,1}A_p y_{pn}+\sigma'_{pe,1}A'_p y'_{pn}}{\sigma_{pel}A_p+\sigma'_{pel}A'_p}$；

M_{G1k}——构件自重引起的弯矩标准值；

y_0、y_n——分别为所求应力之点至换算截面重心轴、净截面重心轴的距离。

《桥规》(JTG D62)规定，按上式求得的截面边缘的混凝土的法向应力符合下列要求：

(1)压应力

普通混凝土 $$\sigma_{cc}^{t}\leqslant 0.70f'_{ck} \tag{14-3-3}$$

高强混凝土 $$\sigma_{cc}^{t}\leqslant 0.5f'_{ck} \tag{14-3-4}$$

(2)拉应力

当 $\sigma_{ct}^{t}\leqslant 0.7f'_{tk}$时，预拉区应配置其配筋率不小于 0.2%的纵向钢筋；当 $\sigma_{ct}^{t}=1.15f'_{tk}$时，预拉区应配置其配筋率不小于 0.4%的纵向钢筋；当$0.7f'_{tk}<\sigma_{ct}^{t}<1.15f'_{tk}$时，预拉区应配置的纵向钢筋配筋率，按以上两者直线内插取用，拉应力不应超过 $1.15f'_{tk}$。

其中，f'_{ck}、f'_{tk}为与制作、运输、安装各施工阶段混凝土立方体抗压强度$f'_{cu,k}$相应的混凝土轴心抗压强度、轴心抗拉强度标准值，按附表 1 线性插入取用。

应该指出，预应力混凝土梁的制造、运输、安装阶段，一般是以预拉区边缘混凝土的法向拉应力 σ_{ct}^{t}控制设计。所以，在计算中只考虑构件自重的作用，不考虑其他施工荷载的作用。

对于这种情况，应特别注意使构件的自重及时地参与工作。如果构件在堆放、运输和安装时的支点(吊点)位置与设计位置差别较大，甚至发生构件翻倒等情况，都会改变构件自重引起弯矩值，从而导致构件的预拉区法向拉应力过大。梁的预拉区可能会出现裂缝，甚至有造成梁断裂的危险。

最后还须指出，本章给出的所有公式都是针对简支梁导出的，对于预应力混凝土连续梁等超静定结构，使用阶段应力验算(包括部分预应力 B 类受弯构件开裂后的应力验算)和短暂状况应力验算均应考虑预加力引起的次效应 M_{p2}的影响。

总结与思考

按照以往公路桥梁的设计习惯，《桥规》(JTG D62)保留了预应力混凝土受弯构件在使用阶段的应力验算，将其作为承载力计算的补充。使用阶段的应力验算，荷载效应采用标准值，不计分项系数，汽车荷载应考虑冲击系数的影响。

14-1 全预应力混凝土及部分预应力混凝土 A 类构件使用阶段的应力按材料力学公式计算，计算结果不得超过《桥规》(JTG D62) 规定各项限值。

应该指出，预应力混凝土使用阶段的应力验算，作为承载能力极限状态的补充，应考虑结构上可能同时出现的作用(或荷载)，取其最不利效应组合，并应考虑多种可变作用(或荷载)效应组合的影响。但是《桥规》(JTG D62) 对这一问题无明确规定，如何解决这一问题是实际设计中无法回避的现实问题，你认为应如何处理？对笔者提出的“将前面介绍的用于承载能力极限状态计算的荷载效应基本组合中采用的组合系数 φ_c 用于使用阶段应力验算的荷载效应标准值组合”的建议有什么看法？还有哪些改进和补充建议。

14-2 部分预应力混凝土 B 类构件开裂后应力计算的基本原理是将弯矩和偏心压力 N_{p0} 的作用，转化为钢筋混凝土偏心受压构件计算(图 14-2-1)。

①开裂的部分预应力混凝土 B 类构件，应力计算的难点是如何确定中性轴位置，开裂截面的中性轴位置与哪些因素有关？

② “消压处理”是一种计算手段，虚拟荷载 N_{p0} 的物理意义是什么？应如何确定？

③按公式(14-2-7)解三次方程求得中性轴位置 x 后，混凝土受压边缘的应力和受拉预应力筋应力，可按公式(14-2-15)～(14-2-16)计算；亦可按《桥规》(JTG D62)2.1.4 条公式(7.1.4-1)～(7.1.4-5)计算。

④按《桥规》(JTG D62) 计算开裂截面应力和变形时，都涉及开裂截面惯性矩 J_{cr} 计算问题。对开裂截面而言，中性轴和重心轴有什么不同？开裂截面的惯性矩应如何计算？

⑤按《桥规》(JTG D62)规定，部分预应力混凝土 B 类结构件使用阶段的受拉预应力筋的应力，按(7.1.4-5)计算(相当于本书 14-2-15)。你认为这一公式是否合理？对后张法构件而言，计算钢筋应力时为什么不计自重应力的影响？

14-3 有一后张法预应力混凝土简支梁，原设计的预应力筋采用Ⅰ级松弛(普通松弛)钢绞线，铁皮波纹管道。按全预应力混凝土构件设计，正截面抗弯和斜截面抗剪承载力均满足要求；抗裂性验算满足规范要求，且有较大的富余量；使用阶段应力验算满足要求，但富余量不大，预应力筋应力接近规范规定的允许值 $0.65f_{pk}$。

设计审核单位建议：①预应力筋改用Ⅱ级松弛(低松弛)钢绞线；②铁皮波纹管道改为塑料波纹管道。

设计单位接受了设计审核单位建议，但设计图纸和张拉控制应力均未变化，只在总说明中标明“预应力筋改用与原设计抗拉强度相同的Ⅱ级松弛(低松弛)钢绞线，预应力管道改为与原设计铁皮纹管道直径相同的塑料波纹管道”。

你如何评价设计审核单位的建议，这样修改的目的是什么？

你如何评价设计单位的处理意见？这样处理可能会出现哪些问题，对结构的安全使用和耐久性有什么影响？你认为设计应如何修改？

提示：据有关试验资料介绍，塑料波纹管道的摩阻系数 μ 和 k 值，比铁皮纹管道小很多(此处可按小 40%考虑)；并注意公式(11-4-24)中钢筋松弛系数 ξ 取值的不同。从应力损失的变化入手，分析对结构承载力复核、使用阶段应力验算和抗裂性验算结果的影响。

14-4 按《桥规》(JTG D62)规定，预应力混凝土结构按短暂状况设计时，应计算在制造、运输及安装等阶段，由预加力、构件自重及其他施工荷载引起的正截面法向应力，并不得超过规范规定的限值，以确保施工安全。

对预应力混凝土简支梁而言，制造、运输、安装阶段的应力验算，一般以预拉区边缘(即截面上边缘)的混凝土拉应力控制设计。在计算中只考虑构件自重的作用，不考虑其他施工荷载的作用。对于这种情况，应特别注意使构件的自重及时地参与工作。

请举出由于施工方法不当,造成预应力混凝土梁破坏的例子(例如:房建工地堆放的先张法预应力混凝土空心楼板的折断破坏是到处可见的),并对造成破坏的原因进行分析。

14-5 在实际工作中,大量的中、小桥梁设计均套用标准图设计。某设计单位设计一座跨径为 26.5m 的预应力混凝土简支梁桥,与标准图的跨径不符,无法直接套图。最后,经反复研究,"创造性"地套用了跨径 30m 的标准图,梁的截面尺寸和配筋不变,只将跨中预应力筋直线段的长度减少 3.5m。

你认为这样"套图设计"行吗?存在的主要问题是什么?能否给出定量的分析意见?

通过对上述"套图设计"的典型分析,你对目前我国推行的标准图设计的利弊有什么认识?将来你在实际工作中,应如何正确对待标准图设计?

提示:从跨度变小引起的自重弯矩变化入手,分析对结构应力状态的影响。

第十五章　预应力混凝土简支梁设计

§15-1　预应力混凝土简支梁设计的主要内容和计算步骤

前面各章主要介绍了预应力混凝土构件承载力极限状态计算和正常使用极限状态的抗裂性、裂缝宽度和变形计算等问题。对于截面尺寸和钢筋已配置好的构件来说，这些都属于验算问题。但是，在实际工作中，首先遇到的是如何选择截面和配筋的设计内容问题。预应力混凝土简支梁的设计主要包括截面设计、钢筋数量的估算和布置以及构造要求等。

预应力混凝土梁的设计应满足安全、适用和耐久性等方面的要求，主要包括：

(1)构件应具有足够的承载力，以满足构件对达到承载力极限状态时具有一定的安全储备，这是保证结构安全可靠工作的前提。构件的承载力计算是以构件可能处于最不利工作条件下，而又可能出现的荷载效应最大值来考虑的。

(2)在正常使用极限状态下，构件的抗裂性和结构变形不应超过规范规定的限制。对允许出现裂缝的构件，裂缝宽度应限制在一定范围内。

(3)在持久状况使用荷载作用下，构件的截面应力(包括混凝土正截面压应力，斜截面主压应力和钢筋拉应力)不应超过规范规定的限制。为了保证构件在制造、运输、安装时的安全工作，对短暂状况下构件的截面应力，也要控制在规范规定的限制范围以内。

从理论上讲，满足上述要求的设计是个复杂的优化设计问题。在设计中，对满足上述要求起决定性影响的是构件的截面选择、钢筋数量估算和位置的设计，它们是设计中的控制因素。构件的其他设计要求，如应力校核、预应力钢筋的走向、锚具的布置等可以通过局部性的设计来实现。

预应力混凝土简支梁设计的一般步骤是：

(1)根据设计要求，参照已有设计图纸和资料，选择预加力体系和锚具形式，选定截面形式，并初步拟定截面尺寸，选定材料规格。

(2)根据构件可能出现的荷载效应组合，计算控制截面的设计内力(弯矩和剪力)及其相应的组合值；

(3)从满足主要控制截面(跨中截面)在正常使用极限状态的使用要求和承载力极限状态的强度要求的条件出发，估算预应力钢筋和普通钢筋的数量，并进行合理的布置及纵断面设计；

(4)计算截面的几何特征值；

(5)确定张拉控制应力，计算预应力损失值；

(6)正截面和斜截面的承载力复核；

(7)正常使用极限状态下，构件抗裂性或裂缝宽度及变形验算；

(8)持久状况使用荷载作用下构件截面应力验算；

(9)短暂状况构件截面应力验算；

(10)锚固端局部承压计算与锚固区设计。

设计中应特别注意对上述各项计算结果的综合分析。若其中某项计算结果不满足要求或安全储备过大,应适当修改截面尺寸或调整钢筋的数量和位置,重新进行上述各项计算。尽量做到既能满足规范规定的各项限制条件,又不致造成个别验算项目的安全储备过大,达到全梁优化设计的目的。

§15-2 预应力混凝土简支梁的截面设计

结构的总体方案确定后,设计者的首要任务是选择合理的截面形式和拟定截面尺寸。合理的截面形式和尺寸不仅能保证结构良好的工作性能,对结构的经济性也具有重要影响。

一、预应力混凝土梁截面抗弯效率指标

截面设计的合理性和经济性,依赖于对截面工作性能的分析理解。从§11-5介绍的预应力混凝土受弯构件各工作阶段的受力分析可以看出,处于整体弹性工作阶段的预应力混凝土梁的抗弯能力是由预加力 N_p 和混凝土压应力的合力 D 组成的内力偶 $M=N_pz$ 来提供的。随着外荷载的增加,钢筋拉力 N_p 基本不变,并与混凝土压应力的合力 D 保持平衡($N_p=D$);但其内力偶臂 z 则随荷载弯矩的变化而变。因此,对预应力混凝土梁来说,在预加力相同的条件下,其内力偶臂 z 的变化范围越大,其所能抵抗的外荷弯矩也就越大,即截面的抗弯效率越高。对全预应力混凝土结构而言,在保证截面上、下边缘混凝土不出现拉应力的条件下,混凝土压应力的合力作用点只能限制在截面上、下核心点之间,内力偶臂的可能变化范围是上核心距 K_s 与下核心距 K_x 之和。因此,可用参数 $\lambda=(K_s+K_x)/h$(式中:$K_s=I/Ay$,$K_x=I/Ay'$,I 为截面惯性矩,A 为截面面积,y' 和 y 为截面重心至上、下边缘的距离,h 为截面高度)来表示截面的抗弯效率,通常称为截面抗弯效率指标。λ 值实际上是反映截面混凝土材料沿梁高分布的合理性,它与截面形式有关。例如,矩形截面的 λ 值为1/3;空心板梁的 λ 值,则随挖空率而变化,一般为0.4~0.55;T形截面的 λ 值可达0.5左右。当 $\lambda<0.45$ 时,截面比较笨重;当 $\lambda>0.55$ 时,截面过于单薄,要注意验算腹板和翼缘的稳定性。所以,在预应力混凝土梁的截面设计时,应在综合考虑结构受力和简化施工的前提下,尽量选取 λ 值较大的截面。

二、预应力混凝土梁常用截面形式

根据多年来的实践及对合理截面的研究,综合考虑设计、使用和施工等多种因素,在实际工作中已形成了一些常用截面形式和基本尺寸,可供设计时参考。

(1)预应力混凝土空心板[图15-2-1a)]。其挖空部分采用圆形、圆端形等截面,跨径较大的后张法空心板则做成薄壁箱形截面,仅在顶板做成拱形。空心板的截面高度与跨度有关,一般取高跨比 $h/L=1/15$~$1/20$,板宽一般取1100~1400mm,顶板和底板的厚度均不宜小于80mm。预应力混凝土空心板一般采用现场预制直线配筋的先张法生产,适用跨径为8~20m;后张法预应力混凝土空心板的适用跨径为16~22m;采用小箱梁形式时跨度可达30m。

(2)预应力混凝土T形梁[图15-2-1b)]。T形梁是我国应用最多的预应力混凝土简支梁桥截面形式,为了布置预应力钢筋的要求,常将下缘加宽成马蹄形。预应力混凝土简支T梁桥的适用跨径为25~40m,近年来已扩大应用到50m。T形梁的高跨比一般为 $h/L=1/15$~$1/25$。下缘加宽部分的尺寸,根据布置钢筋束的构造要求确定。T形梁的腹板起连接上、下翼

缘和承受剪力的作用，由于预应力混凝土梁中剪应力较小，故腹板无需太厚，一般取 160～200mm。下缘马蹄形加宽部分的高度应与钢筋束的弯起相配合。在支点附近区段，通常是全高加宽，以适用钢筋束弯起和梁端布置锚具、安放千斤顶的需要。T 形梁的上翼缘宽度一般取 1600～2500mm。对于主梁间距较大的情况，由于受构件起吊和运输设备的限制，通常在中间设置现浇段，将预制部分的上翼缘宽度限制在 1800mm 以下。上翼缘作为行车道板，其尺寸按计算要求确定，悬臂端的最小板厚不得小于 100mm，两腹板间的最小板厚不应小于 120mm。

(3)预应力混凝土工字梁现浇整体组合式截面梁[图 15-2-1c)]。这种梁是在预制工字梁安装定位后，再现浇横梁和桥面混凝土使截面整体化。其受力性能如同 T 形截面，但横向联系较 T 形梁好，构件吊装质量相对较轻。特别是它能较好的适用于各种斜桥，平面布置较容易。

(4)预应力混凝土槽形截面梁[图 15-2-1d)]。槽形梁属于组合式截面，预制主梁采用开口槽形截面。槽形梁架设就位后，在横向铺设先张法预应力混凝土板或钢筋混凝土板，最后再浇筑混凝土铺装层，将全桥连加成整体。

槽形组合式截面具有抗扭刚度大，荷载横向分布均匀，承载力高，结构自重轻、节省钢材等优点，而且槽形截面运输及吊装的稳定性好。所以，近年来这种槽形组合式截面的桥梁的应用增多，适用跨度为 16～30m，高跨比一般为 1/16～1/20。

(5)预应力混凝土箱形截面梁[图 15-2-1e)]。箱形截面为闭口截面，其抗扭刚度比一般开口截面(例如 T 形截面)大得多，可使荷载横向分布更加均匀，跨越能力大，材料利用合理，结构自重轻。

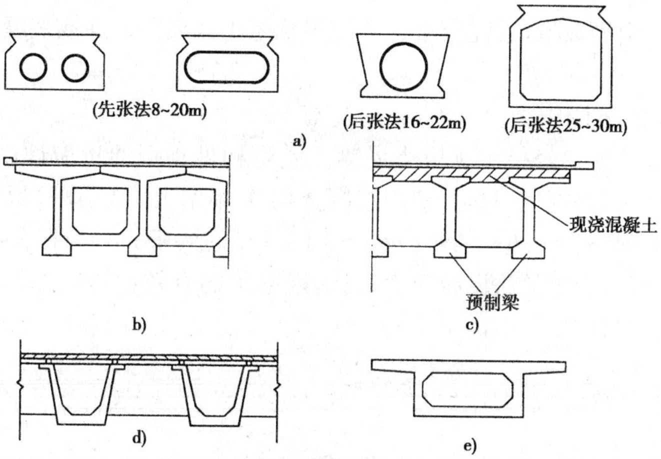

图 15-2-1　预应力混凝土简支梁桥常用截面形式

箱形截面梁在简支梁中采用不多，更多的是用于预应力混凝土连续梁、T 形刚构等大跨径桥梁中。

§ 15-3　预应力混凝土简支梁的配筋设计

部分预应力混凝土构件一般采用预应力钢筋和普通钢筋混合配筋。对全预应力混凝土构件在受拉区一般也配置一定数量的普通钢筋，这样能提高结构的延性。

预应力混凝土梁的配筋设计的主要内容包括：

(1)根据主要控制截面(跨中截面)的设计内力值,从满足使用功能和承载力要求出发,估算预应力钢筋和普通钢筋数量,并进行横断面布置;

(2)综合考虑全梁的内力(弯矩和剪力)变化规律,合理地布置预应力筋,认真进行纵断设计;

(3)注意满足有关构造要求,精心处理构造细节。

一、钢筋数量估算

前已指出,预应力混凝土梁的设计,应满足不同设计状况下规范规定的控制条件要求(例如:承载力、抗裂性或裂缝宽度、变形及应力等)。在这些控制条件中,最重要的是满足结构在正常使用极限状态下使用性能要求和保证结构对达到承载能力极限状态具有一定的安全储备。对桥梁结构来说,结构使用性能要求包括抗裂性(或裂缝宽度)和挠度等项限制。一般情况下以抗裂性(或裂缝宽度)限制控制设计。在截面尺寸已定的情况下,结构的抗裂性(或裂缝宽度)主要与预加力的大小有关。而构件的极限承载能力则与预应力钢筋和普通钢筋的总量有关。因此,预应力混凝土梁钢筋数量估算的一般方法是,首先根据结构的使用性能要求(即正常使用极限状态正截面抗裂性或裂缝宽度限值)确定预应力钢筋的数量,然后再由构件的承载能力极限状态要求,确定普通钢筋的数量。换句话说,预应力混凝土梁钢筋数量估算的基本原则是按结构使用性能要求确定预应力钢筋数量,极限承载力的不足部分由普通钢筋来补充。

1. 预应力钢筋数量的估算

为估算预应力钢筋数量,首先应按正常使用状态正截面抗裂性或裂缝宽度限制要求,确定有效预加力 N_{pe}。

(1)全预应力混凝土构件

在第十三章§13-1已经指出预应力混凝土受弯构件正截面抗裂性以混凝土法向拉应力控制,《桥规》(JTG D62)规定对全预应力混凝土构件,在作用(或荷载)短期效应组合下,应满足 $\sigma_{st}-0.85\sigma_{pc}\leqslant 0$(或 $\sigma_{st}-0.8\sigma_{pc}\leqslant 0$)[公式(13-1-1)]的要求。$\sigma_{st}$ 为在荷载短期效应组合 M_s 作用下,构件控制截面边缘的法向拉应力,σ_{pc} 为混凝土的有效预压应力。在初步设计时,σ_{st} 和 σ_{pc} 可按下列近似公式计算:

$$\sigma_{st}=\frac{M_s}{W} \tag{15-3-1}$$

$$\sigma_{pc}=\frac{N_{pe}}{A}+\frac{N_{pe}e_p}{W} \tag{15-3-2}$$

式中:A、W——构件截面面积和对截面受拉边缘的弹性抵抗矩,在设计时均可采用混凝土毛截面计算;

e_p——预应力钢筋重心对混凝土截面重心轴的偏心距,$e_p=y-a_p$,y 为截面重心轴至下边缘的距离,a_p 为预应力筋合力点至截面下边缘的距离,其值可预先假定。

若将 σ_{st}、σ_{pc} 的计算表达式(15-3-1)和(15-3-2)代入公式(13-1-1),即可求得满足全预应力混凝土构件正截面抗裂性要求所需的有效预加力为

$$N_{pe}\geqslant\frac{M_s/W}{0.85(\text{或 }0.8)\left(\dfrac{1}{A}+\dfrac{e_p}{W}\right)} \tag{15-3-3}$$

(2)部分预应力混凝土 A 类构件

《桥规》(JTG D62)规定定部分预应力混凝土 A 类构件，在作用(或荷载)短期效应组合下，应满足 $\sigma_{st}-\sigma_{pc}\leqslant 0.7f_{tk}$［公式(13-1-3)］的要求。若将 σ_{st}、σ_{pc} 的计算表达式(15-3-1)和(15-3-2)代入公式(13-1-2)，即可求得满足部分预应力混凝土 A 类构件正截面抗裂性要求所需的有效预加力为

$$N_{pe}\geqslant\frac{\frac{M_s}{W}-0.7f_{tk}}{\frac{1}{A}+\frac{e_p}{W}} \tag{15-3-4}$$

式中：f_{tk}——混凝土抗拉强度标准值。

(3)部分预应力混凝土 B 类构件

对于部分预应力混凝土 B 类构件，从理论上讲，应根据§13-2 给出的表 13-2-1 规定的裂缝宽度限值，由裂缝宽度计算公式(13-2-1)反求所需的预加力 N_{pe}。但是，由于裂缝问题的复杂性，试图由公式(13-2-1)导出一个适用于钢筋估算的裂缝宽度与有效预加力的关系式是很困难的。

老《桥规》(JTG 023-85)参照英国规范 CP110 给出如表 15-3-1 所示的按不开裂截面计算的混凝土受拉边缘的名义拉应力与裂缝宽度关系，即所谓的限制裂缝宽度的名义拉应力。

混凝土名义拉应力(MPa) 表 15-3-1

构件类别	裂缝宽度限值(mm)	混凝土强度等级		
		C30	C40	≥C50
后张法构件	0.1	3.2	4.1	5.0
	0.15	3.5	4.6	5.6
	0.20	3.8	5.1	6.2
	0.25	4.1	5.6	6.7
先张法构件	0.10	—	4.6	5.5
	0.15	—	5.3	6.2
	0.20	—	6.0	6.9
	0.25	—	6.5	7.5

注：本表仅适用于 C60 及以下混凝土。

这一方法是将部分预应力混凝土构件假想为可以承担拉应力的素混凝土构件(见图 15-3-1)，按材料力学公式计算在有效预加力和设计弯矩作用下截面受拉边缘的最大拉应力：

$$\sigma_{ct}^{N}=-[\sigma_{pc}-\sigma_{st}]=\sigma_{st}-\sigma_{pc} \tag{15-3-5}$$

实际上，对部分预应力混凝土 B 类构件来说，在荷载短期效应组合下，截面早已开裂，部分受拉区混凝土已退出工作。因此，按公式(15-3-5)求得的截面边缘最大拉应力 σ_{ct}^{N} 是假想的，即所谓名义拉应力。这个假想的名义拉应力虽然不能反映截面的实际应力状态，但却可以间接地反映截面的开裂程度。根据大量的试验资料，可求得不同强度等级混凝土出现不同裂缝宽度时所对应的名义拉应力值。

表 15-3-1 给出的混凝土名义拉应力值，应根据构件实际高度乘以表15-3-2规定的修正系数。

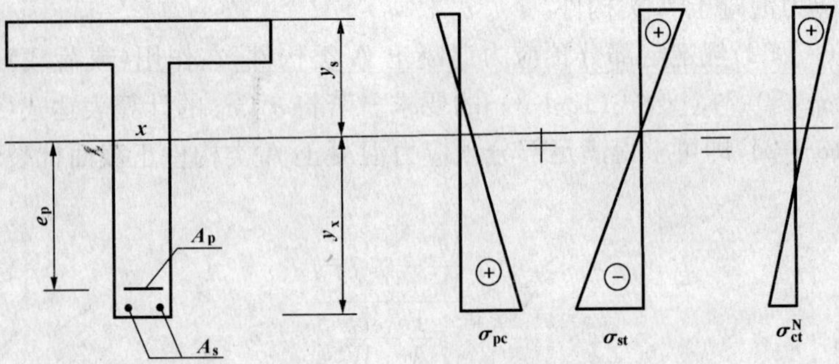

图 15-3-1　混凝土名义拉应力

混凝土名义拉应力构件高度修正系数　　表 15-3-2

构件高度(mm)	≤200	400	600	800	≥1000
修正系数	1.1	1.0	0.9	0.8	0.7

当构件的受拉区设有普通钢筋时，表中给出的名义拉应力可以提高，其增量按普通钢筋配筋率($\rho_s=A_s/bh_0$)计算，每增加 1%，对先张法构件可提高 3MPa，对后张法构件可提高 4MPa。但经过修正和提高后的名义拉应力不得大于混凝土设计强度等级的 1/4。

注：混合配筋的部分预应力混凝土 B 类构件中普通钢筋配筋率，主要与设计时采用的允许裂缝宽度有关，笔者在大量计算对比分析的基础上，建议计算允许名义拉应力时普通钢筋配筋百分率可按下式估算：$p_s=1.075[w]+0.790$。

名义拉应力法计算简单，特别是用于截面配筋设计，使用十分方便，且有一定的精度。

按名义拉应力法进行部分预应力混凝土 B 类构件的配筋设计，首先应根据裂缝宽度限值按表 15-3-1 选定与其对应的混凝土基本名义拉应力，并按构件的实际高度和假设的普通钢筋配筋率进行修正后，求得允许名义拉应力$[\sigma_{ct}^N]$。令 $\sigma_{ct}^N=[\sigma_{ct}^N]$，代入公式(15-3-5)：

$$[\sigma_{ct}^N]=\sigma_{st}-\sigma_{pc}$$

将 σ_{st} 和 σ_{pc} 的计算表达式(15-3-1)和(15-3-2)代入上式，即可求得满足部分预应力混凝土 B 类构件容许裂缝宽度要求所需的有效预加力为：

$$N_{pe}\geqslant\frac{\dfrac{M_s}{W}-[\sigma_{st}^N]}{(0.85\sim0.9)\left(\dfrac{1}{A}+\dfrac{e_p}{W}\right)} \tag{15-3-6}$$

式中，(0.85～0.9)为考虑名义拉应力法中选取的允许裂缝宽度与验算裂缝公式(13-2-1)的协调性的修正系数，其数值是笔者在大量计算对比分析的基础上提出的。

针对全预应力混凝土、部分预应力混凝土 A 类构件和部分预应力混凝土 B 类构件不同的使用性能要求，分别按公式(15-3-3)、(15-3-4)、(15-3-6)求得有效预加力 N_{pe} 后，所需预应力钢筋截面面积按下式计算：

$$A_p=\frac{N_{pe}}{\sigma_{con}-\sum\sigma_l} \tag{15-3-7}$$

式中：σ_{con}——预应力钢筋的张拉控制应力；

$\sum\sigma_l$——预应力损失总值，估算时对先张法构件可取 20%～30%的张拉控制应力；对后张法构件可取 25%～35%的张拉控制应力，采用低松弛钢筋时取低值。

求得预应力钢筋截面面积后，应结合锚具选型和构造要求，选择预应力钢筋束的数量及组成，布置预应力钢筋束并计算其合力作用点至截面边缘的距离。

2. 普通钢筋数量的估算

在预应力钢筋数量已经确定的情况下，普通钢筋数量可由正截面承载力要求确定。若不考虑受压区预应力钢筋和普通钢筋的影响，前面在第十二章§12-1 给出的正截面承载能力计算公式(12-1-4)～(12-1-7)或(12-1-10)～(12-1-11)即可改写为下列简单形式：

(1)当 $x \leqslant h'_f$ 时

$$f_{cd}b'_f x = f_{sd}A_s + f_{pd}A_p \tag{15-3-8}$$

$$\gamma_0 M_d \leqslant f_{cd}b'_f x(h_0 - x/2) \tag{15-3-9}$$

(2) 当 $x > h'_f$ 时

$$f_{cd}bx + f_{cd}(b'_f - b)h'_f = f_{sd}A_s + f_{pd}A_p \tag{15-3-10}$$

$$\gamma_0 M_d \leqslant f_{cd}bx(h_0 - x/2) + f_{cd}(b'_f - b)h'_f\left(h_0 - \frac{h'_f}{2}\right) \tag{15-3-11}$$

估算时，可先按 $x \leqslant h'_f$ 情况计算，首先由公式(15-3-9)求得截面受压区高度 x，若所得 $x \leqslant h'_f$，则将其代入公式(15-3-8)求得受拉普通钢筋截面面积。

$$A_s = \frac{f_{cd}b'_f x - f_{pd}A_p}{f_{sd}} \tag{15-3-12}$$

若按公式(15-3-9)求得的 $x > h'_f$，应改为按 $x > h'_f$ 的情况，由公式(15-3-11)重新求 x。若所得 $x > h'_f$，且满足 $x \leqslant \xi_b h_0$ 的限制条件，则将其代入公式(15-3-10)，求得受拉普通钢筋截面面积为：

$$A_s = \frac{f_{cd}bx + f_{cd}(b'_f - b)h'_f - f_{pd}A_p}{f_{sd}} \tag{15-3-13}$$

布置在受拉区的普通钢筋一般选用 HRB335、HRB400 或 KL400 带肋钢筋，通常布置在预应力钢筋的外侧。

最后求得的预应力筋和普通钢筋数量，应特别注意满足《桥规》(JTG D62)规定的预应力混凝土受弯构件最小配筋率的限制条件：

$$\frac{M_{ud}}{M_{cr}} \geqslant 1.0 \tag{15-3-14}$$

式中：M_{ud}——受弯构件正截面抗弯承载力设计值，按公式(12-1-8)式(12-1-11)不等号右边式子计算；

M_{cr}——受弯构件正截面开裂弯矩值，可按《桥规》(JTG D62)给出的(6.5.2-6)(即本书 13-3-3)计算。但笔者认为，对后张法构件应改为按公式(13-3-4)计算，即 $M_{cr} = (\sigma_{pc} + \gamma f_{tk})W_0 - \left(\frac{W_0}{W_n} - 1\right)M_{G1K}$。

二、预应力钢筋纵断面设计

预应力混凝土简支梁的配筋设计一般是首先进行跨中截面和梁端附近截面的设计。根据跨中截面正截面的使用性能和抗弯承载力要求，确定预应力钢筋和普通钢筋的数量；梁端附近截面设计主要是根据斜截面抗剪承载力和锚下局部承压及布置锚具和安放张拉千斤顶的构造要求，确定预应力钢筋的布置方案。对于中小跨径的预应力混凝土简支梁，通常的做法是将所有的预应力钢筋均在梁端锚固[较大跨径简支梁或连续梁亦可将部分预应力钢筋在跨间顶

(底)板或横隔梁处锚固]。在支点截面处应将预应力钢筋的合力作用点设置在接近混凝土截面重心处。这样,从跨中到支点,预应力钢筋必须从某一点开始以适当的形式弯起。

预应力钢筋的弯起应综合考虑弯矩和剪力值沿梁长方向的变化,适应正截面抗弯和斜截面抗剪的受力要求。

对正截面抗弯需要而言,从保证全梁正截面的抗裂性或裂缝宽限制的需要出发,预应力钢筋的偏心距 e_p 应与短期荷载效应组合弯矩设计值 M_s 的变化相适应。对全预应力混凝土构件,由公式(15-3-3)可求得偏心距 e_p 与设计弯矩的关系为:

$$e_p \geqslant \frac{M_s}{(0.85\text{ 或 }0.8)N_{pe}} - \frac{W}{A} = \frac{M_s}{(0.85\text{ 或 }0.8)N_{pe}} - K_s \tag{15-3-15}$$

式中:K_s——混凝土截面重心至上核心点的距离,即 $K_s=\frac{W_x}{A}=\frac{I}{Ay}$。

这样,预应力钢筋合力作用点至截面上核心点的距离 e_2 可写为

$$e_2 = e_p + K_s \geqslant \frac{M_s}{0.85(\text{或 }0.8)N_{pe}} \tag{15-3-16}$$

公式(15-3-15)给出的是为满足全梁正截面抗裂要求所需的预应力钢筋束偏心距的下限值。

预应力钢筋束偏心距上限值,一般由短暂状况预施应力作用阶段截面上边缘不得出现拉应力的条件来控制。将第十四章§14-3 给出的公式(14-3-2)简化为按混凝土毛截面几何性质计算,取 $N_{p1} \approx N_{pe}$,可求得当截面上边缘应力为零时,所对应的偏心距为:

$$e_p \leqslant \frac{M_{G1k}}{N_{p1}} + \frac{I}{Ay} = \frac{M_{G1k}}{N_{pe}} + K_x \tag{15-3-17}$$

这样,预应力钢筋合力作用点至截面下核心点的距离 e_1 可写为

$$e_1 = (e_p - K_x) \leqslant \frac{M_{G1k}}{N_{pe}} \tag{15-3-18}$$

式中:K_x——混凝土截面重心至下核心点的距离,$K_x=\frac{W_s}{A}=\frac{I}{Ay'}$。

图 15-3-2 所示为预应力钢筋偏心距沿梁长方向的变化图,图中 E_1 线对应于截面下核心点连线 $A'A'$ 的距离 e_1,按公式(15-3-18)计算,E_2 线对应于截面上核心点连线 AA 的距离 e_2,按公式(15-3-16)计算,E_1 和 E_2 这两条线限制了预应力钢筋的布置范围称之为索界。只要在索界内布置钢索(指钢筋束的重心线),即能满足全梁所有截面的正截面抗裂性和预施应力阶段截面上缘不出现拉应力的要求。

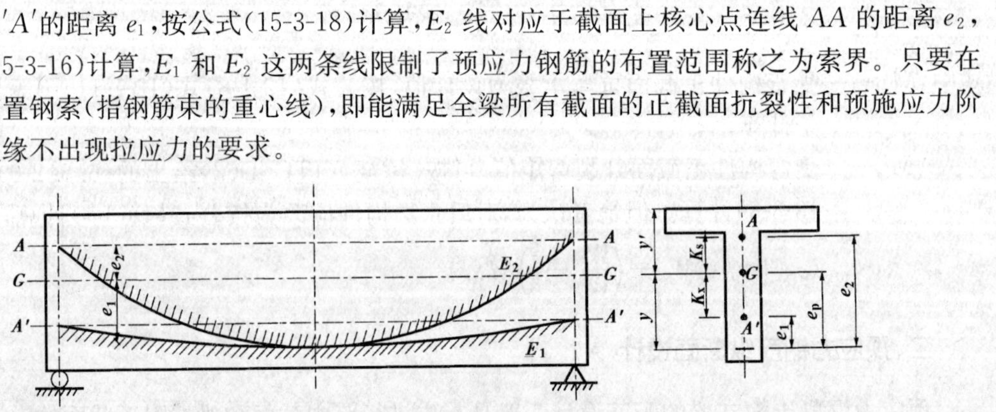

图 15-3-2 索界图

应该指出,上面给出的索界图是针对全预应力混凝土构件导出的。对部分预应力混凝土 A 类构件来说,满足正截面抗裂性要求的预应力钢筋束偏心距与设计内力的关系式,应由公式(15-3-4)导出;对部分预应力混凝土 B 类构件来说,满足裂缝宽度限制的预应力钢筋束偏心

距与设计内力的关系式应由公式(15-3-6)导出。部分预应力混凝土构件索界图中 E_2 线应按上面导出的相应公式计算,其形状与全预应力混凝土相似,位置将水平上移,E_1 线的位置与全预应力混凝土相同。

预应力钢筋在索界内的走向,还应配合斜截面的抗剪要求来选择。钢筋弯起后,将产生向上作用的预剪力 $V_p = N_{pe}\sin\theta_p$(式中 θ_p 为预应力筋的弯起角)。如果弯起角度过大,只有恒载作用时,可能产过大的向上剪力;若弯起角度过小,预剪力不足,在活载作用后可能产生过大的向下剪力。从理论上讲,最佳的设计是考虑预剪力的作用后,应使只有恒载作用与活载作用后的合成剪力绝对值相等。即 $|V_G - N_{pe}\sin\theta_p| = |V_G + V_Q - N_{pe}\sin\theta_p|$,由此可得:

预剪力

$$N_{pe}\sin\theta_p = V_G + 1/2V_Q \tag{15-3-19}$$

预应力钢筋的弯起角度

$$\theta_p = \arcsin[(V_G + 1/2V_Q)/N_{pe}] \tag{15-3-20}$$

对于恒载较大的大跨径桥梁,按上式确定的弯起角度值显然过大,将使预应力钢筋的摩擦损失大大增加,所以一般只按抵消一部分恒载剪力来设计。

按上面给出的索界图和公式(15-3-20)给出的斜截面抗剪要求进行预应力钢筋的纵断面设计,力学概念清楚。特别是对大跨径变截面梁和连续梁的设计是很有帮助的。

在实际工作中,对中小跨径的等截面简支梁的设计,一般不必绘制索界图。通常是将预应力钢筋在跨中和支点截面的控制位置按计算和构造要求确定后,参照有关钢筋束弯起的构造要求,在控制点之间采用近似于抛物线的形状连接,就基本上能满足设计要求。

预应力钢筋束的起弯点一般设在距支点 $L/4 \sim L/3$ 之间,弯起角度一般不宜大于 20°。对于弯出梁顶锚固的钢筋束,弯起角度常在 25~30°之间,以免摩擦损失过大。钢束弯起的曲线可采用圆弧线、抛物线或悬链线三种形式。在矢跨比较小的情况下,这三种曲线的坐标值相差不大。但从施工角度来说,选择悬链线比较方便,但是悬链线弯起不急;从满足起弯角度来说,圆弧线比较好,施工放样也比较方便。

《桥规》(JTG D62)规定,后张法预应力混凝土构件的曲线形预应力钢筋,其曲线半径应符合下列规定:

(1)钢丝束中,钢绞线束的钢丝直径等于或小于 5mm 时,不宜小于 4m;钢丝直径大于 5mm 时,不宜小于 6m。

(2)精轧螺纹钢筋的直径等于或小于 25mm 时,不宜小于 12m;直径大于 25mm 时,不宜小于 15m。

三、预应力混凝土配筋的构造要求

1. 后张法预应力混凝土构件预应力钢筋孔道设置

后张法构件中预留预应力钢筋孔道一般采用抽拔橡胶管或钢管和预埋塑料(或金属)波纹管方式形成。预应力管道的设置应符合下列要求:

(1)直线管道的净距不应小于 40mm,且不宜小于管道直径的 0.6 倍;对于预埋塑料(或金属)波纹管,在竖直方向可将两管道叠置。

(2)对外形呈曲线形且布置有曲线预应力钢筋的构件(图 15-3-3),其曲线平面内、外管道的最小保护层厚度,应根据施加预应力时曲线预应力钢筋引起的压力,按下列公式计算:

曲线平面内最小混凝土保护层厚度

$$C_{in} \geqslant \frac{P_d}{0.266r\sqrt{f'_{cu}}} - \frac{d_s}{2} \tag{15-3-21}$$

式中：C_{in}——曲线平面内最小混凝土保护层厚度(管道外边缘至混凝土表面的距离)；

P_d——预应力钢筋的张拉力设计值(N)，可取扣除锚圈口摩擦、钢筋回缩及计算截面处管道摩擦损失后的张拉力乘以1.2；

r——管道曲线半径，$r=\frac{L}{2}\left(\frac{1}{4\beta}+\beta\right)$，$\beta$为曲线矢高$f$与弦长$L$之比；

f'_{cu}——预应力钢筋张拉时，混凝土的立方体抗压强度(MPa)；

d_s——管道外缘直径。

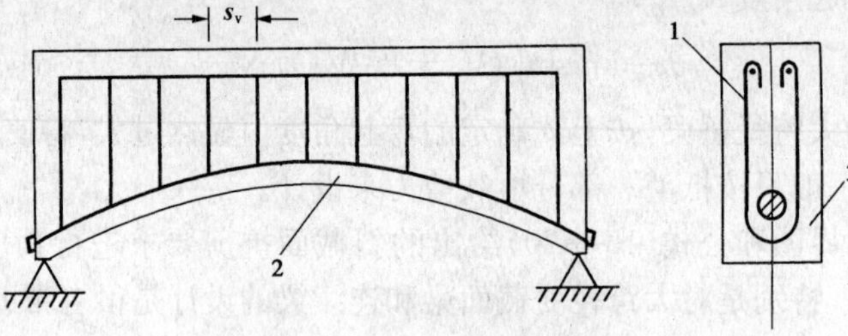

图15-3-3　预应力钢筋曲线管道保护层

1-箍筋；2-曲线平面内保护层；3-曲线平面外保护层

曲线平面外最小混凝土保护层厚度

$$C_{out} \geqslant \frac{P_d}{0.266\pi r\sqrt{f'_{cu}}} - \frac{d_s}{2} \tag{15-3-22}$$

曲线形预应力钢筋管道在曲线平面内相邻管道间的最小净距应按公式(15-3-20)计算，其中P_d和r分别为相邻两管道曲线半径较大的一根预应力钢筋的张拉力设计值和曲线半径；曲线形预应力钢筋管道在曲线平面外相邻管道外缘间的最小净距，应按公式(15-3-21)计算。当上述计算结果小于其相应的直线管道外缘间净距时，应取用直线管道最小外缘间净距。

(3)管道内径的截面面积不应小于预应力钢筋截面面积的两倍。

(4)按计算需要设计预拱时，预留管道也应同时起拱。

2.先张法预应力混凝土构件预应力钢筋设置的构造要求

先张法预应力混凝土构件的预应力钢筋宜采用带肋钢筋、钢绞线或螺旋肋钢丝，以确保钢筋与混凝土之间具有可靠的黏结力。

在先张法预应力混凝土构件中，预应力钢绞线的净距不应小于其直径的1.5倍，且对1×2(二股)、1×3(三股)钢绞线不应小于20mm，对1×7(七股)钢绞线不应小于25mm。预应力钢丝间净距不应小于15mm。

在先张法构件中，预应力钢筋端部周围混凝土应采用以下局部加强措施：

对单根预应力钢筋，其端部应设置长度不小于150mm的螺旋钢筋。

对多根预应力钢筋，其端部在$10d$(d为钢筋直径)范围内，应设3～5片钢筋网。

3.部分预应力混凝土构件普通钢筋设置的构造要求

部分预应力混凝土梁应采用预应力钢筋和普通钢筋混合配筋。普通钢筋尽量采用较小直径的带肋钢筋，以较密的间距布置在截面受拉区边缘；普通受拉钢筋的截面面积不宜小于$0.003bh$。

4. 预应力混凝土梁箍筋设置的构造要求

尽管预应力混凝土梁由于预加力的作用，一般剪应力较小，还是需要设置箍筋，用以防止剪应力造成的裂缝和突然的剪切破坏。

《桥规》(JTG D62)规定，预应力混凝土T形截面梁或箱形截面梁腹板内应设置直径不小于10mm和12mm的箍筋，且应采用带肋钢筋，其间距不宜大于250mm，自支座中心起长度不小于一倍梁高范围内应采用闭合式箍筋，其间距不宜大于100mm。

此外，在T形截面梁配有预应力钢筋的马蹄形加宽部分，应设置直径不小于8mm的闭合式辅助箍筋，其间距不应大于200mm，马蹄内尚应设直径不小于12mm的定位钢筋。

对于曲线形预应力钢筋，当按公式(15-3-20)计算的保护层厚度比上述规定的直线孔道最小保护层厚度大得多时，可按直线管道设置最小保护层厚度，但应在管道曲线段平面内设置箍筋。箍筋单肢的截面面积可按下式计算：

$$A_{svl} \geqslant \frac{P_d s_v}{2r f_{sd,v}} \tag{15-3-23}$$

式中：A_{svl}——箍筋单肢截面面积(mm^2)；

s_v——箍筋的间距(mm)；

$f_{sd,v}$——箍筋抗拉强度设计值(MPa)。

5. 预应力混凝土梁中水平纵向钢筋的设置

在§3-1已经指出，对于梁高较大的钢筋混凝土T形梁或箱形梁的腹板两侧面应设置水平纵向钢筋，用以防止因混凝土收缩及温度变化而产生的裂缝。应该指出，对预应力混凝土梁来说，设置水平纵向钢筋的作用更加突出。预应力混凝土T形梁，上有翼板，下有“马蹄”，在混凝土硬化和温度变化时，腹板的变形将受到翼缘与“马蹄”的钳制作用，更容易出现裂缝。梁的截面越高，就越容易出现裂缝。为了防止裂缝(严格讲是分散裂缝，减小裂缝宽度)，一般在腹板两侧设置水平纵向钢筋，通常称为防收缩钢筋，对预应力混凝土梁，水平纵向钢筋宜采用小直径带肋钢筋网，紧贴箍筋布置在腹板的两侧，以增强与混凝土的黏结力，达到有效控制裂缝的目的。

设置在腹板两侧的水平纵向钢筋，其直径为6～8mm，钢筋的截面面积宜为(0.001～0.002)bh，其中b为腹板宽度，h为梁的高度。其间距在受拉区不应大于腹板宽度，且不应大于200mm，在受压区不应大于300mm，在支点附近剪力较大区段和预应力混凝土梁的锚固区段，腹板两侧纵向钢筋截面面积应予增加，纵向钢筋间距宜为100～150mm。

6. 后张法预应力钢筋管道灌浆

预应力钢筋管道灌浆用水泥浆强度等级不应低于30级。水泥浆应和易性良好，其水灰比宜为0.4～0.45。为减少收缩，可通过试验掺入适量膨胀剂。

7. 后张法预应力混凝土梁的封锚

埋封于梁体内的锚具，在张拉完成后，其周围应设置构造钢筋与梁体连接，然后浇筑混凝土封锚。封锚混凝土强度等级不应低于构件本身混凝土强度等级的80%，且不低于C30。

§15-4 组合式受弯构件设计特点

一、概述

组合式(又称为叠合式)构件是指在预制构件上再后浇一部分混凝土所形成的两次浇筑构

件。组合式构件根据其受力特点的不同，可分为两类：

1. 一阶段受力组合构件

一阶段受力组合构件是指在施工阶段在预制构件下设有可靠支撑，施工荷载由下面的支撑承受，施工期间预制构件是不受力的，待叠合层后浇混凝土达到设计强度等级后，再拆除支撑，由二次浇筑后形成的整体截面来承受全部作用的荷载。一阶段受力组合式受弯构件的计算原则和方法，与普通受弯构件相同。但其叠合面的抗剪承载力应按组合构件计算方法计算，并注意叠合层与预制构件混凝土强度等级的不同。

2. 两阶段受力组合构件

两阶段受力组合构件是指施工阶段在预制构件下不加支撑，由预制构件承受施工阶段的恒载和施工荷载；后浇混凝土达到设计强度等级后形成的整体截面，承受第二阶段作用的恒载和活载。显然无支撑施工的组合结构，属于两阶段制造，两阶段受力的组合结构，其受力性能与整体结构有较大差异。

图 15-4-1 所示为我国采用的预应力混凝土工形组合梁桥的主梁断面图，预应力混凝土工形梁在预制场预制并吊装就位后，在其上支撑桥面板和横隔梁的模板，现场浇筑桥面板和横隔梁混凝土，待现浇混凝土达到设计强度等级后，便形成整体受力结构。

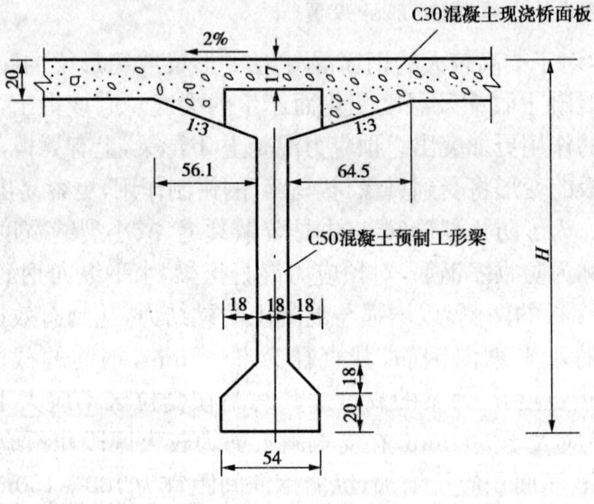

图 15-4-1　预应力混凝土工形组合梁（尺寸单位：cm）

图 15-4-2 所示为我国采用的预应力混凝土箱形组合梁桥的断面图，桥梁的跨径为 20m，每孔由 4 片预制的先张法预应力混凝土槽形梁和 7 块先张法预应力混凝土空心板组成。施工

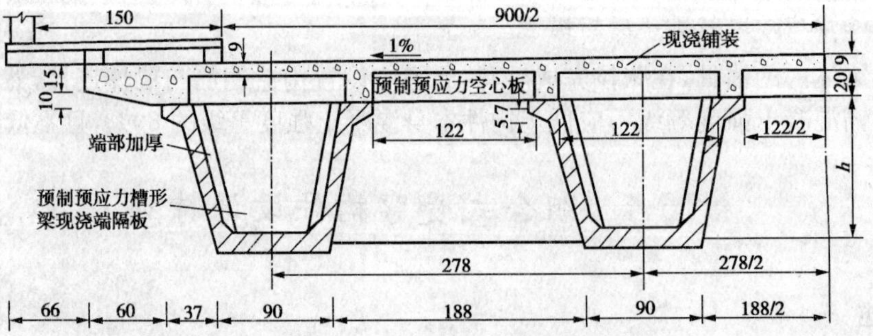

图 15-4-2　预应力混凝土箱形组合梁桥（尺寸单位：cm）

时，首先将槽形梁架设就位后，在其上铺设桥面板，然后利用现浇的桥面混凝土将全桥连为整体，构成箱形组合梁桥。

中、小跨径桥梁采用预应力混凝土组合梁结构的主要优点：

(1)结构的主要受力构件可在工厂预制，施工质量易于保证，预制构件的体积小，质量轻，构件运输和安装施工方便；

(2)利用预制构件支撑浇筑桥面板和横隔梁的模板或在预制的桥面板上直接浇筑桥面混凝土，可省去支模工程，节省材料，简化施工；

(3)从结构受力性能上看，与全预制拼装结构相比，组合结构可提高结构的整体刚度和抗震性能；与一次受力的整体结构相比，在配置同样数量预应力筋的情况下，组合结构中只有预制构件部分承担预加力，截面上建立的有效预压应力较大，从而可提高结构的抗裂性。采用预制先张法预应力空心板做桥面板(图 15-4-2)，较好地解决了在局部荷载作用下桥面板开裂问题。

尽管在中、小跨径桥梁中采用组合结构具有上述明显优点，但是近年来组合梁桥在我国发展不快，其主要原因是这种结构需进行二次混凝土浇筑，新旧混凝土的结合能否整体共同工作，是人们最为担心的问题。

组合梁中预制部分与现浇混凝土层的共同工作，是靠结合面的抗剪承载力来保证的。近年来针对这一问题开展了大量的试验研究工作，实践证明采取一定构造措施(例如：设置剪力钢筋，采用表面压痕法以增新旧混凝土间的黏结力和摩擦力等)，可以保证新旧混凝土的整体共同工作。为此，《桥规》(JTG D62)规定，组合梁应满足下列构造要求：

(1)组合梁中，在与预制梁结合处的现浇混凝土层的厚度不应小于 150mm；当梁伸入现浇层内时，梁顶处现浇层厚度不应小于 100mm。预制梁顶面应做成凹凸不小于 6mm 的粗糙面。

(2)组合梁中，预制梁的箍筋应伸入现浇桥面板，其伸入长度应不小于 $10d$(此处 d 为箍筋直径)。

二、两阶段受力组合梁的受力特征

两阶段受力组合梁的正截面受力性能主要受两个组合参数的影响：①预制截面高度 h_1 与组合截面高度过 h 之比 $\alpha_h=h_1/h$；②组合前第一阶段作用的弯矩 M_{G1k}与预制构件截面极限承载弯矩 M_{u1}之比 $\alpha_M=M_{G1k}/M_{u1}$。

近年来我国开展的组合梁试验研究的主要结论：

1. 平截面假设的适应性

试验结果表明，组合梁预制截面在第一阶段荷载作用下和组合截面在第二阶段荷载作用下的平均应变分别符合平截面假设。

2. 纵向受拉钢筋的"应力超前"现象

两阶段受力组合梁与相同配筋的整体梁相比，在相同荷载作用下，其纵向受拉钢筋的应力较大，这主要是由于承受第一阶段荷载时预制梁截面高度较小，纵向受拉钢筋的一期应变较大所造成的，一般将这种现象称为"应力超前"。组合梁纵向受拉钢筋的"应力超前"的程度与组合参数 α_h 和 α_M 有关：α_h 越小，则"应力超前"越大；α_M 越大，则"应力超前"越大。

应该指出，所谓的"应力超前"现象，实质上是受拉钢筋的应变超前，从加荷直至梁的最后破坏，两阶段受力组合梁纵向拉钢筋应变都比相同配筋的整体梁的相应值超前。但是，如果采用的钢筋屈服台阶长度(流幅)较大，两种梁在破坏时，受拉钢筋的应变均可能在流幅范围，即只有应变超前，而无应力超前。对于这种情况，组合梁与相同配筋的整体梁相比，两者的极限抗弯承载力基本相同，但组合梁的变形和裂缝宽度要比整体梁大得多；如果采用的钢筋的流幅很短或无流幅(预应力高强钢丝)，构件接近破坏时，钢筋已进入强化阶段，同时存在应变超前和应力超前的现象。对于这种情况，组合梁与相同配筋的整体梁相比，其极限抗弯承载力要高，但是变形和裂缝要相应增加。

3. 后浇混凝土的"压应变滞后"现象

两次受力组合梁在第一阶段受力时，是由预制构件的混凝土承受压力，但在第二阶段受力时，主要由后浇混凝土承受压力。这种由两种混凝土交替承压的情况，使得后浇混凝土的压应变比相同配筋的整体梁的压应变要小，一般称这种现象为后浇混凝土的"压应变滞后"现象。组合梁后浇混凝土的"压应变滞后"的程度也与迭合参数 α_h 和 α_M 有关，但并不是一个常数。随着第二阶段荷载的增加，后浇混凝土压应变滞后值由于组合截面的塑性应力重分布而逐渐减小。在极限弯矩作用下，纵向受拉钢筋应力达到屈服强度后，受拉钢筋的应变和后浇混凝土的压应变快速增长，使裂缝不断向上发展，一旦裂缝穿过组合面，预制构件中的峰值压应力和拉应力也将完全消失，从而使得组合构件的压应力分布图形重新回到与一般整体构件相同的状态。因此，组合构件截面的极限抗弯承载力将不受两次受力特征的影响，具有与相同配筋的整体梁基本相同的抗弯承载力。

三、组合梁的承载能力极限状态计算

组合式受弯构件的持久状况承载能力极限状态计算包括组合截面正截面承载力、斜截面承载力和结合面抗剪承载力计算三部分内容。正截面承载力和斜截面承载力计算，不受两次受力特征影响，原则上可按第十二章介绍的整体受力构件的相应公式进行计算。结合面抗剪承载力是保证预制梁和后浇混凝土共同工作的基础，结合面抗剪承载力计算是组合梁设计的重要内容。

1. 正截面抗弯承载力计算

组合式受弯构件的组合截面应按第十二章§12-1 公式(12-1-4)～公式(12-1-11)进行正截面抗弯承载力计算。

利用公式(12-1-4)～(12-1-11)进行组合截面承载力时，应注意以下几点：

(1)式中的 h_0 应以组合后整体的有效高度 h_{02} 代替；

(2)对图 15-4-1 所示的桥面板全部现浇的组合梁，式中混凝土抗压强度设计值 f_{cd}，应按后浇混凝土强度等级确定；对图 15-4-2 所示在预制桥面板上浇筑整体混凝土的组合梁，受压区有可能部分进入预制桥面板，式中的混凝土抗压强度设计值 f_{cd}，应根据受压区的实际分布情况，分别按后浇整体混凝土和预制桥面板混凝土强度等级确定。

2. 斜截面承载力计算

组合式受弯构件的组合截面应按第十二章§12-2 公式(12-2-2)～公式(12-2-6)分别进行斜截面抗剪承载力及斜截面抗弯承载力计算。

应用公式(12-2-2)～公式(12-2-4)进行组合梁斜截抗剪承载力计算时应注意以下两点：

(1)对组合构件，计算斜截面内混凝土和箍筋共同抗剪承载力设计值 V_{cs}［公式(12-2-3)］时，如现浇混凝土层与预制构件的混凝土强度等级不同，应取两者较低者，但不低于预制构件的抗剪承载力设计值。显然这样处理是偏于安全的。

(2)预应力混凝土组合构件不考虑预应力对抗剪承载力的有利影响，取预应力提高系数$\alpha_2=1.0$。

3. 结合面抗剪承载力计算

组合式受弯构件中，先后浇筑的两部分混凝土的共同工作是靠结合面的抗剪承载力来保证的。国内外的研究分析表明，配有箍筋的组合梁其结合面上的剪力是由以下三种作用力承受的：

(1)骨料咬合作用力，即界面上凹凸不平的部分直接承压所抵抗的剪力；

(2)摩擦作用力，结合面滑动后在界面上产生的摩擦作用力；

(3)钢筋的暗销作用力。

根据剪切面配有箍筋的组合构件直接剪切试验结果分析，影响组合梁结合面抗剪承载力的主要因素为混凝土强度等级、箍筋配筋率及其抗拉强度。根据国内外的试验数据，其近似回归式为：

$$\frac{\tau_u}{f_{cd}}=0.14+\rho_{sv}\frac{f_{sd,v}}{f_{cd}} \tag{15-4-1}$$

式中：τ_u——结合面极限剪应力；

ρ_{sv}——箍筋配筋率，$\rho_{sv}=A_{sv}/bS_v$，其中A_{sv}为结合面上同一截面的箍筋各肢截面面积之和，S_v为箍筋间距，b为组合梁结合面处的梁肋宽度。

图15-4-3所示为组合梁结合面的受剪图式，由斜截面取出的脱离体的平衡条件是：

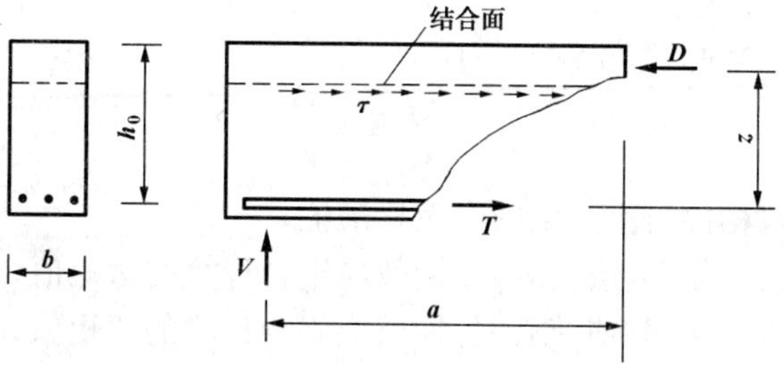

图15-4-3　组合梁结合面受剪图式

$$D=\tau ab$$

$$Va=Dz=\tau abz$$

移项后，得：

$$\tau=\frac{V}{bz} \tag{15-4-2}$$

取$\tau=\tau_u$，$V=V_d$，$z=0.85h_0$，$\rho_{sv}=A_{sv}/bS_v$代入公式(15-4-2)和(15-4-1)，并引入结构重要性系数γ_0，则得《桥规》(JTG D62)推荐的结合面配有箍筋的组合梁结合面抗剪承载力计算公式：

$$\gamma_0V_d\leqslant0.12f_{cd}bh_0+0.85f_{sd,v}\frac{A_{sv}}{S_v}h_0 \tag{15-4-3}$$

式中：f_{cd}——组合梁混凝土抗压强度设计值，当预制构件和现浇混凝土强度等级不同时，取其中较低者。

对于结合面不配置抗剪钢筋的组合式受弯板，其结合面的剪力主要由界面上凹凸不平部分的骨料咬合作用和摩擦力承担。《桥规》(JTJ 023)参照《美国公路桥梁设计规范》(AASHTO 14版)，给出的结合面抗剪承载力计算公式为：

$$\frac{\gamma_0V_d}{bh_0}\leqslant0.45\text{MPa} \tag{15-4-4}$$

对于结合面设置竖向钢筋的组合式受弯板，若每一设置结合钢筋的截面配置不少于

$0.293bs/f_{sd,v}$(以 mm^2 计)的竖向钢筋[式中 b 为结合面宽度(mm),s 为结合钢筋的纵向间距(mm),$f_{sd,v}$为竖向钢筋抗拉强度设计值(MPa)]时,其结合面抗剪承载力应符合下列要求:

$$\frac{\gamma_0 V_d}{bh_0} \leqslant 2\text{MPa} \tag{15-4-5}$$

四、组合梁的正常使用极限状态计算

组合式受弯构件的持久状况正常使用极限状态计算内容包括:抗裂性、裂缝宽度及变形验算。

1. 抗裂性验算

组合式预应力混凝土梁,一般均采用全预应力或部分预应力混凝土 A 类构件,应按第十三章§13-1 公式(13-1-1)~公式(13-1-5)进行正截面和斜截面抗裂性验算。

应用公式(13-1-1)~(13-1-5)进行组合梁的抗裂验算时应注意以下两点:

(1)式中的 σ_{pc} 值应取预制构件抗裂边缘混凝土的有效预压应力;f_{tk} 应取预制构件混凝土的抗拉强度标准值。

(2)组合截面的应力计算,应考虑分阶段受力特点。作用(或荷载)短期效应组合和长期效应组合下的构件抗裂验算边缘混凝土法向拉应力应按下列公式计算:

短期效应组给作用下的混凝土法向拉应力

$$\sigma_{st} = \frac{M_{1Gk}}{W_{01}} + \frac{M_{2s}}{W_0} \tag{15-4-6}$$

长期效应组合作用下的混凝土法向拉应力

$$\sigma_{lt} = \frac{M_{1Gk}}{W_{01}} + \frac{M_{2l}}{W_0} \tag{15-4-7}$$

式中:M_{1Gk}——第一阶段构件自重产生的弯矩标准值;

M_{2s}——第二阶段按作用(或荷载)短期效应组合计算的弯矩值;

M_{2l}——第二阶段按作用(或荷载)长期效应组合计算的弯矩值;

W_{01}——预制构件换算截面受拉边缘的弹性抵抗矩;

W_0——组合构件换算截面受拉边缘的弹性抵抗矩,当现浇混凝土层的强度等级与预制构件不同时,应将前者的截面按弹性模比换算为后者的截面。

(3)组合截面的剪应力和主应力计算时应考虑分阶段受力的特点,按第十三章§13-1 公式(13-1-20)~公式(13-1-24)计算。

2. 裂缝宽度验算

组合式钢筋混凝土受弯构件应按第八章§8-2 公式(8-2-1)验算裂缝宽度。

应用公式(8-2-1)进行组合式钢筋混凝土受弯构件的裂缝宽度时应注意以下两点:

(1)式中的纵向钢筋配筋百分率 ρ,应按组合截面计算;

(2)式中系数 $C_2 = 1 + 0.5\dfrac{M_{1Gk} + M_{2l}}{M_{1Gk} + M_{2s}}$

(3)式中纵向钢筋应力 σ_{ss} 按下式计算:

$$\sigma_{ss} = \sigma_{s1} + \sigma_{s2} = \frac{M_{1Gk}}{0.87A_s h_{01}} + \frac{0.5\left(1 + \dfrac{h_1}{h}\right)M_{2s}}{0.87A_s h_0} \leqslant 0.75 f_{sk} \tag{15-4-8}$$

当 $M_{G1k} < 0.35M_{1u}$ 时,公式(15-4-8)中取 $h_1 = h$,此处 M_{1u} 为预制构件正截面抗弯承载力设计值。

公式(15-4-8)的物理意义可以这样理解：式中第一项为在第一阶段荷载作用下预制构件纵向钢筋应力 σ_{s1} 的计算表达式；第二项为在第二阶段荷载短期效应作用下组合截面纵向钢筋应力 σ_{s2} 的计算表达式；系数 $0.5\left(1+\frac{h_1}{h}\right)$ 反映组合结构分阶段受力的影响。

图 15-4-4 所示为组合梁在第二阶段荷载短期效应组合 M_{2s} 作用下的应变和应力分布情况。从图 15-4-4b)、c)可以看出弯矩 M_{2s} 在组合截面中产生的混凝土拉应变(应力)与预制构件中原有应变(应力)迭加后，会抵消一部分预制构件中原有的压应变(压应力)，这样在该处将产生一个附加拉力 T_c。

将所有的力对受压混凝土合力点取矩，得到力的平衡条件为：

$$M_{2s}=T_c z_t+\sigma_{s2}A_s\eta_2 h_0 \tag{15-4-9}$$

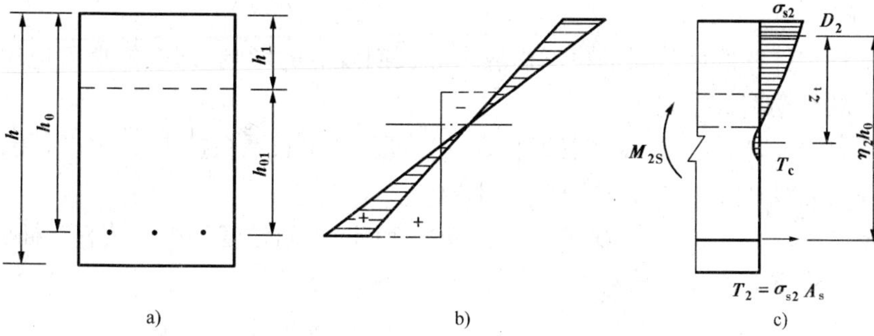

图 15-4-4　组合梁在第二阶段荷载作用下的应变及应力图

a)组合构件截面；b)应变分布；c)应力分布

移项后，可得组合截面中纵向钢筋应力 σ_{2s} 的计算公式为：

$$\sigma_{2s}=\frac{M_{2s}-T_c z_t}{\eta_2 A_s h_0}=\frac{M_{2s}\left(1-\frac{T_c z_t}{M_{2s}}\right)}{\eta_2 A_s h_0} \tag{15-4-10}$$

令 $\beta=\frac{T_c z_t}{M_{2s}}$，代入上式则得：

$$\sigma_{2s}=\frac{M_{2s}(1-\beta)}{\eta_2 A_s h_0} \tag{15-4-11}$$

式中：β——组合式受弯构件二阶受力特征系数。

根据试验和理论分析，二阶受力特征系数主要与组合参数 $\alpha_h=h_1/h$ 和 $\alpha_M=M_{1Gk}/M_{1u}$ 有关，其数值可按下式计算：

$$\beta=0.95\frac{M_{1Gk}}{M_{1u}}\left(1+\frac{h_1}{h}\right) \tag{15-4-12}$$

公式(15-4-12)用于实际设计工作，计算过于复杂，需要先假设纵向钢筋截面面积，经反复试算才能求得满意的结果。为简化计算，在常用范围内，可忽略 M_{1Gk}/M_{1u} 的影响，取系数 β 试验值的偏下限值，近似采用下列计算公式：

$$\beta=0.5(1-h_1/h) \tag{15-4-13}$$

将公式(15-4-13)代入公式(15-4-11)，并取 $\eta_2=0.87$，经整理后即得公式(15-4-8)中第二项中给出的 σ_{s2} 计算表达式。

3. 变形验算

组合式受弯构件在正常使用极限状态的变形计算，可根据给定的刚度用结构力学方法计算。

在作用(或荷载)短期效应组合下组合式受弯构件的刚度,可按下列规定计算:

(1)钢筋混凝土组合构件,作为整体构件其抗弯刚度按第八章§8-3公式(8-3-4)]计算,但应乘以0.9的折减系数,式中:全截面抗弯刚度 $B_0=0.95E_{cl}I_0$;开裂截面的抗弯刚度 $B_{cr}=E_{cl}I_{cr}$。将系数0.9和 B_0、B_{cr}表达式代入公式(8-3-4)即可求得钢筋混凝土组合构件的抗弯刚度:

$$B=0.9\frac{0.95E_{cl}I_0}{\left[\frac{M_{cr}}{M_s}\right]^2+\left[1-\left(\frac{M_{cr}}{M_s}\right)^2\right]\frac{0.95E_{cl}I_0}{E_{cl}I_{cr}}} \tag{15-4-14}$$

式中:E_{cl}——预制构件的混凝土弹性模量。

(2)预应力混凝土组合构件

全预应力混凝土和部分预应力混凝土A类构件作为整体构件,其抗弯刚度采用$B_0=0.8E_{cl}I_0$。

组合式受弯构件在使用阶段的挠度尚应考虑长期效应的影响,即按短期效应组合计算的挠度值乘以挠度长期增长系数 η_θ。

《桥规》(JTG D62)规定:组合式受弯构件的挠度长期增长系数按下列规定采用:

混凝土强度等级在C40以下时,取 $\eta_\theta=1.80$

混凝土强度等级在C40～80时,取 $\eta_\theta=1.65\sim1.55$,中间强度等级可按直线插入。

组合式受弯构件的挠度限值可按照整体结构的规定处理。

五、组合梁的持久状况应力计算

预应力混凝土组合式受弯构件持久状况应力计算,是承载能力极限状态计算的重要补充,其主要内容包括使用阶段正截面法向压应力,受拉钢筋拉应力和斜截面主压应力验算,并不得超过《桥规》(JTG D62)规定的相应限值。

组合式预应力混凝土受弯构件持久状况应力计算,可按第十三章介绍的整体构件相应的公式计算。计算时应注意组合梁分阶段受力的特点,按结构的实际受荷情况,分别采用不同截面几何特征值。

六、组合梁的短暂状态应力验算

组合梁短暂状态计算是组合梁计算的重要内容之一。组合梁的预制构件部分截面高度较小,施工期间兼做支撑结构,承受较大的施工荷载,为了保证构件制造、运输及安装就位后浇筑整体混凝土时结构的安全,应对预制构件按短暂状态进行应力验算和承载能力极限状态计算。

§15-5 综合例题:预应力混凝土简支梁设计

一、设计资料

1)桥面净空:净9+2×1m

2)设计荷载:城—A级车辆荷载,结构重要性指数 $\gamma_0=1.1$

3)材料性能参数

(1)混凝土

强度等级为C40,主要强度指标为:

强度标准值 $f_{ck}=26.8$MPa，$f_{tk}=2.4$MPa

强度设计值 $f_{cd}=18.4$MPa，$f_{td}=1.65$MPa

弹性模量 $E_c=3.25\times10^4$MPa

(2)预应力钢筋采用 1×7 标准型-15.2-1860-II-GB/T 5224—1995 钢绞线，其强度指标为：

抗拉强度标准值 $f_{pk}=1860$MPa

抗拉强度设计值 $f_{pd}=1260$MPa

弹性模量 $E_p=1.95\times10^5$MPa

相对界限受压区高度 $\xi_b=0.4$，$\xi_{pu}=0.2563$

(3)普通钢筋

①纵向抗拉普通钢筋采用 HRB400 钢筋，其强度指标为：

抗拉强度标准值 $f_{sk}=400$MPa

抗拉强度设计值 $f_{sd}=330$MPa

弹性模量 $E_s=2.0\times10^5$MPa

相对界限受压区高度 $\xi_b=0.53$，$\xi_{pu}=0.1985$

②箍筋及构造钢筋采用 HRB335 钢筋，其强度指标为：

抗拉强度标准值 $f_{sk}=335$MPa

抗拉强度设计值 $f_{sd}=280$MPa

弹性模量 $E_s=2.0\times10^5$MPa

4)主要结构尺寸

主梁标准跨径 $L_k=30$m，梁全长 29.96m，计算跨径 $L_0=29.16$m。

主梁高度 $h=1300$mm，主梁间距 $S=2200$mm，其中主梁上翼缘预制部分宽为 1600mm，现浇段宽为 600mm，全桥由 5 片梁组成。

桥梁横断面尺寸如图 15-5-1 所示。

5)内力计算结果摘录

(1)恒载内力(见表 15-5-1)

根据预应力混凝土梁分阶段受力的实际情况，恒载内力按下列三种情况分别计算：

①预制主梁(包括横隔梁)的自重 $g_{1p}=15.3+1.35=16.66$kN/m；

②现浇混凝土板的自重 $g_{1m}=2.25$kN/m；

③二期恒载(包括桥面铺装、人行道及栏杆)$g_2=6.27+0.24=6.51$kN/m。

恒载内力计算结果 表 15-5-1

截面位置	距支点截面的距离 x (mm)	预制梁自重		现浇段自重		二期恒载	
		弯矩 M_{G1Pk} (kN·m)	剪力 V_{G1Pk} (kN)	弯矩 M_{G1mk} (kN·m)	剪力 V_{G1mk} (kN)	弯矩 M_{G2k} (kN·m)	剪力 V_{G2k} (kN)
支点	0	0.00	242.9	0.00	32.81	0.00	94.92
变截面	4600	941.09	166.26	127.10	22.46	367.74	64.97
$L/4$	7290	1328.05	121.45	179.36	16.40	518.95	47.46
跨中	14580	1770.76	0.00	239.15	0.00	691.94	0.00

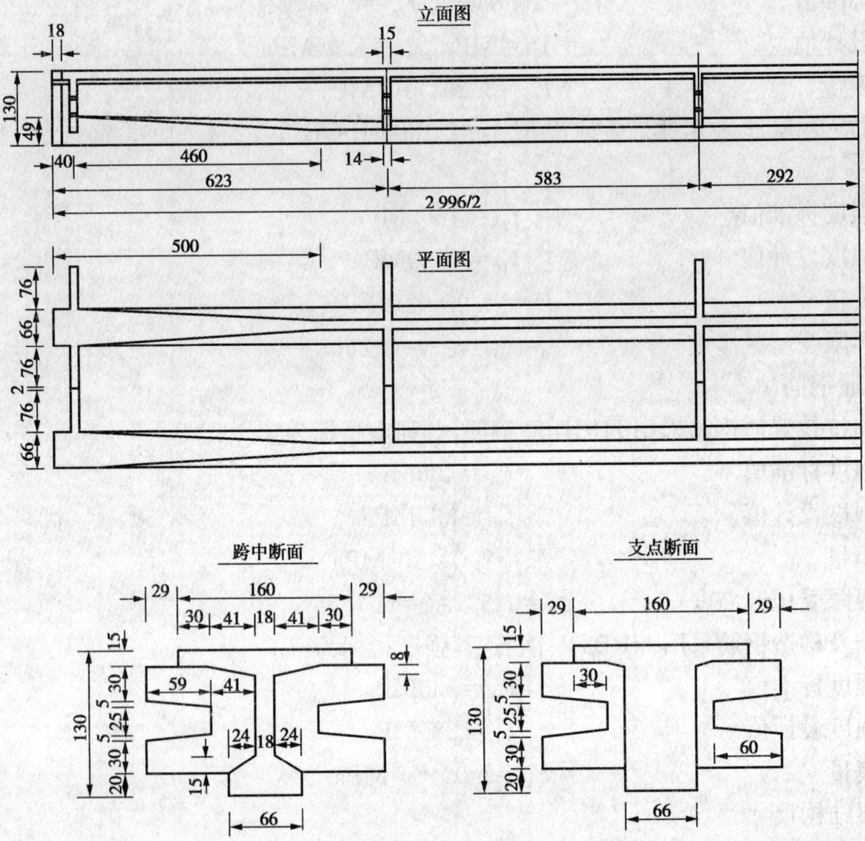

图 15-5-1　桥梁横断面尺寸（尺寸单位：cm）

（2）活载内力（见表 15-5-2）

车辆荷载按密集运行状态 A 级车道荷载计算，冲击系数 $1+\mu=1.1188$。人群荷载按 3.5kN/m计算。

活载内力计算结果　　　　表 15-5-2

截面位置	距支点截面的距离 x (mm)	A 级车道荷载				人群荷载			
		最大弯矩		最大剪力		最大弯矩		最大剪力	
		M_{Q1k} (kN·m)	对应 V (kN)	V_{Q1k} (kN)	对应 M (kN·m)	M_{Q2k} (kN·m)	对应 V (kN)	V_{Q2k} (kN)	对应 M (kN·m)
支点	0	0.00	309.03	374.65	0.00	0.00	16.34	16.34	0.00
变截面	4600	966.08	193.20	226.72	1042.85	71.26	13.80	14.07	64.72
$L/4$	7290	1262.10	149.32	175.05	1276.12	103.72	10.22	11.22	81.80
跨中	14580	1676.59	71.05	97.67	1423.96	140.94	0.01	4.84	70.52

注：1. 车辆荷载内力 M_{Q1k}、V_{Q1k}中已计入冲击系数 $1+\mu=1.1188$。

2. 在计算变截面和 $L/4$ 截面的内力时，出现了最大剪力对应的弯矩值比最大弯矩还要大的反常现象，这主要是由于按城—A 级荷载计算剪力时，取用的均布荷载比计算弯矩时取用的均布荷载较大所致。

活载内力以 2 号梁为准，跨中截面按刚接梁法计算横向分布系数，支点截面按杠杆法计算横向分布系数。

(3)内力组合

①基本组合(用于承载能力极限状态计算)

$$M_d = 1.2(M_{G1Pk} + M_{G1mk} + M_{G2k}) + 1.4M_{Q1k} + 1.12M_{Q2k}$$

$$V_d = 1.2(V_{G1Pk} + V_{G1mk} + V_{G2k}) + 1.4V_{Q1k} + 1.12V_{Q2k}$$

②短期组合(用于正常使用极限状态计算)

$$M_S = (M_{G1Pk} + M_{G1mk} + M_{G2k}) + 0.7\frac{M_{Q1k}}{1+\mu} + M_{Q2k}$$

③长期组合(用于正常使用极限状态计算)

$$M_L = (M_{G1Pk} + M_{G1mk} + M_{G2k}) + 0.4\left(\frac{M_{Q1k}}{1+\mu} + M_{Q2k}\right)$$

各种情况下的组合结果见表 15-5-3。

荷载内力计算结果

表 15-5-3

截面位置	项目	基本组合 S_d		短期组合 S_s		长期组合 S_l	
		M_d (kN·M)	V_d (kN)	M_s (kN·M)	V_s (kN)	M_l (kN·M)	V_l (kN)
支点	最大弯矩	0.00	895.36	0.00	580.31	0.00	487.64
	最大剪力	0.00	987.23	0.00	621.37	0.00	511.11
变截面	最大弯矩	3154.02	590.10	2111.64	388.38	1809.83	328.29
	最大剪力	3254.29	637.31	2153.12	409.61	1834.66	340.38
$L/4$	最大弯矩	4312.70	442.66	2919.77	288.95	2519.11	242.78
	最大剪力	4308.21	479.79	2906.61	306.06	2515.35	252.39
跨中	最大弯矩	5744.48	99.48	3891.78	44.46	3357.65	25.41
	最大剪力	5313.34	142.05	3663.30	65.94	3239.16	36.85

6)设计要求

分别按全预应力混凝土、部分预应力混凝土 A 类构件及 B 类构件(允许裂缝宽度为 0.1mm)设计预应力混凝土 T 形主梁。

二、方案一　全预应力混凝土梁设计

(一)预应力钢筋数量的确定及布置

首先,根据跨中截面正截面抗裂要求,确定预应力钢筋数量。为满足抗裂要求,所需的有效预加力为:

$$N_{pe} \geq \frac{\dfrac{M_s}{W}}{0.85\left(\dfrac{1}{A} + \dfrac{e_p}{W}\right)}$$

M_s 为荷载短期效应弯矩组合设计值,由表 15-5-3 查得 $M_s = 3891.78\text{kN}\cdot\text{m}$;估算钢筋数量时,可近似采用毛截面几何性质。按图 15-5-1 给定的截面尺寸计算:$A_c = 0.7018 \times 10^6\text{mm}^2$,$y_c = 824.6\text{mm}$,$y_c' = 475.4\text{mm}$,$I_c = 0.1548 \times 10^{12}\text{mm}^4$,$W_x = 0.1878 \times 10^9\text{mm}^3$。

e_p 为预应力钢筋重心至毛截面重心的距离,$e_p = y_c - a_p$。

假设　$a_p = 150\text{mm}$,则 $e_p = 824.6 - 150 = 674.6\text{mm}$

由此得到

$$N_{pe} \geqslant \frac{3891.78 \times 10^6 / 187756875.2}{0.85 \times \left(\frac{1}{701800} + \frac{674.6}{187756875.2}\right)} = 4859769.7\text{N}$$

拟采用ϕ^{j} 15.2钢绞线，单根钢绞线的公称截面面积 $A_{p1}=139\text{mm}^2$，抗拉强度标准值 $f_{pk}=1860\text{MPa}$，张拉控制应力取 $\sigma_{con}=0.75f_{pk}=0.75\times1860=1395\text{MPa}$，预应力损失按张拉控制应力的 20%估算。

所需预应力钢绞线的根数为：

$$n_p = \frac{N_{pe}}{(\sigma_{con}-\sigma_l)A_p} = \frac{4859769.7}{(1-0.2)\times1395\times139} = 31.3，取 32 根$$

采用 4 束 8ϕ^{j} 15.2预应力钢筋束，HVM15－8 型锚具，供给的预应力筋截面面积 $A_p=32\times139=4448\text{mm}^2$，采用 ϕ80 金属波纹管成孔，预留管道外径为 85mm。预应力筋束的布置见图 15-5-2。

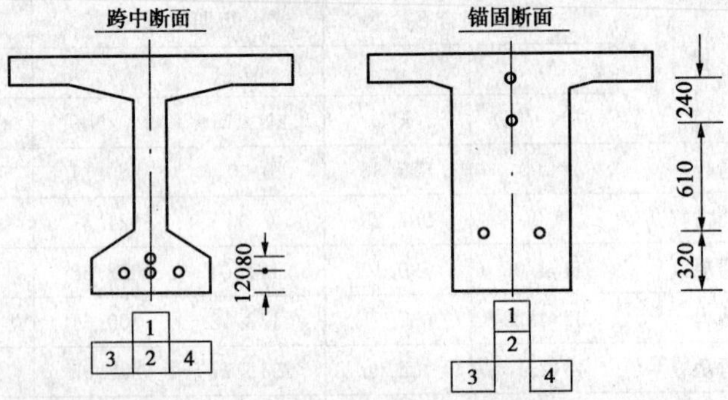

图 15-5-2　预应力筋束布置（尺寸单位：mm）

预应力筋束的曲线要素及有关计算参数列于表 15-5-4 和表 15-5-5。

预应力筋束曲线要素表　　表 15-5-4

钢束编号	起弯点距跨中（mm）	曲线水平长度（mm）	曲 线 方 程
1	0	14800	$y=200+4.42842\times10^{-6}x^2$
2	2000	12800	$y=120+4.94385\times10^{-6}x^2$
3、4	9000	5800	$y=120+5.94530\times10^{-6}x^2$

注：表中所示曲线方程以截面底边线为 x 坐标，以过起弯点垂线为 y 坐标。

各计算截面预应力筋束的位置和倾角　　表 15-5-5

计 算 截 面		锚固截面	支点截面	变截面点	$L/4$ 截面	跨中截面
截面距离跨中（mm）		14800	14580	9980	7290	0
钢束到梁底距离（mm）	1 号束	1170	1141.4	641.1	435.3	200
	2 号束	930	902.4	434.8	258.4	120
	3、4 号束	320	305.1	125.7	120	120
	合力点	685	663.5	331.8	233.4	140.0
钢束与水平线夹角（度）	1 号束	7.5104	7.3988	5.0645	3.6994	0
	2 号束	7.2515	7.1269	4.5209	2.9969	0
	3、4 号束	3.9514	3.8016	0.6677	0	0
	平均值	5.6662	5.5322	2.7302	1.6741	0

续上表

计算截面		锚固截面	支点截面	变截面点	L/4 截面	跨中截面
截面距离跨中(mm)		14800	14580	9980	7290	0
累计角度（度）	1号束	0	0.1116	2.4459	3.8110	7.5104
	2号束	0	0.1246	2.7306	4.2546	7.2515
	3、4号束	0	0.1498	3.2837	3.9514	3.9514

（二）截面几何性质计算

截面几何性质的计算应根据不同的受力阶段分别计算。本算例中，主梁从施工到运营经历了如下几个阶段：

1. 主梁混凝土浇筑，预应力筋束张拉（阶段1）

混凝土浇筑并达到设计强度后，进行预应力筋束的张拉，但此时管道尚未灌浆，因此，其截面几何性质为计入了普通钢筋的换算截面，但应扣除预应力筋预留管道的影响。该阶段顶板的宽度为1600mm。

2. 灌浆封锚，吊装并现浇顶板600mm的连接段（阶段2）

预应力筋束张拉就位完成并进行管道灌浆、封锚后，预应力束参与全截面受力。然后将主梁吊装就位，并现浇顶板600mm的连接段时，现浇段的自重荷载由上一阶段的截面承受。该阶段顶板的宽度仍为1600mm。截面几何性质应为计入了普通钢筋和预应力钢筋的换算截面性质。

3. 二期恒载及活载作用（阶段3）

该阶段主梁截面全部参与工作，顶板的宽度为2200mm，截面几何性质为计入了普通钢筋和预应力钢筋的换算截面性质。

各阶段截面几何性质的计算结果列于表15-5-6。

全预应力构件各阶段截面几何性质　　表15-5-6

阶段	截面	A ($\times10^6$mm^2)	y (mm)	y' (mm)	e_p (mm)	I ($\times10^{12}$mm^4)	W($\times10^9$mm^3)		
							$W'=I/y'$	$W=I/y$	$W_p=I/e_p$
阶段1：钢束灌浆、锚固前	支点	0.98191	735.1	564.9	71.6	0.15887	0.28122	0.21614	2.22046
	变截面	0.58910	782.4	517.6	450.6	0.13259	0.25618	0.16945	0.29423
	L/4	0.58910	786.2	513.8	552.8	0.13105	0.25508	0.16668	0.23706
	跨中	0.58910	789.8	510.2	649.8	0.12885	0.25257	0.16314	0.19829
阶段2：现浇600mm连接段	支点	1.02685	731.9	568.1	68.4	0.16519	0.29078	0.22569	2.41435
	变截面	0.63404	750.5	549.5	418.7	0.14321	0.26063	0.19082	0.34206
	L/4	0.63404	747.1	552.9	513.6	0.14456	0.26144	0.19351	0.28146
	跨中	0.63404	743.8	556.2	603.8	0.14654	0.26345	0.19702	0.24270
阶段3：二期恒载、活载	支点	1.11685	771.7	528.3	108.2	0.18547	0.35105	0.24036	1.71492
	变截面	0.72404	809.5	490.5	477.7	0.16113	0.32849	0.19905	0.33733
	L/4	0.72404	806.5	493.5	573.0	0.16274	0.32973	0.20179	0.28399
	跨中	0.72404	803.6	496.4	663.6	0.16496	0.33231	0.20528	0.24858

注：表中W为对截面下边缘的弹性抵抗矩，W'为对截面上边缘的弹性抵抗矩，W_p为对预应力筋重心水平的弹性抵抗矩。

(三)承载能力极限状态计算

1. 跨中截面正截面承载力计算

跨中截面尺寸及配筋情况见图 15-5-2。图中:

$$a_p=\frac{120\times3+200}{4}=140\text{mm}$$

$$h_p=h-a_p=1300-140=1160\text{mm}$$

$b=180$mm,上翼缘板厚度为 150mm,若考虑承托影响,其平均厚度为

$$h_f'=150+\left[2\times\frac{1}{2}\times410\times80/(2200-180)\right]=166\text{mm}$$

上翼缘有效宽度取下列数值中较小者:

(1)$b_f'\leqslant S=2200$mm。

(2)$b_f'\leqslant L/3=29160/3=9720$mm。

(3)$b_f'\leqslant b+12h_f'$,因承托坡度 $h_h/b_h=80/410=0.195<1/3$,故不计承托影响,h_f' 取上翼缘平均厚度,$b_f'\leqslant180+12\times166=2172$mm。

综合上述计算结果,取 $b_f'=2172$mm。

首先按公式 $f_{pd}A_p\leqslant f_{cd}b_f'h_f'$ 判断截面类型,代入数据计算得:

$$f_{pd}A_p=1260\times4448=5604480\text{N}$$

$$f_{cd}b_f'h_f'=18.4\times2172\times166=6634157\text{N}$$

因为 5604480<6634157,满足上式要求,属于第一类 T 形,应按宽度为 b_f' 的矩形截面计算其承载力。

由 $\sum X=0$ 的条件,计算混凝土受压区高度:

$$x=\frac{f_{pd}A_p}{f_{cd}b_f'}=\frac{1260\times4448}{18.4\times2172}=140.2\text{mm}\leqslant h'_f=166\text{mm}$$

$$\leqslant\xi_b h_0=0.4\times1160=464\text{mm}$$

将 $x=140.2$mm 代入下式,计算截面承载能力为

$$M_{du}=f_{cd}b'_f x\left(h_0-\frac{x}{2}\right)=18.4\times2172\times140.2\times\left(1160-\frac{140.2}{2}\right)/10^6$$

$$=6106.8\text{kN}\cdot\text{m}>\gamma_0 M_d=5744.5\text{kN}\cdot\text{m}$$

计算结果表明,跨中截面的抗弯承载力满足要求。

注:在上述计算中,混凝土相对受压区高度 $\xi=140.2/1160=0.12<\xi_{pu}=0.2566$,严格地讲,对于这种情况,正截面抗弯承载力应以钢筋极限拉应变 $\varepsilon_{pu}=0.01$ 控制,其承载力应乘以 0.95 的修正系数,即 $M_{du}=0.95\times6106.8=5801.4(\text{kN}\cdot\text{m})>\gamma_0M_d=5744.5\text{kN}\cdot\text{m}$,仍满足要求。

应该指出,上面求得的抗弯承载力设计值 M_{ud} 应小于开裂弯矩 M_{cr}[即《桥规》(JTG D62)规定的预应力混凝土受弯构件最小配筋率限制条件]。因开裂弯矩 M_{cr} 的计算,涉及后续计算内容,此项验算将在后面进行。

2. 斜截面抗剪承载力计算

选取距支点 $h/2$ 和变截面点处进行斜截面抗剪承载力复核。截面尺寸示于图 15-5-2b),预应力筋束的位置及弯起角度按表 15-5-5 采用。箍筋采用 HRB335 钢筋,直径为 8mm,双肢箍,间距 $s_v=200$mm;距支点相当于一倍梁高范围内,箍筋间距 $s_v=100$mm。

(1)距支点 $h/2$ 截面斜截面抗剪承载力计算

首先，进行截面抗剪强度上、下限复核：

$$0.5\times10^{-3}\alpha_2 f_{td}bh_0\leqslant\gamma_0 V_d\leqslant0.51\times10^{-3}\sqrt{f_{cu,k}}bh_0$$

V_d 为验算截面处剪力组合设计值，按内插法求得距支点 $h/2=650$mm 处的 V_d 为

$$V_d=987.23-\frac{987.23-637.31}{4.60}\times0.65=937.79\text{kN}$$

预应力提高系数 α_2 取 1.25；

验算截面(距支点 $h/2=650$mm)处的截面腹板宽度，$b=599.01$mm；

h_0 为计算截面处纵向钢筋合力作用点至截面上边缘的距离。

在本例题中，所有预应力钢筋均弯曲，只有纵向构造钢筋沿全梁通过，此处的 h_0 近似按跨中截面的有效梁高取值，取 $h_0=1160$mm(或者按底排预应力筋重心计算，取 $h_0=1300-120=1180$mm)。

$$0.5\times10^{-3}\alpha_2 f_{td}bh_0=0.5\times10^{-3}\times1.25\times1.65\times599.01\times1160=716.6\text{kN}$$

$$0.51\times10^{-3}\sqrt{f_{cu,k}}bh_0=0.51\times10^{-3}\sqrt{40}\times599.01\times1160=2241.3\text{kN}$$

$$716.6\text{kN}<\gamma_0 V_d=937.79\text{kN}<2241.3\text{kN}$$

计算结果表明，截面尺寸满足要求，但需配置抗剪钢筋。

在上述计算中没考虑预剪力的影响已满足规范要求，虽然是偏于安全的

斜截面抗剪承载力按下式计算：

$$\gamma_0 V_d\leqslant V_{cs}+V_{pb}$$

V_d 为斜截面受压端正截面处的设计剪力(即 $x=\frac{h}{2}+0.6mh$ 处的剪力值)，其数值由剪力图内插求得：

$$V_d=877.72\text{kN}\quad(\text{相应的 } m=1.13455)$$

V_{cs}为混凝土和箍筋共同的抗剪承载力

$$V_{cs}=\alpha_1\alpha_2\alpha_3\times0.45\times10^{-3}bh_0\sqrt{(2+0.6p)\sqrt{f_{cu,k}}\rho_{sv}f_{sd,v}}$$

式中：α_1——异号弯矩影响系数，对简支梁，$\alpha_1=1.0$；

α_2——预应力提高系数，$\alpha_2=1.25$；

α_3——受压翼缘影响系数，取 $\alpha_3=1.1$；

b——斜截面受压端正截面处截面腹板宽度，距支点的距离为$(h/2+0.6mh_0)=1300/2+0.6\times1.13455\times1160=1439.65$mm，腹板宽度由内插得 $b=515.24$mm；

p——斜截面纵向受拉钢筋配筋百分率，$p=100\rho$，$\rho=(A_{pb}+A_p)/bh_0$，当 $p>2.5$ 时，取 $p=2.5$，$p=100\left(\frac{A_{pb}+A_p}{bh_0}\right)=100\times\frac{4448}{515.24\times1160}=0.744$；

ρ_{sv}——箍筋配筋率，$\rho_{sv}=\frac{A_{sv}}{bs_v}=\frac{2\times50.3}{515.24\times100}=0.002713$。

将以上数据代入上式：

$$V_{cs}=1.0\times1.25\times1.1\times0.45\times10^{-3}\times515.24\times1160\times\sqrt{(2+0.6\times0.744)\sqrt{40}\times0.002713\times280}=1267.8\text{kN}$$

V_{pb}为预应力弯起钢筋的抗剪承载力

$$V_{pb}=0.75\times10^{-3}\times f_{pd}\sum A_{pd}\sin\theta_p$$

式中：θ_p——在斜截面受压区端正截面处的预应力弯起钢筋切线与水平线的夹角，其数值可由表 15-5-4 给出的曲线方程计算，$\theta_{p1}=6.4413°$，$\theta_{p2}=6.0657°$，$\theta_{p3,4}=2.5511°$。

将上述有关数据代入上式得：

$$V_{pb}=0.75\times10^{-3}\times1260\times\frac{4448}{4}\times(\sin6.441°+\sin6.066°+2\sin2.551°)$$
$$=322.5\text{kN}$$

该截面的抗剪承载力为

$$V_{du}=V_{cs}+V_{pb}=1267.8+322.5=1590.3\text{kN}>\gamma_0V_d=877.72\text{kN}$$

说明截面抗剪承载力是足够的，并具有较大的富余。

(2)变截面点处斜截面抗剪承载力计算

首先进行抗剪强度上、下限复核：

$$0.5\times10^{-3}\alpha_2f_{td}bh_0\leqslant\gamma_0V_d\leqslant0.51\times10^{-3}\sqrt{f_{cu,k}}bh_0$$

式中，$V_d=637.31\text{kN}$，$b=180\text{mm}$，h_0 仍取 1160mm。

$$0.5\times10^{-3}\alpha_2f_{td}bh_0=0.5\times10^{-3}\times1.25\times1.65\times180\times1160=215.33\text{kN}$$
$$0.51\times10^{-3}\sqrt{f_{cu,k}}bh_0=0.51\times10^{-3}\sqrt{40}\times180\times1160=673.49\text{kN}$$
$$215.33\text{kN}<\gamma_0V_d=637.31\text{kN}<673.49\text{kN}$$

计算结果表明，截面尺寸满足要求，但需配置抗剪钢筋。

斜截面抗剪承载力按下式计算：

$$\gamma_0V_d\leqslant V_{cs}+V_{pb}$$
$$V_{cs}=\alpha_1\alpha_2\alpha_3 0.45\times10^{-3}bh_0\sqrt{(2+0.6p)\sqrt{f_{cu,k}}\rho_{sv}f_{sd,v}}$$

式中

$$p=100\left(\frac{A_p+A_{pb}}{bh_0}\right)=100\times\frac{4448}{180\times1160}=2.13$$
$$\rho_{sv}=\frac{A_{sv}}{bs_v}=\frac{2\times50.3}{180\times100}=0.005589$$
$$V_{cs}=1.0\times1.25\times1.1\times0.45\times10^{-3}\times180\times1160\times$$
$$\sqrt{(2+0.6\times2.13)\sqrt{40}\times0.005589\times280}$$
$$=735.88\text{kN}$$
$$V_{pb}=0.75\times10^{-3}\times f_{pd}\sum A_{pd}\sin\theta_p$$

式中：θ_p——在变截面处预应力钢筋的切线与水平线的夹角，其数值由表 15-5-4 查得，$\theta_{p1}=5.0645°$，$\theta_{p2}=4.5209°$，$\theta_{p3,4}=0.6677°$。

$$V_{pb}=0.75\times10^{-3}\times1260\times\frac{4448}{4}\times(\sin5.0645°+\sin4.5209°+2\sin0.6677°)=200.1\text{kN}$$
$$V_{du}=V_{cs}+V_{pb}=735.88+200.1=935.98\text{kN}>\gamma_0V_d=637.31\text{kN}$$

说明截面抗剪承载力满足要求。

(四)预应力损失计算

1. 摩阻损失 σ_{l1}

$$\sigma_{l1}=\sigma_{con}[1-e^{-(\mu\theta+kx)}]$$

式中：σ_{con}——张拉控制应力，$\sigma_{con}=0.75f_{pk}=0.75\times1860=1395\text{MPa}$；

μ——摩擦系数，取 $\mu=0.25$；

k——局部偏差影响系数,取 $k=0.0015$。

各截面摩阻损失的计算见表 15-5-7。

摩擦损失计算表

表 15-5-7

截面 \ 钢束号		1	2	3	4	总计 (MPa)
支点	x(m)	0.22	0.22	0.22	0.22	
	θ(弧度)	0.00195	0.00217	0.00261	0.00261	
	σ_{l1}(MPa)	1.14	1.22	1.37	1.37	5.10
变截面	x(m)	4.82	4.82	4.82	4.82	
	θ(弧度)	0.04269	0.04766	0.05731	0.05731	
	σ_{l1}(MPa)	24.75	26.45	29.75	29.75	110.71
$L/4$ 截面	x(m)	7.51	7.51	7.51	7.51	
	θ(弧度)	0.06651	0.07426	0.06896	0.06896	
	σ_{l1}(MPa)	38.37	41.00	39.20	39.20	157.78
跨中	x(m)	14.80	14.80	14.80	14.80	
	θ(弧度)	0.13108	0.12656	0.06896	0.06896	
	σ_{l1}(MPa)	74.61	73.12	53.95	53.95	255.63

2. 锚具变形损失 σ_{l2}

反摩擦影响长度 l_f

$$l_f=\sqrt{\sum \Delta l \cdot E_p/\Delta\sigma_d},\Delta\sigma_d=\frac{\sigma_{con}-\sigma_{pe.1}}{l}$$

式中:σ_{con}——张拉端锚下控制张拉应力;

$\sum\Delta l$——锚具变形值,OVM 夹片锚有顶压时取 4mm;

$\sigma_{pe.1}$——扣除沿途管道摩擦损失后锚固端预拉应力;

l——张拉端到锚固端之间的距离,本例中 $l=14800$mm。

当 $l_f \leqslant l$ 时,离张拉端 x 处由锚具变形、钢筋回缩和接缝压缩引起的、考虑反摩擦后的预拉力损失 $\Delta\sigma_x$ 为:

$$\Delta\sigma_x=\Delta\sigma\frac{l_f-x}{l_f},\Delta\sigma=2\Delta\sigma_d l_f$$

当 $l_f \leqslant x$ 时,表示该截面不受反摩擦的影响。

锚具变形损失的计算见表 15-5-8、表 15-5-9。

反摩擦影响长度计算表

表 15-5-8

钢束号	1	2	3	4
σ_{con}(MPa)	1395	1395	1395	1395
$\sigma_{pe.1}=\sigma_{con}-\sigma_{l1}$(MPa)	1320.39	1321.88	1341.05	1341.05
$\Delta\sigma_d=(\sigma_{con}-\sigma_{pe.1})/L$(MPa/mm)	0.005041	0.004941	0.003645	0.003645
l_f(mm)	12438.5	12564.8	14628.0	14628.0

锚具变形损失计算表 表 15-5-9

截面	钢束号	1	2	3	4	总计
支点	x(mm)	220	220	220	220	
	$\Delta\sigma$(MPa)	125.42	124.16	106.65	106.65	
	σ_{l2}(MPa)	123.20	121.98	105.04	105.04	455.26
变截面	x(mm)	4820	4820	4820	4820	
	$\Delta\sigma$(MPa)	125.42	124.16	106.65	106.65	
	σ_{l2}(MPa)	76.82	76.53	71.51	71.51	296.35
$L/4$ 截面	x(mm)	7510	7510	7510	7510	
	$\Delta\sigma$(MPa)	125.42	124.16	106.65	106.65	
	σ_{l2}(MPa)	49.69	49.95	51.89	51.89	203.43
跨中	x(mm)	14800	14800	14800	14800	
	$\Delta\sigma$(MPa)	125.42	124.16	106.65	106.65	
	σ_{l2}(MPa)	0.00	0.00	0.00	0.00	0.00

3. 分批张拉损失 σ_{l4}

$$\sigma_{l4}=\alpha_{\mathrm{Ep}}\sum\Delta\sigma_{\mathrm{pc,p}}$$

式中：$\Delta\sigma_{\mathrm{pc,p}}$——在计算截面先张拉钢筋重心处，由后张拉的各批钢筋产生的混凝土法向应力；

α_{Ep}——预应力钢筋预混凝土弹性模量之比，$\alpha_{\mathrm{Ep}}=E_{\mathrm{p}}/E_{\mathrm{c}}=1.95\times10^5/3.25\times10^4=6$。

本例中预应力筋束的张拉顺序为：4→3→2→1，有效张拉力 N_{pe} 为张拉控制力减去了摩擦损失和锚具变形损失后的张拉力。预应力分批张拉损失的计算见表 15-5-10。

分批张拉损失计算表 表 15-5-10

截面	张拉束号	有效张拉力 N_{pe} ($\times10^3$N)	张拉钢束偏心距 e_{p} (mm)			计算钢束偏心距 y_{p} (mm)			各钢束应力损失 σ_{l4} (MPa)		
			2	3	4	2	3	4	2	3	4
支点	3	1432.91	0.0	0.0	430.0	0.0	0.0	430.0	0.00	0.00	18.76
	2	1414.24	0.0	−167.3	−167.3	0.0	430.0	430.0	0.00	4.80	4.80
	1	1412.97	−406.3	−406.3	−406.3	−167.3	430.0	430.0	12.26	−0.69	−0.69
	总计								12.26	4.11	22.87
变截面	3	1438.63	0.0	0.0	656.7	0.0	0.0	656.7	0.00	0.00	42.73
	2	1436.72	0.0	347.6	347.6	0.0	656.7	656.7	0.00	29.48	29.48
	1	1438.29	141.3	141.3	141.3	347.6	656.7	656.7	17.85	20.69	20.69
	总计								17.85	50.17	92.90
$L/4$	3	1449.95	0.0	0.0	666.2	0.0	0.0	666.2	0.00	0.00	44.23
	2	1450.10	0.0	527.8	527.8	0.0	666.2	666.2	0.00	38.12	38.12
	1	1453.32	350.9	350.9	350.9	527.8	666.2	666.2	27.13	30.36	30.36
	总计								27.13	68.48	112.71

续上表

截面	张拉束号	有效张拉力 N_{pe} （$\times10^3$N）	张拉钢束偏心距 e_p (mm)			计算钢束偏心距 y_p (mm)			各钢束应力损失 σ_{l4} (MPa)		
			2	3	4	2	3	4	2	3	4
跨中	3	1491.25	0.0	0.0	669.8	0.0	0.0	669.8	0.00	0.00	46.34
	2	1469.93	0.0	669.8	669.8	0.0	669.8	669.8	0.00	45.68	45.68
	1	1468.27	589.8	589.8	589.8	669.8	669.8	669.8	41.97	41.97	41.97
	总　计								41.97	87.65	133.99

4. 钢筋应力松弛损失 σ_{l5}

$$\sigma_{l5}=\Psi\cdot\zeta\cdot\left(0.52\frac{\sigma_{pe}}{f_{pk}}-0.26\right)\cdot\sigma_{pe}$$

式中：Ψ——超张拉系数，本例中 $\Psi=1.0$；

ζ——钢筋松弛系数，本例采用低松弛钢绞线，取 $\zeta=0.3$；

σ_{pe}——传力锚固时的钢筋应力，$\sigma_{pe}=\sigma_{con}-\sigma_{l1}-\sigma_{l2}-\sigma_{l4}$。

钢筋应力松弛损失的计算见表 15-5-11。

钢筋应力松弛损失计算表　　表 15-5-11

截面＼钢束	σ_{pe}(MPa)				σ_{l5}(MPa)			
	1	2	3	4	1	2	3	4
支点	1270.7	1259.5	1284.5	1265.7	36.30	34.81	38.19	35.64
变截面	1293.4	1274.2	1243.6	1200.8	39.43	36.78	32.71	27.28
$L/4$	1306.9	1276.9	1235.4	1191.2	41.32	37.15	31.65	26.09
跨中	1320.4	1279.9	1253.4	1207.1	43.23	37.56	34.00	28.05

5. 混凝土收缩、徐变损失 σ_{l6}

$$\sigma_{l6}=\frac{0.9[E_p\varepsilon_{cs(t,t_0)}+\alpha_{Ep}\sigma_{pc}\phi_{(t,t_0)}]}{1+15\rho\rho_{ps}}$$

$$\sigma_{pc}=\frac{N_p}{A_n}+\frac{N_p}{I_n}e_p-\frac{M_{Gk}}{I_n}e_p$$

$$\rho_{ps}=1+\frac{e_{ps}^2}{i^2},\ i^2=I_n/A_n$$

式中：σ_{pc}——构件受拉区全部纵向钢筋截面重心处，由预加力（扣除相应阶段的应力损失）和结构自重产生的混凝土法向应力；

$\varepsilon_{cs(t,t_0)}$——预应力筋传力锚固龄期为 t_0，计算龄期为 t 时的混凝土收缩应变；

$\phi_{(t,t_0)}$——加载龄期为 t_0，计算龄期为 t 时的混凝土徐变系数；

ρ——构件受拉区全部纵向钢筋配筋率，$\rho=(A_s+A_p)/A_n$。

设混凝土传力锚固龄期及加载龄期均为 28 天，计算时间 $t=\infty$，桥梁所处环境的年平均相对湿度为 75%，以跨中截面计算其理论厚度 h：

$$h=2A_c/u=2\times0.723\times1000/6.402=226\text{mm}$$

查表得：$\varepsilon_{cs(t,t_0)}=0.215\times10^{-3}$，$\phi_{(t,t_0)}=1.633$。

混凝土收缩、徐变损失的计算见表 15-5-12。

混凝土收缩、徐变损失计算表 表 15-5-12

截面	e_{ps} (mm)	ρ	ρ_{ps}	N_{pe} (kN)	M_{GK} (kN·m)	$\sigma_{预}$ (MPa)	$\sigma_{自重}$ (MPa)	σ_{pc} (MPa)	σ_{l6} (MPa)
支点	108.2	0.00398	1.070	5649.4	0.0	5.41	0.00	5.41	77.74
变截面	477.7	0.00614	2.025	5573.4	1435.9	15.59	−4.26	11.33	111.13
$L/4$	573.0	0.00614	2.461	5571.7	2026.4	18.94	−7.14	11.80	110.67
跨中	663.6	0.00614	2.933	5627.6	2701.8	22.80	−10.87	11.93	107.70

6. 预应力损失组合

上述各项预应力损失组合情况列于表 15-5-13。

应力损失组合 表 15-5-13

截面	$\sigma_{lI}=\sigma_{l1}+\sigma_{l2}+\sigma_{l4}$ (MPa)					$\sigma_{lII}=\sigma_{l5}+\sigma_{l6}$ (MPa)				
	1	2	3	4	平均	1	2	3	4	平均
支点	124.34	135.46	110.52	129.28	124.90	114.04	112.55	115.93	113.38	113.98
变截面	101.57	120.83	151.42	194.16	141.99	150.56	147.91	143.84	138.41	145.18
$L/4$	88.07	118.07	159.57	203.81	142.38	151.99	147.83	142.32	136.77	144.73
跨中	74.61	115.09	141.60	187.94	129.81	150.93	145.26	141.69	135.74	143.41

(五)正常使用极限状态计算

1. 全预应力混凝土构件抗裂性验算

(1)正截面抗裂性验算

正截面抗裂性验算以跨中截面受拉边的正应力控制。在荷载短期效应组合作用下应满足：

$$\sigma_{st}-0.85\sigma_{pc}\leqslant0$$

σ_{st}为在荷载短期荷载效应组合作用下，截面受拉边的应力：

$$\sigma_{st}=\frac{M_{G1Pk}}{I_{n1}}y_{n1}+\frac{M_{G1mk}}{I_{n2}}y_{n2}+\frac{M_{G2k}+0.7M_{Q1k}/(1+\mu)+M_{Q2k}}{I_0}y_0$$

I_{n1}、y_{n1}、I_{n2}、y_{n2}、I_0、y_0分别为阶段 1、阶段 2、阶段 3 的截面惯性矩和截面重心至受拉边缘的距离，可由表 15-5-6 查得：

$$I_{n1}/y_{n1}=W_{n1}=0.16314\times10^9\,mm^3$$

$$I_{n2}/y_{n2}=W_{n2}=0.19702\times10^9\,mm^3$$

$$I_0/y_0=W_0=0.20528\times10^9\,mm^3$$

弯矩设计值由表 15-5-1 和表 15-5-2 查得：

$$M_{G1Pk}=1770.76kN\cdot m, M_{G1mk}=239.15kN\cdot m, M_{G2k}=691.94kN\cdot m,$$

$$M_{Q1k}=1676.59kN\cdot m, M_{Q2k}=140.94kN\cdot m, 1+\mu=1.1188$$

将上述数值代入公式后得：

$$\sigma_{st}=\left(\frac{1770.76}{0.16314}+\frac{239.15}{0.19702}+\frac{691.94+0.7\times1676.59/1.1188+140.94}{0.20528}\right)/1000$$
$$=10.85+1.21+9.17=21.24\text{MPa}$$

σ_{pc}为截面下边缘的有效预压应力：

$$\sigma_{pc}=\frac{N_p}{A_{n1}}+\frac{N_p e_{pn}}{I_{n1}}y_n$$

$$N_p=\sigma_{pe}A_p=(\sigma_{con}-\sigma_{lI}-\sigma_{lII})A_p$$
$$=(1395-129.81-143.41)\times4448/1000$$
$$=4989.7\text{kN}$$
$$e_{pn1}=y_{pn1}=649.8\text{mm}$$

得

$$\sigma_{pc}=\left(\frac{4989.7}{0.5891}+\frac{4989.7\times0.6498}{0.16314}\right)/1000=8.47+19.88=28.35\text{MPa}$$
$$\sigma_{st}-0.85\sigma_{pc}=21.24-0.85\times28.35=-2.858\text{MPa}\leqslant0$$

计算结果表明，正截面抗裂性满足要求。

(2)斜截面抗裂性验算

斜截面抗裂性验算以主拉应力控制，一般取变截面点分别计算截面上梗肋、形心轴和下梗肋处在荷载短期效应组合作用下的主拉应力，应满足 $\sigma_{tp}\leqslant0.6f_{tk}$的要求。

σ_{tp}为荷载短期效应组合作用下的主拉应力

$$\sigma_{tp}=\frac{\sigma_{cx}}{2}-\sqrt{\left(\frac{\sigma_{cx}}{2}\right)^2+\tau_x^2}$$

$$\sigma_{cx}=\pm\sigma_{pc}\mp\frac{M_{G1Pk}}{I_{n1}}y_{n1.x}\mp\frac{M_{G1mk}}{I_{n2}}y_{n2.x}\mp\frac{M_{G2k}+0.7M_{Q1k}/(1+\mu)+M_{Q2k}}{I_0}y_{0.x}$$

$$\tau_x=\frac{V_{G1Pk}}{I_{n1}b}S_{n1}+\frac{V_{G1mK}}{I_{n2}b}S_{n2}+\frac{V_{G2K}+0.7V_{Q1K}/(1+\mu)+V_{Q2K}}{I_0 b}S_0-\frac{\sigma_{pe}A_{pe}\sin\theta_p S_{nl}}{I_{nl}b}$$

上述公式中车辆荷载和人群荷载产生的内力值，按最大剪力布置荷载，即取最大剪力对应的弯矩值，其数值由表 15-5-3 查得。

恒载内力值：

$$M_{G1Pk}=941.09\text{kN}\cdot\text{m},M_{G1mk}=127.10\text{kN}\cdot\text{m},M_{G2k}=367.74\text{kN}\cdot\text{m}$$
$$V_{G1Pk}=166.26\text{kN}\cdot\text{m},V_{G1mk}=22.46\text{kN}\cdot\text{m},V_{G2k}=64.97\text{kN}\cdot\text{m}$$

活载内力值：

$$M_{Q1k}=1042.85\text{kN}\cdot\text{m},M_{Q2k}=64.72\text{kN}\cdot\text{m},1+\mu=1.1188$$
$$V_{Q1k}=226.72\text{kN}\cdot\text{m},V_{Q2k}=14.07\text{kN}\cdot\text{m}$$

变截面点处的主要截面几何性质由表 15-5-6 查得

$A_{n1}=0.58910\times10^6\text{mm}^2,I_{n1}=0.13259\times10^{12}\text{mm}^4,y'_{n1.x}=517.6\text{mm},y_{n1.x}=782.4\text{mm}$

$A_{n2}=0.63404\times10^6\text{mm}^2,I_{n2}=0.14321\times10^{12}\text{mm}^4,y'_{n2.x}=549.5\text{mm},y_{n2.x}=750.5\text{mm}$

$A_0=0.72404\times10^6\text{mm}^2,I_0=0.16113\times10^{12}\text{mm}^4,y'_{0.x}=490.5\text{mm},y_{0.x}=809.5\text{mm}$

图 15-5-3 为各计算点的位置示意图。各计算点的部分断面几何性质按表 15-5-14 取值，表中，A_1 为图 15-5-3 中阴影部分的面积，S_1 为阴影部分对截面形心轴的面积矩，y_{x1}为阴影部分的形心到截面形心轴的距离，d 为计算点到截面形心轴的距离。

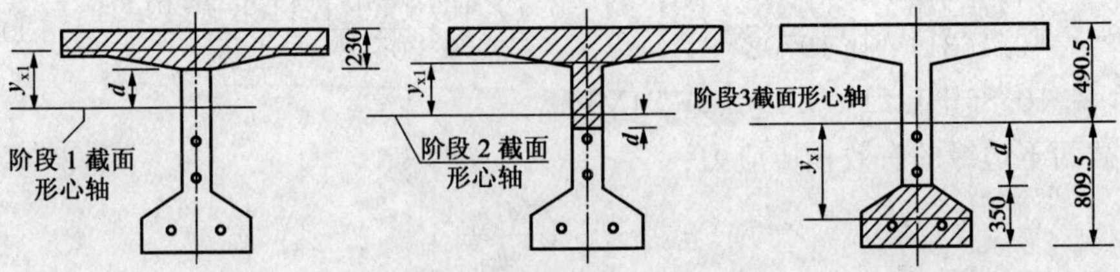

图 15-5-3 横断面计算点(尺寸单位:cm)

计算点几何性质

表 15-5-14

计算点	受力阶段	A_1($\times10^6\text{mm}^2$)	y_{x1}(mm)	d(mm)	S_1($\times10^9\text{mm}^3$)
上梗肋处	阶段 1	0.287200	425.2	287.6	0.12211
	阶段 2	0.287200	457.1	319.5	0.13128
	阶段 3	0.37720	402.3	260.5	0.15174
形心位置	阶段 1	0.334090	387.6	27.0	0.12948
	阶段 2	0.334090	419.5	59.0	0.14015
	阶段 3	0.42409	372.2	0.0	0.15784
下梗肋处	阶段 1	0.183651	628.9	432.4	0.11550
	阶段 2	0.206120	600.0	400.5	0.12367
	阶段 3	0.20612	659.0	459.5	0.13583

变截面处的有效预应力

$$\sigma_{pe}=\sigma_{con}-\sigma_{lI}-\sigma_{lII}=1395-141.99-145.18=1107.83\text{MPa}$$

$$N_p=\sigma_{pe}A_p=1107.83\times4448/1000=4927.6\text{kN}$$

$$e_{pn}=y_{pn}=450.6\text{mm}$$

预应力筋弯起角度分别为:

$\theta_{p1}=5.0645°,\theta_{p2}=4.5209°,\theta_{p3}=\theta_{p4}=0.6677°$

将上述数值代入,分别计算上梗肋、形心轴和下梗肋处的主拉应力。

a)上梗肋处

$$\sigma_{pc}=\left(\frac{4927.6}{0.5891}-\frac{4927.6\times0.4506}{0.13259}\times0.2876\right)/1000=8.36-4.82=3.55\text{MPa}$$

$$\sigma_{cx}=3.55+\frac{941.09}{0.13259\times1000}\times0.2876+\frac{127.10}{0.14321\times1000}\times0.3195+\frac{367.74+0.7\times1042.85/1.1188+64.72}{0.16113\times1000}\times0.2605$$

$$=3.55+2.04+0.28+1.75=7.63\text{MPa}$$

$$\tau_x=\frac{166.26\times0.1221}{0.13259\times0.18\times1000}+\frac{22.46\times0.1313}{0.14321\times0.18\times1000}+\frac{(64.97+0.7\times226.72/1.1188+14.07)\times0.1517}{0.16113\times0.18\times1000}-\frac{1107.83\times4448\times\sin2.7302°\times0.1221}{0.13259\times0.18\times10^6}$$

$$=0.85+0.11+1.16-1.20=0.92\text{MPa}$$

$$\sigma_{tp}=\frac{7.63}{2}-\sqrt{\left(\frac{7.63}{2}\right)^2+0.92^2}=-0.11\text{MPa}$$

b)形心轴处

$$\sigma_{pc}=\left(\frac{4927.6}{0.5891}+\frac{4927.6\times0.4506}{0.13259}\times0.027\right)/1000=8.36+0.45=8.82\text{MPa}$$

$$\sigma_{cx}=8.82-\frac{941.09}{0.13259\times1000}\times0.027-\frac{127.10}{0.14321\times1000}\times0.059$$

$$=8.82-0.19-0.05=8.57\text{MPa}$$

$$\tau_x=\frac{166.26\times0.12948}{0.13259\times0.18\times1000}+\frac{22.46\times0.14015}{0.14321\times0.18\times1000}+\frac{(64.97+0.7\times226.72/1.1188+14.07)\times0.15784}{0.16113\times0.18\times1000}-\frac{1107.83\times4448\times\sin2.7302°\times0.12948}{0.13259\times0.18\times10^6}$$

$$=0.90+0.12+1.20-1.27=0.95\text{MPa}$$

$$\sigma_{tp}=\frac{8.57}{2}-\sqrt{\left(\frac{8.57}{2}\right)^2+0.95^2}=-0.10\text{MPa}$$

c)下梗肋处

$$\sigma_{pc}=\left(\frac{4927.6}{0.5891}+\frac{4927.6\times0.4506}{0.13259}\times0.4324\right)/1000=8.36+7.24=15.61\text{MPa}$$

$$\sigma_{cx}=15.61-\frac{941.09}{0.13259\times1000}\times0.4324-\frac{127.10}{0.14321\times1000}\times0.4005-\frac{367.74+0.7\times1042.85/1.1188+64.72}{0.16113\times1000}\times0.4595$$

$$=15.61-3.07-0.36-3.09=9.09\text{MPa}$$

$$\tau_x=\frac{166.26\times0.1155}{0.13259\times0.18\times1000}+\frac{22.46\times0.12367}{0.14321\times0.18\times1000}+\frac{(64.97+0.7\times226.72/1.1188+14.07)\times0.13583}{0.16113\times0.18\times1000}-\frac{1107.83\times4448\times\sin2.7302°\times0.1155}{0.13259\times0.18\times10^6}$$

$$=0.80+0.11+1.03-1.14=0.81\text{MPa}$$

$$\sigma_{tp}=\frac{9.09}{2}-\sqrt{\left(\frac{9.09}{2}\right)^2+0.81^2}=-0.07\text{MPa}$$

计算结果汇总于表15-5-15。

变截面处不同计算点主应力汇总表 表15-5-15

计算点位置	正应力 σ_{cx}(MPa)	剪应力 τ_x(MPa)	主拉应力 σ_{tp}(MPa)
上梗肋	7.63	0.92	−0.11
形心轴	8.57	0.95	−0.10
下梗肋	9.09	0.81	−0.07

计算结果表明，上梗肋处主拉应力最大，其数值为 $\sigma_{tp,max}=-0.11\text{MPa}$，小于规范规定的限制值 $0.7f_{tk}=0.7\times2.4=1.68\text{MPa}$。

2. 变形计算

(1)使用阶段的挠度计算

使用阶段的挠度值，按短期荷载效应组合计算，并考虑挠度长期影响系数 η_θ，对 C40 混凝土，$\eta_Q=1.60$，刚度 $B_0=0.95E_cI_0$。

预应力混凝土简支梁的挠度计算可忽略支点附近截面尺寸及配筋的变化，近似地按等截面梁计算，截面刚度按跨中截面尺寸及配筋情况确定，即取 $B_0=0.95E_cI_0=0.95\times3.25\times10^4\times0.16496\times10^{12}=0.5093\times10^{16}\text{N}\cdot\text{mm}^2$。

荷载短期效应组合作用下的挠度值，按等效均布荷载作用情况计算：

$$f_s=\frac{5}{48}\times\frac{L^2\times M_s}{B_0}$$

式中，$M_s=3891.78\times10^6\text{N}\cdot\text{mm}$，$L=29.16\times10^3\text{mm}$。

$$f_s=\frac{5}{48}\times\frac{(29.16\times10^3)^2\times3891.78\times10^6}{0.5093\times10^{16}}=67.6\text{mm}$$

自重产生的挠度值按等效均布荷载作用情况计算：

$$f_G=\frac{5}{48}\times\frac{L^2\times M_{Gk}}{B_0}$$

$$\begin{aligned}M_{GK}&=M_{G1pk}+M_{G1,mk}+M_{G2k}=(1770.76+239.15+691.94)\times10^6\\&=2701.85\times10^6\text{N}\cdot\text{mm}\end{aligned}$$

$$f_G=\frac{5}{48}\times\frac{(29.16\times10^3)^2\times2701.85\times10^6}{0.95\times3.25\times0.16496\times10^4}=47.0\text{mm}$$

消除自重产生的挠度，并考虑挠度长期影响系数后，使用阶段挠度值为

$$\begin{aligned}f_l&=\eta_Q(f_s-f_G)=1.60\times(67.6-47.0)=32.96\text{mm}\\&<L/600=29160/600=48.6\text{mm}\end{aligned}$$

计算结果表明，使用阶段的挠度值满足规范要求。

(2)预加力引起的反拱计算及预拱度的设置

预加力引起的反拱近似地按等截面梁计算，截面刚度按跨中截面净截面确定，即取 $B_0=0.95E_cI_n=0.95\times3.25\times10^4\times0.12885\times10^{12}=0.3979\times10^{16}\text{N}\cdot\text{mm}^2$，反拱长期增长系数采用 $\eta_\theta=2.0$。

预加力引起的跨中挠度为

$$f_p=-\eta_Q\int_l\frac{M_1M_p}{B_0}\mathrm{d}x$$

式中：M_1——所求变形点作用竖向单位力 $P=1$ 引起的弯矩图；

M_p——预加力引起的弯矩图。

对等截面梁可不必进行上式的积分计算，其变形值由图乘法确定，在预加力作用下跨中截面的反拱可按下式计算

$$f_p=-\eta_Q\frac{2\omega_{M,l/2}\cdot M_p}{B_0}$$

$\omega_{M,l/2}$为跨中截面作用单位力 $P=1$ 时，所产生的 M_1 图在半跨范围内的面积：

$$\omega_{M,l/2}=\frac{1}{2}\times\frac{L}{2}\times\frac{L}{4}=\frac{L^2}{16}$$

M_p 为半跨范围 M_1 图重心(距支点 $L/3$ 处)所对应的预加力引起的弯矩图的纵坐标

$$M_p=N_pe_p$$

N_p 为有效预加力，$N_p=(\sigma_{con}-\sigma_{lI}-\sigma_{lII})A_p$，其中 σ_{lI}、σ_{lII} 近似取 $L/4$ 截面的损失值：

$$N_p=(1395-142.38-144.73)\times4448/1000=4927.9\text{N}$$

e_p 为距支点 $L/3$ 处的预应力束偏心距

$$e_p=y_0-a_p$$

式中：y_0——$L/3$ 截面换算截面重心到下边缘的距离，$y_0=805.5\text{mm}$；

a_p——由表 15-5-4 中的曲线方程求得，$a_p=202.3\text{mm}$。

$$M_p=4927.9\times10^3\times(805.5-202.3)=2972.6\times10^6\text{N}\cdot\text{m}$$

由预加力产生的跨中反拱为

$$f_p=2.0\times\frac{2\times2972.6\times10^6\times29160^2/16}{0.3979\times10^{16}}=158.8\text{mm}$$

将预加力引起的反拱与按荷载短期效应影响产生的长期挠度值相比较可知

$$f_p=158.8\text{mm}>\eta_Q f_s=1.60\times67.6=108.2\text{mm}$$

由于预加力产生的长期反拱值大于按荷载短期效应组合计算的长期挠度，所以可不设预拱度。

（六）持久状况应力验算

按持久状况设计的预应力混凝土受弯构件，尚应计算其使用阶段正截面混凝土的法向应力、受拉钢筋的拉应力及斜截面的主压应力。计算时作用（或荷载）取其标准值，不计分项系数，汽车荷载应考虑冲击系数。

(1)跨中截面混凝土法向正应力验算

$$\sigma_{kc}=\left[\frac{N_p}{A_{nl}}-\frac{N_p e_{pnl}}{W'_{nl}}+\frac{M_{G1Pk}}{W'_{nl}}+\frac{M_{G1mk}}{W'_{n2}}+\frac{M_{G2k}+M_{Q1k}+M_{Q2k}}{W'_0}\right]\leqslant0.5f_{ck}$$

$$\sigma_{pe}=\sigma_{con}-\sigma_{lI}-\sigma_{lII}=1395-129.81-143.41=1121.78\text{MPa}$$

$$N_p=\sigma_{pe}A_p=1121.78\times4448/1000=4989.7\text{kN}$$

由表 15-5-6 查得：$e_{pnl}=y_{pnl}=649.8\text{mm}$

$$\sigma_{kc}=\left(\frac{4989.7}{0.58910}-\frac{4989.7\times0.6498}{0.25257}+\frac{1770.8}{0.25257}+\frac{239.1}{0.26345}+\frac{691.9+1676.6+140.9}{0.33231}\right)/1000$$

$$=11.10\text{MPa}<0.5f_{ck}=0.5\times26.8=13.4\text{MPa}$$

(2)跨中截面预应力钢筋拉应力验算

$$\sigma_p=(\sigma_{pe}+\alpha_{Ep}\sigma_{kt})\leqslant0.65f_{pk}$$

σ_{kt} 为按荷载效应标准值（对后张法构件不包括自重 M_{G1Pk}）计算的预应力钢筋重心处混凝土的法向应力

$$\sigma_{kt}=\frac{(M_{G1mk}+M_{G2k}+M_{Q1k}+M_{Q2k})}{W_{0p}}\times(y_0-a_p)$$

$$=\frac{(239.15+691.94+1676.6+140.9)}{0.16496\times10^{12}}\times(803.6-140)=11.06\text{MPa}$$

$$\sigma_p=\sigma_{pe}+\alpha_{Ep}\sigma_{kt}=1121.78+\frac{1.95\times10}{3.25}\times11.06=1188.13\text{MPa}$$

$$<0.65f_{pk}=0.65\times1860=1209\text{MPa}$$

(3)斜截面主应力验算

一般取变截面点分别计算截面上梗肋、形心轴和下梗肋处在标准值效应组合作用下的主压应力，应满足 $\sigma_{cp} \leqslant 0.6 f_{ck}$ 的要求。

$$\begin{matrix}\sigma_{cp}^{k}\\ \sigma_{tp}^{k}\end{matrix}=\frac{\sigma_{cx}^{k}}{2}\pm\sqrt{\left(\frac{\sigma_{cx}^{k}}{2}\right)^{2}+(\tau_{x}^{k})^{2}}$$

$$\sigma_{cx}^{k}=\pm\sigma_{pc}\mp\frac{M_{G1PK}}{I_{n1}}y_{n1.x}\mp\frac{M_{G1mK}}{I_{n2}}y_{n2.x}\mp\frac{(M_{G2K}+M_{Q1K}+M_{Q2K})}{I_{0}}y_{0.x}$$

$$\tau_{x}^{k}=\frac{V_{G1pk}}{I_{n1}b}S_{n1}+\frac{V_{G1mk}}{I_{n2}b}S_{n2}+\frac{(V_{G2k}+V_{Q1k}+V_{Q2k})}{I_{0}b}S_{0}-\frac{\sigma_{pe}A_{pe}\sin\theta_{p}S_{n1}}{I_{n1}b}$$

a)上梗肋处

$$\sigma_{pc}^{k}=\left(\frac{4927.6}{0.5891}-\frac{4927.6\times0.4506}{0.13259}\times0.2876\right)/1000=8.36-4.82=3.55\text{MPa}$$

$$\sigma_{cx}^{k}=3.55+\frac{941.09}{0.13259\times1000}\times0.2876+\frac{127.1}{0.14321\times1000}\times0.3195+$$

$$\frac{367.74+1042.85+64.72}{0.16113\times1000}\times0.2605$$

$$=3.55+2.04+0.28+2.39=8.26\text{MPa}$$

$$\tau_{x}^{k}=\frac{166.26\times0.1221}{0.13259\times0.18\times1000}+\frac{22.46\times0.13128}{0.14321\times0.18\times1000}+$$

$$\frac{(64.97+226.72+14.07)\times0.15174}{0.16113\times0.18\times1000}-$$

$$\frac{1107.83\times4448\times\sin2.7302^{\circ}\times0.1221}{0.13259\times0.18\times10^{6}}$$

$$=0.85+0.11+1.60-1.20=1.36\text{MPa}$$

$$\sigma_{tp}^{k}=\frac{8.26}{2}-\sqrt{\left(\frac{8.26}{2}\right)^{2}+1.36^{2}}=-0.22\text{MPa}$$

$$\sigma_{cp}^{k}=\frac{8.26}{2}+\sqrt{\left(\frac{8.26}{2}\right)^{2}+1.36^{2}}=8.48\text{MPa}$$

b)形心轴处

$$\sigma_{pc}^{k}=\left(\frac{4927.6}{0.5891}+\frac{4927.6\times0.4506}{0.13259}\times0.0270\right)/1000=8.36+0.45=8.82\text{MPa}$$

$$\sigma_{cx}^{k}=8.82-\frac{941.09}{0.13259\times1000}\times0.027-\frac{127.1}{0.14321\times1000}\times0.059$$

$$=8.82-0.19-0.05=8.57\text{MPa}$$

$$\tau_{x}^{k}=\frac{166.26\times0.12948}{0.13259\times0.18\times1000}+\frac{22.46\times0.14015}{0.14321\times0.18\times1000}+$$

$$\frac{(64.97+226.72+14.07)\times0.15784}{0.16113\times0.18\times1000}-$$

$$\frac{1107.83\times4448\times\sin2.7302^{\circ}\times0.12948}{0.13259\times0.18\times10^{6}}$$

$$=0.90+0.12+1.66-1.27=1.41\text{MPa}$$

$$\sigma_{tp}^{k}=\frac{8.57}{2}-\sqrt{\left(\frac{8.57}{2}\right)^{2}+1.41^{2}}=-0.23\text{MPa}$$

$$\sigma_{tp}^{k}=\frac{8.57}{2}+\sqrt{\left(\frac{8.57}{2}\right)^{2}+1.41^{2}}=8.80\text{MPa}$$

c)下梗肋处

$$\sigma_{pc}^{k}=\left(\frac{4927.6}{0.5891}+\frac{4927.6\times0.4506}{0.13259}\times0.4324\right)/1000=8.36+7.24=15.61\text{MPa}$$

$$\sigma_{cx}^{k}=15.61-\frac{941.09}{0.13259\times1000}\times0.4324-\frac{127.1}{0.11321\times1000}\times0.4005-\frac{367.74+1042.85+64.72}{0.16113\times1000}\times0.4595$$

$$=15.61-3.07-0.36-4.21=7.97\text{MPa}$$

$$\tau_{x}^{k}=\frac{166.26\times0.1155}{0.13259\times0.18\times1000}+\frac{22.46\times0.12367}{0.14321\times0.18\times1000}+\frac{(64.97+226.72+14.07)\times0.13583}{0.16113\times0.18\times1000}-\frac{1107.83\times4448\times\sin2.7302°\times0.1155}{0.13259\times0.18\times10^{6}}$$

$$=0.80+0.11+1.43-1.14=1.21\text{MPa}$$

$$\sigma_{tp}^{k}=\frac{7.97}{2}-\sqrt{\left(\frac{7.97}{2}\right)^{2}+1.21^{2}}=-0.18\text{MPa}$$

$$\sigma_{cp}^{k}=\frac{7.97}{2}+\sqrt{\left(\frac{7.97}{2}\right)^{2}+1.21^{2}}=8.15\text{MPa}$$

计算结果汇总于表 15-5-16。

变截面处不同计算点主应力汇总表 表 15-5-16

计算点 位 置	正应力 σ_{cx}^{k} (MPa)	剪应力 τ_{x}^{k} (MPa)	主拉应力 σ_{tp}^{k} (MPa)	主压应力 σ_{cp}^{k} (MPa)
上梗肋	8.26	1.36	−0.22	8.48
形心轴	8.57	1.41	−0.23	8.80
下梗肋	7.97	1.21	−0.18	8.15

最大主压应力 $\sigma_{cp}^{k}=8.80\text{MPa}<0.6f_{ck}=0.6\times26.8=16.08\text{MPa}$。计算结果表明，使用阶段正截面混凝土法向应力、预应力钢筋拉应力及斜截面主压应力满足规范要求。

(七)短暂状态应力验算

预应力混凝土结构按短暂状态设计时，应计算构件在制造、运输及安装等施工阶段，由预加力(扣除相应的应力损失)、构件自重及其他施工荷载引起的截面应力。对简支梁，以跨中截面上、下缘混凝土正应力控制。

(1)上缘混凝土应力

$$\sigma_{ct}^{t}=\left(\frac{N_{pI}}{A_{nI}}-\frac{N_{pI}e_{pnI}}{W'_{nI}}+\frac{M_{G1PK}}{W'_{nI}}\right)\leqslant0.7f_{tk}$$

$$N_{pI}=\sigma_{pe}A_{p}=(1395-129.81)\times4448/1000=5627.57\text{kN}$$

$$e_{pn}=y_{pn}=649.8\text{mm}$$

$$\sigma_{ct}^{t}=\left(\frac{5627.57}{0.58910}-\frac{5627.57\times0.6498}{0.25257}+\frac{1770.76}{0.25257}\right)/1000=9.55-14.48+7.01$$

$$=2.08\text{MPa}>0$$

(2)下缘混凝土应力

$$\sigma_{cc}^{t}=\frac{N_p}{A_{n1}}+\frac{N_p e_{pn1}}{W_{n1}}-\frac{M_{G1PK}}{W_{n1}}\leqslant 0.75f_{ck}$$

$$\sigma_{cc}^{t}=\left(\frac{5627.57}{0.58910}+\frac{5627.57\times 0.6498}{0.16314}-\frac{1770.76}{0.16314}\right)/1000=9.55+22.42-10.85$$

$$=21.12\text{MPa}>0.75f_{ck}=0.75\times 26.8=20.1\text{MPa}$$

计算结果表明，在预施应力阶段，梁的上缘不出现拉应力，下缘混凝土的压应力略大于规范规定的限值，但不超过5%。

(八)截面最小配筋率限制条件验算

《桥规》(JTG D62)规定，预应力混凝土受弯构件最小配筋率应符合下列条件

$$M_{ud}/M_{cr}\geqslant 1.0$$

式中：M_{ud}——受弯构件正截面抗弯承载力设计值，本例题 $M_{ud}=6106.8\text{kN}\cdot\text{m}$；

M_{cr}——受弯构件正截面开裂弯矩，《桥规》(JTG D62)规定，其数值按规范公式(65.2-6)[即本书公式(13-3-3)]计算。按笔者建议，对后张法构件开裂弯矩的计算应考虑不同受力阶段截面几何特征值的不同，其数值应按本书公式(13-3-4)计算。对本例题而言，应按下式计算：

$$M_{cr}=(\sigma_{pc}+\gamma f_{tk})W_0-\left(\frac{W_0}{W_{n1}}-1\right)M_{G1pk}-\left(\frac{W_0}{W_{n2}}-1\right)M_{G2m.k}$$

式中，σ_{pc}为 N_{po}作用下截面抗裂性验算边缘的混凝土预应力压应力，应按下列公式计算：

$$\sigma_{pe}=\frac{N_{po}}{A_n}+\frac{N_{po}e_{po}}{W_n}$$

$$N_{po}=(\sigma_{pe}+\alpha_{Ep}\sigma_{pc.p})A_p=N_p+\alpha_{Ep}\sigma_{pc.p}A_p$$

$$\sigma_{pc.p}=\frac{N_p}{A_n}+\frac{N_p e_{pn}^2}{I_n}$$ 代入有关数据得

$$\sigma_{pc.p}=\left(\frac{4989.7}{0.5891}+\frac{4989.7\times 0.6498^2}{0.12885}\right)/1000=24.82\text{MPa}$$

$$N_{po}=4989.7+6\times 24.82\times 4448/1000=4989.7+663.2=5652.1\text{kN}$$

$$\sigma_{pc}=\left(\frac{5652.1}{0.5891}+\frac{5652.1\times 0.6498}{0.16314}\right)/1000=32.11\text{MPa}$$

式中，$f_{tk}=2.4\text{MPa}$；由表15-5-6查得：$W_0=0.2528\times 10^9\text{mm}^3$，$W_{n1}=0.16314\times 10^9\text{mm}^3$，$W_{n2}=0.19702\times 10^9\text{mm}^3$。

$$\gamma=2S_0/W_0$$

式中 $S_0=2172\times 160\times(496.4-166/2)+180\times(496.4-166)^2/2=15887697.2\text{mm}^2$

$$\gamma=2\times 158876971.2/0.20528\times 10^9=1.548$$

由表15-5-1查得：$M_{G1pk}=1770.76\text{kN}\cdot\text{m}$，$M_{G2mk}=239.15\text{kN}\cdot\text{m}$，将有关数据代入上式得：

$$M_{cr}=(32.11+1.548\times 2.4)\times 0.20528\times 10^9/10^6-\left(\frac{0.20528}{0.16314}-1\right)\times$$

$$1770.76-\left(\frac{0.20528}{0.19702}-1\right)\times 239.15$$

$$=7354.2-457.4-10.0=6886.8\text{kN}\cdot\text{m}$$

按《桥规》(JTG D62)推荐公式计算，$M_{cr}=7354.2\text{kN}\cdot\text{m}>M_{ud}=6106.8\text{kN}\cdot\text{m}$。按笔者推荐公式计算，$M_{cr}=6886.8\text{kN}\cdot\text{m}$，也大于 M_{ud}，不符合最小配筋率限制条件，故应修改设计。

(九)修改设计的基本思路

(1)降低张拉控制应力,减小开裂弯矩。

根据现有预应力筋布置方案,按 $\sigma_{st}-0.85\sigma_{pc}=0$ 的控制条件,反求所需的张拉控制应力 σ_{con},其数值一般不宜小于 $0.55f_{pk}$。

这样修改后的梁,其正截面抗弯承载力基本不变,抗裂性亦可满足要求,但预应力筋未能充分发挥作用,结构的延性较差。

(2)增设普通钢筋,提高抗弯承载力。

从满足 $M_{ud}\geqslant M_{cr}$[一般可取 $M_{ud}=(1.05\sim1.1)M_{cr}$]的限制条件出发,由本书公式(15-3-8)和(15-3-9)或公式(15-3-10)和(15-3-11)确定所需增加的普通钢筋截面面积。

这样修改后的梁,其正截面抗裂性验算结果基本上保持不变,后增加的普通钢筋使正截面抗弯承载力进一步增加,构件具有一定的承受超载的潜力。另外,后增设的普通钢筋,可增强结构的延性。

综合分析本例题的正截面抗弯承载力和抗裂性验算结果,决定采用增设普通钢筋的修改方案。在梁底增设 11 根直径 16mm 的 HRB400 钢筋,供给的钢筋截面面积 $A_s=2212\text{mm}^2$,钢筋重心距离截面上边缘的距离 $h_s=1300-\left(30+\dfrac{18.4}{2}\right)=1261\text{mm}$。修改后的截面的混凝土受压区高度为:

$$x=\frac{f_{pd}A_p+f_{sd}A_s}{f_{cd}b'_f}=\frac{1260\times4448+330\times2212}{18.4\times2172}=158.5\text{mm}<h'_f=166\text{mm}$$

修改后截面的抗弯承载力为:

$$\begin{aligned}M_{ud}&=f_{pd}A_p(h_p-\frac{x}{2})+f_{sd}A_s\left(h_s-\frac{x}{2}\right)\\&=1260\times4448\times\left(1160-\frac{158.5}{2}\right)+330\times2212\times\left(1261-\frac{158.5}{2}\right)\\&=6919.67\times10^6\text{N}\cdot\text{mm}=6919.67\text{kN}\cdot\text{m}\end{aligned}$$

按笔者推荐公式计算 $M_{ud}/M_{cr}=6919.67/6886.8=1.005>1$,满足要求。

按规范推荐公式计算 $M_{ud}/M_{cr}=6919.67/7354.2=0.94<1$,仍不满足要求。

考虑后增设的普通钢筋的影响,预应力损失和截面几何特征值将会有微小变化,但对抗裂性及应力验算的最终结果影响不大,这里不再重新计算。

计算结果表明,修改后的截面配筋符合《桥规》(JTG D62)规定的最小配筋率限制,但正面抗弯承力过大($M_{ud}/\gamma_0M_d=6919.67/57445=1.2$),设计的经济性较差。

建议读者进一步思考,采取多种综合修改措施,以求得更加合理的设计方案。

三、方案二　部分预应力混凝土 A 类梁设计

(一)预应力钢筋及普通钢筋数量的确定及布置

(1)预应力钢筋数量的确定及布置

首先,根据跨中截面正截面抗裂要求,确定预应力钢筋数量。为满足抗裂要求所需的有效预加力为:

$$N_{pe}\geqslant\frac{M_s/W-0.7f_{tk}}{\dfrac{1}{A}+\dfrac{e_p}{W}}$$

M_s 为短期效应弯矩组合设计值，由表 15-5-3 查得 $M_s = 3891.78\text{kN}\cdot\text{m}$；

A、W 为估算钢筋数量时近似采用毛截面几何性质，按图 15-5-1 给定的截面尺寸计算：

$$A_c = 0.70180\times10^6\text{mm}^2, y_{cx} = 824.6\text{mm}, y_{cs} = 475.4\text{mm}$$

$$I_c = 0.15483\times10^{12}\text{mm}^4, W_x = 0.18776\times10^9\text{mm}^3$$

e_p 为预应力钢筋重心至毛截面重心的距离，$e_p = y_{cx} - a_p$，假设 $a_p = 150\text{mm}$，$e_p = 824.6 - 150 = 674.6(\text{mm})$。

$$N_{pe} \geqslant \frac{3891.78\times10^6/187756875.2 - 0.7\times2.4}{\dfrac{1}{701800} + \dfrac{674.6}{187756875.2}} = 3796015.8\text{N}$$

拟采用 $\phi^j 15.2$ 钢绞线，单根钢绞线的公称截面面积 $A_{p1} = 139\text{mm}^2$，抗拉强度标准值 $f_{pk} = 1860\text{MPa}$，张拉控制应力取 $\sigma_{con} = 0.75f_{pk} = 0.75\times1860 = 1395\text{MPa}$，预应力损失按张拉控制应力的 20%估算。

所需预应力钢绞线的面积为：

$$A_p = \frac{N_{pe}}{\sigma_{con} - \sum\sigma_l} = \frac{3796015.8}{(1-0.20)\times1395} = 3401.5\text{mm}^2$$

采用 4 束 $6\phi^j 15.2$ 预应力钢筋，预应力筋束的布置同方案一中图 15-5-2，供给的预应力筋截面面积为：

$$A_p = 4\times6\times139 = 3336\text{mm}^2$$

采用 HVM15-6 型锚具，ϕ70 金属波纹管成孔，预留孔道直径为 75mm。预应力筋束的布置同方案一中图 15-5-2，$a_p = 140\text{mm}$。预应力筋束的曲线要素及有关计算参数同方案一中表 15-5-4 和表 15-5-5。

(2)普通钢筋数量的确定及布置

设预应力筋束和普通钢筋的合力点到截面底边的距离为 $a_{ps} = 120\text{mm}$，则：

$$h_0 = h - a_{ps} = 1300 - 120 = 1180\text{mm}$$

由公式 $\gamma_0 M_d \leqslant f_{cd} b'_f x\left(h_0 - \dfrac{x}{2}\right)$，求解 x：

$$5744.48\times10^6 = 18.4\times2172x\left(1180 - \frac{x}{2}\right)$$

解之得 $x = 128.84\text{mm} < h'_f = 150\text{mm}$

则 $$A_s = \frac{f_{cd}b'_f x - f_{pd}A_p}{f_{sd}} = \frac{18.4\times2172\times128.84 - 1260\times3336}{330}$$

$$= 2865.8\text{mm}^2$$

采用 10 根直径为 20mm 的 HRB400 钢筋，提供钢筋截面面积 $A_s = 3141.6\text{mm}^2$。在梁底布置成一排，其间距为 66mm，钢筋重心到截面底边距离 $a_s = 40\text{mm}$(图 15-5-4)。

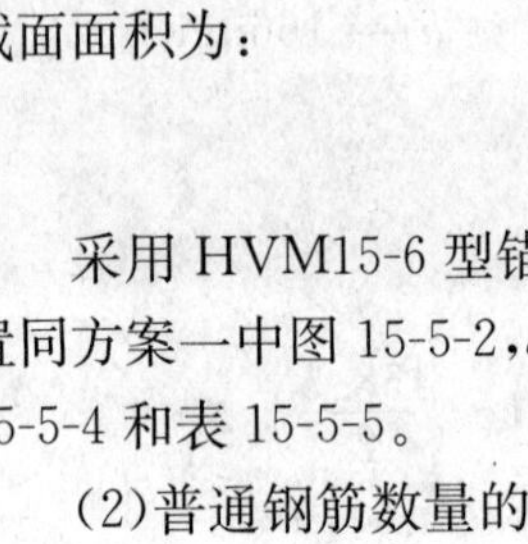

图 15-5-4　普通钢筋布置

(尺寸单位：mm)

(二)截面几何性质计算

截面几何性质的计算与方案一类似，需根据不同的受力阶段分别计算。各阶段截面几何性质的计算结果列于表 15-5-17。

部分预应力 A 类构件各阶段截面几何性质　　表 15-5-17

阶段	截面	A	y'	y	e_p	I	$W(\times10^9mm^3)$		
		$(\times10^6mm^2)$	(mm)	(mm)	(mm)	$(\times10^{12}mm^4)$	$W'=I/y'$	$W=I/y$	$W_p=I/e_p$
阶段 1:钢束灌浆、锚固前	支点	1.00313	576.5	723.5	60.0	0.16727	0.29013	0.23120	2.78909
	变截面	0.61032	541.0	759.0	427.2	0.14244	0.26330	0.18766	0.33342
	$L/4$	0.61032	538.1	761.9	528.5	0.14133	0.26263	0.18550	0.26743
	跨中	0.61032	535.4	764.6	624.6	0.13970	0.26092	0.18271	0.22366
阶段 2:现浇 600mm 连接段	支点	1.03748	578.5	721.5	58.0	0.17205	0.29740	0.23846	2.96698
	变截面	0.64467	563.7	736.3	404.4	0.15002	0.26611	0.20375	0.37092
	$L/4$	0.64467	566.3	733.7	500.3	0.15098	0.26663	0.20578	0.30179
	跨中	0.64467	568.7	731.3	591.3	0.15243	0.26803	0.20843	0.25778
阶段 3:二期荷载、活载	支点	1.12748	538.3	761.7	98.2	0.19321	0.35892	0.25367	1.96794
	变截面	0.73467	503.9	796.1	464.3	0.16905	0.33551	0.21234	0.36408
	$L/4$	0.73467	506.1	793.9	560.5	0.17021	0.33633	0.21440	0.30369
	跨中	0.73467	508.2	791.8	651.8	0.17184	0.33813	0.21703	0.26365

(三)承载能力极限状态计算

1. 跨中截面正截面承载力计算

跨中截面尺寸及配筋情况见图 15-5-4。图中:预应力束合力点到截面底边距离 $a_p=140mm$,预应力束和普通钢筋的合力点到截面底边距离 a_{ps}

$$a_{ps}=\frac{f_{sd}A_sa_s+f_{pd}A_pa_p}{f_{sd}A_s+f_{pd}A_p}=\frac{330\times3141.6\times40+1260\times3336\times140}{330\times3141.6+1260\times3336}=120.2mm$$

$$h_0=h-a_{ps}=1300-120.2=1179.8mm$$

上翼缘厚度为 150mm,若考虑承托影响,其平均厚度为

$$h'_f=150+\left[2\times\frac{1}{2}\times410\times80/(2200-180)\right]=166mm$$

上翼缘有效宽度仍取 $b'_f=2172mm$。

首先按式 $f_{pd}A_p+f_{sd}A_s\leqslant f_{cd}b'_fh'_f$ 判断截面类型:

$$f_{pd}A_p+f_{sd}A_s=1260\times3336+330\times3141.6=5240088N$$
$$<f_{cd}b'_fh'_f=18.4\times2172\times166=6634156.8N$$

属于第一类 T 形,应按宽度为 b'_f 的矩形截面计算其承载力。

由 $\sum X=0$ 的条件,计算混凝土受压区高度

$$x=\frac{f_{pd}A_p+f_{sd}A_s}{f_{cd}b'_f}=\frac{1260\times3336+330\times3141.6}{18.4\times2172}=131.12mm\leqslant b'_f=166mm$$
$$\leqslant\xi_bh_{0p}=0.4\times1160=464mm$$

将 $x=131.12mm$ 代入下式计算截面承载力

$$M_{du}=f_{cd}b'_fx\left(h_0-\frac{x}{2}\right)=18.4\times2172\times131.12\times\left(1179.8-\frac{131.12}{2}\right)/10^6$$

$$=5838.6\text{kN}\cdot\text{m}>\gamma_0 M_d=5744.5\text{kN}\cdot\text{m}$$

计算结果表明，跨中截面的抗弯承载力满足要求。

2. 斜截面抗剪承载力计算

箍筋配置和预应力筋弯曲情况与方案一相同。

(1)距支点 $h/2$ 截面抗剪承载力计算

抗剪强度上、下限复核计算结果与方案一相同，截面尺寸满足要求，但需配置抗剪钢筋。

$$\gamma_0 V_d \leqslant V_{cs}+V_{pb}$$

$$V_{cs}=\alpha_1\alpha_2\alpha_3 0.45\times10^{-3}bh_0\sqrt{(2+0.6p)\sqrt{f_{cu,k}}\rho_{sv}f_{sd,v}}$$

式中：$b=505.24$mm，$h_0=1179.8$mm。

$$p=100\left(\frac{A_p+A_{pb}+A_s}{bh_0}\right)=100\times\frac{3336+3141.6}{515.24\times1179.8}=1.0656$$

其余各项取值与方案一相同。

$$V_{cs}=1.0\times1.25\times1.1\times0.45\times10^{-3}\times515.24\times1179.8\times\sqrt{(2+0.6\times1.0656)\sqrt{40}\times0.002713\times280}$$
$$=1339.4\text{kN}$$

$$V_{pb}=0.75\times10^{-3}\times f_{pd}\sum A_{pb}\sin\theta_p$$

式中：$A_{pb}=3336\text{mm}^2$，其余各项取值与方案一相同。

$$V_{pb}=0.75\times10^{-3}\times1260\times\frac{3336}{4}(\sin6.441^\circ+\sin6.066^\circ+2\sin2.551^\circ)=241.9\text{kN}$$

该截面的抗剪承载能力为

$$V_{du}=V_{cs}+V_{pb}=1339.4+241.9=1581.3\text{kN}>\gamma_0 V_d=877.72\text{kN}$$

(2)变截面点处抗剪承载力计算

抗剪强度上、下限复核结果满足截面尺寸要求。

计算 V_{cs} 时，$b=180$mm，$h_0=1179.8$mm，$p=100\times\frac{3336+3141.6}{180\times1179.8}=3.05>2.5$，取 $p=2.5$，其余各项取值同方案一。

$$V_{cs}=1.0\times1.25\times1.1\times0.45\times10^{-3}\times180\times1179.8\times\sqrt{(2+0.6\times2.5)\sqrt{40}\times0.005589\times280}$$
$$=773.4\text{kN}$$

$$V_{pb}=0.75\times10^{-3}\times1260\times\frac{3336}{4}(\sin5.0645^\circ+\sin4.5209^\circ+2\sin0.6677^\circ)=150.1\text{kN}$$

$$V_{du}=V_{cs}+V_{pb}=773.4+150.1=923.5\text{kN}>\gamma_0 V_d=637.3\text{kN}$$

说明截面抗剪承载力是足够的。

(四)预应力损失计算

1. 摩阻损失 σ_{l1}

计算结果与方案一相同，按表 15-5-7 采用。

2. 锚具变形损失 σ_{l2}

计算结果与方案一相同，按表 15-5-9 采用。

3. 分批张拉损失 σ_{l4}

$$\sigma_{l4}=\alpha_{Ep}\sum\Delta\sigma_{pc}$$

式中：$\Delta\sigma_{pc}$——在计算截面先张拉的钢筋重心处，由后张拉的各批钢筋产生的混凝土法向应力；

α_{Ep}——预应力钢筋与混凝土弹性模量之比。

本例中预应力束的张拉顺序为：4→3→2→1。有效张拉力 N_{pe} 为张拉控制力减去了摩擦损失和锚具变形损失后的张拉力。预应力分批张拉损失的计算见表 15-5-18。

分批张拉损失计算表 表 15-5-18

截面	张拉束号	有效张拉力 N_{pe} ($\times10^3$N)	张拉钢束偏心矩 e_p(mm)			计算钢束偏心矩 y_p(mm)			各钢束应力损失 σ_{l4} (MPa)		
			2	3	4	2	3	4	2	3	4
支点	3	1074.7			418.4			418.4			13.18
	2	1060.7		−178.9	−178.9		418.4	418.4		3.50	3.50
	1	1059.7	−417.9	−417.9	−417.9	−178.9	418.4	418.4	9.18	−0.31	−0.31
	总计(MPa)								9.18	3.19	16.36
变截面	3	1079.0			633.3			633.3			28.84
	2	1077.5		324.2	324.2		633.3	633.3		19.91	19.91
	1	1078.7	117.9	117.9	117.9	324.2	633.3	633.3	12.34	14.00	14.00
	总计(MPa)								12.34	33.91	62.75
$L/4$	3	1087.5			641.9			641.9			29.71
	2	1087.6		503.5	503.5		641.9	641.9		25.61	25.61
	1	1090.0	326.6	326.6	326.6	503.5	641.9	641.9	18.32	20.42	20.42
	总计(MPa)								18.32	46.03	75.74
跨中	3	1118.4			644.6			644.6			30.95
	2	1102.4		644.6	644.6		644.6	644.6		30.51	30.51
	1	1101.2	564.6	564.6	564.6	644.6	644.6	644.6	28.04	28.04	28.04
	总计(MPa)								28.04	58.55	89.50

4. 钢筋应力松弛损失 σ_{l5}

$$\sigma_{l5}=\Psi\cdot\zeta\cdot\left(0.52\frac{\sigma_{pe}}{f_{pk}}-0.26\right)\cdot\sigma_{pe}$$

计算方法与方案一相同，钢筋应力松弛损失的计算见表 15-5-19。

钢筋应力松弛损失计算表 表 15-5-19

截面＼钢束	σ_{pe}(MPa)				σ_{l5}(MPa)			
	1	2	3	4	1	2	3	4
支点	1270.7	1262.6	1285.4	1272.2	36.30	35.22	38.31	36.52
变截面	1293.4	1279.7	1259.8	1231.0	39.43	37.53	34.85	31.08
$L/4$	1306.9	1285.7	1257.9	1228.2	41.32	38.36	34.59	30.71
跨中	1320.4	1293.8	1282.5	1251.5	43.23	39.48	37.92	33.75

5. 混凝土收缩、徐变损失 σ_{l6}

$$\sigma_{l6}=\frac{0.9[E_{p}\varepsilon_{cs(t,t_0)}+\alpha_{Ep}\sigma_{pc}\phi_{(t,t_0)}]}{1+15\rho\rho_{ps}}$$

计算方法与方案一相同，但在计算 ρ、ρ_{ps} 时应考虑非预应力钢筋的影响。混凝土收缩、徐变损失的计算见表 15-5-20。

混凝土收缩、徐变损失计算表 表 15-5-20

截面	e_{ps} (mm)	ρ	ρ_{ps}	N_{pe} (kN)	$M_{自重}$ (kN·m)	$\sigma_{预}$ (MPa)	$\sigma_{自重}$ (MPa)	σ_{pc} (MPa)	σ_{l6} (MPa)
支点	221.5	0.00575	1.286	4245.8	0.0	4.24	0.00	4.24	65.70
变截面	522.1	0.00882	2.184	4223.3	1435.9	11.80	−4.43	7.37	76.77
$L/4$	598.8	0.00882	2.547	4235.6	2026.4	14.12	−7.13	6.99	71.64
跨中	671.6	0.00882	2.928	4293.7	2701.8	16.78	−10.56	6.22	64.46

6. 预应力损失组合

上述各项预应力损失组合情况列于表 15-5-21。

应 力 损 失 组 合 表 15-5-21

截面	$\sigma_{lI}=\sigma_{l1}+\sigma_{l2}+\sigma_{l4}$(MPa)					$\sigma_{lII}=\sigma_{l5}+\sigma_{l6}$(MPa)				
	1	2	3	4	平均	1	2	3	4	平均
支点	124.34	132.38	109.60	122.78	122.27	102.01	100.92	104.02	102.22	102.29
变截面	101.57	115.32	135.17	164.01	129.02	116.20	114.30	111.62	107.85	112.49
$L/4$	88.07	109.27	137.13	166.84	125.33	112.96	110.00	106.23	102.36	107.89
跨中	74.61	101.16	112.50	143.45	107.93	107.69	103.94	102.37	98.21	103.05

(五)正常使用极限状态计算

1. 抗裂性验算

(1)正截面抗裂性验算

①荷载短期效应组合作用下的抗裂性

正截面抗裂性验算以跨中截面受拉边缘正应力控制。在荷载短期效应组合作用下，应满足：

$$\sigma_{st}-\sigma_{pc}\leqslant 0.7f_{tk}$$

σ_{st} 为在荷载短期效应组合作用下，截面受拉边缘的应力。

$$\sigma_{st}=\frac{M_{G1Pk}}{I_{n1}}y_{n1}+\frac{M_{G1mk}}{I_{n2}}y_{n2}+\frac{M_{G2k}+0.7M_{Q1k}/(1+\mu)+M_{Q2k}}{I_0}y_0$$

由表 15-5-16 查得

$$I_{n1}/y_{n1}=W_{n1}=0.18271\times10^{12}\text{mm}^3$$

$$I_{n2}/y_{n2}=W_{n2}=0.20843\times10^{12}\text{mm}^3$$

$$I_0/y_0=W_0=0.21703\times10^{12}\text{mm}^3$$

弯矩值由方案一表 15-5-1 和表 15-5-2 查得：$M_{G1Pk}=1770.76$kN·m，$M_{G1mk}=239.15$kN·m，$M_{G2k}=691.94$kN·m，$M_{Q1k}=1676.59$kN·m，$M_{Q2k}=140.94$kN·m，$1+\mu=1.1188$。

将上述数值代入公式后得：

$$\sigma_{st}=\frac{1770.76}{0.18271\times1000}+\frac{239.15}{0.20843\times1000}+\frac{691.94+0.7\times1676.59/1.1188+140.94}{0.21703\times1000}$$

$$=9.69+1.15+8.67=19.51\text{MPa}$$

σ_{pc}为截面下边缘的有效预压应力。

$$\sigma_{pc}=\frac{N_p}{A_{nl}}+\frac{N_p e_{pnl}}{I_{nl}}y_{nl}$$

$$N_p=\sigma_{pe}A_p-\sigma_{l6}A_s=(\sigma_{con}-\sigma_{l\text{I}}-\sigma_{l\text{II}})A_p-\sigma_{l6}A_s$$

$$=(1395-107.93-103.05)\times3336/1000-64.46\times3141.6/1000$$

$$=3747.4\text{kN}$$

$$e_{pnl}=\frac{\sigma_{pe}A_p(y_x-a_p)-\sigma_{l6}A_s(y_x-a_s)}{\sigma_{pe}A_p-\sigma_{l6}A_s}$$

$$=\frac{1184.02\times3336\times(791.79-140)-64.46\times3141.6\times(791.79-40)}{1184.02\times3336-64.46\times3141.6}$$

$$=646.4\text{mm}$$

代入得

$$\sigma_{pc}=\left(\frac{3747.4}{0.6103}+\frac{3747.4\times0.6165}{0.18271}\right)/100=6.14+13.26=19.40\text{MPa}$$

$$\sigma_{st}-\sigma_{pc}=19.51-19.40=0.113\text{MPa}<0.7f_{tk}=0.7\times2.4=1.68\text{MPa}$$

计算结果表明，在短期效应组合作用下，正截面抗裂性满足要求。

②荷载长期效应组合作用下的抗裂性

在长期效应组合作用下，应满足

$$\sigma_{lt}-\sigma_{pc}\leqslant0$$

σ_{lt}为在荷载长期效应组合作用下，截面受拉边缘的应力。

$$\sigma_{lt}=\frac{M_{G1Pk}}{I_{nl}}y_{nl}+\frac{M_{G1mk}}{I_{n2}}y_{n2}+\frac{M_{G2k}+0.4[M_{Q1k}/(1+\mu)+M_{Q2k}]}{I_0}y_0$$

$$=\frac{1770.76}{0.18271\times1000}+\frac{239.15}{0.10843\times1000}+$$

$$\frac{691.94+0.4(1676.59/1.1188+140.94)}{0.21703\times1000}$$

$$=9.69+1.15+6.21=17.05\text{MPa}$$

最后得 $\sigma_{lt}-\sigma_{pc}=17.05-19.40=-2.35\text{MPa}<0$

计算结果表明，在长期效应组合作用下，正截面抗裂性满足要求。

(2)斜截面抗裂性验算

部分预应力混凝土A类构件的斜截面抗裂性验算，以主拉应力控制，一般取变截面点分别计算截面上梗肋、形心轴和下梗肋处在短期效应组合作用下的主拉应力，应满足$\sigma_{tp}\leqslant0.7f_{tk}$的要求。

$$\sigma_{tp}=\frac{\sigma_{cx}}{2}-\sqrt{\left(\frac{\sigma_{cx}}{2}\right)^2+\tau_x^2}\leqslant0.7f_{tk}$$

短期效应组合作用的主拉应力计算方法与方案一相同，在计算预加力时，应考虑非预应力钢筋对混凝土收缩、徐变损失的影响，即取：

$$N_p=\sigma_{pe}A_p-\sigma_{l6}A_s$$

$$N_p=(1395-107.93-103.05)\times3336/1000-64.46\times3141.6/1000$$
$$=3747.4\text{kN}$$

表 15-5-22 为各计算点的几何性质。主拉应力计算过程从略，计算结果汇总于表 15-5-23。

计算结果表明，下梗肋处主拉应力最大，其数值为 $\sigma_{tp,max}=-0.26$MPa，小于规范规定的限制值 $0.7f_{tk}=0.7\times2.4=1.68$MPa。

计算点几何性质　　表 15-5-22

计算点	受力阶段	A_1（$\times10^6$mm^2）	y_{x1}（mm）	d（mm）	S_1（$\times10^9$mm^3）
上梗肋处	阶段 1	0.287200	448.6	311.0	0.12883
	阶段 2	0.287200	471.4	333.7	0.13537
	阶段 3	0.377200	415.6	273.9	0.15677
形心位置	阶段 1	0.336502	408.4	37.1	0.13743
	阶段 2	0.336502	431.2	59.9	0.14509
	阶段 3	0.426502	383.4	0.0	0.16354
下梗肋处	阶段 1	0.193520	615.7	409.0	0.11915
	阶段 2	0.227872	593.2	386.3	0.13517
	阶段 3	0.227872	653.0	446.1	0.14881

变截面处不同计算点主应力汇总表　　表 15-5-23

计算点位置	正应力 σ_{cx}（MPa）	剪应力 τ（MPa）	主拉应力 σ_{tp}（MPa）
上梗肋	6.64	1.17	−0.20
形心轴	6.02	1.22	−0.24
下梗肋	4.44	1.11	−0.26

2. 变形计算

(1)使用阶段的挠度计算

部分预应力混凝土 A 类构件使用阶段的挠度计算方法与方案一相同，取刚度

$$B_0=0.95E_cJ_0=0.95\times3.25\times10^4\times0.17184\times10^{12}=0.5306\times10^{16}\text{N}\cdot\text{mm}^2$$

荷载短期效应组合作用下的挠度：

$$f_s=\frac{5\times29160^2\times3891.78\times10^6}{48\times0.5306\times10^{16}}=65.0\text{mm}$$

自重产生的挠度：

$$f_G=\frac{5\times29160^2\times(1770.76+239.15+691.94)\times10^6}{48\times0.5306\times10^{16}}=45.1\text{mm}$$

扣除自重影响后的长期挠度为：

$$f_L=\eta_\theta(f_s-f_G)=1.60\times(65.0-45.1)=31.8\text{mm}<L/600=29160/600=48.6\text{mm}$$

(2)由预加力产生的反拱度及预拱度的设置

部分预应力混凝土 A 类构件预加力阶段的挠度计算方法与方案一相同，取刚度：

$$B_0 = 0.95E_c J_n = 0.95 \times 3.25 \times 10^4 \times 0.139697 \times 10^{12} = 0.4313 \times 10^{16}\,\text{N} \cdot \text{mm}^2$$

$$f_p = -\eta_\theta \frac{2\omega_{M,l/2} \cdot M_p}{B_0}$$

式中，$\omega_{M,l/2} = \dfrac{L^2}{16}$，$M_p$ 为半跨范围 M_1 图重心（距支点 $L/3$ 处）所对应的预加力引起的弯矩图的纵坐标。

$$M_p = N_p e_p$$

$$N_p = (\sigma_{con} - \sigma_{l,\text{I}} - \sigma_{l,\text{II}})A_p - \sigma_{l6} A_s$$

其中 $\sigma_{l,\text{I}}$、$\sigma_{l,\text{II}}$、σ_{l6} 近似取 $L/4$ 截面的损失值。

则　$N_p = (1395 - 125.33 - 107.89) \times 3336 - 71.60 \times 3141.6 = 3650.6 \times 10^3\,\text{N}$

$$e_{pn} = \frac{\sigma_{pe} A_p y_{pnl} - \sigma_{l6} A_s y_{snl}}{\sigma_{pe} A_p - \sigma_{l6} A_s}$$

$$\sigma_{pe} = \sigma_{con} - \sigma_{l\text{I}} - \sigma_{l\text{II}} = 1395 - 125.33 - 107.89 = 1161.78\text{MPa}$$

y_{pn} 为距支点 $L/3$ 处预应力筋重心到换算截面重心的距离

$$y_{pn} = e_{p0} = 590.9\text{mm}$$

y_{sn} 为距支点 $L/3$ 处非预应力筋重心到换算截面重心的距离

$$y_{sn} = 753.2\text{mm}$$

$$e_{pn} = \frac{1161.78 \times 3336 \times 590.9 - 71.60 \times 314.6 \times 753.2}{1161.78 \times 3336 - 71.60 \times 3141.6} = 580.9\text{mm}$$

由此得 $M_p = 3650.6 \times 580.9/1000 = 2120.7\text{kN} \cdot \text{m}$

取 $\eta_\theta = 2.0$，代入数据后得

$$f_p = 2.0 \times \frac{2 \times \dfrac{29160^2}{16} \times 2120.7 \times 10^6}{0.4313 \times 10^{16}} = 104.5\text{mm} > \eta_\theta f_s = 1.60 \times 65.0 = 104.0\text{mm}$$

由于预加力产生的长期反拱值略大于按荷载短期效应组合计算的长期挠度，所以可不设预拱度。

（六）持久状况的应力验算

部分预应力混凝土 A 类构件在使用荷载作用阶段的正截面法向压应力、受拉区钢筋拉应力及斜截面主压应力计算方法与方案一相同，但在计算预加力时，应考虑普通钢筋对混凝土收缩、徐变的影响。具体计算过程从略，只给出计算结果如下：

（1）跨中截面混凝土法向压应力

$$N_p = (\sigma_{con} - \sigma_{l,\text{I}} - \sigma_{l,\text{II}})A_p - \sigma_{l6} A_s$$
$$= (1395 - 107.93 - 103.05) \times 3336 - 64.46 \times 3141.6$$
$$= 3747.4 \times 10^3\,\text{N}$$

$$\sigma_{kc} = 12.27\text{MPa} < 0.5 f_{ck} = 0.5 \times 26.8 = 13.4\text{MPa}$$

（2）预应力钢筋拉应力

$$\sigma_p = 1246.6\text{MPa} > 0.65 f_{pk} = 0.65 \times 1860 = 1209\text{MPa}$$

计算表明，预应力钢筋拉应力超出了规范规定值。但其比值（1246.6/1209－1）＝3.1%＜5%，可以认为满足要求。

（3）斜截面主应力验算（见表 15-5-24）

变截面处不同计算点主应力汇总表　　　　表 15-5-24

计算点位置	正应力 σ_{cx}^{k} (MPa)	剪应力 τ_{x}^{k} (MPa)	主拉应力 σ_{tp}^{k} (MPa)	主压应力 σ_{cp}^{k} (MPa)
上梗肋	7.44	1.60	−0.33	7.77
形心轴	6.44	1.67	−0.41	6.85
下梗肋	4.10	1.53	−0.51	4.61

斜截面处最大主压应力 $\sigma_{cp}^{k}=7.77\text{MPa}<0.6f_{ck}=0.6\times26.8=16.08\text{MPa}$。

计算结果表明，使用阶段正截面混凝土法向应力、预应力钢筋拉应力、斜截面主压应力、斜截面主拉应力均满足规范要求。

(七)短暂状态应力验算

施工阶段应力验算方法与方案一相同，具体计算过程从略，只给出计算结果如下：

上缘混凝土应力　　　　$\sigma_{ct}^{t}=3.54\text{MPa}>0$

下缘混凝土应力　　　　$\sigma_{cc}^{t}=12.02\text{MPa}<0.75f_{ck}=0.75\times0.8\times28.6=17.16\text{MPa}$

计算结果表明，在预施应力阶段，梁的上缘不出现拉应力，下缘混凝土的压应力满足规范要求。

(八)截面最小配筋率限制条件验算

本例题所示部分预应力混凝土 A 类构件截面下缘储备的预压应力 $\sigma_{pc}=19.4\text{MPa}$，此值仅相当于方案一全预应力混凝土构件的 19.4/28.35＝68.4％。对比分析方案一的计算结果，可以判断本例题所示部分预应力混凝土 A 类构件，开裂弯矩较小，可以满足 $M_{ud}/M_{cr}\geqslant1$ 的限制条件(计算过程从略)。

四、方案三　部分预应力混凝土 B 类梁设计

(一)预应力钢筋及普通钢筋数量的确定及布置

1. 预应力钢筋数量的确定及布置

首先，根据跨中截面正截面抗裂要求，确定预应力钢筋数量。

为满足抗裂要求，所需的有效预加力为

$$N_{pe}\geqslant\frac{M_s/W-[\sigma_{ct}^{N}]}{0.85\left(\dfrac{1}{A}+\dfrac{e_p}{W}\right)}$$

注：式中 0.85 为考虑表(15-3-1)给出混凝土容许拉应力对应的允许裂缝宽度与公式(13-2-1)计算的最终裂缝宽度的协调性的修正系数。

M_s 为荷载短期效应弯矩组合设计值，由表 15-5-3 查得 $M_s=3891.78\text{kN}\cdot\text{m}$；$[\sigma_{ct}^{N}]$为混凝土允许名义拉应力，根据容许裂缝宽度$[W_f]=0.1\text{mm}$，查表15-3-1得$[\sigma_{ct}^{N}]=4.1\text{MPa}$。计入高度修正系数 $\beta=0.7$，并假设普通钢筋的配筋率为 $\rho=1.5\%$，则修正后的名义拉应力为：

$$[\sigma_{ct}^{N}]=4.1\times0.7+1.5\times4.0=8.87\text{MPa}$$

估算钢筋数量时，可近似采用毛截面几何性质，按图 15-5-1 给定的截面尺寸计算：$A_c=701800\text{mm}^2$，$y_c=824.6\text{mm}$，$y'_c=475.4\text{mm}$，$I=154828524935.9\text{mm}^4$，$W=187756875.2\text{mm}^3$；$a_p$ 为预应力钢筋重心至毛截面重心的距离，$e_p=y_c-a_p$，假设 $a_p=150\text{mm}$，$e_p=824.6-150=674.6\text{mm}$。

$$N_{pe} \geq \frac{3891.78\times10^6/187756875.2-8.87}{0.85\left(\frac{1}{701800}+\frac{674.6}{187756875.2}\right)}=2780135.9\text{N}$$

拟采用 ϕ15.2 钢绞线，单根钢绞线的公称截面面积 $A_{p1}=139\text{mm}^2$，抗拉强度标准值 $f_{pk}=1860\text{MPa}$，张拉控制应力取 $\sigma_{con}=0.75f_{pk}=0.75\times1860=1395\text{MPa}$，预应力损失按张拉控制应力的 25%估算。

所需预应力钢绞线的根数为：

$$n_p=\frac{N_{pe}}{(\sigma_{con}-\sigma_l)A_p}=\frac{2780135.9}{(1-0.25)\times1395\times139}=19.1$$

取 20 根。

采用 4 束 5ϕ15.2 预应力钢筋束，OVM15-5 型锚具，供给的预应力筋截面面积 $A_p=20\times139=2780\text{mm}^2$，$a_p=140\text{mm}$，采用 ϕ55 金属波纹管成孔，预留孔道外径为 60mm。预应力筋束的布置同图 15-5-2。

预应力筋束的曲线要素及有关计算参数同表 15-5-4 和表 15-5-5。

2. 普通钢筋数量的确定及布置

设预应力筋束和普通钢筋的合力点到截面底边的距离为 $a_{ps}=110\text{mm}$，则：

$$h_0=h-a_{ps}=1300-110=1190\text{mm}$$

由公式 $\gamma_0 M_d \leq f_{cd}b'_f x\left(h_0-\frac{x}{2}\right)$ 得：

$$1.0\times5744.48\times10^6=18.4\times2172x\left(1190-\frac{x}{2}\right)$$

解之得

$$x=127.6\text{mm}<h'_f=166\text{mm}$$

则
$$A_s=\frac{f_{cd}b'_f x-f_{pd}A_p}{f_{sd}}=\frac{18.4\times2172\times127.6-1260\times2780}{330}$$
$$=4838.5\text{mm}^2$$

采用 11 根 24mm 的 HRB400 钢筋，提供钢筋截面面积 $A_s=4976.3\text{mm}^2$。在梁底布置成一排，其间距为 60mm，钢筋重心到截面底边距离 $a_s=43\text{mm}$，如图 15-5-5 所示。

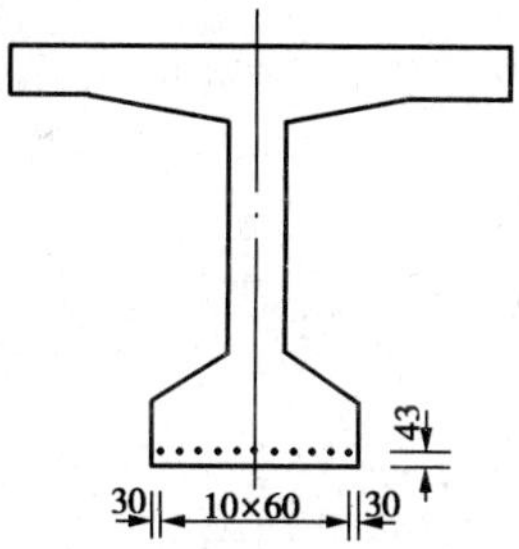

图 15-5-5　非预应力筋布置（尺寸单位：mm）

（二）截面几何性质计算

截面几何性质的计算与方案一类似，需根据不同的受力阶段分别计算。各阶段截面几何性质的计算结果列于表 15-5-25。

部分预应力 B 类构件各阶段截面几何性质　　表 15-5-25

阶　段	截面	A	y'	y	e_p	I	$W(\times10^9\text{mm}^3)$		
		($\times10^6\text{mm}^2$)	(mm)	(mm)	(mm)	($\times10^{12}\text{mm}^4$)	$W'=I/y'$	$W=I/y$	$W_p=I/e_p$
钢束灌浆、锚固前	支点	1.01895	583.2	716.8	53.3	0.17242	0.29566	0.24053	3.23305
	变截面	0.62614	556.0	744.0	412.1	0.14854	0.26714	0.19966	0.36042
	$L/4$	0.62614	554.3	745.7	512.3	0.14786	0.26677	0.19828	0.28862
	跨中	0.62614	552.6	747.4	607.4	0.14686	0.26576	0.19648	0.24177
现浇 600mm 连接段	支点	1.04416	584.5	715.5	52.0	0.17591	0.30098	0.24584	3.38006
	变截面	0.65135	572.0	728.0	396.2	0.15386	0.26899	0.21135	0.38836
	$L/4$	0.65135	574.1	725.9	492.5	0.15465	0.26937	0.21304	0.31401
	跨中	0.65135	576.1	723.9	583.9	0.15583	0.27049	0.21526	0.26687

续上表

阶　段	截面	A	y'	y	e_p	I	$W(\times10^9 mm^3)$		
		$(\times10^6 mm^2)$	(mm)	(mm)	(mm)	$(\times10^{12} mm^4)$	$W'=I/y'$	$W=I/y$	$W_p=I/e_p$
二期荷载、活载	支点	1.13416	544.0	756.0	92.5	0.19758	0.36319	0.26137	2.13672
	变截面	0.74135	511.7	788.3	456.5	0.17356	0.33921	0.22016	0.38019
	$L/4$	0.74135	513.5	786.5	553.1	0.17451	0.33984	0.22188	0.31553
	跨中	0.74135	515.3	784.7	644.7	0.17585	0.34129	0.22409	0.27274

(三)承载能力极限状态计算

1.跨中截面正截面承载力计算

跨中截面尺寸及配筋情况见图 15-5-4。预应力筋束和普通钢筋合力点到截面底的距离 a_{ps}为：

$$a_{ps}=\frac{330\times4976.3\times43+1260\times2780\times140}{330\times4976.3+1260\times2780}=109\text{mm}$$

$$h_0=h-a_{ps}=1300-109=1191\text{mm}$$

上翼缘厚度为 150mm,若考虑承托影响,其平均厚度为：

$$h'_f=150+\left[2\times\frac{1}{2}\times410\times80/(2200-180)\right]=166\text{mm}$$

上翼缘有效宽度仍取 $b'_f=2172$mm。

首先按下式判断截面类型：

$$f_{pd}A_p+f_{sd}A_s\leqslant f_{cd}b'_fh'_f$$

代入数据计算得：

$$1260\times2780+330\times4976.3=5144979.0\text{N}<18.4\times2172\times166=6634156.8\text{N}$$

属于第一类 T 形,应按宽度为 b'_f 的矩形截面计算其承载力。

由$\sum x=0$ 的条件,计算混凝土受压区高度：

$$x=\frac{f_{pd}A_p+f_{sd}A_s}{f_{cd}b'_f}=\frac{1260\times2780+330\times4976.3}{18.4\times2172}$$

$$=128.7\text{mm}\leqslant h'_f=166\text{mm}$$

$$\leqslant\xi_bh_0=0.4\times1191=476.4\text{mm}$$

将 $x=127.1$mm 代入下式计算截面承载力：

$$M_{du}=f_{cd}b'_fx\left(h_0-\frac{x}{2}\right)=18.4\times2172\times128.7\times\left(1191-\frac{128.7}{2}\right)/10^6$$

$$=5796.3\text{kN}\cdot\text{m}>\gamma_0M_d=5744.48\text{kN}\cdot\text{m}$$

计算结果表明,跨中截面的抗弯承载能力满足要求。

2.斜截面抗剪承载力计算

箍筋配置及预应力筋弯曲情况与方案一相同。抗剪强度复核结果满足截面尺寸要求。部分预应力混凝土 B 类构件的斜截面抗剪承载能力计算方法与方案一、二相同,因为在进行斜截面抗剪承载能力计算的支点附近,截面一般处于全预应力状态,计算中仍可以考虑 α_2 和 α_3 的影响。

(1)距支点 $h/2$ 截面抗剪承载能力计算

$$V_{cs}=\alpha_1\alpha_2\alpha_3 0.45\times10^{-3}bh_0\sqrt{(2+0.6p)\sqrt{f_{cu,k}}\rho_{sv}f_{sd,v}}$$

式中，$h_0=1191$mm

$$p=100\left(\frac{A_p+A_{pb}+A_s}{bh_0}\right)=100\times\frac{2780+4976.3}{515.24\times1191}=1.2640$$

其余各项取值与方案一相同。

注：《桥规》(JTG D62)规定，对预应力混凝土B类构件，不考虑预加力对混凝土抗剪承载力的影响，即应取 $\alpha_2=1.0$。笔者认为，所谓允许出现裂缝的B类构件是指在跨中附近的正截面允许出现裂缝，对于部分预应力B类构件的支点附近截面，一般均处于全预应力状态，预加力对抗剪承载力的有利影响是客观存在的，所以，在本例中仍取 $\alpha_2=1.25$。

$$V_{cs}=1.0\times1.25\times1.1\times0.45\times10^{-3}\times515.24\times1191\times\sqrt{(2+0.6\times1.264)\sqrt{40}\times0.002713\times280}$$
$$=1382.2\text{kN}$$

$$V_{pb}=0.75\times10^{-3}\times f_{pd}\sum A_{pd}\sin\theta_p$$

式中，$A_{pb}=2780\text{mm}^2$，其余各项取值与方案一相同。

$$V_{pb}=0.75\times10^{-3}\times1260\times\frac{2780}{4}(\sin6.441°+\sin6.066°+2\sin2.551°)=201.5\text{kN}$$

该截面的抗剪承载力为

$$V_{du}=V_{cs}+V_{pb}=1382.2+201.5=1583.7\text{kN}>\gamma_0V_d=877.72\text{kN}$$

(2)变截面点处抗剪承载能力计算

抗剪强度上、下限复核结果满足截面尺寸要求。

计算 V_{cs}时，$b=180$mm，$h_0=1191$mm，$p=100\times\frac{2780+4976.3}{180\times1191}=3618>2.5$，取 $p=2.5$；其余各项取值同方案一。

$$V_{cs}=1.0\times1.25\times1.1\times0.45\times10^{-3}\times180\times1191\times\sqrt{(2+0.6\times2.5)\sqrt{40}\times0.005589\times280}$$
$$=780.7\text{kN}$$

$$V_{pb}=0.75\times10^{-3}\times1260\times\frac{2780}{4}(\sin5.0645°+\sin4.5209°+2\sin0.6677°)=125.1\text{kN}$$

$$V_{du}=V_{cs}+V_{pb}=780.7+125.1=905.8\text{kN}>\gamma_0V_d=637.3\text{kN}$$

计算结果表明，斜截面抗剪承载力是足够的。

(四)预应力损失计算

1. 摩阻损失 σ_{l1}

计算结果与方案一相同，按表 15-5-7 采用。

2. 锚具变形损失 σ_{l2}

计算结果与方案一相同，按表 15-5-9 采用。

3. 分批张拉损失 σ_{l4}

分批张拉顺序与方案一相同。预应力分批张拉损失的计算见表15-5-26。

分批张拉损失计算表 表 15-5-26

截面	张拉束号	有效张拉力 N_{p0} ($\times10^3$N)	张拉钢束偏心矩 e_p(mm)			计算钢束偏心矩 y_p(mm)			各钢束应力损失 σ_{l2} (MPa)		
			2	3	4	2	3	4	2	3	4
支点	3	895.6	0.0	0.0	411.7	0.0	0.0	411.7	0.00	0.00	10.56
	2	883.9	0.0	−185.6	−185.6	0.0	411.7	411.7	0.00	2.85	2.85
	1	883.1	−424.6	−424.6	−424.6	−185.6	411.7	411.7	7.62	−0.17	−0.17
	总计(MPa)								7.62	2.68	13.24
变截面	3	899.2	0.0	0.0	618.3	0.0	0.0	618.3	0.00	0.00	22.50
	2	898.0	0.0	309.2	309.2	0.0	618.3	618.3	0.00	15.54	15.54
	1	898.9	102.9	102.9	102.9	309.2	618.3	618.3	9.77	10.92	10.92
	总计(MPa)								9.77	26.46	48.96
$L/4$	3	906.2	0.0	0.0	625.7	0.0	0.0	625.7	0.00	0.00	23.08
	2	906.3	0.0	487.3	487.3	0.0	625.7	625.7	0.00	19.90	19.90
	1	908.3	310.4	310.4	310.4	487.3	625.7	625.7	14.28	15.86	15.86
	总计(MPa)								14.28	35.76	58.85
跨中	3	932.0	0.0	0.0	627.4	0.0	0.0	627.4	0.00	0.00	23.92
	2	918.7	0.0	627.4	627.4	0.0	627.4	627.4	0.00	23.58	23.58
	1	917.7	547.4	547.4	547.4	627.4	627.4	627.4	21.67	21.67	21.67
	总计(MPa)								21.67	45.25	69.17

4. 钢筋应力松弛损失 σ_{l5}

$$\sigma_{l5}=\Psi\cdot\zeta\cdot\left(0.52\frac{\sigma_{pe}}{f_{pk}}-0.26\right)\cdot\sigma_{pe}$$

计算方法与方案一相同，钢筋应力松弛损失的计算见表 15-5-27。

5. 混凝土收缩、徐变损失 σ_{l6}

计算结果与方案一相同，但在计算 ρ、ρ_{ps} 时应考虑普通钢筋的影响。混凝土收缩、徐变损失的计算见表 15-5-28。

钢筋应力松弛损失计算表 表 15-5-27

截面 / 钢束	σ_{pe}(MPa)				σ_{l5}(MPa)			
	1	2	3	4	1	2	3	4
支点	1270.7	1264.2	1285.9	1275.3	36.30	35.43	38.38	36.94
变截面	1293.4	1282.3	1267.3	1244.8	39.43	37.88	35.85	32.86
$L/4$	1306.9	1289.8	1268.1	1245.1	41.32	38.92	35.96	32.90
跨中	1320.4	1300.2	1295.8	1271.9	43.23	40.37	39.76	36.47

混凝土收缩、徐变损失计算表 表 15-5-28

截 面	e_{ps} (mm)	ρ	ρ_{ps}	N_{pe} (kN)	$M_{自重}$ (kN·m)	$\sigma_{预}$ (MPa)	$\sigma_{自重}$ (MPa)	σ_{PC} (MPa)	σ_{l6} (MPa)
支点	290.5	0.00684	1.484	3541.8	0.0	3.60	0.00	3.60	58.73
变截面	548.7	0.01046	2.286	3536.0	1435.9	9.87	−4.54	5.33	60.38
$L/4$	613.9	0.01046	2.601	3551.4	2026.4	11.70	−7.13	4.57	53.76
跨中	675.7	0.01046	2.925	3605.8	2701.8	13.80	−10.38	3.42	45.31

6. 预应力损失组合

上述各项预应力损失组合情况列于表 15-5-29。

应 力 损 失 组 合 表 15-5-29

截 面	$\sigma_{lI}=\sigma_{l1}+\sigma_{l2}+\sigma_{l4}$(MPa)					$\sigma_{lII}=\sigma_{l5}+\sigma_{l6}$(MPa)				
	1	2	3	4	平均	1	2	3	4	平均
支点	124.34	130.82	109.10	119.65	120.98	95.03	94.16	97.11	95.67	95.50
变截面	101.57	112.75	127.72	150.22	123.06	99.80	98.26	96.22	93.24	96.88
$L/4$	88.07	105.23	126.86	149.94	117.52	95.08	92.68	89.73	86.66	91.04
跨中	74.61	94.79	99.20	123.12	97.93	88.54	85.68	85.06	81.78	85.26

(五)正常使用极限状态计算

1. 裂缝宽度计算

部分预应力混凝土 B 类构件在荷载短期效应作用下的裂缝宽度按下式计算：

$$W_f=C_1C_2C_3\frac{\sigma_{ss}}{E_s}\left(\frac{30+d}{0.28+10\rho}\right)$$

C_1 为钢筋表面形状系数，对于带肋钢筋，$C_1=1.0$。

C_2 为作用长期影响系数：

$$C_2=1+0.5\frac{M_l}{M_s}=1+0.5\times\frac{3029.75}{3891.78}=1.389$$

C_3 为与构件形式有关的系数，取 $C_3=1.0$。

d 为纵向受拉钢筋直径，用预应力钢筋和普通钢筋的等效直径 d_e：

$$d_e=\sum n_i d_i^2/\sum n_i d_i$$

5ϕ^j15.2 钢束的公称直径近似取为 3×15.2=45.6mm。4 束 5ϕ^j 15.2预应力筋和 11 Φ 24 普通钢筋的等效直径为：

$$d_e=\frac{4\times45.6^2+11\times24^2}{4\times45.6+11\times24}=32.83\text{mm}$$

截面配筋率 ρ 为：

$$\rho=\frac{A_s+A_p}{bh_0+(b_f-b)h_f}=\frac{4976.3+2780}{180\times1191+(660-180)\times350}=0.0203>0.02$$

取为 $\rho=0.02$。

σ_{ss}为短期效应组合作用下，受拉钢筋的应力，其数值可按下列近似公式计算：

$$\sigma_{ss}=\frac{M_s-N_{p0}(Z-d_{po})}{(A_p+A_s)Z}$$

$$Z=\left[0.87-0.12(1-\gamma'_{f})\left(\frac{h_0}{e}\right)^2\right]h_0$$

$$e=a_{p0}+\frac{M_s}{N_{p0}}$$

$$\gamma'_{f}=(b'_{f}-b)h'_{f}/bh_0$$

N_{p0}为混凝土法向应力为零时的预加力：

$$N_{p0}=\sigma_{p0}A_p-\sigma_{l6}A_s=(\sigma_{pe}+\alpha_{Ep}\sigma_{pc,p})A_p-\sigma_{l6}A_s$$
$$=(\sigma_{con}-\sigma_{l,\mathrm{I}}-\sigma_{l,\mathrm{II}}+\alpha_{Ep}\sigma_{pc,p})A_p-\sigma_{l6}A_s$$

N_{p0}作用点至净截面重心距离为：

$$e_{p0n}=\frac{\sigma_{p0}A_p y_{pn}-\sigma_{l6}A_s y_{sn}}{\sigma_{p0}A_p-\sigma_{l6}A_s}$$

$\sigma_{pc,p}$为在预应力筋及普通钢筋的合力 N_p 作用下，预应力筋重心处的混凝土预压应力。

$$\sigma_{pc,p}=\frac{N_p}{A_n}+\frac{N_p e_{pn}}{I_n}y_{pn}$$

$$N_p=\sigma_{pe}A_p-\sigma_{l6}A_s=(\sigma_{con}-\sigma_{l,\mathrm{I}}-\sigma_{l,\mathrm{II}}+\alpha_{Ep}\sigma_{pc,p})A_p-\sigma_{l6}A_s$$

N_p 作用点到净截面重心的距离为：

$$e_{pn}=\frac{\sigma_{pe}A_p(y_{sn}-a_p)-\sigma_{l6}A_s(y_{sn}-a_s)}{\sigma_{pe}A_p-\sigma_{l6}A_s}$$

d_{p0}为 N_{p0} 作用点到纵向受拉预应力钢筋和普通钢筋的合力之间的距离。

代入数据得：

$$\sigma_{pe}=1395-97.93-85.26=1211.81\text{MPa}$$

$$N_p=\sigma_{pe}A_p-\sigma_{l6}A_s=(1211.81\times2780-45.31\times4976.3)/1000=3143.36\text{kN}$$

$$e_{pn}=\frac{1211.81\times2780\times607.4-45.31\times4976.3\times(747.4-43)}{1211.81\times2780-45.31\times4976.3}=600.4\text{mm}$$

$$\sigma_{pc,p}=\left(\frac{3143.36}{0.62614}+\frac{3143.36\times0.6004\times0.6074}{0.14686}\right)/1000=12.83\text{MPa}$$

$$\sigma_{p0}=\alpha_{pe}+\alpha_{Ep}\sigma_{pc,p}=1211.81+12.83\times19.5/3.25=1288.79\text{MPa}$$

$$N_{p0}=\sigma_{p0}A_p-\sigma_{l6}A_s=(1288.79\times2780-45.31\times4976.3)/1000=3357.36\text{kN}$$

$$e_{p0n}=\frac{1288.79\times2780\times607.4-45.31\times4976.3\times(747.4-43)}{1288.79\times2780-45.31\times4976.3}=600.89\text{mm}$$

$$d_{p0}=(y_{sn}-a_{ps})-e_{p0n}=(747.4-109)-600.89=37.51\text{mm}$$

$$e=a_{p0}+\frac{M_s}{N_{p0}}=37.51+\frac{3891.78\times10^6}{3357.36\times10^3}=1196.69(\text{mm})$$

$$\gamma'_{f}=\frac{(2172-180)\times166}{180\times1191}=1.5425$$

$$Z=\left[0.87-0.12(1-1.5425)\left(\frac{1191}{1196.69}\right)^2\right]\times1191=1112.97\text{mm}$$

$$\sigma_{ss}=\frac{3891.78\times10^6-3357.36(1112.97-37.51)\times10^3}{(4976.3+2780)\times1112.97}=32.56\text{MPa}$$

$$W_f=1.0\times1.35\times1.0\times\frac{32.56}{1.95\times10^5}\left(\frac{30+32.83}{0.28+10\times0.02}\right)=0.03\text{mm}<[W_f]=0.1\text{mm}$$

满足部分预应力混凝土 B 类构件对裂缝宽度的要求。

注：若按开裂的弹性体精确计算，在 M_s 作用下，混凝土受压区高度 $x=719.42$mm，普通钢筋的应力 $\sigma_{ss}=47.65$MPa（具体计算可参见本例（六）持久应力验算），裂缝宽度为

$$W_f=1.0\times1.35\times1.0\times\frac{47.65}{1.9\times10^5}\left(\frac{30+32.83}{0.28+10\times0.02}\right)=0.043\text{mm}$$

2. 变形计算

(1)使用阶段的挠度计算

部分预应力混凝土 B 类构件的变形，应按开裂前和开裂后两种情况分别计算：

在开裂弯矩 M_{cr} 作用下，刚度 $B_0=0.95E_cI_0$。

在 (M_s-M_{cr}) 作用下，刚度 $B_{cr}=E_cI_{cr}$（式中 I_{cr} 为跨中开裂截面对换算截面重心轴的惯性矩）。

开裂弯矩 $$M_{cr}=(\sigma_{pc}+\gamma f_{tk})W_0-\left(\frac{W_0}{W_{n1}}-1\right)M_{G1pk}-\left(\frac{W_0}{W_{n2}}-1\right)M_{G2pk}$$

$$\gamma=2S_0/W_0$$

由表 15-5-25 查得 $W_0=0.22409\times10^9\text{mm}^3$，$y'=515.3$mm，$W_{n1}=0.19645\times10^9\text{mm}^3$，$W_{n2}=0.21526\times10^9\text{mm}^3$。

$$S_0=180\times\frac{515.3^2}{2}+(2172-180)\times166\left(515.3-\frac{166}{2}\right)=0.16685\times10^9\text{mm}^3$$

$$\gamma=2\times0.16685/0.22409=1.489,\ f_{tk}=2.4\text{MPa}$$

$$\sigma_{pc}=\frac{N_{p0}}{A_n}+\frac{N_{p0}e_{p0n}}{W_n}=\frac{3357.36}{0.62614}+\frac{3357.36\times0.6009}{0.24177}=13.71\text{MPa}$$

由表 15-5-1 查得 $M_{G1pk}=1770.76\text{kN}\cdot\text{m}$，$M_{G2mk}=239.15\text{kN}\cdot\text{m}$，将有关数据代入上式

$$M_{cr}=(13.71+1.489\times2.4)\times0.22409\times10^9/10^6-\left(\frac{0.22409}{0.19648}-1\right)\times1770.76-\left(\frac{0.22409}{0.21526}-1\right)\times239.15$$

$$=3837.08-248.83-9.81=3614.44\text{kN}\cdot\text{m}。$$

为了计算开裂截面的换算截面惯性矩 I_{cr}，应首先确定在荷载短期效应组合 M_s 作用下，开裂截面中性轴和重心轴位置，其数值可参照本书§14-2 的有关公式计算，但应将式中的 M_k 以 M_s 代替。

将 $M_s=3891.78\text{kN}\cdot\text{m}$ 和 $N_{p0}=3357.36$kN（$e_{p0\cdot n}=600.89$mm，$h_{p0}=1153.49$mm）的作用转化为作用于截面受压边缘距离为 e_N 的偏心力 $R=N_{p0}$。

$$e_N=\frac{M_s}{N_{p0}}-h_{p0}=\frac{3891.78}{3357.36}\times1000-1153.49=5.69\text{mm}$$

已知：$A_p=2780\text{mm}^2$，$h_p=1160$mm，$g_p=1160+5.69=1165.69$mm

$A_s=4976.3\text{mm}^2$，$h_s=1257$mm，$g_s=1257+5.69=1262.69$mm

$b_0=1992$mm，$h'_f=166$mm，$\alpha_{Ep}=6$，$\alpha_{Es}=6.154$

开裂截面中性轴位置 x 的方程式为

$$Ax^3+Bx^2+Cx+D=0$$

式中：$$A=b=180\text{mm},\ B=3_{beN}=3\times180\times5.69=3072.6\text{mm}^2$$

$$C=3b_0h'_f(2e_N+h'_f)+6\alpha_{Es}A_pg_p+6\alpha_{Ep}A_sg_s$$

$$=3\times1992\times166\times(2\times5.69+166)+6\times6\times2780\times1165.69+6\times$$

$$6.154\times4976.3\times1262.69=524638902.6\text{mm}^3$$

$$\begin{aligned}D&=-b_0h'^2_f(3e_N+2h'_f)-6\alpha_{Es}A_ph_pg_p-6\alpha_{Es}A_shsg_s\\&=-1992\times166^2\times(3\times5.69+2\times166)-6\times6\times2780\times1160\times1165.69-\\&\quad 6\times6.154\times4976.3\times1257\times1262.69\\&=-0.4461293617\times10^{12}\text{mm}^4\end{aligned}$$

解三次方程

$$180x^3+3072.6x^2+0.524638903\times10^9x-0.4461293617\times10^{12}=0$$

得
$$x=719.42\text{mm}$$

开裂截面的几何特征值为：

开裂截面重心轴至截面上边缘的距离

$$y'=\frac{b'_fx^2/2-b_0(x-h'_f)[(x-h'_f)/2+h'_f]+\alpha_{Ep}A_ph_p+\alpha_{Es}A_sh_s}{b'_fx-b_0(x-h'_f)+\alpha_{Ep}A_p+\alpha_{Es}A_s}$$

$$=\frac{2172\times719.42\frac{2}{2}-1992\times(719.42-166)[(719.42-166)+166]+6\times2780\times1160+6.154\times4976.3\times1257}{2172\times719.42-1992\times(719.42-166)+6\times2780+6.154\times4976.3}$$

$$=259.86\text{mm}$$

开裂截面重心轴至截面下边缘的距离

$$y=h-y'=1300-259.86=1040.14\text{mm}$$

开裂截面惯性矩按下式计算：

$$\begin{aligned}I_{cr}&=\frac{b'_fy'^3}{3}-\frac{(b'_f-b)(y'-h'_f)^3}{3}+\frac{b(x-y')^3}{3}+\alpha_{Ep}A_p(h_p-y')^2+\alpha_{Es}A_s(hs-y')^2\\&=\frac{2172\times259.86^3}{3}-\frac{(2172-180)(259.86-166)^3}{3}+\frac{180(719.42-259.86)^3}{3}+6\times\\&\quad 2780\times(1160-259.86)^2+6.154\times4976.3(1257-259.86)^2\\&=6.1943\times10^{10}\text{mm}^4=0.061943\times10^{12}\text{mm}^4\end{aligned}$$

短期效应组合下挠度为：

$$\begin{aligned}f_s&=\frac{5}{48}\times\frac{M_{cr}L^2}{0.95E_cI_0}+\frac{5}{48}\times\frac{(M_s-M_{cr})L^2}{E_cI_{cr}}\\&=\frac{5}{48}\times\frac{3614.44\times10^6\times29160^2}{0.95\times3.25\times10^4\times0.17585\times10^{12}}+\frac{5}{48}\times\frac{(3891.78-3614.44)\times10^6\times29160^2}{3.25\times10^4\times6.1943\times10^{10}}\\&=58.96+12.20=71.16\text{mm}\end{aligned}$$

自重产生的挠度为：

$$f_G=\frac{5L^2}{48}\frac{M_{Gk}}{B_0}=\frac{5\times29160^2\times(1770.76+239.15+691.94)\times10^6}{48\times0.95\times3.25\times10^4\times0.17585}=44.1\text{mm}$$

扣除自重影响后的长期挠度为

$$f_L=\eta_\theta(f_s-f_G)=1.45\times(71.16-44.1)=39.2\text{mm}<l/600=29160/600=48.6\text{mm}$$

(2)由预加力产生的反拱度及预拱度的设置

部分预应力混凝土 B 类构件在预加力作用下处于不开裂状态，其反拱计算方法与方案一相同，取刚度 $B_0=0.95E_cI_0=0.95\times3.25\times10^4\times0.14686\times10^{12}=0.4534\times10^{16}\text{N}\cdot\text{mm}^2$，取 $\eta_\theta=2.0$。

预加力产生的跨中截面的反拱可采用图乘法计算：

$$f_p = -\eta_\theta \frac{\omega_{M1} \cdot M_p}{B_0}$$

式中：ω_{M1}——单位力作用于跨中截面时所产生的弯矩图面积，$\omega_{M1}=\frac{1}{2}\cdot L\cdot\frac{L}{4}=L^2/8$；

M_p——$M_{1(x)}$图重心对应的$M_{p(x)}$的坐标值，即跨中截面弯矩值$M_p=N_p l_{pn}$。

其中

$$N_p=(\sigma_{con}-\sigma_{lI}-\sigma_{lII})A_p-\sigma_{l6}A_s$$

$$=(1395-117.52-91.04)\times2780-53.76\times4976.3=3030.8\times10^3$$

以上计算，σ_{lI}、σ_{lII}、σ_{l6}近似取$L/4$截面的损失值。

$$e_{pn}=\frac{\sigma_{pe}A_p y_{pn}-\sigma_{l6}A_s y_{sn}}{\sigma_{pe}A_p-\sigma_{l6}A_s}$$

$$\sigma_{pe}=(\sigma_{con}-\sigma_{lI}-\sigma_{lII})=(1395-117.52-91.04)=1186.44\text{MPa}$$

y_{pn}为距支点$L/3$处预应力筋重心到换算截面重心的距离，$y_{pn}=583.6$mm。

y_{sn}为距支点$L/3$处非预应力筋重心到换算截面重心的距离，$y_{sn}=742.9$mm。

$$e_{pn}=\frac{1186.44\times2780\times583.6-53.76\times4976.3\times742.9}{1186.44\times2780-53.76\times4976.3}=569.6\text{mm}$$

由此得

$$M_p=3030.8\times569.6/1000=1726.2\text{kN}\cdot\text{m}$$

$$\omega_{M1}=l^2/8=29160^2/8=85543200\text{mm}^2$$

代入数据后得

$$f_p=-2.0\times\frac{85543200\times1726.2\times10^6}{0.4534\times10^{16}}=-81.0\text{mm}$$

$$<\eta_\theta f_s=1.45\times71.16=103.2\text{mm}$$

故应设置预拱度。预拱度的设置为：

$$f'=\eta_\theta f_s-f_p=103.2-81.0=22.2\text{mm}$$

3. 斜截面抗裂性验算

斜截面抗裂性验算，以主拉应力控制，一般取变截面点分别计算截面上梗肋、形心轴和下梗肋处在荷载短期效应组合作用下的主拉应力，应满足$\sigma_{tp}\leqslant0.8f_{tk}$的要求。

主拉应力计算方法与方案二相同，计算过程从略，表15-5-30为各计算点的几何性质，应力计算结果汇总于表15-5-31。

计算点几何性质　　表15-5-30

计算点	受力阶段	A_1（$\times10^6$mm^2）	y_{x1}（mm）	d（mm）	S_1（$\times10^9$mm^3）
上梗肋处	阶段1	0.287200	463.7	326.0	0.13316
	阶段2	0.287200	479.6	342.0	0.13775
	阶段3	0.3772	423.4	281.7	0.15972
形心位置	阶段1	0.337906	421.9	44.4	0.14257
	阶段2	0.337906	437.9	60.3	0.14796
	阶段3	0.427906	390.0	0.0	0.16687
下梗肋处	阶段1	0.209338	604.7	394.0	0.12940
	阶段2	0.231768	588.7	378.0	0.13358
	阶段3	0.231768	649.0	438.3	0.14726

变截面处不同计算点主应力汇总表　　表 15-5-31

计算点位置	正应力 σ_{cx}(MPa)	剪应力 τ_x(MPa)	主拉应力 σ_{tp}(MPa)
上梗肋	6.37	1.29	−0.25
形心轴	5.29	1.36	−0.33
下梗肋	3.24	1.22	−0.41

计算结果表明，下梗肋处主拉应力最大，其数值为 $\sigma_{tp,max}=-0.41$MPa，小于规范规定的限制值 $0.8f_{tk}=0.8\times2.4=1.92$MPa。

(六)持久状况应力验算

部分预应力混凝土 B 类构件在使用荷载作用下的正截面法向压应力及受拉钢筋应力按开裂截面计算，斜截面主应力按不开裂截面计算。

1.跨中截面混凝土法向压应力

(1)开裂截面中性轴位置的确定

消压状态下的虚拟荷载(即混凝土法向预压应力等于零时预应力钢筋和普通钢筋的合力)可由裂缝计算中得到：

$$N_{p0}=3357.36\text{kN}$$

$$e_{p0n}=600.89\text{mm}$$

$$h_{p0}=y_{sn}+e_{p0n}=552.6+600.89=1153.49\text{mm}$$

使用荷载作用下的设计弯矩

$$\begin{aligned}M_k&=M_{G1k}+(1+\mu)M_{Q2k}+M_{Q3k}\\&=1770.76+239.15+691.94+1676.59+140.94\\&=4519.38\text{kN}\cdot\text{m}\end{aligned}$$

将 N_{p0} 和 M_k 转化为作用于距截面受压边距离为 e_N 的偏心力 $R=N_{p0}$。

$$e_N=\frac{M_k}{N_{p0}}-h_{ps}=\frac{4519.4}{3357.36}\times1000-1153.49=192.62\text{mm}$$

已知：

$$h_p=1300-140=1160\text{mm}$$

$$h_s=1300-43=1257\text{mm}$$

$$g_p=h_p+e_N=1160+192.62=1352.62\text{mm}$$

$$g_s=h_s+e_N=1257+192.62=1449.62\text{mm}$$

$$b_0=b'_f-b=2172-180=1992\text{mm}$$

$$h'_f=166\text{mm}$$

$$\alpha_{Ep}=1.95\times10^5/3.25\times10^4=6$$

$$\alpha_{Es}=2.00\times10^5/3.25\times10^4=6.154$$

中性轴位置 x 的方程式为

$$Ax^3+Bx^2+Cx+D=0$$

$$A=b=180\text{mm}$$

$$B=3be_N=3\times180\times192.62=104014.8\text{mm}^2$$

$$C=3b_0h'_f(2e_N+h'_f)+6\alpha_{Ep}A_pg_p+6\alpha_{Es}A_sg_s$$

$$=3\times1992\times166\times(2\times192.62+166)+6\times6\times2780\times$$

$$1352.62+6\times6.154\times4976.3\times1449.62$$

$$=0.99798\times10^9\text{mm}^3;$$

$$D=-b_0h'^2_{\rm f}(3e_{\rm N}+2h'_{\rm f})-6\alpha_{\rm Ep}A_{\rm p}h_{\rm p}g_{\rm p}-6\alpha_{\rm Es}A_{\rm s}h_{\rm s}g_{\rm s}$$

$$=-1992\times166^2\times(3\times192.62+2\times166)-6\times6\times2780\times1160\times1352.6-6\times$$

$$6.154\times4976.3\times1257\times1449.62$$

$$=-0.5417856\times10^{12}\text{mm}^4$$

解三次方程

$$180x^3+104014.8x^2+0.99798\times10^9x-0.5417856\times10^{12}=0$$

得

$$x=495.38\text{mm}$$

(2)混凝土受压边缘应力

$$\sigma_{\rm cc}=N_{\rm p0}x/S$$

$$S=\frac{1}{2}b'_{\rm f}x^2-\frac{1}{2}(b'_{\rm f}-b)(x-h'_{\rm f})^2-\alpha_{\rm Ep}A_{\rm p}(h_{\rm p}-x)-\alpha_{\rm Es}A_{\rm s}(h_{\rm s}-x)$$

$$=2172\times495.38^2/2-(2172-180)(495.38-180)^2/2-6\times2780\times(1160-$$

$$495.38)-6.154\times4976.3\times(1257-495.38)$$

$$=124038813.5\text{mm}^3$$

于是 $\sigma_{\rm cc}=3357.6\times10^3\times495.38/124038813.5=13.41\text{MPa}$

稍大于混凝土的控制应力 $0.5f_{\rm ck}=0.5\times26.8=13.4\text{MPa}$。

2.钢筋应力计算

(1)预应力钢筋拉应力

$$\sigma_{\rm p}=\sigma_{\rm pe}+\Delta\sigma_{\rm p}\leqslant0.65f_{\rm pk}$$

按《桥规》(JTG D62)规定：

$$\Delta\sigma_{\rm p}=\alpha_{\rm Ep}\sigma_{\rm cc}(h_{\rm p}-x)/x=6\times13.41\times(1160-495.38)1495.38=107.95\text{MPa}$$

$$\sigma_{\rm p}=1211.81+107.95=1319.76\text{MPa}>0.65f_{\rm pk}=0.65\times1860=1209\text{MPa}$$

大于规范的要求(相差9%)。

按笔者建议，体外预应力混凝土构件属于后张法构件，在计算使用阶段钢筋应力时，不应考虑构件自重的影响，其数值应按本书公式(14-2-15)计算：

$$\sigma_{\rm p}=\sigma_{\rm pe}+\Delta\sigma_{\rm p}-\alpha_{\rm Ep}-\frac{M_{\rm G1k}}{J_{\rm n1}}y_{\rm pn}$$

由表15-5-25查得，$I_{\rm n1}=0.14686\times10^{12}\text{mm}^2$，$y_{\rm pn}=h_{\rm p}-y'=1160-552.6=607.4\text{mm}$，$\alpha_{\rm Ep}=6$，代入式得

$$\sigma_{\rm p}=1221.81+107.95-6\times\frac{1770.96\times10^6}{0.14686\times10^{12}}\times607.4=1211.81-107.95-43.9$$

$=1275.86\text{MPa}>0.65f_{\rm pk}=1209\text{MPa}$，但仅相差5.2%。

(2)普通钢筋拉应力

$$\sigma_{\rm s}=\alpha_{\rm Es}\sigma_{\rm cc}(h_{\rm s}-x)/x=6.154\times13.41\times(1257-495.38)/495.38$$

$$=126.68\text{MPa}$$

3. 斜截面主应力验算

部分预应力混凝土 B 类构件的斜截面主应力计算方法与方案一相同，计算过程从略，计算结果汇总于表 15-5-32。

变截面处不同计算点主应力汇总表 表 15-5-32

计算点位置	正应力 σ_{cx} (MPa)	剪应力 τ (MPa)	主拉应力 σ_{tp} (MPa)	主压应力 σ_{cp} (MPa)
上梗肋	7.00	1.73	−0.40	7.41
形心轴	5.29	1.81	−0.56	5.85
下梗肋	2.25	1.63	−0.86	3.11

斜截面处最大主压应力 $\sigma_{cp}=7.41\text{MPa}<0.6f_{ck}=0.6\times26.8=16.08\text{MPa}$；最大主拉应力 $\sigma_{tp}=-0.86\text{MPa}<0.5f_{tk}=0.5\times2.4=1.2\text{MPa}$，故箍筋可按构造要求布置。

计算结果表明，使用阶段正截面混凝土法向应力、斜截面主压应力、斜截面主拉应力均满足规范要求，预应力钢筋应力大于规范要求。

(七)短暂状态应力验算

施工阶段应力验算方法与方案一相同，具体计算过程从略，只给出计算结果如下：

上缘混凝土应力 $\sigma_{ct}^{t}=4.18\text{MPa}>0$

下缘混凝土应力 $\sigma_{cc}^{t}=7.89\text{MPa}$

$$<0.75f_{ck}=0.75\times0.8\times28.6=17.16\text{MPa}$$

计算结果表明，在预施应力阶段，梁的上缘不出现拉应力，下缘混凝土的压应力满足规范要求。

五、设计方案比较与分析

从表 15-5-33 给出的主要分析结果可以看出：

设计方案比较分析表 表 15-5-33

项目	方案一 全预应力混凝土构件	方案二 部分预应力混凝土 A 类构件	方案三 部分预应力混凝土 B 类构件
配筋情况	预应力筋 4 束 8ϕ15.2，$A_p=4448\text{mm}^2$；普通钢筋(HRB400) 11 Φ 16，$A_s=2212.2\text{mm}^2$	预应力筋 4 束 6ϕ15.2，$A_p=3336\text{mm}^2$；普通钢筋(HRB400) 10 Φ 20，$A_s=3141.6\text{mm}^2$	预应力筋 4 束 5ϕ15.2，$A_p=2780\text{mm}^2$；普通钢筋(HRB400) 11 Φ 24，$A_s=4976.3\text{mm}^2$
跨中正截面承载能力校核	$M_{du}=6919.67\text{kN}\cdot\text{m}>\gamma_0M_d=5744.5\text{kN}\cdot\text{m}$	$M_{du}=5838.6\text{kN}\cdot\text{m}>\gamma_0M_d=5744.5\text{kN}\cdot\text{m}$	$M_{du}=5796.3\text{kN}\cdot\text{m}>\gamma_0M_d=5744.5\text{kN}\cdot\text{m}$
距支点 $h/2$ 截面斜截面抗剪承载能力校核	$V_{du}=1590.3\text{kN}>\gamma_0V_d=877.7\text{kN}$	$V_{du}=1581.3\text{kN}>\gamma_0V_d=877.7\text{kN}$	$V_{du}=1583.7\text{kN}>\gamma_0V_d=877.7\text{kN}$
正截面抗裂性或裂缝宽度	$\sigma_{st}-0.85\sigma_{pc}=-2.858\text{MPa}$(压应力)	$\sigma_{st}-\sigma_{pc}=0.113\text{MPa}<0.7f_{tk}=1.68\text{MPa}$	$W_f=0.043\text{mm}<0.1\text{mm}$
扣除自重影响后的长处挠度	$32.96\text{mm}<L/600=48.6\text{mm}$	$31.80\text{mm}<L/600=48.6\text{mm}$	$39.2\text{mm}<L/600=48.6\text{mm}$
预加力引起的反拱	$f_p=-158.8\text{mm}$	$f_p=-104.5\text{mm}$	$f_p=-81.0\text{mm}$

续上表

项目	方案一 全预应力混凝土构件	方案二 部分预应力混凝土A类构件	方案三 部分预应力混凝土B类构件
使用阶段跨中截面应力验算	混凝土法向压应力 σ_{kc}=11.10MPa<$0.5f_{ck}$=13.4MPa	混凝土法向压应力 σ_{kc}=12.27MPa<$0.5f_{ck}$=13.4MPa	混凝土法向压应力 σ_{kc}=13.41MPa≈$0.5f_{ck}$=13.4MPa
	钢筋拉应力 σ_p=1188.1MPa<$0.65f_{pk}$=1209MPa	钢筋拉应力 σ_p=1246.6MPa>$0.65f_{pk}$=1209MPa	钢筋拉应力 σ_p=1257.86MPa>$0.65f_{pk}$=1209MPa
施工阶段跨中截面应力验算	上缘 σ_{ct}^{t}=2.08MPa>0；下缘 σ_{cc}^{t}=21.12MPa<$0.75f_{ck}$=21.45MPa	上缘 σ_{ct}^{t}=3.54MPa>0；下缘 σ_{cc}^{t}=12.02MPa<$0.75f'_{ck}$=17.16MPa	上缘 σ_{ct}^{t}=4.18MPa>0；下缘 σ_{cc}^{t}=7.89MPa<$0.75f'_{ck}$=17.16MPa

(1)从材料用量上看，方案一全预应力混凝土构件预应力钢筋用量最大，方案三部分预应力混凝土B类构件预应力钢筋用量最小，但普通钢筋用量正好相反。

在实际设计中，应根据材料供应情况和预应力钢筋、普通钢筋的单价比换算成当量用钢量，并结合锚具布置及施工情况，选取较经济的方案。

(2)从构件抗裂性能上看，方案一全预应力混凝土构件在短期组合效应作用下，截面处于受压状态。方案二中，虽然跨中正截面出现了拉应力0.113MPa，但小于规范允许值 $0.7f_{tk}$=1.68MPa，因此，其抗裂性是满足要求的。

方案三部分预应力混凝土B类构件在短期效应组合下将出现宽度为0.03mm的裂缝。但在车辆荷载撤除后，裂缝将闭合，所以，这种裂缝不会影响到结构的耐久性。在使用荷载作用下，预应力钢筋应力 σ_p=1257.86MPa，略大于规范容许值，可适当地降低其控制应力。

此外，在方案二和方案三中，配有较多的普通钢筋，可以分散和减小由温度及混凝土收缩等非工作裂缝，对结构的抗裂性是有利的。

(3)从构件的使用性能上看，三种方案分别计算的扣除自重影响的长相挠度值相差不大，均能满足规范要求。但预加力引起的反拱值方案一最大。由于混凝土徐变的影响，这种反拱将随着时间不断增长，影响结构的正常使用。

综上所述，综合考虑结构使用性能、耐久性、经济性等方面的要求，优先采用部分预应力混凝土结构应成为桥梁结构设计的发展方向之一。

总结与思考

15-1 预应力混凝土梁的设计应满足不同设计状态下规范规定的要求，例如：承载力、抗裂性(或裂缝宽度)、变形及应力等。在这些控制条件中，最重要的是满足承载力和抗裂性(或裂缝宽度)要求，以确保结构安全和耐久性。

预应力混凝土梁的配筋设计是设计工作的核心内容，在实际工作中有两种不同的处理方法。

①传统的做法是首先从控制截面的正截面承载力要求出发，选择预应力筋数量，然后进行抗裂性(或裂缝宽度)验算。根据验算结果再对所选钢筋数量进行适当调整。

②笔者和很多学者倡导的做法是首先从控制截面的正截面抗裂性(或裂缝宽度)要求出发,选择预应力钢筋数量,然后进行承载力计算,承载力不足由普通钢筋补充。

从表面上看,上述两种方法解决问题的步骤不同,考虑问题的出发点不同,实质上反映了对预应力混凝土设计理念的不同理解。

你认为这两种不同的处理方法,在设计理念上有什么不同?有什么优缺点?

15-2 《桥规》(JTG D62)9.1.12条规定,预应力混凝土受弯构件最小配筋率应满足下列条件:$M_{ud}/M_{cr}\geqslant 1.0$。

近年来,很多设计单位反映在设计中经常出现不满足上述要求的情况,提出"预应力筋已经配置很多,为什么还不满足最小配筋率要求"的疑问。某设计单位更明确地提出:验算结果承载力和使用阶段的应力验算均满足设计要求,就可以保证结构的安全使用;抗裂性验算也满足要求,就可以保证结构的耐久性。在这种情况下,限制 $M_{ud}/M_{cr}\geqslant 1.0$ 还有什么意义?

建议读者针对这一带普通性的问题,认真地思考并展开讨论,以读书报告的形式谈谈你的心得体会。以下要点供你参考:

①预应力混凝土受弯构件最小配筋限制($M_{ud}/M_{cr}\geqslant 1.0$)的物理意义是什么?规定这条限制的目的是什么?

②对桥梁工程上大量采用的后张法预应力混凝土结构而言,开裂弯矩的计算公式应如何计算?

③工程设计中,较多出现开裂弯矩大于极限承载力(即 $M_{cr}\geqslant M_{ud}$)的反常现象的原因是什么?解决这一问题的基本思路是什么?

15-3 通过§15-5综合例题,对三种不同设计方案的比较和分析(表15-5-33),你对优先采用混合配筋的部分预应力混凝土的建议有什么新的认识?

第十六章　体外预应力混凝土设计与计算

§16-1　概　　述

体外预应力混凝土是将具有防腐保护的预应力筋(聚乙烯套管保护的钢绞线或高强钢丝)配置在梁体之外(或箱内),钢筋张拉后锚固于梁端或中间横隔板(梁)处,跨间部分通过转向块调整预应力钢筋的走向,以适应桥梁纵向受力的需要。

体外预应力混凝土技术始于从20世纪30年代,但是由于预应力筋的防腐技术不过关,限制了体外预应力技术的发展。在20世纪80年代后,随着斜拉桥建设技术的发展,预应力筋的防腐技术日趋成熟,为体外预应力混凝土技术提供了可能。同时,由于解决混凝土耐久性问题的需要,为体外预应力混凝土技术提供了新的发展机遇,在美国、法国及日本等建成了一批体外预应力混凝土桥梁。近年来体外预应力混凝土技术在我国发展很快,2008年建成通车的苏通长江大桥(引桥)等大型桥梁工程中均采用了体外预应力技术,是我国预应力混凝土桥梁建设的重大技术进步。

体外预应力混凝土作为古老的新生技术,其主要优点是:

(1)采用体外配置的经过有效防腐蚀处理的预应力钢筋,从一个方面解决了结构的耐久性问题。采用可更换的体外预应力束,为混凝土桥梁达到其设计使用寿命提供技术保障。

(2)预应力钢筋布置在体外,梁肋中不设管道,取消了孔道,避免了截面削弱,减小了腹板宽度,减轻了结构自重,提高了承受活载的能力。

(3)由于取消了繁杂的灌浆工序,为大跨径预应力混凝土梁实现不受季节性限制的快速拼装施工提供了可能。

(4)减小了预应力筋的摩阻损失,提高了预应力筋的利用效率。体外预应力筋(束)中的应力变化幅值相对减小,有利于提高预应力束的疲劳寿命。

综上所述,体外预应力混凝土桥梁以其耐久性好、结构自重小、施工速度快的综合优势,具有很强的方案竞争力。可以预见,随着人们对耐久性问题认识的提高,体外预应力混凝土技术在我国将会有更大的发展。

§16-2　体外预应力混凝土桥梁的构造要点

一、截面形式

体外预应力配筋适合于多种断面形式(图16-2-1)。其中包括闭口截面,例如空心板梁、箱梁等;开口截面,例如T形或I形等带肋截面;以及其他截面,例如带刚性腹板的三角形断面和带桁架腹板的箱形截面等。

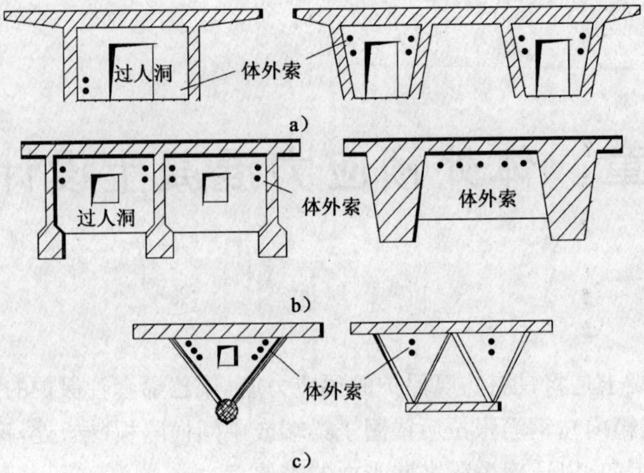

图 16-2-1　体外预应力桥梁常用截面形式

a)闭口截面(左图为跨中截面,右图为支点截面);b)开口截面(支点截面);c)其他截面(支点截面)

1. 闭口截面

体外预应力配筋最合适的截面形式是闭口截面[图 16-2-1a)]。体外预应力筋(束)设在箱内,可不受阳光雨雪、动物或人类活动等外界因素的直接影响。箱形截面具有良好的抗弯和抗扭性能,尤其适用于悬臂施工和预制节段施工的桥梁。目前已建成的大、中跨径的体外预应力混凝土桥梁,其横截面绝大多数为箱形截面。

箱形截面的顶板、底板及腹板尺寸,根据构件的受力要求来确定。与常用的体内有黏结预应力混凝土结构相比,体外预应力混凝土箱梁由于取消了孔道设置,避免了截面削弱,腹板宽度可减少 50～100mm;但是,布置在混凝土外的预应力筋其偏心距相对较小,降低了预应力筋的使用效率,使梁高增加。同时,过小的梁高对箱内的施工和日后的检测维护造成不便。表 16-2-1 给出的预应力混凝土箱梁桥主梁跨高比可供设计参考。

预应力混凝土箱梁桥的主梁跨高比　　表 16-2-1

结构类型	变高度梁跨高比(L/h)			等高度梁跨高比
	跨中	支点	$h_{支}/h_{中}$	
体外预应力混凝土箱梁桥	25～42	15～22	1.6～2.5	14～20
体内预应力混凝土箱梁桥	30～50	16～25	2.0～3.0	15～25

2. 开口截面

图 16-2-1b)所示为开口(T 形)截面的体外预应力混凝土连续梁桥支点截面断面图。开口截面的体外预应力筋(束)布置在主梁的两侧,设计时应考虑对体外预应力筋(束)及其锚固系统采取必要的防护措施,确保体外预应力筋(束)的安全有效。

3. 其他截面

图 16-2-1c)所示带刚性腹板或波形钢腹板的三角形或箱形截面、带钢桁架腹板的箱形截面的体外预应力桥梁是近年发展的新桥型。杆件拼装的腹板代替了混凝土浇筑的腹板,大大减轻了结构自重,提高了梁的跨越能力。在预加力作用下波形钢腹板沿桥轴方向可自由变形,可以提高预应力筋的利用效率,是体外预应力配筋的理想截面形式之一。

二、体外预应力筋(束)布置

体外预应力混凝土桥梁按其预应力筋的布置方式可分为单一型与混合型两类。单一型是将全部预应力筋布置在混凝土截面的外面，截面内只布置普通钢筋。混合型则将一部分预应力筋布置在混凝土截面外面，而另一部分预应力筋和普通钢筋布置在混凝土截面内。在实际工程中大多采用混合型配筋方案。

整体式体外预应力混凝土桥梁的体外预应力筋(束)一般呈折线形布置。体外预应力筋(束)大多在梁端或中间横隔梁上锚固，中间通过转向装置来改变预应力束的方向以适应结构的受力需要。

1. 等高度梁体外预应力筋(束)布置

图 16-2-2a)所示为多点转向辐射状布置形式。体外预应力筋(束)从墩顶横隔梁处向跨内呈辐射状布置，在跨径内利用转向块改变为水平方向。这样可以使体外预应力筋(束)提供的预剪力与结构自重及外荷载产生的剪力的形状基本保持一致，使结构具有良好的抗剪性能。

图 16-2-2b) 所示为两个横梁转向的折线布置形式。用于体外预应力筋(束)转向的横梁的位置应在 $L/3$ 附近，以满足截面的抗弯要求。这种布置形式体外预应力筋(束)提供的预剪较小，需要设置较厚的腹板，并适当增加体内有黏结的弯起或竖向预应力钢筋。

图 16-2-2c)所示为多横梁转向的曲线布置形式。通过增加内横梁的数目，可以使体外预应力筋(束)达到与辐射状布置相同的效果，但这同时也增加了结构的自重及施工的复杂程度。

图 16-2-2d)所示为辐射状布置及两横梁布置时由预应力束提供的预剪力变化情况。

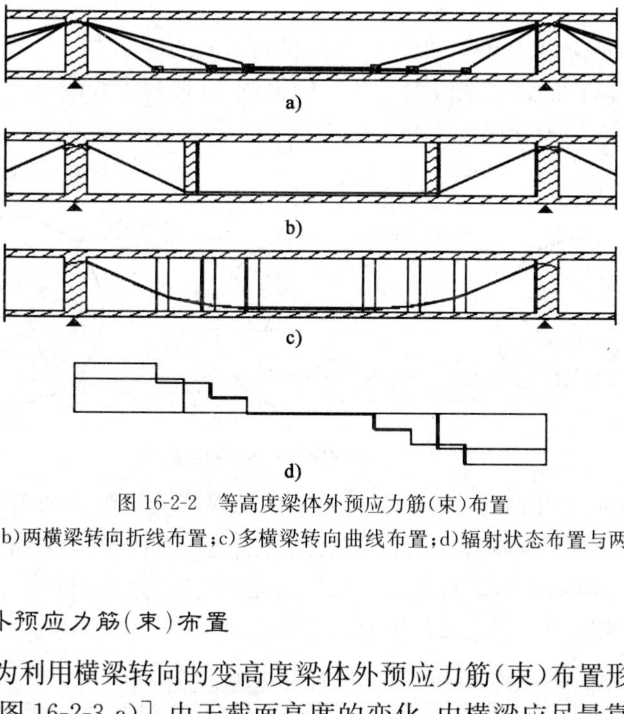

图 16-2-2 等高度梁体外预应力筋(束)布置

a)多点转向辐射状布置；b)两横梁转向折线布置；c)多横梁转向曲线布置；d)辐射状态布置与两横转向折线布置时的预剪力分布

2. 变高度梁体外预应力筋(束)布置

图 16-2-3 所示为利用横梁转向的变高度梁体外预应力筋(束)布置形式。当每跨内有两个转向内横梁时[如图 16-2-3 a)]，由于截面高度的变化，内横梁应尽量靠近跨中弯矩较大的区域，以提供必需的偏心距，但此时体外预应力筋(束)提供的预剪力很小 。当跨中截面与墩顶截面的高度相差较大时，体外预应力筋(束)的偏转角度过小，对结构的抗剪不利，此时应该增加转向内横梁的数目，以改善结构的抗剪性能[如图 16-2-3 b)、c)、d)]。

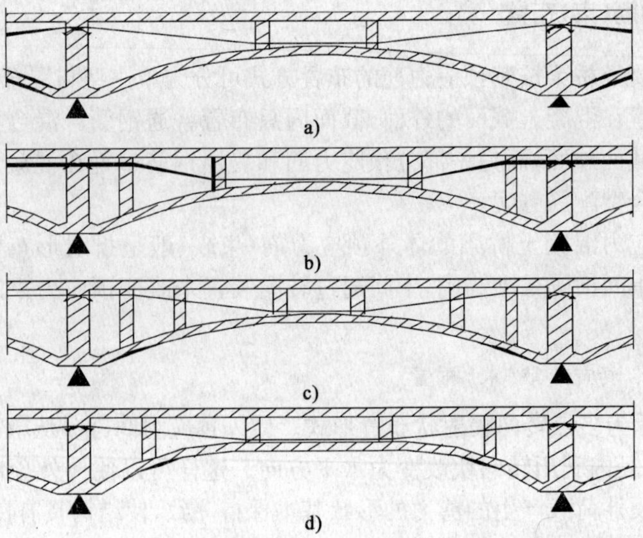

图 16-2-3　变高度梁体外预应力筋(束)的布置形式

a)两个横梁布置形式;b)四个横梁形式;c)多横梁布置形式;d)带等直线段的变高度梁

三、体外预应力体系的构造

体外预应力体系主要由索体、锚固装置、转向装置和减振装置组成。

1. 索体

体外预应力索体是指包括钢束、套管和灌浆材料组成的成品索。

钢束一般由不带防护的钢绞线或自带防护的钢绞线(镀锌钢绞线、环氧涂层钢绞线或单根无黏结钢绞线)组成(图 16-2-4)。

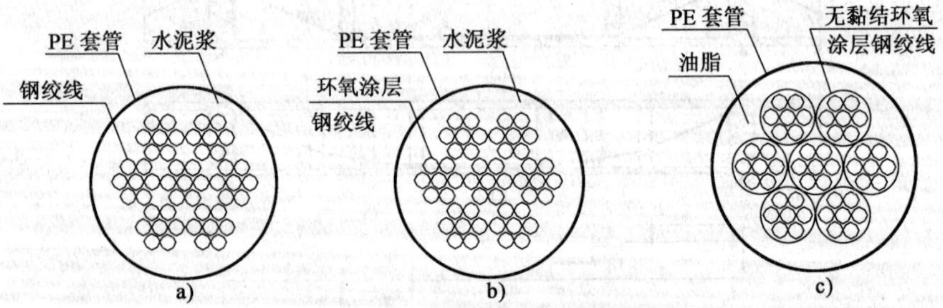

图 16-2-4　体外预应力索体的断面形式

体外预应力结构所采用的预应力钢束一般采用高强度低松弛普通钢绞线或镀锌钢绞线,其品种和性能应符合国家有关标准。环氧涂层钢绞线是具有优异防腐性能的一种全新的防腐钢绞线,它的芯线和各根侧线钢丝的表面都有一层致密的厚度均匀的环氧树脂薄膜,可以防止化学腐蚀通过毛细作用侵入。因此,对恶劣的环境条件,采用环氧涂层钢绞线可以提供所需的额外耐腐蚀措施。当结构处于严重侵蚀性环境时,套管主要是防止钢束不受损害和腐蚀,一般采用高密度聚乙烯管(HDPE)或聚丙烯(PP)管。HDPE 管耐腐蚀性能好,具有较强的防水、抗氧化和化学侵蚀的能力,强度高,摩擦系数低,黏结性能好,堆放、运输方便,因而得到了大量的应用。防腐灌注材料是灌注在套管与预应力筋之间的一种防护材料,一般采用水泥浆或黄油、石蜡。水泥浆常用在转向和锚固位置有局部黏结的体外预应力结构,套管内灌注水泥浆后可以增大索体整体强度和刚度。黄油和石蜡作为柔性灌浆材料，具有低摩擦、高电阻、减少腐蚀电流等优点，常用于体外预应力筋（束）与结构完全无黏结或可更换钢束的结构。

2. 锚固装置

体外预应力结构中的锚具是整个结构体系中最关键的部位，体外索仅在有限的转向点及锚固处与结构相连接，预加力完全靠锚具传递给结构，锚固一旦失效，将对结构造成灾难性的后果。因此，在体外预应力结构中，必须对锚具组件进行慎重的选择，在施工中逐批检验，以保证桥梁结构的安全性和正常的使用功能。

根据使用特点，体外预应力索的锚固装置可分为永久式（图 16-2-5）和可换式（图 16-2-6）两大类。

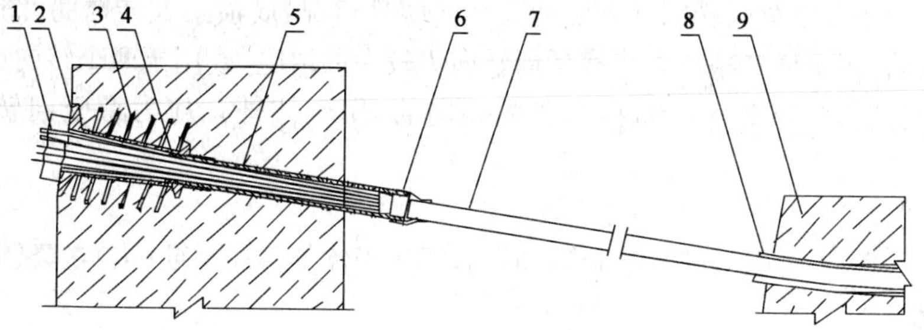

图 16-2-5　永久式锚具构造图

1-工作锚板；2-锚垫板；3-螺旋筋；4-衬套；5-预埋钢管；6-防损衬套；7- HDPE 管；8-转向管；9-转向装置

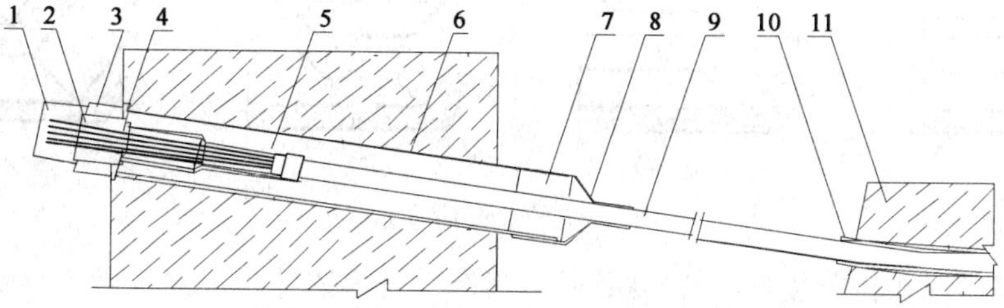

图 16-2-6　可换式锚具构造图

1-保护罩；2-工作锚板；3-螺母；4-垫板；5-密封灌浆筒；6-预埋钢管；7-减振块；8-端头保护套；9-HDPE 管；10-转向管；11-转向装置

永久式锚具适用于体外预应力筋（束）与混凝土有局部黏结的结构。锚具的锚垫板及预埋钢管直接与混凝土相黏结，在转向处采用单管式转向钢管，并灌注水泥砂浆形成黏结。在锚固以后用环氧砂浆或混凝土做封锚处理，防止水分渗入。

可换式锚具包括不可重复张拉（可换不可调）和可重复张拉（可换可调）两种类型。该类锚具均采用大直径的预埋钢管将钢绞线和混凝土体分开，通过工作锚板和螺母将锚固力传到锚垫板上。锚头外部设置可以开启的密封罩，平时填充防腐油脂或石腊，使锚头与空气及水分隔绝。

可换不可调型锚具在钢索张拉后无法放松，但可以全部拆除。锚具内一般使用油脂或石蜡等填充。可换可调型锚具在钢索张拉锚固后，在锚具外需要预留一定长度的钢索，以备再次张拉。重复张拉前，打开锚头外部的密封罩，清除灌注材料，装上张拉千斤顶，即可进行张拉，该种类型的锚具一般用作施工临时索。

3. 转向装置及转向弯管

体外索转向装置分为转向块、转向肋和转向横隔梁(板)三大类。

(1)转向块

转向块是设置在底板或顶板根部并与梁体连为一体混凝土凸块[图 16-2-7a)],用于转向钢束较少的情况,或用于两个转向点之间的钢束定位。转向块属于受拉型转向,其受力特点是预应力束的竖直分力或水平分力有使转向块从梁体拉脱的趋势,转向块内应设置足够抵抗拉力的箍筋,并应与梁体的钢筋牢固连接。转向块混凝土体积小,对结构自重影响不大,模板构造也较简单。

(2)转向肋

转向肋可分为底横梁式转向肋和竖肋式转向两种情况:底横梁式转向肋[图 16-2-7b)]简称水平向转向肋,用于体外预应力束横桥向转向力较大的情况,或用于两个转向点之间的钢束定位;竖肋式转向[图 16-2-7c)]简称为竖向转向肋,用于体外预应力束竖向转向力较大的情况。

(3)竖、横肋式转向

转向[图 16-2-7d)]简称横隔梁(板)式转向,适用于体外预应力筋(束)在竖、横向转向力均比较大的情况。

竖向转向肋和横隔梁(板)式转向均属于受压型转向,并可利用横隔板或肋板与腹板及顶、底板的联接强度,其承载能力较大。它的缺点是恒载重量增加,模板的构造较为复杂。

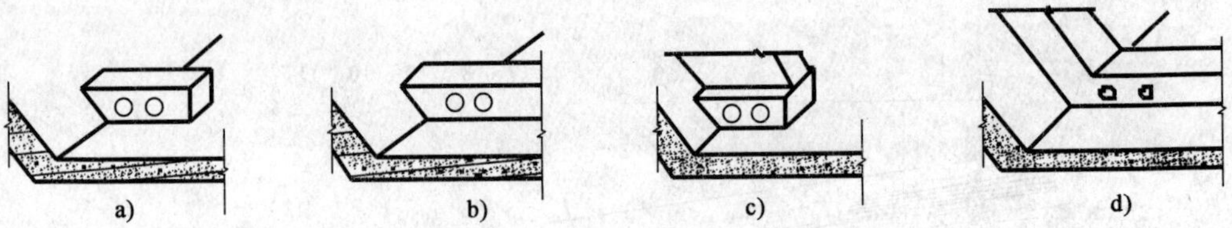

图 16-2-7　转向构造示意图

转向管是预埋在转向装置内的弯曲钢管,其作用是为体外预应力束转向提供通道。转向管分为单层转向管和双层转向管两种类型:

单层管的转向钢管预埋在混凝土内,并与体外索的外套管直接连接。当采用不换索方案时,管内可灌注刚性灌浆材料(如水泥浆),使管内的钢绞线通过钢管与混凝土黏结在一起;当采用可换索方案时,只能采用非刚性的灌浆材料如黄油或石蜡等(图 16-2-8)。

双层转向管的预埋于混凝土内的外层弯曲钢管不与体外索套管连接,体外索套管可连续通过转向管。转向管一般采用钢管,钢管的厚度不应小于 3mm。为避免由于转向管定位偏差而导致体外索在转向两端受到钢管的挤压,应在混凝土与转向管端部的连接位置设置软垫[图 16-2-9a)],同时在钢管的两端开小槽口以适应体外索对钢管的压迫或者将管道末端做成喇叭口形状[图 16-2-9b)]。

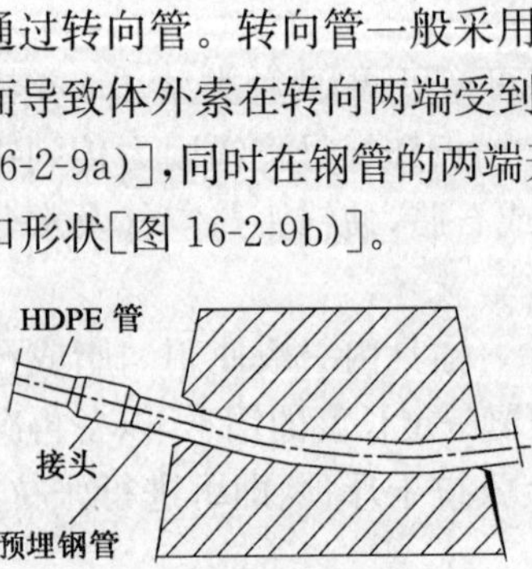

图 16-2-8　单层转向管

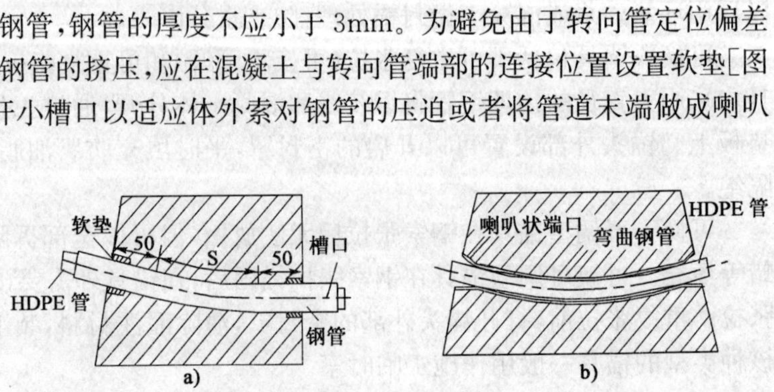

图 16-2-9　双层转向管

(4)减振装置

体外预应力筋(束)仅在锚固和转向块处受到约束,当梁承受活荷载作用时,转向块间的预应力筋可能产生独立于梁的振动,如果体外预应力束的固有频率和梁的固有频率接近,就可能发生共振。为防止体外预应力筋(束)与梁体共振以及在正常使用阶段由梁体变形产生过大的二次效应,必须缩短体外预应力筋(束)的自由长度。一般应将体外束的自由长度控制在7~10m以内。体外预应力筋(束)的减振装置的布置及其构造可参见图16-2-10。

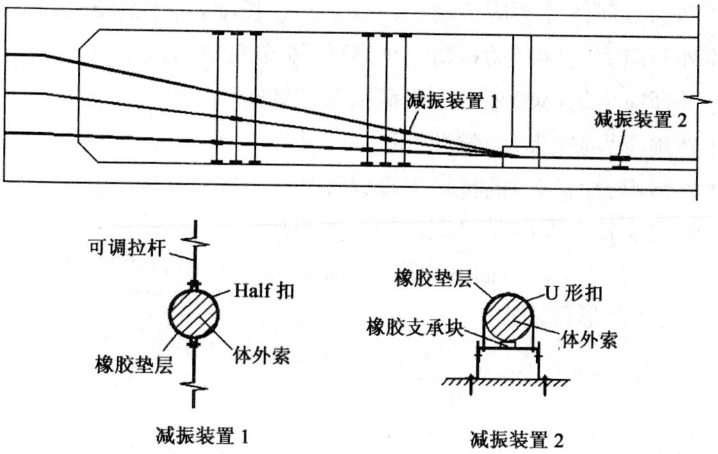

图16-2-10 体外预应力筋(束)的定位及减振装置的构造细节

§16-3 体外预应力混凝土受弯构件承载力计算

体外预应力混凝土结构是一个带柔性拉杆的内部(或内、外部)超静定混合体系。这种体系的最大特点是预应力筋与梁体混凝土之间无黏结,同一截面内的预应力筋与混凝土之间不存在简单的变形协调关系。在荷载作用下,体外预应力筋(束)的伸长取决于两个锚固点间梁体的总变形。体外预应力筋(束)的应力取决于梁体混凝土变形的发挥程度。一般情况下,在极限状态时体外预应力筋(束)的应力达不到材料抗拉强度设计值。极限状态下体外预应力筋(束)应力的合理取值是进行承载力计算的核心问题。体外预应力筋(束)极限应力值确定后,即可参照前面第十二章的有关公式进行承载力计算。

一、体外预应力筋(束)极限应力的合理取值

理论和实验研究表明,极限状态下体外预应力筋(束)的应力与梁的高跨比、混凝土强度等级以及预应力和普通钢筋(即非预应力筋)的配筋率有关。世界各国设计规范给出的体外预应力筋(束)极限应力取值公式很多,大多数都是根据试验结果确定。经对比分析,推荐我国《公路桥梁加固设计规范》(JTG/T J22—2008)和《体外预应力混凝土桥梁设计指南》(报批稿)采用的计算公式,供设计者选择参考。

1.《公路桥梁加固设计规范》计算公式

《公路桥梁加固设计规范》(JTG/T J22—2008)给出的体外预应力水平筋的极限应力计算公式是:

$$\sigma_{pu,e}=\sigma_{pe,e}+0.03E_{p,e}\frac{h_{p,e}-c}{\gamma_p l_e}\leqslant f_{pd,e} \tag{16-3-1}$$

式中：$\sigma_{pu,e}$ ——水平段体外预应力筋(束)的极限应力；

$\sigma_{pe,e}$ ——体外预应力筋(束)的有效预应力；

l_e ——计算跨体外预应力筋(束)的有效长度，$l_e=\dfrac{2l_i}{N_s+2}$；

N_s——构件失效时形成的塑性铰数目，对于简支梁 $N_s=0$，对于连续梁 $N_s=n-1$(n 为连续梁的跨数)；

l_i ——两端锚具间体外预应力筋(束)(束)的总长度，对于简支梁取 $l_i=l_e$；

γ_p ——体外预应力筋(束)的材料分项系数(安全系数)，取 $\gamma_p=2.2$；

$h_{p,e}$ ——体外预应力筋(束)合力点到截面顶面的距离；

$E_{p,e}$ ——体外预应力筋(束)的弹性模量；

$f_{pd,e}$ ——体外预应力筋(束)的抗拉强度设计值；

c——截面中性轴至混凝土受压区顶面的距离。

截面中性轴到混凝土受压区顶面的距离 c 与截面受压区形状有关，分别按下式计算：

第一类 T 形截面或矩形截面

$$c=\frac{A_{p,e}\sigma_{pu,e}+A_s f_{sk}+A_p f_{pk}-A'_s f'_{sk}}{0.75f_{cu,k}b\beta} \tag{16-3-2a}$$

第二类 T 形截面

$$c=\frac{A_{p,e}\sigma_{pu,e}+A_s f_{sk}+A_p f_{pk}-A'_s f'_{sk}-0.75f_{cu,k}\beta(b'_f-b)h'_f}{0.75f_{cu,k}b\beta} \tag{16-3-2b}$$

式中：$f_{cu,k}$ ——混凝土立方体抗压强度标准值；

$A_{p,e}$ ——体外预应力筋(束)的截面面积；

β——混凝土受压区高度折减系数，混凝土强度等级 C50 及以下时，取 $\beta=0.80$，混凝土强度等级高于 C50 时，应按本书表 3-3-2 折减。

采用公式(16-3-1)计算体外预应力筋(束)极限应力 $\sigma_{pu,e}$ 时，涉及到两个未知量 $\sigma_{pu,e}$ 和 c，需由公式(16-3-1)和(16-3-2)[或公式(16-3-1]和(16-3-3))联立求解。

为便于计算和应用，笔者在此引入三个中间参数 X、Y、Z，并给出了相应的计算表达式。

参数 Z 与截面受压区形状有关，按下式计算：

$$\begin{cases}\text{第一类 }T\text{ 形或矩形截面}\quad Z=\dfrac{A_s f_{sk}+A_p f_{pk}-A'_s f'_{sk}}{0.75f_{cu,k}b\beta}\\[2ex]\text{第二类 }T\text{ 形截面}\quad Z=\dfrac{A_s f_{sk}+A_p f_{pk}-A'_s f'_{sk}-0.75f_{cu,k}\beta(b'_f-b)h'_f}{0.75f_{cu,k}b\beta}\end{cases} \tag{16-3-3a}$$

参数 X、Y 以及截面中性轴至混凝土受压区顶面的距离 c 的计算表达式为：

$$\begin{cases}Y=Z+\dfrac{A_{p,e}\sigma_{p,e}}{0.75f_{cu,k}b\beta}+\dfrac{0.03E_{p,e}h_{p,e}A_{p,e}}{0.75f_{cu,k}b\beta\gamma_p l_e}\\[2ex]X=1+\dfrac{0.03E_{p,e}A_{p,e}}{0.75f_{cu,k}b\beta\gamma_p l_e}\\[2ex]c=Y/X\end{cases} \tag{16-3-3b}$$

将上述 c 值代回公式(16-3-1)中即可求出体外预应力束的极限应力 $\sigma_{pu,e}$。计算时须注意，第一类 T 形截面的截面宽度 b 应为翼缘板有效宽度 b'_f。

2.《体外预应力混凝土桥梁设计指南》的计算公式

《体外预应力混凝土桥梁设计指南》(报批稿)给出的体外预应力筋(束)极限应力计算公式,按下列规定采用:

(1)简支梁

$$\sigma_{pu,e} = \frac{1}{1.25}(\sigma_{pe,e} + \Delta\sigma_{pu,e}) \tag{16-3-4}$$

(2)连续梁

$$\sigma_{pu,e} = \frac{1}{1.25}\left(\sigma_{pe,e} + 0.92\Delta\sigma_{pu,e}\frac{L_1}{L_2}\right) \tag{16-3-5}$$

式中:$\sigma_{pe,e}$——体外预应力束的有效预应力;

$\Delta\sigma_{pu,e}$——体外预应力束的极限应力增量,按下式计算:

$$\Delta\sigma_{pu,e} = \alpha\left(2.25 - \frac{22}{L/h_{p,e}}\right)(407 - 1480\rho_p - 531\omega^2 + 492\omega) - 92 \tag{16-3-6}$$

α——体外预应力钢束极限应力增量的折减系数:整体式和现浇节段式梁 $\alpha = 1.0$;胶接缝节段式梁 $\alpha = 0.82$;干接缝节段式梁 $\alpha = 0.79$;

L——简支梁的计算跨径;

L_1——连续梁计算跨体外预应力筋(束)的长度($L_1 \leqslant L_2$);

L_2——锚具间体外预应力筋(束)的总长度;

$h_{p,e}$——体外预应力筋(束)合力点至截面受压边缘的初始距离;

ρ_p——预应力配筋指标,按下式计算:

$$\rho_p = \frac{A_{p,e}\sigma_{pe,e} + A_{p,i}\sigma_{pe,i}}{A_c f_{ck}} \tag{16-3-7}$$

ω——体内有黏结筋抗拉能力与体内外受拉钢筋总的抗拉能力之比,按下式计算:

$$\omega = \frac{A_{p,i}f_{pk,i} + A_s f_{sk}}{A_{p,i}f_{pk,i} + A_{p,e}f_{pk,e} + A_s f_{sk}} \tag{16-3-8}$$

$\sigma_{pe,i}$——体内预应力钢束的有效预应力;

A_c——混凝土计算截面面积;

A_s——计算截面普通钢筋截面面积(预制节段式梁,取 A_s 为零);

$A_{p,e}$——体外预应力钢筋截面面积;

$A_{p,i}$——体内预应力钢筋截面面积;

f_{ck}——混凝土的抗压强度标准值;

$f_{pk,i}$——体内预应力筋(束)的抗拉强度标准值;

f_{sk}——体内纵向受拉普通钢筋的抗拉强度标准值;

$f_{pk,e}$——体外预应力钢束的抗拉强度标准值。

上述公式中的系数 1.25 为体外预应力筋(束)的材料分项系数,其余符号意义同前。

按公式(16-3-6)求出的体外预应力束的极限应力增量不得为负值,亦不得超过其材料抗拉强度设计值,即应满足下列控制条件:

$$0 \leqslant \Delta\sigma_{pu,e} \leqslant f_{pd,e} - \sigma_{pe,e} \tag{16-3-9}$$

在确定上述公式中体外预应力筋(束)合力点至截面受压边缘的初始距离 $h_{p,e}$ 时,由于转向器中体外预应力筋(束)受力时其位置会发生相对变化,在按几何尺寸确定初始距离时,还应按表 16-3-1 对钢束转向引起的合力偏移进行修正。

钢束转向合力偏移修正值　　表 16-3-1

转向器和钢束种类	合力偏移修正值	转向器和钢束种类	合力偏移修正值
集束式转向器穿光面钢绞线束	$0.45R_d$	集束式转向器穿钢绞线成品索	$R_d - r_c$
集束式转向器穿无黏结钢绞线束	$0.4R_d$	散束式转向器穿无黏结钢绞线束	0

注：R_d为转向管的内半径；r_c 为成品索的外半径。

二、正截面抗弯承载力计算

体外预应力混凝土受弯构件正截面承载力计算与有黏结预应力混凝土梁的主要区别在于，在极限状态下体外预应力筋(束)的应力值需要由整个结构进行分析确定。体外预应力筋(束)极限应力值确定后，即可参照前面第十二章的有关公式进行承载力计算。

1. 计算图式和基本方程

混合配筋的体外预应力混凝土梁的正截面承载力计算图式如图 16-3-1 所示。

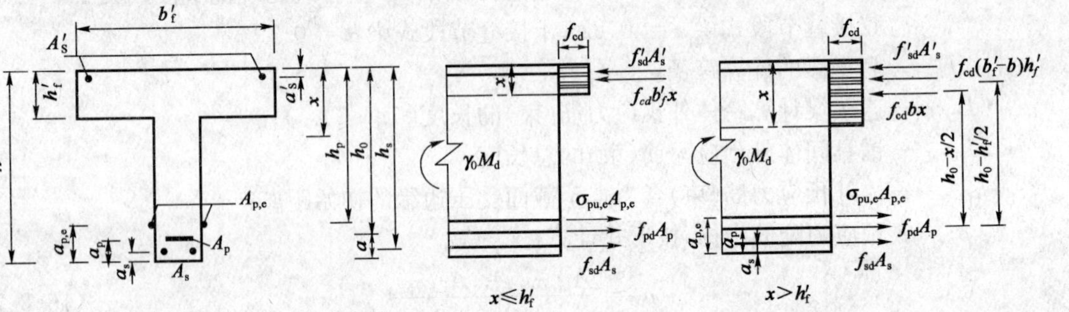

图 16-3-1　体外预应力混凝土正截面承载力计算图式

体外预应力混凝土梁正截面承载力计算基本方程由内力平衡条件求得。中性轴的位置不同，可分两种情况：

(1)中性轴位于截面翼板内（即 $x \leqslant h'_f$），混凝土受压区为矩形

$$f_{cd}b'_f x + f'_{sd}A'_s = \sigma_{pu,e}A_{p,e} + f_{pd,i}A_{p,i} + f_{sd}A_s \tag{16-3-10}$$

$$\gamma_0 M_d \leqslant f_{cd}b'Z\ \mathrm{f}x\left(h_0 - \frac{x}{2}\right) + f'_{sd}A'_s(h_0 - a'_s) \tag{16-3-11}$$

(2)中性轴位于截面腹板内(即 $x > h'_f$)，混凝土受压区为 T 形

$$f_{cd}bx + f_{cd}(b'_f - b)h'_f + f'_{sd}A'_s = \sigma_{pu,e}A_{p,e} + f_{pd,i}A_{p,i} + f_{sd}A_s \tag{16-3-12}$$

$$\gamma_0 M_d \leqslant f_{cd}bx\left(h_0 - \frac{x}{2}\right) + f_{cd}(b'_f - b)h'_f\left(h_0 - \frac{h'_f}{2}\right) + f'_{sd}A'_s(h_0 - a'_s) \tag{16-3-13}$$

公式的适用条件是：

$$x \leqslant \xi_{bs}h_s\ (\text{或}\ x \leqslant \xi_{bp}h_{pi}) \tag{16-3-14}$$

$$x \geqslant 2a'_s \tag{16-3-15}$$

式中：γ_0 ——结构重要性系数；

M_d ——计算截面弯矩组合设计值；

$A_{p,e}$ ——体外预应力筋(束)的截面面积；

$\sigma_{pu,e}$ ——体外预应力筋(束)的极限应力值，按公式(16-2)、(16-7)或(16-11)确定；

h_s、h_{pi} ——分别为体内普通钢筋和预应力钢筋的合力作用点至梁顶面的距离；

h_0 ——体内预应力筋、体外预应力筋(束)和体内普通钢筋的合力点到梁顶面的距离，$h_0 = h - a$；

a——受拉区体内预应力钢筋、体外预应力筋(束)和普通钢筋的合力作用点至受拉区边缘的距离；

a'_s——受压区普通钢筋的合力作用点至受压区边缘的距离；

ξ_{bs} ——普通钢筋的相对界限受压区高度，按本书表 3-3-1 取用；

ξ_{bp} ——预应力钢筋的相对界限受压区高度，按本书表 3-3-1 取用。

应该指出在上述公式(16-3-10～16-3-13)中没有考虑体外预应力二次效应的影响。体外预应力的二次效应是指在荷载作用下梁体产生弯曲变形(下挠)，但两锚固点间体外预应力筋(束)仍保持直线状态，使体外预应力筋(束)偏心距减少，将影响结构的应力计算结果。理论和试验研究表明，在极限状态下体外预应力的二次效应通常是不应忽略的，它将导致体外预应力筋(束)的力臂减小，进而降低截面极限抗弯承载力。若考虑体外预应力筋(束)的二次效应影响，可将上述公式中的体外预应力筋(束)正截面受压边缘的初始距离 $h_{p,e}$ 用 $h_{pu,e}$ 代替。

根据同济大学的研究成果，体外预应力筋(束)合力点至截面受压区边缘的极限距离应按下列公式计算：

$$h_{pu,e} = \eta\gamma\left[1.29 - 0.006\frac{L}{h_{p,e}} - 0.746\frac{S_d}{L} + 0.483\omega^2 - 0.469\omega\right]h_{p,e} \leqslant h_{p,e} \tag{16-3-16}$$

式中：η——连续梁体外预应力二次效应的修正系数：简支梁 $\eta=1.0$；连续梁 $\eta=1.07$；

γ——节段式梁体外预应力二次效应的修正系数：整体式和现浇节段式梁 $\gamma = 1.0$；胶接缝节段式梁 $\gamma = 1.02$；干接缝节段式梁 $\gamma = 1.08$；

L——梁的计算跨径；

S_d ——计算截面处相邻转向(或定位)构造之间或转向(或定位)构造与相邻锚固构造之间的距离；

ω——体内有黏结受拉钢筋抗拉能力与体内外受拉钢筋总的抗拉能力之比，按公式(16-3-8)计算。

2. 实用计算方法

在实际工作中，体外预应力混凝土受压构件正截面承载力计算亦可分为配筋设计和承载力复核两种情况：

(1)配筋设计

体外预应力混凝土受弯构件的截面尺寸通常是按构造要求，并参照已有设计确定的。配筋设计的任务是确定体外预应力筋(束)、体内预应力筋及体内普通钢筋的数量及布置方案。对于这类问题存在五个未知数—— $A_{p,e}$、$A_{p,i}$、A_s、A'_s 和 x，但在公式(16-3-10)和(16-3-11)或公式(16-3-12)和(16-3-13)中只有两个有效方程，为了求得唯一解，必须预先假设其中三个未知数。

通常的作法是：首先根据构造要求确定体内预应力筋和普通钢筋的数量和布置方案，即取 $A_{p,i}$、A_s 和 A'_s 为已知数(或取 $A'_s=0$)。

另一种作法是根据抗裂性要求，先确定受拉体外预应力筋（束）和体内预应力的数量和布置方案（具体作法可参照本书§15-4节介绍的预应力钢筋数量的估算和方法），即取 $A_{p,e}$ 和 $A_{p,i}$ 为已知数，受压普通钢筋按构造要求确定（或取 $A'_s=0$）。

另外，在钢筋数量尚未确定的情况，体外预应力筋（束）的极限应力 $\sigma_{pu,e}$ 公式（16-3-1）或（16-3-2）也是无法计算的。通常的作法是在配筋设计时可偏于安全地取其为：

$$\sigma_{pu,e}=(1.05\sim1.1)\sigma_{pe,e}=(1.05\sim1.1)(\sigma_{con,e}-\sigma_{l,e})$$

式中：$\sigma_{con,e}$ ——体外预应力筋（束）的张拉控应力，一般取 $\sigma_{con,e}\leqslant(0.5\sim0.55)f_{pk,e}$；

$\sigma_{l,e}$ ——预应力损失，一般可按 $\sigma_{l,e}=(0.15\sim0.2)\sigma_{con,e}$ 估算。

这样，在上述基本方程式中只剩下两个未知数 $A_{p,e}$ 或 A_s 和 x，问题就可解了。具体计算步骤是：

①先按 $x\leqslant h'_f$ 的矩形截面，由公式（16-3-11）求得截面受压区高度 x，若所得 $x\leqslant h'_f$，且满足 $x\leqslant\xi_{bs}h_s$（或 $\xi_{b,p}h_{p,i}$）的限制条件，将其代入公式（16-3-10）求得所需的 $A_{p,e}$ 或 A_s。

②若按公式（16-3-11）求得的混凝土受压区高度 $x>h'_f$，应改为按T形截面计算，由公式（16-3-13）重新计算混凝土受压区高度 x，若所得 $x>h'_f$，且满足 $x\leqslant\xi_{bs}h_s$（或 $\xi_{b,p}h_{p,i}$）的限制条件，将其代入公式（16-3-12）求得所需 $A_{p,e}$ 或 A_s。

（2）承载力复核

对已经设计好的截面进行承载力复核，只有两个未知数 M_{du} 和 x，问题是可解的。具体计算步骤是：

①按公式（16-3-1）或（16-3-2）计算体外预应力筋（束）的极限应力 $\sigma_{pu,e}$。

②先按 $x\leqslant h'_f$ 的矩形截面计算，由公式（16-3-10）求得 x，若所得 $x\leqslant h'_f$，且满足 $x\leqslant\xi_{bs}h_s$ 或 $\xi_{b,p}h_{p,i}$ 的限制条件，将其代入公式（16-3-11）求得截面能承受的承载力 M_{du}，若 $M_{du}\geqslant\gamma_0M_d$，说明该截面承载力是满足要求的。

③若按公式（16-3-10）求得的 $x>h'_f$，则应改为按T形截面计算，由公式（16-3-12）重新求 x，若所得 $x>h'_f$ 且满足 $x\leqslant\xi_{bs}h_s$ 或 $\xi_{b,p}h_{p,i}$ 的限制条件，将其代入公式（16-3-13）求得 M_{du}，若 $M_{du}\geqslant\gamma_0M_d$，说明该截面的承载力是足够的。

三、斜截面抗剪承载力计算

体外预应力混凝土受弯构件斜截面抗剪承载力，可参照本书§12-2介绍的预应力混凝土受弯构件斜截面抗剪承力计算图式和有关公式进行计算，但应考虑倾斜段体外预应力筋（束）竖直分力的影响（图16-3-2）。

体外预应力混凝土受弯构件斜截面抗剪承载力可按下式计算：

$$\begin{aligned}\gamma_0V_d\leqslant\ &0.45\times10^{-3}a_1a_2a_3bh_0\sqrt{(2+0.6P)\sqrt{f_{cu,k}}\rho_{sv}f_{sd,v}}+\\&0.75\times10^{-3}\sum f_{sd,b}A_{sb}\sin\theta_s+0.75\times10^{-3}f_{pb,i}\sum A_{pb,i}\sin\theta_i+\\&0.75\times10^{-3}\sigma_{pub,e}\sum A_{pb,e}\sin\theta_e\end{aligned}\tag{16-3-17}$$

式中前三项分别为混凝土与箍筋、体内普通弯起钢筋和预应力弯起钢筋提供的抗剪承载力，其中各项符号的意义和取值方法与《桥规》（JTG D62）规定相同[相当于本书§12-2，公式（12-2-3）～（12-2-4）]。

式中第四项，为与斜裂缝相交的体外预应力筋（束）提供的抗剪承载力，其中 $\sum A_{pb,e}$ 为与计算斜截面相交的体外预应力筋(束)的截面面积；θ_e 为体外预应力筋(束)的倾斜角；$\sigma_{pub,e}$ 为倾斜段体外预应力筋(束)的极限应力，其数值可由水平段体外预应力极限应力 $\sigma_{pu,e}$ 推算：

$$\sigma_{pub,e} = e^{\mu}\theta_e\sigma_{pu,e} \tag{16-3-18}$$

式中：μ——转向处体外预应力筋(束)与管道想的摩阻系数；

θ_e——转向处体外预应力筋(束)的转向角(以弧度计)。

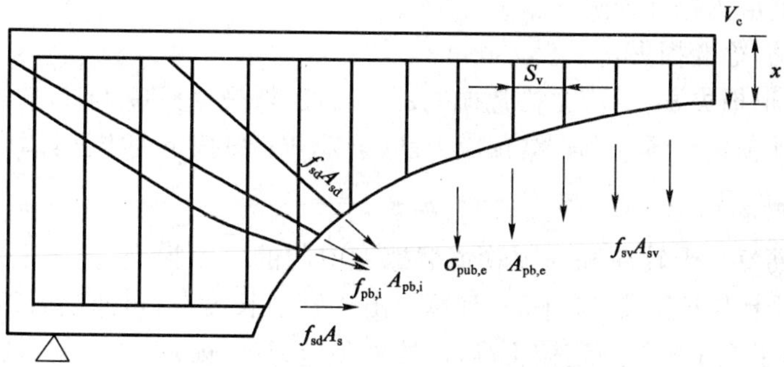

图 16-3-2 混合配筋的体外预应力混凝土受弯构件抗剪承载力计算图式

应该指出，上述给出的体外预应力混凝土受弯构件斜截面抗剪承载力公式(16-3-17)，也是以剪压破坏特征为基础建立的。因此亦应满足截面最小尺寸限制条件，以防止发生斜压破坏。

参照《桥规》(JTG D62)的规定，体外预应力混凝土的截面尺应符合下列规定：

$$\gamma_0 V_d - \sigma_{pub,e}\sum A_{pb,e}\sin\theta_e \leqslant 0.51\times 10^{-3}\sqrt{f_{cu,k}}bh_0 \quad (\text{kN}) \tag{16-3-19}$$

式中：$\sigma_{pub,e}$——体外预应力斜筋(束)的极限应力，可由公式(16-3-18)确定；

$\sum A_{pb,e}$——与斜截面相交的体外预应力斜筋(束)的截面面积；

V_d——计算斜截面受压端剪力的组合设计值，对于变高度梁段应考虑附加剪力的影响，参见§4-4；

θ_e——为体外预应力束在斜截面受压端正截面处与梁轴线的夹角；

b, h_0——分别为体外预应力混凝土受弯构件计算斜截面顶端正截面的腹板宽度和有效高度，梁纵向受拉普通钢筋和体内有黏结预应力筋的合力作用点至截面受压边缘的距离(mm)。

§16-4 体外预应力筋(束)的预应力损失

采用混合型配筋的体外预应力混凝土构件[即同时配有体内有黏结预应力筋和体外预应力筋(束)]，体内有黏结预应力筋的张拉控制应力和应力损失，应按本书§11-4的规定计算；体外预应力筋(束)的张拉控制应力和应力损失计算具有与体内有黏结预应力筋不同的特点，建议按下列规定确定。

体外预应力筋(束)的预应力损失相对较小，由外荷载作用引起的应力增量也相对较小，为避免长期处于高应力状态工作，体外预应力束的张拉控制应力 $\sigma_{con,e}$ 取值一般应小于体内预应力筋的控制值，通常按下列规定取值：

钢绞线，钢丝束 $\sigma_{con,e} \leqslant 0.65 f_{pk,e}$

精轧螺纹钢 $\sigma_{con,e} \leqslant 0.75 f_{pk,e}$ (16-4-1)

式中，$f_{pk,e}$ 为体外预应力钢材的抗拉强度标准值。

从施工工艺上划分，体外预应力混凝土属于后张法范畴，参照《桥规》(JTG D62)的规定，体外预应力筋(束)应考虑下列因素引起的应力损失：

①体外预应力束的摩阻损失 $\sigma_{l1,e}$ ；

②锚具变形、预应力筋(束)回缩和接缝压密损失 $\sigma_{l2,e}$ ；

③分批张拉的引起弹性压缩 $\sigma_{l4,e}$ ；

④预应力钢筋应力松弛损失 $\sigma_{l5,e}$ ；

⑤混凝土收缩、徐变损失 $\sigma_{l6,e}$ 。

其中，锚具变形损失 $\sigma_{l2,e}$ 、应力松弛损失 $\sigma_{l5,e}$ 可按《桥规》(JTG D62)的规定(即本书§11-4)计算。其他三项损失与体内有黏结预应力筋(束)不同，可按下列方法计算：

1. 摩阻损失 $\sigma_{l1,e}$

体外预应力筋(束)因转向和锚固管道摩擦力引起的应力损失，原则上可按《桥规》(JTG D62)的公式[相当于本书公式(11-4-5)]计算。由于管道长度小，可忽略管道长度的摩擦力的影响，但应考虑由于施工中管道定位不准，对体外预应力筋(束)偏转角的影响。体外预应力筋(束)的摩阻可按下式计算：

$$\sigma_{l1,e} = \sigma_{con,e}(1 - e^{-\mu(\theta_e+\gamma)}) \tag{16-4-2}$$

式中：$\sigma_{con,e}$ ——体外预应力束的张拉控制应力，可按公式(16-4-1)取用；

μ——体外预应力筋(束)与曲线管道的摩擦系数，其数值应由试验方法确定，无试验资料时可参照表16-4-1取值；

θ_e——自张拉端至计算截面体外预应力筋(束)累计偏转角(rad)。对于空间布束方式，应考虑空间包角的影响，即 $\theta_e = \sqrt{\theta_{h,e}{}^2 + \theta_{v,e}{}^2}$ ；

$\theta_{h,e}$，$\theta_{v,e}$ ——分别为体外预应力筋(束)在水平面和竖直面内的转角之和；

γ——转向块处体外预应力筋(束)的转角误差，建议取0.04，约为2.3°。

曲线管道摩擦系数 μ　　表16-4-1

管道种类	μ	管道种类	μ
钢管穿无黏结钢绞线	0.09～0.13	HDPE管穿光面钢绞线	0.12～0.15
钢管穿光面钢绞线	0.2～0.3		

2. 分批张拉损失 $\sigma_{l4,e}$

后张拉的体外预应力筋(束)引起的先张拉的体内有黏结预应力筋的分批张拉损失，可按《桥规》(JTG D62)的公式[相当于本书§11-4公式(11-4-21)或公式(11-4-20)]计算。

体外预应力筋(束)的分批张拉损失，可按下列近似公式计算：

$$\sigma_{l4,e}^{i} = (m-i)E_{p,e}\frac{\Delta L_4}{L_p} \quad (i = 1 \cdots m) \tag{16-4-3}$$

式中：m——体外预应力筋(束)的张拉批数；

L_p ——体外预应力筋(束)在结构锚固点或黏结点间的长度；

$E_{p,e}$ ——体外预应力筋(束)的弹性模量；

ΔL_4 ——由于后张拉的一批体外预应力筋(束)引起的先张拉的体外预应力筋(束)的两锚固点(或黏结点)间的长度缩短量。

对简支梁 ΔL_4 可参考后面给出的公式(16-4-10)～(16-4-12)计算。

3. 混凝土收缩、徐变损失 $\sigma_{l6,e}$

由混凝土收缩和徐变引起的体外预应力损失取决于混凝土收缩和徐变引起的体外预应力筋(束)两锚固点或黏结点之间压缩量 ΔL_6 。为了叙述上的方便,可将收缩损失和徐变损失分开计算:

$$\sigma_{l6,e} = \frac{\Delta L_6}{L_p} E_{p,e} \tag{16-4-4}$$

或

$$\sigma_{l6,e} = \sigma_{l6,e}^{\mathrm{I}} + \sigma_{l6,e}^{\mathrm{II}} = \frac{\Delta L_6^{\mathrm{I}}}{L_p} E_{p,e} + \frac{\Delta L_6^{\mathrm{II}}}{L_p} E_{p,e} \tag{16-4-5}$$

式中:$\sigma_{l6,e}^{\mathrm{I}}$ ——由混凝土收缩引起的损失;

$\sigma_{l6,e}^{\mathrm{II}}$ ——由混凝土徐变引起的损失;

ΔL_6 ——由于混凝土收缩、徐变引起的两锚固点(或两黏结点)间的纵向总变形,包括收缩变形和徐变变形两部分,即:$\Delta L_6 = \Delta L_6^{\mathrm{I}} + \Delta L_6^{\mathrm{II}}$;

ΔL_6^{I} ——混凝土收缩引起的两锚固点(或两黏结点)间的纵向变形;

ΔL_6^{II} ——混凝土徐变引起的两锚固点(或两黏结点)间的纵向变形;

$E_{p,e}$ ——体外预应力筋(束)的弹性模量;

L_p ——两锚固点间体外预应力筋(束)的长度。

(1)收缩损失 $\sigma_{l6,e}^{I}$

混凝土收缩引起的体外预应力筋(束)的应力损失,取决于两锚固点(或黏结点)之间的收缩变形总量,其数值与混凝土的收缩特性和体外预应力筋(束)张拉时间 t_0 及损失计算时间 t 有关。

$$\sigma_{l6,e}^{\mathrm{I}} = \frac{\Delta L_6^{\mathrm{I}}}{L_p} E_{p,e} \tag{16-4-6}$$

$$\Delta L_6^{\mathrm{I}} = \varepsilon_{cs(t,t_0)} L \tag{16-4-7}$$

式中:L——两锚固点(或黏结点)间的水平投影长度;

$\varepsilon_{cs(t,t_0)}$ ——体外预应力张拉时间为 t_0,计算时间为 t 的混凝土收缩应变值,其数值按《规范》(JTG D62)附录F(见本书§11-4表11-4-4)采用。

(2)徐变损失 $\sigma_{l6,e}^{\mathrm{II}}$

混凝土徐变引起的体外预应力损失不仅与混凝土的徐变特性、张拉时间及计算时间有关,还与结构形式及其受力状态有关,计算比较复杂。

在实际工程中,对于多跨连续梁等复杂结构,可将体外预应力筋(束)作为独立构件进行结构整体计算,亦可采用有限元分析,求得两节点水平位移近似地作为 ΔL_6^{II},然后将其代入公式(16-4-5),求得徐变损失 $\sigma_{l6,e}^{\mathrm{II}}$ 。

对简支梁(见图16-4-1)因混凝土徐变引起的两锚固点(或黏结点)之间的纵向变形和相应的应力损失可按下列方法计算:

$$\sigma_{l6,e}^{\mathrm{II}} = \frac{\Delta L_6^{\mathrm{II}}}{L_p} E_{p,e} \tag{16-4-8}$$

$$\Delta L_6^{\mathrm{II}} = \phi(t,t_0)(\Delta x_N^{\mathrm{II}} + \Delta x_M^{\mathrm{II}} + \Delta L_M^{\mathrm{II}}) \tag{16-4-9}$$

式中:$\phi(t,t_0)$ ——体外预应力束张拉时间为 t_0,徐变计算时间为 t 的混凝土徐变系数,其数值按《规范》(JTG D62—2004)附录F(见本书§11-4表14-4-7)采用;

Δx_N^{II}——由体外预应力的轴向力引起的，A、D 两锚固点间的纵向压缩量，可由下式确定：

$$\Delta x_N^{\mathrm{II}} = [\cos\theta_e + (1 - \cos\theta_e)\alpha] \frac{N_P L}{A_0 E_c} \quad (16\text{-}4\text{-}10)$$

Δx_M^{II}——由弯矩引起的锚固点 A、D 之间的纵向弹性变形，可按下式确定：

$$\Delta x_M^{\mathrm{II}} = \frac{MLe_a}{E_c I_0} \quad (16\text{-}4\text{-}11)$$

ΔL_M^{II}——若体外束在转向块处可以滑动，由弯矩引起的锚固点 A、D 间纵向变形的变化量可由下式确定：

$$\Delta L_M^{\mathrm{II}} = -\frac{(1-\alpha^2)ML^2}{2E_c I_0} \quad (16\text{-}4\text{-}12)$$

M——由自重恒载 q 和体外预应力束的偏心引起的跨中截面弯矩：

$$M = \frac{qL^2}{8} - N_{p,e} e_c \quad (16\text{-}4\text{-}13)$$

$N_{p,e}$——扣除相应损失的体外预应力束的有效预加力，由下式确定：

$$N_{p,e} = (\sigma_{con,e} - \sigma_{l1,e} - \sigma_{l2,e} - \sigma_{l4,e} - \sigma_{l5,e}) A_{p,e} \quad (16\text{-}4\text{-}14)$$

L——简支梁的计算跨径；

α——体外预应力筋（束）水平段长度与梁的跨度之比。

其他符号的意义参见图 16-4-1。

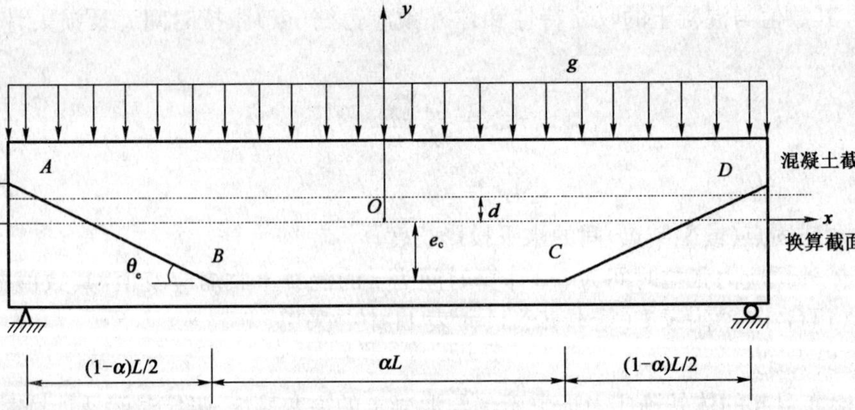

图 16-4-1　简支梁徐变变形计算图式

体外预应力混凝土结构的预应力损失的组合应按照后张法构件考虑，参见表 16-4-2。

体外预应力损失组合　　表 16-4-2

计 算 阶 段	体外预应力损失组合	计 算 阶 段	体外预应力损失组合
传力锚固时的损失	$\sigma_{l1,e} + \sigma_{l2,e} + \sigma_{l4,e}$	传力锚固后的损失	$\sigma_{l5,e} + \sigma_{l6,e}$

§16-5　活载作用下体外预应力筋（束）拉力增量计算

体外预应力混凝土简支梁是一个带柔性拉杆的内部超静定混合体系，而体外预应力混凝土连续梁和连续刚构则是一个带柔性拉杆的内、外超静定混合体系。对于整体式体外预应力混凝土结构，由于体内、体外预应力张拉结束时，结构自重已参与受力，因此结构在自重和预加力作用下已处于平衡状态。但是，在后加二期恒载及活载的作用下，在已处于平衡的体外预应力结构的基础上，将进一步产生作用（荷载）效应，使体外预应力筋（束）将产生拉力增量。如何求解活载（包括二期恒载）作用下体外预应力束的应力增量是体外预应力结构设计的另一重要内容，特别是对可变作用效应所占比重较大的中、小跨径的公路桥梁结构，活载拉力增量的计算更是不可或缺的重要内容。

对于结构较为复杂的体外预应力混凝土连续结构，一般采用有限元分析方法，求解活载作用下体外预应力筋（束）拉力增量。

对于体外预应力混凝土简支梁，可采用结构力学方法直接求解活载作用下体外预应力筋（束）拉力增量。

一、按力法求解活载拉力增量

按图 16-5-1 所示的体外预应力混凝土简支梁力法求解活载拉力增量的计算图式，将体外预应力筋（束）在水平段切断，以混凝土梁作为基本结构。在水平筋切断处作用单位力 $X_p=1$，则得力法基本方程式如下：

$$\delta_{11}X_p+\Delta_{1p}=0 \tag{16-5-1}$$

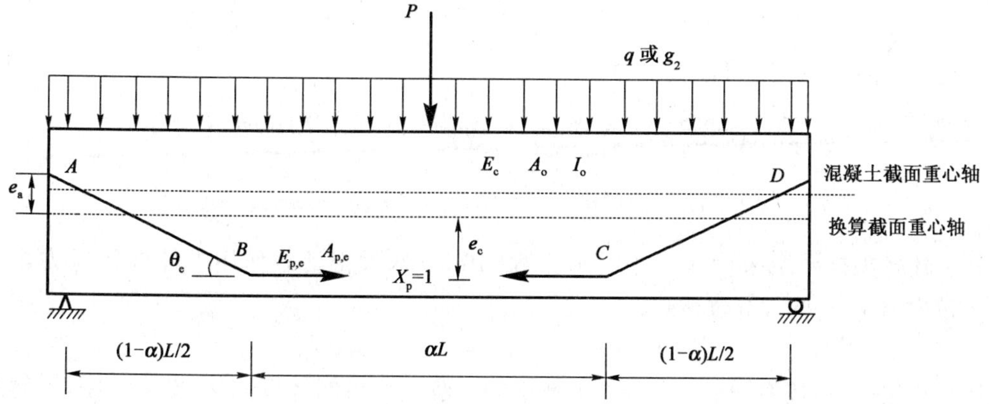

图 16-5-1　体外预应力混凝土简支梁的力法计算

若忽略梁体轴向变形和剪切变形，则荷载变位项 Δ_{1p} 可按下式并采用图乘法确定：

$$\Delta_{1p}=\sum\int\frac{M_iM_p}{EI}\mathrm{d}x \tag{16-5-2}$$

对于均布荷载 q 作用情况，可以导出：

$$\Delta_{1q}=\frac{1}{E_cI_0}(2\omega_1\lambda e_a\cos\theta_e-2\omega_1y_1-\omega_2e_c) \tag{16-5-3}$$

式中参数按下列公式确定：

$$\omega_1=\frac{1}{48}q(1-\alpha)^2L^3(2+\alpha),\quad \omega_2=\frac{1}{12}qL^3\left[1-\frac{1}{2}(1-\alpha)^2(2+\alpha)\right]$$

$$y_1=\left[\frac{1}{2}(1-\alpha)L-x_c\right]\lambda\sin\theta_e,\quad x_c=\frac{(3+\alpha)(1-\alpha)L}{8(2+\alpha)},\lambda=e^{\mu\theta_e} \tag{16-5-4}$$

对于集中荷载 P 作用情况，可以推导出：

$$\Delta_{1p}=\frac{1}{E_cI_0}(2\omega_{1p}\lambda e_a\cos\theta_e-2\omega_{1p}y_{1p}-\omega_{2p}e_c) \tag{16-5-5}$$

式中参数按下列公式确定：

$$\omega_{1p}=\frac{1}{16}PL^2(1-\alpha)^2,\omega_{2p}=\frac{1}{8}PL^2(2\alpha-\alpha^2)$$

$$y_{1p}=\left[\frac{1}{2}(1-\alpha)L-x_{cp}\right]\lambda\sin\theta_e,x_{cp}=\frac{1}{6}(1-\alpha)L \tag{16-5-6}$$

主变位系数 δ_{11} 可按下式推导确定：

$$\delta_{11}=\sum\int\frac{N_i^2}{EA}dx+\sum\int\frac{M_i^2}{EI}dx \tag{16-5-7}$$

其中：

$$\sum\int\frac{N_i^2}{EA}dx=\frac{\lambda^2(1-\alpha)L}{E_{p,e}A_{p,e}\cos\theta_e}+\frac{\alpha L}{E_{p,e}A_{p,e}}+\frac{1}{E_cI_0}[L\lambda^2(1-\alpha)\cos^2\theta_e+\alpha L]$$

$$\sum\int\frac{M_i^2}{EI}dx=\frac{1}{E_cI_0}\left[\frac{2}{3}aM_{Nx}^2+\frac{2}{3}b(M_{Dx}-M_{Nx})^2+\alpha Le_c^2\right]$$

上式中各计算参数如下：

$$\left.\begin{aligned}a&=e_a\cot\theta_e\\b&=\frac{1}{2}(1-\alpha)L-e_a\cot\theta_e\\M_{Nx}&=\lambda e_a\cos\theta_e\\M_{Dx}&=\frac{1}{2}\lambda(1-\alpha)L\sin\theta_e\end{aligned}\right\} \tag{16-5-8}$$

由此，主变位系数 δ_{11} 可以表示为：

$$\delta_{11}=\frac{\lambda^2(1-\alpha)L}{E_{p,e}A_{p,e}\cos\theta_e}+\frac{\alpha L}{E_{p,e}A_{p,e}}+\frac{1}{E_cI_0}[(1-\alpha)\lambda^2L\cos^2\theta_e+\alpha L]+\frac{1}{E_cI_0}\left[\frac{2}{3}a\lambda^2e_a^2\cos^2\theta_e+\frac{2}{3}b(M_{Dx}-M_{Nx})^2+\alpha e_c^2L\right] \tag{16-5-9}$$

将上述各项推导结果代入力法基本方程(16-5-1)，可得活载作用下体外预应力水平筋(束)中拉力增量 X_p 的计算表达式：

$$X_p=-\Delta_{1p}/\delta_{11}=f(q,P,g_2) \tag{16-5-10}$$

应该指出，上述按力法求解活载拉力增量的方法是经典的计算方法，概念清晰，计算精度也较高，但计算过于复杂。

二、活载应力增量的简化近似计算公式

为适应实际设计工作的需要，哈尔滨工业大学在利用能量变分原理计算体外预应力筋(束)应力增量研究的基础上，通过大量的计算和回归分析，给出了求解体外预应力筋(束)活载应力增量的实用简化计算公式，可供设计者参考。

$$\Delta\sigma_{p,e}=\alpha_{Ep,e}\frac{M_Q}{I_{01}}e_{re} \tag{16-5-11}$$

式中：$\Delta\sigma_{p,e}$——体外预应力水平筋由可变作用产生的应力增量；

M_Q——跨中截面由活载产生的弯矩；

I_{01}——按全截面参加工作计算的混凝土梁换算截面惯性矩；

$\alpha_{Ep,e}$——体外预应力束与梁体混凝土的弹性模量之比；

e_{re}——体外预应力束的"假想替换"偏心距，其数值与布索形式有关，可按下式计算：

$$e_{re}=0.8\left(\frac{1}{\alpha}+0.5\right)e_c-0.2667\left(\frac{1}{\alpha}-1\right)e_a \tag{16-5-12}$$

α——两转向块之间的距离与简支梁计算跨径的比值；

e_c——跨中水平段体外预应力束合力作用点至梁换算截面重心轴的距离；

e_a——支点截面处体外预应力束锚固点至梁换算截面重心轴的距离。

上式求出的体外预应力筋(束)的应力增量，再乘以其截面面积即可得拉力增量 ΔN_Q[相当于公式(16-5-10)中的 X_P]：

$$\Delta N_Q = \Delta\sigma_{pe}A_{pe} \tag{16-5-13}$$

若求二期恒载引起的体外预应力的拉力增量，应将上式中的可变作用弯矩 M_q用二期恒载作用产生的弯矩 M_{g2}代替。

§16-6　体外预应力混凝土受弯构件正常使用极限状态计算

参照《桥规》(JTG D62)的规范，体外预应力混凝土受弯构件应按正常使用极限状态要求，采用荷载短期效应组合、长期效应组合或短期效应组合，并考虑长期效应组合的影响，对构件的抗裂性、裂缝宽度和变形进行验算，并使各项计算值不超过规定的限值。在上述各项计算中，车辆荷载效应可不计冲击系数。

一、全预应力混凝土及部分预应力混凝土 A 类构件抗裂性验算

体外预应力混凝土受弯构件抗裂性验算是正常使用极限状态计算的核心内容，其内容包括正截面抗裂性和斜截面抗裂性两部分。

1. 正截面抗裂性验算

体外预应力混凝土受弯构件的正截面抗裂性的控制条件，可参照《桥规》(JTG D62)的规定执行(见本书§13-1)，即，应满足下列要求：

①全预应力混凝土构件，在作用(或荷载)短期效应组合下

$$\sigma_{st} - 0.85(\text{或 } 0.8)\sigma_{pc} \leqslant 0 \tag{16-6-1}$$

②部分预应力混凝土 A 类构件，在作用(或荷载)短期效应组合下

$$\sigma_{st} - \sigma_{pc} \leqslant 0.7f_{tk} \tag{16-6-2}$$

式中：σ_{st}——在作用(或荷载)短期效应组合下[永久作用(或荷载)效应标准值＋可变作用(或荷载)效应频遇值]，构件抗裂验算截面边缘混凝土的法向拉应力；

σ_{pc}——扣除全部预应力损失后的预加力(包括体外预加力和体内预加力)在构件抗裂性验算截面边缘产生的混凝土预压应力；

f_{tk}——混凝土抗拉强度标准值。

(1)荷载产生的法向应力 σ_{st}的计算

体外预应力混凝土桥梁是采用后张法施工的由体外预应力和混凝土梁构成的结构体系，计算截面应力时应考虑不同受荷阶段结构体系和截面几何特征值的不同。

荷载短期效应组合包括永久荷载效应(构件自重弯矩 M_{G1k}和二期恒载弯矩 M_{G2k})和可变荷载频遇值效应两部分(对简支梁桥为 $M_{Qf}=0.7M_{Q1k}+M_{Q2k}$)。其中构件自重弯矩 M_{G1k}采用混凝土梁的净截面几何特征值，由材料力学公式计算截面应力。二期恒载弯矩 M_{G2k}和可变荷载频遇值弯矩 M_{Qf}由体外预应力筋(束)和混凝土梁构成的结构体系承担，截面应力计算时应考虑体外预应力筋(束)拉力增量的影响，即将 M_{G2k}和 M_{Qf}及相应的体外预应力筋(束)拉力增

量 ΔN_{Qf} 同时作用于基本结构（混凝土梁）上，采用混凝土梁的换算截面几何特征值，由材料力学公式计算截面应力。

以混合配筋的体外预应力混凝土简支梁为例，在荷载短期效应组合作用下，抗裂性验算边缘的拉应力，可按下式计算：

$$\sigma_{st}=\frac{M_{G1k}}{J_n}y_n+\frac{M_{Qf}}{J_0}y_0-\left(\frac{\Delta N_{Qf}}{A_0}+\frac{\Delta N_{Qf}e_c}{J_0}y_{01}\right) \tag{16-6-3}$$

式中：M_{G1k}——构件自重弯矩标准值；

M_{Qf}——可变荷载频遇值作用下的弯矩值，对简支梁 $M_{Qf}=0.7\times\frac{M_{Q1k}}{1+\mu}+M_{Q2k}$；

M_{Q1k}——包括冲击系数在内的车辆荷载弯矩标准值；

M_{Q2k}——人群荷载弯矩标准值；

μ——车辆荷载冲击系数；

ΔN_{Qf}——由可变荷载频遇值弯矩 M_{Qf} 和二期恒载弯矩 M_{Q2k} 引起的体外预应力筋（束）拉力增量（即超静定力），$\Delta N_{Qf}=\Delta\sigma_{pf}A_p$，其中应力增量 σ_{pf} 按公式（16-5-11）计算，但应将其中的 M_Q 以（$M_{Qf}+M_{G2k}$）代替；

y_n、J_n——按全截面参加工作计算的混凝土梁净截面重心至抗裂性验算边缘的距离和惯性矩；

y_0、J_0——按全截面参加工作计算的混凝土梁换算截面重心至抗裂性验算边缘的距离和惯性矩；

e_c——体外预应力筋（束）对换算截面重心轴的距离（即偏心距）。

可变荷载频遇值效应引起的体外预应力筋（束）拉力增量 ΔN_{Qf} 亦可由力法求解（即 $\Delta N_{Qf}=X_P$）。但求解 X_P 时，应分别考虑车道荷载集度 q、集中荷载 P 和二期恒载集度 g_2 的作用，并进行叠加。

（2）有效预压应力 σ_{pc} 的计算

在体内预加力 $N_{pe,i}$ 和体外预加力 $N_{p,e}$ 作用下，抗裂性验算边缘的有效预压应力，可近似按下列材料力学公式计算，但应注意截面几何特征值取值的不同。

$$\sigma_{pc}=\left(\frac{N_{pe,i}}{A_n}+\frac{N_{pe,i}e_n}{I_n}y_n\right)+\left(\frac{N_{pe,e}}{A_0}+\frac{N_{pe,e}e_c}{I_0}y_0\right) \tag{16-6-4}$$

式中：$N_{pe,i}$——体内预应力筋的有效预加力 $N_{pe,i}=(\sigma_{con,i}-\sigma_{l,i})A_{p,i}$；

$N_{pe,e}$——体外预应力筋（束）的有效预加力 $N_{pe,e}=(\sigma_{con,e}-\sigma_{l,e})A_{p,e}$。

2. 斜截面抗裂性验算

体外预应力混凝土受弯构件的斜截面抗裂性的控制条件，可参照《桥规》(JTG D62)的规定执行（见本书§13-1），即应满足下列规定：

①全预应力混凝土构件，在作用（或荷载）短期效应组合下

$$\sigma_{tp}\leqslant(0.6\text{ 或 }0.4)f_{tk} \tag{16-6-5}$$

②部分预应力混凝土 A 类构件和允许开裂的 B 类构件，在作用（或荷载）短期效应组合下

$$\sigma_{tp}\leqslant(0.7\text{ 或 }0.5)f_{tk} \tag{16-6-6}$$

式中：σ_{tp}——在有效预加力和短期效应组合共同作用下，构件斜截面抗裂性验算截面计算点的混凝土主拉应力；其数值按材料力学公式计算：

$$\sigma_{tp}=\frac{\sigma_{cx}}{2}-\sqrt{\left(\frac{\sigma_{cx}}{2}\right)^2+\tau_x^2} \tag{16-6-7}$$

式中，σ_{cx}和τ_x为荷载短期效应组合和有效预加力作用下，计算主应力点的法向应力和剪应力，其数值按下列方法计算：

(1)法向应力σ_{cx}可按材料学公式计算，应注意不同受荷阶段混凝土截面几何特征值的不同，并应考虑可变荷载频遇值弯矩$[M_{Qf}=0.7M_{Q1k}/(1+\mu)+M_{G2k}]$和二期恒载弯矩$M_{G2k}$引起的体外预应力筋(束)拉力增量$\Delta N_{Qf}$的影响。

$$\sigma_{cx}=\left(\frac{N_{pe.i}}{A_n}\mp\frac{N_{pe.i}e_n}{J_n}y_{nx}\right)\pm\frac{M_{G1k}}{J_n}y_{nx}+\left(\frac{N_{pe.e}+\Delta N_{Qf}}{A_0}\mp\frac{(N_{pe.e}+\Delta N_{Qf})e_c}{J_0}y_{0x}\right)\pm\frac{0.7M_{Q1k}/(1+\mu)+M_{Q2k}+M_{G2k}}{J_0}y_{0x} \tag{16-6-8}$$

式中，y_{nx}、y_{0x}分别为计算主应力点至净截面和换算截面重心轴的距离。其余符号的意义见公式(16-6-3)和(16-6-4)。

(2)剪应力τ_x按材料力学公式计算，计算时应注意不同受荷阶段混凝土梁截面几何特征值的不同，并考虑可变荷载效应频遇值和二期恒载效应引起的体外预应力筋(束)拉力增量竖直分力的影响。

$$\tau_x=\frac{(V_{G1k}-V_{pe,i})S_n}{J_nb}+\frac{(V_{Qf}+V_{G2k}-V_{pe,e}-\Delta V_{Nf})S_0}{J_0b} \tag{16-6-9}$$

式中：V_{G1k}——构件自重剪力标准值；

V_{G2k}——二期恒载剪力标准值；

V_{Qf}——可变荷载频遇值剪力，对简支梁$V_{Qf}=0.7V_{Q1k}/(1+\mu)+V_{Q2k}$；

V_{Q1k}——包括冲击系数在内的车辆荷载剪力标准值；

V_{Q2k}——人群荷载剪力标准值；

$V_{pe,i}$——体内预应力筋有效预加力的竖直分力，$V_{pi}=N_{p,i}\sin\theta_{pi}$；

$V_{pe,e}$——体外预应力筋(束)有效预加力的竖直分力，若考虑转向处摩擦力的影响；其数值可按下式计算：

$$V_{pe,e}=N_{pe,e}e^{\mu\theta_e}\sin\theta_e \tag{16-6-10}$$

其中，$N_{pe.e}$为水平段体外预应力筋(束)的有效预加力，μ为转向处摩擦系数，θ_e为转向角(以弧度计)；

ΔV_N——可变荷载效应频遇值和二期恒载效应引起的体外预应力拉力增量的竖直分力，其数值可由水平的拉力增量ΔN_{Qf}推算：

$$\Delta V_N=\Delta N_{Qf}e^{\mu\theta_e}\sin\theta_e \tag{16-6-11}$$

S_n、S_0——计算主应力点水平纤维以上(或以下)部分截面面积，对混凝土梁净截面和换算截面重心轴的面积矩。

最后应特别指出，拉应力计算公式(16-6-7)中的σ_{cx}和τ_x应为同一计算截面，同一水平纤维处，由同一荷载产生的法向压应力和剪应力。因此，在计算σ_{cx}时所采用的可变荷载弯矩值M_{Q1k}、M_{Q2k}与计算τ_x时中所采用的可变荷载剪力V_{Q1k}和V_{Q2k}，应采用同一荷载作用下的内力值。一般是采用最大剪力对应的弯矩值。

二、部分预应力混凝土B类构件的裂缝宽度验算

体外预应力混凝土B类构件的裂缝宽度验算，可参照《桥规》(JTG D62)给出的近似公式计算[见本书§13的公式(13-2-1)～(13-2-4)]。但在计算钢筋应力和内力臂时应考虑体外预

应力筋(束)合力 $N_{pe,e}$ 和可变荷载频遇值及二期恒载引起的体外预应力筋(束)拉力增量 ΔN_{Qf} 的影响。

$$W_f = C_1 C_2 \frac{\sigma_{ss}}{E_s}\left(\frac{30+d}{0.28+10\rho}\right) \tag{16-6-12}$$

$$\sigma_{ss} = \frac{M_s - (N_{p0} + N_{pe,e} + \Delta N_{Qf})(z - d_{p0}) \pm M_{p2}}{(A_{p,i} + A_s)z} \tag{16-6-13}$$

$$z = \left[0.87 - 0.12(1-\gamma_f')\left(\frac{h_0}{e}\right)^2\right]h_0 \tag{16-6-14}$$

$$\gamma_f' = \frac{(b_f' - b)h_f'}{bh_0} \tag{16-6-15}$$

$$e = d_{p0} + \frac{M_s \pm M_{p2}}{N_{p0} + N_{pe,e} + \Delta N_{Qf}} \tag{16-6-16}$$

式中符号的意义与公式(13-2-1)～(13-2-4)相同,但应特别注意以下两点:

①公式(16-6-12)中的 ρ 是混凝土梁体内预应力筋和普通钢筋的配筋率,d 是体内预应力筋和普通钢筋的换算直径(按表面积等效原则换算)。

②公式(16-6-13)中的 d_{p0} 应为 N_{p0}、$N_{pe,e}$ 和 ΔN_{Qf} 的合力作用点至体内受拉区纵向预应力筋和普通钢筋合力作用点的距离。

按上述公式求得的混凝土梁的裂缝宽度应小于《桥规》(JTG D62)规定的限值。

三、体外预应力混凝土受弯构件的变形验算

体外预应力混凝土受弯构件的变形计算及控制条件可参照《桥规》(JTG D62)的规定执行(见本书§13-3)。但应考虑体外预应力筋(束)有效预加力 $N_{pe,e}$ 和可变荷载效应频遇值和二期荷载效应引起的体外预应力筋(束)拉力增量 ΔN_{Qf} 的影响。

体外预应力混凝土梁的变形包括:

①构件自重及恒载弯矩标准值 M_{Gk} 产生挠度 f_g;

②体内有黏结预应力筋有效预加力 $N_{pe,i}$ 产生的反拱 $f_{p,i}$;

③体外预应力筋(束)有效预加力 $N_{pe,e}$ 产生的反拱 $f_{p,e}$;

④可变荷载频遇值弯矩和二期恒载弯矩引起的体外预应力筋(束)拉力增量 ΔN_{Qf} 产生的反拱 $f_{\Delta N}$。

上述各项挠度值可按材料力学方法计算,不同受力阶段的刚度取值应按《桥规》(JTG D62)的规定采用(见本书§13-3)。

参照《桥规》(JTG D62)的规定,体外预应力混凝土受弯构件挠度验算,就是控制可变荷载频遇值弯矩及其在体外预应力筋(束)中引起的拉力增量产生的长期挠度值 $\eta_\theta(f_{Qf} - f_{\Delta N})$,使其小于规范规定的容许值。

可变荷载频遇值弯矩 M_{Qf} 产生的短期挠度按下式计算。

全预应力混凝土及部分预应力混凝土 A 类构件(以简支梁为例)

$$f_{Qf} = \frac{5}{48} \times \frac{L^2[0.7M_{Q1k}/(1+\mu) + M_{Q2k}]}{0.85E_cJ_0} \tag{16-6-17}$$

允许开裂的部分预应力混凝土 B 类构件

$$f_{Qf} = \frac{5}{48} \times \frac{L^2 M_{cr}}{0.85E_cJ_{01}} + \frac{5}{48} \times \frac{L^2[0.7M_{Q1k}/(1+\mu) + M_{Q2k} - M_{cr}]}{E_cJ_{cr}} \tag{16-6-18}$$

体外预应力筋(束)拉力增量ΔN_{Qf}产生短期挠度(反拱),原则上亦应区分构件是否开裂,按不同工作阶段采用不同的刚度计算。因此项反拱影响较小,故可近似按全截面参加工作换算截面刚度计算,ΔN_{Qf}产生的挠度(反拱)可按下式计算

$$f_{\Delta N}=\frac{\Delta N_{Qf}}{0.85E_cJ_0}\left\{\frac{L^2}{8}(1-\alpha)^2\left[e_a\cos\theta_e-\frac{1-\alpha}{3}L\sin\theta_e-\frac{\alpha L^2}{8}\left(1-\frac{\alpha}{2}\right)e_c\right]\right\} \quad (16\text{-}6\text{-}19)$$

式中,θ_e为体外预应力筋(束)倾斜角,其余符号意义见图16-5-1。

可变荷载频遇值弯矩及其在体外预应力筋(束)中引起的拉力增量产生的长期挠度,应满足下式要求:

$$\eta_\theta(f_{Qf}-f_{\Delta N})\leqslant\frac{L}{600}\left(\text{或}\frac{L_1}{300}\right)$$

式中,η_θ为挠度长期增长系数,C40以下混凝土,取$\eta_\theta=1.6$;C40~C80混凝土,取$\eta_\theta=1.45\sim1.35$,中间等级混凝土按直线插入取值。

在实际工程中,因施工控制和设置预拱度的需要,需计算有效预加力产生的反拱$f_{p,i}$和$f_{p,e}$。体内预应力筋有效预加力产生的反拱,可按一般结构力学方法计算[见§13-3公式(13-3-11)]。体外预应力筋(束)有效预加力产生的反拱$f_{p,e}$,可参照公式(16-6-19)计算,但应将式中ΔN_{Qf}以$N_{pe,e}$代替。

§16-7 体外预应力混凝土受弯构件使用阶段的应力验算

参照《桥规》(JTG D62)的规定,体外预应力混凝土受弯构件还应进行使用阶段的应力验算,其内容包括正截面混凝土法向应力、受拉钢筋应力及斜截面主压应力验算,并不得超过《桥规》(JTG D62)规定的相应限值。使用阶段应力验算的实质是强度计算,是对承载力计算的补充。应力验算时,荷载效应取标准值,不计分项系数,汽车荷载效应应考虑冲击系数影响。

一、体外预应力混凝土全预应力及部分预应力受弯构件应力验算

体外预应力混凝全预应力及部分预应力受弯构件的应力计算及限值,参照《桥规》(JTG D62)的规定执行(参照本书§14-1)。但应考虑体外预应力筋(束)有效预加力$\Delta N_{pe,e}$和可变荷载频遇值弯矩标准值及二期恒载弯矩标准值引起的体外预应力筋(束)拉力增量ΔN_{Qk}的影响。

1.正截面应力验算

(1)混凝土受压边缘的法向压应力计算:

$$\sigma_{cc}^k=\left(\frac{N_{pe,i}}{A_n}-\frac{N_{pe,i}e_n}{W_n'}\right)+\left(\frac{N_{pe,e}}{A_0}-\frac{N_{pe,e}e_c}{W_0'}\right)+\frac{M_{G1k}}{W_n'}+\frac{M_{G2k}+M_{Q1k}+M_{Q2k}}{W_0'}+\left(\frac{\Delta N_{Qk}}{A_0}-\frac{\Delta N_{Qk}e_c}{W_0'}\right) \quad (16\text{-}7\text{-}1)$$

式中:ΔN_{Qk}——可变荷载弯矩标准值($M_{Qk}=M_{Q1k}+M_{Q2k}$)和二期恒载弯矩标准值(M_{G2k})引起的体外预应力筋(束)拉力增量(参照§16-5中的超静定拉力X_P),其数值可采用简化公式(16-5-11)~(16-5-13)计算,但应将式中的M_Q以($M_{Q1k}+M_{Q2k}+M_{G2k}$)代替,亦可采用力法求解;

W_n'、W_0'——混凝土梁净截面和换算截面对受压边缘的弹性抵抗矩。

按《桥规》(JTG D62)规定,按上式求得混凝土的最大压应力应满足$\sigma_{cc}^k\leqslant0.5f_{ck}$的限制

条件。

(2)受拉区预应力筋的应力计算

体内有黏结预应力筋的拉应力，按下式计算：

$$\sigma_{p,i}^{k} = \sigma_{pe,i} + \alpha_{EP}\sigma_{ct}^{k} \tag{16-7-2}$$

式中：$\sigma_{pe,i}$——体内预应力筋的有效预应力，$\sigma_{pe,i} = (\sigma_{con,i} - \sum\sigma_{l,i})$

σ_{ct}^{k}——可变荷载弯矩标准值和二期恒弯矩标准值及其引起的体外预应力筋(束)拉力增量产生的体内预应力筋重心处的混凝土法向拉应力，其数值按下式计算：

$$\sigma_{ct}^{k} = \frac{M_{G2k} + M_{Q1k} + M_{Q2k}}{J_0} y_{0,pi} - \left(\frac{\Delta N_{Qk}}{A_0} + \frac{\Delta N_{Qk} e_c}{J_0} y_{0,pi}\right) \tag{16-7-3}$$

体外预应力筋(束)的拉应力，按下式计算：

$$\sigma_{pe,e}^{k} = \sigma_{pe,e} + \Delta\sigma_{p,e} \tag{16-7-4}$$

式中：$\sigma_{pe.e}$——体外预应力筋(束)的有效预应力，$\sigma_{pe,e} = \sigma_{con,e} - \sum\sigma_{l,e}$；

$\Delta\sigma_{p,e}$——可变荷载弯矩标准值及二期恒载弯矩引起的体外预应筋应力增量，其数值可按公式(16-6-1)计算，但应将其中的 M_Q 以($M_{G2k}+M_{Q1k}+M_{Q2k}$)代替。若采用力法求解，$\Delta\sigma_{p,e} = X_p / A_{p,e}$，其中 X_p 为按($M_{G2k}+M_{Q1k}+M_{Q2k}$)作用情况求解的超静定力。

按《桥规》(JTG D62)规定，上述公式求得的受拉预应力筋的拉应力，对钢绞线和钢丝，应小于 $0.65 f_{pk}$。

2. 斜截面主压应力验算

在使用阶段体外预应力混凝土受弯构件斜截面主压应力，按材料力学公式计算：

$$\sigma_{cp}^{k} = \frac{\sigma_{cx}^{k}}{2} + \sqrt{\frac{\sigma_{cx}^{k}}{2} + \tau_k^2} \tag{16-7-5}$$

式中：σ_{cx}^{k}——使用荷载作用下，计算主应力点的法向压应力，其数值可参照公式(16-6-5)计算，但应将其中的可变荷载频遇值弯矩 $M_{Qf} = 0.7M_{Q1k}/(1+\mu) + M_{Q2k}$ 及其产生的体外预应力筋(束)拉力增量 ΔN_{Qf}，以可变荷载弯矩标准值 $M_{Qk} = M_{Q1k} + M_{Q2k}$ 及相应的体外预应力筋(束)拉力增量 ΔN_{Qk} 代替；

τ_k——使用荷载作用下计算主应力点的剪应力，其数值可参照公式(16-6-6)计算，但应将其中可变荷载频遇值剪力 $V_{Qf} = 0.7V_{Q1k}/(1+\mu) + V_{Q2k}$ 和相应的体外预应力筋(束)拉力增量的竖直分力 ΔV_N，以可变荷载剪力标准值 $V_{Qk} = V_{Q1k} + V_{Q2k}$ 和相应的体外预应力筋(束)拉力增量的竖直分力 $\Delta V_{N,K}$ 代替。

按《桥规》(JTG D62)规定，按上述公式求得的最大主压应力应小于 $0.6 f_{ck}$。

二、体外预应力混凝土 B 类受弯构件应力验算

体外预应力混凝土 B 类构件开裂后的应力可参照本书 §14-2 所述的方法进行计算。但在计算虚拟荷载 R 及其偏心距 e_N 时，应考虑体外预应力筋(束)有效预加力 $N_{pe,e}$ 和可变荷载弯矩标准值 $M_{Qk} = M_{Q1k} + M_{Q2k}$ 和二期恒载弯矩标准值 M_{G2k} 引起的体外预应力筋(束)拉力增量 ΔN_{Qk} 的影响。

$$R = N_{p0} + N_{pe,e} + \Delta N_{Qk} \tag{16-7-6}$$

$$e_N = [M_k - N_{p0} h_{p0} - (N_{pe,e} + \Delta N_{Qk}) h_{p,e}] / R \tag{16-7-7}$$

式中，$h_{p,e}$ 为体外预应力筋(束)合力作用点至截面受压边缘的距离。其他符号的意义见本

书§14-2图14-2-3。

虚拟荷载 R 及其偏心距 e_N 确定后，将其代入本书§14-2公式(14-2-7)，解一元三次方程，求得开裂截面受压区高度 x。然后，由公式(14-2-13)和(14-2-10)计算受压边缘混凝土压应力 σ_{cc} 和体内预应力筋的应力填量 $\Delta\sigma_{p,i}$。

按《桥规》(JTG D62)规定，体内、预应力筋的拉应力为：

$$\sigma_{p,i}^{k}=(\sigma_{p0}+\Delta\sigma_{p,i}) \tag{16-7-8}$$

按笔者建议，此处应扣除构件自重弯矩标准值 M_{G1k} 的影响：

$$\sigma_{p,i}^{k}=(\sigma_{p0}+\Delta\sigma_{p,i})-\alpha_{EP}\frac{M_{G1k}}{J_n}y_{n,pi} \tag{16-7-9}$$

体外预应力筋(束)的拉应力按公式(16-7-4)计算。

按《桥规》(JTG D62)规定，由上述公式求得的受拉预应力筋的拉应力，对钢绞线和钢丝应小于 $0.65f_{pk}$。

应该指出，上述计算公式是针对只有车辆荷载和人群荷载作用的情况导出的。在使用阶段应力验算时，如何考虑多种荷载效应组合的影响，在《桥规》(JTG D62)中没有明确的规定。笔者在本书§14-1中提出“使用阶段应力验算时荷载效应组合的探讨”意见，可供参照。

§16-8 体外预应力混凝土结构的转向装置设计

体外预应力混凝土结构中的转向装置是决定体外预应力的传递路径的关键部件。从某种意义上讲，转向装置设计是关系结构安全工作的核心问题之一，应在受力分析的基础上，选择合理的配筋构造，进行认真的设计与计算。

一、转向装置的受力分析

以图16-8-1所示适用于空间布束的块式转向为例，在张拉力 $N_{pcon,e}$ 作用下转向块上沿管道方向将产生横桥向的径向均布力 $q_{con,e}$，同一竖直平面内，转向点承受由张拉力钢束引起的竖向分力 $q_{con,e}^{v}$ 与水平分力 $q_{con,e}^{h}$。当不计体外力筋与套管的摩擦损失时，在张拉力 $N_{pcon,e}$ 作用下，转向装置处产生的竖向分力总和为 $N_v=\sum q_{con,e}^{v}l\sin\theta_e$，水平分力总和为 $N_h=\sum q_{con,e}^{h}l\cos\varphi_e$，其中 θ_e 为体外筋的纵向起弯角度，φ_e 为体外束的空间包角，l 为转向块中的管道长度。

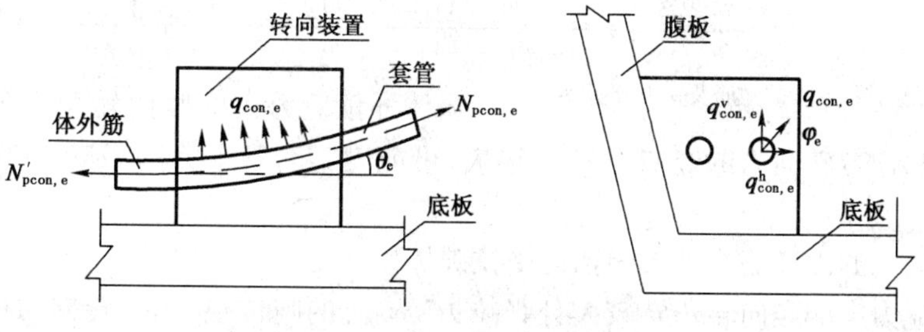

图16-8-1 转向装置受力分析图

由上述的分析不难看出，转向块在横桥向处于双向受拉的受力状态，通常的作法是在转向块中设置内环筋和外封闭箍筋，用以抵抗由体外预应力筋(束)产生的竖向拉力 N_v 和水平剪力 N_h(见图16-8-2)。

对于受拉型块式转向装置，可能出现四种破坏形态(参见图 16-8-2)：

①承受竖向拉力的箍筋受拉破坏

在体外预应力的竖向分力 N_v 作用下，混凝土首先出现水平裂缝，随后箍筋竖向受拉屈服而使转向块失效。

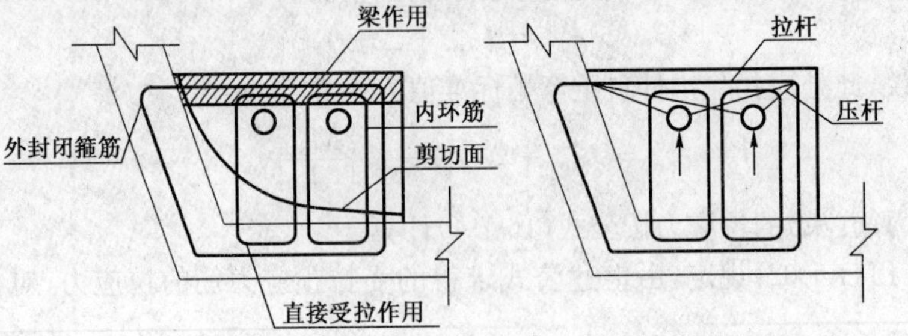

图 16-8-2 受拉型转向装的配筋及受力分析

②钢套管上层钢筋产生的梁作用破坏

预应力束的钢套管由纵向均布力 $q^{v}_{con,e}$ 产生向上的作用力 N_v，这对于内层箍筋顶面的混凝土产生类似梁的作用，当该梁的顶面严重开裂或底面混凝土压碎，导致转向块失效。

③水平分力 N_h 沿套管下方产生的剪切破坏

钢套管由水平向均布力 $q^{h}_{con,e}$ 产生横向作用力 N_h，在转向块的横向产生剪切滑裂面，箍筋受剪屈服导致转向块失效。

④水平转向肋拉拔破坏

当体外预应力 $N_{pcon,e}$ 的吨位大，或其竖向分力 N_v 很大时，横向转向肋中箍筋锚固失效或箍筋竖向受拉屈服，均会导致横向转向肋的局部失效。

根据国内外的试验结果，除半径小的曲线梁外，受拉型转向块的破坏都是由于箍筋被拉断引起的，梁作用和剪切破坏很少发生。

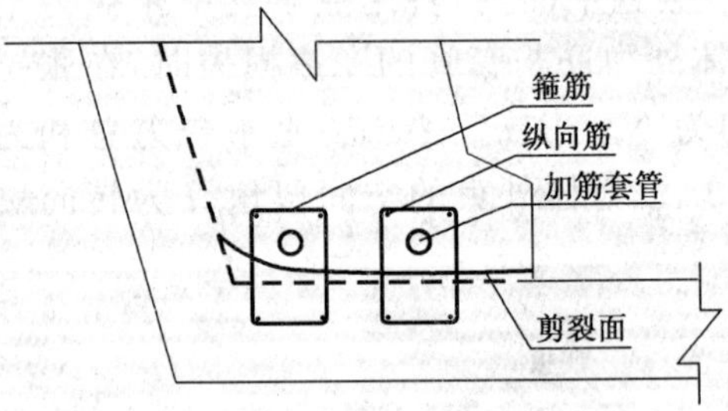

图 16-8-3 承压型转向装置的配筋及受力分析

试验表明，内环筋抵抗拉拔力的效果比外封闭箍筋好，转向块上层钢筋对控制裂缝有一定的作用。

对于图 16-8-3 所示的承压型肋式转向装置，可能出现三种破坏状态：

①体外预应力束套管上方，肋板支柱的受压破坏

当体外预应力束的竖向转角 θ_e 较大且张拉力 $N_{pcon,e}$ 的吨位很大时，转向力的竖向力 $q^{v}_{con,e}$ 很大，可能因钢套管上方的混凝土挤碎，导致转向局部失效。

②承受竖向力的内环筋或外封闭箍筋受拉破坏

当体外预应力束的竖向转角 θ_e 较大且张拉力 $N_{pcon,e}$ 的吨位很大时，转向力的竖向力 $q^{v}_{con,e}$ 很大，由于混凝土的弹性模量相对较小，使得转向肋的压缩变形加大，导致箍筋竖向受拉屈服，进而导致竖向转向肋局部失效。

③水平分力 N_h 沿钢套管下方产生的剪切破坏

当体外预应力束的张拉吨位大且横桥向水平分力 N_h 也大时，会导致转向肋的局部横向

拉脱。

理论研究和工程实践表明，由于体外预应力束的竖向转角 θ_e 一般大于水平转角 β_e，也就是说竖向转向最为重要，因而在转向装置的厚度相同的情况下，竖向转向肋的抵抗能力最强，横向转向肋次之，转向块的转向抵抗能力相对最弱。另外，当箱梁顶板或底板承受纵桥向压力较大时，设在其上的横向转向肋或块式转向装置由于垂直于板平面的横向力较大，对顶板和底板的稳定性是不利的，这在设计中应给予适当地考虑。

二、转向装置设计与计算

1. 体外预应力筋（束）最大拉力取值

转向块的设计计算首先就涉及体外预应力筋（束）最大拉力取值问题，已有研究结果认为体外预应力束在可变荷载作用下的应力增量 X_p 通常不超过有效预应力的 10%。为简化计算，确定转向装置的荷载效应设计值时，可不考虑可变荷载引起的应力增量的影响，只计入其有效预拉力 $N_{pe,e}$ 的作用，但将荷载分项系数由 1.2 调整为 1.3。另一种观点认为，体外预应力束的最大拉力应出现在张拉锚固时，此时的应力损失尚未发生，因此其作用效应可取其张拉控制力 $N_{pcon,e}$，并考虑 1.2 的荷载安全系数。笔者建议应取上述两者中的最大值作为体外预应力筋（束）的荷载效应设计值，即有：

$$N_{p,e} = \max[1.3N_{pe,e}, 1.2N_{pcon,e}] \tag{16-8-1}$$

作用于转向装置的水平力和竖向力设计值可根据体外预应力束在转向装置处的竖弯角和平弯角由下式确定：

$$\left.\begin{aligned} N_{hd} &= N_{p,e}\sqrt{1-2\cos\theta_e\cos\beta_e+\cos^2\theta_e} \\ N_{vd} &= N_{p,e}\sin\theta_e \end{aligned}\right\} \tag{16-8-2}$$

式中：N_{hd}——转向装置的水平作用设计值，即体外预应力束张拉时对转向装置的合力在水平面的分力设计值；

N_{vd}——转向装置的竖向作用设计值，即体外预应力束张拉时对转向装置的合力在竖直方向的分力设计值；

θ_e——体外预应力束在竖直平面内的弯起角度（竖弯角）；

β_e——体外预应力束在水平面内的弯转角（平弯角）。

上述公式中体外预应力束的竖弯角 θ_e 和平弯角 β_e 可参考图 16-8-4 确定。

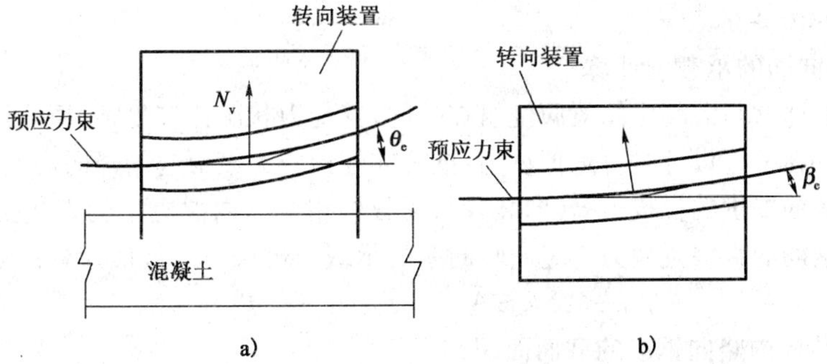

图 16-8-4 体外预应力束的竖直转角和水平转角示意图

a)立面；b)平面

2. 转向块的承载力计算

(1)竖向抗拉承载力

竖向抗拉承载力按图 16-8-2 所示模型计算,假设转向块或转向横梁中的箍筋均匀受拉。转向块的竖向抗拉承载力,应满足下列要求:

$$\gamma_0 N_{vd} \leqslant f_{sd} A_s \tag{16-8-3}$$

式中:γ_0——结构重要性系数;

f_{sd}——内层抗拉箍筋的抗拉强度设计值;

A_s——垂直于受剪面的钢筋总截面面积,可取全部内环筋加一半外封闭箍筋截面面积之和。

(2)水平向抗剪承载力

当转向块中水平分力较大时,尚应考虑水平向抗剪承载力计算。抗剪承载力可按下式计算。

$$\gamma_0 N_{hd} \leqslant f_{v.d} A_c + \mu_f N_{vd} + \varphi_v f_{sd} A_s \tag{16-8-4}$$

式中:A_c——转向块受剪混凝土截面面积;

$f_{v.d}$——混凝土直接抗剪强度设计值,可近似取为:$f_{v.d}=0.71\sqrt{f_{cd}f_{td}}$;

μ_f——混凝土的内摩擦系数,可偏于安全地取 $\mu=0.7$;

A_s——垂直于受剪面的钢筋总截面面积,可取全部内环筋加一半外封闭箍筋截面的面积之和;

f_{sd}——钢筋的抗拉强度设计值;

φ_v——考虑钢筋剪拉作用的抗剪强度折减系数,可取其为:

$$\varphi_v = 1/\sqrt{1+3(N_{vd}/N_{hd})^2} \tag{16-8-5}$$

公式(16-8-4)中,不等号右边第一项为混凝土直接受剪提供的抗力,第二项为受剪面上混凝土内摩擦提供的抗力,第三项为垂直于受剪面内环筋和部分外封闭箍筋提供的直剪抗力。在实际设计中,若考虑转向块在拉力作用下可能开裂,可偏安全地取公式中第一和第二项为零。

(3)考虑偏心的抗拉承载力

计算抗拉承载力时,考虑到箍筋的两肢受力不均匀,可参考本书§6-2 给出的偏心受拉构件抗拉承载力计算方法进行计算。

另外,必要时尚应对转向块的裂缝宽度进行验算。转向块的裂缝宽度可参照《桥规》(JTG D62),参见本书§8-2 公式(8-2-1)计算,式中钢筋应力可按轴心受拉或偏心受拉情况计算。

3. 转向肋的承载力计算

(1)竖向转向肋的承载力计算

竖向转向肋通常与混凝土箱梁腹浇筑在一起,其受力状况比较复杂,精确计算需采用非线性有限元方法。在工程设计时可近似认为:抵抗体外预应力束引起的竖向力的抗力主要有:竖向转向肋底部箍筋提供的拉拔力;转向装置与梁腹板相交面内混凝土的直接抗剪力和垂直于剪切面的水平钢筋的直接抗剪力。竖向转向肋的承载力可按下式近似计算:

$$\gamma_0 N_d \leqslant f_{sd,v} A_{s,v} + f_{sh,d} A_c + \varphi f_{sd} A_{s,h} \tag{16-8-6}$$

式中:$A_{s,v}$——转向内竖向钢筋的截面面积;

$f_{sd,v}$——竖向钢筋的抗拉强度设计值;

A_c——肋板与腹板接触面混凝土受剪面积;

$f_{sh,d}$——混凝土直接抗剪强度设计值；

$A_{s,h}$——垂直于剪切面的水平钢筋截面面积；

φ——钢筋抗剪强度系数，参照《钢结构设计规范》取其为：$\varphi=[\tau]/[\sigma_w]\approx0.57$。

其他符号意义同前。

(2)水平向转向肋抗剪承载力计算

当采用横隔板转向时，可不进行此项计算。水平向转向肋的抗剪和抗拉承载力可按前述转向块的抗剪和抗拉计算方法进行。

(3)转向肋的混凝土局部承压计算

在混凝土转向肋中转向器的凹向区域内的混凝土承受局部压力，应进行局压承载力验算，计算公式如下：

$$\gamma_0 N_{vd} \leqslant \beta f_{cd} A_l \tag{16-8-7}$$

式中：f_{cd}——转向装置混凝土抗压强度设计值；

β——局部承压强度提高系数，对于混凝土肋式转向装置取 $\beta=1.732$；

A_l——转向器下混凝土局部受压面积，$A_l=Db_2$；

D——转向钢管的外径；

b_2——转向钢管在混凝土转向装置中的长度。

三、转向装置的配筋构造

根据国外的设计经验，结合国内的工程实践，设计转向块时应注意以下几点构造要求：

在转向块中体外预应力筋(束)宜采用单层布置。对于竖向转向肋，预应力筋可采用多层布置，但需分层验算。

转向块的外形尺寸根据预应力束的管道曲率和外径、钢筋间距及最小保护层来决定。转向块内应设有两种钢筋，即围住单个转向器的内环筋和沿转向块周边围住所有转向器的外封闭箍筋，两者均为闭口箍筋。内环筋离转向器上缘的距离≥25mm；外封闭箍筋在竖直方向高于内环筋的净距≥50mm，其他方向不少于25mm(图16-8-5)。内环筋及外封闭箍筋的钢筋直径和纵向间距均相同配置，直径在12～16mm为宜，纵向间距宜在100～150mm范围内。

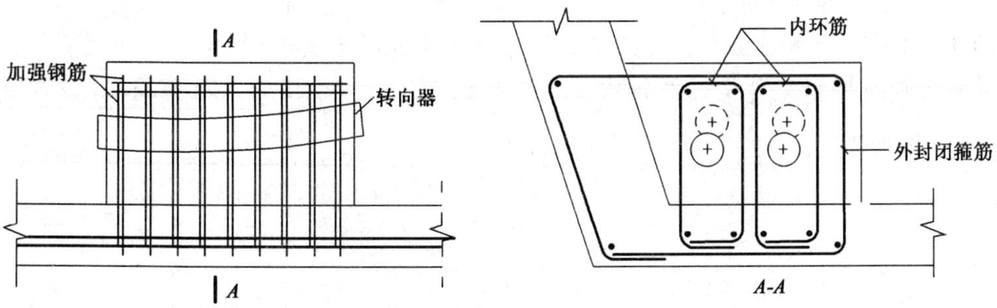

图16-8-5　块式转向构造配筋示意

为了尽可能减小底板与腹板处的偏心弯矩，体外预应力束的管道必须靠近腹板布置，管道的水平及竖向净距不应小于管道直径，且不小于4cm。管道离侧边缘的净距在75～100mm之间为宜，离底板净距在25～50mm之间为宜。

体外预应力钢束应主要锚固在横梁上，必要时可锚固在腹板与底板或顶板内角处的凸块上，极个别情况下可锚固在顶板或底板中部的凸块上。锚固横梁的厚度应由锚具布置深度和钢束转向所需长度决定，一般情况下锚固横梁的厚度≥1 000mm。锚固横梁的平面尺寸应由锚具布置尺寸、张拉空间尺寸等要求选定。锚固横梁应按整体和局部受力的要求配筋。按整体受力要求的配筋可布置在横梁前后表面。

锚固凸块内钢束不转向时，其长度应按锚固力传递至箱梁板壁所需长度取值；钢束在凸块内转向时，其长度由锚具布置深度和钢束转向所需长度决定。凸块截面尺寸应按锚具布置要求选定。锚固凸块应按整体和局部受力的要求配筋。按整体受力要求的钢筋，可采用绕箱梁板壁外层纵向钢筋的封闭箍筋和板壁内层的分布钢筋。

总结与思考

体外预应力混凝土是近年来快速发展的古老新生技术。建议这部分内容，作为多学时专业及研究生的选修课处理。

16-1 体外预应力混凝土结构实际上是一个带柔拉杆的内部（或内、外部）超静定混合体系。这种结构的最大特点是预应力筋与混凝土梁体之间无黏结。同一截面内的预应力筋与混凝土之间不存在简单变形协调关系。在外荷载作用下，体外预应力筋的伸长取决于两个锚固点（或黏结点）之间的总变形。体外预应力筋的应力取决于混凝土梁体变形的发挥程度。体外预应力混凝土设计与计算的很多特殊问题，都是从这一点引发的。

16-2 极限状态下体外预应力筋应力 $\sigma_{pu.e}$ 的合理取值是体外预应力混凝土受弯构件的承载力计算的核心问题。

极限状态下体外预应力筋应力 $\sigma_{pu.e}$ 与哪些因素有关，应如何确定？

体外预应力筋极限应力 $\sigma_{pu.e}$ 确定后，其承载力（包括正截面抗弯承载力和斜截面抗剪承载力）可参照《桥规》(JTG D62)给出的用于一般有黏结预应力混凝土的计算公式（相当于本书第十二章）和计算步骤进行计算。

16-3 体外预应力混凝土受弯构件的抗裂性和使用阶段应力验算的难点是如何解内部超静定，求得活载作用下体外预应力筋拉力增量（即超静力 X_p）。

求得体外预应力筋活载拉力增量 $\Delta N=\Delta\sigma_{pe}A_{pe}$（即超静力 X_p）后，将其与使用荷载（包括后加二期恒载和活载）作用于基本结构混凝土梁体上，按材料力学公式计算截面应力。

16-4 体外预应力筋应力损失计算的最大特点是混凝土收缩、徐变引起的预应力损失取决于混凝土收缩和徐变引起的两锚固点（或黏结点）之间梁体的总压缩量 ΔL_6（即 $\sigma_{L6,e}=\frac{\Delta L_6}{L_p}E_{pe}$）。其他各项损失可参照《桥规》(JTG D62)公式计算。

第四篇

圬 工 结 构

第十七章　圬工结构的基本概念与材料

§17-1　圬工结构的基本概念

圬工结构系指以砂浆或小石子混凝土作为胶结材料，将砖、石材或混凝土预制块砌筑而成的整体结构。整体浇筑的纯混凝土结构及配筋率小于最小配筋率的钢筋混凝土结构也列入圬工结构之列。砖的强度低，耐久性差，在公路桥涵结构中较少采用，特别是在等级公路上的桥涵结构物中不准采用砖砌体。

圬工结构中的石材及混凝土预制块等称为块材。块材的共同特点是抗压强度高而抗拉及抗剪强度低，因此，在桥涵工程中圬工结构常用作以承压为主的结构构件，如拱桥的拱圈、重力式墩台及扩大基础、涵洞及重力式挡土墙等。

圬工砌体是采用砂浆或小石子混凝土将具有一定规格的块材，按一定砌筑规则砌筑而成的整体结构。砌筑规则和质量对砌体的整体受力性能和承载力有重要影响。其核心问题是保证竖向灰缝互相错开，避免受力后沿竖向裂缝将砌体分割为互不联系的受力单元，以保证砌体的整体受力。

圬工结构的主要优点是：

①天然石料、砂等原材料分布广，易于就地取材，价格低廉；

②具有较强的耐久性、性能稳定，维修养护费用低；

③具有较强的抗冲击性能和承受超载的潜力。

圬工结构的主要缺点是：

①结构自重大，材料用量多；

②砌体的砌筑基本上是手工作业，劳动强度大，工作效率低，砌筑质量不易保证；

③砌体的整体工作性能受砌筑砂浆的影响，其抗拉、抗弯强度低，抗震能力差。

§17-2　圬工材料种类及性能要求

一、块材的种类及性能要求

桥涵圬工结构采用的块材主要是石材，对不产石料地区亦可采用混凝土预制块代替。

1. 石材

石材是无明显风化的天然岩石经过人工开采和加工后外形规则的建筑用材，它具有强度高、抗冻与抗气性能好等优点。桥涵结构所用石材应选择质地坚硬、均匀、无裂纹且不易风化的石料。常用天然石料的种类主要有花岗岩、石灰岩等。石材根据开采方法、形状、尺寸及表面粗糙程度的不同可分为下列几类：

(1)片石　是由爆破或楔劈法直接开采的不规则石块，使用时对形状一般不作限制，但厚度不得小于150mm，卵形和薄片不得采用。

(2)块石　一般是按岩石层理放炮或楔劈而成的石料。形状大致方正，上下面大致平整。厚度为200～300mm，宽度约为厚度的1.0～1.5倍，长度为厚度的1.5～3.0倍。块石一般不修凿，但应敲去尖角突出部分。

(3)细料石　是由岩层或大块石材开劈，并经粗略修凿而成的外形方正的六面体石材，其表面凹陷深度不大于10mm，其厚度为200～300mm，宽度为厚度的1.0～1.5倍，长度为厚度的2.5～4.0倍。

(4)半细料石　同细料石，但表面凹陷深度不大于15mm。

(5)粗细料石　同细料石，但表面凹陷深度不大于20mm。

石材的强度等级采用含水饱和的边长70mm的立方体试件的抗压强度(取三块试件平均值)，以MPa为计量单位，并冠以Mu表示。当采用其他尺寸试件时，应乘以表17-2-1的换算系数。

石材试件强度的换算系数　　表17-2-1

立方体试件边长(mm)	200	150	100	70	50
换算系数	1.43	1.28	1.14	1.00	0.68

桥涵结构中所用的石材强度等级有MU30、MU40、MU50、MU60、MU80、MU100、和MU120等七种。

《公路圬工桥涵设计规范》(JTG D61—2005)[以下简称《桥规》(JTG D61)]给出的不同强度等级石材的强度设计值列于表17-2-2。

石材强度设计值(MPa)　　表17-2-2

强度类别＼强度等级	MU120	MU100	MU80	MU60	MU50	MU40	MU30
轴心抗压 f_{cd}	31.78	26.49	21.19	15.89	13.24	10.59	7.95
弯曲抗拉 f_{tmd}	2.18	1.82	1.45	1.09	0.91	0.73	0.55

表17-2-2给出的轴心抗压强度设计值是由标准值除以材料分项系数1.85求得。轴心抗压强度设计值与强度等级的关系是：

$$f_{cd}=0.7\times\frac{0.7}{1.85}\text{Mu}=0.265\text{Mu}$$

式中：第一个0.7——柱体抗压强度与200mm立方体试件抗压强度的换算系数；

第二个0.7——试件尺寸修正系数。

石材弯曲抗拉强度设计值由标准值除以材料分项系数2.31求得。石材弯曲抗拉强度设计值与强度等级的关系是：

$$f_{tmd}=0.06\times\frac{0.7}{2.31}\text{Mu}=0.0182\text{Mu}$$

式中：0.06——弯曲抗拉强度与200mm立方体试件抗压强度的换算系数；

0.7——试件尺寸修正系数。

2.混凝土

(1)混凝土预制块

混凝土预制块是根据结构构造与施工要求，设计成一定形状与尺寸，浇筑混凝土预制而成实心块。

其外形尺寸及技术要求，大致与细料石相同。采用大尺寸混凝土预制块代替小块石料砌筑，可大大减轻劳动量，加快施工进度；对于形状复杂的块材，当难以用石料加工时，更可显示出其优越性。另外，由于混凝土预制块形状、尺寸统一，砌体表面整齐美观。

(2)整浇混凝土

桥涵工程的大体积混凝土构件(例如重力式墩台及基础)一般均采用整体浇筑。为了节省水泥可掺入含量不多于20%的片石，所掺片石的强度等级应不低于混凝土的强度等级。

依据《桥规》(JTG D61)，圬工结构混凝土的强度设计值，列于表17-2-3。

圬工结构混凝土强度设计值(MPa)　　表17-2-3

强度类别＼强度等级	C40	C35	C30	C25	C20	C15
轴心抗压 f_{cd}	15.64	13.69	11.73	9.78	7.82	5.87
弯曲抗拉 f_{tmd}	1.24	1.14	1.04	0.92	0.80	0.66
直接抗剪 f_{vd}	2.48	2.28	2.09	1.85	1.59	1.32

表17-2-3给出的轴心抗压强度设计值，按照《桥规》(JTG D62)的规定值乘以0.85求得；弯曲抗拉强度设计值按照《桥规》(JTG D62)规定的轴心抗拉强度设计值乘以系数0.5，再乘以塑性系数1.5求得。

二、胶结材料种类及性能要求

1. 砂浆

砂浆是由一定比例的胶结料(水泥、石灰等)、细集料(砂)及水配制而成的砌筑材料。砂浆在砌体结构中的作用是将块材黏结成整体，并在铺砌时抹平块材不平的表面，使块材在砌体受压时能均匀受力。此外，砂浆填满了块材间隙，减少了砌体的透气性，从而提高了砌体的密实性、保温性与抗冻性。

砂浆按其胶结料的不同主要有：

(1)水泥砂浆

水泥砂浆由一定比例的水泥和砂，加水配制而成，其强度较高，是桥涵圬工结构主要采用的胶结材料。

(2)混合砂浆

混合砂浆是由一定比例的水泥、石灰和砂，加水配制成成，又称水泥石灰砂浆，其强度较低，在桥涵圬工结构中较少采用。

砌筑砂浆的主要物理力学指标是强度、和易性和保水性。

①砂浆的强度等级采用70.7mm的标准立方体试块，标准养护28天，按统一的标准试验方法测得的抗压强度(取三个试块的平均值)，以MPa为计量单位，并冠以M表示。

桥涵结构中所用的砂浆强度等级有M5、M7.5、M10、M15和M20等五种规格。

砂浆强度等级的选择应与块材的强度等级相协调，块材强度等级高者应配用强度等级较高的砂浆，块材强度等级低者，可配用较低强度等级的砂浆。

②砂浆的和易性是衡量新拌砂浆在自身和外力作用下的流动性的指标，采用标准圆锥体沉

入砂浆的深度测定。砂浆的和易性对砌筑施工质量有重要影响，和易性较大的砂浆，易于铺砌，砌缝砂浆均匀密实。用于砌筑石材的砂浆的和易性指标以 50～70mm 为宜。对于干燥多孔的石料，需用和易性较好的砂浆砌筑；对于潮湿及密实的石料，砌筑砂浆的和易性要求可适当降低。

③砂浆的保水性是指砂浆在运输及使用过程中保持原有质量的能力。一般采用分层度仪测定。砂浆的砌筑质量在很大程度上取决于其保水性。在砌筑时，块材将吸收一部分水分，保水性好的砂浆被吸收的水分适度，仍能保持足够的水分，砂浆易于铺设，灰缝密实。保水性差的砂浆易产生离析现象，新铺在块材面上的砂浆水分很快散失或被吸收，砂浆难以抹平，影响砌筑质量。同时，砂浆因失水过多而不能正常硬化，使砂浆的强度和密实度大大降低。因此，对吸水性较大的干燥块材，在砌筑前应充分洒水，保持砌筑表面湿润。

2. 小石子混凝土

小石子混凝土是由胶结料（水泥）、小粒径粗骨料（细卵石或碎石），粒径不大于 20mm、细粒料（砂）加水拌和而成。采用小石子混凝土代替砂浆，砌筑的片石和块石砌体的抗压强度高，水泥和砂的用量少。

三、圬工材料选择

圬工材料的选择除应考虑承载力需求外，还应注意满足结构耐久性、抗冻性等方面的要求。

1. 最低强度等级

《桥规》(JTG D61)综合考虑承载力和耐久性等方面的要求，规定公路圬工桥涵结构物所用材料的最低强度等级应符合表 17-2-4 的规定。

圬工材料的最低强度等级 表 17-2-4

结构物种类	材料最低强度等级	砌筑砂浆最低强度等级
拱圈	MU50 石材 C25 混凝土（现浇） C30 混凝土（预制块）	M10（大、中桥） M7.5（小桥涵）
大、中桥墩台及基础，轻型桥台	MU40 石材 C25 混凝土（现浇） C30 混凝土（预制块）	M7.5
小桥涵墩台、基础	MU30 石材 C20 混凝土（现浇） C25 混凝土（预制块）	M5

2. 抗冻性

石材受水浸湿后，冬季冻结，春季融化，引起材料风化侵蚀。如水气充满于材料内部气孔，则因冻结膨胀有可能使孔壁破裂而导致材料破损。为此《桥规》(JTG D61)规定累计最冷月平均温度低于或等于－10℃的地区，所用的石材抗冻指标应符合表 17-2-5 的规定，以保证在多次冻融循环之后，石材不至于剥落破损和强度降低。

石材抗冻性指标 表 17-2-5

结构物部位	大、中桥	小桥及涵洞
镶面或表面石材	50	25

注：1. 抗冻性指标系指材料在含水饱和状态下经过－15℃的冻结与 20℃融化的循环次数。试验后的材料应无明显损伤（裂缝、脱层），其强度不应低于试验前的 0.75 倍。

2. 根据以往实践经验证明材料确有足够抗冻性能者，可不作抗冻试验。

3. 抗侵蚀性

石材应具有耐风化和抗侵蚀性。石材的抗侵蚀性指标以软化系数表示，其定义为石材在含水饱和状态下与干燥状态下试块极限抗压强度的比值。《桥规》(JTG D61)规定，用于浸水或气候潮湿地区(年平均相对湿度平均值大于80%)的受力结构的石材的软化系数不应低于0.8。

§17-3 圬工砌体的物理力学性能

一、圬工砌体的种类

砌体是由块材(石料或混凝土预制块)采用砂浆(或小石子混凝土)垫平黏结而成的整体结构。

桥涵工程主要采用的石砌体和混凝土预制块砌体。石砌体按其所用的块石种类不同，可分为五类：

(1)细料石砌体。砌块厚度200～300mm的石材，宽度为厚度的1.0～1.5倍，长度为厚度的2.5～4.0倍，表面凹陷深度不大于10mm，外形方正的六面体，错缝砌筑。砌筑缝宽不应大于10mm。

(2)半细料石砌体。砌块表面凹陷深度不大于15mm，缝宽不大于15mm，其他要求同细料石砌体。

(3)粗料石砌体。砌块表面凹陷深度不大于20mm，缝宽不大于20mm，其他要求同细料石砌体。

(4)块石砌体。砌块厚度200～300mm的石材，形状大致方正，宽度约为厚度的1.0～1.5倍，长度约为厚度的1.5～3.0倍，每层石材高度大致一律，并错缝砌筑。

(5)片石砌体。砌块厚度不小于150mm的石材，砌筑时敲去其尖锐凸出部分，平稳放置，可用小石块填塞空隙。

混凝土预制块砌体各项规格、尺寸同细料石砌体。

在桥涵工程中，应根据结构的重要程度、尺寸大小、工程环境、施工条件以及材料供应情况等综合考虑来选用砌体的种类。

二、砌体的抗压强度

圬工砌体主要用以承受压力，抗压强度是反映砌体力学性能的最主要指标。

砌体受压破坏机理十分复杂，由于组成砌体的块材和胶结料的弹性模量不同，加之受结合不良等多种因素的影响，使得块材固有的抗压强度不能充分发挥，砌体的抗压强度远低于块材本身的抗压强度。

砌体的抗压强度受多种因素影响，其中主要是：

(1)块材的强度、形状和尺寸

块材是组成砌体的主要材料，块材的强度是影响砌体强度的最主要因素。使用大尺寸的块材时，灰缝数量少，单块块材受力加大，砌体的强度较高。采用不规则块材时，其接触面之间凹凸不平，受力不均，砌体的强度较低。

(2)砂浆的强度及和易性

试验研究表明，对块石强度等级一定的砌体而言，随着砂浆强度的提高，砌体强度显著增长，但砂浆强度过高时，砌体强度提高并不显著。

砂浆的和易性对砌体的强度有重要影响。和易性好的砂浆铺成的灰缝厚度均匀，密实度好，砌体的强度高。但砂浆内水分过多，和易性虽好，但砌缝的密实性差，砌体强度反而会降低。

我国有关单位在对各类砌体进行了大量抗压强度试验研究的基础上，建立了符合我国实际情况的砌体抗压强度计算公式：

砌体抗压强度平均值 $$f_{cm}=k_1 f_1^a(1+0.07f_2)k_2 \tag{17-3-1}$$

砌体抗压强度标准值 $$f_{ck}=(1-1.645\delta_f)f_{cm} \tag{17-3-2}$$

式中：f_1——块体的强度(MPa)；

f_2——砂浆的强度(MPa)；

k_1——随砌体中块体类别和砌筑方法而变化的参数，见表 17-3-1；

a——与块体类别有关的参数，见表 17-3-1；

k_2——低强度等级砂浆砌筑的砌体强度修正系数，见表 17-3-1；

δ_f——砌体的变异系数规则块材砌体取 $\delta_f=0.2$，片石砌体取 $\delta_f=0.26$。

砌体抗压强度平均值公式中的各系数　　表 17-3-1

序　　号	砌体种类	k_1	a	k_2
1	块石(毛料石)	0.79	0.5	当 $f_2<1$ 时，$k_2=0.6+0.4f_2$； 当 $f_2<2.5$ 时，$k_2=0.4+0.24f_2$
2	片石(毛石)	0.22	0.5	

注：表中 f_2 在表列条件之外均等于 1。

砌体抗压强度设计值由标准值除以砌体材料分项系数求得：

$$f_{cd}=f_{ck}/\gamma_f \tag{17-3-3}$$

式中：γ_f——砌体材料分项系数，取 $\gamma_f=1.6$。

《桥规》(JTG D61)按照上述取值方法确定的砌体抗压强设计值列于附表 12。

三、砌体的抗拉、抗弯和抗剪强度

圬工砌体主要用于承受压力为主的结构，但在实际工程中砌体受拉、受弯和受剪的情况并不少见。例如图 17-3-1a)所示挡土墙，在墙后土的侧压力作用下，使挡土墙砌体发生沿通缝截面 1-1 的弯曲受拉；图 17-3-1b)所示有扶壁挡土墙，在垂直截面中将发生沿齿缝截面 2-2 的弯曲受拉；图 17-3-1c)所示的拱脚附近，由于水平推力的作用，将发生沿通缝截面 3-3 的受剪。

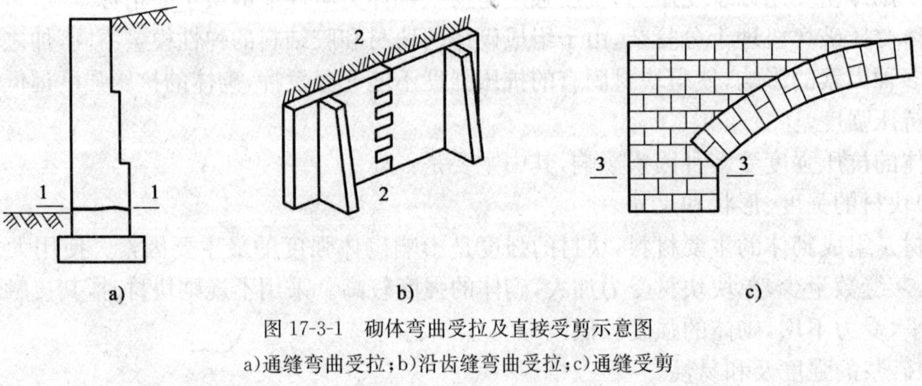

图 17-3-1　砌体弯曲受拉及直接受剪示意图

a)通缝弯曲受拉；b)沿齿缝弯曲受拉；c)通缝受剪

1. 砌体受拉、受弯和受剪破坏形式

试验表明，在多数情况下，砌体的受拉、受弯及受剪破坏一般发生于砂浆与块材的连接面上。因此，砌体的抗拉、抗弯与抗剪强度取决于砌缝强度，即取决于砌缝间块材与砂浆的黏结强度。

按照砌体受力方向的不同，砂浆与块材间的黏结强度分为两类。一类是平行于砌缝的切向黏结强度[图 17-3-2a)]；一类是垂直于砌缝的法向黏结强度[图 17-3-2b)]。砂浆与块材间的法向黏结强度不易保证，在实际工程中不允许设计利用法向黏结强度的受拉构件。

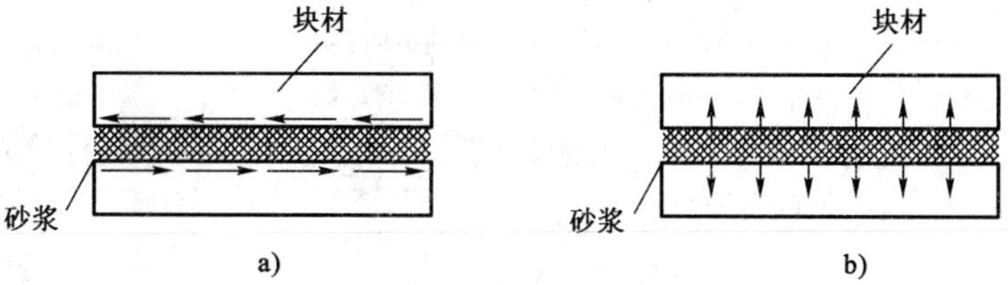

图 17-3-2　黏结强度

a)切向黏结强度；b)法向黏结强度

(1)轴向受拉

在平行于水平砌缝的轴向拉力作用下，砌体可能有两种破坏情况：一是沿砌体齿缝截面发生破坏，破坏面呈齿状[图 17-3-3a)]，其强度主要取决于砌缝与块材间切向黏结强度；二是砌体沿竖向砌缝和块材破坏[图 17-3-3b)]，其强度主要取决于块材的抗拉强度。

当拉力 F 作用方向与水平砌缝垂直时，砌体可能沿通缝截面发生破坏图[17-3-3c)]，其强度主要取决于砌缝与块材的法向黏结强度。

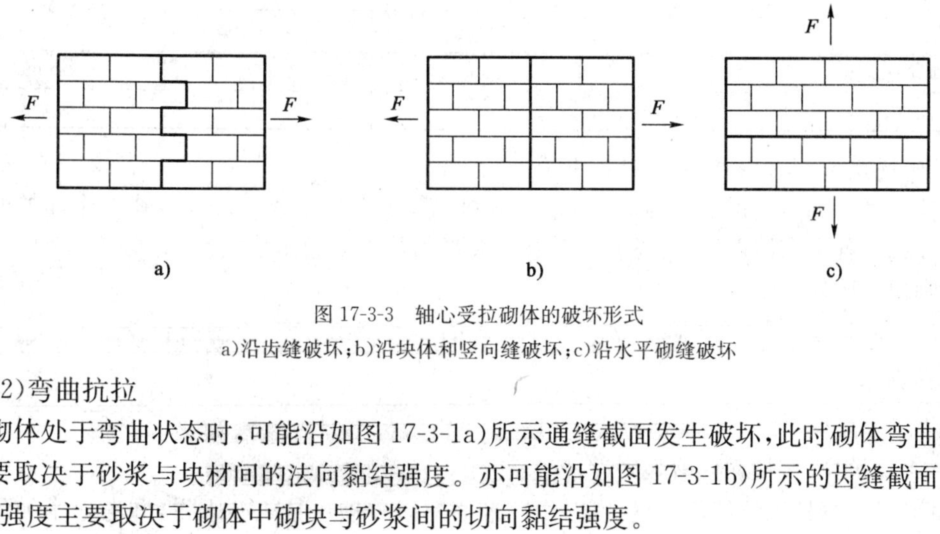

图 17-3-3　轴心受拉砌体的破坏形式

a)沿齿缝破坏；b)沿块体和竖向缝破坏；c)沿水平砌缝破坏

(2)弯曲抗拉

砌体处于弯曲状态时，可能沿如图 17-3-1a)所示通缝截面发生破坏，此时砌体弯曲抗拉强度主要取决于砂浆与块材间的法向黏结强度。亦可能沿如图 17-3-1b)所示的齿缝截面发生破坏，其强度主要取决于砌体中砌块与砂浆间的切向黏结强度。

(3)抗剪

砌体处于剪切状态时，则有可能发生通缝截面受剪破坏，如图 17-3-4a)所示，其抗剪强度主要取决于块材间砂浆的切向黏结强度。也可能发生沿如图 17-3-4b)所示的截面破坏，其抗剪强度与块材的抗剪强度和砂浆与块材之间的切向黏结强度有关。

2. 砌体抗拉、弯拉和抗剪强度

(1)砌体抗拉、弯拉和抗剪强度平均值

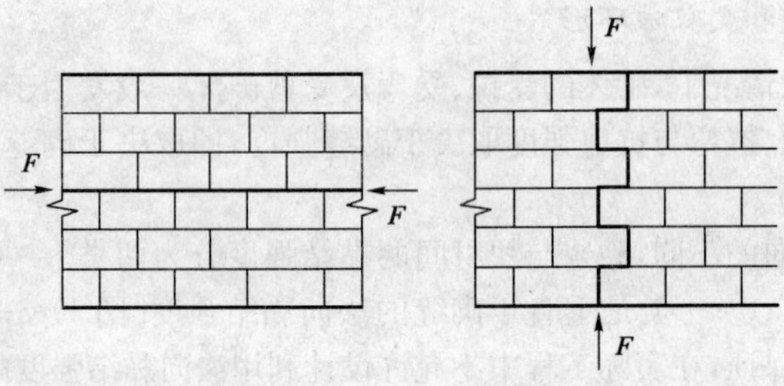

图 17-3-4 受剪砌体的破坏形式

a)沿水平砌缝破坏；b)沿齿缝破坏

砌体抗拉、弯拉和抗剪强度平均值，可依据砌筑砂浆强度 f_2，按下式计算：

各类砌体轴心抗拉强度平均值 f_{tm}

$$f_{tm} = k_3\sqrt{f_2} \tag{17-3-4}$$

各类砌体弯曲抗拉强度平均值 f_{tmm}

$$f_{tmm} = k_4\sqrt{f_2} \tag{17-3-5}$$

各类砌体抗剪强度平均值 f_{vm}

$$f_{vm} = k_5\sqrt{f_2} \tag{17-3-6}$$

式中：k_3、k_4、k_5——计算系数，见表 17-3-2。

砌体轴心抗拉、弯曲抗拉、直接抗剪强度平均值及计算系数 表 17-3-2

砌体种类	$f_{tm}=k_3\sqrt{f_2}$	$f_{tmm}=k_4\sqrt{f_2}$		$f_{vm}=k_5\sqrt{f_2}$
	k_3	k_4		k_5
		沿齿缝	沿通缝	
规则块材砌体	0.069	0.081	0.056	0.069
片石砌体	0.075	0.113	—	0.188

(2)砌体抗拉、弯拉和抗剪强度标准值

砌体强度标准值的保证率为 95%，规则块材砌体的变异系数 $\delta_f=0.2$，片石砌体的变异系数 $\delta_f=0.26$。各类砌体抗拉、弯拉和抗剪强度标准值按下列通用公式计算：

规则块材砌体

$$f_k = (1-1.645\delta_f)f_m = (1-1.645\times0.2)k\sqrt{f_2} = 0.671k\sqrt{f_2} \tag{17-3-7}$$

片石砌体

$$f_k = (1-1.645\delta_f)f_m = (1-1.645\times0.26)k\sqrt{f_2} = 0.572k\sqrt{f_2} \tag{17-3-8}$$

(3)砌体抗拉、弯拉和抗剪强度设计值

砌体抗拉、弯拉和抗剪弯强设计值，由标准值除以分项系数 1.6 求得，并考虑水泥砂浆折减系数 0.8 的影响，其数值可按下列通用公式计算：

规则块材砌体

$$f_d = \frac{0.8}{1.6}f_k = 0.3355k\sqrt{f_2} \tag{17-3-9}$$

片石砌体

$$f_d = \frac{0.8}{1.6}f_k = 0.2862k\sqrt{f_2} \tag{17-3-10}$$

上述式中：f_m——概括代表砌体抗拉、弯拉、抗剪强度平均值；

f_k——概括代表砌体抗拉、弯拉、抗剪强度标准值；

f_d——概括代表砌体抗拉、弯拉、抗剪强度标准值；

f_2——砌筑砂浆强度；

k——概括代表砌体抗拉、弯拉、抗剪强度平均值计算系数（k_3、k_4、k_5）。

《桥规》(JTG D61)按上述取值方法确定的砌体抗拉、弯拉和抗剪强度设计值列于附录13。

四、砌体变形

1. 砌体受压应力—应变曲线

试验研究表明，各类砌体轴心受压试验的应力—应变曲线不尽相同，但从总的趋势看，都具有与混凝土应变—应变曲线相似的特点。应变—很小时，可以近似地认为具有弹性性质，随着荷载的增加变形增加速度加大，应力—应变曲线具有明显的非线性关系（图17-3-5）。

2. 砌体的弹性模量

从图17-3-5所示砌体受压时的应力—应变曲线可看出，反映应力—应变关系的变形模量是一个变数。工程上一般取0.43倍砌体抗压强度对应的割线模量，作为设计中取用的砌体弹性模量。

《桥规》(JTG D61)在总结分析砌体弹性模量变化规律的基础上，采用了更为简单的处理方法。即认为砌体的弹性模量主要与砂浆的强度等级和砌体抗压强度有关。在砂浆强度等级一定的情况下，砌体的弹性模量与砌体抗压强度设计值成正比（见表17-3-3）。

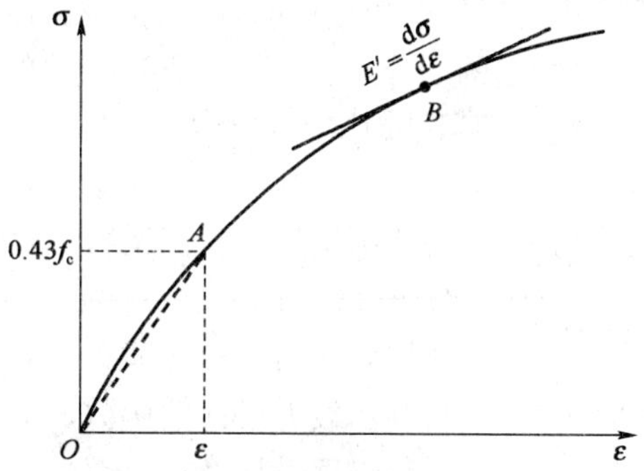

图17-3-5 砌体受压时的应力—应变曲线

各类砌体受压弹性模量 E_m (MPa) 表17-3-3

砌体种类	砂浆强度等级				
	M20	M15	M10	M7.5	M5
混凝土预制块砌体	$1\,700f_{cd}$	$1\,700f_{cd}$	$1\,700f_{cd}$	$1\,600f_{cd}$	$1\,500f_{cd}$
粗料石、块石及片石砌体	7 300	7 300	7 300	5 650	4 000
细料石、半细料石砌体	22 000	22 000	22 000	17 000	12 000
小石子混凝土砌体	$2100f_{cd}$				

注：f_{cd}为砌体轴心抗压强度设计值。

3. 砌体的收缩和温度变形

砌体浸水时体积膨胀，失水时体积收缩（干缩变形），后者比前者大得多。石砌体的干缩变形较小，混凝土预制块砌体的干缩变形较大，约为2×10^{-4}。

砌体材料温度变形的敏感性较小，《桥规》(JTG D61)给出的砌体线膨胀系数列于表17-3-4。

混凝土和砌体的线膨胀系数 表17-3-4

砌体种类	线膨胀系数(10^{-6}/℃)	砌体种类	线膨胀系数(10^{-6}/℃)
混凝土	10	料石、半细料石、粗料石、块石、片石砌体	8
混凝土预制块砌体	9		

第十八章 圬工结构构件的承载力计算

§18-1 圬工结构设计基本原理

《桥规》(JTG D61)对圬工结构采用以概率理论为基础的极限状态设计方法进行计算。圬工桥涵构件按承载能力极限状态设计，并应满足正常使用极限状态的要求。圬工桥涵结构的正常使用极限状态的要求，一般情况下可采取相应的构造措施来保证。

根据《公路工程结构可靠度设计统一标准》(GB/T 50283—1999)的规定，视结构破坏可能产生的后果的严重程度，圬工桥涵构件的承载能力极限状态划分为三个安全等级进行设计(安全等级的划分与《桥规》(JTG D62)的标准相同)。

圬工桥涵结构按承载能力极限状态设计时，采用如下表达式：

$$\gamma_0 S \leqslant R(f_d, a_d)$$

式中：γ_0——桥梁结构的重要性系数，对应于一级、二级和三级设计安全等级，分别取用1.1、1.0和0.9；

S——作用效应组合设计值；

$R(\cdot)$——构件承载力设计值函数；

f_d——材料强度设计值；

a_d——几何参数设计值，可采用几何参数标准值a_k，即设计文件规定值。

§18-2 受压构件的承载力计算

受压构件是圬工结构中应用最为广泛的构件，如桥梁的重力式墩台、圬工拱桥的拱圈等。受压构件按轴向压力作用位置的不同，可分为轴向受压、单向偏压和双向偏压。

一、砌体受压短柱破坏状态与承载力分析

国内外开展的砌体短柱受压试验表明，构件的破坏状态与偏心距有关(图18-2-1)。

(1)构件承受的轴向力作用线与构件轴线重合时，整个截面上的压应力是均匀分布的[图18-2-1a)]。应力达到砌体轴心抗压极限强度时，构件发生压碎破坏。

(2)构件承受的轴向力作用线与构件轴线偏离时，整个截面上的应力分布是不均匀的。当偏心距不大时，整个截面受压，由于砌体材料的弹塑性影响，应力图形呈曲线变化[图18-2-1b)]。压应力较大一侧的边缘应力达到或略大于砌体的轴心抗压极限强度时，构件一侧发生压碎破坏。

(3)随着偏心距的增大，在远离偏心压力作用的截面边缘，由受压逐步过渡到受拉，但在受拉边的拉应力尚未达到通缝抗拉极限强度时，则截面的受拉边就不会开裂，会载面受力，直至构件一侧混凝土压碎破坏[图18-2-1c)]。

(4)当偏心距继续增大时，受拉边的应力达到砌体通缝抗拉极限强度，将出现水平裂缝，开裂部分截面退出工作，从而使实际受压截面面积减小，形成一个新的受力截面。轴向力相对于新的受力截面的偏心距将有所减少。在继续加大的轴向力作用下新的受力截面又将产生拉应力，使水平裂缝进一步扩展，截面受压面积进一步减小，压应力进一步增加。这样，周而复始，直至剩余的截面面积减小到一定程度时，构件的受压边出现竖向裂缝，最终导致构件的压碎破坏[图 18-2-1d)]。

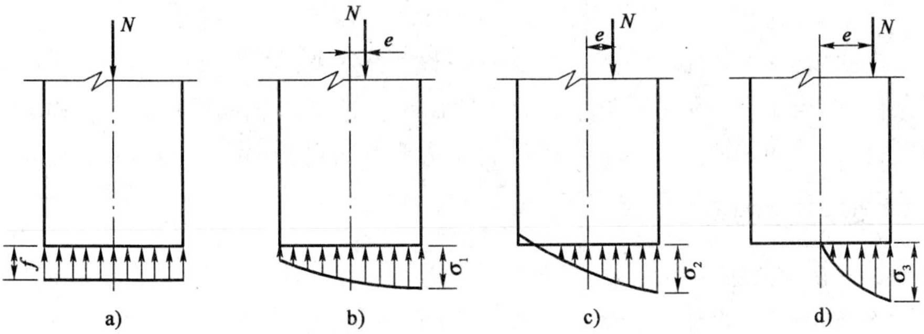

图 18-2-1　砌体受压时的截面受应力

从上述砌体受压时截面应力变化和破坏状态分析可以看出，对截面尺寸一定的砌体受压短柱而言，其承载力将随着偏心距的增加而降低。砌体受压短柱的承载力设计值可采用下列表达形式：

$$N_u = \alpha A f_{cd} \tag{18-2-1}$$

式中：A——构件的截面面积；

f_{cd}——砌体的轴心抗压设计强度；

α——偏心距影响系数。

应该指出，公式(18-2-1)是计算受压短柱承载力的通用公式，对于偏心距较小，全截面受压的情况，其截面应力可由材料力学公式求得，若令边缘最大压应力为 f_{cd}，与其相对的轴向力即为短柱的承载力 N_u，若采用公式(18-2-1)的表达形式，式中的 $\alpha=\dfrac{1}{1+e_x x/i^{\alpha}}$，其中 e_x 为偏心距，x 为截面重心至受压较大边缘的距离，i 为偏心力作用平面的回转半径 $i=\sqrt{I/A}$。

《桥规》(JTG D61)在上述按材料力学公式求得的偏心距影响系数计算表达式的基础上，根据我国大量的砌体短柱受压试验资料，经过统计分析，给出了适用于双向偏心受压的偏心距影响系数的计算公式：

$$\alpha_x = \frac{1-(e_x/x)^m}{1+(e_x/i_y)^2} \tag{18-2-2}$$

$$\alpha_y = \frac{1-(e_y/y)^m}{1+(e_y/i_x)^2} \tag{18-2-3}$$

式中：α_x、α_y——分别为 x 方向和 y 方向的纵向力偏心影响系数；

x、y——分别为 x 方向、y 方向截面重心至偏心方向的截面边缘的距离，见图 18-2-2；

e_x、e_y——轴向力在 x 方向和 y 方向的截面偏心距，$e_x=M_{d,y}/N_d$，$e_y=M_{d,x}/N_d$，其数值不应超过表 18-2-4 的规定值；

m——截面形状系数，对于圆形截面取 2.5，对于 T 形或 U 形截面取 3.5，对于箱形截面或矩形截面(包括两端设有曲线形或圆弧形的矩形墩身截面)取 8.0；

i_x、i_y——弯曲平面内的截面回转半径，$i_x=\sqrt{I_x/A}$和$i_y=\sqrt{I_y/A}$。I_x 和 I_y 分别为截面绕 x 轴和绕 y 轴的惯性矩，A 为截面面积。对于组合截面，A、I_x、I_y 应按弹性模量比换算，即 $A=A_0+A_1+A_2+\cdots$，$I_x=I_{0x}+\psi_1 I_{1x}+\psi_2 I_{2x}+\cdots$，$I_y=I_{0y}+\psi_1 I_{1y}+\psi_2 I_{2y}+\cdots$。$A_0$ 为标准层截面面积，A_1、A_2、…为其他层截面面积；I_{0x}、I_{0y}为绕 x 轴和绕 y 轴的标准层惯性矩，I_{1x}、I_{2x}…和 I_{1y}、I_{2y}…为绕 x 轴和绕 y 轴的其他层惯性矩；$\psi_1=E_1/E_0$、$\psi_2=E_2/E_0$、…，E_0 为标准层弹性模量，E_1、E_2…为其他层的弹性模量。对于矩形截面，$i_y=b/\sqrt{12}$，$i_x=h/\sqrt{12}$，b、h 为截面尺寸，详见图 18-2-2。

应该指出式(18-2-2)和式(18-2-3)是半理论半经验公式，它满足轴向受压和偏心受压两个受力边界条件，即当 $e_x=0$ 和 $e_y=0$ 时，$\alpha_x=0$ 和 $\alpha_y=1$，构件为轴向受压；当 e_x 和 e_y 有一个不等于 0 时，构件为单向偏心受压；当 e_x 和 e_y 都不等于 0 时，构件为双向偏心受压。

二、砌体受压长柱的受力特点

砌体细长柱在承受轴心压力时，由于材料不均匀和各种偶然因素的影响，轴向力不可能完全作用在砌体截面中心，产生了一定的初始偏心，会出现相应的初始侧向变形，因而增加了长柱的附加应力。

偏心受压砌体构件在偏心压力作用下会发生侧向挠曲，随着构件长细比的增大，构件在偏心压心下的侧向挠曲现象越来越明显(图 18-2-3)。在偏心压力下，细长柱在原有轴向力作用偏心距 e 的基础上将产生附加偏心距 u，并随偏心压力的增大而不断增大。从而在构件截面上产生相应的附加应力，使构件承载力降低。构件的长细比越大，这种纵向弯曲的影响就越大。

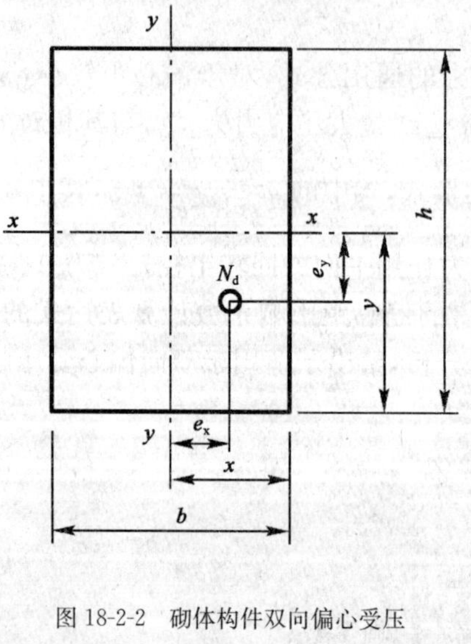

图 18-2-2　砌体构件双向偏心受压

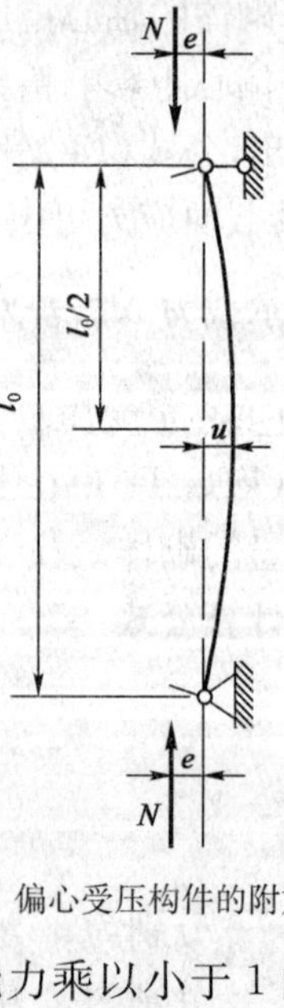

图 18-2-3　偏心受压构件的附加偏心距

《桥规》(JTG D61)的处理方法是将按砌体短柱求得的承载能力乘以小于 1 的修正系数 φ，来考虑纵向弯曲的影响。纵向弯曲系数的取值主要与构件的长细比和偏心距有关，砂浆的强度等级也有一定影响。

《桥规》(JTG D61)根据四川省建筑科学研究院的大量试验资料，建议砌体偏心受压构件的纵向弯曲系数的计算式为

x 方向

$$\varphi_x = \frac{1}{1+\alpha\lambda_x(\lambda_x-3)[1+1.33(e_x/i_y)^2]} \tag{18-2-4}$$

y 方向

$$\varphi_y = \frac{1}{1+\alpha\lambda_y(\lambda_y-3)[1+1.33(e_y/i_x)^2]} \tag{18-2-5}$$

式中：α——与砂浆强度有关的系数。当砂浆强度等级大于或等于 M5 或为组合构件时，α 为 0.002；当砂浆强度等级为 0 时，α 为 0.013；

λ_x、λ_y——构件在 x 方向、y 方向的长细比，按下列公式计算：

$$\lambda_x = \frac{\gamma_\beta l_0}{3.5 i_y} \geqslant 3 \tag{18-2-6}$$

$$\lambda_y = \frac{\gamma_\beta l_0}{3.5 i_x} \geqslant 3 \tag{18-2-7}$$

对组合截面，式中的回转半径 i_y（或 i_x）应按等级强度换算后的截面计算；

γ_β——不同砌体材料的长细比修正系数，按表 18-2-1 取用；

l_0——构件计算长度，按表 18-2-2 取用。

i_x、i_y——弯曲平面内的截面回转半径。

长细比修正系数 γ_β 表 18-2-1

砌 体 种 类	γ_β	砌 体 种 类	γ_β
混凝土预制块砌体或组合构件	1.0	料石、块石、片石	1.3
细料石、半细料石砌体	1.1		

构件计算长度 l_0 18-2-2

构件两端约束情况	计算长度 l_0	构件两端约束情况	计算长度 l_0
两端固结	$0.5l$	两端均为不移动的铰	$1.0l$
一端固定，一端为不移动的铰	$0.7l$	一端固定，一端自由	$2.0l$

表中，l 为构件支点间长度。

三、砌体受压构件的承载力计算

根据以上对砌体受压短柱和长柱的分析，对砌体受压构件，可以采用一个系数 ψ 来综合考虑纵向弯曲和轴向力的偏心距对受压构件承载力的影响。《桥规》(JTG D61) 规定的受压偏心距限值（表 18-2-4）范围内，砌体（包括砌体与混凝土组合）受压构件的承载力按下式计算

$$\gamma_0 N_d \leqslant N_u = \psi A f_{cd} \tag{18-2-8}$$

❶

式中：N_d——轴向力设计值；

A——构件的截面面积，对于组合截面按强度比换算，即 $A = A_0 + \eta_1 A_1 + \eta_2 A_2 + \cdots$，$A_0$ 为标准层截面面积，A_1、A_2…为其他层截面面积，$\eta_1 = f_{cd1}/f_{cd0}$、$\eta_2 = f_{cd2}/f_{cd0}$…，f_{cd0} 为标准层轴心抗压强度设计值，f_{cd1}、f_{cd2}…为其他层的轴心抗压强度设计值；

f_{cd}——砌体或混凝土轴心抗压强度设计值，按附录 12-1～附录 12～3、附录 14 和附录 15 采用；

❶《桥规》(JTG D61) 采用系数 φ 来综合考虑纵向弯曲和轴向力偏心距对承载力的影响，笔者建议改为以 ψ 表示，以避免与后面采用的纵向弯曲系数 φ 混淆。

ψ——考虑构件轴向力的偏心距 e 和纵向弯曲 λ 对受压构件承载力的影响系数。

对单向偏心受压情况，即 $\psi=\psi_x=\alpha_x\varphi_x$ 或 $\psi=\psi_y=\alpha_y\psi_y$，其数据按公式(18-2-10)或公式(18-2-11)计算。

对于双向偏心受压情况，承载力影响系数 ψ 的计算，应考虑双向承载力影响系数 ψ_x 和 ψ_y 的影响。

《桥规》(JTG D61)给出的双向偏心受压承载力影响系数 ψ 的计算公式是采用本书§5-6介绍的尼克丁近似公式转换求得，其计算表达式为

$$\psi=\frac{1}{\frac{1}{\psi_x}+\frac{1}{\psi_y}-1} \tag{18-2-9}$$

$$\psi_x=\alpha_x\varphi_x=\frac{1-\left(\frac{e_x}{x}\right)^m}{1+\left(\frac{e_x}{i_y}\right)^2}\cdot\frac{1}{1+\alpha\lambda_x(\lambda_x-3)[1+1.33(e_x/i_y)^2]} \tag{18-2-10}$$

$$\psi_y=\alpha_y\varphi_y=\frac{1-\left(\frac{e_y}{y}\right)^m}{1+\left(\frac{e_y}{i_x}\right)^2}\cdot\frac{1}{1+\alpha\lambda_y(\lambda_y-3)[1+1.33(e_y/i_x)^2]} \tag{18-2-11}$$

式中的 ψ_x、ψ_y 分别为 x 方向和 y 方向偏心受压构件承载力影响系数，其余符号的物理意义及计算方法详见公式(18-2-2)～公式(18-2-5)。

应该指出公式(18-2-9)给出的承载力影响系数 ψ 的计算表达式是适用于砌体轴心受压，单向偏心受压和双向偏心受压的通用计算公式。若令 $e_x=0$，$\lambda_x=3$(或 $e_y=0$，$\lambda_y=3$)代入公式(18-2-10)或[公式(18-2-11)]，则得 $\psi_x=1$(或 $\psi_y=0$)，将其再入公式(18-2-9)求得 $\psi=\psi_y$(或 $\psi=\psi_x$)即为单向偏心受压情况。若令 $e_x=e_y=0$、$\lambda_x=\lambda_y=3$ 代入，则得 $\psi=1$，即为轴心受压情况。

四、混凝土受压构件承载力计算

混凝土构件与砌体构件相比，其整体性较好，在极限状态下混凝土的塑性表现更为突出，其承载力计算具有自身的特点，不能机械地套用砌体受压构件的计算公式。

《桥规》(JTG D61)参照国内外通用的混凝土偏心受压构件进入塑性状态的承载力计算方法，给出了混凝土受压构件承载力计算简化公式。这种方法的核心是：混凝土受压构件进入塑性状态后，受压后的法向应力图取矩形其应力取混凝土抗压强度设计值 f_{cd}，其合力作用点与轴向力作用点重合。

《桥规》(JTG D61)规定，对偏心距符合表 18-2-4 要求的混凝土受压构件的承载力可按下列通用公式计算：

$$\gamma_0 N_d\leqslant N_u=\varphi A_c f_{cd} \tag{18-2-12}$$

式中：N_d——轴向力设计值；

φ——混凝土轴向受压构件弯曲系数，按表 18-2-3 采用；

f_{cd}——混凝土构件抗压强度设计值，按附录 17 的规定采用；

A_c——混凝土受压区面积，其数值根据受压区法向压应力的合力作用点与轴向力作用点相重合的原则确定。

混凝土轴向受压构件弯曲系数　　表 18-2-3

L_0/b	<4	4	6	8	10	12	14	16	18	20	22	24	26	28	30
L_0/i	<14	14	21	28	35	42	49	56	63	70	76	83	90	97	104
φ	1.00	0.98	0.96	0.91	0.86	0.82	0.77	0.72	0.68	0.63	0.59	0.55	0.51	0.47	0.44

注：1. 表中 L_0 为计算长度，按表 18-2-2 的规定采用。

2. 在计算 L_0/b 或 L_0/i 时，对 b 和 i 的取值规定为：单向偏心受压构件，取弯曲平面内截面高度或回转半径；轴向受压构件及双向偏心受压构件，取截面短边尺寸或截面最小回转半径。

(1)单向偏心受压(图 18-2-4)

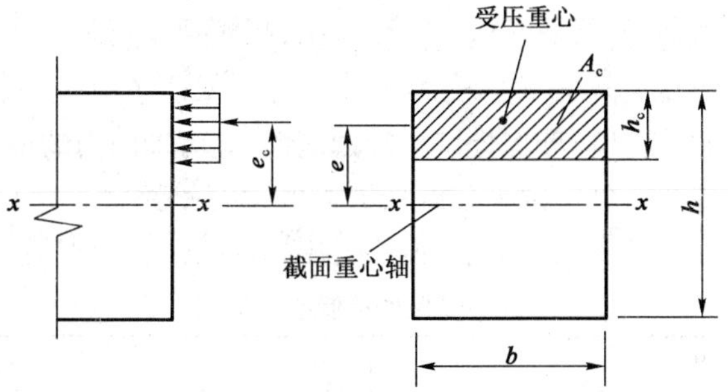

图 18-2-4　混凝土矩形截面单向偏心受压构件承载力计算图式

以图 18-2-4 所示的混凝土矩形截面单向偏心受压构件为例。e_c 为受压区混凝土法向应力合力作用点至截面重心的距离。根据 $e_c=e$ 的条件，求得混凝土的受压高度和面积 $h_c=h-2e$，$A_c=b(h-2e)$，将其代入式(18-2-12)后即可求得混凝土矩形截面单向偏心受压构件承载力计算公式：

$$\gamma_0 N_d \leqslant N_u = \varphi f_{cd} b\,(h-2e) \tag{18-2-13}$$

式中：e——轴向力的偏心距；

b——矩形截面宽度；

h——矩形截面高度。

当构件弯曲平面外长细比大于弯曲平面内长细比时，尚应按轴向受压验算其承载力。

(2)双向偏心受压(图 18-2-5)

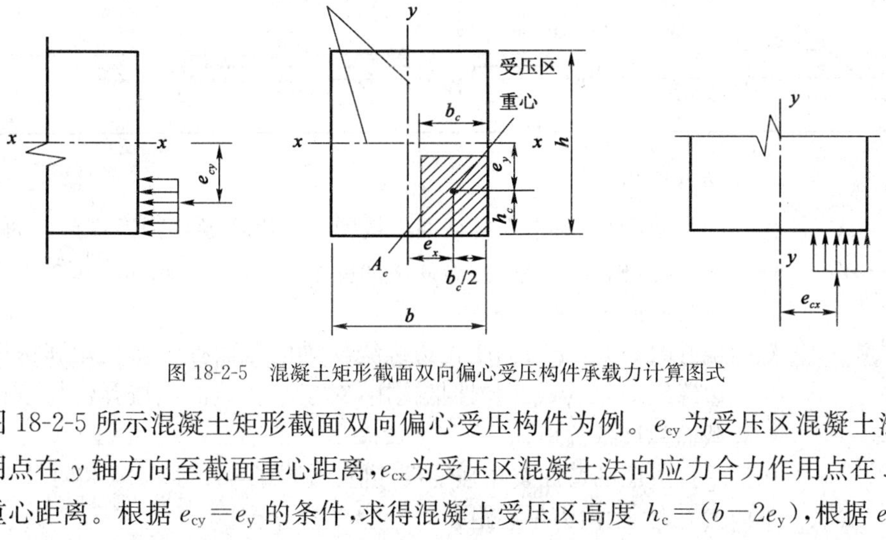

图 18-2-5　混凝土矩形截面双向偏心受压构件承载力计算图式

以图 18-2-5 所示混凝土矩形截面双向偏心受压构件为例。e_{cy} 为受压区混凝土法向应力合力作用点在 y 轴方向至截面重心距离，e_{cx} 为受压区混凝土法向应力合力作用点在 x 轴方向至截面重心距离。根据 $e_{cy}=e_y$ 的条件，求得混凝土受压区高度 $h_c=(b-2e_y)$，根据 $e_{cx}=e_x$ 的条件，求得混凝土受压区宽度 $b_c=(b-2e_x)$，将其代入公式(18-2-12)，即可求得混凝土矩形截面双向偏心受压构件承载力计算公式：

$$\gamma_0 N_d \leqslant N_u = \varphi_c f_{cd}(h-2e_y)(b-2e_x) \tag{18-2-14}$$

式中：φ_c——混凝土轴向受压构件弯曲系数，按表 18-2-3 采用；

e_x、e_y——分别为轴向力沿 x 轴方向和沿 y 轴方向的偏心距。

五、偏心受压构件的偏心矩验算

前已指出，砌体和混凝土偏心受压构件的工作性能与偏心距有关。若偏心距过大，会导致构件受拉边过早出现水平裂缝，使截面受压区面积减少，截面刚度削弱，纵向弯曲的不利影响增加，进而会导致构件的承载力显著降低，危及结构安全。为了保证结构的正常使用，防止受拉边过早的出现裂缝，防止截面的过度削弱和保证结构的稳定性，应对轴向力的偏心距加以限制。

《桥规》(JTG D61)在总结分析西南建筑研究院和第三铁路设计院试验资料的基础上，参照国外有关规范的规定，给出了砌体和混凝土偏心受压构件的偏心距限值规定(表 18-2-4)。

偏心受压构件偏心距限值　　表 18-2-4

作用组合	偏心距限值 e
基本组合	$\leqslant 0.6s$
偶然组合	$\leqslant 0.7s$

注：1. 混凝土结构单向偏心的受拉一边或双向偏心的各受拉一边，当设有不小于截面面积 0.05%的纵向钢筋时，表内规定值可增加 0.1s。
2. 表中 s 值为截面或换算截面重心轴至偏心方向截面边缘的距离(图 18-2-6)。

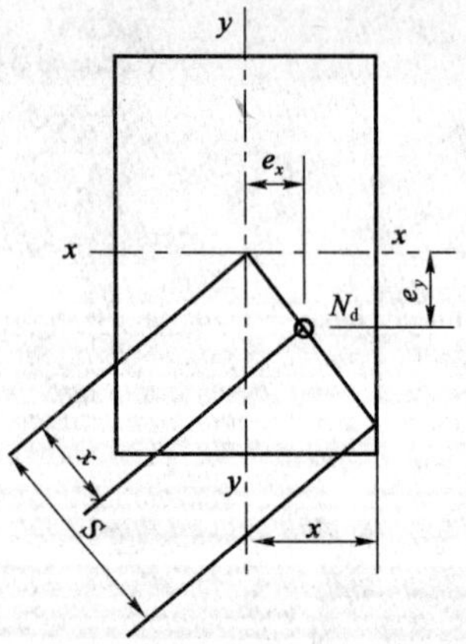

图 18-2-6　受压构件偏心距

若轴向力的偏心距 e 超过表 18-2-4 的限值，意味在使用荷载作用下截面可能出现较大的裂缝。这时应按截面受力边缘的应力达到弯曲抗拉强度设计值控制设计，由材料力学公式确定构件的承载力。

对单向偏心受压：

$$\gamma_0 N_d \leqslant N_u = \varphi \frac{A f_{tmd}}{\left(\frac{Ae}{W}-1\right)} \tag{18-2-15}$$

对双向偏心受压：

$$\gamma_0 N_d \leqslant N_u = \varphi \frac{A f_{tmd}}{\left(\frac{Ae_x}{W_y}+\frac{Ae_y}{W_x}-1\right)} \tag{18-2-16}$$

式中：N_d——轴向力设计值；

A——构件的截面面积，对于组合截面应按弹性模量比换算为换算截面面积；

W——单向偏心时，构件受拉边缘的弹性抵抗矩，对于组合截面应按弹性模量比换算为换算截面弹性抵抗矩；

W_y、W_x——双向偏心时，构件 x 方向受拉边缘绕 y 轴的截面弹性抵抗矩和构件 y 方向受拉边缘绕 x 轴的截面弹性抵抗矩，对于组合截面应按弹性模量比换算为换算截面弹性抵抗矩；

f_{tmd}——构件受拉边层的弯曲抗拉强度设计值，按附录 13、附录 16 和附录 17 采用；

e——单向偏心时，轴向力偏心距；

e_x、e_y——双向偏心时，轴向力在 x 方向和 y 方向的偏心距；

φ——纵向弯曲系数，对砌体受压构件按公式(18-2-4)和(18-2-5)计算；对混凝土受压构件，按表 18-2-3 取用。

按公式(18-2-15)或公式(18-2-16)求得的结构抗力不满足设计承载力要求(即 $N_u < \gamma_0 N_d$)时，应修改截面尺，重新进行设计。

注：《桥规》(JTG D61)4.0.10 条：对公式 4.0.10-1(相当于本书公式 18-2-15)和公式 4.0.10-2(相当于本书公式 18-2-16)中 φ 的解释是"砌体偏心受压构件承载力影响系数或混凝土轴心受压构件弯曲系数，分别按本规范第 4.0.6 条(相当于本书公式 18-2-9)和第 4.0.8 条(相当于本书表 18-2-3)计算"。

笔者认为，从公式(18-2-15)和公式(18-2-16)的表达式上可以明显的看出，式中的 φ 为考虑纵向弯曲影响的系数，而《桥规》(JTG D61)中给出砌体偏心受压构件承载力影响系数 φ 是考虑纵向弯曲和轴向力偏心距对承载力影响的综合系数，与后面混凝土受压构件承载力计算中引入的弯曲影响系数是完全不同的两个概念。这是由于应用符号上的混乱，造成的概念上的错误。正是出于这种考虑，笔者将砌体偏心受压构件承载力影响系数 φ 改为以"ψ"表示。

§18-3 局部承压、受弯及受剪构件承载力计算

一、局部承压承载力计算

局部承压是砌体结构中常见的一种受力状态，其特点是轴向力仅作用于构件的部分截面。局部承压时，直接受压的局部范围内的砌体抗压强度有较大程度地提高。关于局部承压作用机理在本书第十二章§12-5 节已做了较为详细的介绍，砌体局部承压与混凝土局部承压作用机理基本相同。

(1)砌体截面局部承压

桥涵结构的砌体截面承受局部压力时，应在砌体表面浇一层混凝土，作用于混凝土层上的局部压力以 45°扩散角向下分布，分布后的压应力应不大于砌体的抗压强度设计值。

(2)混凝土截面局部承压

《桥规》(JTG D61)规定，混凝土截面局部承压的承载力按下式计算：

$$\gamma_0 N_d \leqslant 0.9\beta A_l f_{cd} \tag{18-3-1}$$

$$\beta = \sqrt{\frac{A_b}{A_l}} \tag{18-3-2}$$

式中：N_d——局部承压面积上的轴向力设计值；

β——局部承压强度提高系数；

A_l——局部承压面积；

A_b——局部承压计算底面积，根据底面积重心与局部受压面积重心相重合的原则确定(参见§12-5 节图 12-5-4)；

f_{cd}——混凝土轴心抗压强度设计值，按附录 17 采用。

二、受弯构件承载力计算

图 17-3-1a)和图 17-3-1b)所示的挡土墙在水平力的作用下，截面内产生弯矩，它们属受弯

构件。砌体受弯构件正截面承载力计算以截面受拉边缘的拉应力达到弯曲抗拉强度设计值控制。《桥规》(JTG D61)规定，受弯构件正截面承载力按下式计算：

$$\gamma_0 M_d \leqslant W f_{tmd} \tag{18-3-3}$$

式中：M_d——弯矩设计值；

W——截面受拉边缘的弹性抵抗矩，对于组合截面应按弹性模量比换算为换算截面受拉边缘弹性抵抗矩；

f_{tmd}——构件受拉边缘的弯曲抗拉强度设计值，按附录 13、附录 16 和附录 17 采用。

三、构件受剪承载力计算

图 17-3-1c)所示拱座截面处，由于拱的水平推力使拱座水平截面受剪。当拱脚处采用块石砌体时，可能产生沿水平通缝截面的受剪破坏；当拱脚处采用片石砌体时，则可能产生沿齿缝截面的受剪破坏。在受剪构件中，除水平剪力外，还作用有垂直压力。砌体构体的受剪试验表明，砌体沿水平缝的抗剪承载能力为砌体沿通缝的抗剪承载能力及作用在截面上的压力所产生的摩擦力的总和。《桥规》(JTG D61)规定，砌体构件或混凝土构件直接受剪时，其抗剪承载力按下式计算：

$$\gamma_0 V_d \leqslant V_u = A f_{vd} + \frac{1}{1.4}\mu_f N_k \tag{18-3-4}$$

式中：V_d——剪力设计值；

A——受剪截面面积；

f_{vd}——砌体或混凝土抗剪强度设计值，按附录 13、附录 16 和附录 17 采用；

μ_f——摩擦系数，采用 $\mu_f=0.7$；

N_k——与受剪截面垂直的压力标准值。

附　　录

混凝土强度(MPa)　　附录 1

强度等级 \ 强度种类	强度标准值		强度设计值	
	轴心抗压 f_{ck}	轴心抗拉 f_{tk}	轴心抗压 f_{cd}	轴心抗拉 f_{td}
C20	13.4	1.54	9.2	1.06
C25	16.7	1.78	11.5	1.23
C30	20.1	2.01	13.8	1.39
C35	23.4	2.20	16.1	1.52
C40	26.8	2.40	18.4	1.65
C45	29.6	2.51	20.5	1.74
C50	32.4	2.65	22.4	1.83
C55	35.5	2.74	24.4	1.89
C60	38.5	2.85	26.5	1.96
C65	41.5	2.93	28.5	2.02
C70	44.5	3.00	30.5	2.07
C75	47.4	3.05	32.4	2.10
C80	50.2	3.10	34.6	2.14

注：计算现浇钢筋混凝土轴心受压和偏心受压构件时，如截面尺寸的长边或直径小于 300mm，表中的数值应乘系数 0.8，当构件质量(混凝土成型、截面和轴线尺寸等)确有保证时，可不受此限。

混凝土的弹性模量(MPa)　　附录 2

混凝土强度等级	E_c	混凝土强度等级	E_c
C20	2.55×10^4	C55	3.55×10^4
C25	2.80×10^4	C60	3.60×10^4
C30	3.00×10^4	C65	3.65×10^4
C35	3.15×10^4	C70	3.70×10^4
C40	3.25×10^4	C75	3.75×10^4
C45	3.35×10^4	C80	3.80×10^4
C50	3.45×10^4		

注：1. 当采用引气剂及较高砂率的泵送混凝土且无实测数据时，表中 E_c 值应乘折减系数 0.95。

2. 混凝土的剪变模量 G_c，按表中 E_c 值的 0.4 倍采用。

3. 混凝土的泊松比 ν_c 可采用 0.2。

普通钢筋强度(MPa) 附录 3

钢筋的种类	符号	强度标准值 f_{sk}	强度设计值	
			抗拉 f_{sd}	抗压 f'_{sd}
R235 $d=8\sim20$mm	ϕ	235	195	195
HPB300 $d=6\sim22$mm	$\underline{\phi}$	300	250	250
HRB335 $d=6\sim50$mm	$\underline{\phi}$	335	280	280
HRB400 $d=6\sim50$mm	Φ	400	330	330
KL400 $d=8\sim40$mm	Φ^{R}	400	330	330
HRB500 $d=5\sim50$mm		500	415	415

注:1. 钢筋混凝土轴心受拉和小偏心受拉构件的钢筋抗拉强度设计值大于 330MPa 时,仍应按 330MPa 取用。

2. 构件中配有不同种类的钢筋时,每种钢筋应采用各自的强度设计值。

预应力钢筋抗拉强度标准值(MPa) 附录 4

钢筋种类			符号	f_{pk}
钢绞线	1×2(二股)	$d=8.0$、10.0	ϕ^{s}	1470,1570,1720,1860
		$d=12.0$		1470,1570,1720
	1×3(三股)	$d=8.6$、10.8		1470,1570,1720,1860
		$d=12.9$		1470,1570,1720
	1×7(七股)	$d=9.5$、11.1、12.7		1860
		$d=15.2$		1720,1860
消除应力钢丝	光面	$d=4$、5	ϕ^{P}	1470,1570,1670,1770
		$d=6$		1570,1670
	螺旋肋	$d=7$、8、9	ϕ^{H}	1470,1570
	刻痕	$d=5$、7	ϕ^{I}	1470,1570
精轧螺纹钢筋		$d=40$	JL	540
		$d=18$、25、32		540,785,930

注:表中 d 系指国家标准中的钢绞线、钢丝的公称直径和精轧螺纹钢筋的公称直径。

预应力钢筋抗拉、抗压强度设计值(MPa) 附录 5

钢筋种类		抗拉 f_{pd}	抗压 f'_{pd}
钢绞线 1×2(二股) 1×3(三股) 1×7(七股)	$f_{pk}=1470$	1000	390
	$f_{pk}=1570$	1070	
	$f_{pk}=1720$	1170	
	$f_{pk}=1860$	1260	
消除应力光面钢丝和螺旋肋钢丝	$f_{pk}=1470$	1000	410
	$f_{pk}=1570$	1070	
	$f_{pk}=1670$	1140	
	$f_{pk}=1770$	1200	
消除应力刻痕钢丝	$f_{pk}=1470$	1000	410
	$f_{pk}=1570$	1070	
精轧螺纹钢筋	$f_{pk}=540$	450	400
	$f_{pk}=785$	650	
	$f_{pk}=930$	770	

钢筋的弹性模量(MPa)　　附录 6

钢　筋　种　类	E_s 或 E_p
R235，MPB300	2.1×10^5
HRB335、HRB400、KL400、HRB500 精轧螺纹钢筋	2.0×10^5
消除应力钢丝、螺旋肋钢丝、刻痕钢丝	2.05×10^5
钢绞线	1.95×10^5

钢筋的计算截面面积及理论质量　　附录 7

公称直径(mm)	外径(mm)	不同根数钢筋的计算截面面积(mm^2)									单根钢筋理论质量(kg/m)
		1	2	3	4	5	6	7	8	9	
6	7.0	28.3	57	85	113	142	170	198	226	255	0.222
8	9.3	50.3	101	151	201	252	302	352	402	453	0.395
10	11.6	78.5	157	236	314	393	471	550	628	707	0.617
12	13.9	113.1	226	339	452	565	678	791	904	1017	0.888
14	16.2	153.9	308	462	615	769	923	1077	1230	1387	1.21
16	18.4	201.1	402	603	804	1005	1206	1407	1608	1809	1.58
18	20.5	254.5	509	763	1018	1272	1526	1780	2036	2290	2.00
20	22.7	314.2	628	942	1256	1570	1884	2200	2513	2827	2.47
22	25.1	380.1	760	1140	1520	1900	2281	2661	3041	3421	2.98
25	28.4	490.9	982	1473	1964	2454	2945	3436	3927	4418	3.85
28	31.6	615.8	1232	1847	2463	3079	3695	4310	4926	5542	4.83
32	35.8	804.3	1609	2413	3217	4021	4826	5630	6434	7238	6.31
36	40.2	1017.9	2036	3054	4072	5089	6107	7125	8143	9161	7.99
40	44.5	1256.6	2513	3770	5027	6283	7540	8796	10053	11310	9.87
50	54.9	1964	3928	5892	7856	9820	11784	13748	15712	17676	15.42

每米板宽内的钢筋截面面积

钢筋间距(mm)	当钢筋直径(mm)为下列数值时的钢筋截面面积(mm^2)										
	6	6/8	8	8/10	10	10/12	12	12/14	14	14/16	16
70	404	561	719	920	1121	1369	1616	1908	2199	2536	2872
75	377	524	671	859	1047	1277	1508	1780	2053	2367	2681
80	354	491	629	805	981	1198	1414	1669	1924	2218	2513
85	333	462	592	758	924	1127	1331	1571	1811	2088	2365
90	314	437	559	716	872	1064	1257	1484	1710	1972	2234
95	298	414	529	678	826	1008	1190	1405	1620	1868	2116
100	283	393	503	644	785	958	1131	1335	1539	1775	2011
110	257	357	457	585	714	871	1028	1214	1399	1614	1828
120	236	327	419	537	654	798	942	1112	1283	1480	1676
125	226	314	402	515	628	766	905	1068	1232	1420	1608
130	218	302	387	495	604	737	870	1027	1184	1366	1547
140	202	281	359	460	561	684	808	954	1100	1268	1436
150	189	262	335	429	523	639	754	890	1026	1183	1340
160	177	246	314	403	491	599	707	834	962	1110	1257
170	166	231	296	379	462	564	665	786	906	1044	1183
180	157	218	279	358	436	532	628	742	855	985	1117
190	149	207	265	339	413	504	595	702	810	934	1058
200	141	196	251	322	393	479	565	668	770	888	1005
220	129	178	228	292	357	436	514	607	700	807	914
240	118	164	209	268	327	399	471	556	641	740	838
250	113	157	201	258	314	383	452	534	616	710	804
260	109	151	193	248	302	368	435	514	592	682	773
280	101	140	180	230	281	342	404	477	550	634	718
300	94	131	168	215	262	320	377	445	513	592	670
320	88	123	157	201	245	299	353	417	481	554	628

注:表中钢筋直径中的 6/8,8/10,…系指两种直径的钢筋间隔放置。

预应力钢筋公称截面面积和公称质量

钢筋种类及公称直径(mm)				截面面积(mm^2)	公称质量(kg/m)
钢绞线	1×2		8.0	25.3	0.199
			10.0	39.5	0.310
			12.0	56.9	0.447
	1×3		8.6	37.4	0.295
			10.8	59.3	0.465
			12.9	85.4	0.671
	1×7	标准型	9.5	54.8	0.432
			11.1	74.2	0.580
			12.7	98.7	0.774
			15.2	139.0	1.101
钢丝	4			12.57	0.099
	5			19.63	0.154
	6			28.27	0.222
	7			38.48	0.302
	8			50.26	0.394
	9			63.62	0.499
精轧螺纹钢筋	18			254.5	2.1
	25			490.9	4.1
	32			804.2	6.6
	40			1247.0	10.3

注:钢绞线公称截面积计算

(1)1×2 结构钢绞线 $A=2\times\frac{\pi d^2}{4}/\cos\alpha$

(2)1×3 结构钢绞线 $A=3\times\frac{\pi d^2}{4}/\cos\alpha$

(3)1×7 结构钢绞线 $A=A_0+6\frac{\pi d^2}{4}/\cos\alpha=A_0\left(1+\frac{6}{\cos\alpha}\times\frac{d^2}{d_0^2}\right)$

式中:A——钢绞线的截面面积(mm^2);

α——捻角度;

A_0——中心钢丝截面面积(mm^2);

d——外层钢丝直径(mm);

d_0——中心钢丝直径(mm)。

例 1×7－15.2 钢绞线的外层钢丝直径 $d=5$mm,中心钢丝直径 $d_0=5.1$mm,捻距为 14.5 倍公称直径,捻角 $\alpha=8°11'32''$。则钢绞线的截面面积为:

$$A=\frac{\pi\times5.1^2}{4}\left(1+\frac{6}{0.9898}\times\frac{5.0^2}{5.1^2}\right)=139.45\approx139mm^2$$

圆形截面钢筋混凝土偏压构件正截面抗压承载力计算系数

ξ	A	B	C	D	ξ	A	B	C	D	ξ	A	B	C	D
0.20	0.3244	0.2628	−1.5296	1.4216	0.43	0.9571	0.5717	−0.3323	1.8996	0.66	1.6827	0.6635	0.8766	1.5933
0.21	0.3481	0.2787	−1.4676	1.4623	0.44	0.9876	0.5810	−0.2850	1.9036	0.67	1.7147	0.6615	0.9430	1.5534
0.22	0.3723	0.2945	−1.4074	1.5004	0.45	1.0182	0.5898	−0.2377	1.9065	0.68	1.7466	0.6589	1.0071	1.5146
0.23	0.3969	0.3103	−1.3486	1.5361	0.46	1.0490	0.5982	−0.1903	1.9081	0.69	1.7784	0.6559	1.0692	1.4769
0.24	0.4210	0.3259	−1.2911	1.5697	0.47	1.0799	0.6061	−0.1429	1.9084	0.70	1.8102	0.6523	1.1294	1.4402
0.25	0.4473	0.3413	−1.2348	1.6012	0.48	1.1110	0.6136	−0.0954	1.9075	0.71	1.8420	0.6483	1.1876	1.4045
0.26	0.4731	0.3566	−1.1796	1.6307	0.49	1.1422	0.6206	−0.0478	1.9053	0.72	1.8736	0.6437	1.2440	1.3697
0.27	0.4992	0.3717	−1.1254	1.6584	0.50	1.1735	0.6271	0.0000	1.9018	0.73	1.9052	0.6386	1.2987	1.3358
0.28	0.5258	0.3865	−1.0720	1.6483	0.51	1.2049	0.6331	0.0480	1.8971	0.74	1.9367	0.6331	1.3517	1.3028
0.29	0.5526	0.4011	−1.0194	1.7086	0.52	1.2364	0.6386	0.0963	1.8909	0.75	1.9681	0.6271	1.4030	1.2706
0.30	0.5798	0.4155	−0.9675	1.7313	0.53	1.2680	0.6437	0.1450	1.8834	0.76	1.9994	0.6206	1.4529	1.2392
0.31	0.6073	0.4295	−0.9163	1.7524	0.54	1.2996	0.6483	0.1941	1.8744	0.77	2.0306	0.6136	1.5013	1.2086
0.32	0.6351	0.4433	−0.8656	1.7721	0.55	1.3314	0.6523	0.2436	1.8639	0.78	2.0617	0.6061	1.5482	1.1787
0.33	0.6631	0.4568	−0.8154	1.7903	0.56	1.3632	0.6559	0.2937	1.8519	0.79	2.0926	0.5982	1.5938	1.1496
0.34	0.6915	0.4699	−0.7657	1.8071	0.57	1.3950	0.6589	0.3444	1.8381	0.80	2.1234	0.5898	1.6381	1.1212
0.35	0.7201	0.4828	−0.7165	1.8225	0.58	1.4269	0.6615	0.3960	1.8226	0.81	2.1540	0.5810	1.6811	1.0934
0.36	0.7489	0.4952	−0.6676	1.8366	0.59	1.4589	0.6635	0.4485	1.8052	0.82	2.1845	0.5717	1.7228	1.0663
0.37	0.7780	0.5073	−0.6190	1.8494	0.60	1.4908	0.6651	0.5021	1.7856	0.83	2.2148	0.5620	1.7635	1.0398
0.38	0.8074	0.5191	−0.5707	1.8609	0.61	1.5228	0.6661	0.5571	1.7636	0.84	2.2450	0.5519	1.8029	1.0139
0.39	0.8369	0.5304	−0.5227	1.8711	0.62	1.5548	0.6666	0.6139	1.7387	0.85	2.2749	0.5414	1.8413	0.9886
0.40	0.8667	0.5414	−0.4749	1.8801	0.63	1.5868	0.6666	0.6734	1.7103	0.86	2.3047	0.5304	1.8786	0.9639
0.41	0.8966	0.5519	−0.4273	1.8878	0.64	1.6188	0.6661	0.7373	1.6763	0.87	2.3342	0.5191	1.9149	0.9397
0.42	0.9268	0.5620	−0.3798	1.8943	0.65	1.6508	0.6651	0.8080	1.6343	0.88	2.3636	0.5073	1.9503	0.9161

续上表

ξ	A	B	C	D	ξ	A	B	C	D	ξ	A	B	C	D
0.89	2.3927	0.4952	1.9846	0.8930	1.10	2.8480	0.2415	2.5330	0.5055	1.31	3.0641	0.0719	2.8576	0.2517
0.90	2.4215	0.4828	2.0181	0.8704	1.11	2.8615	0.2319	2.5525	0.4908	1.32	3.0709	0.0659	2.8693	0.2421
0.91	2.4501	0.4699	2.0507	0.8483	1.12	2.8747	0.2225	2.5716	0.4765	1.33	3.0775	0.0600	2.8806	0.2327
0.92	2.4785	0.4568	2.0824	0.8266	1.13	2.8876	0.2132	2.5902	0.4624	1.34	3.0837	0.0544	2.8917	0.2235
0.93	2.5065	0.4433	2.4432	0.8055	1.14	2.9001	0.2040	2.6084	0.4486	1.35	3.0897	0.0490	2.9024	0.2145
0.94	2.5343	0.4295	2.1433	0.7847	1.15	2.9123	0.1949	2.6261	0.4351	1.36	3.0954	0.0439	2.9129	0.2057
0.95	2.5618	0.4155	2.1726	0.7645	1.16	2.9242	0.1860	2.6434	0.4219	1.37	3.1007	0.0389	2.9232	0.1970
0.96	2.5890	0.4011	2.2012	0.7446	1.17	2.9357	0.1772	2.6603	0.4089	1.38	3.1058	0.0343	2.9331	0.1886
0.97	2.6158	0.3865	2.2290	0.7251	1.18	2.9469	0.1685	2.6767	0.3961	1.39	3.1106	0.0298	2.9428	0.1803
0.98	2.6424	0.3717	2.2561	0.7061	1.19	2.9578	0.1600	2.6928	0.3836	1.40	3.1150	0.0256	2.9523	0.1722
0.99	2.6685	0.3566	2.2825	0.6874	1.20	2.9684	0.1517	2.7085	0.3714	1.41	3.1192	0.0217	2.9615	0.1643
1.00	2.6943	0.3413	2.3082	0.6692	1.21	2.9787	0.1435	2.7238	0.3594	1.42	3.1231	0.0180	2.9704	0.1566
1.01	2.7112	0.3311	2.3333	0.6513	1.22	2.9886	0.1355	2.7387	0.3476	1.43	3.1266	0.0146	2.9791	0.1491
1.02	2.7277	0.3209	2.3578	0.6337	1.23	2.9982	0.1277	2.7532	0.3361	1.44	3.1299	0.0115	2.9876	0.1417
1.03	2.7440	0.3108	2.3817	0.6165	1.24	3.0075	0.1201	2.7675	0.3248	1.45	3.1328	0.0086	2.9958	0.1345
1.04	2.7598	0.3006	2.4049	0.5997	1.25	3.0165	0.1126	2.7813	0.3137	1.46	3.1354	0.0061	3.0038	0.1275
1.05	2.7754	0.2906	2.4276	0.5823	1.26	3.0252	0.1053	2.7948	0.3028	1.47	3.1376	0.0039	3.0015	0.1206
1.06	2.7906	0.2806	2.4497	0.5670	1.27	3.0336	0.0982	2.8080	0.2922	1.48	3.1395	0.0021	3.0191	0.1140
1.07	2.8054	0.2707	2.4713	0.5512	1.28	3.0417	0.0914	2.8209	0.2818	1.49	3.1408	0.0007	3.0264	0.1075
1.08	2.8200	0.2609	2.4924	0.5356	1.29	3.0495	0.0847	2.8335	0.2715	1.50	3.1416	0.0000	3.0334	0.1011
1.09	2.8341	0.2511	2.5129	0.5204	1.30	3.0569	0.0782	2.8457	0.2615	1.51	3.4416	0.0000	3.0403	0.0950

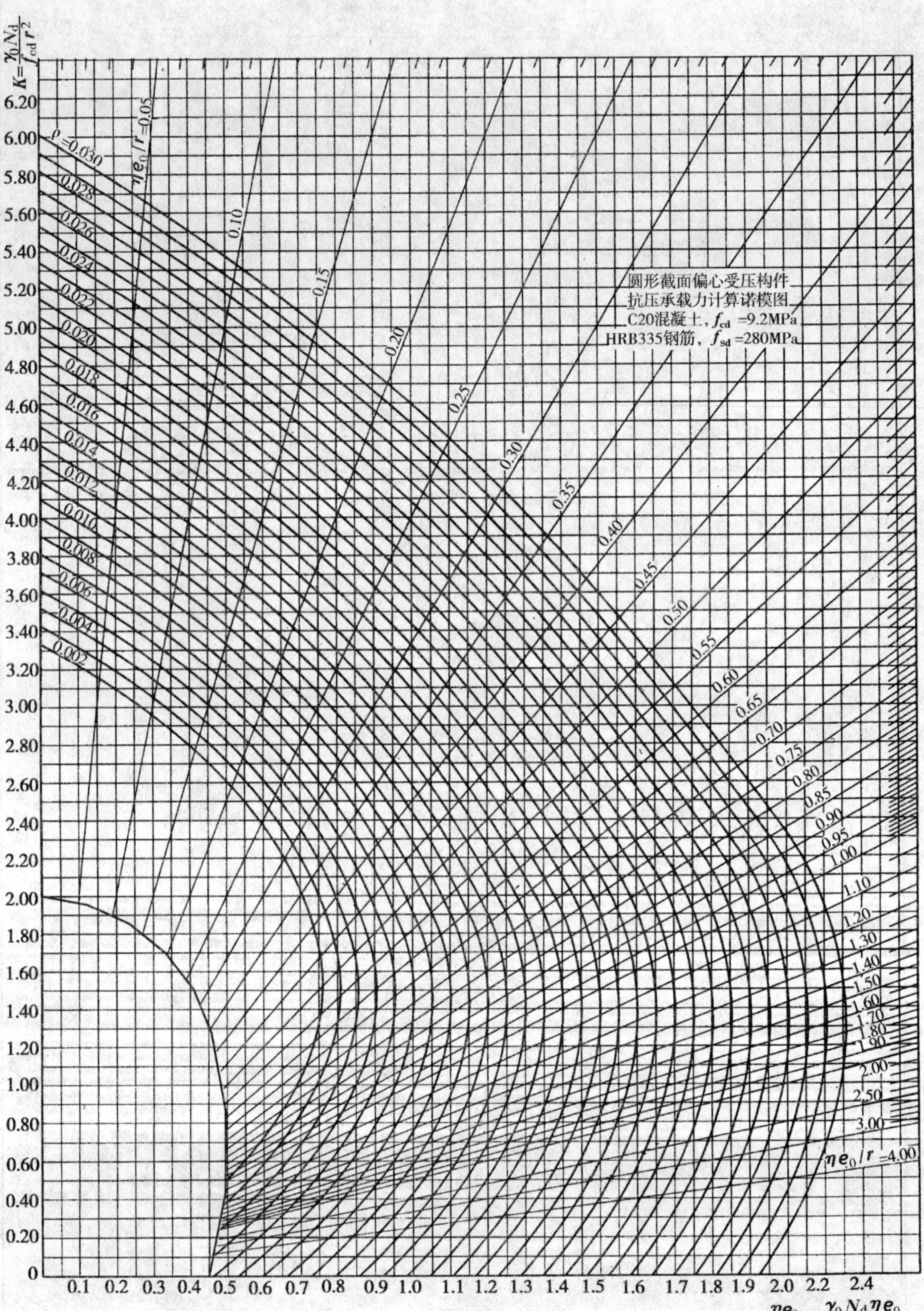

附录 11-1　圆形截面钢筋混凝土偏压构件正截面承载力计算诺模图

（适用于 C20，HRB335）

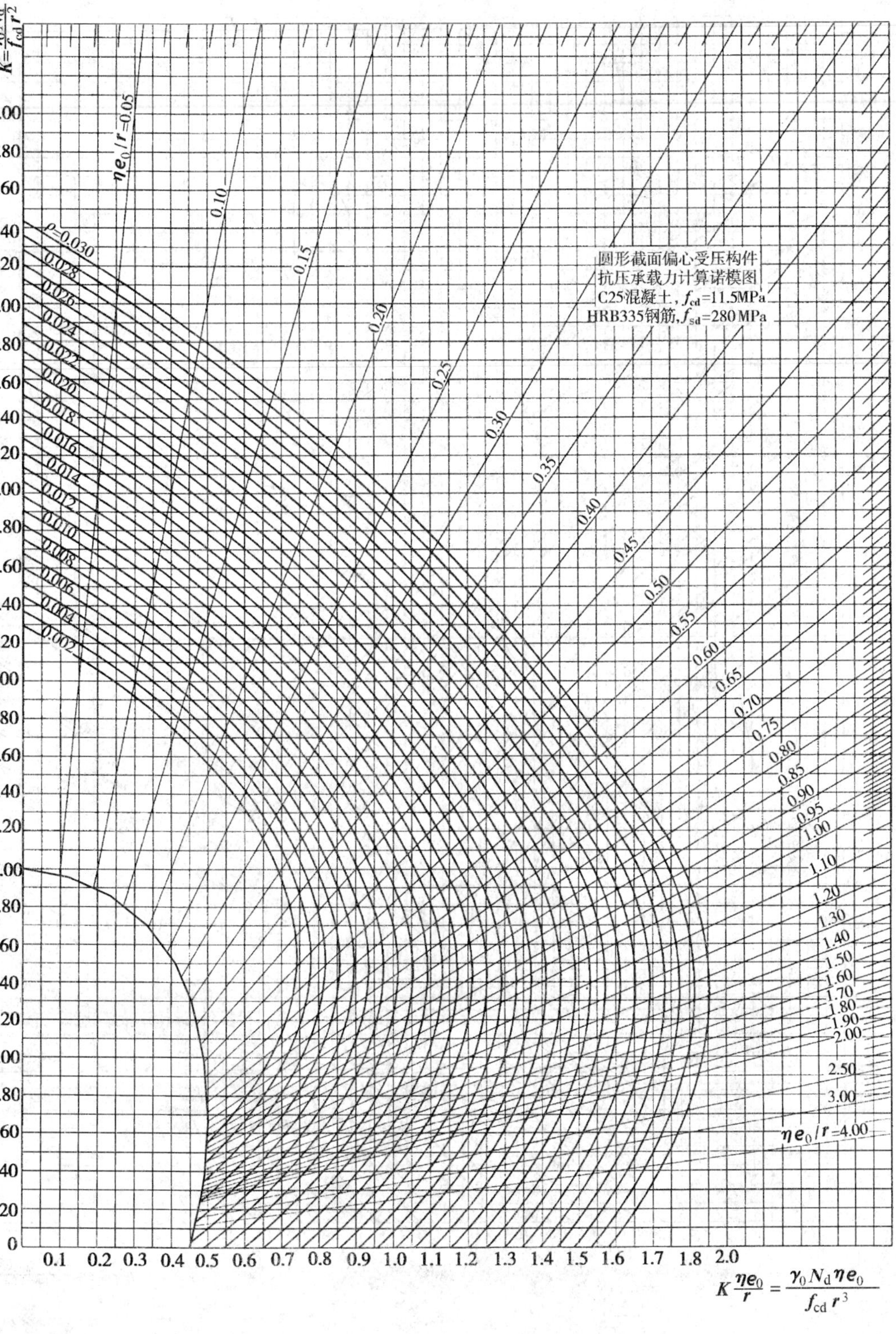

附录 11-2　圆形截面钢筋混凝土偏压构件正截面承载力计算诺模图

（适用于 C25、HRB335）

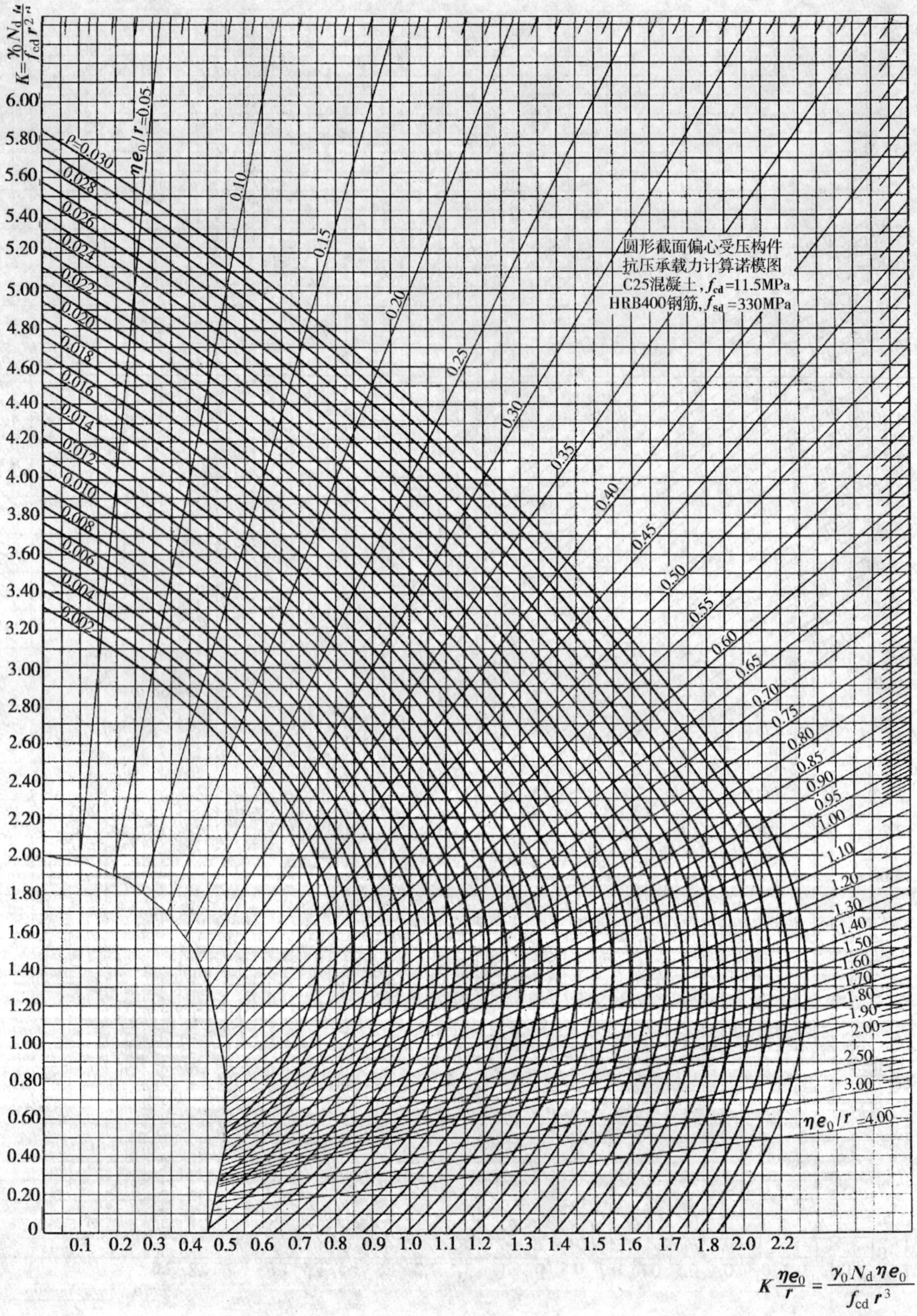

附录 11-3 圆形截面钢筋混凝土偏压构件正截面承载力计算诺模图

（适用于 C25、HRB400）

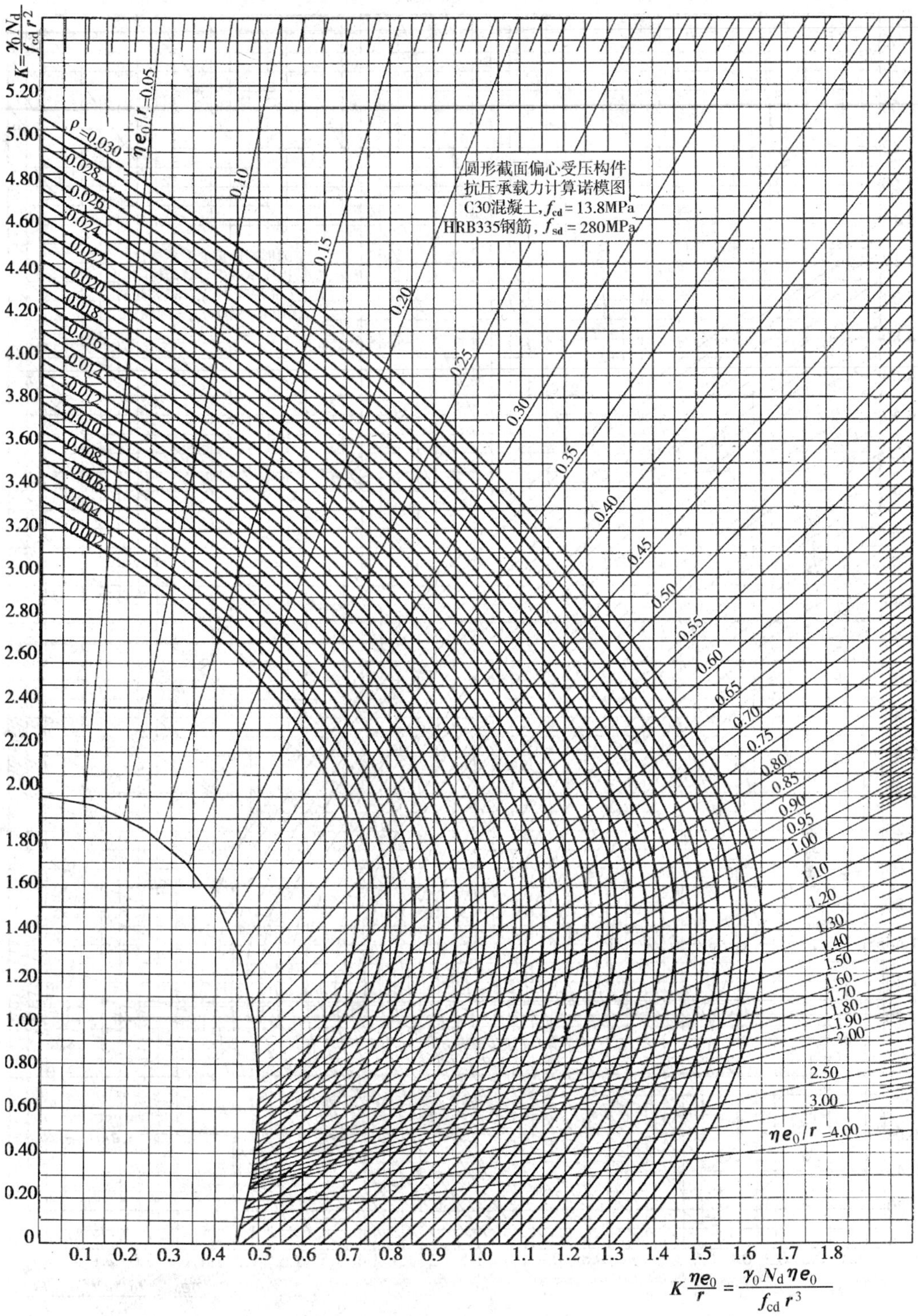

附录 11-4　圆形截面钢筋混凝土偏压构件正截面承载力计算诺模图

（适用于 C30、HRB335）

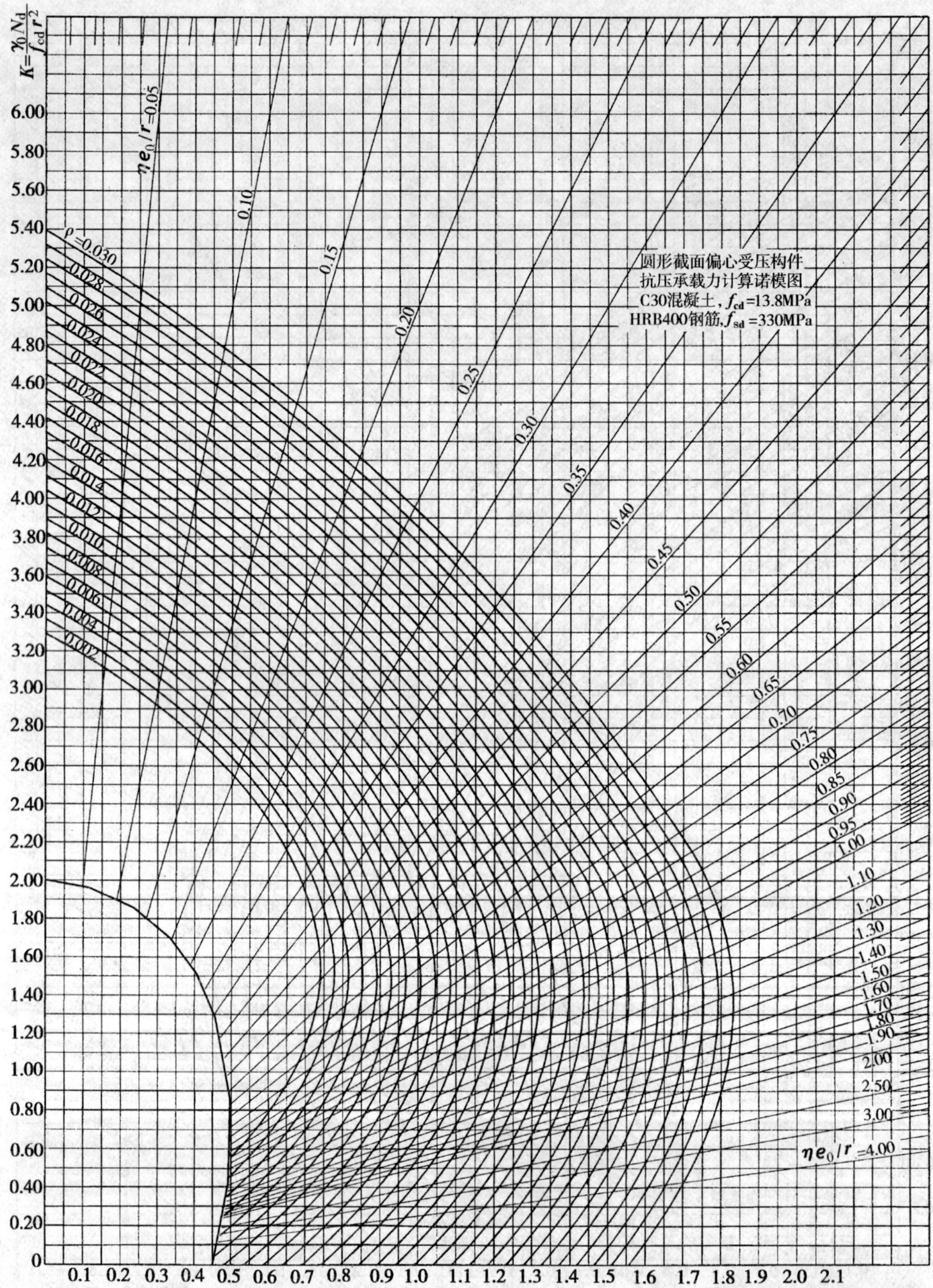

附录 11-5　圆形截面钢筋混凝土偏压构件正截面承载力计算诺模图

（适用于 C30、HRB400）

混凝土预制块砂浆砌体轴心抗压强度设计值 f_{cd}(MPa) 附录 12-1

砌块强度等级	砂浆强度等级					砂浆强度
	M20	M15	M10	M7.5	M5	0
C40	8.25	7.04	5.84	5.24	4.64	2.06
C35	7.71	6.59	5.47	4.90	4.34	1.93
C30	7.14	6.10	5.06	4.54	4.02	1.79
C25	6.52	5.57	4.62	4.14	3.67	1.63
C20	5.83	4.98	4.13	3.70	3.28	1.46
C15	5.05	4.31	3.58	3.21	2.84	1.26

块石砂浆砌体的轴心抗压强度设计值 f_{cd}(MPa) 附录 12-2

砌块强度等级	砂浆强度等级					砂浆强度
	M20	M15	M10	M7.5	M5	0
MU120	8.42	7.19	5.96	5.35	4.73	2.10
MU100	7.68	6.56	5.44	4.88	4.32	1.92
MU80	6.87	5.87	4.87	4.37	3.86	1.72
MU60	5.95	5.08	4.22	3.78	3.35	1.49
MU50	5.43	4.64	3.85	3.45	3.05	1.36
MU40	4.86	4.15	3.44	3.09	2.73	1.21
MU30	4.21	3.59	2.98	2.67	2.37	1.05

注:对各类石砌体,应按表中数值分别乘以下列系数:细料石砌体为 1.5;半细料石砌体为 1.3;粗料石砌体为 1.2;干砌块石砌体可采用砂浆强度为零时的抗压强度设计值。

片石砂浆砌体的轴心抗压强度设计值 f_{cd}(MPa) 附录 12-3

砌块强度等级	砂浆强度等级					砂浆强度
	M20	M15	M10	M7.5	M5	0
MU120	1.97	1.68	1.39	1.25	1.11	0.33
MU100	1.80	1.54	1.27	1.14	1.01	0.30
MU80	1.61	1.37	1.14	1.02	0.90	0.27
MU60	0.39	1.19	0.99	0.88	0.78	0.23
MU50	1.27	1.09	0.90	0.81	0.71	0.21
MU40	1.14	0.97	0.81	0.72	0.64	0.19
MU30	0.98	0.84	0.70	0.63	0.55	0.16

注:干砌片石砌体可采用砂浆强度为零时的轴心抗压强度设计值。

砂浆砌体轴心抗拉、弯曲抗拉和直接抗剪强度设计值(MPa) 附录 13

强度类别	破坏特征	砌体种类	砂浆强度等级				
			M20	M15	M10	M7.5	M5
轴心抗拉 f_{td}	齿缝	规则砌块砌体	0.104	0.090	0.073	0.063	0.052
		片石砌体	0.096	0.083	0.068	0.059	0.048

续上表

强度类别	破坏特征	砌体种类	砂浆强度等级				
			M20	M15	M10	M7.5	M5
弯曲抗拉 f_{tmd}	齿缝	规则砌块砌体	0.122	0.105	0.086	0.074	0.061
		片石砌体	0.145	0.125	0.102	0.089	0.072
	通缝	规则砌体砌体	0.104	0.090	0.073	0.063	0.052
直接抗剪 f_{vd}	—	规则砌块砌体	0.084	0.073	0.059	0.051	0.042
		片石砌体	0.241	0.208	0.170	0.147	0.120

注：1. 砌体龄期为28d。

2. 规则砌体砌体包括：块石砌体、粗料石砌体、半细料石砌体、细料石砌体、混凝土预制块砌体。

3. 规则砌块砌体在齿缝方向受剪时，系通过砌块和灰缝剪破。

小石子混凝土砌块石砌体轴心抗压强度设计值 f_{cd}(MPa) 附录14

石材强度等级	小石子混凝土强度等级					
	C40	C35	C30	C25	C20	C15
MU120	13.86	12.69	11.49	10.25	8.95	7.59
MU100	12.65	11.59	10.49	9.35	8.17	6.93
MU80	11.32	10.36	9.38	8.37	7.31	6.19
MU60	9.80	9.98	8.12	7.24	6.33	5.36
MU50	8.95	8.19	7.42	6.61	5.78	4.90
MU40	—	—	6.63	5.92	5.17	4.38
MU30	—	—	—	—	4.48	3.79

注：砌块为粗料石时，轴心抗压强度为表值乘1.2；砌块为细料石块、半细料石时，轴心抗压强度为表值乘1.4。

小石子混凝土砌片石砌体轴心抗压强度设计值 f_{cd}(MPa) 附录15

石材强度等级	小石子混凝土强度等级			
	C30	C25	C20	C15
MU120	6.94	6.51	5.99	5.36
MU100	5.30	5.00	4.63	4.17
MU80	3.94	3.74	3.49	3.17
MU60	3.23	3.09	2.91	2.67
MU50	2.88	2.77	2.62	2.43
MU40	2.50	2.42	2.31	2.16
MU30	—	—	1.95	1.85

小石子混凝土砌块石、片石砌体的轴心抗拉、弯曲抗拉和直接抗剪强度设计值(MPa) 附录16

强度类别	破坏特征	砌体种类	小石子混凝土强度等级					
			C40	C35	C30	C25	C20	C15
轴心抗拉 f_{td}	齿缝	块石砌体	0.285	0.267	0.247	0.226	0.202	0.175
		片石砌体	0.425	0.398	0.368	0.336	0.301	0.260

续上表

强度类别	破坏特征	砌体种类	小石子混凝土强度等级					
			C40	C35	C30	C25	C20	C15
弯曲抗拉 f_{tmd}	齿缝	块石砌块	0.335	0.313	0.290	0.265	0.237	0.205
		片石砌体	0.493	0.461	0.427	0.387	0.349	0.300
	通缝	块石砌体	0.232	0.217	0.201	0.183	0.164	0.142
直接抗剪 f_{td}	—	块石砌体	0.285	0.267	0.247	0.226	0.202	0.175
		片石砌体	0.425	0.398	0.368	0.336	0.301	0.260

注:对其他规则砌块砌体强度值为表内块石砌体强度值乘以下列系数:粗料石砌体 0.7;细料石、半细料石砌体 0.35。

混凝土强度设计值(MPa)和弹性模量(MPa) 附录 17

强度等级 / 强度类别	C40	C35	C30	C25	C20	C15
轴心抗压 f_{cd}	15.64	13.69	11.73	9.78	7.82	5.87
弯曲抗拉 f_{tmd}	1.24	1.14	1.04	0.92	0.80	0.66
直接抗剪 f_{tmd}	2.48	2.28	2.09	1.85	1.59	1.32
弹性模量 E_c	3.25×10^4	3.15×10^4	3.00×10^4	2.8×10^4	2.55×10^4	2.2×10^4

参考文献

[1] 中华人民共和国行业标准. JTG D62—2004 公路钢筋混凝土及预应力混凝土桥涵设计规范. 北京:人民交通出版社,2004.

[2] 中华人民共和国行业标准. 公路桥涵设计通用规范 JTG D60—2004. 北京:人民交通出版社,2004.

[3] 中华人民共和国国家标准. GB/T 50283—1999 公路工程结构可靠度设计统一标准. 北京:中国计划出版社,1999.

[4] 中华人民共和国国家标准. GB 50010—2002 混凝土结构设计规范. 北京:中国建筑工业出版社,2002.

[5] 中华人民共和国行业标准. JTG D61—2005 公路圬工桥涵设计规范. 北京:人民交通出版社,2005.

[6] 中华人民共和国行业推荐标准. JTG/T B07-01—2006 公路工程混凝土结构防腐蚀技术规范. 北京:人民交通出版社,2006.

[7] 中国土木工程学会标准. CCES01—2004 混凝土结构耐久性设计与施工指南. 北京:中国建筑工业出版社,2004.

[8] 中华人民共和国行业推荐标准. JTG/T J23—2008 公路桥梁加固设计规范. 北京:人民交通出版社,2008.

[9] 中交公路规划设计院有限公司. 标准规范研究室编著. 公路桥梁设计规范答疑汇编. 北京:人民交通出版社,2009.

[10] 张树仁. 桥梁设计规范学习与应用讲评. 北京:人民交通出版社,2005.

[11] 中国工程建设标准化协会标准. CECS:92 钢筋混凝土深梁设计规程. 北京:中国建筑工业出版社,1992.

[12] 徐有邻,周氏. 混凝土结构设计规范理解与应用. 北京:中国建筑工业出版社,2002

[13] 蓝宗建. 混凝土结构设计原理——新编《混凝土结构设计规范》(GB 50010—2002)学习和应用指南. 南京:东南大学出版社,2002.

[14] 沈在康. 混凝土结构设计规范(GB 10—89)应用讲评. 北京:中国建筑工业出版社,1999.

[15] 童岳生,梁兴文,等. 钢筋混凝土构件设计. 北京:科学技术文献出版社,1995.

[16] 张岐宣. 混凝土结构设计——基本理论、方法和实例. 南京:江苏科学技术出版社,1994.

[17] 王铁成. 混凝土结构基本构件设计原理. 北京:中国建材工业出版社,2002.

[18] 王有志,薛云冱,张启海,等. 预应力混凝土结构. 北京:中国水利水电出版社,2000.

[19] 李国平. 预应力混凝土结构设计原理. 北京:人民交通出版社,2000.

[20] 叶见曙. 结构设计原理. 北京:人民交通出版社,1997.

[21] 张树仁. 桥梁钢筋混凝土结构按极限状态计算. 哈尔滨:哈尔滨工业大学出版社,1988.

[22] 丁大钧. 现代钢筋混凝土结构. 北京:中国建筑工业出版社,2000.

[23] 江见鲸. 混凝土结构工程. 北京:中国建筑工业出版社,1998.

[24] 袁锦根,余志武. 混凝土结构设计基本原理. 北京:中国铁道出版社,1997.

[25] 过镇海.钢筋混凝土原理.北京:清华大学出版社,1999.
[26] 赵顺波,张新中.混凝土叠合结构设计原理与应用.北京:中国水利电力出版社,2001.
[27] 周旺华.现代混凝土叠合结构.北京:中国建筑工业出版社,1998.
[28] 周新刚.混凝土结构的耐久性与损伤防治.北京:中国建材工业出版社,1999.
[29] 叶见曙.结构设计原理.2版.北京:人民交通出版社,2005.
[30] 王彤.体外预应力混凝土桥梁设计理论研究.哈尔滨:哈尔滨工业大学,2003.
[31] 徐栋.桥梁体外预应力设计技术.北京:人民交通出版社,2008.
[32] 中华人民共和国国家标准.GB 50010—2010 混凝土结构设计规范.北京:中国建筑工业出版社,2010.